ist08-001 Foto: mf

W0108687

Manfred Ferner
Istanbul und Umgebung

„Ich höre Istanbul, meine Augen geschlossen.
Der kühle Bazar Mahmutpascha mit dem Geschrei der Verkäufer,
Die Höfe voll Tauben.
Das Gehämmer von den Docks her;
im Frühlingswind der Geruch von Schweiß.
Ich höre Istanbul, meine Augen geschlossen.

Ich höre Istanbul, meine Augen geschlossen.
Im Kopf den Rausch vergangener Feste.
In den Strandvillen, an deren halbdunklen Bootshäusern
sich das Sausen der Südwinde legt.
Ich höre Istanbul, meine Augen geschlossen."

Orhan Veli (1914–1950), türkischer Dichter

Impressum

Manfred Ferner
Istanbul und Umgebung

erschienen im
Reise Know-How Verlag Peter Rump GmbH
Osnabrücker Str. 79, 33649 Bielefeld

© Peter Rump 2006, 2008, 2010
4., neu bearbeitete und komplett aktualisierte Auflage 2012

Gestaltung:
  Umschlag: G. Pawlak, P. Rump (Layout); M. Luck (Realisierung)
  Inhalt: G. Pawlak (Layout); M. Luck (Realisierung)
  Karten: Th. Buri, C. Raisin, der Verlag
  Fotos: der Autor (mf), M. Ferner/J. Kim (fk), T. Demleitner (td), U. Pentzien (up)
  Titelbild: der Autor (Im Großen Basar)

Lektorat: M. Luck
Lektorat (Aktualisierung): A. Pentzien

Druck und Bindung: Wilhelm & Adam, Heusenstamm

ISBN 978-3-8317-2168-9
Printed In Germany

Dieses Buch ist erhältlich in jeder Buchhandlung Deutschlands, Österreichs, der Niederlande, Belgiens und der Schweiz. Bitte informieren Sie Ihren Buchhändler über folgende Bezugsadressen:

Deutschland
  Prolit GmbH, Postfach 9,
  D-35461 Fernwald (Annerod)
  sowie alle Barsortimente
Schweiz
  AVA Verlagsauslieferung AG
  Postfach 27, CH-8910 Affoltern
Österreich
  Mohr-Morawa Buchvertrieb GmbH
  Sulzengasse 2, A-1230 Wien
Niederlande, Belgien
  Willems Adventure
  www.willemsadventure.nl

Wer im Buchhandel trotzdem kein Glück hat, bekommt unsere Bücher auch über unseren
Büchershop im Internet:
www.reise-know-how.de

Wir freuen uns über Kritik, Kommentare und Verbesserungsvorschläge, gern auch per E-Mail an info@reise-know-how.de.

Alle Informationen in diesem Buch sind vom Autor mit größter Sorgfalt gesammelt und vom Lektorat des Verlages gewissenhaft bearbeitet und überprüft worden.

Da inhaltliche und sachliche Fehler nicht ausgeschlossen werden können, erklärt der Verlag, dass alle Angaben im Sinne der Produkthaftung ohne Garantie erfolgen und dass Verlag wie Autor keinerlei Verantwortung und Haftung für inhaltliche und sachliche Fehler übernehmen.

Die Nennung von Firmen und ihren Produkten und ihre Reihenfolge sind als Beispiel ohne Wertung gegenüber anderen anzusehen.
Qualitäts- und Quantitätsangaben sind rein subjektive Einschätzungen des Autors und dienen keinesfalls der Bewerbung von Firmen oder Produkten.

Manfred Ferner

Istanbul
und Umgebung

Vorwort

Byzanz, Konstantinopel, Istanbul – keine andere Metropole der Welt kann drei derartig geschichtsträchtige Namen auf sich vereinen. Und keine andere Stadt der Welt kann von sich behaupten, auf zwei Kontinenten zu stehen: **Europa und Asien.** Byzantinische Kathedralen und Klosterkirchen wie auch die prachtvollen Moscheen eines islamischen Weltreichs, Sultanspaläste und kühne Brückenkonstruktionen stehen vor- und gegeneinander, machen die Stadt zu einem Freilichtmuseum der Begegnung zwischen Ost und West, Islam und Christentum, Vergangenheit und Moderne. Und auch gesellschaftlich ist die **Stadt am Goldenen Horn** ein vielschichtiges Tor der Kulturen, eine extreme Mischung zwischen Dorf und Stadt: Wenige hundert Meter trennen die tief verschleierten Frauen von Fatih und Fener von den in italienischem Chic gekleideten Schönen in Beyoğlu und Nişantaşı, wenige Meter nur liegen zwischen dem anatolischen Teegarten, der ausschließlich Männern gehört, und den teuren und eleganten Cafés und Discos von Taksim. Hinzu kommen die von alten und neuen Villen gerahmte Schönheit des Bosporus, die autofreie Erholung auf den Prinzeninseln, der Zauber der Basare, aus dem kaum ein Tourist ohne Einkäufe herauskommt, die tägliche Fahrt mit dem Schiff von Asien nach Europa – oder umgekehrt –, die türkische Küche, die mit ihren vielfältigen Zutaten als eine der besten der Welt gelten darf, und last but not least das brodelnde und breit gefächerte Nightlife-Angebot von Beyoğlu, das mittlerweile zu den vibrierendsten und schillerndsten seiner Art zählt. Ein Besuch im Hamam, dem türkischen Bad, oder ein Abend mit Bauchtanz wird ebenfalls auf dem Wunschzettel vieler Besucher stehen. Alles zusammen garantiert eines der lebendigsten und nachhaltigsten Stadterlebnisse der Welt.

Istanbul ist ein Gedicht, voller Widersprüche, voller Ungleichzeitigkeiten und Dynamik – und ein Abenteuer für denjenigen, der gerne Städte erobert.

Manfred Ferner

Hinweise zur Benutzung

Bei allen **Adressen** werden folgende **Abkürzungen** benutzt: Cad. = Caddesi (Straße), Sok. = Sokak (Gasse, Weg). Für die leichtere Zuordnung von Hotels, Restaurants, Sehenswürdigkeiten und Bars/Cafés verweisen wir auf die in den jeweiligen Stadtplänen eingezeichneten Nummern.

Die **Telefon- bzw. Faxnummern** enthalten neben der Rufnummer immer auch die jeweilige städtische Vorwahlnummer (auf europäischer Seite 0212, auf asiatischer 0216; siehe im Abschnitt „Telefonieren").

Alle **Sehenswürdigkeiten und Museen** sind an Ort und Stelle mit Öffnungszeiten und Eintrittspreisen angegeben. Für die ausführliche **Hotelliste** (siehe „Unterkunft") wie auch für die

Nightlife-Adressen (siehe „Nachtleben") sind eigene Kapitel in den Praktischen Reisetipps eingesetzt worden; alle anderen Adressen – **Restaurants, Cafés, Museen** – findet man am Schluss der jeweiligen Ortskapitel. Dort sind auch die **innerstädtischen Anfahrtswege** verzeichnet, sofern es sich um abseits der touristischen Hauptzentren Sultanahmet bzw. Beyoğlu/Taksim liegende Stadtteile handelt. Bezüglich der Restaurants wurden nur dann Telefonnummern angegeben, wenn es sich um Lokalitäten handelt, die eine Vorbestellung ratsam erscheinen lassen.

In Istanbul – vor allem im Stadtteil Beyoğlu – sind in den letzten Jahren die alten Hausnummern durch neue rote Nummern ersetzt worden. Soweit dies schon durchgeführt worden ist, sind in diesem Buch die neuen roten Nummern bereits berücksichtigt worden; auf Kreditkarten wie auch im Alltagsgebrauch der Einheimischen werden dagegen oft noch die alten Nummern verwendet.

Die **Preise im Buch** sind in **Euro** angegeben, und zwar auf der Basis des offiziellen Wechselkurses von Mitte April 2012 (1 Euro = 2,36 Lira, 1 Lira = 0,42 Euro). So bleibt dem Leser das Umrechnen zumindest teilweise erspart. Gezahlt wird allerdings generell in Lira, nur in einigen Hotels kann man auch in Euro bezahlen.

Hinweis: Bei der namentlichen Kennzeichnung der **Sehenswürdigkeiten** wurde stets die **türkische Bezeichnung an erste Stelle** gesetzt (Überschrift); die deutsche Übersetzung wie auch ggf. die griechische Bezeichnung von Moscheen, Kirchen, Klöstern, Museen, Parks etc. wird im entsprechenden Kontext erläuternd ergänzt. In diesem Zusammenhang ist es für den Leser hilfreich, folgende türkische Begriffe zuordnen zu können:

- **Çarşı** – Bazar
- **Camii** – Moschee
- **Kilisesi** – Kirche
- **Köprüsü** – Brücke
- **Köşkü** – Pavillon
- **Korusu** – Park
- **Kulesi** – Turm
- **Manastırı** – Kloster
- **Medresesi** – Koranschule
- **Meydan** – Platz
- **Mezarliği** – Friedhof
- **Müzesi** – Museum
- **Sarayı** – Palast

Was man generell wissen sollte

Die Millionenmetropole Istanbul kann buchstäblich eine „umwerfende" Stadt sein. Wer zum ersten Mal aus Mitteleuropa hierhin kommt und auch vorher keine andere „orientalische" Weltstadt bereist hat, sollte sich darüber im Klaren sein, dass es **im Alltagsleben** – ungeachtet der zunehmenden Ausrichtung Istanbuls nach Europa – immer noch erhebliche **Unterschiede** zu den „geregelt" wirkenden mitteleuropäischen Städten gibt. Der auf den ersten Blick chaotische Verkehr, das oftmals „unorthodoxe" Verkehrsverhalten, die Massen im Basar und auf den Einkaufsstraßen, der Geräuschpegel, die fremden Gerüche und vielfältigen visuellen und akustischen Fremdeindrücke, kurz: die allgegenwärtige Reizüberflutung, stellen für den Reiseneuling eine faszinierende, aber oft auch anstrengende Erfahrung dar, sodass man grundsätzlich gut daran tut, **die ersten Tage langsam anzugehen.** Der Kopf braucht immer eine gewisse Zeit, um dem Jet nachzukommen. Und deshalb noch ein Tipp: Die ersten Eindrücke sollte man niemals überbewerten – weder die positiven noch die negativen.

Für ein möglichst selbstständiges Reisen ist natürlich die **Orientierung** eine unerlässliche Voraussetzung. Schon vor der Reise sollte man anhand des Stadtplanes eine Übersicht der touristisch relevanten Stadtbereiche anstreben. Die Karten in diesem Buch wie auch das Kapitel „Verkehrsmittel" stehen insofern im Zentrum der Vorbereitung; damit eng verbunden ist die **Wahl des Standortes (Hotels),** dessen jeweilige Vor- und Nachteile dem Kapitel „Unterkunft" zu entnehmen sind. In diesem Zusammenhang sei bereits hier schon darauf verwiesen, dass in der Millionenstadt Istanbul den **Stadtteilnamen** – also z.B. Sultanahmet, Beyoğlu, Kadıköy usw. – eine große Orientierungsrolle zufällt (gilt auch für die Einheimischen). Ein Taxifahrer z.B. wird sich beim Einsteigen in erster Linie auf den Stadtteil und danach erst auf den Straßennamen oder das Hotel konzentrieren; nennt man zuerst den Straßennamen oder das Hotel (abgesehen natürlich von den großen und weithin bekannten unter ihnen), kann es sein, dass der Einheimische sich selbst erst orientieren und nachfragen muss.

Bei allen **Sehenswürdigkeiten** stehen die türkischen Bezeichnungen an erster Stelle (z.B. Aya Sofya), die griechischen (Hagia Sophia) oder anderssprachigen Bezeichnungen folgen in Klammern; Ausnahmen sind nur dort gemacht worden, wo die türkische Bezeichnung in puncto Bedeutung deutlich hinter der anderssprachigen zurücksteht.

Istanbul ist zwar eine multikulturelle und in Bezug auf Lebensformen höchst gegensätzliche Stadt, aber trotzdem sollte man sich darüber klar sein, dass in vielen Bezirken der **Islam** die **Richtschnur des Verhaltens** darstellt. Beim Besuch von Moscheen und konservativen Stadtteilen sollte man folglich bestimmte Verhaltensweisen und Bekleidungshinweise beachten (siehe „Kleidung" und „Verhaltenstipps").

Das Wissen um **kulturelle Eigenarten** bzw. Verhaltensweisen stellt auch beim Einkaufen/Handeln (siehe „Einkaufen" sowie den Exkurs „Feilschen") sowie im alltäglichen Umgang ein erhebliches Plus dar; wer die Erwartungen und Geschäftsstrategien des Gegenübers ein wenig vorhersehen und einordnen kann, wird meist besser fahren und unliebsame Überraschungen vermeiden können.

Für Fragen der **Sicherheit** sei hier auf das betreffende Kapitel „Kriminalität und Sicherheit" verwiesen.

Last but not least: Man kommt in der Metropole ganz gut mit **Englisch** oder auch **Deutsch** „durch". Trotzdem wird die **Kenntnis einiger türkischer Wörter und Redensarten** – so wenige es auch sein mögen – freundlich registriert. Als Gast sollte man sich schließlich ebenso viel Mühe geben wie der Gastgeber; wer auf Türkisch zumindest „Danke" sagen kann, zeigt nicht nur Freundlichkeit, sondern auch guten Willen und Respekt (siehe „Sprache" und „Verhaltenstipps" sowie im Anhang).

Touristische Highlights

Grundsätzlich tut man gut daran, sich beim Erstbesuch von den touristisch zentral gelegenen Stadtteilen Sultanahmet und Beyoğlu aus „vorzuarbeiten" und den **im Buch präsentierten zusammenhängenden Wegen** mehr oder weniger zu folgen, da die Anfahrts- bzw. Fußgängerwege sich so am günstigsten koordinieren lassen. Jeder Stadtteil lässt dadurch zudem seinen eigenen Charme bzw. Charakter am besten erkennen, wohingegen das „Abhaken" punktueller Sehenswürdigkeiten erstens große Strecken und damit viel Fahrzeit erfordert und außerdem eine „Flächenerfahrung" kaum ermöglicht.

Wer sich trotz seiner knappen Zeit dennoch für das Prinzip des „Rosinenpickens" entscheidet, findet nachfolgend **Empfehlungen**, die als „Hitliste" ungefähr den historischen und touristischen Bedeutungsgrad der einzelnen Sehenswürdigkeiten widerspiegeln und eine ungefähre Vorstellung des jeweiligen Zeitaufwands vermitteln sollen. Die zeitliche Bemessung der Besichtigungs-/Aufenthaltsdauer (ohne Anfahrt) kann dabei selbstredend nur als grobe Richtlinie vorgegeben werden. Man hat bei einem kurzen Aufenthalt auf jeden Fall die große Qual der Wahl.

Wochenendtrip (3 Tage):

- **Aya Sofya** (Hagia Sophia, ca. 2 Stunden)
- **Topkapı Sarayı** (Topkapı-Palast, mindestens 4 Stunden)
- **Sultan Ahmet Camii** (Sultan-Ahmet-Moschee, ca. 1 Stunde)
- **At Meydanı** (Hippodrom, ca. 1 Stunde)
- **Kapalı Çarşı** (Großer Basar, mind. 2–3 Stunden, kann aber auch leicht zur Tagesbeschäftigung werden)

- **Bosporus-Schiffsfahrt** (mit dem Linienschiff hin und zurück plus Aufenthalt: 1 Tag)

Zusätzlich bei Kurzreise (4–7 Tage):

- **Süleymaniye-Moschee** (ca. 1 Stunde)
- **Kariye Müzesi** (Chora-Kirche, mindestens 1 Stunde)
- **Stadtteile Beyoğlu/Taksim** (mindestens ein halber Tag)
- **Arkeoloji Müzesi** (Archäologisches Museum, mind. 2–3 Stunden)
- **Yerebatan Sarnıçı** (Yerebatan-Zisterne, ca. 1 Stunde)
- **Türk ve Islam Eserleri Müzesi** (Museum für türkische und islamische Kunst, ca. 2 Std.)
- **Dolmabahçe Sarayı** (Dolmabahçe-Palast, mind. 2 Stunden)
- **Mısır Çarşı** (Ägyptischer Basar, mindestens 1 Stunde)
- **Stadtteil Eyüp** (mindestens ein halber Tag)

Zusätzlich bei mittlerer Reisedauer (8–14 Tage):

- **Küçük Aya Sofya** (Kirche der Heiligen Sergius und Bachus, ca. 1 Stunde)
- **Sokullu Mehmet Paşa Camii** (Sokullu-Mehmet-Paşa-Moschee, 1 Stunde)
- **Rüstem Paşa Camii** (Rüstem-Paşa-Moschee, 1 Stunde)
- **Şehzade Camii** (Prinzenmoschee, ca. 1 Std.)
- **Teodos II. Suru** (Theodosianische Landmauer, mindestens ein halber Tag)
- **Stadtteile Fener/Balat/Fatih** (jeweils mindestens ein halber Tag)
- **Kadıköy/Üsküdar** (asiatische Seite, mindestens 1 Tag)
- **Kızıl Adalar** (Prinzeninseln, mindestens 1 Tag)
- **Sakıp Sabancı Müzesi** (ca. 2 Stunden ohne Anfahrt)
- **Bosporus-Ortschaften** (Ortaköy, Emirgan, Rumeli Hisarı, Beylerbeyi, Çengelköy etc., mit An- und Rückfahrt jeweils mindestens ein halber Tag, besser aber einen Tag rechnen)
- **Istanbul Modern Müzesi,** mindestens 2 Stunden

Inhalt

Vor der Reise

(unter Mitarbeit von *Elfi H. M. Gilissen*)

Praktische Reisetipps A–Z

Die Stadt und ihre Bewohner

Stadtteile und Wege

Karten/Stadtteilpläne

Auf die für den jeweiligen Kontext passenden Karten wird in den Kopfzeilen verwiesen.

Exkurse/Hintergründe

Vor der Reise

ista06-017a Foto: mf

ista06-017b Foto: mf

Straßenszene im Marktviertel von Kadıköy

Blick auf den Bahnhof Haydarpaşa

Sarıyer am Bosporus

Informationsstellen

In Deutschland

● **Informationsabteilung der Türkischen Botschaft,** Rungestr. 9, 10179 Berlin, Tel. 030-2143752 oder 2143852, Fax 2143952, berlin@goturkey.com.
● **Generalkonsulat der Republik Türkei, Kulturattaché,** Baselerstr. 35–37, 60329 Frankfurt, Tel. 069-233081/-82, Fax 232751, frankfurt@goturkey.com.

In Österreich

● **Informationsabteilung für Kultur und Fremdenverkehr der Botschaft der Republik Türkei,** Singerstr. 2/8, 1040 Wien, Tel. 01-5122128-29, Fax 5138326, wien@goturkey.com.

In der Schweiz

● **Kultur- und Informationsamt des Türkischen Generalkonsulats,** Stockerstr. 55, 8002 Zürich, Tel. 044-2210810-12, Fax 2121749, zurich@goturkey.com.

In Istanbul

Die **türkischen Fremdenverkehrsämter (Turizm Danışma)** vor Ort sind mit Karten, Veranstaltungstipps und -broschüren ausgerüstet. Hervorzuheben ist besonders das stark besuchte **Tourist Office in Sultanahmet,** dessen kompetente und freundliche Mitarbeiter stets bemüht sind, alle nur möglichen Fragen zu beantworten (englisch/deutsch).

Touristische Informationsstellen

● **In Sultanahmet:** Turizm Danışma (Tourist Office), Divan Yolu 3 (am Sultanahmet Meydanı in einem kleinen Pavillon), tgl. 9–17 Uhr, Tel. 0212-5188754, Fax 0212-5181802.
● **Am Atatürk Havalimanı (Atatürk-Flughafen** auf europäischer Seite, Ankunftshalle): Tourist Office, 24-Stunden-Service, Tel. 0212-5734136, Tel./Fax 0212-6630793.

● **Am Flughafen Gökçen Sabiha** (asiatische Seite): Tourist Info, zu Ankunftszeiten offiziell besetzt, aber in der Nacht oft vakant, Tel. zentrale Vermittlung 0216-5855000.
● **In Taksim/Beyoğlu:** Tourist Office in der Einfahrt zum Hilton Hotel, Cumhuriyet Cad. (nördlich des Taksim-Platzes Richtung Harbiye), tgl. 9–17 Uhr, Tel. 0212-2330592, Fax 0212-2456876.
● **Bahnhof Sirkeci:** Tourist Info, tgl. 9–17 Uhr, Tel. 0212-5115888, seit Ausbleiben der meisten internationalen Züge eine selten besuchte, aber freundliche Tourist-Info.
● **In Karaköy:** Tourist Info, Yolcu Salonu (internationaler Terminal im Hafen von Karaköy), Kemankeş Cad., Mo bis Sa 9–17 Uhr, Tel. 0212-2495776; nicht gerade ein Infohit ...

Deutschsprachige Kulturinstitute

● **Goethe-Institut** (Alman Kültür Merkezi), Yeniçarşı Cad. 52 (in Beyoğlu nahe Galatasaray Lisesi), Tel. 0212-2492009/2494582, Fax 0212-2525214, www.goethe.de/om/ist/de/index.htm.
● **Österreichisches Kulturinstitut** (Avusturya Kültür Merkezi), Köybaşı Cad. 46 (in Yeniköy, siehe „Ausflüge"), Tel. 0212-2237843.

Die Institute informieren nicht nur über kulturelle Veranstaltungen, sie organisieren als Kulturvermittler auch selbst Feste, Musikveranstaltungen und Lesungen mit meist deutschsprachigem Hintergrund. Sie sind gute Anlaufstationen bei Langzeitaufenthalten, um über deutschsprachige Kontakte Infos aus Insider-Perspektive zu bekommen (beide verfügen zudem über Bibliotheken).

Eine ähnliche Funktion erfüllt auch die alteingessessene **Deutsche Buchhandlung Mühlbauer** (Alman Kitab Evi), Istiklal Cad. 237 (siehe „Südlich und nördlich von Taksim"). Das „Info-Brett" der einzigen deutschen Buchhandlung Istanbuls, die natürlich über viele einschlägige wissenschaftliche und belletristische Türkei/Istanbul-Bücher in deutscher Sprache verfügt, wird gerne als Kontaktbörse für Sprachunterricht, Wohnungssuche oder auch Jobs benutzt (siehe dazu auch das folgende Kapitel: „Istanbul im Internet").

Die Türkei im Überblick und Vergleich

- **Landesfläche:** Türkei 779.452 km² (davon Asien 755.688 km², Europa 23.764 km²), Deutschland 357.104 km²

- **Einwohner:** Türkei 73,9 Mill. (Weltposition 17); Deutschland 82,3 Mill. (Weltposition 12); Einwohner pro km²: Türkei 95; Deutschland 230; Hauptstadt der Türkei: Ankara (ca. 4,8 Mill. Einwohner)

- **Bevölkerungswachstum** (zwischen 2000 und 2009): Türkei 1,5%, Deutschland 0%

- **Urbanisierung:** Türkei 66%; Deutschland 88%

- **CO²-Emissionen je Einwohner** (2007): Türkei 4 Tonnen, Deutschland 9,6 Tonnen

- **Energieverbrauch je Einwohner** (2007–2009): Türkei 1232 kg ÖE, Deutschland 3894 kg ÖE (ÖE = Öleinheiten, 1 kg ÖE = 42.000 Kilojoule)

- **Alphabetisierung** (2005–2009): Türkei 96% (Männer), 85% (Frauen), Deutschland über 99% (Männer und Frauen)

- **Bruttonationaleinkommen** (BNE, vormals Bruttosozialprodukt) pro Kopf und Jahr (2009): Türkei 8720 US-$, Deutschland 42.430 US-$; Anstieg des BNE 2010: Türkei 8,9%, Deutschland 3,6%, Istanbuls Anteil am türkischen BNE ca. 40%

- **Inflation** (2010): Türkei 8,6%, Deutschland 1,1%

- **Arbeitslosigkeit** (2010): Türkei 10,7%, Deutschland 7,7%

- **Größte Stadt der Türkei: Istanbul** (offiziell 13,2 Mill. Einw., geschätzt ca. 15 Mill. Einw.; Ausdehung: 1539 km²); größte Stadt Deutschlands: Berlin (3,4 Mill. Einw.); Bürgermeister Istanbuls: *Mimar Kadır Topbaş* (von der islamisch-konservativen AKP-Partei); Istanbul-Stadt: 27 Stadtbezirke (9 Asien, 18 Europa), Istanbul-Provinz: 32 Bezirke

- **Staatsform:** Parlamentarische Republik

- **Ethnien:** Türken 92%, Kurden 6,2%, Araber 1,4%, Sonstige 0,4%

- **Religion:** Muslime 99,8% (80% Sunniten, 19,8% Aleviten), Christen und Juden 0,2%

- **Sprachen:** Türkisch, Kurdisch

- **Währung:** 1 Neue Türkische Lira (YTL) = 100 Kuruş (1 Euro = 2,3 YTL, März 2012)

- **Durchschnittliche Lebenserwartung** (Jahre): Männer 69, Frauen 73; in Deutschland: Männer 76, Frauen 82

- Die Türkei im **Internet: www.goturkey.com**

Istanbul im Internet

Für **allgemeine Informationen** über Istanbul stehen mehrere Internet-Adressen zur Verfügung.

● **www.ibb.gov.tr,** die offizielle Internetseite der Stadt Istanbul (Türkisch wie Englisch); viele aktuelle Infos, darunter Tages- und Kulturnachrichten u.v.a.
● **www.istanbul.org** bietet eine englischsprachige Plattform, die aber (zumindest gegenwärtig) wenig Informationen enthält.
● Besser sind da schon die englischsprachigen Websites **www.istanbul.com** bzw. **www.exploreistanbul.com,** die Infos über Hotels, Restaurants, Sehenswürdigkeiten usw. liefern; vor allem letztere ist breit und aufwendig gestaltet.
● Wer sich im Internet auf Hotelsuche begeben will, findet in diesem Reiseführer bei allen Hotels, die eine Website haben, den entsprechenden Link; darüber hinaus kann die Internet-Adresse **www.istanbulshotels.com** besucht werden.

● Unter **www.iett.gov.tr** werden Straßenbahn- und Buslinien (nur türkisch!) präsentiert.
● Die Veranstaltungsinfos für Musik- und Theateraufführungen wie auch Festivals sind auf **www.istfest.org** und **www.biletix.com** zu finden. Der erste Link bezieht sich auf die Festivals der Stadt (siehe auch „Festivals und Events"). Vor allem die letztgenannte Seite bietet die Möglichkeit, nahezu alle aktuellen Veranstaltungen im Überblick zu sehen und online zu buchen (englisch).
● **www.timeout.com/istanbul** ist ein beliebtes Portal für Restaurants, Clubs, Musikveranstaltungen, Theater und Sehenswürdigkeiten in Istanbul (auf Englisch); gleiches gilt für **www.theguideistanbul.com,** dessen Link neben Restaurants, Nightlife usw. auch eine Liste der Aktivitäten für Kinder enthält (ebenfalls auf Englisch); **www.istanbulevent.com** enthält eine chronologisch aufgeführte Liste von Kongressen, Festivals und Musikveranstaltungen.
● Für kulturelle und politische Hintergrundinformationen bietet sich das Internet-Magazin Istanbul Post an: **www.istanbulpost.net** (deutschsprachig).
● **www.byegm.gov.tr/docs/turkiye2010/germany/index.htm,** allgemeine Präsentations- und Informationsseite der Türkei mit Schwerpunkt Wirtschaft, Geschichte, sozial-demografische Informationen sowie geografischen Überblick.
● Sehr zu empfehlen ist auch der Besuch von **www.mymerhaba.com/de/main/index.asp** (deutschsprachig, auf Flagge klicken!), ein Internetportal für Ausländer in der Türkei, das breite Informationen über alle wichtigen Bereiche zur Verfügung stellt; praktische Informationen (z.B. Arztadressen, Arbeitsvoraussetzungen) wie auch touristische Infos (Kulturkalender).
● In den Kapiteln zu den touristischen Zentren von Sultanahmet und Beyoğlu sind in diesem Buch Tipps für **Internet-Cafés** zu finden; sie sind in Istanbul zahlreich vertreten und relativ preisgünstig.

Laleli Camii (Tulpenmoschee)

Diplomatische Vertretungen

In Deutschland

- **Türkische Botschaft,** Rungestr. 9, 10179 Berlin, Tel. 030-275850, Fax 27590915, www. berlin.be.mfa.gov.tr (Informationsseite der türkischen Botschaft in Berlin mit Kontaktadressen, Öffnungszeiten und Telefonnummern sowie allgemeine Informationen zu einer Türkeireise). Generalkonsulate in vielen deutschen Großstädten.

In Österreich

- **Türkische Botschaft,** Prinz-Eugen-Str. 40, 1040 Wien, Tel. 01-50573380, Fax 5053660.

In der Schweiz

- **Türkische Botschaft,** Lombachweg 33, 3000 Bern 15, Tel. 031-3597070, Fax 352 8819, www.bern.emb.mfa.gov.tr.

Weitere diplomatische Vertretungen und **aktuelle Reisehinweise** zu allen Transitländern neben Hinweisen zur allgemeinen Sicherheitslage nennen bzw. erteilen:

- **Deutschland:** www.auswaertiges-amt.de (Reise & Sicherheit), Tel. 03018-17-2000, Fax 03018-17-51000.
- **Österreich:** www.bmeia.gv.at (Bürgerservice), Tel. 05-01150-4411, Fax 05-01159-0 (05 muss immer vorgewählt werden).
- **Schweiz:** www.dfae.admin.ch (Vertretungen), Tel. 031-3238484.

Hinweis: Da sich die **Einreisebedingungen kurzfristig ändern** können, raten wir, sich kurz vor der Abreise unter den genannten Internetadressen oder bei der jeweiligen Botschaft über den aktuellen Stand zu informieren.

Zu den **Konsulaten** Deutschlands, Österreichs und der Schweiz **in Istanbul** siehe im Kapitel „Notfälle".

Ein- und Ausreisebestimmungen

Deutsche und Schweizer benötigen bei der Einreise über einen **Flughafen** lediglich den **Personalausweis;** man erhält einen losen Zettel mit dem Einreisestempel, der bei der Ausreise wieder vorgelegt werden muss. Reist man aber **über Land** ein (z.B. mit dem Zug oder Auto), ist ein **Reisepass** vonnöten (dann Stempel im Pass). Deutsche und Schweizer, die länger als drei Monate bleiben wollen, brauchen ein Visum.

Österreicher benötigen den **Reisepass** und ein **Visum** (ca. 10 Euro), das am Flughafen erteilt wird.

Kinder unter 16 Jahren müssen einen Lichtbildausweis (mit Foto) besitzen oder aber im Pass der Eltern eingetragen sein.

Den Ausweis bzw. Pass sollte man stets bei sich tragen, um sich bei etwaigen **Kontrollen** ausweisen zu können.

Der **Verlust** der Dokumente ist sofort der Polizei (Protokoll) und dem entsprechenden Konsulat zu melden; dort erhält man dann einen Ersatzausweis. Ersatzpassbilder und andere Dokumente (z.B. Führerschein), mit denen man sich in diesem Fall ausweisen kann, erleichtern die unangenehme Prozedur.

Wer **mit eigenem Pkw** in die Türkei einreist, benötigt Reisepass, EU-Führerschein sowie eine Grüne Versicherungskarte. Bei Weiterfahrt in den asiatischen Teil der Türkei sollte man sich bei der heimischen Versicherung vergewissern, dass die Versicherungskarte auch dort gilt. Der Wagen wird beim Grenzübertritt in den Reisepass eingetragen; bei der Ausreise sollte man darauf achten, dass der Passvermerk ungültig gemacht wird.

Zollbestimmungen

Türkei

Gegenstände und Artikel für den persönlichen Bedarf dürfen **zollfrei eingeführt** werden. Allerdings sollte man besonders wertvolle Gegenstände (z.B. kostbaren Schmuck, den hypermodernen Laptop usw.) bei der Einreise in den Pass eintragen lassen, um sich nicht beim Verlassen des Landes etwaigen Nachfragen und Unannehmlichkeiten gegenüber zu sehen. Ansonsten dürfen 200 Zigaretten bzw. 50 Zigarren, 200 Gramm Tabak, 5 Liter Spirituosen, 5 Flaschen Parfüm (jeweils 120 ml) und Geschenke bis zu einem Wert von 250 Euro zollfrei eingeführt werden.

Streng **verboten** ist die Einfuhr von Waffen, Pornografie und natürlich Rauschmitteln bzw. Drogen.

Bei der **Ausreise** müssen für neue Teppiche die Rechnung, für alte Teppiche oder ähnlich wertvolle ältere Gegenstände Bescheinigungen einer Museumsleitung vorgelegt werden. Die Ausfuhr von anerkannten Antiquitäten ist streng untersagt und zieht empfindliche Strafen nach sich.

Deutschland, Österreich, Schweiz

Bei der Rückeinreise gibt es auch auf europäischer Seite Freigrenzen, Verbote und Einschränkungen. Folgende **Freimengen** darf man zollfrei einführen in die EU und die Schweiz:

- **Tabakwaren** (für Personen ab 17 Jahren): 200 Zigaretten oder 100 Zigarillos oder 50 Zigarren oder 250 g Tabak oder eine anteilige Zusammenstellung dieser Waren.
- **Alkohol** (für Personen ab 17 Jahren) **in die EU:** 1 l Spirituosen (über 22 Vol.-%) oder 2 l Spirituosen (unter 22 Vol.-%) oder eine anteilige Zusammenstellung dieser Waren, und 4 l nicht-schäumende Weine, und 16 l Bier; **in die Schweiz:** 2 l bis 15 % Vol. und 1 l über 15 Vol.-%.
- **Andere Waren** (in die EU): 10 Liter Kraftstoff im Benzinkanister; für See- und Flugreisende bis zu einem Warenwert von insgesamt 430 €, über Land Reisende 300 €, alle Reisende unter 15 Jahren 175 € (bzw. 150 € in Österreich); (in die Schweiz): neuangeschaffte Waren für den Privatgebrauch bis zu einem Gesamtwert von 300 SFr. Bei Nahrungsmitteln gibt es innerhalb dieser Wertfreigrenze auch Mengenbeschränkungen.

Wird die Wertfreigrenze überschritten, sind **Einfuhrabgaben** auf den Gesamtwert der Ware zu zahlen und nicht nur auf den die Freigrenze übersteigenden Anteil. Die Berechnung erfolgt entweder pauschal oder nach dem Tarif jeder einzelnen Ware zuzüglich sonstiger Steuern.

Einfuhrbeschränkungen bestehen u.a. für Tiere, Pflanzen, Arzneimittel, Betäubungsmittel, Feuerwerkskörper, Lebensmittel, Raubkopien, verfassungswidrige Schriften, Pornografie, Waffen und Munition; in Österreich auch für Rohgold und in der Schweiz auch für CB-Funkgeräte.

Nähere Informationen

- **Deutschland:** www.zoll.de oder unter Tel. 0351-44834510.
- **Österreich:** www.bmf.gv.at oder unter Tel. 01-51433564053.
- **Schweiz:** www.ezv.admin.ch oder unter Tel. 061-2871111.

Klima und Reisezeit

Istanbul ist als Weltstadt ganzjährig ein Reiseziel. Klimatisch ist die **beste Reisezeit** der **Frühling** (April bis Anfang Juni), wenn die Stadt aus ihrem grauen Winterschlaf erwacht und alles in Blüte steht; die Festivalsaison beginnt und das internationale Publikum erobert wieder die Straßen und Cafés von Beyoğlu und Sultanahmet. Die Regentage sind nun seltener und die Temperaturen andererseits noch nicht so hoch, dass die Fußmärsche schweißtreibende Angelegenheiten werden. Wer zudem noch die Osterzeit (Ferienzeit) sowie die im Mai durch Feiertage verursachten langen Wochenenden vermeiden kann, wird eine impulsive, aber nicht von Touristen überfüllte Stadt genießen können.

Im **Sommer** können die Temperaturen bis auf Spitzenwerte von 35 Grad ansteigen; die Häuserschluchten der Stadt und die Abgase des Autoverkehrs machen sich dann als zusätzliche Wärmefaktoren bemerkbar, Spaziergänge und auch Busfahrten können recht anstrengend werden. Bringt dann noch der **Lodos-Wind** aus Südwesten feuchtheiße Luft heran, laufen abends die Duschen der Stadt auf Hochtouren, und in den kleineren Hotels oder auch ganzen Stadtteilen kann sich **Wasserknappheit** bemerkbar machen. Wirken sich die hohe Luftfeuchtigkeit und Hitze tagsüber ermüdend und lähmend aus, so erwacht die Stadt abends am Bosporus zum sommerlichen **Nachtleben:** Die Teegärten, Restaurants, Open-Air-Cafés und Bars sind voll und haben Hoch-

saison. Der beste Platz ist dabei nahe am Wasser, wo immer eine leichte, erfrischende Brise weht. Außerdem beginnt ab Juni die Badesaison, sodass sich Ausflüge auf die Prinzeninseln oder zum Schwarzen Meer anbieten (Wochenende vermeiden!).

Neben dem Frühling stellt der **Herbst** klimatisch die zweitbeste Jahreszeit dar. Die Temperaturen sind angenehm, das Wasser noch relativ warm, aber die fri-

Kinder im traditionellen Stadtviertel Fener

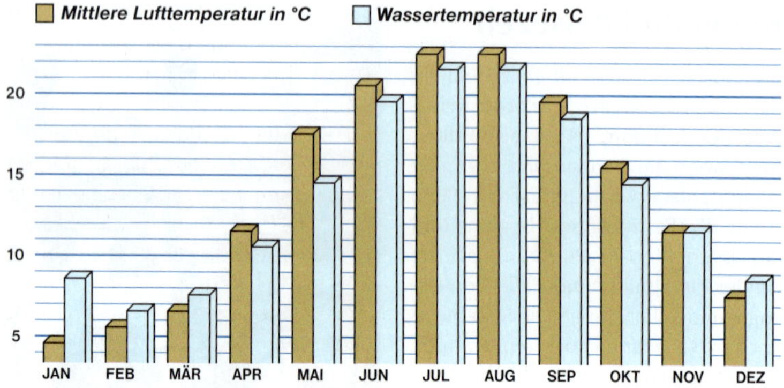

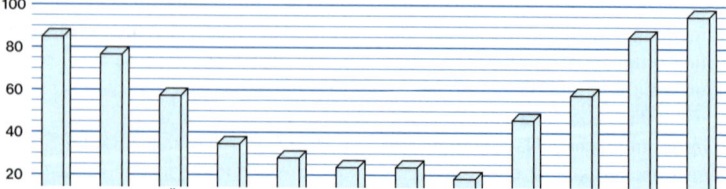

■ Mittlere Lufttemperatur in °C   □ Wassertemperatur in °C

Sonnenstunden pro Tag

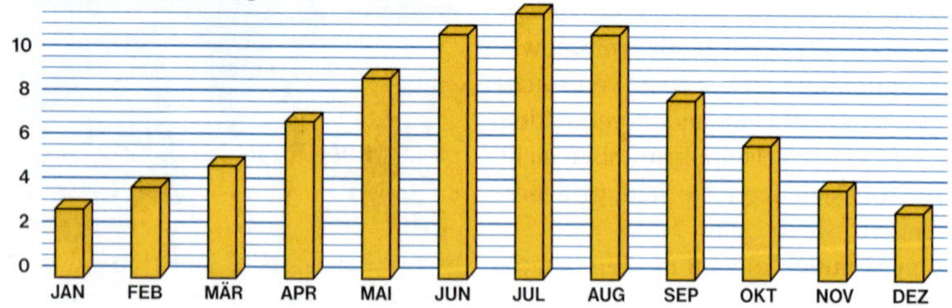

Regentage

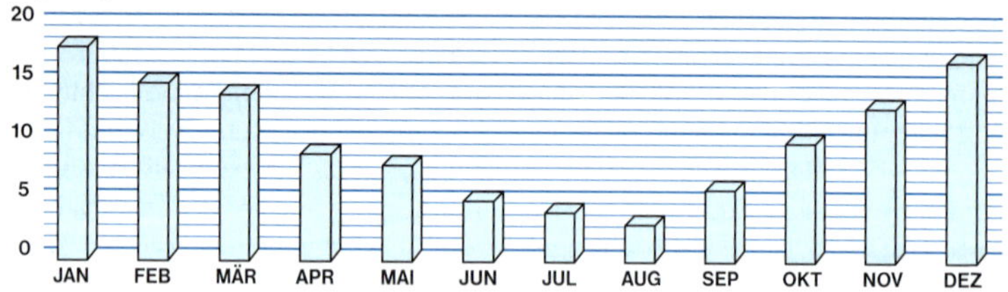

Regenmenge in mm

sche Farbenpracht des Frühlings ist durch die sommerliche Hitze einem trockenen, verbrauchten Vegetationskleid gewichen. In den europäischen Herbstferien wird Istanbul noch mal recht „voll", bevor danach endgültig die Nebensaison beginnt.

Der **Winter** ist die graue, manchmal auch weiße Jahreszeit der Stadt. Fällt Schnee – und das passiert für einige Tage eigentlich jeden Winter –, so bieten die puderweißen Moscheen und Kirchen ein durchaus reizvolles Bild. Trotzdem sollte sich der Tourist auf ein weitgehend graues, kühl-nasses Winterwetter einstellen, das von gelegentlichen Sonnentagen aufgelockert wird. Die Straßencafés sind geschlossen, alles zieht sich ins Innere zurück, und die sonst so dynamische, lebensfreudige Atmosphäre der Stadt geht in einen fast depressiven, rauchig-nebligen Winterschlaf über. Die im Sommer geschätzten **Bosporus-Winde** können nun kalte Einbrüche bringen, wobei die gefühlte Temperatur weit unter der tatsächlichen liegen kann. Dies gilt vor allem für den kalten **Poyraz-Wind,** der „Gegenspieler" des oben genannten Lodos; er bringt vom Balkan und Norden kalte Luft heran. Der Vorteil für die wenigen

Besucher: Fast alle Hotels sind mehr oder weniger unterbesetzt und bieten satte Preisnachlässe (handeln!).

Generell gilt, dass die **europäischen Ferienzeiten** (Oster-, Sommer- und Herbstferien) als touristische **Hochsaison** entsprechende Preise bei Unterkunft und Flug nach sich ziehen; zu diesen Zeiten wie auch für den oben erwähnten Mai mit seinen Feiertagen und Kurzurlaubern ist eine Reservierung sinnvoll.

Kleidung und Utensilien

Je nach Reisezeit wird die Zusammenstellung des Koffers anders aussehen: im Sommer leichte Baumwollsachen und -shirts, im Winter warme und wetterfeste Kleidung. Auch für die kühlen Frühlings- und Herbstabende gehört eine wärmende Jacke ins Gepäck, bequeme und strapazierfähige Schuhe erleichtern die Erforschung des Istanbuler Großstadtpflasters.

Beim **Besuch von Moscheen** sollten Oberarme und Schultern bedeckt sein, Röcke mindestens Knielänge haben. Kurze Hosen bzw. Shorts wie auch figurbetonte, ärmellose Shirts sind in der Moschee für Männer wie Frauen unangebracht. Von den Damen wird außerdem erwartet, dass sie ihr Haar durch ein Kopftuch bedecken; zwar verteilen die großen Touristenmoscheen am Eingang schon selber Kopftücher, bei kleineren Moscheen kann dieser Service aber nicht erwartet werden (also besser ein Tuch in der Tasche haben). Schuhe sind vor der Moschee auszuziehen; da christliche Besucher – anders als die Muslime – vor dem Besuch kaum eine Fußwaschung vornehmen werden und vielleicht schon einige Kilometer gelaufen sind, empfiehlt sich auch das Mitnehmen leichter Socken in der Umhängetasche; barfuß und ungewaschen durch die Moschee zu schlurfen, gehört nicht zum feinen Stil.

Spezifische Hygieneartikel oder Medikamente wie z.B. Kontaktlinsenflüssigkeit bzw. -reinigungsmittel sollte man von zu Hause mitbringen; ansonsten sind alle gängigen Hygiene- und Apothekenprodukte billiger in der Türkei zu bekommen.

Wer seinen Fön oder Elektrorasierapparat mitnimmt und dann in einem billigen alten Hotel absteigt, muss evtl. einen **Adapter** mitbringen oder dort kaufen; zwar werden die alten Steckdosen immer seltener, aber in besonders einfachen und nicht renovierten Häusern kommen sie gelegentlich noch vor.

Buchtipps:
Zum Thema Gesundheit bzw. Krankheiten auf Reisen hat REISE KNOW-HOW nützliche Ratgeber im Programm:
● Dr. Dürfeld, Dr. Rickels
**Selbstdiagnose und
-behandlung unterwegs**
● Armin Wirth
**Erste Hilfe unterwegs
effektiv und praxisnah**

Gesundheitsvorsorge

Reise-Gesundheitsinformationen
zu Istanbul/Türkei auch im Anhang.

Für die Reise nach Istanbul sind **weder Impfungen noch eine spezielle Reiseapotheke erforderlich.** Besondere persönliche Medikamente sollten von daheim in ausreichender Menge mitgebracht werden. Ansonsten gilt, dass in einer **türkischen Apotheke (Eczane)** alle gängigen Mittel wie beispielsweise Kopfschmerz- oder Magentabletten weitaus billiger zu bekommen sind als in Mitteleuropa; nicht wenige Reisende nutzen den Aufenthalt, um ihre Aspirin- oder sonstigen Arzneivorräte günstig aufzufüllen. Auf keinen Fall vergessen sollte man eine **Sonnencreme** mit hohem Schutzfaktor.

Die Kosten für eine ärztliche Behandlung in der Türkei werden von den gesetzlichen Krankenversicherungen in Deutschland und Österreich nicht übernommen, daher ist der **Abschluss einer privaten Auslandskrankenversicherung** unverzichtbar. Bei Abschluss der Versicherung – die es mit bis zu einem Jahr Gültigkeit gibt – sollte auf einige Punkte geachtet werden. Zunächst sollte ein **Vollschutz ohne Summenbeschränkung** bestehen, im Falle einer schweren Krankheit oder eines Unfalls sollte auch der **Rücktransport** übernommen werden, denn der Krankenrücktransport wird von den gesetzlichen Krankenkassen nicht bezahlt. Diese Zusatzversicherung bietet sich auch über einen **Automobilklub** an, insbesondere wenn man bereits Mitglied ist. Diese Versicherung bietet den Vorteil billiger Rückholleistungen (Helikopter, Flugzeug) in extremen Notfällen. Wichtig ist auch, dass im Krankheitsfall der Versicherungsschutz über die vorher festgelegte Zeit hinaus automatisch verlängert wird, wenn die Rückreise nicht möglich ist.

Zur **Erstattung der Kosten** benötigt man ausführliche Quittungen (mit Datum, Namen, Bericht über Art und Umfang der Behandlung, Kosten der Behandlung und Medikamente).

Schweizer sollten bei ihrer Krankenversicherungsgesellschaft nachfragen, ob die Auslandsdeckung auch für die Türkei gilt. Sollte man keine Krankenversicherung mit Auslandsdeckung haben, kann man sich kostenlos bei Soliswiss (Gutenbergstr. 6, 3011 Bern, Tel. 031-3810494, www.soliswiss.ch) nach einem attraktiven Krankenversicherer informieren.

Behinderte auf Reisen

Nein, man kann nicht behaupten, dass die Stadt der sieben Hügel mit ihrem chaotischen Verkehr, ihren teilweise hohen oder extrem engen Bordsteinen und den zumeist auf „normale" Klientel beschränkten Toiletten eine behindertengerechte Stadt sei. Nur wenige Tophotels und Museen sind auf Menschen eingestellt, die in irgendeiner Weise in ihrer Bewegung eingeschränkt sind. Wer dennoch – verständlicherweise – nicht auf den Besuch einer der schönsten Städte der Welt verzichten will, kann sich unter den folgenden Adressen um **Unterstützung bzw. Organisationshilfe** für die Reise erkundigen:

● **Bundesverband Selbsthilfe Körperbehinderter e.V.,** Altkrautheimer Str. 20, 74238 Krautheim, Tel. (Reiseabteilung) 06294-4281-50, Fax 4281-59, www.reisen-ohne-barrieren.eu.

● **Grabo-Tours Reisen e.K.,** Rennweiler Str. 5, 66903 Ohmbach, Tel. 06386-7744, Fax 7717, www.grabo-tours.de.

ist12-001 Foto: mf

Kinder in Fener

Anreise

Mit dem Flugzeug

Die meisten Reisenden werden mit Sicherheit per Flugzeug nach Istanbul reisen. Nonstop-Verbindungen nach Istanbul bestehen von allen größeren Flughäfen in Deutschland, Österreich und der Schweiz mit Lufthansa, Turkish Airlines, Swiss und Austrian Airlines. Von Frankfurt fliegt man knapp **3 Stunden.** Daneben gibt es eine Reihe von Umsteigeverbindungen über europäische Hauptstädte, die zwar billiger sein können als die Nonstop-Flüge, bei denen man aber auch eine längere Flugdauer einkalkulieren muss. Diese sind mit den oben genannten Fluggesellschaften von anderen Flughäfen im deutschsprachigen Raum möglich, aber auch z.B. mit Air France über Paris, mit Alitalia über Rom, mit KLM über Amsterdam oder mit LOT über Warschau.

Flugpreise

Ein Economy-Ticket von Deutschland, Österreich und der Schweiz hin und zurück nach Istanbul bekommt man je nach Jahreszeit und Aufenthaltsdauer **ab knapp über 100 Euro** (inkl. aller Steuern, Gebühren und Entgelte). Am teuersten ist es in der Hauptsaison im Juli und August, in der die Flugpreise auf über 400 Euro steigen können.

Kinder unter zwei Jahren fliegen ohne Sitzplatzanspruch für 10% des Erwachsenenpreises, ansonsten werden für ältere Kinder die regulären Preise je nach Airline um 25–50% ermäßigt. Ab

dem zwölften Lebensjahr gilt der Er-
wachsenentarif.

Buchung

Bei der Buchung von Linienflügen
gilt: Vergünstigte Spezialtarife und be-
fristete Sonderangebote kann man nur
bei wenigen Fluggesellschaften in ihren Büros oder direkt auf ihren Websites buchen; diese Angebote sind jedoch immer bei Spezialreisebüros wie
u.a. Jet-Travel in Hennef (Tel. 02242/

Ansichten ...

... vom Bosporus

868606, www.jet-travel.de) erhältlich,
die uns die hier genannten Informationen zur Anreise per Flugzeug zur Verfügung gestellt haben.

Billigfluglinien

Preiswerter geht es mit etwas Glück,
wenn man bei einer Billigairline **sehr
früh online bucht.** Es werden keine Tickets ausgestellt, sondern man bekommt nur eine Buchungsnummer per
E-Mail. Zur Bezahlung wird in der Regel
eine Kreditkarte verlangt, was mit einem Preisaufschlag verbunden ist. Im
Flugzeug gibt es oft keine festen Sitz-
plätze, sondern man wird meist schub-
weise zum Einstieg aufgerufen, um Gedränge zu vermeiden. Verpflegung wird
extra berechnet, bei einigen Fluggesell-

schaften auch aufgegebenes Gepäck. Für Istanbul interessant sind folgende Airlines, die den Flughafen Sabiha Gökçen auf der asiatischen Seite anfliegen (siehe auch „Verkehrsmittel"):

●**Easy Jet,** www.easyjet.com
Ab Basel-Mühlhausen-Freiburg.
●**Germanwings,** www.germanwings.com
Ab Köln/Bonn und Stuttgart nonstop, ab vielen anderen deutschen Flughäfen sowie ab Zürich und Wien über Köln/Bonn oder Stuttgart.
●**Pegasus Airlines,** www.flypgs.com
Ab mehreren deutschen Flughäfen sowie Basel, Wien und Zürich.
●**Sunexpress,** www.sunexpress.com
Nach Istanbul von mehreren deutschen Flughäfen sowie ab Zürich und Wien.

Last-Minute

Wer sich erst im letzten Augenblick für eine Reise nach Istanbul entscheidet oder gern pokert, kann Ausschau nach Last-Minute-Flügen halten, die von einigen Airlines mit deutlicher Ermäßigung ab etwa **14 Tage vor Abflug** angeboten werden, wenn noch Plätze zu füllen sind. Diese Last-Minute-Flüge lassen sich nur bei Spezialisten buchen:

●**L'Tur,** www.ltur.com, Tel. 00800-21212100 (gebührenfrei für Anrufer aus Europa); 165 Niederlassungen europaweit.

●**Lastminute.com,** www.lastminute.de, (D-)Tel. 01805-777257 (0,14 €/Min.).
●**5 vor Flug,** www.5vorflug.de, (D-)Tel. 01805-105105 (0,14 €/Min.), (A-)Tel. 0820-203-085 (0,145 €/Min.).
●**Restplatzbörse,** www.restplatzboerse.at, (D-)Tel. 0991-29679653, (A-)Tel. 01-580850.

Mini-„Flug-Know-how"

●**Check-in:** Ohne einen gültigen **Reisepass oder Personalausweis** kommt man nicht an Bord (das gilt auch für Flüge innerhalb Deutschlands und Europas). Bei den innereuropäischen Flügen muss man **mindestens 1 Stunde vor Abflug** am Schalter der Airline eingecheckt haben. Viele Airlines neigen zum Überbuchen, d.h. sie buchen mehr Passagiere ein, als Sitze im Flugzeug vorhanden sind, und wer zuletzt kommt, hat dann möglicherweise das Nachsehen.
●**Das Gepäck:** In der Economy-Class darf man in der Regel nur **Gepäck bis zu 23 kg pro Person** einchecken (steht auf dem Flugticket) und zusätzlich ein **Handgepäck von 7 kg** in die Kabine mitnehmen, welches eine Größe von 55 x 40 x 23 cm nicht überschreiten darf. In der Business Class sind es meist 30 kg pro Person und zwei Handgepäckstücke, die insgesamt nicht mehr als 12 kg wiegen dürfen. Man sollte sich beim Kauf des Tickets über die Bestimmungen der Airline informieren.

Flüssigkeiten oder vergleichbare Gegenstände in ähnlicher Konsistenz (z.B. Getränke, Gels, Sprays, Shampoos, Cremes, Zahnpasta, Suppen, Käse) dürfen nur in der Höchstmenge von jeweils 0,1 Liter als Handgepäck mit ins Flugzeug. Die Flüssigkeiten müssen in einem durchsichtigen, wiederverschließbaren Plastikbeutel transportiert werden, der maximal einen Liter Fassungsvermögen hat. Da sich diese Regelungen ständig ändern, sollte man sich beim Reisebüro oder der Fluggesellschaft nach dem derzeit gültigen Stand erkundigen.

Prunk im Dolmabahçe-Palast

Aus Sicherheitsgründen dürfen **Taschenmesser, Nagelfeilen, Nagelscheren,** sonstige Scheren und Ähnliches nicht mehr im Handgepäck untergebracht werden. Diese Gegenstände sollte man unbedingt im aufzugebenden Gepäck verstauen, sonst werden sie bei der Sicherheitskontrolle weggeworfen. Darüber hinaus gilt, dass Feuerwerke, leicht entzündliche Gase (in Sprühdosen, Campinggas), entflammbare Stoffe (in Benzinfeuerzeugen, Feuerzeugfüllung) etc. nichts im Passagiergepäck zu suchen haben.

Mit der Bahn

Die glorreichen Zeiten des Orientexpress sind längst vorbei, aber **Freunde des gemächlichen Reisens** können auch heute noch den Bosporus per Bahn erreichen – wenn sie etwas Zeit und auch etwas mehr Geld als für den Billig-Flug mitbringen.

Die direkte Fahrt durch den Balkan dauert von Frankfurt rund **45 Stunden,** wobei einmal in Wien und ein weiteres Mal in Belgrad oder Sofia umgestiegen wird. Andere Verbindungen mit ungefähr der gleichen Gesamt-Fahrzeit bestehen auch über die Strecken Wien – Budapest – Bukarest oder München – Lubljana – Zagreb – Belgrad.

Reizvoll kann diese Reiseart auch dadurch sein, dass es problemlos möglich ist, die **Fahrt unterwegs** zu **unterbrechen** und so „en passant" auch noch andere Städte zu besuchen.

Die Züge bieten **unterschiedliche Komfort-Klassen,** vom Sitz- über Liege- bis zum Schlafwagen ist alles dabei. Speisewagen sind eher selten, nur einzelne Züge führen sie auf Teilstrecken mit. Die beteiligten Bahnen setzen mittlerweile fast durchgehend **moderne** Neubau-Waggons ein, weshalb man bestimmten Schreckensberichten aus Zeiten des Balkan-Krieges nicht unbedingt Glauben schenken sollte. Auch Gerüchte über besondere kriminelle Aktivitäten in den Zügen haben keine Grundlage.

Wichtig: Wegen anstehender Bauarbeiten für den neuen Eisenbahn-Tunnel unter dem Bosporus wird ab Mitte 2012 mit einer **Unterbrechung der Bahnstrecke für mehrere Monate** gerechnet. Fahrgäste werden ab der Bulgarisch-Türkischen Grenze mit Ersatzbussen befördert.

Normalerweise ist jedoch die einfache Fahrt ab einem beliebigen deutschen Ausgangsort bei frühzeitiger Buchung schon für deutlich unter **200 Euro** zu bekommen. Allerdings sollte man sich dabei nicht unbedingt an einen Schalter der Deutschen Bahn begeben, wo die Angestellten nur allzu häufig an der großen Vielfalt von Ermäßigungsmöglichkeiten scheitern und oft auch nicht in der Lage sind, die nötigen Reservierungen vorzunehmen. Online eine solche Fahrt zu buchen ist gänzlich unmöglich.

Wer sich nicht selbst durch den Dschungel der Bahntarife und Fahrpläne schlagen und trotzdem Geld sparen will, erhält bei einer spezialisierten Bahn-Agentur kompetente Beratung – und auf Wunsch die Tickets an jede gewünschte Adresse in Europa geschickt. Die hiergenannten Informationen wurden uns von der Freiburger Bahn-Agentur Gleisnost zur Verfügung gestellt (www.gleisnost.de, Tel. 0761-383031).

Ein **Transitvisum** für Serbien bzw. Bulgarien ist **nicht** mehr **nötig;** auch für Serbien reicht seit 2010 die Vorlage eines **Personalausweises.**

Mit dem Bus

Die **Deutsche Touring (Eurolines),** das größte und hinsichtlich des Streckennetzes umfassendste internationale Linienbusunternehmen, unterhält von Dortmund, Düsseldorf, Duisburg, Essen, Frankfurt/Main, Karlsruhe, Köln, Mannheim, München, Nürnberg, Stuttgart und Ulm Verbindungen nach Istanbul. Aktuelle Infos: Tel. 069-790350 oder www.deutsche-touring.com. Den Kauf des Tickets und Reservierungen kann man in DTG-Ticket-Centern in 14 deutschen Städten sowie in DER-Reisebüros und den Reisezentren der Deutschen Bahn vornehmen vornehmen sowie online unter www.gleisnost.de/bus.

Die Fahrt **von München** über Österreich, Slowenien, Kroatien, Serbien und Bulgarien dauert **ca. 36 Stunden** und endet am europäischen Busbahnhof von Istanbul, Esenler (von dort Metro-Anschluss, siehe „Ankunft").

Preise: Die einfache Fahrt kostet ab München rund 100 Euro, hin und zurück etwa 160 Euro (Köln 130/190 Euro). Ein Gepäckstück sowie ein Stück Handgepäck sind frei, jedes weitere (max. 3!) Gepäckstück muss extra bezahlt werden. Kinder bis 4 Jahre erhalten 80 Prozent Ermäßigung, bis 12 Jahre sind es 50 Prozent. Es werden keine Fahrräder befördert. Die Fahrt findet in der Regel einmal wöchentlich statt (Abfahrt Sa, Ankunft Mo).

Mit dem eigenem Fahrzeug

Die Anfahrt mit dem Auto wird sich nur für diejenigen lohnen, die Istanbul im Rahmen einer größeren Türkei-Reise besuchen wollen. Grundsätzlich stehen **zwei Routen zur Auswahl:** die Fahrt durch den Balkan und die über Italien.

Anfahrt über den Balkan

Die Fahrt durch den Balkan führt entweder von Österreich über Slowenien, Kroatien, Serbien und Bulgarien oder aber von Österreich über Ungarn, Rumänien und Bulgarien. Beide Strecken sind **nicht gerade** als **risikolos** zu bezeichnen, da es immer wieder zu Autoeinbrüchen und Diebstahlsdelikten kommt. Es empfiehlt sich deshalb dringend, den Wagen an einem **bewachten Parkplatz bzw. Hotel** zu parken und immer alle Wertsachen aus dem Wagen zu nehmen. Bei der Fahrt über Serbien ist zu beachten, dass seit 2010 die Vorlage eines gültigen **Personalausweises** ausreicht (ein Transitvisum ist nicht mehr nötig). Auch Bulgarien verlangt kein Transitvisum mehr, dafür aber eine **Vignette** für Autobahnen und Landstraßen (an der Grenze erhältlich; für eine Woche 4 Euro, Monatsvignette 9 Euro, für eine Jahresvignette wird 51 Euro verlangt, das Überqueren der Donaubrücken kostet extra). Bei kleineren Verkehrsvergehen zahle man möglichst nicht direkt an die Polizisten; in Bulgarien werden kleinere Verkehrsdelikte (z.B. Geschwindigkeitsüberschreitungen) im Pass vermerkt, die dann bei der Ausreise an der Grenze „beglichen" werden können.

Man erkundige sich auf jeden Fall vor Antritt der Reise nach den aktuellen Verkehrs- und Einreisebestimmungen der obigen Transitländer; dies kann bei den einschlägigen nationalen **Automobilklubs** und beim **Auswärtigen Amt** bzw. seinen österreichischen und schweizerischen Pendants vorgenommen werden (siehe „Diplomatische Vertretungen").

Anfahrt über Italien (Griechenland)

Die weitaus sichere – und teurere! – Alternative stellt die Anfahrt über Italien dar. Von hier ist die **direkte Schiffspassage in die Türkei** möglich. Mehrere Varianten kommen in Frage:

Von Ancona unterhält Marmara Lines (www.marmaralines.com oder www.ferries.gr) von Mai bis Oktober einmal wöchentlich eine Direktverbindung **nach Çeşme** (in der Nähe von Izmir, Fahrt ca. 40 Std.): Die Preise variieren nach Unterkunft und Saison, z.B. pro Person im Sessel 195 Euro, Auto 230 Euro pro Fahrt. Bei Hin- und Rückfahrt gibt es eine Ermäßigung. Das Frühstück ist bei Marmara Lines generell inbegriffen.

Zudem unterhält Marmara Lines Verbindungen vom süditalienischen **Brindisi nach Çeşme** (Fahrt 25 Stunden): Sessel, einfache Fahrt ab 140 Euro, Auto ab 213 Euro. Alle genannten Preise beinhalten die Hafengebühr.

Wem das zu teuer oder zu viel Seefahrt ist, der kann u.a. **von Bari oder Brindisi nach Igoumenitsa (Griechenland)** übersetzen. Der Trip dauert ca. 8 Stunden und kostet pro Person und Fahrt ab 40 Euro (Auto 35 Euro zusätzlich). Von Igoumenitsa führt die Route dann durch Nordgriechenland direkt zur türkischen Grenze.

● Eine **Übersicht aller Fährmöglichkeiten** von Italien aus bieten www.cemar.it (auf die deutsche Flagge klicken) oder das oben genannte Call-Center; hier können auch Fahrpläne und Preise eingesehen sowie Buchungen vorgenommen werden.

Beachten Sie bei der Anreise mit dem Wagen die Einreisebestimmungen (siehe entsprechendes Kapitel) und die Hinweise im Kapitel „Autofahren und Verkehrsverhalten"; Sie benötigen auf jeden Fall einen Reisepass, da der Wagen in diesen eingetragen wird! Denken Sie auch daran, zwei Warndreiecke mitzuführen. Bei einer Panne/Unfall ist eines vor, das andere hinter dem Wagen aufzustellen.

Geld

Die **Türkische Lira** war noch bis vor Kurzem eine höchst inflationäre Währung. Dies erklärt, dass man noch 2004 beim Wechseln von Euros zum „Millionär" aufsteigen und fassungslos über den Sinn der vielen Nullen brüten konnte. Mit dem Millionärsdasein ist es aber schon seit einigen Jahren vorbei: Am 1. Januar 2006 löste die Yeni Türk Lirasi (YTL) die alten Scheine ab, wobei man einfach sechs Nullen (!) strich. In einer zweiten Währungsreform wurde dann im Januar 2009 wieder die Bezeichnung „Türkische Lira" (TL) eingeführt. Die nun schon wieder „alten" YTL-Scheine sind seit Januar 2010 kein gülti-

ges Zahlungsmittel mehr, können aber bis 2019 bei den Zentralbanken noch gegen die neue TL getauscht werden.

Ein Wort noch zur **Inflation:** Um die Kriterien eines erhofften EU-Beitritts und die Auflagen des IWF zu erfüllen, hat die Regierung *Erdoğan* in der jüngsten Vergangenheit eine restriktive Geldpolitik verfolgt, sodass die Lira seit 2004 eine gegenüber Dollar und Euro harte Währung ist. Das kann sich angesichts der labilen türkischen Wirtschaftslage aber auch wieder ändern, sodass man grundsätzlich eher kleinere Summen wechseln sollte. **In diesem Reiseführer** werden genau aus diesen Gründen die **Preise in Euro** angegeben. Viele Türken und touristische Einrichtungen rechnen im Übrigen ebenfalls auf der Grundlage von Euro oder Dollar.

Die Türkische Lira (TL) ist zurzeit in **Banknoten** von 200, 100, 50, 20, 10 und 5 TL im Umlauf. **Münzen** gibt es im Wert von 1 TL, 50, 25, 10, 5 und 1 **Kuruş** (100 Kuruş = 1 TL).

Wechselkurs: Der Gegenwert von 1 Euro betrug bei Drucklegung (April 2012) rund 2,36 Türkische Lira (TL), 1 Schweizer Franken (SFr) entsprach etwa 1,96 TL. Die inflationären Erfahrungen der Vergangenheit haben dazu geführt, dass fast alle mittleren und größeren Hotels, Geschäfte, Reisebüros, aber auch kleinere Serviceanbieter Euro und Dollar akzeptieren.

Man sollte natürlich trotzdem im Alltag grundsätzlich in türkischer Währung bezahlen, denn erstens ist der Umrechnungskurs im Geschäft fast immer „Verhandlungssache", und zweitens gibt es unzählige kleine Dinge wie

Die Einkaufsstraße Istiklal Caddesi (Beyoğlu) mit der historischen Straßenbahn

z.B. Fahrkarten, Jetons, Telefonkarten usw., die man nur in Lira bezahlen kann.

Wer **am Flughafen** ankommt, sollte **nur wenig tauschen,** denn die Geldwechselstuben dort nehmen ausnahmslos 4 Prozent Kommission.

In den touristischen Zentren der Stadt befinden sich überall **Wechselstuben (Döviz),** die klar und deutlich den jeweiligen Tageskurs anzeigen und in aller Regel keine Kommission nehmen (*Alış* = Kauf, *Satiş* = Verkauf der angegebenen Währung); natürlich kann man auch bei **Banken** und den meisten **Postämtern** wechseln.

Der **Geldautomat** ist der ideale Ort zur Bargeldbeschaffung. Sowohl mit der Bankkarte mit Maestro-Logo (auch EC-Karte genannt) als auch der Kreditkarte muss man dazu den jeweiligen **PIN-Code** eingeben. Aufgepasst: Bankkarten mit dem neuen **V PAY-Logo** funktionieren nicht außerhalb Europas.

Ob **Kosten für die Barabhebung** entstehen und wie hoch diese sind, ist abhängig von der kartenaustellenden Bank und von der Bank, bei der die Abhebung erfolgt. Man sollte sich daher vor der Reise bei seiner Hausbank informieren, mit welcher Bank sie vor Ort zusammenarbeiten. Im ungünstigsten Fall wird pro Abhebung eine Gebühr von bis zu 1 % des Abhebungsbetrags per Bankkarte mit Maestro-Logo oder gar 5,5 % des Abhebungsbetrags per Kreditkarte berechnet.

Der Bosporus,
eine stark frequentierte Wasserstraße

Für das **bargeldlose Zahlen per Kreditkarte** werden ca. 1–2 % für den Auslandseinsatz berechnet.

Kreditkarten – VISA, MasterCard und American Express – werden im Allgemeinen in mittleren und größeren Hotels und Restaurants wie auch in Geschäften akzeptiert. Trotzdem sollte man sich vorher vergewissern, ob die jeweilige Lokalität eine Ausnahme darstellt, um so ggf. auf eine Barzahlung eingestellt zu sein.

Siehe im Kapitel „Notfälle", falls die Geldkarte gestohlen wurde bzw. verloren ging.

Versicherungen

Siehe im Abschnitt „Gesundheitsvorsorge" zum Thema „Auslands-Krankenversicherung".

Egal welche Versicherungen man abschließt, hier ein Tipp: Für alle abgeschlossenen Versicherungen sollte man die **Notfallnummern notieren** und **mit der Policenummer gut aufheben!** Bei Eintreten eines Notfalles sollte die Versicherungsgesellschaft unverzüglich telefonisch verständigt werden!

Der Abschluss einer **Jahresversicherung** ist in der Regel kostengünstiger als mehrere Einzelversicherungen. Günstiger ist auch die Versicherung als Familie statt als Einzelpersonen. Hier sollte man nur die Definition von „Familie" genau prüfen.

Ob es sich lohnt, weitere Versicherungen abzuschließen (Reiserücktritts-, Reisegepäck-, Reisehaftpflicht- oder Reiseunfallversicherung), ist individuell abzuklären. Aber gerade diese Versicherungen enthalten **viele Klauseln,** sodass ein Vertrag nicht immer Sinn macht.

Die **Reiserücktrittsversicherung** für 35–80 Euro lohnt sich nur für teure Reisen und für den Fall, dass man vor der Abreise einen schweren Unfall hat, erkrankt oder schwanger wird, gekündigt wird oder nach Arbeitslosigkeit endlich einen neuen Arbeitsplatz bekommt, das Eigenheim abbrennt u.Ä. Krieg, Unruhen, Streik etc. gelten nicht.

Die **Reisegepäckversicherung** lohnt sich seltener, da beispielsweise bei Flugreisen verlorenes Gepäck oft nur nach Kilopreis und auch sonst nur der Zeitwert nach Vorlage der Rechnung ersetzt wird. Wurde eine Wertsache nicht im Safe aufbewahrt, gibt es bei Diebstahl auch keinen Ersatz. Kameraausrüstung und Laptop dürfen beim Flug nicht als Gepäck aufgegeben worden sein. Gepäck im unbeaufsichtigt abgestellten Fahrzeug ist ebenfalls nicht versichert. Die Liste ist endlos ... Überdies deckt häufig auch die Hausratsversicherung schon Einbruch, Raub und Beschädigung von Eigentum auch im Ausland.

Eine **Privathaftpflichtversicherung** hat man in der Regel schon. Hat man eine **Unfallversicherung,** sollte man prüfen, ob diese im Falle plötzlicher Arbeitsunfähigkeit aufgrund eines Unfalls im Urlaub zahlt. Auch durch manche **Kreditkarten** oder **Automobilclubmitgliedschaft** ist man für bestimmte Fälle schon versichert. Die Versicherung über die Kreditkarte gilt jedoch immer nur für den Karteninhaber!

Vor der Reise

Praktische Reisetipps A–Z

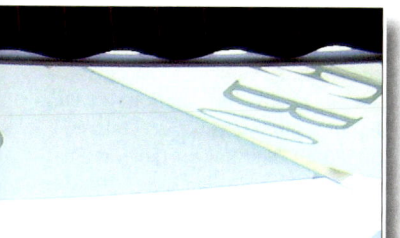

ista06-039a Foto: mf

ist10-039 Foto: fk

Café am Bosporus

Historische Straßenbahn
auf der Istiklal Caddesi

Detail des Alexandersarkophags
im Archäologischen Museum

Ankunft

Mit dem Flugzeug

Die meisten internationalen Flüge kommen zur Zeit immer noch auf dem **Atatürk-Flughafen** (Atatürk Havalimanı, Tel. 0212-6636400) an, der knapp 20 km westlich des Zentrums **bei Yeşilköy auf der europäischen Seite** liegt.

Wer in unmittelbarer Nähe der großen Sehenswürdigkeiten in Sultanahmet oder Sirkeci Unterkunft finden will, kann vom Airport mit der **Metro** bis zur Endstation Aksaray fahren, um dort auf die **Straßenbahn** (Tramvay) umzusteigen (man hält sich am Ausgang der Metro in Aksaray rechts und folgt dem Schild „Tramvay"; der Name der Haltestelle ist „Yussuf Paşa"). Die Tramvay Richtung Kabataş hält in Sultanahmet und auch in Sirkeci. Da man sowohl für die Metro als auch für die Tramvay einen Jeton braucht (siehe „Verkehrsmittel"), sollten Sie am Fahrkartenautomat des Flughafens (pro Jeton ca. 80 Cent, also zurzeit 2 Türkische Lira) direkt zwei kaufen. Die Metro verkehrt von 6–24 Uhr.

Wer es vorzieht, im westlichen Vergnügungsviertel von Beyoğlu (Taksim) zu übernachten, kann für ca. 5 Euro den **Havaş-Bus** nehmen, der direkt vor der Ankunftshalle des Flughafens nach Taksim fährt (halbstündlich zwischen 5 und 1 Uhr nachts). Oder man verfährt wie oben, nimmt aber die Tramvay bis zur Endhaltestelle Kabataş (siehe „Verkehrsmittel"), um von dort mit der neuen unterirdischen Zahnradbahn Taksim zu erreichen.

Das **Taxi** nach Sultanahmet/Sirkeci kostet ca. 15 Euro, nach Beyoğlu/Taksim knapp 20 Euro.

Der **zweite internationale Flughafen, Sabiha Gökçen** (Tel. 0216-5855000), liegt **bei Kurtköy im asiatischen Teil** (ca. 30 km östlich des Zentrums). Er wurde erst 2003 eröffnet und ist nach jener türkischen Pilotin benannt, die als erste Frau überhaupt Militärmaschinen flog. Angeflogen wird der privat geführte Flughafen u.a. von den Billigfliegern Germanwings und Sunexpress (beide Airlines bieten Direktverbindungen von mehreren deutschen Flughäfen, siehe „Anreise"). Die Flüge beider Airlines erreichen Istanbul in der Regel nachts bzw. gehen frühmorgens wieder zurück. Auch in Sabiha Gökçen gibt es **Havaş-Busse,** die den nachts ankommenden Fluggast zum **Taksim-Platz** bringen (ca. 5 Euro, etwa 45 Min. pro Fahrt, zwischen 4 und 0.30 Uhr in beide Richtungen halbstündlich), von wo allerdings erst gegen 6 Uhr morgens mit dem öffentlichen Nahverkehr ein Anschluss in andere Stadtteile besteht.

Die mit Abstand billigste Alternative ist die reguläre Verbindung mit den **I.E.T.T.-Stadtbussen (Linie E 10)** vom Flughafen Sabiha Gökçen nach Kadıköy (ca. 2,80 Euro); der Bus fährt tagsüber häufig (mindestens jede halbe Stunde, werktags öfter), nachts – und dies ist für die meisten Flugreisenden wichtiger – zurzeit folgendermaßen: von Sabiha Gökçen nach Kadıköy ab 21 Uhr stündlich bis 2 Uhr, danach noch um 2.30, 3 und 3.30 Uhr, um 5 Uhr startet dann der erste Bus am Morgen; von Kadıköy zum Flughafen von 21–1 Uhr stündlich, danach noch um 1.45 und 2.45 Uhr, der erste Bus am Morgen fährt dann um 4 Uhr. Der Bus braucht 45–60 Min. pro Strecke (je nach Verkehr, also nachts schneller). Die Abfahrtsstelle in Kadıköy – bei Rückfahrt zum Flughafen – ist am Busbahnhof direkt beim Hafen.

Von Kadıköy gelangt man dann per **Boot** (verkehrt erst ab 6 Uhr morgens!) oder **Dolmuş** (fährt rund um die Uhr nach Taksim) günstig und schnell auf die europäische Seite (siehe „Verkehrsmittel").

Wer mit dem **Taxi** von Sabiha Gökçen in die Innenstadt fährt, muss nachts mit mindestens 40 Euro rechnen.

Die Havaş-Busse zu den Flughäfen Atatürk und Sabiha Gökçen fahren nördlich des Taksim-Platzes von der Cumhuriyet Cad. 21 ab (Havaş-Büro).

Mit der Bahn

Wer sich tatsächlich für die „Abenteuerreise" mit dem Zug über den Balkan entscheidet (siehe „Anreise"), kommt am **europäischen Bahnhof Sirkeci** an. Von hier fährt die Tramvay nach Sultanahmet (nur zwei Haltestellen). Wer auf die andere Seite des Goldenen Horns nach Beyoğlu in den Stadtbereich Tünel will, nimmt die Tramvay Richtung Kabataş und steigt direkt hinter der Brücke in Karaköy aus, um von dort die Zahnradbahn hoch nach Tünel zu nehmen. Will man im Taksim-Bereich nächtigen, fährt man mit der Tramvay bis zur Endstation Kabataş. Von dort geht die neue unterirdische Zahnradbahn direkt zum Taksim-Platz.

Mit dem Bus

Wer mit Eurolines (Europabus) Istanbul erreicht (siehe „Anreise"), wird am **europäischen Busbahnhof Esenler** (ca. 9 km westlich des Stadtzentrums) ankommen. Der riesige Busbahnhof besitzt einen **Metro-Anschluss,** mit dem man bequem nach Aksaray kommt, um dort auf die **Tramvay** nach Sultanahmet umzusteigen (siehe oben Ankunft mit dem Flugzeug am europäischen Atatürk-Flughafen). Der **Bus 83MT** fährt von der Metro-Endstation Aksaray direkt zum Taksim-Platz.

Sollte jemand aus Kleinasien per Bus anreisen, ist es sehr wahrscheinlich, dass der direkt am Marmara-Meer liegende **asiatische Busbahnhof Harem** (zuerst) angefahren wird (dann hier aussteigen, denn der Bus braucht über die Bosporus-Brücke bis zum Esenler-Busbahnhof noch mindestens eine knappe Stunde – kein Stau vorausgesetzt!). Von Harem geht ganz bequem die große Auto-/Passagierfähre direkt hinüber nach Eminönü, wo man wieder Anschluss an die Tramvay nach Sultanahmet hat.

Mit dem Auto

Wer im Rahmen einer großen Rundreise mit dem Auto anreist (siehe „Anreise"), tut gut daran, den Wagen am Hotel auf einem **bewachten Parkplatz** abzustellen und für die nächsten Tage zu vergessen (siehe auch den folgenden Abschnitt). Wer über die Autobahn von Westen kommt, kann z.B. das Reşadiye-Hotel in Fatih anfahren (siehe „Unterkunft"). Das Hotel besitzt eine geschützte Garage und liegt am Rande der Altstadt; man vermeidet so das von engen und überfüllten Straßen geprägte Zentrum von Sultanahmet, wo nur sehr teure Hotels einen bewachten Parkplatz anbieten.

Autofahren und Verkehrsverhalten

Istanbul ist wahrhaftig **keine Stadt, die man mit dem Auto erkunden sollte.** Abgesehen davon, dass die Straßen der Stadt an chronischer Verstopfung leiden, ist die Parkplatzsuche im Altstadtbereich ein Lotteriespiel. Zudem sind viele Gassen so eng und manchmal auch steil, dass Mitteleuropäer schon mal ins Schwitzen kommen können – ganz abgesehen davon, dass man im Auto die Straßenatmosphäre und das Ambiente der Stadt nur indirekt mitbekommt. Für den Neuling bedeutet eine Autofahrt durch Istanbul also nur Stress, zumal der hinter Ihnen wartende Türke nur allzu gern von der Hupe Gebrauch macht.

Wer dennoch unbedingt sein Auto in das Zentrum mitnehmen will, sollte zum Parken einen der vielen **Autoparks (Otopark)** benutzen. Die Tarife *(Ücret Tarifesi)* betragen je nach Lage ungefähr 2–3 Euro (bis zwei Stunden) bzw. 5–8 Euro (24 Stunden).

In der Türkei wird – kurz gesagt – **individueller gefahren,** auch wenn in den letzten Jahren in Istanbul Ampeln und Verkehrszeichen zunehmend an Bedeutung – und Durchsetzungskraft – gewonnen haben. Nicht die Regelung durch abstrakte Verkehrszeichen, sondern die konkreten Möglichkeiten der Verkehrssituation entscheiden das individuelle Verkehrsverhalten, wo ein Auto schon mal die Tramvayschienen nutzt oder ein Kleinlaster verkehrt herum in die Einbahnstraße fährt, weil es sich gerade so anbietet.

Der Liter **Benzin** bzw. Diesel kostet fast genauso viel wie in Mitteleuropa. Das ist viel Geld in der Türkei, sodass Sie – sind Sie erst einmal aus der Stadt heraus – auf dem Land eine sehr geringe Verkehrsdichte vorfinden werden. Trotzdem sollte man immer **defensiv fahren,** denn unvorhergesehene Situationen – spielende Kinder, Vieh oder Esel auf der Fahrbahn – lassen die in Mitteleuropa übliche hohe Geschwindigkeit zu einem Wagnis werden. Deshalb noch einmal der entscheidende Unterschied zur mitteleuropäischen Fahrweise: Verlassen Sie sich nicht allzu sehr auf formale Straßenverkehrsregeln (die übrigens in der Türkei kaum von den europäischen abweichen), sondern fahren Sie flexibel und der Situation entsprechend, d.h. meist langsamer als in Europa. Verletzen Sie eine Person – auch ohne Ihre Schuld –, kann dies unangenehm werden. Bei einem Unfall ist stets die **Polizei (Jandarma,** landesweit Tel. 155, Unfallrettung 112) zu rufen, und ein Unfallprotokoll ist für Rechts- und Versicherungsfragen unerlässlich. **EU-Führerschein, Reisepass und Grüne Versicherungskarte** (bei eigenem Auto) sollten immer zur Hand sein. Bei Fahrten in den asiatischen Teil der Türkei sollte man vorher die Versicherung fragen, ob dort etwaige Schäden abgesichert sind, sonst muss eine Zusatzversicherung abgeschlossen werden.

Der **deutsche ADAC** baut in der Türkei einen landesweiten **Notruf- und Abschleppservice** auf. Der Ausbau beginnt in Istanbul und soll schrittweise auf das ganze Land übertragen werden (Tel. 444-2322). Der **österreichische ÖAMTC** empfiehlt den Abschluss einer Schutzbrief-Nothilfe, die dann unter der Nummer 0043-12512000 aktiviert werden kann. Die allgemeine Notrufnummer lautet 0212-03479045. Der **schweizerische TCS** ist nur in der Schweiz selbst unter der Notfallnummer 0041-22-4172220 zu erreichen.

Die beiden **Interkontinentalbrücken** in Istanbul sind **mautpflichtig** (nur in Richtung Asien). Die Bezahlung erfolgt nicht mehr bar, sondern mit einer sogenannten **KGS-Wertkarte** (zu erhalten u.a. bei türkischen Banken, auch im Ausland, 30 Euro).

Die **Höchstgeschwindigkeit** beträgt auf Autobahnen 130 km/h, außerhalb von Ortschaften 90 km/h (Anhänger und Wohnmobile 80 km/h), innerorts 50 km/h.

Die **Promillegrenze** für Pkw-Fahrer ohne Anhänger liegt bei 0,5; für alle anderen gilt absolutes Alkoholverbot.

Wichtiger für den Istanbul-Touristen ist aber das **Verhältnis von Fußgängern und Autofahrern,** zumal nicht überall Ampeln stehen. Am Anfang sieht es oft chaotisch aus, aber das Prinzip ist ganz einfach: Ein Autofahrer wird Sie niemals von sich aus über die Straße lassen, also von selbst anhalten; zeigen Sie durch langsames „Vortasten" in die Fahrbahn, dass Sie die Straße überqueren wollen und suchen Sie Blickkontakt zum entgegenkommenden Fahrer. Wird der langsamer, treten Sie entschieden auf die Straße, und jeder (!) Autofahrer wird nun ohne zu murren halten. Von Fahrbahn zu Fahrbahn müssen Sie dieses Erkundungsprinzip neu anwenden. „Alte Hasen" gehen nach zwei Wochen Istanbul mitten durch den Autodschungel und sein abendliches Hupkonzert und unterhalten sich dabei locker über das gestrige Fußballspiel.

Neuankömmlinge haben naturgemäß nicht dieses Sicherheitsgefühl. An den großen Boulevards sollte man also tunlichst die Ampelübergänge sowie Über- und Unterführungen nutzen, die die Stadt in den letzten Jahren zunehmend angelegt hat.

Baden

Obwohl Istanbul am Meer liegt, sind die Bademöglichkeiten rar, da die Millionenstadt mit ihrem regen Schiffsverkehr die umliegenden **Gewässer erheblich belastet.**

Die beste Möglichkeit, im **Marmara-Meer** zu baden, bieten die **Kızıl Adalar** (Prinzeninseln, siehe „Ausflüge"). Es handelt sich meist um Kiesstrände bzw. kleine Buchten, die im Sommer am Wochenende das bevorzugte Ziel vieler Istanbuler sind (an Werktagen sind die Inseln ziemlich leer).

Die zweite Möglichkeit bieten die am **Schwarzen Meer** liegenden Badeorte **Kilyos** (auf der europäischen Seite) oder **Şile** (auf der asiatischen Seite; für beide siehe „Ausflüge"). Sie verfügen über breite Strände, aber das Baden ist trotzdem nur bis zur Brusthöhe ratsam, da es sehr gefährliche Unterwasserströmungen gibt.

Eine dritte Möglichkeit besteht darin, den **Pool** eines großen Hotels zu nutzen, z.B. des Hilton an der Cumhuriyet Caddesi nördlich des Taksim-Platzes. Das Ambiente wird nicht jedermanns Sache sein, zudem sind die Tageseintrittspreise gepfeffert: in der Woche ca. 20 Euro, am Wochenende 30 Euro! Eine der wenigen billigen Möglichkeiten, ein Pool in Anspruch zu nehmen, stellt der Euro Plaza Health Club dar: Tarlabaşı Bulvarı 292, Indoor 10–22 Uhr, Outdoor 10–19 Uhr, Tageseintritt 8 Euro, am Wochenende 10 Euro; kleiner Pool, aber schöner Blick aufs Goldene Horn.

Buchhandlungen

In den touristischen Zentren **Sultanahmet** und **Beyoğlu** gibt es mehrere Buchhandlungen *(Kitap Evi)*, die ein breites Sortiment an allerdings meist nur englischer Literatur über die Türkei bereithalten. Gleiches gilt für den Stadtteil **Kadıköy** auf asiatischer Seite.

Die kleine **deutsche Buchhandlung Mühlbauer (Alman Kitap Evi)** in Beyoğlu/Tünel bietet eine gute Auswahl deutschsprachiger Literatur, darunter viele Bücher, die sich mit den verschiedenen kulturellen und historischen Themenbereichen der Türkei anspruchsvoll auseinandersetzen. Wem der Lesestoff

ausgegangen ist oder wer sich einschlägiger informieren will, sollte sich hier kundig machen.

● Die **Adressen** der wichtigsten Buchhandlungen finden Sie in den praktischen Infos am Ende der entsprechenden Stadtteilkapitel.

Einkaufen

Shopping ist für viele einer der Hauptgründe, nach Istanbul zu kommen. Einkaufen können Sie hier, bis der Arzt kommt bzw. das Portemonnaie den Geist aufgibt. Die **beliebtesten Mitbringsel** sind immer noch der orientalische Teppich *(Halı* = geknüpfter, *Kelim* = gewebter Teppich), Lederwaren (Jacken, Taschen), Bekleidung (Jeans, Hemden), Schmuck (vor allem Goldarbeiten), Gewürze, Süßigkeiten sowie eine unübersehbare Menge an mehr oder weniger kunstvollen Accessoire-Produkten (z.B. Kalligrafien, alte Karten, Kaffeeservice und kunstvolle Schachspiele).

Der berühmteste historische Warentempel der Stadt ist natürlich der **Kapalı Çarşı (Großer Basar)**. Aber Vorsicht: Er ist in den letzten Jahren touristisch kommerzialisiert worden, sodass Einheimische selbst hier nur selten einkaufen (wenn, dann meistens Goldschmuck oder kostbare Stoffe). Trotzdem ist er für Touristen ein Muss, obwohl man Hemden, Hosen und andere praktische Bekleidungsstücke in der Regel woanders billiger bekommt. Sollten Sie aber dennoch hier Ihr persönliches Traumstück finden, so gilt es zu handeln und

zu feilschen – Übung macht den Meister (siehe dazu Exkurse „Schlepper/Feilschen" und „Die harte Landung der fliegenden Teppiche").

Der zweite, kaum weniger berühmte Basar ist der **Mısır Çarşı,** der **Ägyptische Basar.** Er wird auch „Gewürzbasar" genannt, und nicht wenige touristische Gourmet-Nasen geraten hier ins Schwelgen und lassen sich die farbigen Küchenessenzen gleich säckchenweise einpacken. Rund um diesen Basar kaufen übrigens die Türken ihre Bekleidung (Jeans, Hemden, Shirts, Socken usw.); die Verkäufer haben nur kleine Läden oder präsentieren die Produkte auf einem Karren oder sogar nur auf einer Straßenecke. Günstiger kann man kaum mehr einkaufen, aber man sollte die Ware genau prüfen und natürlich handeln!

Wer hier in puncto Bekleidung nicht fündig wird, kann im **Textilstadtteil Laleli** die **„Russenmärkte"** ablaufen: Unzählige Läden bieten preisgünstig und en gros von der Unterwäsche bis zum Pelz alles, was man nur anziehen kann. Hier ist man auf Großkundschaft eingestellt, denn Händler aus Osteuropa kaufen Textilien und Schuhe kistenweise, um sie auf den heimischen Märkten gewinnbringend zu versilbern.

Ein touristisches Muss ist der Besuch des Kapalı Çarşi (Großer Basar)

Die harte Landung der fliegenden Teppiche

Gehen die Teppichhändler bald am Bettelstab? Steht das Geschäft mit dem „fliegenden" Symbol des Orients vor einer ökonomischen Bruchlandung? Hört man den Klagen nicht weniger Händler zu, ist man geneigt, diese Frage zu bejahen. Nicht dazu stimmen will allerdings die Zahl der randvollen Teppichgeschäfte, die rund um Sultanahmet und am touristischen Arasta Basar die Anzahl der Cafés locker übersteigt (vom Großen Basar ganz zu schweigen). Die hier gelagerten Stapel an geknüpften *(Halı)* und gewebten *(Kelim)* Teppichen zeugen nicht gerade von Armut – so man sie alle verkaufen kann. „Ich glaube, die Touristen wollen nicht mehr konsumieren", sinniert *Mehmet* tiefsinnig, Anteilseigner eines kleineren Teppichladens. Und *Murat*, in einem großen Laden ein paar Meter weiter, verkündet mir beim Tee mit missmutiger Miene, dass er bald auswandern werde, dieses lausige Geschäft mache doch keinen Spaß mehr. In der letzten Woche habe er einen kleinen Kelim für gerade mal 30 Euro verkauft – das reiche noch nicht mal für die Zigaretten.

Wahr wird wohl sein, dass der Höhenflug des liebsten orientalischen Urlaubersouvenirs seine Ikarus-Höhe nicht mehr halten kann. Erstens haben die Touristen nicht mehr so viel Geld wie früher, zweitens entstanden in den Boom-Zeiten zu viele Geschäfte, die mit dem Teppich schnell mal in den Dollarhimmel jetten wollten.

So sitzen *Mehmet, Murat* und andere mehr oder weniger in einer klassischen Überangebotsfalle.

Teppichhändler haben zudem noch ein sehr unangenehmes Image-Problem: Die Touristen haben von Heimkehrern und Reiseführern gelernt, dass man sehr leicht über's Ohr gehauen wird. Da erfährt der eine Käufer, dass er sein gerade erworbenes Stück Orient beim Händler um die Ecke 50 Prozent billiger bekommen hätte, der andere glaubt ein edles halbantikes Stück ergattert zu haben, um zu Hause von einem Kenner darüber aufgeklärt zu werden, dass die verblassten Farben – vermeintliche Zeichen des ehrwürdigen Alters – durch eine Chlorwäsche erzielt worden sind und der Teppich brandneu ist, ein dritter stellt missmutig fest, dass das Design überhaupt nicht in seine heimische Wohnung passt, und der vierte und letzte findet seinen handgewebten Teppich beim lachenden Kenner als industrielle Massenware demaskiert.

Also kauft man lieber gar nichts – denn wer will schon als Depp dastehen! Vielleicht handelt es sich aber auch hier um eine Überreaktion. Denn der Tatsache, dass es in diesem Geschäft – wie woanders auch – schwarze Schafe gibt, muss man das andere Faktum entgegenhalten, dass es niemals leichter war, einen Händler zu einem vernünftigen Preis zu zwingen; womit wir wieder bei Flaute und Überangebot wären.

Einen handgewebten Teppich aus Naturwolle wird man kaum unter 200–250 Euro bekommen, wobei das im Einzelfall natürlich sehr von der Größe und den **vier wesentlichen Kriterien** – **Material** (Seide ist kostbarer als Wolle), **Knotenzahl** (je höher die Knotendichte, desto wertvoller), **Design** (die „Seele" des Teppichs) und **Farben** (natürliche Pflanzenfarben oder die viel häufiger gebrauchten Chrom- oder Anilinfarben) – abhängt. Für einen Laien ist es äußerst schwierig, diese Maßstäbe zu beurteilen, und fast alle Teppichhändler – und das sollte man bei aller auch ungeheuchelten Freundlichkeit nicht vergessen – sind mehr oder weniger Meister der Präsentation und Verkaufspsychologie. Leicht findet man sich überwältigt von dem begehrenswerten Stück und der darauf abgestimmten effektvollen Ausbreitung und Charakterisierung durch den Händler. Deshalb ein paar **Tipps:**

1. Zunächst sollte man für sich die Frage klären, ob man überhaupt einen Teppich **ernsthaft kaufen** will, wie viel man dafür ausgeben kann und welches gewünschte Modell ungefähr zu den heimischen vier Wänden passt. Die Aura des Teppichs im Teppichladen ist nicht ohne weiteres auf das Wohnzimmer übertragbar.

2. Das Allerwichtigste: **Zeit,** viel Zeit! Einen guten Teppich kauft man für das ganze Leben. Schlendern Sie herum und fragen Sie nach Preisen, lassen Sie sich einen Tee geben und lernen Sie den/die Händler ein bisschen kennen, ohne sich beim ersten Mal auf einen Deal einzulassen. Hat man dann seinen fliegenden Teppich irgendwo gesichtet und sich aufrichtig und unsterblich in ihn verliebt, so zeige man es nicht und komme zwei Tage später „zufällig" wieder vorbei.

3. Bei der **Begutachtung** des Teppichs ist ein Freund oder Bekannter, der davon etwas versteht und dem man vertrauen kann, natürlich eine wesentliche Hilfe. Ist ein solcher nicht zur Hand, kann man nur selbst den Experten spielen: Drehen Sie den Teppich um und starren Sie konzentriert auf das Knotengewirr, so als ob Sie schnell und heimlich zählen. Riechen Sie an ihm, als ob Sie sofort den Chlorgeruch erkennen könnten. Streichen Sie fachmännisch über das Gewebe, und hören Sie den Lobpreisungen des Händlers mit ostentativer Unaufmerksamkeit oder Zerstreutheit zu, weil Sie sichtlich keinen fremden Gutachter brauchen.

4. Nun zum Abschluss und zum Handeln, soll heißen **Feilschen:** Immer wieder wird behauptet, dass man den Preis einfach um die Hälfte zu drücken habe. Als Richtlinie mag das angehen, aber der eine Händler besitzt mehr Chuzpe und setzt den Preis dreimal so hoch an, wie er verkaufen würde, während der andere, der „Ehrlichere", nur 50 Prozent auf den „realen" Verkaufspreis aufschlägt. Letzterer kann also gar nicht mehr um die Hälfte zurückgehen, da er dann selbst der Gelackmeierte wäre. Wichtig ist also nicht eine abstrakte Zahl, sondern das Herausfinden der „Schmerzgrenze". Diese Grenze ist die je nach Geschäftssituation variierende Profitmarge, die der Händler sich als Minimum selber setzt und die er nicht mehr unterschreiten wird.

Man lasse sich also einen ersten Preis nennen, der für das gewählte Stück ungefähr doppelt bis dreimal so hoch liegen kann, wie das vorher selbst bestimmte Ausgabebudget. Man quittiere diese Zahl mit einem nachsichtigen, bedauernden Lächeln und wechsle gegebenenfalls das Gesprächsthema, um zum Beispiel freundlich über Gott und die Welt und das schöne Istanbul zu plaudern. Versuchen Sie, das Vertrauen und den Respekt ihres Gegenübers dadurch zu gewinnen, dass Sie ihn als ehrenwerten Gesprächspartner herausstellen und ihn als Mensch wahrnehmen. Solange man keinen Preis nennt, kann man auch nach mehreren Tees den Laden ohne Gesichtsverlust verlassen, um

Praktische Reisetipps A–Z

zu testen, ob man nicht doch mit einem neuen Angebot zurückgehalten wird. Der Sprung ins kalte Wasser beginnt dann, wenn man sich dazu entschließt, dem hoffentlich bereits mehrfach reduzierten Angebot des Händlers einen ersten eigenen Preisvorschlag entgegenzusetzen. Der sollte so niedrig sein, dass es jetzt an dem Händler ist, nachsichtig zu lächeln. Trotzdem wird er sich freuen, denn nun haben Sie Ihre Karten offengelegt: **Wer einen Preis nennt, will auch zu einem Abschluss kommen.** Es wäre sehr unfein, jetzt ohne eine Übereinkunft auseinanderzugehen. Man lasse sich beim „Hochklettern" Zeit und beobachte das Mienenspiel seines neuen „Freundes". Klebt der an einer Grenze oder werden die zugestandenen Rabatte verzweifelt klein, verändert sich zudem das lächelnde Gesicht zur Unwilligkeit, ja fast zum „Beleidigtsein", so ist man ungefähr da, wo der Händler seine Contenance und seinen Spielraum verliert. Jetzt ist es an Ihnen, „draufzusatteln", denn dass der andere gar nichts mehr verdient, kann nicht Ziel des Feilschens sein. Ein solcher Prozess erfordert Fingerspitzengefühl und die ehrliche Absicht auf beiden Seiten, dass Geschäft zu einem für beide Partner halbwegs ehrenhaften Abschluss zu bringen – um dann als „Freunde" auseinanderzugehen.

Wie gesagt: Das Teppichgeschäft ist im Sinkflug, und die Voraussetzungen, mit einem schönen Stück Orient nach Hause zu fliegen, sind gut. Die Teppiche werden übrigens generell **nach** ihrem Herkunftsort eingeordnet; unter den vielen anatolischen Produktionsstätten gelten die historischen Teppichgebiete von Hereke (ca. 55 km östlich von Istanbul), Bergama oder Kayseri als „gute Namen". Schauen Sie sich zur Information die vom Tourismusministerium geleitete Teppichpräsentation im Chasseki Hürrem Hamamı in Sultanahmet an; die Preise hier sind zwar relativ teuer, aber die Stücke selbst sind gut.

Murat stubst mich an. „Du weißt doch, dass für dich auch etwas drin ist, wenn du jemanden bringst?" O ja, das weiß hier jeder. 10 Prozent bekommt man, wenn man jemanden von der Straße in den Laden locken und zum Kauf animieren kann; gabelt man ihn irgendwo entfernt auf, um ihn „herzuschleppen", erhöht sich die Prämie auf mindestens 20 Prozent. Und so stehen sie denn alle zwischen Aya Sofya und Blauer Moschee, die türkischen **„Teppichagenten";** gut gekleidet und mit Sprachkenntnissen ausgerüstet taxieren sie die solventen und insolventen Touristen, beginnen ein harmloses Gespräch, um dann zu einem „guten Freund" einzuladen. Mitgehen können Sie ja – der Tee und eine freundliche Aufnahme sind Ihnen sicher, viele ausgebreitete Teppiche ebenso. Verlassen Sie den Laden dann wieder freundlich und sich für die Präsentation bedankend, so haben Sie Verständnis für das eventuell genervte Gesicht des Händlers – wieder einmal nichts! Tja, auch auf weichen Teppichen kann ein Sinkflug hart enden ...

Ein dritter Basar, der unterhalb von Sultanahmet liegende **Arasta Basar,** ist mit seinen Teppichläden und Souvenirartikeln praktisch nur für die nahe gelegenen Touristenhotels eingerichtet worden; im Vergleich zu den beiden oben genannten historischen Basaren wirkt er steril und leblos.

Auf den Basarmärkten und überall dort, wo keine Festpreise ausgezeichnet werden, kann (und muss!) nach Herzenslust gehandelt und gefeilscht werden. Wer aber mehr auf Markenartikel und moderne Boutiquen orientiert ist, sollte nördlich des Goldenen Horns in der „Neustadt" nach **Beyoğlu** oder gar **Nişantaşı** ziehen. Hier kann man in schnuckeligen Antiquariaten nach dem Besonderen stöbern oder aber schicke Designer-Produkte bewundern. Gehandelt wird in den **Markenboutiquen** und **Kaufhäusern** nicht, und die Preise sind besonders in Nişantaşı ebenso elitär wie die Ware. Nördlich davon, in Şişli und Ettiler, nehmen die Konsumpaläste architektonisch wie auch vom Ambiente her deutlich amerikanischen Geist an: Die Türme des Ak Merkez in Ettiler könnten ebenso gut in San Francisco oder Los Angeles stehen.

Auf der asiatischen Seite lohnt der Besuch des **Marktviertels von Kadıköy;** südlich davon erstreckt sich die kilometerlange **Bağdat Caddesi,** an der große Kaufhäuser und Boutiquen wieder mehr den westlich orientierten Shopping-Kunden ansprechen.

Und wem das alles immer noch nicht reicht, der kann die guten alten **Wochenmärkte (Mahalle Pazarı)** besuchen, die quasi jeder Stadtteil an einem Tag der Woche durchführt. Zu den berühmtesten und farbigsten gehört der **Salı Pazarı** rund um die Kuşdili Sokak in Kadıköy (gleich zweimal die Woche: dienstags eher der klassische Wochenmarkt mit Lebensmittel und Kleidungsständen und sonntags der Flohmarkt, auf dem Schmuck und Antiquarisches zu finden ist). Fast ebenso bekannt ist der **Fatih Pazarı** rund um die Fatih-Moschee (Darüşşafaka Caddesi, jeden Mittwoch), wo tief verschleierte Frauen dörfliche Produkte wie Gemüse, Obst und Käse, aber auch billige Kleidung und Haushaltswaren begutachten.

● Detailliertere **Einkaufstipps und Adressen** sind am Schluss der jeweiligen Stadtteilkapitel zu finden.

Beim Kauf von alten Teppichen, Waffen und Kupferarbeiten sollte bedacht werden, dass museale Stücke mit historischem Wert der **Ausfuhrgenehmigung** durch eine Museumsleitung bedürfen; Antiquitäten dürfen selbstverständlich gar nicht ausgeführt werden.

Elektrizität

Die Netzspannung beträgt **220 Volt,** die Steckdosen in allen modernen oder renovierten Häusern passen zu europäischen Steckern; lediglich in alten Gebäuden ist noch manchmal ein Adapter vonnöten.

Gelegentlich kann es – zumeist im Winter – zu kurzen regionalen Stromausfällen kommen; wer dann nicht auf die Kerzen des Hotelpersonals angewiesen sein will, sollte eine **Taschenlampe** im Gepäck haben.

Essen und Trinken

Nach dem Einkaufsparadies (siehe „Einkaufen") folgt nun das Schlemmerparadies. Die **türkische Küche** ist anerkanntermaßen eine der besten der Welt, und das Erfreuliche: Die kulinarischen Freuden sind für alle durchaus bezahlbar. Ihr Ruhm gründet dabei nicht so sehr auf die hervorstechende Behandlung einer oder auch mehrerer Hauptspeisen (wie z.B. bei der italienischen Küche), sondern auf die unerschöpfliche Breite der verwendeten Zutaten, die nur noch von der chinesischen Küche übertroffen wird. Der Grund für diese Diversität liegt im Osmanischen Reich, das sich über drei Kontinente erstreckte und Küchenanregungen der verschiedensten Kulturen aufnahm. In der Palastküche des türkischen Sultans wetteiferten die Köche darum, dem Herrscher immer wieder neue Köstlichkeiten zu erfinden und zu kredenzen. Woran die Männer beim Kochen dachten, verraten die allseits bekannten Namen solcher **Gerichte** wie *Kadın Budu* („Frauenschenkel"; Fleischspeise, die aus Hackfleischbällchen (*Köfte*) besteht), *Kız Memesi Tel Kadayıfı* („Mädchenbrüste", ein richtig „geiles" Teig-Sirup-Dessert), *Dilber Dudağı* („schöne Lippen", kurz als „Frauenlippen" bekannt; frittiertes, schön gefaltetes Gebäck) oder *Kadın Göbeği* („Frauennabel"; frittiertes Gebäck mit einem fantasievollen Loch in der Mitte).

Wie man sieht, isst (und kocht) man mit den Augen und der Fantasie. Einige Gerichte müssen so umwerfend gewesen sein, dass auch hohe Würdenträger in Euphorie ausbrachen: *Imambayıldı* („des Imam Entzücken", meist als „der Imam, der in Ohnmacht fiel" bezeichnet; gefüllte Auberginen in Olivenöl).

Bei der **Zubereitung** werden reichlich Olivenöl und Kräuter bzw. Gewürze verwendet; allerdings sind die Speisen im Westen der Türkei (in der Regel) weniger scharf gewürzt als im Osten.

Womit anfangen, womit aufhören?

Beginnen wir mit dem Bescheidensten, dem **Frühstück (Kahvaltı):** Schafskäse, Oliven, Tomaten, Honig, Konfitüre, ein Ei und viel, viel frisches helles Weizenbrot – das war's schon. In den Hotels wird dazu Kaffee oder Tee angeboten (die Türken selbst nehmen eher Tee, siehe unten). Reichhaltige Frühstücksbuffets sind nur in großen und teureren Hotels die Regel.

Die Hauptgerichte beginnen mit den bekannten **Vorspeisen (Mezeler)** oder einer Suppe (*Çorba*). Erstere werden warm oder kalt auf kleinen Tellern serviert und sind äußerst vielfältig, so z.B. *Midye Dolması* (gefüllte Muscheln), *Biber Dolması* (gefüllte Paprika), *Domates Dolması* (gefüllte Tomaten), *Humus* (Kichererbsenpüree), *Muhamarra* (Walnusspaste), *Beyaz Peynir* (Schafskäse), *Patlıcan Kızartması* (gebratene Auberginen), verschiedene Arten von *Pastırma* (Dörrfleisch mit Knoblauch und anderen Gewürzen) oder Börek-Variationen

Das Angebot auf den lokalen Obstmärkten lässt keine Wünsche offen

(Gebäck und Pasteten). Der Ausdruck „dolma" bedeutet übrigens „gefüllt" und ist bei vielen türkischen Gerichten zu finden, deren äußere Hülle verschiedene Leckereien enthält. Auch *Pilav* (Reis), *Yumurtalar* (Eierspeisen) sowie die türkische Pizza *(Lahmacun)* können Vorspeisencharakter haben, auch wenn vor allem letztere als große Pizza längst zu einem billigen Hauptgericht geworden ist. Ein klassisches türkisches Restaurant – das kann auch ein sehr einfaches Lokal (eine *Lokanta,* siehe unten) sein – wird zu jedem Essen unaufgefordert einen Salat *(Salata)* servieren, der im Preis inbegriffen ist. Hauptzutaten sind hier Bohnen *(Fasulye),* Zwiebeln *(Piyaz)* und Tomaten *(Domates).*

Auch unter den **Suppen (Çorbalar),** der klassischen türkischen Vorspeise, finden sich viele Variationen: Da gibt es beispielsweise die *Tutmaç Çorbası* (Nudelsuppe), die *Işkembe Çorbası* (Kuttelsuppe), die *Tarhana Çorbası* (Joghurtsuppe mit Tomaten und Zwiebeln), die *Yayla Çorbası* (Reissuppe mit Yoghurt und Ei), die *Domates Soğan Çorbası* (Tomaten-Zwiebelsuppe) und die sehr beliebten heißen Joghurtsuppen *(Yoğurt Çorbası),* die mit Reis oder zerstoßenem Getreide zubereitet werden.

Die **Fleischgerichte (Etler)** werden den meisten Europäern zumindest namentlich nicht ganz unbekannt sein. *Kebap* (geröstetes Fleisch) und *Köfte* (Fleischklöße) sind in der ganzen Welt

berühmt. Aber sie finden sich in der Türkei in weit vielfältigerer Weise verarbeitet: Der Imbisshit *Döner Kebap* wird bekanntlich meist in dünnen Scheiben einfach ins Brot geschnetzelt. Daneben stellen *Şiş Kebabı* und *Adana Kebabı* (Kebabspieße) wie vor allem auch der *Iskender Kebabı* (Kebab in Yoghurtsoße) beliebte Hauptgerichte dar. Einer der billigsten Snacks ist der *Tavuk Döner,* der praktisch an jeder Ecke und jedem Kiosk verkauft wird; *Tavuk* (Hähnchen) ist auch in den Lokantas eine beliebte Fleischspeise, so z.B. das *Çerkeş Tavuğu* („Tscherkessenhuhn", in einer Paprikasoße serviert). Kostspieliger sind da schon Lammgerichte *(Kuzu Eti);* sie werden als Kotelett *(Pirzola)* oder Frikassee *(Kuzu Kapaması)* serviert. Natürlich ist auch der Hammelbraten *(Koyun Kızartması)* sehr beliebt, während Schweinefleisch gemäß den Regeln des Islam nicht gegessen wird.

Zu diesen Gerichten gibt es verschiedene **Gemüsebeilagen (Sebze),** so z.B. *Fasulye* (weiße Bohnen), *Patates* (Kartoffeln), *Patlıcan* (Auberginen), *Kabak* (Zucchini) und *Domates* (Tomaten).

Fischgerichte (Balıklar) sind natürlich auch am Bosporus beliebt, haben aber ihren Preis. In den bekannten Fischrestaurants von Kumkapı in Sultanahmet oder Ortaköy hält man verschiedene Fischarten bereit, darunter *Palamut* (Bonito, eine Makrelenart), *Uskumru* (Makrele), *Kılıç* (Schwertfisch), *Gümüş* (Silberfisch), *Çipura* (Goldbrasse), *Lipsos* (Roter Drachenkopf), *Kırlangıç* (Roter Knurrhahn), *Kalkan* (Steinbutt), *Dil Balığı* (Zungenfisch), *Mersin* (Stör), *Sardalya* (Sardine), *Hamsi* (Schwarzmeerfisch, Sardelle), *Levrek* (Seebarsch aus dem Schwarzen Meer), *Sinarit* (Zahnbrasse), *Karagöz* (Geissbrasse), *Mercan* (Rotbrasse), *Barbunya* (Barbe), *Lüfer* (Blaufisch) und *Istakoz* (Hummer).

Am Goldenen Horn in Eminönü an der Galata-Brücke bekommt man sowohl in den Brückenrestaurants als auch von einfachen Standverkäufern frisch gebratenen Fisch *(Balık)* samt Zwiebeln und Tomaten für wenige Euro.

Schließen wir den Speiseplan mit dem süßen **Dessert (Tatlılar):** Wie wäre es mit einem Stück *Baklava* (honigübergossener Mandelkuchen mit Nüssen oder Pistazien, gleichsam das türkische Dessert par excellence)? Oder bevorzugen Sie türkischen Honig *(Sade Lokum)*? Egal, was man wählt – und es locken noch viele Variationen wie z.B. *Sütlaç* (Reispudding) und *Keşkül* (Mandeldessert) –, es ist süß und schwer – und viel zu lecker! Zum Glück muss man in Istanbul viel laufen, da kann man sich ruhig einige kulinarische Exzesse erlauben ... Wer sich auf Süßes spezialisiert, kann auch in einer *Pastane* (Konditorei) seinen Heißhunger auf Kuchen oder Gebäck stillen.

Zu jedem Essen wird ein Körbchen mit frischem **Brot (Ekmek,** als flaches Fladenbrot **Pide)** gereicht, das immer reichlich verzehrt wird, sowie eine Flasche **Wasser (Su)** oder ein Glas bzw. ein Becher *Ayran* (leicht gesalzenes Joghurtgetränk) bestellt.

Als weitere **Getränke** bieten sich verschiedene Fruchtsäfte *(Meyva Suyu)* oder auch Limonade *(Limonata)* an. Sa-

lep (gegorene Milch mit Zimt und Gewürzen, kein Alkohol) wird im Winter warm getrunken und soll allen möglichen Formen des Unwohlseins vorbeugen. An Festtagen wie z.B. im Ramadan (Fastenmonat) wird er – wie auch *Şalgam* (ein heißes, recht scharfes fermentiertes Karottengetränk) – an vielen Buden und Ständen angeboten.

Beim **Alkohol** sollte man bedenken, dass aus Lizenz- oder religiösen Gründen **nicht alle Restaurants** (meist einfache Lokantas in konservativen Stadtteilen) Hochprozentiges ausschenken. Ansonsten sind die türkischen **Biersorten (Bira)** Tekel und Efes durchaus zu empfehlen, wobei vor allem bessere Restaurants auch ausländische Biere wie z.B. Tuborg führen und zudem mit mehreren türkischen oder ausländischen **Weinsorten (Şarap)** aufwarten können (z.B. *Doluca*). Etwas vorsichtig sollte man dagegen mit dem türkischen **Anisschnaps (Rakı)** verfahren. Die als *Aslan Sütü* („Löwenmilch") bekannte Variante des türkischen Ouzo wird von den Türken bei langen und ausgedehnten Abendessen *(Rakı Sofrası)* mit Wasser vermischt (deshalb die milchige Farbe) und oft reichlich getrunken. Der klassische Ort für solch eine Rakı-Tafel ist die **Meyhane,** also die „Kneipe", wo man in geselliger Runde bei einer Flasche „Löwenmilch" den *Mezeler* zuspricht. Im Gegensatz zum Ouzo besitzt der bis zu 50-prozentige Rakı aber nur einen leichten Anisgeschmack, sodass Touristen leicht das subjektive Gefühl haben, an einem „farblosen" und harmlosen Getränk zu nippen. Die Wirkung setzt dann plötzlich ein, und ein

Rakı-Rausch kann einen dann schon für einen Tag außer Gefecht setzen.

Nach dem Essen bekommt man in einem türkischen Restaurant noch einen **Tee (Çay)** serviert, das Nationalgetränk schlechthin, das den ganzen Tag über – meist aus „Tulpengläsern" (*Bardak,* eine Tasse heißt *Fincan*) – getrunken wird. Der türkische Tee (aus den Anbaugebieten um Rize am Schwarzen Meer) ist reichlich zu süßen, um seine bittere Grundnote auszugleichen, aber dann ist er der aromatischste Tee der Welt. Neben seiner Grundvariante als Schwarzer Tee gibt es noch den touristischen *Elma* (Apfeltee) oder *Oralet Çay* (Orangentee). Ein türkischer **Teegarten (Çay Bahçesi)** – und das sei hier mit Nachdruck herausgestellt – ist der ideale Ort, um sich zu erholen und auszuruhen. Istanbul besitzt schöne Teegärten (in den Stadtteilkapiteln aufgeführt), und längst sind die allermeisten von ihnen nicht länger mehr ein Vorrecht der Männer.

Bestellt man übrigens in Gesellschaft einen **Samovar** (ca. 3 Euro, abhängig von der Lokalität), liegt stets ein feuchtes Tuch auf dem Tablett, mit dem man die heiße Tee- und die darunter stehende Wasserkanne bedienen kann, sowie ein Sieb. Man schüttet zuerst ein wenig Tee durch das Sieb ins Teeglas, um danach Wasser hinzuzugeben. Die Mischung ist Geschmackssache, wobei als Grundregel allerdings gelten mag: ein Drittel Tee, zwei Drittel Wasser.

Der **Türk Kahvesi (türkischer Mokka),** aus dessen Sud man die Zukunft lesen zu können glaubt, wird viel seltener getrunken. Wer ihn bestellt, wird

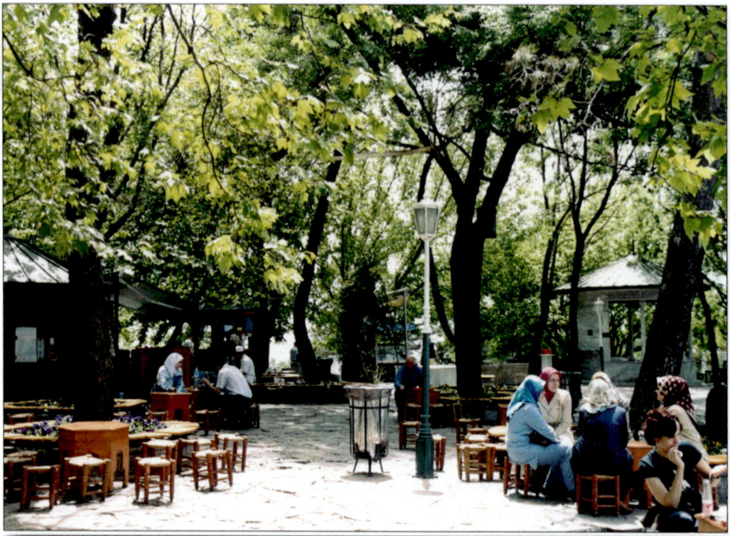

ista06-054a Foto: mf

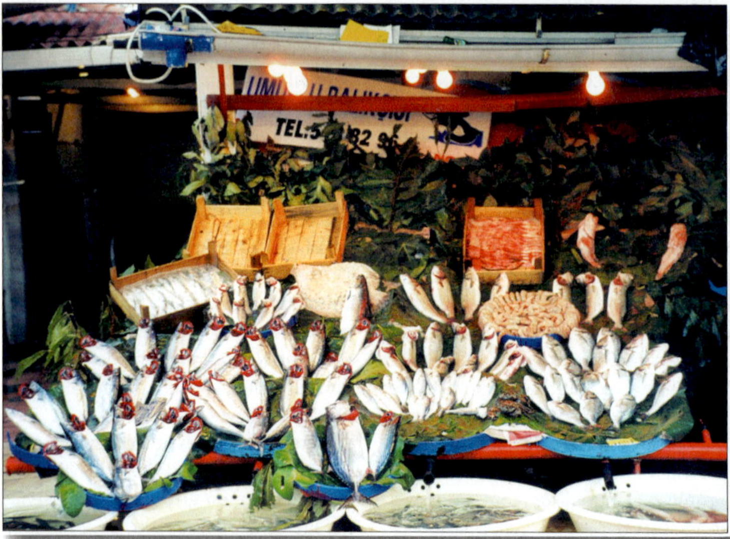

ista06-054b Foto: mf

gefragt werden, ob er ihn süß (*şekerli*) oder schwarz (*sade*) haben möchte.

Wo isst man für wie viel?

Istanbul bietet jedem Geldbeutel seine passende – und dazu noch gute – Küche. In einer groben Einteilung lassen sich vier Ebenen ausmachen:

Die billigste Essgelegenheit (wenn auch meist nur ein Snack) bietet der **Straßenhändler oder Kiosk.** Ein gekochter Maiskolben (*Mısır*) kostet hier ca. 20 Cent, einen *Tavuk döner* bekommt man für einen knappen Euro, desgleichen einen Hot Dog, die türkische Pizza (*Lahmacun*) wie auch den Hamburger. Die oben erwähnten frisch gemachten Fischbrötchen vom Karren gehören in die gleiche Kategorie.

Richtiges Essen fängt aber erst auf der zweiten Ebene an, der **Lokanta.** Diese kleinen, schmucklosen Restaurants bzw. Garküchen gibt es zuhauf, und die Gerichte, die sie in ihren Töpfen zur Schau stellen, sind immer schmackhaft und sehr frisch. Besser und preisgünstiger können Sie nirgendwo essen. Auch wer kein Wort Türkisch spricht, kommt hier zurecht, indem er einfach auf das Gewünschte zeigt. Der Preis für eine Portion beträgt – je nach Stadtlage – ca. 2–3 Euro. In diesen Lokalen essen auch die Einheimischen, was stets ein Zeichen von Qualität und Frische ist. Verzichten müssen Sie hier in aller Re-

gel auf Dekor und Ambiente; die Räume sind einfach und nüchtern eingerichtet, Plastikstühle und Neonlicht zeigen an, dass es hier lediglich ums Essen geht, und auch die Gabel kann schon mal etwas krumm sein.

Das ändert sich mit der dritten Ebene, den eigentlichen **Restaurants.** Nicht dass das Essen hier unbedingt besser wäre, aber die Inhaber legen Wert auf schöne Dekoration oder stilvolles Ambiente. Hierzu gehören die vielen Aussichtsrestaurants mit Blick über Altstadt oder Bosporus sowie die Touristenrestaurants mit Kerzenlicht-Romantik in Sultanahmet. Letztere werden fast nie von Türken besucht, sondern nur bedient. Das Abendessen in einem dieser Restaurants kann leicht zwischen 7 und 12 Euro pro Person liegen; landet man in besonders touristischen Gegenden, wie z.B. der berühmten Çiçek Pasajı in Beyoğlu oder auch in den Fischrestaurants von Ortaköy, kann es noch teurer werden. Wer sein Gericht nicht aus der Karte, sondern nach dem dargebotenen Vorspeise- oder Fischteller auswählt, sollte vorsichtig sein: Kleine Häppchen summieren sich schnell zu saftigen Gesamtpreisen.

Auf der letzten Ebene spricht man nicht über Geld: Die **Spezialitäten- bzw. Panoramarestaurants** wie z.B. das 360° oder auch das durch seine russische Küche berühmte Rejans (beide in Beyoğlu) bedürfen in der Regel stets der Reservierung. Gourmets werden hier die Spitzenqualität der Speisen loben und leicht das Drei- bis Vierfache der unter der dritten Kategorie genannten Preise ausgeben (Kreditkarte nicht

Praktische Reisetipps A–Z

Bild oben: Teegarten in Üsküdar; unten: Auslage auf dem Fischmarkt vergessen, falls man zuwenig Bares hat). Anders ausgedrückt: Hier verfuttern Politiker, Geschäftsleute und sonstige VIPs in zwei Stunden das Geld, das ein türkischer Arbeiter oder Budenverkäufer in einem halben Monat verdient.

In den beiden letztgenannten Kategorien erwartet man übrigens ein **Trinkgeld** von ca. 10 Prozent des Rechnungsbetrages.

● Für **genauere Angaben zu einzelnen Restaurants** beachte man die Tipps am Ende der jeweiligen Stadtteilkapitel.

Feste und Feiertage

Nationale Feiertage

● **1. Januar:** Neujahr
● **23. April:** Tag der nationalen Unabhängigkeit (am 23.4.1920 versammelte sich in Ankara zum ersten Mal das Parlament) und Tag des Kindes
● **19. Mai:** Tag der Jugend und des Sports
● **30. August:** Nationalfeiertag; Tag des Siegs im Unabhängigkeitskrieg gegen die Griechen 1922
● **29. Oktober:** Jahrestag der Gründung der türkischen Republik (am 29.10.1923)

Religiöse Feste und Feiertage

Bei diesen Festen ist zu beachten, dass sie sich nach dem **islamischen Mondkalender** richten, der nur 354 Tage umfasst. Das bedeutet, dass die Feste sich pro Jahr gegenüber unserem Sonnenkalender um elf Tage nach vorne verschieben. So begann beispielsweise der **Fastenmonat Ramadan** im Jahr 2011 am 1. August; folglich wird er 2012 am 20. Juli und 2013 am 9. Juli beginnen. Gleiches gilt für alle anderen religiösen Feste; so findet das dreitägige **Şeker Bayramı ("Zuckerfest")**, mit dem die Fastenzeit zu Ende geht, im Jahr 2012 vom 19. bis zum 21. August und 2013 vom 8. bis 10. August statt. Während dieser drei Tage besuchen sich Verwandte und Freunde, um gemeinsam das Ende des Fastenmonats Ramadan zu feiern, und Kinder gehen von Tür zu Tür, um Süßigkeiten oder kleine Geschenke einzusammeln.

Ein ebenso wichtiges Fest ist das viertägige **Kurban Bayramı ("Opferfest")**, das 2012 am 25. Oktober und 2013 am 15. Oktober beginnt. Es erinnert an die Ergebenheit *Abrahams,* der bereit war, für Gott seinen Sohn *Isaac* zu opfern. In einem symbolischen Akt, der die Gotteshingabe des Muslim zum Ausdruck bringen soll, wird an diesem Tag ein Tier durch Schächtung geschlachtet (meist ein Schaf oder eine Ziege). Ein Drittel des Fleisches wird an Arme und Bedürftige verschenkt, ein Drittel an Verwandte und Bekannte, das letzte Drittel verbleibt in der Spenderfamilie. Auch während dieses Festes besuchen sich Familien und Freunde, oder man schreibt sich – falls ersteres nicht möglich ist – zumindest Glückwunschkarten. Wiederum erhalten vor allem Kinder kleinere Geschenke und Süßigkeiten.

Sowohl während der nationalen wie auch der oben genannten religiösen Feiertage bleiben in der Regel **Banken, Behörden** und viele **Geschäfte geschlossen.**

Sonstiges

Sehr zu empfehlen ist der Besuch des **sonntäglichen Ostergottesdienstes** in der Kirche des Griechisch-Orthodoxen Patriarchats **in Fener** (je nach Termin der Feiertage im März oder April; das orthodoxe Osterfest findet eine Woche nach dem katholischen statt; zur Lokalität siehe „An den Ufern des Goldenen Horns"). Die Kirche ist dann über und über mit Kerzen erleuchtet, und der altehrwürdige Ritus ist auch für Nicht-Christen sehenswert.

Festivals und Events

Nach einigen kulturell etwas dürreren Jahrzehnten im 20. Jh. stellt Istanbul heute wieder ein namhaftes **Zentrum der Konzert- und Festivalwelt** dar. Das große Plus der Stadt ist ihr meist junges, dynamisches Publikum, das alles mitmacht und würdigt und offen für alles Neue ist. So verwundert es kaum, dass Künstler aus aller Welt gerne nach Istanbul kommen: Die Stadt vibriert, und der Enthusiasmus ist echt und nicht aufgesetzt (siehe auch „Musikszene" und „Nachtleben").

Zu einem großen Teil werden die Veranstaltungen durch die **Istanbuler Kunst- und Kulturstiftung** (Istanbul Kültür ve Sanat Vakfı) promoviert und organisiert; auf ihrer Website kann man sich über Einzelheiten des Programms erkundigen (www.istfest.org). Darüber hinaus stellen englischsprachige Zeitungen und Plakataushänge weitere Informationsquellen dar.

Überblick

Im Folgenden soll ein kurzer Überblick über die **wichtigsten regelmäßigen Festivals und Messen** der Stadt gegeben werden. **Tickets** zu den einzelnen Veranstaltungen bekommt man am besten entweder am Schalter des Atatürk Kültür Merkezi (siehe „Theater/Kino") oder über die Website von biletix (www.biletix.com; auch telefonisch in Englisch 8.30–21 Uhr, Sa und So 10–21 Uhr, Tel. 0216-5569800). Außerdem unterhält biletix Verkaufsstände an mehreren Punkten der Stadt, u.a. **D&R,** Istiklal Cad. 55A, kleine Buchhandlung nahe Taksim Platz, die auch Biletix-Tickets verkauft (siehe Stadtteilkapitel „Südlich und nördlich von Taksim").

Eine weitere Möglichkeit stellen die Verkaufsagenturen von Vakkorama dar (www.vakkorama.com.tr).

Einen guten Überblick über das Istanbuler Kulturgeschehen liefert die Website **www.istfest.org** (auch in Englisch).

April

● **Internationales Istanbuler Filmfestival** (Info Tel. 0212-3340723, Tickets pro Veranstaltung zwischen 3 und 5 Euro): Eines der berühmtesten Festivals der Stadt; dauert ca. zwei Wochen und präsentiert über hundert Filme in verschiedenen Kinos (siehe auch „Theater/Kino").

Mai

● **Internationales Theaterfestival** (Info Tel. 0212-3340740): Bis Juni dauernde Hommage an die „Bretter, die die Welt bedeuten"; findet im Wechsel mit der Kunstbiennale (s.u.) nur in geraden Jahren statt. Hauptveranstaltungsorte sind das Atatürk Kültür Merkezi am Taksim-Platz und das Kenter Theater (siehe „Theater/Kino").

● **Internationales Festival des Puppenthea-ters** (Info Tel. 0212-2320224, Tickets 3–5 Euro): Eine gute Gelegenheit auch für Kinder, das alte, heute fast vergessene türkische Schattenspiel der Spaßvögel *Karagöz* und *Hacıvat* (siehe entsprechenden Exkurs) zu erleben; in der zweiten Mai-Woche und meist im Kenter Theater (siehe „Theater/Kino").

Juni

● **Internationales Istanbuler Musikfestival** (Info Tel. 0212-3340736, Tickets 3–100 Euro): Für mehrere Wochen (bis in den Juli hinein) werden meist klassische Musikveranstaltungen und Balletaufführungen an verschiedenen (auch historischen) Plätzen wie z.B. Aya Irini in Sultanahmet präsentiert; die seit 1973 organisierte Veranstaltung stellt das renommierteste unter den Istanbuler Festivals dar.

Juli

● **Istanbuler Jazzfestival** (Info Tel. 0212-3340772, Tickets 10–25 Euro): Zweiwöchige Performance internationaler Stars, die allerdings nicht immer etwas mit Jazz zu tun haben; unter anderem im Freilichtheater oberhalb des Maçka-Parks nahe dem Hilton (siehe „Theater/Kino" und „Südlich und nördlich von Taksim").
● **Rumeli Hisarı Konzerte** (Info Tel. 0212-3359335, Tickets 8–30 Euro): Traumhafte Kulisse in der alten osmanischen Festung am Bosporus; wo einst Sultan *Mehmet* mit Kanonen auf venezianische Schiffe schoss, regieren nun phonstarke Popkonzerte bis in den August.
● **Istanbuler Açıkhava Konzerte** (Info Tel. 0212-2576200, Tickets direkt beim Freilufttheater in Harbiye 5–25 Euro): Viele türkische Lokalgrößen, aber auch avantgardistische und ethnisch orientierte Musiker nutzen die oben bereits erwähnte Freilichtbühne für Open-Air-Konzerte.

September

● **Istanbuler Kunstbiennale** (Info Tel. 0212-3340763): In den ungeraden Jahren ablaufendes Kunsthappening der besonderen, avantgardistischen Art; unterschiedliche Veranstaltungen – Fotografie, bildende Kunst –, die meist unter einem generellen Thema stehen und an verschiedenen Orten mit oft historischem Ruf, z.B. Tophane, Beylerbeyi etc., ablaufen.

Oktober

● **Akbank Jazzfestival** (Info Tel. 0212-2525167, Tickets 1–25 Euro): Bekanntes zweiwöchiges Musik-/Filmfestival, das im Gegensatz zum Istanbuler Jazzfestival (s.o.) nun wirklich dem Jazz verschrieben ist; Schwerpunkt des Geschehens: das stadtbekannte Babylon (siehe „Nachtleben").
● **Eurasia Marathon** (Info Tel. 0212-234 4200, www.istanbulmarathon.org): Endlich mal zu Fuß von Asien nach Europa, nämlich über die Bosporus-Brücke, die ansonsten für Fußgänger gesperrt ist; ein Heidenspektakel, „nur" weil der Marathon zwei Kontinente verbindet; jährlich am dritten Sonntag im Oktober.
● **Istanbuler Kunstmesse** (Info Tel. 0212-8866843, www.tuyap.com.tr): Viele Istanbuler Kunstgalerien sind im Tüyap-Zentrum nahe dem Atatürk-Flughafen präsent (Bilder, Skulpturen, Keramikarbeiten etc.); Shuttle-Busse vom Atatürk Kültür Merkezi am Taksim-Platz.

November

● **Istanbuler Fotografietage** (Info Tel. 0212-2924201): Den ganzen Monat über Veranstaltungen, Präsentationen und Diskussionen rund um die Fotografie; an verschiedenen Orten.
● **Istanbuler Buchmesse** (Info Tel. 0212-8866843): Für zehn Tage dreht sich alles um das Gedruckte; Präsenz von vielen Verlagen, Schriftstellern und Journalisten; gleiche Lokalität und Shuttle-Bus-Anbindung wie bei der oben erwähnten Kunstmesse.
● **Internationales Festival religiöser Musik** (Info Tel. 0212-2315497): Touristisch interessantes Festival, das sich u.a. auch mit der mystischen Sufi-Musik der tanzenden Derwische beschäftigt; bevorzugter Veranstaltungsort der zwischen November und Dezember stattfindenden Konzerte ist der Cemal Reşit Bey Konser Salonu (siehe „Musikszene").
● **Efes Blues Festival** (Info Tel. 0212-252 5167): An zwei Abenden treten im Hilton Ho-

tel jeweils drei Bands auf; renommiertes Musikfestival.

Dezember

●**Mevlana Festival:** Zwischen dem 17. und 24. Dezember tanzen die Anhänger des Sufi-Meisters *Mevlana Cellaleddin Rumi* im alten Derwisch-Kloster nahe Tünel ihren mystischen Tanz (siehe „Jenseits des Goldenen Horns, Karaköy").

Fotografieren

Fotomaterial

An Zubehör für **digitales Fotografieren** herrscht in Istanbul wahrlich kein Mangel. Vor allem im neuen Shopping-Paradies **Demirören** auf der Istiklal Caddesi in Beyoğlu wird man garantiert fündig. Selbst **Farbfilme** sind in Istanbul noch immer leicht und billig zu bekommen (man achte aber auf das Verfallsdatum), und auch die **(Schnell)entwicklung** der Filme ist preiswert und zuverlässig.

Verhalten beim Fotografieren

Beim Fotografieren von Personen sollte vorher generell um **Erlaubnis** nachgefragt werden; dies gilt insbesondere bei älteren oder erkennbar konservativen Personen, wie z.B verschleierten Frauen. In einer Moschee sollte man nicht während des Gebets fotografieren; auch die Betenden selbst sind keine Fotoobjekte.
Militärische Anlagen jeder Art unterliegen einem strikten **Ablichtungsverbot.**

Hygiene/Toiletten

Allgemein können die hygienischen Verhältnisse **in den Hotels** als durchaus zufriedenstellend bzw. gut charakterisiert werden. Ausgenommen davon sind die absoluten Billighotels in Sirkeci und Beyoğlu (in diesen Reiseführer nicht aufgenommen), wo ein Blick auf (und unter) die Matratze vor Übernahme des Zimmers Pflicht ist.

Ein Problem in kleineren Hotels kann gelegentlich die Wasserspülung bzw. die Versorgung mit **warmem Wasser** sein. Es ist absolut üblich, sich vor Übernahme des Zimmers alle entscheidenden Punkte – Wasserspülung, Warmwasser, im Winter die Heizung – genau anzusehen und zu testen. Das ist natürlich nicht möglich, wenn man ein bereits in Deutschland vorreserviertes Zimmer bezieht. Im Falle von Problemen melde man sich sofort an der Rezeption und dringe auf Behebung des Mangels.

In fast allen Hotels der Stadt sind **europäische Toiletten (Tuvalet)** die Regel. Lediglich in kleinen Restaurants (*Lokanta*), Cafés und Billigstabsteigen wird man noch auf die **Tuvalet alla turca, die Hocktoilette bzw.** das **Stehklo,** treffen. Sie ist prinzipiell keineswegs weniger hygienisch, aber für Europäer

Buchtipps – Praxis-Ratgeber:
●Helmut Hermann
Reisefotografie
●Volker Heinrich
Reisefotografie digital
(beide Bände REISE KNOW-HOW Verlag)

Praktische Reisetipps A–Z

ungewohnt. In diese Toiletten – wie auch in einigen Sitztoiletten der billigeren Hotels – sollte man kein Papier hineinwerfen, da sie leicht verstopfen; dafür stehen Behälter/Eimer bereit.

Außerhalb der Hotels sind vor allem in billigeren Cafés und Lokantas die Toiletten meist sehr einfach – und gelegentlich auch nicht in dem Zustand, den sich ein Mitteleuropäer wünscht. **Papier** werden sie hier kaum finden, sodass Papiertücher immer zur Hand sein sollten; erfahrene Globetrotter wissen sich auch mit dem bereitgestellten Wasser zu helfen.

Wer übrigens einmal von einem plötzlich auftretenden Bedürfnis heimgesucht wird, sollte nach der nächsten **Moschee** Ausschau halten. Hier steht immer eine saubere Toilette zur Verfügung. Die Aufschrift für Frauen ist „Bayan" oder „Kadın", die für Männer „Erkek" oder „Bay". Alternativ dazu gibt es an großen Plätzen und Straßenkreuzungen **öffentliche Toiletten,** die ebenfalls in aller Regel durchaus passabel sind. Alle öffentlichen Toiletten im Stadtzentrum (also auch die der Moscheen) fordern ein Entgelt von ca. 20–50 Cent, sodass man Kleingeld bereithalten sollte.

Internet-Cafés

Alle touristisch relevanten Stadtteile verfügen über Cyber-Cafés. Im Falle von Beyoğlu und Sultanahmet erhält man detailliertere Angaben am Ende der Stadtteilkapitel. Das Surfen kostet je nach Ausstattung der Lokalität **zwischen 50 und 80 Cent pro halbe Stunde.** Achten Sie aber darauf, dass Sie auf der türkischen Tastatur nicht i und ı verwechseln! Das gleiche Problem haben Europäer mit s und ş!

Kinder

Die Türken sind allgemein sehr kinderfreundlich – die Stadt Istanbul ist es nicht. Das schon auf erwachsene Mitteleuropäer verwirrend wirkende **Verkehrschaos,** dazu die **wenigen Spielplätze und Parks** sowie die **permanente Hektik** und Fülle der Straßen und Gehwege machen es behüteten Kindern aus reicheren Ländern nicht leicht, ihren Raum zu finden. Türkische Kinder sind da notgedrungen sehr viel robuster

und spielen – zumindest in den Vororten – einfach auf der Straße; europäische Kinder sollten dies keinesfalls nachahmen, da sie ein völlig anderes Verkehrsverhalten gewohnt sind (siehe „Autofahren"). Überhaupt werden türkische Kinder frühzeitig in das Leben der Erwachsenen integriert (deshalb sind sie auch auf der Straße viel früher selbstständig), während die Kleinen im Westen zumindest teilweise lange in kindgerechten Schutzräumen und Spielplätzen „verwahrt" werden.

Sicher, da gibt es das Meer, die Schiffe und die autofreien Prinzeninseln, den Lunapark in Üsküdar und im Maçka-Park. Auch im Gülhane-Park können Kinder sich richtig austoben, aber ansonsten ist die Stadt für die Kleinen eher **anstrengend** und wegen des Verkehrs nicht ungefährlich. Für Kleinkinder werden Sie keine „wickelgerechten" Toiletten finden, und wer einen Kinderwagen durch Istanbul schieben will – fast unvorstellbar! – braucht Nerven wie Drahtseile, ganz abgesehen davon, dass er sich in der Stadt der sieben Hügel und der fehlenden oder zu hohen Bordsteine einem schweißtreibenden Super-Fitnessprogramm unterzieht; hier ist das Tragen des Babys in einem Umhängetuch sicher die „leichtere" Alternative.

Wer trotzdem mit dem (vielleicht schon etwas älteren) Nachwuchs Istanbul besucht, kann sicher sein, unter allen Touristen eine **bevorzugte Behandlung** zu genießen, denn wie schon gesagt: Die Türken lieben Kinder und werden ihnen (fast) alles nachsehen und durchgehen lassen.

Das **Reiseprogramm** sollte neben den oben genannten Ausflugspunkten eventuell auch noch folgende Tipps berücksichtigen:

- Studieren Sie die Landkarte und sorgen Sie bei Ihren Ausflügen für **„Parkpausen";** außer den oben genannten Orten sind auch der Yıldız-Park und der Emirgan-Park attraktive Spielzonen.
- Das **Istanbul Dolphinarium** im Stadtteil Eyüp an den Ufern des Goldenen Horns dürfte für Kinder zu den interessantesten Adressen Istanbuls zählen. Die 45-minütigen Delfin-Shows finden von Mittwoch bis Freitag jeweils um 11 und 13.30 Uhr statt; am Wochenende (Sa/So) um 12, 14.30 und 17 Uhr (Eintritt 9 Euro). Am Wochenende besteht auch die Möglichkeit, mit den Delfinen zu schwimmen oder zu tauchen (zwischen 10 und 11 Uhr); eine Schwimmeinheit von ca. 10 Minuten kostet allerdings ca. 60 Euro und bedarf der telefonischen Voranmeldung (0530-3431091). Silatarağa Caddesi 2, Eyüp, Istanbul, Tel. 0212-5817878, www.istanbul-dolphinarium.com (engl.), Bus 99, 44B oder 399B/C/D von Eminönü.
- **Bosporus Zoo,** Boğaziçi Hayvanat Bahçesi, Tuzla Cad. 15, Bayramoğlu, Izmit, Tel. 0262-6538315, geöffnet Mai bis Okt. 8.30–20 Uhr, Nov. bis April 8.30–17 Uhr, Eintritt ca. 5 Euro (Kinder unter 6 Jahren frei); die Zoo- und Gartenanlage bietet neben ihren vielen Tieren auch Spielplätze. Nachteil: Es sind über 40 km (!) zurückzulegen; Richtung Izmit auf der asiatischen Seite nahe Darıca, Anfahrt entweder mit dem Vorortzug von Haydarpaşa oder mit dem Bus vom asiatischen Busbahnhof Harem (siehe „Verkehrsmittel").
- Unter den **Museen** dürften das Rahmi Koç Museum in Hasköy sowie das Miniaturk in Sütlüce (für beide siehe „An den Ufern des Goldenen Horns") auch für Kinder interessant sein.
- **Carousel,** Hali Ziya Uşaklıgil Cad. 1, Bakırköy; 10–22 Uhr; die im amerikanischen Stil erbaute Shopping-Mall bietet neben vielen Geschäften und Cafés eine kleine Eisbahn, wo man sich Schlittschuhe gegen wenig Geld ausleihen kann.

Kriminalität und Sicherheit

Zunächst einmal etwas Erfreuliches und keineswegs Selbstverständliches: Istanbul ist eine im Vergleich zu ähnlich großen Metropolen (noch?) **relativ sichere Großstadt.** Auch wenn vor einigen Jahren eine Serie von Einbruchdiebstählen Schlagzeilen machte, so sind Touristen doch bisher davon kaum betroffen. Die Einwohner selbst haben aus kulturellen wie auch teilweise realen Erfahrungen – die aber oft nur weitergegebene Erzählungen sind – nicht immer das gleiche Urteil über ihre Stadt. Nicht wenige Türken fühlen sich nur in ihren Stadtteilen sicher, während sie woanders selbst auf der Hut sind. Es muss zudem davon ausgegangen werden, dass die Kriminalität bei einer etwaigen Verschlechterung der sozialen Lage und der gleichzeitigen Vereinsamung des Einzelnen durch die sich in der Großstadt auflösenden Familienstrukturen zunehmen könnte – wie es eben leider fast überall auf dem Globus der Fall ist.

Neben den überall **üblichen Vorsichtsmaßnahmen** sollten deshalb besonders folgende **Ratschläge** beherzigt werden:

- Wer sein Geld, Handy oder andere Wertsachen in der **Umhängetasche** bzw. im **Rucksack** aufbewahrt, sollte im Gedränge – also in Bussen, Unterführungen, auf dem Basar – seine Tasche vor sich tragen; Wertsachen gehören nicht in das leicht zu öffnende Außenfach der Umhängetasche. Immer wieder werden auch Einheimischen die hinteren Reißverschlüsse beim Gehen geöffnet und Sachen entwendet.
- Als Tourist wird man Sie ggf. **vor allem in Sultanahmet, aber auch Beyoğlu oft angesprochen.** Die Gründe sind durchaus vielfältig: Die einen wollen wirklich nur ihre Sprachkenntnisse testen und ein wenig plaudern; die zweite Gruppe sucht den Kontakt, um Sie zu einem Teppichhändler zu schleppen oder sonst irgendetwas zu verkaufen. In absoluten Einzelfällen können auch Annäherungen dubioser Natur stattfinden. Wer das Gefühl hat, dass der Typ nicht „koscher" ist, sollte Einladungen höflich, aber entschieden ablehnen. Die Fälle, bei denen dem Eingeladenen k.o.-Tropfen ins Teeglas gemixt wurden, sind gewiss zu einem Großteil „Räuberpistolen-Geschichten", aber sie kommen – wenn auch höchst selten – vor. Deshalb aber nun immer abweisend und ängstlich zu sein, wäre der völlig falsche Schluss: Wer sich von den Einheimischen abschottet, verpasst das Beste der Reise: den erweiternden Kontakt zu anderen Kulturen und die großartige Erfahrung der türkischen Gastfreundschaft.
- Ein seltenes, aber hier zu erwähnendes Problem, stellen die **Straßenkinder** dar. Ihre Zahl steigt in Istanbul, und nicht selten nehmen sie Drogen, um ihre Lage ertragen zu können, was wiederum die Berechenbarkeit ihres Verhaltens erheblich erschwert und ihre Aggressivität erhöht. Sieht man sich einer Gruppe von auffallend lauten, „zugedröhnt" wirkenden Jugendlichen gegenüber, so vermeide man jeden Kontakt und entferne sich.
- Vorsicht beim Besuch **zweifelhafter Nachtclubs!** Insbesondere die „Müzikhol" genannten Bars im Stadtteil Laleli, wo meistens osteuropäische Damen ihre Dienste tun, präsentieren schnell astronomische Rechnungen! Weigert sich der Geneppte zu bezahlen, kann die Angelegenheit schnell handgreiflich werden!

Praktische Reisetipps A–Z

● Einige wenige, **von Sinti und Roma bewohnte Bereiche der Theodosianischen Landmauer** (im Text an entsprechender Stelle vermerkt, siehe „Entlang der Stadtmauer") sind eine Art (inoffizielles) Rotlichtmilieu; hier sollten Kontakte vermieden werden.

● Siehe auch das Kapitel „Verhaltenstipps" und dabei insbesondere den Abschnitt „Allein reisende Frauen" sowie das Kapitel „Notfälle".

Lernen und Arbeiten

Türkische Sprachkurse

Rund um den Taksim-Platz bieten gleich mehrere **Sprachschulen** ihre Dienste an. Es werden sowohl Einzelunterricht als auch Gruppenkurse angeboten. Zwei der renommierteren Institute sind:

● **Dilmer Language Center,** Tarık Zafer Tunaya Sok. 18 (nahe Inönü Cad.), Tel. 0212-2929696, Fax 2929693, www.dilmer.com (englisch), Mo bis Fr 9–20 Uhr, Sa/So 9–17 Uhr; vier Wochen Gruppenkurs ca. 320 Euro (80 Unterrichtsstunden).

● **Efinst Turkish Centre,** Aydın Sok. F-Blok Nr. 12 (im nördlich von Taksim gelegenen Stadtteil Levent, Metro von Taksim bis 1. Levent), Tel. 0212-2829064, Fax 0212-2823218, www.turkishlesson.com; 20 Unterrichtsstunden im Gruppenkurs ab 265 Euro, 100 Stunden ab 528 Euro; das Institut ist auch bei der Unterkunftssuche behilflich und vermittelt z.B. auch Unterkünfte in Gastfamilien.

Darüber hinaus bieten sich natürlich auch **privat vermittelte Sprachkurse** für den Einzelunterricht an. Hier können Informationen der Kulturinstitute und auch der deutschen Buchhandlung Mühlbauer als erste Anlaufstation benutzt werden (siehe „Informationsstellen"). Außerdem stehen im Annoncenteil der englischsprachigen Turkish Daily News (siehe „Zeitungen") gelegentlich private Unterrichtsangebote. Privat ist mit einem Honorar von mindestens 15 Euro pro Stunde rechnen.

Arbeiten/Jobben in der Türkei

Wer als **Sprachlehrer** oder **Reiseleiter** mit entsprechenden Sprachkenntnissen einfach mal ein paar Monate jobben will, hat es nicht mehr so leicht wie früher, als man jeden arbeitswilligen Ausländer gern als „native speaker" einstellte. Heute werden von den Sprach- und Tourismusinstituten entsprechende **Zeugnisse** (Universitätsabschlüsse) vorausgesetzt; liegen die allerdings vor, bestehen in den oben genannten Bereichen immer noch relativ gute Jobchancen, wobei das Entgelt natürlich stark vom Arbeitsumfang abhängig ist.

Achtung: Offiziell ist dieses Jobben illegal, da **keine Arbeitserlaubnis** vorliegt, auch wenn es seit Jahr und Tag praktiziert wird! Die meisten Jobber besitzen nur ein normales Drei-Monats-Visum, fahren nach dessen Ablauf für einen Tag nach Bulgarien, Griechenland oder ein anderes Nachbarland und kommen dann wieder zurück, um erneut drei Monate zu bleiben.

Buchtipp – Praxis-Ratgeber:
● Alexandra Albert
Sprachen lernen im Ausland
(REISE KNOW-HOW Verlag)

Wer sich für derartige Jobs interessiert, sollte vor Ort bei Sprachschulen und ggf. Reiseagenturen vorsprechen. Eine erste **Orientierungshilfe** kann auch das „Schwarze Brett" der Deutschen Buchhandlung Mühlbauer sein (siehe „Informationsstellen"), wo immer wieder auch punktuell auf privater Basis Jobangebote aushängen (siehe auch „Istanbul im Internet").

Wer legal, also **mit offizieller Arbeitserlaubnis,** in der Türkei arbeiten will, hat ein langes und kompliziertes Prozedere zu absolvieren. Er braucht auf jeden Fall die vertraglich abgesicherte Einladung eines festen Arbeitgebers in der Türkei, der dann einen Antrag beim Arbeitsministerium stellt. Einen ersten Überblick über dieses Verfahren bietet das dreisprachige (auch deutsch, auf entsprechende Flagge klicken!) Internet-Portal www.mymerha ba.com/de/main/index.asp (in der Rubrik „Sich niederlassen"). Wer sich konkret über die legalen Arbeitsvoraussetzungen erkundigen will, kann sich auch bei den entsprechenden türkischen Botschaften/Konsulaten informieren (siehe „Diplomatische Vertretungen").

Medizinische Versorgung und Vorbeugung

Die medizinische Versorgung in Istanbul ist generell zufriedenstellend, ja sogar gut. Viele Ärzte haben im Ausland studiert und können Englisch und/oder Deutsch. Da die Kosten für Zahnbehandlungen, Schönheitskliniken und z.B. Augenoperationen (Lasertechnik) viel günstiger als in Mitteleuropa sind, hat sich geradezu ein **medizinischer Tourismus** etabliert. Wer hier Kosten sparen will und sein Gesundheitsanliegen mit einer Reise nach Istanbul verbinden möchte, kann sich im Internet vielfältige Informationen verschaffen, z.B. unter www.medistan.com (Augenkliniken, Zahnbehandlung etc.). Man vergleiche die Angebote der Privatkliniken sehr genau und erkundige sich bei seiner Versicherung über etwaige Zuschüsse bzw. Teilfinanzierungen.

Für die touristische Durchschnittsversorgung bieten sich viele Adressen an; Ihr Hotel kann Ihnen beim Auffinden eines deutschsprachigen Arztes in der Umgebung oder der nächsten Apotheke *(Eczane)* helfen.

Krankenhäuser

Grundsätzlich gilt, dass private Kliniken weit besser ausgestattet sind als staatliche. Es bieten sich neben privaten Ärzten folgende zuverlässige Adressen an:

●**Alman Hastanesi (Deutsches Krankenhaus),** Sıraselviler Cad. 119, Taksim (Anfahrt siehe „Südlich und nördlich von Taksim"), Tel. 0212-2932150, www.almanhastanesi.com.tr

Haliç Köprüsü, Brücke über das Goldene Horn bei Ayvansaray

(besitzt auch eine private deutschsprachige Zahnklinik, s.u.).

● **Sen Jorj Hastanesi (Österreichisches St. Georg Krankenhaus),** Bereketzade Medresesi Sok. 7, Karaköy (siehe „Jenseits des Goldenen Horns"), Tel. 0212-2432590.

● **Taksim Ilkyardım Hastanesi (Erste Hilfe Krankenhaus Istanbul),** Sıraselviler Cad. 112, Taksim (nahe dem Deutschen Krankenhaus), Tel. 0212-2524300; auf Notsituationen spezialisiertes türkisches Krankenhaus.

Deutschsprachige Zahnärzte

● **Alman Hastanesi Diş Kliniği (Zahnklinik des deutschen Krankenhauses,** s.o.), auch Kinderabteilung.

● **Dr. Med. Erol Güner,** Sezai Selek Sok. 7 (nahe Valıkonağı Caddesi in Nişantaşı, siehe „Südlich und nördlich von Taksim"), Sevim Apt. D. 2, Tel. 0212-2314444.

Apotheken

Türkische Apotheken (**Eczane,** Aussprache: *Esa:ne,* Öffnungszeiten ca. zwischen 9 und 18 Uhr) findet man **fast an jeder Ecke.** Viele Medikamente, die in Europa verschreibungspflichtig sind, gehen hier ohne Rezept und **deutlich preiswerter** über die Ladentheke, darüber hinaus werden hygienische und Babyartikel verkauft. Jeder Wohnbezirk hat eine **Bereitschaftsapotheke** (an der Hotelrezeption fragen) für den Notdienst (*Nöbetçi,* die Adresse der nächstgelegenen Apotheke sind meist auch in deren Schaufenstern ausgehängt).

Vorbeugende Tipps

Leitungswasser sollte man nicht unbedingt trinken; auch die Einheimischen haben immer eine Flasche **Trinkwasser** (*Su*) in der Wohnung parat, und Touristen, die im Sommer auf Stadttour gehen, sollten außerdem immer eine solche im Rucksack haben (und nicht die **Sonnencreme** vergessen).

Versicherungen

Es empfiehlt sich ungeachtet des türkischen Versicherungsabkommens mit Deutschland, Österreich und der Schweiz (siehe „Vor der Reise, Versicherungen") sehr, eine private Krankenversicherung abzuschließen. Zwar tritt der Patient in Istanbul dann in Vorkasse, erhält aber gegen Vorlage der Arzt- bzw. Apothekenquittung nach der Reise das Geld zurück.

Mietwagen

Auch wenn die touristische Erkundung des Stadtzentrums per Auto als eine geradezu abstruse Idee angesehen werden muss, mag der ein oder andere Langzeitreisende die weitere Umgebung der Stadt mit dem Auto entdecken wollen. Deshalb hier zwei Adressen von **Mietwagenanbietern:**

●**Aybar Car Rental,** Incirli Cad. Ahu Sok. 1B/4, Bakırköy, Tel. 0212-46651405, Fax 4665114, www.aybar.com.tr.
●**Pelikan Rent a Car,** Fatih Sultan Caddesi/Kuzey Sokak, Tel. 0212-2352025, 24h-Reservierung Tel. 0090-532-2625607, www.auto vermietungistanbul.com, Tag ab 26 Euro.

Je nach Saison, Wagentyp und Mietdauer muss bei einer lokalen Mietwagenfirma mit einer **Tagesgebühr** von mindestens **25–40 Euro** gerechnet werden (bei internationalen Agenturen nicht selten bis 50 Euro). In der Regel muss eine Kaution in bar oder per Kreditkarte hinterlegt werden. Einige Firmen setzen ein Mindestalter von 23 bzw. 25 Jahren voraus. Der nationale Führerschein, Ausweis, Kreditkarte sowie die Adresse des Hotels müssen nachgewiesen werden.

Zu den in der Türkei gültigen **Verkehrsregeln** und Hinweisen zum Verhalten im **Straßenverkehr** siehe auch das Kapitel „Autofahren und Verkehrsverhalten".

Museen

In den entsprechenden Stadtteilkapiteln sind alle Museen (**Müzesi**) mit Adressen, Öffnungszeiten und Eintrittspreisen aufgeführt. Im Folgenden finden Sie deshalb nur eine **kurze Auflistung** der historisch und touristisch wichtigsten Museen mit Schwerpunktinhalt, wobei der Ortsteil und die entsprechende Seite im Buch angegeben werden.

Bei allen Museen sind die **Eintrittspreise in Euro** angegeben; zu beachten ist, dass einige Museen für private Foto- und/oder Videoaufnahmen oft ein zusätzliches Entgelt von ca. 3 Euro (Foto) bzw. 6 Euro (Video) verlangen (bei großen Sehenswürdigkeiten auch mehr). Der Gebrauch von Blitzlicht ist in der Regel untersagt. Große Taschen sind am Eingang abzugeben.

Museen mit internationaler Spitzenbedeutung

- **Arkeoloji Müzesi** (Archäologisches Museum), Sultanahmet: herausragende antike Skulpturen und Sarkophage; S. 199
- **Aya Sofya Müzesi** (Hagia Sophia), Sultanahmet: die berühmteste byzantinische Kirche der Welt; S. 173
- **Dolmabahçe Sarayı Müzesi** (Dolmabahçe-Palast), Beşiktaş: Prunkpalast der späten Sultane direkt am Bosporus; S. 281
- **Kariye Müzesi** (Chora-Kirche), Fatih (nahe der Stadtmauer): herrliche byzantinische Mosaiken und Fresken; S. 325
- **Sakıp Sabancı Müzesi**, Emirgan, Bosporus: stilvolles Villenmuseum mit herrlichem Garten und schönen Korankalligrafien; S. 359
- **Topkapı Sarayı Müzesi** (Topkapı-Palast), Sultanahmet: der Palast der osmanischen Sultane auf der Serailspitze mit Harem und fantastischer Schatzkammer; S. 182
- **Türk ve Islam Eserleri Müzesi** (Museum der türkischen und islamischen Kunst), Sultanahmet: gutes Museum islamischer Kulturen in einem ehemaligen Wesir-Palast; S. 210

Weitere bedeutende Museen

- **Askeri Müzesi** (Militärmuseum), Harbiye: riesiges Museum mit Mehter-Musikparade (Militärkapelle der Osmanen); S. 275
- **Beylerbeyi Sarayı**, Bosporus: prachtvolle Residenz und Gästehaus der späten osmanischen Herrscher; S. 364
- **Büyük Sarayı Mozaikleri Müzesi** (Mosaikenmuseum), Sultanahmet: ein letzter Rest der Mosaikenpracht des einstigen byzantinischen Kaiserpalasts; S. 213
- **Deniz Müzesi** (Marinemuseum), Beşiktaş: alles über die türkische Seefahrt und Marine; S. 286
- **Divan Edebiati Müzesi** (Derwisch-Kloster), Karaköy/Tünel: Kloster der tanzenden Derwische; S. 255
- **Istanbul Modern Sanat Müzesi** (Istanbuler Museum der Moderne), Karaköy: avantgardistisches Museum der modernen türkischen Kunst mit festen wie auch temporären Ausstellungen direkt am Bosporus; S. 258
- **Pera Müzesi** (Pera-Museum), Beyoğlu: 2004 eröffnetes Museum mit wechselnden wie auch festen Ausstellungen zur neueren und modernen Kulturgeschichte; S. 266
- **Rahmi Koç Müzesi**, Hasköy: gutes, informatives Technikmuseum; S. 313
- **Rumeli Hisarı**, Bosporus: alte osmanische Festung in toller Lage am Bosporus; S. 357
- **Sadberk Hanım Müzesi**, Büyükdere, Bosporus: sehenswerte private Antikensammlung; S. 362
- **Yedikule** (Festung der sieben Türme), am Südende der Theodosianischen Landmauer: große Festung und Gefängnis der Osmanen; S. 329
- **Yerebatan Sarnıcı** (unterirdische Zisterne), Sultanahmet: der größte byzantinische Wasserspeicher der Stadt; S. 204
- **Yıldız Şale**, Beşiktaş: prachtvolles Sultans-Chalet im schönen Yıldız-Park; S. 290
- **Yıldız Sarayı** (Yıldız-Palast), Beşiktaş: der letzte Palast der Osmanen; S. 288

Kleinere Museen oder Museen mit lokaler Bedeutung

- **Aşiyan Müzesi**, Bebek, Bosporus: das schöne Haus des türkischen Schriftstellers *Tevfik Fikret*; S. 356
- **Atatürk Müzesi**, Harbiye: dem Republikgründer und bedeutendsten türkischen Staatsmann der Moderne, *Kemal Atatürk*, gewidmet; S. 275
- **Aynalıkavak Kasrı** (Spiegelschlösschen), Hasköy: schöner osmanischer Pavillon mit Musikzimmer; S. 313
- **Halı Müzesi** (Teppichmuseum), Sultanahmet; S. 181
- **Maslak Kasırları**, Maslak: osmanische Sommerpavillons in einem kleinen Park; S. 276
- **Miniaturk** (Miniaturenmuseum), Hasköy; S. 314
- **Osmanlı Bankası Müzesi** (Museum der Osmanischen Bank), Şişhane; S. 252
- **Resim ve Heykel Müzesi** (Gemälde- und Skulpturenmuseum), Beşiktaş; S. 286
- **Şehir Müzesi** (Stadtmuseum), Beşiktaş; S. 289
- **Türk Vakıf Hat Sanatları Müzesi** (Kalligrafiemuseum), Beyazıt; S. 231

Praktische Reisetipps A–Z

Musikszene

Europäische Klassik

Alle drei unten aufgeführten Konzertsäle liegen nicht von ungefähr im (kulturell) westlich orientierten Norden der Stadt, nämlich in den Stadtteilen Taksim, Harbiye und Levent. Hier arbeitet und lebt die geistige, kemalistische Elite des Landes und der Stadt, deren Lebensstil der westlichen Moderne und ihrer Kultur verschrieben ist. Und sie sind es auch, die hauptsächlich die von *Atatürk* so bewunderten europäischen Klassikveranstaltungen frequentieren. Die „normalen" Türken vermissen hier den Rhythmus und die Erkennbarkeit ihrer eigenen, „anatolischen" Identität und stehen insofern dem „europäisierten" Klassikbetrieb eher etwas unbeteiligt gegenüber. Diese fehlende Breitenresonanz macht es türkischen Klassikkünstlern und -freunden nicht gerade leicht. Trotzdem genießen die unten aufgeführten staatlichen Ensembles einen guten Ruf, und die Preise sind erfreulich niedrig, da zumindest der klassikorientierte Kulturbetrieb dieser staatlichen Ensembles – man will seit *Atatürk* eben mit allen Konsequenzen in den Westen – subventioniert wird. Der internationale Höhepunkt der Klassikszene ist ohne Zweifel das **Istanbuler Internationale Musikfestival** (siehe „Festivals und Events").

Konzertsäle

●**Atatürk Kültür Merkezi** (in Zeitungen und Plakaten oft als AKM abgekürzt), Taksim-Platz, Infos, Tickets am Schalter 10–18 Uhr oder Tel. 0212-2515600, Tickets ca. 6 Euro;

kulturell das erste Haus der Stadt und musikalischer Dreh- und Angelpunkt aller klassischen Kulturveranstaltungen. Fünf Konzertsäle und ein Kino. Schön ist der in den 1960er Jahren entstandene Riesenkasten trotzdem nicht. Aber hier findet die Mehrzahl der Klassikkonzerte, Opern und Balletaufführungen statt, und die Ensembles – das staatliche Symphonieorchester (Istanbul Devlet Senfoni Orchestrası), die Staatsoper und das Staatsballett (Istanbul Devlet Opera ve Balesi) – haben hier ihren festen Sitz.

●**Cemal Reşit Rey Konser Salonu,** Darülbedai Cad. 1 (nahe Hilton, siehe „Südlich und nördlich von Taksim"), Tel. 0212-2329830, Schalter 10.30–19 Uhr, Tickets 1–7 Euro; das über 800 Gästen Platz bietende Haus verfügt über ein eigenes Symphonieorchester, steht aber auch anderen Musikgruppen offen und bietet insofern ein kulturell breites Programm zwischen Klassik, religiöser und moderner Musik; es wird außerdem häufig für verschiedene Festivals benutzt.

●**Iş Sanat Kültür Merkezi,** Iş Kuleleri Levent, Schalter 9–18 Uhr, Tel. 0212-3161083; in einem Hochhaus des Bankenviertels Levent untergebrachte Konzerthalle, in der neben europäischer Klassik auch türkische und moderne Musik präsentiert wird; Metro von Taksim nach Levent.

●**Garajiistanbul,** Kaymakam Reşat Bey Sok. 11/A (in Beyoğlu nahe Galatasaray Lisesi), Tel. 0212-2444499; in dem alternativen „Garagentheater" werden moderne bis avantgardistische Schauspiele, Konzerte wie auch Tanzchoreografien aufgeführt; zumindest Tänze erschließen sich auch ohne Türkischkenntnisse.

Moderne Musikszene: Rock, Pop, Jazz und Ethno

Im Gegensatz zum Klassikbetrieb stellt die türkische Popmusik eine zunehmend auch **international florierende Musikszene** dar. Das berühmteste Aushängeschild ist wohl *Tarkan*, aber die chansonorientierte Popmusik einer *Sezen Aksu* oder *Sertab Erener* sind in der

Türkei mindestens ebenso bekannt. *Erener* gewann 2003 mit dem türkischen Beitrag „Every Way That I Can" den Eurovision Song Contest; türkische Kritiker bezeichneten das historische Ereignis böse als „Euro-Trash" – „Euro-Mist". Trotzdem: ein nationaler Erfolg, akzeptierten die Europäer doch endlich, dass die Türken genauso erfolgreiche Pop-Musik machen können wie der Westen – willkommen in Europa!

Turkpop hört man an allen Ecken und Enden, aber es gibt auch andere **Mischformen** zwischen türkischer und europäischer bzw. „Weltmusik". Die in Istanbul sehr beliebte türkische Gruppe Laco Tayfa verbindet erfolgreich westliche Jazz-Rhythmen mit türkischer Tonalität. Tritt die Band im Babylon (s.u.) auf, ist der ohnehin immer volle Laden bis auf den letzten Zentimeter belegt.

Diese und viele andere Gruppen lassen die moderne türkische Musikszene „brummen". Hinzu kommen ausländische Bands und DJs, die in Istanbul ein dankbares Publikum finden und selbst von den „vibrations" des Nightlife in Beyoğlu begeistert sind. Alle Musikrichtungen sind dabei – ob durch einheimische oder externe Künstler – vertreten, „Weltmusik" eben.

Es empfiehlt sich also – allein schon wegen der Stimmung! – der Besuch einer **Live-Veranstaltung** in den unten ausgewählten Szene-Lokalen und Kleinbühnen. Das **Zentrum** der Musikszene ist natürlich **Beyoğlu;** wer auf der asiatischen Seite wohnt oder es einfach mal etwas ruhiger haben will, kann die kleine Musikszene in Kadıköy erforschen. Die **Preise** sowohl für Eintritt als auch

Getränke sind in einigen Fällen (Babylon, Nardis) für die meisten Istanbuler recht hoch – trotzdem sind nahezu alle Veranstaltungen zumindest am Wochenende rappelvoll, und es ist ratsam, sich frühzeitig die Tickets zu besorgen.

Hinsichtlich der folgenden Adressenangaben bitte die Hinweise im Abschnitt „Orientierung" beachten!

In Beyoğlu (Karte S. 264)

●**Babylon (10)**, Şehbender Sok. 3 (nahe Tünel), Tel. 0212-2927368, www.babylon.com. tr, Tickets am Wochenende zwischen 14 und 20 Euro, unter der Woche meist erheblich billiger; eigentlich nur eine kleine Ziegelsteinhalle mit wenig Sitzgelegenheiten und einer Balustrade, aber das Live-Programm gehört zum Besten, was Istanbul zu bieten hat. Rock, Jazz, Ethno, Avantgarde usw.: Das Babylon ist die beste Performance-Adresse der Stadt und fast schon eine Institution. Viele internationale Bands. Tickets am Wochenende unbedingt rechtzeitig besorgen, sonst steht man in der Schlange vor der Tür. Beginn meist 22/23 Uhr (siehe auch praktische Infos im Abschnitt „Südlich und nördlich von Taksim").

●**Kemancı (89)**, Sıraselviler Cad. 33 (nahe Taksim), Tel. 0212-2512723, Tickets Fr/Sa ca. 8–10 Euro, sonst ca. 2–3 Euro; alteingesessene Rock- und Metalbar auf drei Etagen; sehr laut, auch wenn in den Live-Pausen nur die DJs das Szepter schwingen. Oft eine ans Überdrehte grenzende Stimmung. Beginn der Live-Vorstellungen ab ca. 22/23 Uhr.

●**Jazz Café (70)**, Hasnun Galip Sok. 14/A, geöffnet Mo bis Sa 20–4 Uhr; kleine zweistöckige Kneipe, unten die Bar, oben die Bühne. Jazz, aber auch Blues-Sessions. Preiswert.

●**Mojo (88)**, Büyükparmakkapı Sok. 22 (nahe Istiklal), 10–4 Uhr, am Wochenende ca. 5 Euro; dunkler Kellerclub mit täglicher Live-Musik, die sich an nostalgischen westlichen Rockikonen der 1970er Jahre orientiert.

●**Cazgır (88)**, Büyükparmakkapı Sok. 21, 20–6 Uhr; großer und natürlich lauter Disco-Club; im gleichen Haus befinden sich das **Vivaldi (88)**, welches eher auf türkische Pop-

und gelegentlichen Rock-/Blues-Bands; zwei Etagen; preiswert, locker und nicht zu laut.

● **Shaft (21),** Osmancık Sok. 13 (nahe Seraskar Caddesi), www.shaftclub.com, 12–4 Uhr, am Wochenende 2–4 Euro; Rock, Jazz, Blues, je nachdem wer gerade aufspielt (meist heimische Bands).

● **Kadife Club (26;** vormals Indigo), Kadife Sok. 2–4, www.biletix.com, sozusagen das asiatische Pendant zum Babylon in Beyoğlu; wechselnde nationale wie internationale Bands aus unterschiedlichen Musikrichtungen: u.a. House, Jazz, Rock; Tickets zwischen 8 und 12 Euro, Beginn der Live-Vorstellungen nicht vor 21 Uhr.

Am Bosporus

● **Suzan,** 1. Cad. 90, Arnavutköy (Bosporus, europäische Seite), Tel. 0212-2570469, Mo bis Sa 18–2 Uhr; nettes Restaurant und Jazz-/Fasıl-Lokal am Bosporus; die Musik spielt auf der ersten Etage; lockere Atmosphäre.

Traditionelle türkische Musik

Kommen wir aus den „Niederungen" des mehr oder weniger internationalen Pop-Gleichklangs zur **Kultur- bzw. Volksmusik.** Und es ist schon erstaunlich, wie zäh und tief viele Türken und Kurden an ihrer alten musikalischen Harmonie und Liedkultur festhalten. Ebenso originell und unverwechselbar wie z.B. die griechische und ebenso lebendig und kulturell anpassungsfähig wie z.B. die lateinamerikanische, stellt die türkische Musik **eine der großen genuinen Klanglandschaften der Welt** dar. Dabei gibt es viele Facetten, denn im Laufe der Jahrhunderte wurden durch die Weltstellung des Osmanischen Reiches viele benachbarte kulturelle Elemente – griechische, armenische, arabische – mit aufgenommen, ohne das dabei das anatolisch-zentral-

musik getrimmt ist, sowie im obersten Stockwerk die Terrassen-Rockbar **Katharsis (88).**

In Karaköy/Galata (Karte S. 250)

● **Nardis (8),** Galata Kulesi Sok. 8, Tel. 0212-2446327, www.nardisjazz.com, Tickets ca. 5–10 Euro; in einem alten, verließartigen Ziegelstein-Kellergewölbe unterhalb des Galata-Turms gelegene kleine Jazz-Bühne, die auch hält, was sie verspricht, nämlich Jazz zu präsentieren. Entsprechend „speziell" das Publikum: konzentriert, kritisch, etwas elitär. Küche vorhanden. Live-Musik ab 21/22 Uhr.

In Kadıköy (Karte S. 344)

● Siehe auch die praktischen Infos in „Der Bosporus – Die asiatische Seite, Kadıköy").

● **Buddha (28),** Kadife Sok. 14, 20–2 Uhr, am Wochenende bei Live-Musik ca. 2–3 Euro; nette Studentenkneipe mit hübschem Garten

Musikladen in der Galip Dede Caddesi, im Stadtteil Beyoğlu

asiatische Erbe seine Dominanz verloren hätte.

Türkü-Musik

Die türkische Musik wird allgemein in mehrere Kategorien unterteilt. Da wäre zunächst einmal die sogenannte Türkü-Musik, die klassische türkische Volksmusik *(Halk müziği)*. Sie ist im eigentlichen Sinne die **Stimme des ländlichen Anatolien.** Ihr Hauptinstrument ist die *Saz,* die Langhalslaute, auch *Bağlama* genannt, zusammen mit der *Ney* (Flöte) sicherlich das bekannteste türkische Instrument. Stammt die Musikgruppe von der Schwarzmeerküste, wird man sicher auch die *Kemençe* (Spießgeige) kennen lernen; das Akkordeon weist dagegen auf kaukasische Regionen hin.

Diese Musik ist nicht nur unter anatolischen Einwanderern, sondern zunehmend – wenn auch in etwas modernisierter Form – unter jüngeren intellektuellen Türken und Kurden sehr beliebt. Aufgegriffen wird hier vor allem der **sozialkritische Aspekt** des Türkü-Liedguts, wodurch Künstler in der Vergangenheit mehr als einmal den Unwillen der Regierenden auf sich zogen. Wenn mitten in der Rezitation des Saz-Spielers plötzlich alle klatschen und zustimmend auf den Tisch trommeln, ahnt der fremde Zuschauer, wie bereitwillig die alten individuellen und sozialen Lebensweisheiten auch heute noch reflektiert und mitgesungen werden. Nicht selten stecken die Zuschauer dem Sänger oder der Sängerin ein Wunschzettelchen zu, ein Lieblingslied, das der dann auch garantiert kennt. Wenn dann auch noch bekannte türkische Volkstanzweisen wie z.B. der *Halay* gespielt werden, kann das Lokal schon mal abheben. Bloß zuschauen ist dann fast schon schwierig.

Türkü-Bars gibt es vor allem in der Umgebung der Hasnun Galip Sokak in Beyoğlu (Karte S. 264), aber auch auf der asiatischen Seite in Kadıköy (Karte S. 344). Im Folgenden einige Vorschläge:

● **Ora Türkü Bar (73),** Imam Adnan Sok. 4/A (nahe Istiklal/Beyoğlu), 12–2 Uhr, Musik ab ca. 18 Uhr; stimmungsvolle Kneipe im 1. Stock, deren Fans auch schon mal die Straße zum Tanzen benutzen.

● **Otantik Türlü Bar (50),** Balo Sok. 1/ Beyoğlu (3. Stock), 12–2 Uhr; traditionelle türkische Musik zu annehmbaren Preisen, ruhige Atmosphäre und selten überfüllt.

● **Munzur (69),** Hasnun Galip 17/A/Beyoğlu, 12–? Uhr; eine von mehreren Türkü-Bars, die hier in unmittelbarer Nachbarschaft beieinander liegen; das Munzur pflegt kurdische Musiktraditionen, bei denen die Rakı trinkenden Männer schon mal nostalgisch werden; nette Atmosphäre; bis ca. 3 Uhr.

● **Havar (69),** Hasnun Galip Sok. 23/Beyoğlu, 12–1 Uhr; größere Türkü-Bar mit meist zwei Bands pro Abend; sehr laut!

● **Ekin Türkü Evi (88),** Büyükparmakkapı Sok. 28/Beyoğlu, 12–3 Uhr; wer gerne traditionell kurdische/türkische Live-Musik hört, dabei vielleicht etwas essen (oder auch nur trinken) will, der ist hier richtig; man frage vorher besser, wie teuer das Bestellte ist.

Fasıl-Musik

Die zweite türkische Musikgattung, *Fasıl,* weist über den anatolischen Rahmen hinaus, resultiert diese Musik doch zumindest historisch aus der alten klassischen **Hof- und Kunstmusik der Osmanen.** Wichtig war hier das **Makam-System,** die türkische Struktur der Tonleitern, die sich von der westlichen Musik erheblich unterschied. Dabei gab es viel Raum für Improvisation, sodass die konkrete Spielweise auch vom Genie bzw. Temperament des Künstlers abhängig war. Die Hauptinstrumente waren und sind *Oud* (Kurzhalslaute), *Kanun* (Zither), *Keman* (Geige) oder *Zurna* (Oboe) sowie *Darbuka* (becherförmige Trommel). Die heutigen Fasıl-Darbietungen haben aber viele Elemente aus der obigen Volks- wie auch **Zigeunermusik** aufgenommen; letzteres erklärt sich dadurch, dass aufgrund der historisch wenig geachteten Stellung des Musikers oft Sinti- und Roma-Gruppen die musikalische Untermalung bei Festen (wie z.B. einer Hochzeit) übernahmen; daran hat sich in vielen Gebieten der Türkei auch heute noch nichts geändert.

Fasıl wird zumeist in den einfachen traditionellen **Esskneipen** (**Meyhane,** siehe „Essen und Trinken") präsentiert. Die Musiker tauchen meist erst später auf, wenn die Gäste schon die erste Flasche Rakı und ihre Mezeler-Gerichte hinter sich haben. Wenn es ein „guter" Abend ist, werden auch schon mal die Tische weggeräumt und das ganze Lokal frönt dem kollektiven Tanzrausch; dann sitzen zu bleiben, grenzt ans Spielverderben! Eine Meyhane bietet neben ihren einzeln ausgewählten *Mezeler* (ca. 1–3 Euro pro Portion) oft einen Fixpreis an, der Essen, Getränke und die Musik abdeckt (ab ca. 15 Euro); die Musiker bekommen natürlich trotzdem noch von den Gästen ihr übliches Bakschisch.

Bekannt für derartige Meyhane-Lokale ist die **Nevizade Sokak in Beyoğlu** (Karte S. 264) deren zahlreiche Stra-ßenkneipen am Wochenende Tisch an Tisch bis auf den letzten Platz belegt sind. Die kollektive Partystimmung sollte man sich nicht entgehen lassen. Gehen Sie wenigstens abends mal durch!

● **Boncuk (B59),** Nevizade Sok. 7, Tel. 0212-2431219, 12–2 Uhr; eines unter vielen hier; armenisch orientierte Küche.
● **Galata (B18),** Orhan Adlı Apaydın Sok. 5/B, 12–2 Uhr; schnuckeliges Restaurant mit ansprechendem Ambiente und hervorragender fasıl-Musik.
● **Kallavi (B31),** Kallavi Sok. 2 (Seitengasse Istiklal), 18–3 Uhr; kleines Lokal, gutes Essen, noch bessere Musik und am Wochenende meist Bombenstimmung – aber nicht so billig: Fixpreis ab ca. 24 Euro.

● **Despina,** Açıkyol Sok. 9, Kurtuluş, 12–24 Uhr; seine bekannte, preiswerte Küche sowie die gute Musik rechtfertigen die Erwähnung dieses äußerlich absolut unspektakulären Lokals, das zudem weit im Norden liegt; der Ortsteil Kurtuluş – ansonsten alles andere als ein touristischer Anziehungspunkt – gilt zudem vor allem nachts als ein wenig einladender Stadtteil; deshalb sollte man unbedingt ein Taxi nehmen!

Hof- bzw. Kunstmusik

Die dritte Variante türkischer Musik hat keine Kneipen, da sie als klassische Kunstmusik heute nur noch unter Kennern Anklang findet und insofern nur mehr **im Rahmen spezieller Veranstaltungen** zu hören ist: Es handelt sich um die klassische Kunstmusik, die am osmanischen Hof im Laufe der Zeit arabische, persische, byzantinische und türkische Einflüsse verarbeitet hat. Diese reine Kunstmusik pflegt das bereits oben erwähnte Makam-System, dessen langatmige Melodie und Tonalität für Europäer recht fremd klingt und schwer zugänglich ist. Wer sich für diese historisch-elitäre Hofmusik interessiert, sollte die Ankündigungen im Rahmen des Internationalen Istanbuler Musikfestvals beachten (siehe „Festivals und Events"). Die Veranstaltungsorte sind meist das Atatürk Kültür Merkezi (s.o.) oder das Tarık Zafer Tunaya Kültür Merkezi (Çahkulu Bostan Sok. 8, in der Nähe der Tünel-Station).

Die mit der klassischen türkischen Kunstmusik im Zusammenhang stehende mystische **Sufi-Musik** der Tanzenden Derwische erfreut sich dagegen auch touristischer Popularität. Das Galip Dede Mevlevi Kloster nahe Tünel bietet hier Einsichten und Kostproben (siehe „Jenseits des Goldenen Horns, Karaköy"). Der jährliche Höhepunkt der Sufi-Musik ist aber das von November bis Dezember stattfindende Uluslararası Mistik Müzik Festival (Internationales Festival mystischer Musik, siehe „Festivals und Events").

Sonstige Musikrichtungen

Abgesehen von diesen türkischen „Spezialitäten" erfreut sich Istanbul auch **armenischer, griechischer oder kaukasischer Volksmusik.** Die verschiedenen Café- und Restaurantbesitzer pflegen hier ihren jeweils ganz eigenen Geschmack. Bei so vielen Angeboten hilft nur eins: Schauen Sie einfach in die Bars und Restaurants von Beyoğlu rein – das kulturelle Angebot ist riesig und sucht seinesgleichen.

Ach ja, fast wäre es untergegangen: Es gibt noch eine „türkische" Musikrichtung. Man hört sie überall, in den Basarläden, im Taxi, beim Bakkal (Tante-Emma-Laden) und in den Teehäusern: Ara-besk-Musik. Selbst die kurdischen oder anatolischen Kellner in den kleinen Hotels legen erst dann eine Kassette mit westlicher Musik in den Rekorder, wenn der erste Gast im Frühstücksraum vorwurfsvoll den Blick hebt. Ansonsten aber schwelgen sie in Arabesk. Die schwermütige, klagende Musik mit ihren schluchzenden, fast monoton sich wiederholenden Klang- und Gesangsfiguren verleiht der Geräuschkulisse Istanbuls (vor allem in den konservativeren bzw. ärmlicheren Vierteln) jenen orientalischen Klang, der dem ausländischen Besucher noch weit eindringlicher als der oben erwähnte Turkpop in Erinnerung bleiben wird. Dabei ist die Musik, mit der z.B. der in der ganzen Türkei bekannte *Ibrahim Tatlıses* wie auch *Müslüm Gürsel* reich geworden sind, recht eigentlich keine türkische Musik. In den 1970er Jahren breitete sie sich aus dem Orient (vor allem über ägyptische Filme) „wie eine Pest" aus – so der Schriftsteller *Yüksel Pazarkaya*. Denn weder die Intellektuellen noch die Politiker waren froh über die neue schmachtende Schnulzenmusik, die über die Schwere des Lebens klagte. Sie verführe die Jugendlichen zu Depression, Selbstmordgedanken, mindestens aber Defätismus, so der nicht ganz unberechtigte Vorwurf. Man dachte ernsthaft daran, sie zu verbieten. Aber wie will man etwas verbieten, was im Innersten vieler Menschen Anklang zu finden scheint? Die geplante musikpädagogische Intervention wurde abgeblasen, und so bleibt Arabesk denn weiter eine der Stimmen dieser so vielfältig musikalischen Stadt.

Nachtleben

An einem jener traurigen Tage, als ich mal wieder von Istanbul Abschied nehmen musste, traf ich einen jungen deutschen Touristen am Flughafen, der zum ersten Mal für ein paar Tage die Stadt besucht und sich in Beyoğlu einquartiert hatte. Wie es ihm gefallen habe, wollte ich wissen. „Ein Hammer!", so die prompte Antwort. Was er damit genau meine? „Ich habe so eine Stadt noch nie gesehen. Was hier auf den Straßen jeden Abend abläuft, ist unglaublich. Ich weiß gar nicht, wie ich das denen zu Hause erzählen soll."

Das Urteil dürfte für die meisten Besucher stellvertretend sein. Istanbul ist absolut „in", und das nicht nur, weil die Stadt topografisch und historisch zu den sehenswertesten Metropolen der Welt gehört. Das Nachtleben dieser kulturellen Grenzstadt gehört mittlerweile zu den **vielfältigsten und schillerndsten der Welt.** In der Stadt leben ungefähr 15 Millionen Menschen (niemand weiß die genaue Zahl), wobei die Altersgruppen unter 35 Jahren die absolute Mehrheit bildet. Allein schon quantitativ ergießt sich also jeden Abend ein nicht endender Strom an Unterhaltungssuchenden durch die Straßen Beyoğlus.

Aber das Entscheidende ist nicht die Zahl, es ist der Drive, die Jugendlichkeit, die kulturelle Vielfalt, die soziale Fähigkeit, zu feiern und zu leben, das **türkische „Savoir-vivre",** was Istanbul zu einer der vibrierendsten und beneidenswertesten Städte der Welt macht.

Das **Zentrum des Nachtlebens** ist unwidersprochen die **Istiklal Caddesi** mit ihren Seitengassen im alten Diplomaten- und Gangsterviertel **Beyoğlu.** Fassungslos mag sich mancher fragen, wie all diese Cafés, Bars und Restaurants überleben können, die nicht nur nebeneinander, sondern auch in Stockwerken übereinander liegen. Optisch und akustisch erschlägt die Szenerie den Neuling, der gar nicht weiß, wo er zuerst hingehen soll, um diesen „Film" ein bisschen verdauen zu können.

Die pure Anzahl der Lokale ist auch für Istanbuler **völlig unüberschaubar** – was übrigens jedem völlig egal ist, denn hinter jeder Ecke und auf jedem Stockwerk gibt es etwas zu entdecken. Meist geht man mit Freunden erst in ein Kaffee- oder Teehaus, dann in ein Restaurant (mit türkischer, griechischer oder westlicher Musik), um dann spätabends zwei oder auch drei Musik- oder Tanzlokale zu testen. Wenn man dann zwischen ein und drei Uhr mit den Zurückflutenden zum Taksim-Platz kommt, erwartet einen das Heer der gelben Taxis, die Stoßstange an Stoßstange den Platz bevölkern. Oder man macht in irgendeinem Klub durch, sei es im Keller oder auf einer der prachtvollen Aussichtsterrassen hoch über der Stadt, um von dort frühmorgens den Sonnenaufgang über dem Meer zu genießen.

Beyoğlu wird aber nicht jedermanns Sache sein; zu **hektisch,** zu **über- und abgedreht** erscheinen vielen die Szene, in der selbst hochgestylte Transvestiten kaum mehr großes Aufsehen erregen können. Zudem seien die allein streunenden Herren der Schöpfung ge-

higere und eher intellektuell orientierte Alternative stellt nämlich das **Studenten-Nachtleben** in **Kadıköy** auf der asiatischen Seite dar. Auch hier gibt es rund um die bekannte **Kadife Sokak** nette Bars und Musikkneipen, ohne dass man den Überblick verliert und Kopfschmerzen bekommt.

Das Gleiche gilt für das „Bosporus-Schmuckkästchen" **Ortaköy.** Neben den gemütlichen Bars des Ortszentrums locken hier die großen **Open-Air-Discos,** in denen die Schönen und Reichen sich beobachten und beobachtet werden. Das Beste daran dürfte die Szenerie des abendlichen Bosporus sein. Aber Vorsicht: Eine Nacht im stadtbekannten Paparazzi-Paradies Laila kann ein erhebliches Loch ins Portemonnaie reißen.

Wer sich abseits dieser drei großen Nightlife-Zentren auf Abenteuersuche begibt und dabei zufällig zu den Nachtklubs *(Müzikhols)* von **Laleli** gelangt, sei ebenfalls gewarnt: Der Besuch einer zauberhaften russischen oder ukrainischen „Natascha" am Tisch kann auch bei wenig Verzehr und gar keinem Verkehr handgreiflich enden: dann nämlich, wenn man die unverschämte Rechnung nicht bezahlen will.

warnt: Stiernackige Türsteher mit erkennbar angepasstem IQ-Quotienten lassen Herren ohne Damenbegleitung oft nicht rein – bei Ausländern macht man manchmal eine Ausnahme, falls man Sie als solchen identifizieren kann.

Dieses Problem haben die Herren in emanzipierten Stadtteilen nicht: Eine ru-

Etablissements in Sultanahmet (Karte Umschlag hinten)

So touristisch der Stadtteil tagsüber ist, so dürftig ist sein Nachtleben. In Sultanahmet ist – mit einer Ausnahme – außerhalb des Ramadans **vergleichsweise wenig los.** Die unten genannten Pubs sind allesamt touristische Treffpunkte, an denen man – wenn über-

Im Dolmabahçe Sarayı
an den Ufern des Bosporus

Praktische Reisetipps A–Z

haupt – nur wenige Türken treffen wird. Aber es gibt ja Touristen, die sich untereinander am wohlsten fühlen ...

Während des **Ramadan** erwacht Sultanahmet zu **jahrmarktsähnlichem Leben:** Buden, Zelte und Stände werden rund um den At Meydanı aufgebaut, und bis in den Morgen schieben sich die flanierenden Massen um den Platz, um kulinarische Köstlichkeiten auszuprobieren oder Salep zu trinken; die Ramadan-Festivitäten von Sultanahmet gelten als die prächtigsten im Land – stellen Sie sich auf Gedränge ein!

● **Cheers (59),** Akbıyık Cad. 20; nur von (eher jungen) Touristen besuchte Bierkneipe, in der die übliche Pop- und Rockmusik läuft; Gleiches gilt für die benachbarte **Just-Bar.**

Etablissements in Karaköy/Galata (Karte S. 250)

Nach Jahren der Geisterstille reanimiert sich das Viertel allmählich wieder (siehe „Jenseits des Goldenen Horns, Karaköy"); in puncto Nightlife stellt das Nardis aber immer noch die große Ausnahme dar.

● **Nardis (8),** Galata Kulesi Sok. 8 (die Straße wird auch Kuledibi Sok. genannt – nahe dem Galata-Turm), Tel. 0212-2446327, Mo bis Sa 19–1.30 Uhr, www.nardisjazz.com; ungeachtet des alten Gemäuers ein eher eleganter, distinguierter kleiner Jazz-Club, der als einer der besten der Stadt gilt; unterschiedliche Jazz-Richtungen; für türkische Verhältnisse nicht gerade billig (bei Live-Musik Eintritt ab ca. 6 Euro, Getränke ab 2,50 Euro).

Etablissements in Beyoğlu/Taksim (Karte S. 264)

Wo anfangen, wo aufhören? Ein allgemeiner Tipp: Der **südlichere Teil der Istiklal** und ihrer Nebengassen – also zwischen Tünel-Station und Galatasaray Lisesi – gilt als der „ruhigere". Die Cafés und Bars sind oft romantisch eingerichtet, und auch das Publikum kann als eher intellektuell und anspruchsvoll charakterisiert werden; dieser Beyoğlu-Teil, der allgemein als **Tünel-Bereich** bezeichnet wird und früher als sittenlose Gangstergegend verschrien war, hat in den letzten Jahren sehr an Flair und Ausstrahlung gewonnen.

Im **nördlicheren Teil** wirkt die Istiklal hektisch und überdreht, und Menschenmassen wie Geräuschpegel nehmen zu, je näher man dem **Taksim-Platz** kommt. Nicht alle, aber einige Lokale scheinen vor allem durch Lautstärke auf sich aufmerksam machen zu wollen. Aber auch hier gibt es nette Kneipen zu entdecken.

● **Babylon (10),** Şehbender Sok. 3, Tel. 0212-2927368, www.babylon.com.tr; eine der bekanntesten Konzertkneipen Istanbuls, türkische wie internationale Interpreten, von Groove über Jazz bis zu moderner Ethno-Musik und Avantgarde; die meist recht interessanten und anspruchsvollen Darbietungen sind während der Woche relativ preiswert (um 5 Euro), am Wochenende kommen die zugkräftigen Interpreten und Gruppen, sodass die Tickets (frühzeitig abholen oder bestellen!) zwischen 15 und 20 Euro kosten; Kartenhäuschen gegenüber dem Eingang, dort auch monatlicher Veranstaltungskalender, oder bei www.biletix.com bestellen; die Gruppen am Wochenende treten zwischen 22 und 2 Uhr auf, es gibt nur wenig Sitze, sodass die meisten Besucher sowohl vor der Bühne als auch auf der Galerie stehen müssen; lockere Atmosphäre, intellektuell orientiertes modernes Publikum, das zudem in der Regel zu den zahlungskräftigeren Schichten gehören dürfte (siehe auch „Musikszene").

● **Otantik Türlü Bar (50),** Balo Sok. 1 (3. Stock), 12–1 Uhr; traditionelle türkische Mu-

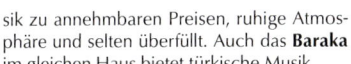

sik zu annehmbaren Preisen, ruhige Atmosphäre und selten überfüllt. Auch das **Baraka** im gleichen Haus bietet türkische Musik.

● **Nuteras (27)**, Meşrutiyet Cad. 67 (im Haus neben dem Pera Müzesi); das Restaurant auf der Dachterrasse ist im Sommer eine der beliebtesten (und auch teuersten) Adressen; herrlicher Blick über das Goldene Horn, ab 19 Uhr, nur den Sommer über geöffnet!

● **Wanna (27)**, Meşrutiyet Cad. 69 (im Haus neben dem Pera Müzesi); ersetzt im Winter das benachbarte Nuteras-Restaurant, gilt aber auch als einer der beliebtesten Nacht-Clubs und Bars der Stadt.

● **Badehane (4)**, General Yazgan Sok. 1/D, 9–2 Uhr; einfache Kneipe in einer kleinen Gasse im Tünel-Viertel, die tagsüber als Café-treffpunkt der einheimischen Künstlerszene gilt, wobei die ebenso „schräg" wie ambitioniert erscheinen mag; abends oft stimmungsvolle Live-Musik unterschiedlicher Richtungen (oft Gypsy); viel Geld hat man hier nicht – es gibt Wichtigeres im Leben –, folglich ist die Kneipe billig, aber groovy.

● **360° (40)**, Istiklal Cad. 163 (Mısır Apt. ganz oben), Tel. 0212-2511042, www.360istanbul.com; der Name ist Programm: Der Panoramablick aus den großen Glasfenstern von der fünften Etage über die Stadt versüßt tagsüber das Essen und abends die Cocktails; nobles In-Restaurant (nach Mitternacht Club, Fr/Sa Disco-Club) mit gehobenen Preisen, wo man sich sehen können lassen muss ...

● **Mikla (15)**, Meşrutiyet Caddesi (im großen Marmara-Pera-Hotel, oberste Etage, Bar bis 18 Uhr, dann bis 2 Uhr nachts Restaurant); einen fantastischen Ausblick über das Goldene Horn bietet dieses Nobel-Restaurant, das am Wochenende zu einer eleganten Bar mutiert.

● **Gate Club (60**, früher *Riddim* bzw. *Rock House*), Balo Sok. 24/A; kneipenähnliche Disco/Bar mit starkem Techno-Einschlag und entsprechender Phon-Stärke, bis 2 Uhr nachts dröhnt es hier aus den Boxen.

● **Riddim (90)**, Sıraselviler Cad. 35 (nahe Taksim); einschlägige R&B- und Hip-Hop-Disco, in der abends afro-orientierte Swings den lauten Ton angeben; szenebekannte DJs schmeißen die Party, gelegentlich gibt es auch Live-Musik; ab 21 Uhr (richtig los geht es erst nach Mitternacht).

● **Çınaraltı (60)**, Teenie-Disco direkt neben dem Gate Club, die ihren Namen – „Unter der Platane" – einem Baum inmitten der Disco verdankt; laute Pop-Musik, türkisch-international; meist junges Publikum, kein Eintritt, Getränke recht preiswert; bis ca. 2 Uhr.

● **Ponte (29)**, Istiklal Cad. 183, Tel. 0212-2457782, 12–4 Uhr; eines unter mehreren aussichtsreichen Dachrestaurants in Beyoğlu mit türkischer wie internationaler Küche; musikalische Events, wie z.B. eine Tangosession am Sonntag, finden regelmäßig am Wochenende statt und erzeugen dann gehobene Club-Atmosphäre, gehobene Preise.

● **Jazz Café (70)**, Hasnun Galip Sok. 20; entgegen dem Namen gemischte Musikrichtungen: neben Jazz auch Blues, Latin und türkisch moderne Musik.

● **Munzur (69)**, Hasnun Galip 21/A; eine von mehreren Türkü-Bars, die hier in unmittelbarer Nachbarschaft beieinander liegen; das Munzur pflegt kurdische Musiktraditionen, bei denen die Rakı trinkenden Männer schon mal ins Nostalgische „kippen"; nette Atmosphäre; bis ca. 3 Uhr.

● **Hide Out (88)**, Büyükparmakkapı Sok. 8; mit der relativ kleinen Disco-Bar betritt man quasi afrikanische Gefilde, denn die meisten Besucher kommen vom schwarzen Kontinent; zu dröhnender internationaler Musik (viel R&B) und mit preiswertem Bier wird getanzt und geraucht, bis der Arzt kommt oder 2 Uhr überschritten ist; lockere Atmosphäre; kein Eintritt.

● **Ekin Türkü Evi (88)**, Büyükparmakkapı Sok. 28; eine von mehreren Türkü-Bars der näheren Umgebung; wer gern kurdische/türkische Live-Musik hört, dabei vielleicht etwas essen (oder auch nur trinken) will, der ist hier richtig; kein Eintritt, aber man frage vor der Bestellung nach dem Preis; bis 3 Uhr.

● **45 Lik (45)**, Yeni Çarşı Cad. 38; kellerartige Kneipendisco, die auf populäre (selten harte) Rockmusik orientiert ist; dementsprechend preiswert ist das Bier (kein Eintritt); vorwiegend junges, leicht abgedrehtes Publikum; am Wochenende sehr laut und nach 23 Uhr in der Regel rappelvoll (bis ca. 2 Uhr).

● **5. Kat (95, Beşinci Kat)**, Soğancı Sok. 7; wie der Name sagt: im 5. Stock mit fantastischer Aussicht durch die großen Glaswände,

Oryantal – Der Bauchtanz

Die Zettel liegen in jedem Hotel aus und versprechen immer das Gleiche: eine zauberhafte orientalische Nacht, mit großem Dinner, folkloristischer 1001-Nacht-Show und natürlich – das erotische Sahnehäubchen der westlichen Touristenpsyche – dem Bauchtanz.

Eines der bekanntesten kulturellen Aushängeschilder des Orients ist seit Jahr und Tag der „orientalische Tanz", jenes kunstvoll um den Nabel kreisende Schwingen, das nach Meinung eines türkischen Freundes nur Frauen beherrschen – obwohl es mittlerweile auch männliche Bauchtänzer gibt.

Türkisch ist dieser uralte „Fruchtbarkeitstanz" aber nicht, deshalb auch die korrektere Bezeichnung „Oryantal – Orient". Es ist der **wahrscheinlich älteste Frauentanz der Welt,** als lange vor Islam und Christentum vorderasiatische Muttergottheiten wie *Ishtar* und *Kybele* im Tempel durch den Tanz verehrt und angerufen wurden. Vom Christentum völlig verteufelt, ist es schon eine Ironie, dass dieser uralte Geburts- und Fruchtbarkeitsritus ausgerechnet aus dem islamischen Orient – dem man ansonsten nur Frauen unterdrückende Eigenschaften andichtete – seine weltweite Renaissance erlebte und Berühmtheit erlangte.

Zigeunerinnen (vornehmlich aus Ägypten) machten ihn auch im Osmanischen Reich populär, obwohl die Tänzerinnen auch hier – zumindest bei Darbietungen in der Öffentlichkeit – wenig gesellschaftsfähig waren. Europäer glaubten denn auch den „Haremstanz" als Ausschweifung orientalischen Paschadenkens qualifizieren zu müssen – die Interpretation als bloßer Erotik- und Anmachtanz war geboren (siehe auch den Exkurs zum Harem).

Heute ist er eine **touristische Institution,** ausgeübt von professionellen Tänzerinnen, die gekonnt die Blicke und vor allem die anzuheftenden Geldscheine auf die kreisenden Hüften lenken. Nicht erst seit dem Triumph im Eurovisionsspektakel durch die ausgebildete Bauchtanztänzerin *Sertap Erener* (siehe „Musikszene") sind die Darbietungen längst dem schlüpfrigen Spelunkenmilieu entkommen – was nicht heißt, dass die Mehrheit der männlichen Augen sich nicht voyeuristisch auf das konzentriert, was nach ihrer Meinung auch nur für sie in Schwingung gebracht wird. Dabei üben türkische Mädchen und Frauen bei Festen und zu Hause durchaus gerne diese urweibliche Ausdrucksform – aber sie tun es meist unter sich und haben ebenso viel Spaß daran, auch wenn kein Mann zuschaut.

Der **Ablauf** und das **Ambiente** in den unten genannten **Lokalitäten** – kennzeichnenderweise sind die meisten in der Nähe großer Hotels – ist mehr oder weniger gleich. In einem orientalisch hergerichteten Raum wird zum großen Diner Folkloristisches geboten. Musiker und Tänzer tragen traditionelle Kostüme, spielen auf einheimischen Instrumenten und führen mehrere farbenfrohe Tänze auf. Der Höhepunkt ist dann das verführerische Erscheinen der bildhübsch herausgeputzten „Sultana" (so weit haben es heute Bauchtänzerinnen zumindest nominell gebracht). Die orientalische Nacht kreist ihrem Höhepunkt entgegen, denn so muss es schließlich sein – das Bild vom Orient.

Bauchtanz in Beyazıt (siehe „Divan Yolu, Beyazıt und Süleymaniye"; Karte S. 220):

Orientalische Folklore
im Orient House

●**Orient House (23)**, Tiyatro Cad. 27 (am President Hotel), Tel. 0212-5176163, www.orienthouseistanbul.com, 20–24 Uhr; ein allseits bekanntes Lokal, das in jedem Hotel für sich wirbt und türkische Musik und Folkloredarbietungen inszeniert. De facto handelt es sich um ein großes Restaurant mit zentraler Bühne, auf der jeden Abend Tanz- und Gesangsgruppen in traditioneller türkischer Tracht auftreten. Zusätzlich animieren drei Bauchtänzerinnen die Gäste, die für den Eintritt saftige 50 (inkl. Getränke) bzw. 75 Euro (inkl. Essen à la carte und Getränke) hinblättern dürfen (ohne das Geld für die Bedienung!).

Bauchtanz in Karaköy (Galata-Turm; Karte S. 250):
●**Galata Kulesi (6)**, Büyük Hendek Sokak, Tel. 0212-2938180, www.galata tower. net; im Aussichtsrestaurant des alten Galata-Turms werden zwischen 20 und 24 Uhr Folklore-, Tanz- und „Haremshows" geboten – danach tanzen dann alle; gehobenes Ambiente; die nächtli-

che Aussicht über das Goldene Horn ist phänomenal – die Preise sind es allerdings auch ...

Bauchtanz in Harbiye (nahe Hilton; Karte S. 272):
●**Sultanas (25),** Elmadağ Cumhuriyet Cad. 16/1, Tel. 0212-2193904, www.sultanas-nights.com, 20.30–24 Uhr. Der Eintritt ist gestaffelt: 30 Euro (nur Show), 40 Euro (mit Getränken), 50–60 Euro (inkl. großes Abendessen und *meze*); geboten wird eine orientalische Dinner-Show mit festem Programm, darunter natürlich der obligatorische Bauchtanz und türkische Folkloremusik und -tänze, eingerahmt von einer sogenannten „Haremshow".
●**Karavansaray (24),** Cumhuriyet Caddesi 30 (neben der Einfahrt zum Hilton Hotel), Tel. 0212-247630, www.kervansarayistanbul.com, Paketpreis inkl. Essen und Getränke 75 Euro, 21–24 Uhr; orientalische Show ähnlich der im Sultanas, aber eine Nuance „feiner" und formeller.

wenn einem die lange Theke zu langweilig wird; ein absolutes Nightlife-Highlight: Hier trifft sich alles, was nach 2 Uhr nicht schlafen kann oder will oder auch nur einen letzten Cocktail schlürfen muss; von 10–2 Uhr gilt es auch als hervorragendes Restaurant mit unschlagbarer Aussichtsterrasse; mittlere bis leicht gehobene Preislage.

● **Otherside (78),** Zambak Sok. 2/5, Tel. 0212-2938852, Di–So 21–2 Uhr (Fr/Sa bis 4 Uhr); Gay- und Lesbenclub nahe Taksim-Platz, auch gemischtes Publikum.

● **Bigudi Club (51),** Mis Sok. 5, Tel. 0535-5090 922, www.bigudiproject.net (nur türk.); die z.Zt. einzige konsequente Lesbenbar in Istanbul (Eintritt nur für Frauen) nahe Taksim-Platz, Bar mit gelegentlichen Veranstaltungen, darunter auch Bauchtanz, am Wochenende 22–5 Uhr.

● Siehe auch „Moderne Musikszene".

Etablissements in Harbiye/ nördlich von Taksim (Karte S. 272)

Einige gute Clubs, die in der Szene auch als Schwulen-Treffpunkte bekannt sind, liegen nördlich des Taksim-Platzes.

● **Lovedancepoint (8,** vormals: The Lab), Cumhuriyet Cad. 199/B (in Höhe des Askeri Müze; aber auf der anderen Straßenseite; Eingang von der Seitengasse), Tel. 0212-2963 3357, www.lovedancepoint.com; nur Mi, Fr und Sa 23.30–4 Uhr, Eintritt Fr 5 Euro, Sa 7 Euro; mittwochs gibt's Turkpop, am Wochenende dann Party mit der neuesten Clubszenenmusik und namhaften DJs; gilt als eine der besten Club-Adressen.

Etablissements in Kadıköy (Karte S. 344)

Nightlife spielt sich hier weitgehend in der kleinen **Kadife Sokak (Barlar Sokak)** ab; mehrere Cafés und Bars, u.a.:

● **Karga (28),** Kadife Sok. 16, 11–2 Uhr; einer der renommiertesten Pubs hier; unten ist es etwas laut, die oberen Etagen sind ruhigeren Kalibers und dienen gelegentlich als Show-Rooms für Pop-Art; gemischte Musik und nette Atmosphäre; mäßige Preise; direkt neben dem Buddha (siehe „Musikszene").

● **Kadife Club (26),** Kadife Sok. 2–4, das asiatische Pendant zum Babylon in Beyoğlu; wechselnde nationale wie internationale Bands aus unterschiedlichen Musikrichtungen: House, Jazz, Rock u.a.; Tickets zwischen 8 und 12 Euro, Beginn der Live-Vorstellungen nicht vor 21 Uhr; www.biletix.com.tr.

● **Vagon Café (28),** Kadife Sok. 25, 12–23 Uhr; kleines Café/Snackrestaurant, in dem gelegentlich moderner Jazz aufgelegt wird.

● Kadıköy besitzt zudem mit dem **Denizatı (11)** direkt am Hafen ein nettes Restaurant mit türkischer Live-Musik.

● **Türkü-Bars** findet man zwischen Marktviertel und Kadife Sokak.

Etablissements in Ortaköy/ Kuruçeşme (Bosporus)

● **Sortie** (vormals Leila), Muallim Naci Cad. 54, Tel. 0212-2383000, Mitte Mai bis Mitte Okt. tägl. 18–6 Uhr; Open-Air-Szenedisco direkt am Bosporus (Richtung Kuruçeşme, hinter der Bosporus-Brücke); Eintritt Fr/Sa ab 20 Euro (inkl. einem Getränk); der Top-Szeneladen der Istanbuler „Sosyete" mit entsprechendem Ambiente: Tanzarena unmittelbar am Bosporus, daneben zuschauergerechte Terrassen-Tribünen, auf denen gespeist und voyeuristisch nach VIPs geäugt werden kann. Treffpunkt des Jet-Sets und all derer, die dazugehören wollen. Stars und Sternchen, Autos und Klamotten posieren hier für die Paparazzis um die Wette, und wenn im Mondschein eine Privatyacht anlegt, sinken die vor der Tür stehenden Porsches und Mercedes zur popeligen Grundausstattung ab. Luxus macht wahrhaft schön, und das wollen hier alle sein, also sind die Preise auch gepfeffert: für ca. 10 Euro gibt's gerade mal ein Bier, das Essen kann schon mal leicht das Zehnfache kosten. Die Musiksessions sind laut und entsprechen dem gängigen türkisch-internationalen Disco-Klamauk, die Screens sind riesig und showy. Unterhalten braucht (und kann) man sich hier nicht, denn man ist im Elite-Himmel – wenn die Türsteher einen reinlassen …

- **Reina,** Muallim Naci Cad. 44, Kuruçeşme, Tel. 0212-2595919, www.reina.com.tr, geöffnet Mitte Mai bis Mitte Okt. tägl. 19–4 Uhr; Open-Air-Disco mit Restaurant direkt am Bosporus; Eintritt Fr/Sa ca. 20 Euro (inkl. einem Getränk); ein paar Schritte vom Sortie entfernt (siehe oben), kein Unterschied.
- **Sapphire,** Muallim Naci Cad. 77, Kuruçeşme, Tel. 0212-2593671, Mitte Mai bis Mitte Sept. tägl. 18–2 Uhr, Eintritt Fr/Sa ca. 23 Euro; diesmal nicht am Meer, sondern auf der anderen Straßenseite über dem Laila mit Blick auf den Bosporus; wie oben: Essen und Disco, preislich kaum Unterschiede.
- **Crystal,** Muallim Naci Cad. 65, Ortaköy (unter der Brücke), Tel. 0212-2611988, Mi bis Sa 24–6 Uhr, Eintritt Fr/Sa ca. 20 Euro; der einzige Bosporus-Nightlife-Spot, der das ganze Jahr geöffnet hat und zudem seine DJs bis Sonnenaufgang arbeiten lässt, damit der morgendliche Chill out im schönen Garten auch wirklich ein Erlebnis wird.
- **On the rocks,** Kaymakçı Sokak 12, Ortaköy, Tel. 0212-2612359; Pub mit internationaler Musik (Latin, African, Hip Hop) und DJ; das daneben liegende **Wall** ist eine ebenfalls recht ansprechende Bar (15–4 Uhr).

Notfälle

Touristenpolizei

Die Touristenpolizei hat ihr **Hauptquartier in Sultanahmet** gegenüber dem Eingang zur Yerebatan-Zisterne. Im Falle des Verlusts oder Diebstahls von Ausweispapieren oder Schecks ist hier für die Botschaft/Bank/Versicherung ein Polizeiprotokoll zu erstellen; die Beamten sprechen meist entweder englisch oder auch deutsch. Der Umgang mit Touristen ist entgegenkommend und freundlich.

- **Turizm Polisi** (Touristenpolizei, Tourist Police), Yerebatan Cad. 6, Tel. 0212-5285369, rund um die Uhr geöffnet.

Notrufnummern

- **Polizei:** Tel. 155
- **Ambulanz:** Tel. 112
- **Feuerwehr:** Tel. 110
- Siehe auch „Medizinische Versorgung"

Diebstahl und andere Notfälle

Wird der **Reisepass oder Personalausweis im Ausland gestohlen,** muss man dies bei der örtlichen Polizei melden. Darüber hinaus sollte man sich an die nächste diplomatische Auslandsvertretung seines Landes wenden, damit man einen Ersatzausweis zur Rückkehr ausgestellt bekommt (ohne kommt man nicht an Bord eines Flugzeuges!).

Auch in **dringenden Notfällen,** z.B. medizinischer oder rechtlicher Art, sind die **Konsulate** in Istanbul bemüht, vermittelnd zu helfen:

- **Deutschland,** Alman Başkonsolosluk, Inönü Caddesi 16–18, Gümüs, Suyu, Tel. 0212-3346100.
- **Österreich,** Austria Başkonsolosluğu, Köybasi Cad. 46, Yeniköy, Tel. 0212-3638410.
- **Schweiz,** Swiss Başkonsolosluğu, 1. Levent Plaza, A-Blok Kat 3, Büyükdere Cad. 173, Levent, Tel. 0212-2831282.

Bei Verlust oder Diebstahl der Kredit- oder Maestro-(EC-)Karte sollte man diese umgehend sperren lassen. Für deutsche **Maestro- und Kreditkarten** gibt es die einheitliche **Sperrnummer 0049 116 116,** im Ausland zusätzlich 0049 30 40 50 40 50. Für österreichische und schweizerische Karten gelten:

- **Maestro-(EC-)Karte,** (A-)Tel. 0043-1-2048 800; (CH-)Tel. 0041-44-2712230, UBS: 0041-848 888601, Credit Suisse: 0041-800-800488
- **MasterCard,** internationale Tel. 001-636 7227111 (R-Gespräch)

● **VISA,** internationale Tel. 001-410-581 9994.
● **American Express,** (A-)Tel. 0049-69-9797 2000; (CH-)Tel. 0041-44-6596333.
● **Diners Club,** (A-)Tel. 0043-1-501350; (CH-) Tel. 0041-58-7508080.

Bei **Maestro-(EC-)Karten** muss man für die computerisierte Sperrung seine Kontonummer nennen können.

Nur wenn man den Kaufbeleg mit den Seriennummern der **Reiseschecks** sowie den Polizeibericht vorlegen kann, wird der Geldbetrag von einer größeren Bank vor Ort binnen 24 Std. erstattet. Also muss der Verlust oder Diebstahl umgehend bei der örtlichen Polizei und auch bei American Express bzw. Travelex/Thomas Cook gemeldet werden. Die jeweiligen Adressen bzw. Notfallnummern findet man in den Unterlagen, die beim Kauf der Schecks ausgehändigt werden.

Geldnot

Wer wegen eines Unfalles oder Ähnlichem dringend eine größere Summe ins Ausland überweisen lassen muss, kann sich auch nach Istanbul über **Western Union** Geld schicken lassen. Für den Transfer muss man die Person, die das Geld schicken soll, vorab benachrichtigen. Diese kann es via www.westernunion.de online über sein Bankkonto versenden oder muss bei einer Western Union Vertretung (in Deutschland u.a. bei der Postbank) ein Formular ausfüllen und den Code der Transaktion telefonisch oder anderweitig übermitteln. Mit dem Code und dem Reisepass geht man zu einer Vertretung von Western Union vor Ort (www.westernunion.de „Vertriebsstandort suchen"), wo das Geld nach Ausfüllen eines Formulares binnen Minuten ausgezahlt wird. Je nach Höhe der Summe muss der Absender eine Gebühr ab 10,50 Euro zahlen.

Öffnungszeiten

Entgegen der islamischen Feiertagsregelung, bei der traditionell der Freitag als Ruhetag dient, ist in der Türkei seit den Reformen *Atatürks* der **Sonntag** der offizielle **Ruhetag.** Behörden, Banken, Basare und große Geschäfte wie Kaufhäuser haben dann geschlossen. Kleine Geschäfte (*Bakkal*) dagegen sind meist bis spät in die Nacht geöffnet. Überhaupt sind die Öffnungszeiten in der Türkei **sehr variabel** – viele Geschäfte haben auch sonntags geöffnet.

● **Banken:** Mo bis Fr 8.30–12/13.30–17 Uhr.
● **Behörden:** Mo bis Fr 8.30–12.30/13.30–17 Uhr.
● **Apotheken** (*Eczane*): Mo bis Sa 9–19 Uhr (siehe auch „Medizinische Versorgung").
● **Post:** siehe im entsprechenden Kapitel.
● **Geschäfte und Kaufhäuser:** Mo bis Sa 9.30–19 Uhr (je nach Geschäftskette manchmal auch länger).
● Der **Große Basar** wie auch der **Ägyptische Basar** sind am Sonntag geschlossen, sonst von 9–19 Uhr geöffnet!
● Für **Museen und Sehenswürdigkeiten** siehe die detaillierten Angaben in den Stadtteilkapiteln; generell ist der Montag für Museen meist ein Ruhetag.

Orientierung

Nur auf den ersten Blick schwierig. Der wichtigste Orientierungspunkt ist das **Meer,** dessen Küstenlinie man sich auf der Karte anschauen sollte. Zwei der touristisch relevanten Bereiche – Sultanahmet und Beyoğlu – befinden sich auf der europäischen Seite des Bosporus, getrennt durch das **Goldene Horn.** Auf der asiatischen Seite liegen Üsküdar und Kadıköy.

In den einzelnen **Stadtvierteln** kann man schon mal die Orientierung verlieren; dies gilt vor allem für die unübersichtlichen Altstadtbereiche von Fener und Balat am Goldenen Horn, aber auch für die Seitengassen von Beyoğlu. Grundregel in diesem Fall: Den Berg runter geht es immer ans Meer zurück! Ansonsten versuche man einen Orientierungssinn für große **Hauptverkehrsadern** (z.B. Istiklal Caddesi, Divan Yolu) bzw. herausstehende **Gebäude** (Galata-Turm, Süleymaniye etc.) zu entwickeln. Kartengeübte werden ohnehin kaum Schwierigkeiten haben – und im schlimmsten Fall frage man einfach.

Bei Angaben von **Adressen** setzen die Türken gerne das Stadtviertel vor der Hauptstraße (*Caddesi, Bulvar*), hinter deren Namen dann erst die eigentliche Nebenstraße/Gasse (*Sokak*) mit Nummer gesetzt wird. Also z.B. Beyoğlu, Istiklal Caddesi, Büyükparmakkapı Sokak 3. Befindet sich die Adresse in einem gewissen Stockwerk (*Kat*), so wird z.B. 2. Kat dazugeschrieben. Ein Problem bei der Adressenangabe ergibt sich aus den in den letzten Jahren neu vergebenen **roten Hausnummern,** die die alten zunehmend aber, eben noch nicht komplett ersetzt haben. Soweit umgesetzt, sind diese Nummern vor allem im Bereich des Stadtteils Beyoğlu im Buch berücksichtigt worden.

Die Kenntnis der touristisch relevanten **Stadtteilnamen** (Sultanahmet, Beyoğlu, Beyazıt, Harbiye usw.) ist vor allem für Bus-, Dolmuş- und Taxifahrten wichtig; einzelne Straßen kennen nur die Bewohner der entsprechenden Viertel (siehe auch „Verkehrsmittel").

Post

Postämter erkennt man allgemein an der gelb-schwarzen Signatur „PTT"; sie sind zahlreich vertreten.

Postkarten und Briefe bis 10 g nach Deutschland, in die Schweiz oder nach Österreich kosten etwa 50 Cent. Ihre Reisedauer beträgt etwa drei bis fünf Tage. **Paketpreise** sind abhängig von Gewicht und Beförderungsart (Luftfracht); für ein 1-kg-Paket per Luftpost ist mit etwa 15 Euro zu rechnen. Das Paket ist in der Regel mindestens eine Woche unterwegs.

Postämter

Die **wichtigsten Postämter** sind:

- Das **Hauptpostamt (Büyük Postane)** liegt in Sirkeci: Büyük Postane Caddesi, tägl. 8.30–17.30 Uhr.
- **Taksim,** Cumhuriyet Cad. 2, Mo bis Sa 8.30–12.30/13.30–17.30 Uhr.

Kleinere Postämter haben in der Regel Mo bis Sa von 8.30–13.30 und 13.30–17 Uhr geöffnet.

Postlagernde Sendungen (Poste Restante) sind besser an das Hauptpostamt zu senden, also folgendermaßen zu **adressieren:**

(Name des Empfängers)
Poste Restante
Büyük Postane
Büyük Postane Caddesi
Sirkeci
Istanbul
Türkei

Praktische Reisetipps A–Z

Radfahren

Nicht unbedingt zu empfehlen, es sei denn, Sie planen einen Abenteuerurlaub mit suizidalem Kick! Verkehr und steile Hügelgassen samt Fußgängerchaos würden selbst einen Tour-de-France-Spezialisten vor erhebliche psychische und physische Probleme stellen. Sicher, gelegentlich trifft man Globetrotter, die mit dem Drahtesel um die ganze Welt geradelt sind und dabei natürlich auch Istanbul ansteuern. Sollten Sie nun genau dies vorhaben oder in der Stadt ökologische Akzente setzen wollen, beachten Sie bitte die Hinweise im Kapitel „Autofahren". Ansonsten: Viel Glück!

Eine erklärte Ausnahme stellen die **Prinzeninseln** dar, wo Autos verboten und Fahrräder eine gute Alternative zur Pferdedroschke bzw. zu Wanderungen sind.

Rauchen

„Qualmen wie ein Türke" – mit dieser sprichwörtlichen Reminiszenz über den blauen Dunst am Bosporus verbinden sich Assoziationen wie Tee und bärtige alte Männer, die den lieben langen Tag zusammensitzen, Tavla spielen und vor allem – pausenlos rauchen. Mit dieser nostalgischen Männeridylle ist es nun – zumindestens in geschlossenen Räumen – vorbei. **Seit 2009** gilt in der Türkei ein drakonisches **Rauchverbot in allen öffentlichen Räumen,** also auch Cafés und Restaurants. Ausnahmen gibt es kaum, nur Hotels können Flure oder einzelne Zimmer für Raucher reservieren, und – wie sinnig! – in Spitälern für geistig Erkrankte soll auch eine Ausnahme gemacht werden. Das Verbot gilt selbstredend auch für die gerade wieder in Mode gekommene **Wasserpfeife (Nargile).** Da können die Kneipiers am Bosporus nur froh sein, dass die Sonne es gut meint mit der Türkei und die Stühle fast immer nach draußen gerückt werden können. Aber im Winter? Nun ja, man stellt einen Heizstrahler nach draußen, und dem bibbernden Raucher wird eine Decke gereicht.

KIZ Kulesi, der „Mädchenturm",
am Eingang des Bosporus

Über 30 Euro Strafe kostet die Missachtung des Verbots für den Raucher, um ein Vielfaches höher liegt der Betrag, den der erwischte Café-Besitzer zahlen muss. Und staatliche Spione und Petzer – so munkelt man – schleichen zuhauf durch die Gassen ...

Schwule und Lesben

Gesetze gegen gleichgeschlechtlichen Verkehr hat es in der laizistischen Türkischen Republik nie gegeben. Trotzdem ist Homosexualität allgemein verpönt, obwohl historisch die Praxis vieler osmanischer Sultane eher das Gegenteil vermuten lässt. Ein Sinneswandel macht sich praktisch vorläufig in erster Linie **in den großen Städten,** darunter an erster Stelle Istanbul, bemerkbar. So gibt es mittlerweile eine durchaus **florierende homosexuelle Infrastruktur,** wie z.B. die Schwulenzeitung KAOS (in den Buchhandlungen Beyoğlus, nur in Türkisch, aber mit deutscher Info-Internetseite: www.kaosgl.org/deutsch) oder die Organisation Lambda, die sich um Anerkennung und internationale Vernetzung bemüht. Auf folgender Infoseite (in Englisch) kann man weitere Schwulen- und Lesbentipps bzw. -adressen erhalten: www.istanbulgay.com.

Trotzdem ist für die alltägliche Praxis Folgendes wichtig: Das Ausleben homosexueller Neigungen in der Öffentlichkeit begrenzt sich auf die **modernen Stadtteile** Beyoğlu und vor allem Harbiye und wird meistens in einschlägigen Clubs praktiziert. Von diesen Clubs gibt es allerdings erstaunlich viele, und sie genießen auch bei „Normalen" ein hohes Entertainment-Ansehen. Als inoffizielle Empfehlung in puncto Toleranz sei hier aber das moderne türkische Bad **Sauna Aquarius** genannt (Sadrı Alisik Sok. 29, 24 Std. geöffnet, Jacuzzi, Gym-Center). Ansonsten sollte man besonders in **konservativen Stadtteilen** sehr zurückhaltend sein. Ein Outing ist hier völlig fehl am Platze, so man nicht unbedingt die Aufmerksamkeit der ganzen Umgebung auf sich ziehen will, zumal ein intimer Austausch von Zärtlichkeiten auf der Straße hier auch für Heterosexuelle ein weitgehendes Tabu ist. Das ist am und um den **Taksim-Platz** dann ersichtlich anders und schon fast eine „schicke" Form individueller Abgrenzung; so gehört z.B. das nächtliche Bild posierender Transvestiten hier fast zum Alltag.

Ein Wort zu etwaigen homosexuellen Assoziationen bezüglich des **Hamams:** Als der Regisseur *Ferzan Özpetek* 1996 in seinem Film „Hamam" das türkische Bad als Ort homosexueller Freuden porträtierte, ging ein Sturm der Entrüstung durch die türkischen Badeanstalten. Deshalb die nötige Klarstellung: Es gibt offiziell kein Hamam, das sich homosexuellen Neigungen widmet.

Unterkunft

●Es gibt zurzeit kein ausgewiesenes Schwulenhotel in Istanbul; als Ausländer wird man ohnehin in den meisten der in diesem Buch aufgeführten Hotels keine Probleme haben. Wegen seiner toleranten Haltung sei hier insbesondere das **Sarnıç** genannt (Küçük Ayasofya Cad. 26, Tel. 0212-5182323, www.sarnichotel.com, EZ ab 45 Euro, DZ ab 60 Euro, inkl. Buffet-Frühstück).

Bars und Clubs

Nördlich von Taksim (Harbiye)

● Siehe „Nachtleben, Etablissements in Harbiye/nördlich von Taksim".

Südlich von Taksim (Beyoğlu, Karte S. 264)

● **Bar Bahçe (94),** Soğancı Sok. 7 (1. Stock), 21– 2 Uhr, Eintritt am Wochenende 5 Euro; beliebter freundlicher Club, dessen Tanzfläche auch von Heteros geschätzt wird.

● **Shake'in (65a),** Yeşilcam Sok. 25, tägl. von 16 bis 1 Uhr geöffnet (Fr/Sa bis 2 Uhr); beliebte Café-Bar mit angenehmer Atmosphäre nahe dem Emek-Kino.

In Sirkeci (Karte S. 240)

● **Douche Club (29),** Kennedy Cad. 3, Mi, Fr und Sa 24–5 Uhr; Eintritt 5 Euro; im bekannten Sepetçiler Kasrı unterhalb des Topkapı-Palastes untergebrachter Club; herrliche Lage am Bosporus in historischem Gemäuer.

Café (Karte S. 264)

● **Sugar Café (30),** Sakasalim Çıkmazı 3/A, Galatasaray/Beyoğlu, 11–23 Uhr; hier kann man schon mal preisgünstig essen und auch tagsüber Gleichgesinnte treffen, bevor es dann in die oben genannten Lokalitäten auf „Nachtschicht" geht.

Sport

Der wichtigste Alltagssport in Istanbul ist das **Laufen** – denn anders kann man die Stadt nicht erobern. Das gilt auch für die Istanbuler, die ansonsten wenig Zeit, Geld und Gelegenheit haben, weiteren körperlichen Aktivitäten nachzugehen – wenn man vom jugendlichen Straßengekicke absieht. Das Angebot ist also begrenzt und wird nur von wenigen Gutsituierten praktiziert.

Adventure/Trekking

● **Gezici YAK,** Recep Paşa Cad. 14 (nahe Cumhuriyet Caddesi, Taksim), Tel. 0212-2385107, www.geziciyak.com, Mo bis Sa 9–19 Uhr; organisiert hauptsächlich Trekking und Rafting-Touren in die nähere Umgebung; außerdem Tauchkurse.

Bowling/Eislaufen

● **Galleria,** Bakırköy Sahil Yolu, Ataköy/Bakırköy, www.galleria-ataköy.com.tr, großes Einkaufszentrum im Westen der Stadt, das eine Eisbahn (Ausleihen von Schuhen möglich) und eine Bowling-Bahn hat. Anfahrt Bus 81 von Eminönü, 72T von Taksim; Bowling (3. Stock): 10–1 Uhr, am Wochenende 2 Euro, ansonsten 1 Euro pro Spiel; Eislaufen (Parterre): 10–24 Uhr, 4 Euro für 1 Stunde.

Schwimmen

Siehe im Kapitel „Baden".

Sprache

In den **Hotels, Fremdenverkehrsämtern** und fast allen **touristischen Zentren** wird **englisch,** manchmal auch **deutsch** gesprochen. Wenn nicht, wird jemand geholt, der es kann. Abseits der touristischen Trampelpfade in Sultanahmet und Beyoğlu (und das gilt auch z.B. für einige Billighotels) ist es mit der Internationalität schnell vorbei – vor allem wenn der Angesprochene zur älteren Generation gehört.

Es ist deshalb sehr zu empfehlen, wenigstens ein paar **türkische Wörter und Zahlen** zu erlernen, um sich im Café/Restaurant oder im Taxi, Dolmuş oder Bus nach dem Preis bzw. dem

Fußball – Der wahre Sinn des Lebens

Istanbul besitzt **drei große renommierte Fußballvereine:** Der zur Zeit erfolgreichste ist **Fenerbahçe,** dessen Heimatstadion in Kadıköy auf der asiatischen Seite liegt. **Beşiktaş** gilt als ältester Club der Stadt, traditionell dem Arbeitermilieu verpflichtet und im Ismet Inönü Stadion nahe Dolmabahçe zu Hause. **Galatasaray** ist dagegen der Club der gehobenen Schichten und hat als bisher einziger türkischer Fußballverein einen UEFA-Wettbewerb gewonnen: im Jahr 2000 gegen Arsenal London.

Wer nun Fußballfan ist oder aber kurz vor seiner Diplomarbeit im Themenbereich Massenpsychologie steht, der sollte eines dieser Stadien besuchen – am besten dann, wenn die Clubs gegeneinander oder aber in einem europäischen Wettbewerb gegen eine internationale Mannschaft antreten. Aber Vorsicht: Wir übernehmen keine Verantwortung, weder für das lädierte Trommelfell noch für die eventuell notwendige psychische Betreuung nach dem Spiel. Die Stimmung ist surreal und infernalisch, die Nebel der Rauchbomben durchziehen das Stadion, und gegen den Geräuschpegel türkischer Fußballfans nehmen sich die Anfeuerungsrufe in deutschen Stadien wie der pietätvolle Gesang eines weihnachtlichen Kirchengesangsvereins aus. Wer es nicht erlebt hat, der glaubt – und fasst – es nicht.

Einen Vorgeschmack erhalten schon diejenigen, die in einem vollgepfropften Lokal mit Fernseher (man muss bei wichtigen Spielen fürs Zuschauen zahlen!) das Spektakel auf der Leinwand verfolgen. Fällt das richtige Tor, bricht in der Stadt ein Höllenlärm los, und alles tanzt und liegt sich in den Armen.

Die Sieger des Spiels, samt und sonders jugendliche Fans, denen das Trikot und die richtige Fahne alles bedeuten, ziehen dann singend und stampfend en groupe über die Istiklal und versammeln sich am Taksim-Platz. Ihre Stimmung verrät alle Anzeichen einer Massenpsychose – *delikanlı* (verrückt), wie die Türken beschwichtigend sagen, und nicht selten gehen Pistolen- oder Gewehrschüsse los, die schon mehr als einmal zu Toten geführt haben.

Die Verlierer verkriechen sich derweil heulend und in den Grundfesten ihrer Persönlichkeitsstruktur erschüttert in irgendwelche Ecken, wo sie erst wieder ein Sieg ihrer wahren Götter hervorzulocken vermag.

So geht es Jahr und Tag, sommers wie winters. Und da sage noch einer, Fußball sei die schönste Nebensache der Welt ...

● **Beşiktaş,** Inönü Stadyumu, Dolmabahçe Caddesi, Tickets zwischen 6 und 100 Euro; Anfahrt siehe „Beşiktaş"; das am leichtesten zu erreichende Stadion, in der Nähe des Dolmabahçe-Palastes.
● **Fenerbahçe,** Şükrü Saraçoğlu Stadyumu, Kadıköy, Tickets 5–30 Euro; Anfahrt siehe Routenkapitel „Kadıköy".
● **Galatasaray,** Ali Sami Yen Stadion in Mecidiyeköy, Tickets 6–100 Euro; Anfahrt Bus 52 von Eminönü, Bus 59 von Taksim.

Praktische Reisetipps A–Z

Fahrtziel erkunden zu können (siehe im Anhang „Sprechführer"). Auch die Beherrschung einiger türkischer Floskeln und Redewendungen wird mit einem freundlichen Lächeln honoriert werden, zeigt man doch, dass man sich ein wenig Mühe gibt.

Die **türkische Sprache,** die dem Uraltaischen, also einer asiatischen Sprachfamilie, entstammt, unterscheidet sich grammatisch erheblich von den europäischen Sprachsystemen. Dies macht es Ausländern anfangs recht schwer, über eine rudimentäre Stufe hinauszukommen. Wer Istanbul-Fan wird und sich tiefer mit der Stadt beschäftigen will, tut gut daran, einen entsprechenden Sprachkurs zu Hause oder in Istanbul selbst zu belegen (siehe „Lernen und Arbeiten").

In Moscheen und anderen historischen Gebäuden wird man **arabische Schriftzüge** sehen. Die meisten Türken können diese heute selbst nicht mehr entziffern, nachdem *Atatürk* 1928 das arabische durch das lateinische Alphabet ersetzt hat. Dabei wurden aus Gründen der türkischen Lautpraxis einige Schriftzeichen eingeführt, die dem europäischen Alphabet fehlen. Die rich-

tige Aussprache dieser **Sonderzeichen** ist eine unerlässliche Voraussetzung, um selbst verstanden zu werden, sodass die Aussprachetafel am Ende des Buches beachtet werden sollte.

Stadttouren

Wer nur für einen Wochenendtrip an den Bosporus kommt, kann vom Sultanahmet-Platz vor der Hagia Sophia eine **Tour mit dem Doppeldeckerbus** machen, die die wichtigsten touristischen Stadtteile umfasst (siehe praktische Tipps am Ende des Stadtteilkapitels „Sultanahmet").

Auch die z.B. auf dem Divan Yolu zahlreich vertretenen **Reiseagenturen** vermitteln Stadttouren, wobei man darauf achten sollte, nicht Opfer einer billigen „Butterfahrt" zu werden, bei der man durch einige Leder- und Teppichfabriken gelotst und abgezockt wird. Größere **Hotels** bieten selbst Stadterkundungsprogramme an oder sind bei der Vermittlung zu Reiseveranstaltern behilflich.

Ansonsten gilt es, sich die Stadt zu erobern, wobei die eigenen Füße dass wichtigste „Verkehrsmittel" sind. Die Kapitel dieses City Guide sind so zusammengestellt, dass die historisch und touristisch zentralen Stadtteile am Anfang stehen und erst später auf so wichtige Verkehrsmittel wie Straßenbahn, Bus oder Schiff zurückgegriffen werden muss (siehe „Verkehrsmittel"; bei knapper Zeit beachte man zudem die Listung der im Vorspann stehenden touristischen Highlights).

Zum **Erlernen der türkischen Sprache** für den Urlaub und darüber hinaus hält REISE KNOW-HOW/Kauderwelsch nützliche Sprechführer und -hilfen bereit:
- **Türkisch – Wort für Wort**
Als Buch und digital auf CD
- **AusspracheTrainer Türkisch**
Audio-CD
- **Türkisch Slang**
Als Buch und als Audio-CD

Telefonieren

Internationale Vorwahlnummern

- **Deutschland:** 0049
- **Österreich:** 0043
- **Schweiz:** 0041
- **Türkei:** 0090

Bei internationalen Gesprächen entfällt sowohl in Europa wie auch in der Türkei die Null der Ortsvorwahl.

Telefonieren in Istanbul

Die Vorwahl für das **europäische Istanbul** ist **0212,** für den **asiatischen Teil** wähle man **0216;** diese Vorwahl muss auch bei Gesprächen vom europäischen in den asiatischen Teil bzw. umgekehrt gewählt werden.

Es gibt **Telefonkarten (Telefon kartı)** zu 30 (1,50 Euro), 60 (2,50 Euro) und 100 (4 Euro) Einheiten. Am günstigsten telefoniert man natürlich nachts und am Wochenende, wo eine Karte von 100 Einheiten für ein knapp zehnminütiges Gespräch reicht (tagsüber an Werktagen ist es erheblich teurer). Die Telefonkarten können außer auf der Post auch an vielen Kiosken erworben werden. **Telefonhäuschen** stehen meist nur an großen (und lauten) Plätzen.

Mobiltelefone

Ihr Handy (türk.: **Cep**) wird sich ohne Weiteres auf das türkische Mobilfunknetz umstellen. Die größten Betreiber sind Turkcell und Vodafone (beide GSM 900 Mhz). Wegen hoher Gebühren sollte man bei seinem Anbieter nachfragen, welcher der **Roamingpartner** günstig ist und diesen per **manueller Netzauswahl** voreinstellen. Nicht zu vergessen sind die **passiven Kosten,** wenn man von zu Hause angerufen wird (Mailbox abstellen!). Der Anrufer zahlt nur die Gebühr ins heimische Mobilnetz, die teure Rufweiterleitung ins Ausland zahlt der Empfänger. Wesentlich preiswerter ist es, sich auf **SMS** zu beschränken, der Empfang ist dabei in der Regel kostenfrei.

Falls das Mobiltelefon **SIM-lock-frei** ist (keine Sperrung anderer Provider), man lange in Istanbul bleiben und oft telefonieren will/muss, sollte man sich eine lokale **SIM-Karte (Hazır kart)** zulegen, um hohe Roaming-Kosten zu vermeiden. Für die Hazır kart wende man sich an ein autorisiertes Telefongeschäft (am besten Turkcell), wo man nach Vorlage des Reisepasses und einer Anmeldegebühr (ca. 20 Euro inkl. Gesprächsguthaben) die Karte bekommt.

- **Notrufnummern** sind im Kapitel „Notfälle" angegeben.

Theater/Kino

Theater

Istanbul verfügt über eine **lebendige Theaterszene,** in der rund 30 Bühnen türkische wie auch ausländische Stücke aufführen. Einige der wichtigsten Bühnen neben dem staatlichen Atatürk Kültür Merkezi (siehe „Musikszene") und der für Sommeraufführungen wichtigen Freilichtbühne Açık Hava Tiyatrosu (Taşkışla Caddesi, siehe „Südlich und nördlich von Taksim") seien an dieser Stelle aufgeführt. Die Sache hat nur einen kleinen Haken: Abgesehen von den internationalen Darbietungen während des Internationalen Istanbuler Theaterfestivals (siehe „Festivals und Events") werden fast alle Stücke verständlicherweise **in türkischer Sprache** präsentiert. Auf den gestischen Ausdruck orientierte Theaterfreunde wird das kaum abhalten, sich der modernen wie klassischen Produktionen zu erfreuen; wem es aber um die verbale Botschaft geht, sollte vorher Türkisch lernen.

Die Plätze in den Theatern sind übrigens **günstig:** Zwischen 3 und 10 Euro kostet die ganze Kunst.

● **Ses-1885 Ortaoyuncular Tiyatrosu,** Istiklal Cad. 140, Tel. 0212-2511865, www.ortaoyuncular.com, Schalter 11–18 Uhr, zwischen Juni und Sept. geschlossen; eine der ältesten und schönsten Bühnen Istanbuls; das auf zwei Ebenen über 500 Zuschauern Platz bietende Ses liegt in einer Passage der Istiklal und konzentriert sich auf Komödien und Parodien; sehr beliebtes Theater.

● **Kenter Tiyatrosu,** Halaskargazi Cad. 35, Harbiye, Tel. 0212-2463589, www.kentertiyatrosu.org (nur türkisch), Schalter 11–18 Uhr; von der bekannten türkischen Schauspielerin *Yıldız Kenter* gegründetes renommiertes Theater, das sowohl klassische (z.B. *Shakespeare*) als auch moderne Stücke im Repertoire hat.

● **Muhsin Ertuğrul Sahnesi,** Darülbedai Sok. 3 (gegenüber dem Cemal Resit Konser Salonu), Tel. 0212-2407720, Schalter Mo bis Sa 11–18 Uhr, zwischen Mai und Sept. geschlossen; benannt nach dem Begründer des modernen türkischen Theaters, *Muhsin Ertuğrul,* zeigt das Haus neben klassischen und zeitgenössischen Stücken auch Vorführungen für Kinder.

Der Reinigungsbrunnen (Şadırvan) in der Yeni Valide Camii

Kino

Seit dem legendär gewordenen **Film „Yol"** (Der Weg) von **Yılmaz Güney,** der 1983 die Goldene Palme in Cannes gewann, hat das türkische Kino international enorm an Ansehen gewonnen. Kaleidoskopartig greift der im Ausland gedrehte Streifen in eindringlichen Szenen heiße **türkische Themen** wie z.B. das Kurdenproblem, die soziale Ungerechtigkeit und auch das namuz-Thema („Ehrenmorde") auf (namuz heißt „Ehre" und ist eine zentrale Wertkategorie der konservativen Landbevölkerung; die Verletzung der Familienehre durch das unehrenhafte Verhalten einer zur Familie gehörenden Frau führt noch heute manchmal zur Tötung der ehrverletzenden Person durch die Familie). Was dem Regisseur im Westen Lob und Anerkennung einbrachte, wurde in der Türkei höchst offiziell als Nestbeschmutzung empfunden. Der Film wurde zensiert und konnte bis 1998 nicht in der Türkei gezeigt werden; *Güney* selbst war persona non grata und erfreute sich breitester Ablehnung. Aber sein Werk brachte einen Stein ins Rollen, den die Zensur nur schwer aufhalten konnte. Denn andere Tabubrüche folgten: Als **Ferzan Özpetek** mit seinem **Film „Hamam"** 1996 das Thema der Homosexualität auf die Leinwand brachte, ging der Sturm der Entrüstung nicht nur durch die Badeanstalten des Landes. Auch der in der Türkei so erfolgreiche und vom Kulturministerium selbst geförderte Film von **Handan Ipekçi** mit dem Titel **„Hejar"** (2001) durfte für sechs Monate im Land nicht

Karagöz und Hacivat

Uralt ist das einst so berühmte türkische **Schattentheater,** bei dem farbige Kamellederpuppen zwischen Leinwand und Lichtquelle (früher eine Kerze) von einem Spieler bewegt wurden, sodass der Zuschauer nur die Schatten der Puppen sah. In lockerer Dialogform entwickelt sich der lustige Streit zwischen **Karagöz** („Schwarzauge") und seinem Gegenspieler *Hacivat*. Ersterer symbolisiert eine Figur aus dem einfachen Volk, ist gewitzt und clever – und er bringt den gebildeten und deshalb gestelzt sprechenden **Hacivat** stets auf die Palme. Meist geht es um ein soziales oder religiöses Thema, das in verschiedenen Episoden immer wieder aufgenommen und durchgekaut wird. Am Schluss setzt es nicht selten Schläge, denn die beiden Hauptfiguren können sich nie einigen – repräsentiert der eine doch das Volk und der andere die abgehobene Intelligenz (oder Regierung).

Über sechs Jahrhunderte amüsierten *Karagöz* und *Hacivat* das anatolische Volk mit diesen lehrhaften Satiren, in denen viele eine witzige Form gesellschaftlicher Kritik und ihre eigenen alltäglichen Probleme erkannten. Dann kam das Fernsehen und erschlug die beiden. Schade, denn was *Karagöz* und *Hacivat* verbal leisteten, übertrifft das Niveau so mancher Fernsehproduktion.

Aber mindestens einmal im Jahr kehren die beiden zurück auf die Bühne: Während des **Internationalen Istanbuler Puppenfestivals** (siehe „Festivals und Events") präsentiert das Kenter Theater die beiden Helden, die trotz ihres ewigen Streits immer zusammengehören werden.

Praktische Reisetipps A–Z

abgespult werden, nur weil die titelgebende Hauptfigur namentlich als Kurdin zu erkennen war.

Internationalen Erfolg kann auch der deutsch-türkische Regisseur **Fatih Akin** mit seinen auch in Deutschland sehr bekannten Filmen „Gegen die Wand" („Goldener Bär" als bester Spielfilm auf der Berlinale 2004) und „Auf der anderen Seite" verbuchen; beide spielen teilweise in Istanbul und zeigen typische gesellschaftliche wie auch kulturelle Probleme der türkischen Identität auf.

Auch wenn die türkische **Zensur** heute erkennbar auf dem Rückzug ist (genau: Man will schließlich nach Europa), dürften es derartige Filme mit sozialkritischem Einschlag in den über 150 Kinosälen Istanbuls auch in Zukunft nicht gerade leicht haben. Die Gründe liegen – wie überall auf der Welt – aber eher auf kommerziellem Gebiet, denn die meisten Kinos und Sponsoren verdienen an gängigen **amerikanischen Hollywoodschinken** oder **einheimischen Seifen- und Klamaukopern** weit besser als an intellektuellen Problemfilmen. Dennoch weht ein frischer Wind durch die Szene, zumal das hervorragende **Internationale Istanbuler Filmfestival** (siehe „Festivals und Events") sowie einige kleinere Festivals das Programm erheblich bereichern.

Alle **ausländischen Filme** werden übrigens **im Original** gezeigt (mit türkischen Untertiteln). Die Tickets kosten ungefähr 4–5 Euro, wobei dem Platzanweiser noch ein kleines Bakschisch zusätzlich zu geben ist.

Viele **Kinos (sinema)** befinden sich in Beyoğlu auf und nahe der Istiklal Caddesi; einen täglichen – wenn auch meist nur einzeiligen – Überblick des aktuellen Kinoprogramms findet man in der englischsprachigen Zeitung Turkish Daily News (siehe „Zeitungen").

● **Emek,** Yeşilçam Sok. 5; das älteste Kino der Stadt, in einer cineastisch historischen Gasse, galt doch Yeşilçam lange Zeit als Synonym für ein quasi türkisches Hollywood; das in den 1920er Jahren erbaute Nostalgie-Kino ist der Rest dieser verschwundenen Herrlichkeit, sein großer Kinosaal besitzt eine schöne Stuckdecke und ist für Nostalgiker oft interessanter als der Film selbst.

● **Atlas,** Istiklal Cad. 133 (Atlas Pasajı); über einer basarähnlichen Einkaufsarkade untergebrachtes Kino mit drei Vorführungssälen; gemischtes Programm.

● **Beyoğlu,** Istiklal Cad. 62; direkt gegenüber dem Atlas in der alten „Aleppo-Passage" (Halep Pasajı) platziertes Programmkino, das von Juli bis Sept. ein kleines Festival pflegt, bei dem die besten (oder erfolgreichsten) Produktionen des letzten Jahres gezeigt werden; europäische und türkische Filme.

● **AFM Fitaş,** Istiklal Cad. 12 (nahe Taksim); in der Fitaş Pasajı untergebrachtes Multiplex-Kino mit elf Leinwänden, auf denen Hollywoodfilme wie auch türkische Produktionen laufen.

Rabatte

● Bei vielen Veranstaltungsorten kann man Rabatt bekommen, wenn man im Besitz eines **internationalen Studentenausweises (ISIC)** ist (siehe Stichpunkt „Discounts" unter www.isic.de). Den Ausweis muss man allerdings schon zu Hause bei STA Travel oder beim Studentenwerk u.Ä. erworben haben (12 Euro (D), 10 Euro (A), 20 SFr (CH)). Man muss Immatrikulationsbescheinigung/Schülerausweis, Personalausweis und Passbild vorlegen.

Unterkunft

Istanbul hat in den letzten Jahren einen stetigen Anstieg der Besucherzahlen erlebt, was dazu geführt hat, dass Hotels wie Pensionen ihre Preise jährlich erhöht haben; die Übernachtungskosten nehmen folglich in der Reisekasse (in der Regel) deutlich den größten Teil ein.

Vor der Wahl des Domizils sollte man eine grundsätzliche Frage für sich geklärt haben: nämlich wie der **persönliche Schwerpunkt der Istanbul-Reise** aussehen soll.

Es ergeben sich **hauptsächlich zwei Alternativen:** Entweder man logiert im historischen Zentrum **Sultanahmet** (wo die größten Sehenswürdigkeiten wie auch die Basare praktisch vor der Hoteltür liegen, man aber abends einen relativ langen Weg zu den Hotspots des Nachtlebens hat) oder man entscheidet sich für die nördlich des Goldenen Horns gelegene „Neustadt" **Beyoğlu,** das unwidersprochene Zentrum des pulsierenden Nachtlebens. Für die meisten Touristen, die zum ersten Mal nach Istanbul kommen, schlägt das Pendel verständlicherweise zugunsten Sultanahmets aus. Schließlich kommen die meisten ja nicht wegen der Bars und Discos, sondern wegen der kulturellen und historischen Sehenswürdigkeiten.

Es gibt auch, was das Hotelambiente angeht (nicht die Anzahl oder Preisstruktur), einen **dreifachen Unterschied zwischen den beiden Zentren:** Sultanahmet verfügt erstens über weit mehr Pensionen und Hostels als Beyo-

ğlu; in diesen stellen Reisende aus aller Welt die große Mehrzahl der Kunden dar (was dem einen vorteilhaft, anderen wiederum langweilig erscheinen mag). In Beyoğlu sind die Touristenhotels meist mehr oder weniger moderne Häuser, während die kleineren Billighotels auch stark von Einheimischen genutzt werden. Zweitens gibt es in Sultanahmet die Möglichkeit, stilvoll – d.h. in renovierten Altstadthäusern – zu nächtigen; dem stehen im modernen Beyoğlu bestenfalls einige Jugendstilhäuser gegenüber, wobei allerdings manche unter ihnen (siehe Hotel Pera Palas) historischen Ruhm erlangt haben. Ein dritter Unterschied: In Sultanahmet sind Sie in der Touristengegend par excellence (insbesondere die Akbıyık Caddesi ist eine Art Traveller-Schwerpunkt, wo auf der Straße mehr Englisch als Türkisch zu hören ist). In Beyoğlu ist die Gewichtung zwischen Besuchern und Einheimischen weit ausgeglichener.

Neben diesen Hauptzentren gibt es weitere Alternativen, die allerdings mehr den Istanbul-Kenner als den Neuling ansprechen dürften. Eine kurze Kategorisierung findet man unten vor jeder Stadtteilnennung.

Die **Hotelliste** unten ist also nach Stadtteilen und Preisstruktur gegliedert. Wer über ein extrem schmales Portemonnaie verfügt und auch mit einer

Praktische Reisetipps A–Z

Buchtipp – Praxis-Ratgeber:
● Erich Witschi
Unterkunft und Mietwagen clever buchen
(REISE KNOW-HOW Verlag)

Praktische Reisetipps A–Z

muffigen Absteige keine Probleme hat, sollte die kleinen, meist von Einheimischen genutzten Hotels in Sirkeci (südlich des Bahnhofs) ansteuern; aufgenommen sind diese „Löcher" hier nicht.

Alle großen und nahezu alle Mittelklassehotels bieten bei einer Buchung ab drei Tagen (kostenlosen) **Transfer von und zum Flughafen** an.

Während der **Hochsaison** (Ferienzeiten) ist eine **Reservierung** zu empfehlen. Außerhalb der Saison – also besonders im Winter – sind erhebliche Preisabschläge die Regel (handeln und vergleichen!).

Einige der im Folgenden aufgeführten Hotels können Sie bequem und preiswert **online buchen** oder die nachstehenden Reservierungsportale nutzen:

- www.expedia.de
- www.venere.com
- www.istanbulhotels.com
- www.trivago.de

Unterkunft in Sultanahmet (Karte Umschlag hinten)

Wer stilvoll und traditionsbewusst **in einem (renovierten) Haus der Altstadt** nächtigen möchte, wird besonders in den Gassen südlich der Sultanahmet-Moschee fündig werden. Dort nämlich sind einige der noch verbliebenen alten Holzhäuser ansehnlich für das Hotelgewerbe restauriert und (oft) mit einem geschmackvollen Interieur ausgestattet worden. Neben diesen Häusern, die in der städtischen Hotellerie meistens un-

Viel Spaß beim Einkaufen und Bummeln im Großen Basar

ter der Rubrik „Special Hotel" geführt werden, kann man noch oft die letzten, „originalen" Holzruinen bewundern, die wohl auch auf einen liquiden Investor und ihre Auferstehung als Hotel warten.

Gehobene Klasse

● **Four Seasons Hotel (55)**
Tevkifhane Sok. 1, Tel. 0212-4023000, Fax 0212-4023010, www.fourseasons.com, DZ ab 550 Euro.

Stilvolles Luxushotel nahe der Moschee Küçük Aya Sofya und Topkapı-Palast und außerdem der wohl schönste „Knast" der Welt: Die Gäste hausen nämlich in einem 1917 erbauten neoklassizistischen Gefängnis (einst für intellektuelle und politische Gefangene, darunter auch der berühmte Schriftsteller *Nazim Hikmet*), das in den 1990er Jahren im historischen Stil prachtvoll renoviert und umgebaut wurde; so lasst sich's auch im Gefängnis aushalten ...

● **Eresin Crown Hotel (98)**
Küçük Aya Sofya Cad. 40, Tel. 0212-6384428, Fax 0212-6380933, www.eresincrown.com.tr, DZ ab 200 Euro.

Elegante Luxusherberge, die nicht nur in ihrem Mosaik-Restaurant ein historisches Ambiente pflegt.

● **Sultanahmet Sarayı (104)**
Torun Sok. 19, Tel. 0212-4580460, Fax 0212-5186224, www.sultanahmetpalace.com, EZ ab 130 Euro, DZ ab 150 Euro (inkl. Frühstück).

Stilvoll dekoriertes Haus direkt gegenüber dem Mosaikmuseum; jeder der 36 Räume und Suiten besitzt ein türkisches Bad; schöner Garten; das Restaurant – mit schöner Aussicht – bietet eine türkisch-ottomanische Küche.

● **Yeşil Ev (52)**
Kabasakal Cad. 5, Tel. 0212-5175785, Fax 0212-5176780, www.istanbulyesilev.com, EZ ab 150 Euro, DZ ab 200 Euro (inkl. Frühstück).

1984 restaurierter alter Konak und das erste historische Hotel dieser Art in Sultanahmet („Special Hotels"); stilvolle historische Einrichtung; sehr schöner Garten mit Springbrunnen und alten Bäumen, den auch schon der französische Präsident *Mitterand* als Gast bewunderte.

● **Seven Hills Hotel (53)**
Tevkifhane Sok. 8,
Tel. 0212-5169497, Fax 0212-5171085,
www.hotelsevenhills.com,
EZ 165 Euro, DZ 185 Euro (inkl. Frühstück).

Das Prachtstück dieses gehobenen Mittelklassehotels ist das Restaurant auf der Dachterrasse: Es bietet tags wie nachts einen herrlichen Rundblick über Sultanahmet und das Meer; auch wer hier nicht nächtigt, sollte einen Dinnerbesuch in Erwägung ziehen.

● **Ayasofya Konakları (40)**
Soğuk Çeşme Sokak,
Tel. 0212-5133660, Fax 0212-5133669,
www.ayasofyakonaklari.com,
Zimmer zwischen 130 und 190 Euro.

Vom Türkischen Automobil-Club restaurierte und im Stil des 19. Jh. geschmackvoll eingerichtete Häuser direkt hinter der Aya Sofya; vor allem das allein stehende Hotel Konuk Evi besticht durch seine historisch prachtvolle Inneneinrichtung, sein wunderschönes Terrassencafé und sein ruhiges Ambiente; die auf der gegenüberliegenden Straßenseite liegenden Zimmer der Pensions-Häuser (insgesamt neun) sind ebenfalls im historischen Stil des 19. Jh. gehalten.

● **Rose Garden Istanbul (92)**
Kucuk Ayosofya Mahallesi Sehit
Mehmet Pasa Sokak,
Tel. 0212-517 9111-12, Fax 0212-518 0151,
www.rosegardennistanbul.com,
DZ ca. 200 Euro (inkl. Frühstück).

Komplett renoviertes kleines Hotel mit 20 Zimmern in der Nähe der Moschee Küçük Aya Sofya.

Mittelklasse

● **Hotel Turkoman (82)**
Asmalı Çeşme Sok. 2,
Tel. 0212-5162956, Fax 0212-5162957,
www.turkomanhotel.com,
EZ ab 75 Euro (Winter 50),
DZ ab 109 Euro (Winter 70) (incl. Frühstück).

Traditionelles Mittelklassehotel nahe Hippodrom; 17 rustikal eingerichtete Zimmer, die allerdings z.T. etwas abgewohnt wirken.

● **Amisos Hotel (33)**
Ebusuud Cad. 2,
Tel. 0212-5127050, Fax 0212-5190503,
www.amisoshotel.com,
Zimmer ab 110 Euro (inkl. Frühstück).

Direkt an der Straßenbahnlinie neben der Hohen Pforte und nahe Gülhane-Park gelegen; völlig renoviertes Hotel mit plüschig wirkenden, individuell ausgestatteten Zimmern, besonders die Eckräume sind stilvoll; Bar/ Pub im englischen Stil, Terrassenrestaurant.

● **Hotel Empress Zoe (57)**
Akbıyık Cad. 10, Tel. 0212-5182504,
Fax 0212-5185699, www.emzoe.com,
EZ ab 80 Euro, DZ ab 120 Euro, inkl. Frühstück, bei Barzahlung 10 Prozent Rabatt.

Hübsches, rustikal wirkendes Haus mit 19 individuell eingerichteten Zimmern und Suiten; Garten, Dachterrasse.

● **Hotel Sümengen (67)**
Amiral Tafdil Sok. 9,
Tel. 0212-5176869, Fax 0212-5168282,
www.sumengenhotel.com,
EZ 125 Euro, DZ 145 Euro (inkl. Frühstück).

Ottomanisches Haus des 19. Jh., entsprechende Inneneinrichtung, türkisches Bad, schöne Panorama-Dachterrasse.

● **Sarı Konak Hotel (69)**
Mimar Mehmet Ağa Cad. 26,
Tel. 0212-6386258, Fax 0212-5178635,
www.istanbulhotelsarikonak.com,
Standardzimmer EZ und DZ
ab 109 Euro (Winter 79) (inkl. Frühstück).

Restauriertes Altstadthaus mit schönem Garten und einer Panorama-Dachterrasse, die Suiten im oberen Stockwerk sind sehr schön, bei Barzahlung gibt es 10% Nachlass, trotzdem ist das Hotel alles in allem ein wenig überteuert.

● **Kybele Hotel (28)**
Yerebatan Cad. 23,
Tel. 0212-5117766, Fax 0212-5134393,
www.kybelehotel.com,
EZ 90 Euro, DZ ab 120 Euro (inkl. Frühstück),
bei Barzahlung 5 Prozent Rabatt.

In orientalischem Stil fantasievoll und bunt, fast schon überladen wirkendes Familienhotel mit viel Divan-Atmosphäre; das „schnuckelige" grüne Haus steht seit Jahren bei Individualtouristen – wohl wegen seines Orientambientes und seiner freundlichen Familie – hoch im Kurs.

●**Hotel Fehmi Bey (83)**
Ucler Sok. 13,
Tel. 0212-6389083, Fax 0212-5181264,
www.fehmibey.com,
EZ ab 70 Euro (Winter 55), DZ ab 90 Euro (Winter 70) (inkl. Frühstück).

Familiäres kleines Hotel mit insgesamt 34 Räumen; traditionell und geschmackvoll eingerichtetes Haus, schöne Restaurant-Terrasse, trotzdem leicht überteuert.

●**Hotel Nena (13)**
Klodfarer Cad. 8–10,
Tel. 0212-5165264, Fax 0212-6383059,
www.nenahotel.com,
EZ ab 100 Euro (Winter 45),
DZ ab 150 Euro (Winter 70) (inkl. Frühstück).

Schönes Haus mit byzantinisch-ottomanischen Stilelementen, schöne Restaurant-/Frühstücksterrasse.

●**Saba Hotel (84)**
Şehit Mehmet Paşa Yokuşu 6,
Tel. 0212-4580262, Fax 0212-6382002,
www.saba.com.tr,
EZ 70 Euro (Winter 50),
DZ ab 95 Euro (Winter 60) (inkl. Frühstück).

Fast am Hippodrom liegendes Hotel mit herrlicher Frühstücksterrasse (wunderschöner Blick auf Aya Sofia, Sultanahmet-Moschee und Marmara-Meer); gediegene rustikale Einrichtung (die beiden Suites haben einen großen Balkon); freundlicher, unaufdringlicher Service; Sauna und Jacuzzi.

●**Tashkonak Hotel (102)**
Tomurcuk Sok. 5,
Tel. 0212-5182882, Fax 0212-6388491,
www.tashkonak.com,
EZ 65 Euro (Winter 45),
DZ 75 Euro (Winter 50) (inkl. Frühstück).

Eines jener o.g. „Special Hotels" (renoviertes Holzhaus); stilvolle Zimmereinrichtung, eigenes Internet-Café (für Gäste kostenlose E-Mail-Verwaltung), schöne Dachterrasse.

●**Albatros Hotel (96)**
Çayıroğlu Sok. 1,
Tel. 0212-4587160, Fax 0212-5165001,
www.hotelalbatros.com,
EZ 70 Euro, DZ 80 Euro (inkl. Frühstück).

Eines jener stilvoll restaurierten Holzhäuser, die heute zwischen Sultanahmet-Moschee und der Küçük Aya Sofya immer mehr Gäste anziehen.

●**Hotel Sultan's Inn (97)**
Mustafa Paşa Sok. 40,
Tel. 0212-6382562, Fax 0212-6383922,
www.sultansinn.com,
EZ ab 50 Euro,
DZ ab 65 Euro (inkl. Frühstück).

Hotel mit ottomanischem Interieur; schöne Frühstücks-Dachterrasse mit einer „Sultansloge"; liegt direkt neben dem Albatros.

●**Naz Wooden House Inn (105)**
Akbıyık Değirmeni Sok. 7,
Tel. 0212-5167130,
www.nazwoodenhouseinn.com,
EZ ab 50 Euro,
DZ ab 60 Euro (inkl. Frühstück).

Ein (renoviertes) Holzhaus, das – nach der festen Überzeugung des Besitzers – auf den angeblich noch erkennbaren Fundamenten des alten Konstantinopel steht; die nackten antiken Wände in einigen Zimmern zeugen davon ...

●**Hotel Ayasofya (94)**
Demirçi Reşit Sok. 14,
Tel. 0212-5169446, Fax 0212-5180700,
EZ 89 Euro (Winter 59),
DZ 109 Euro (Winter 69) (inkl. Frühstück).

Im osmanischen Stil renoviertes Holzhaus mit hübscher Einrichtung, Terrasse mit Blick auf das Marmara-Meer, Garten, in unmittelbarer Nähe der Moschee Küçük Aya Sofya, für das Gebotene preiswert.

●**Ottoman Hotel (41)**
Caferiye Sok. 6/1,
Tel. 0212-5136150, Fax 0212-5127628,
www.ottomanhotelimperial.com,
EZ ab 99 Euro,
DZ ab 120 Euro (inkl. Frühstück).

Das noch junge Hotel liegt unmittelbar neben der Aya Sofia in einer ruhigen Gasse und bietet – wie der Name nahelegt – ein ottomanisches, gediegenes Holz-Interieur in Lobby und Zimmer; Garten und Terrasse, Restaurant und Bar.

●**Stone Hotel (91)**
Mehmet Paşa Yokuşu 34,
Tel. 0212-6381554, Fax 0212-5176330,
www.stonehotelistanbul.com,

EZ 79 Euro (Winter 45 Euro),
DZ 89 Euro (Winter 55 Euro),
Zimmer mit Blick aufs Marmara-Meer für 85 Euro und eine historisch eingerichtete Suite für 200 Euro (inkl. Frühstück).

Das schöne Hotel liegt direkt vor der Moschee Mehmet Sokullu Paşa, ein altes osmanisches Haus mit steinmauernumfasstem Frühstücksinnenhof, Zimmer teilweise mit Whirlpool und WLAN, AC, Dachterrasse mit tollem Blick über das Marmara-Meer, freundliches Management. Das Hotel bietet 10 Prozent Discount für Reisende, die sich bei Ihrer Anmeldung bzw. Buchung auf die Bücher des REISE-KNOW-HOW Verlags beziehen.

Untere Mittelklasse

●**Tulip House Hotel (90)**
Katip Sinan Cami Sok. 28,
Tel. 0212-4588403, Fax 0212-4589416,
www.hoteltuliphouse.com,
EZ 59 Euro (Winter 44),
DZ 69 Euro (Winter 49).

Neues Hotel neben der Moschee Mehmet Sokullu Paşa mit schönem Frühstücksgarten, funktionale gediegene Zimmer, etwas abseits vom touristischen Zentrum, ruhige Lage.

●**Hotel Alzer (81)**
At Meydanı 20,
Tel. 0212-5166262, Fax 0212-5160000,
www.alzerhotel.com,
EZ 129 Euro (Winter 65),
DZ 139 Euro (Winter 79) (inkl. Frühstück).

Zentraler geht es nicht: Altstadthaus mit 21 Zimmern direkt am Hippodrom, von der Dachterrasse schöner Blick auf Sultanahmet-Moschee und Aya Sofya; im antikisierenden Stil eingerichtete Zimmer mit Holzdecken.

●**Hotel Optimist (80)**
At Meydanı 16, Tel. 0212-6389580,
DZ 80 Euro (Winter 60) inkl. Frühstück.

Direkt neben dem Alzer, ebenfalls kleines Haus; einfache, saubere Zimmer.

●**Aslan Hotel (107)**
Akbıyık Cad. 63, Tel. 0212-5178819,
www.hotelaslanistanbul.com.

Preise variieren je nach Saison und Nachfrage; für ein DZ sollte man mit ca. 100 Euro inkl. Frühstück rechnen.

Das kleine ältere Haus hieß früher Apricot Hotel, was sicherlich seinem gelben Anstrich

zuzuschreiben war; gemütliche Atmosphäre; am besten übers Internet zu buchen (reduzierte Preise).

●**Hotel Historia (68)**
Mimar Mehmet Ağa Cad. 11,
Tel. 0212-5177472, Fax 0212-5168169,
www.historiahotel.com,
EZ 74 Euro, DZ 84 Euro (Winter ab 60 Euro).

Schön renoviertes Holzhaus, direkt neben dem Sarı Konak Hotel.

●**Ottoman Hotel Park (87)**
Kadırga Limanı Cad. 41,
Tel. 0212-5160211, Fax 0212-5173512,
www.ottomanhotelpark.com,
EZ ab 99 Euro,
DZ ab 119 Euro (inkl. Frühstück).

Komplett renoviertes Mittelklasse-Hotel im touristisch etwas abseits gelegenen Stadtteil Kadırga, knapp 1 km entfernt von Sultanahmet, moderne, aufwendig eingerichtete Zimmer mit AC, Balkon und Blick aufs Marmara-Meer, WLAN.

Gasthäuser/Pensionen/Billighotels

●**Berk Guesthouse (58)**
Kutlugün Sok. 29,
Tel. 0212-5176561, Fax 0212-5177715,
www.berkguesthouse.net,
EZ ab 40 Euro, DZ ab 60 Euro,
geöffnet von März bis Ende Oktober.

Familiengeführte Pension, Standardzimmer mit Dusche, aber ohne TV sowie recht klein, Suites im Appartement-Stil; freundlich gediegene Einrichtung, TV, AC; nettes Haus, aber insgesamt etwas überteuert.

●**Kervan Guesthouse (26)**
Şeftali Sok. 10,
Tel. 0212-5282949, Fax 0212-5272390,
www.kervanguesthouse.com,
DZ 90 Euro (inkl. Frühstück).

Kleine Pension mit angeschlossenem Teppichladen in einem restaurierten Haus aus dem späten 19. Jh. nahe der Hagia Sophia; fünf relativ kleine Räume, aber schöne Aussichtsterrasse.

●**Hotel Antique (100)**
Oğul Sok. 17,
Tel. 0212-5160997, Fax 0212-5176370,
www.hotelantique.com,
EZ 40 Euro, DZ 50 Euro (inkl. Frühstück).

Preisgünstiges Hotel im oben erwähnten restaurierten „Holzhäuserviertel"; einfache Zimmer, einige Räume mit kleinem Balkon, Dachterrasse mit schönem Ausblick.

● **Hotel Yunus Emre (99)**
Hamamı Sok. 30,
Tel. 0212-6384562, Fax 0212-5174389,
www.hotelyunusemre.com,
EZ 55 Euro, DZ ab 60 Euro (inkl. Frühstück).

Unterhalb vom Hippodrom gelegenes Traveller-Hotel; schöne Dachterrasse.

● **Şebnem Hotel (61)**
Adiye Sok. 1,
Tel. 0212-5176623, Fax 0212-6381056,
www.sebnemhotel.net,
EZ 70 Euro (Winter 50),
DZ 90 Euro (Winter 65) (inkl. Frühstück).

In einer hübschen Seitengasse der Akbıyık; Panoramaterrasse, ansprechende Zimmer in recht traditionellem Stil.

● **Alp Guesthouse (60)**
Adliye Sok. 4,
Tel. 0212 5177067, Fax 0212-5179570,
www.alpguesthouse.com,
EZ ab 55 Euro (Winter 35), DZ ab 70 Euro (Winter 55) (Frühstück 5 Euro).

Rustikales, mit vielen Teppichen ausgestattetes Altstadthaus gegenüber dem Şebnem, etwas dunkel; alle Zimmer mit Dusche; Frühstück auf der Dachterrasse.

● **Moonlight Pension (106)**
Akbıyık Cad. 77,
Tel. 0212-5188536, Fax 0212-5162480,
EZ 35 Euro, DZ 55 Euro (inkl. Frühstück).
Einfache, saubere Zimmer.

● **Mavi Guesthouse (56)**
Kutlugün Sok. 3,
Tel. 0212-5165878, Fax 0212-5177287,
www.maviguesthouse.com,
EZ 18 Euro, DZ 24 Euro (inkl. Frühstück), Bett im Mehrbettzimmer 9 Euro, mit Schlafsack auf dem Dach 6 Euro.

Einfache, schmucklose Zimmer ohne Dusche (Etagendusche), Mehrbettzimmer bis 6 Pers., Travelleratmosphäre.

● **Sultan Hostel (63)**
Akbıyık Cad. 17/A,
Tel. 0212-5169260, Fax 0212-5171626,
www.sultanhostel.com,
EZ 50 Euro, DZ 60 Euro, Schlafsaal (6 Betten) 16 Euro (ohne Frühstück).

In einer Seitengasse der Akbıyık; Etagenduschen, annehmbare Zimmer; Dachterrasse mit Blick aufs Meer.

● **Orient Hostel (62)**
Akbıyık Cad. 9,
Tel. 0212-5179493, Fax 0212-5183894,
www.orienthostel.com,
EZ 30 Euro, DZ 40 Euro, Bett im 8-Bett-Zimmer 13 Euro (inkl. Frühstück).

Haus für Backpacker aus Übersee; Dachterrasse, touristische Rundumversorgung.

● **Istanbul Hostel (70)**
Kutlugün Sok. 35,
Tel. 0212-5169380, Fax 0212-5169384,
www.istanbul-hostel.com,
DZ 18 Euro, im 4- bis 10-Bett-Zimmer Matratze ab 6 Euro.

(Zu) großes Backpacker-Haus, das die übliche Rundumversorgung für die internationale 3-Tage-Klientel bietet; sehr einfache Zimmer, saubere Etagenduschen, Kellerbar.

● **Tulip Guesthouse (65)**
Terbıyık Sok. 19, Tel. 0212-5176509,
www.tulipguesthouse.com,
EZ 25 Euro, DZ 45 Euro (Winter 35),
Mehrbettzimmer 10 Euro (inkl. Frühstück).

Kleine Pension in ruhiger Umgebung unter freundlicher Leitung; saubere, funktionale Zimmer, meist von Travellern besucht.

● **Paris Hostel (85)**
Medresesi Sok. 5 (nahe Piyerloti Cad.),
Tel. 0212-5189820, Fax 0212-5189918,
www.istanbulparishostel.com,
EZ 30 Euro (Winter 20),
DZ 50 Euro (Winter 30) (inkl. Frühstück).

Recht beliebtes Traveller-Hostel mit freundlichem Empfangsraum; 40 einfache Zimmer mit Dusche (darunter auch Mehrbettzimmer, Bett 7 Euro); kleine Dachterrasse; freier Internet-Zugang; Tee und Kaffee frei.

Unterkunft in Sirkeci (Karte S. 240)

Gehobene Klasse

● **Hotel Yaşmak Sultan (16)**
Ebusuud Cad. 18,
Tel. 0212-5281343, Fax 0212-5281348,
www.hotelyasmaksultan.com,

EZ ab 75 Euro,
DZ ab 90 Euro (inkl. Frühstück).

Schönes 4-Sterne-Hotel mit Sauna und Fitness-Center; Mix aus modernem und ottomanischem Interieur.

● **Flower Palace Hotel (20)**
Saffeti Paşa Sok. 11,
Tel. 0212-5190068, Fax 0212-5190048,
www.flowerpalacehotel.com,
EZ ab 60 Euro,
DZ ab 90 Euro (mit Frühstück);

Neu eröffnetes Mittelklasse-Hotel in Sirkeci, 36 freundliche, funktionale Räume, WiFi, TV, AC und Terrassenrestaurant.

● **Sirkeci Konak (25)**
Taya Hatun Sok. 5,
0212-5284344, Fax 0212-5284455,
EZ ab 110 Euro,
DZ ab 140 Euro (mit Frühstück).

Das neue, im traditionellen Holzhausstil errichtete Hotel, verfügt über verschiedene, grundsätzlich gediegen eingerichtete Zimmertypen mit Mini-Bar, AC, WiFi und einem hoteleigenen Dampfbad. Des Weiteren bietet das Hotel kleine, für Gäste kostenlose, kulturelle (auch gastronomische) Touren an.

Untere Mittelklasse

● **Hotel Fahri (22)**
Nöbethane Cad. 22,
Tel. 0212-5141597, Fax 0212-5279672,
www.hotelfahri.net,
EZ 35 Euro, DZ 50 Euro (inkl. Frühstück).

Großes, renoviertes Hotel in Bahnhofsnähe, mit seinen funktionalen Zimmern (AC) und dem schön gefliesten Bad eine relativ preiswerte Alternative.

● **Hatay Hotel (24)**
Serdar Sok. 3,
Tel. 0212-5279600, Fax 0212-5270407,
www.hatayhotels.com,
EZ 30 Euro, DZ 50 Euro (inkl. Frühstück).

Das ehemalige Hostel zwischen Bahnhof Sirkeci und Gülhane hat nach einer Renovierung an Komfort zugelegt und bildet mit dem gegenüberliegenden **Hotel Antiochia** eine Einheit; Zimmer mit AC und TV.

● **Turvan (18)**
Hocapaşa Sok. 16,
Tel. 0212-5207221, Fax 0212-5278311,
EZ 30 Euro, DZ 47 Euro (inkl. Frühstück).

Einfache, aber annehmbare Zimmer; gutes Preis-Leistungs-Verhältnis.

● **Hotel Best Town Palace (26)**
Istasyon Arkası Sok. 9,
0212-5208585, Fax 0212-5111314,
www.best townpalace.com
EZ ab 40 Euro,
DZ ab 55 Euro (inkl. Frühstück).

Das unter neuer Leitung stehende Haus wurde komplett renoviert und verfügt über 44 funktional eingerichtete Zimmer (in den oberen Etagen sehr hell, 12 davon mit Blick auf den Bosporus), schönes Terrassenrestaurant mit Blick zum Bosporus, Bar; der einzige Haken an diesem sehr freundlichen, ansonsten empfehlenswerten Hotel: Der Blick geht auch über die wenig schönen Gleisanlagen des benachbarten Sirkeci-Bahnhofs.

Billighotels

● **Hotel Şehir (19)**
Orhaniye Cad. 6,
Tel. 0212-5286096,
EZ 25 Euro, DZ 35 Euro.

Großes, gesichtsloses Haus mit 44 Zimmern in der Nähe des Bahnhofs; kleines Waschbecken auf den abgewohnten Zimmern, die aber immerhin relativ geräumig sind; Etagenduschen.

● **Hotel Istiklal (23)**
Vezir Camii Sok. 4 (kleine Treppengasse links vom Bahnhof), Tel. 0212-5275370,
EZ 19 Euro, DZ 29 Euro.

Kleines Hotel direkt am Bahnhof, Zimmer zwar klein, aber wie auch die gefliesten Duschen sehr sauber; für den Preis okay.

Unterkunft in Beyoğlu (Karte S. 264)

Gehobene Klasse

● **Pera Palace Hotel (14)**
Meşrutiyet Cad. 52,
0212-3774000, Fax 0212-3774077,
www.perapalace.com,
DZ 335 Euro.

Zu den historischen Sehenswürdigkeiten Istanbuls gehörendes Fin-de-siècle-Hotel, prachtvolles Interieur und schöne Empfangs-

Praktische Reisetipps A–Z

halle mit einem sehenswerten alten Aufzug, dessen Holzkabine schon Könige und andere Berühmtheiten genutzt haben. Das Hotel wurde komplett renoviert.

Mittelklasse

● **Büyük Londra Oteli (Grand Hotel de Londres) (32)**
Meşrutiyet Cad. 53,
Tel. 0212-2450670, Fax 0212-2491025,
www.londrahotel.net,
EZ ab 40 Euro, DZ ab 50 Euro.

Einst ebenso glamourös wie das Pera Palas, bietet die zugegeben verstaubte und abgewohnte koloniale Herrlichkeit dieses Hauses auch „Kleinverdienern" die Möglichkeit, in einer vergangenen Zeit zu nächtigen; Nostalgiker ohne große Ansprüche werden die gemütliche Entrücktheit des Hauses schätzen.

● **Triada Residence Apart Hotel (84)**
Meşelik Sok. 4,
Tel. 0212-2510101, Fax 0212-2926363,
www.triada.com.tr,
Suite ab 100 Euro pro Tag (inkl. Frühstück).

Das von einem griechischen Architekten vor rund 100 Jahren erbaute schöne Haus wurde liebevoll restauriert und renoviert; es liegt nahe dem Taksim-Platz und unmittelbar gegenüber der namensgebenden Agia Triada Kirche; eine helle, farblich freundliche Lobby, geschmackvoll und modern eingerichtete, 50 m² große Appartements (mit Küche), eine Sauna und eine hübsche Dachterrasse machen dieses Haus zu einer empfehlenswerten Adresse; jede der insgesamt elf Suiten kann auf Wunsch mit Computer, Drucker und Internet-Anschluss versehen werden.

Untere Mittelklasse

● **Grand Hisar Hotel (56)**
Kalyoncu Kulluk Cad. Nevizade
Kameriye Sok. 22 (nahe Fischmarkt),
Tel. 0212-2928052, Fax 0212-2928044,
www.hisarhotel.com,
EZ ab 30 Euro, DZ ab 50 Euro.

Blick in die Süleymaniye-Moschee

Gutes 3-Sterne-Hotel mit 30 Zimmern; sehr sauber, zweckmäßig eingerichtete Räume mit Minibar/Satelliten-TV/Tel./AC und kleinem Balkon.

● **Hotel Residence (68)**
Sadri Alıçık Sok. 19,
Tel. 0212-2527685, Fax 0212-2430084,
www.hotelresidence.com.tr,
EZ 38 Euro, DZ 59 Euro (inkl. Frühstück).

Wer unbedingt die größte Kneipendichte zum Nächtigen braucht, der ist hier richtig; modernes Haus mit heller, freundlicher Lobby, aber relativ kleine, etwas dunkle Zimmer mit TV und Bad.

● **Hotel Silviya (16)**
Asmalı Mescit Sok. 24/A,
Tel. 0212-2927749, Fax 0212-2436115,
EZ 45 Euro, DZ 60 Euro (inkl. Frühstück).

Relativ große, saubere Räume mit TV, Tel., Bad; zu diesem Preis empfehlenswert, zumal das Hotel im etwas ruhigeren und malerischen Teil von Beyoğlu liegt.

Billighotels

● **Hotel Devran (33)**
Tepebaşı Kallavi Sok. 16,
Tel. 0212-2440709, Fax 0212-2524234,
EZ 30 Euro, DZ 50 Euro (inkl. Frühstück).

Billighotel in einer Seitengasse der Istiklal; mit TV, Dusche und Telefon auf jedem der zwar geräumigen, aber etwas abgewohnten Zimmer.

● **Hostel Chill Out (17)**
Balyoz Sok. 3,
Tel. 0212-2494784, www.chillouthc.com,
EZ 25 Euro, DZ 36 Euro (inkl. Frühstück, aber ohne Dusche), DZ mit Dusche 45 Euro, Bett im Mehrbettzimmer 10 Euro.

Hier steigen vorwiegend junge Leute ab; einfache Zimmer, der Manager spricht perfekt deutsch.

Unterkunft in Nişantaşı (nördl. v. Taksim, Karte S. 272)

Gehobene Klasse

● **Mega Residence Istanbul (12)**
Eytam Cad. 33,
Tel. 0212-2313161, Fax 0212-2314461,
www.megaresidence.com,
EZ ab 130 Euro, DZ ab 145 Euro,
Suite ab 245 Euro (inkl. Frühstück).

Schönes Haus am Nordrand des Maçka-Parks mit fast viktorianisch anmutender Inneneinrichtung; ebenso gediegen-traditionell sind die 30 Zimmer und 15 Suiten (mit kleiner Küche); zum Haus gehört ein gutes Bistro.

● **Konfor (14)**
Atiye Sok. 5/A,
Tel. 0212-2254593, Fax 0212-2198637,
www.konforapart.com,
Appartement ab 100 Euro pro Tag.

Noble Adresse in einer noblen Gegend; sechs gemütlich und stilvoll eingerichtete Appartements mit Parkettboden und kompletter Küche mit ca. 50 m²; schönes Haus mit hellen, modern eingerichteten Zimmern.

● **Larespark Hotel (26)**
Topçu Cad. 23,
Tel. 0212-2545100, Fax 0212-2547160,
www.laresparkhotel.com,
EZ und DZ ab 140 Euro (inkl. Frühstück).

Modernes 4-Sterne-Hotel mit allem Komfort: Pool, Sauna, Jacuzzi, Fitness-Studio usw.

Mittelklasse

● **Hotel Golden Age 2 (27)**
Abdülhakamit Cad. 60,
Tel. 0212-2544906, Fax 0212-2551368,
www.goldenage2hotel.com,
EZ ab 40 Euro,
DZ ab 60 Euro (inkl. Frühstück).

Großes, modernes Hotel mit Sauna und Pool, Bar und Restaurant.

● **Hotel Avrupa (28)**
Topçu Cad. 32,
Tel. 0212-2509420, Fax 0212-2507399,
www.hotelavrupa.com,
EZ 35 Euro, DZ 45 Euro (inkl. Frühstück).

Für die Gegend nördlich von Taksim relativ billiges Hotel; schöne Empfangshalle, helle Zimmer, AC/Tel.

Unterkunft in Aksaray/Laleli (Karte S. 294)

Der durch die Straßenbahn verkehrsmäßig gut angeschlossene Ortsteil Aksaray/Laleli liegt ca. 1,5–2 km westlich von Sultanahmet. Es gibt hier **viele Hotels,** die meist mehr oder weniger zur (unteren) Mittelklasse zählen und hauptsächlich von den hier mit Textilien handelnden Osteuropäern frequentiert werden. Gemessen am Standard – Dusche, Toilette, TV, AC etc. auf dem Zimmer – sind die Hotels sogar etwas preisgünstiger als die von westlichen Touristen besuchten Häuser Sultanahmets; dafür wohnt man aber weiter weg vom historischen Zentrum und vom Goldenen Horn.

Vorsicht ist angebracht beim Besuch der **Nightclubs** und „Müzikhalls"; setzt sich eine Dame – meist aus Osteuropa – an den Tisch, ist eine deftige Rechnung die Folge. Immer wieder hört man, dass Proteste dagegen mit rüden Mitteln unterbunden werden.

Mittelklasse
● **Istanbul Royal Hotel (22)**
Aksaray Cad. 18,
Tel. 0212-5185151, Fax 0212-5185160,
www.istanbulroyalhotel.com,
EZ 60 Euro, DZ 80 Euro (inkl. Frühstück).

Modernes, großes 4-Sterne-Hotel mit 130 Zimmern und zwei Restaurants; eine der besseren Adressen im Stadtteil.
● **Hotel Hivaş (14)**
Çukurçeşme Sok. 36,
Tel. 0212-5125268, Fax 0212-5272293,
EZ 40 Euro, DZ 57 Euro (inkl. Frühstück).

Hotel mit großer Glasfassade; Zimmer mit TV und AC; für die Klasse preiswert.

Untere Mittelklasse/Billighotels
● **Otel Şahinler (23)**
Koska Cad. 10,
Tel. 0212-5186800, Fax 0212-5186666,
www.sahinlerotel.com,
EZ 40 Euro, DZ 55 Euro.

Das achtstöckige Hotel bietet über 100 saubere, funktional eingerichtete Zimmer mit Minibar und AC; für das Gebotene ansprechend und preisgünstig.
● **Hotel Erkuş Apart (20)**
Millet Cad. 32/A,
Tel. 0212-5344143, Fax 0212-5233573,
EZ 40 Euro, DZ 60 Euro (inkl. Frühstück).

30 funktional eingerichtete, wenn auch etwas dunkle Zimmer mit Dusche und TV; sehr sauber; Autopark, Restaurant/Bar; nahe der Tramvay-Haltestelle Yussuf Paşa; wegen der Hauptstraße Zimmer nach hinten nehmen; das Preis-Leistungs-Verhältnis ist okay.
● **Hotel Side (25)**
Laleli Koska Cad. 33,
Tel. 0212-5187924, Fax 0212-5187926,
EZ 40 Euro, DZ 55 Euro (inkl. Frühstück).

Wirkt von außen – wie viele Hotels hier – etwas klotzig und nüchtern modern, die Flure sind schon etwas abgewohnt, aber die Zimmer für den Preis durchaus okay.

Unterkunft in Karaköy/Galata (Karte S. 250)

Es gibt nicht allzu viele Möglichkeiten, in Karaköy zu übernachten, obwohl die Lage zwischen Goldenem Horn bzw. Eminönü und Beyoğlu eigentlich ideal ist. Das Viertel, das in den letzten Jahrzehnten fast verlassen war, ist vor allem **abends für Touristen wenig einladend;** erst langsam kehrt das (auf den Tag beschränkte!) Leben in die „schwarzen", von alten Häusern verdunkelten Gassen zurück. Wer derartige Abgelegenheit mag und zudem gern individuell in traditionellen Räumen wohnt, dem seien zwei Häuser empfohlen:

Gehobene Klasse
● **Anemon Galata Hotel (7)**
Büyükhendek Cad. 5,
Tel. 0212-2932343, Fax 0212-2922340,
www.anemonhotels.com,

EZ 110 Euro, DZ 140 Euro,
Suiten ab 160 Euro.

Am Galata-Turm gelegenes Hotel der Spe-zial-Kategorie, die nur für historisch renovier-te Häuser vergeben wird; die 30 sehr schö-nen Zimmer sind mit modernem Komfort eingerichtet; Restaurantterrasse.

● **Galata Residence**
Camondo Apart Hotel (19)
Felek Sok. 2,
Tel. 0212-2924841, Fax 0212-2442323,
www.galataresidence.com,

Appartements ab 75 Euro pro Tag (größe-re Appartements ab 120 Euro; bei wöchentli-cher Miete reduziert sich der Tagespreis um 10–20 Prozent); die geräumigen Apparte-ments haben zwei Schlafzimmer, Wohnzim-mer und Küche; kleines Appartement mit Schlafzimmer und Küche; vom Restaurant schöner Blick auf das Goldene Horn; ein Café ist in den alten Kellergewölben platziert.

Unterkunft in Fatih
(Karte S. 294)

Wer zwar in der Altstadt, aber nicht im touristischen Zentrum wohnen möchte und zudem eine **„orientalische" Atmo-sphäre** vorzieht, dem sei folgendes Ho-tel bei der Fatih-Moschee empfohlen:

Mittelklasse
● **Reşadiye Hotel (2)**
Büyük Karaman Cad. 6,
Tel. 0212-6359587, Fax 0212-5339292,
www.fatihresadiyehotel.com,
EZ 35 Euro, DZ 60 Euro (inkl. Frühstück).

Gutes, modernes Hotel, 31 Zimmer mit TV, Telefon, AC und Dusche; Restaurant und Terrassencafé; bewachte Auto-Garage.

Unterkunft in Fener
(Karte S. 306)

Mittelklasse
● **Hotel Daphnis (16)**
Sadrazam Ali Paşa Cad. 26,
Tel. 0212-5314858, Fax 0212-5328992,
www.hoteldaphnis.com,
EZ 90 Euro, DZ 110 Euro,
Suite 150 Euro (inkl. Frühstück).

Abseits der Touristenzentren liegt dieses Hotel nahe dem Goldenen Horn im traditio-nellen und ruhigen Stadtteil Fener; das schö-ne alte Haus mit Balkonen und Erkern verfügt über 16 Zimmer mit TV und AC; ansprechen-de Räume mit rustikalem Mobiliar und Holz-fußboden, z.T. Blick auf das Goldene Horn.

Unterkunft in Üsküdar
(Karte S. 334)

Die wenigen Individualtouristen, die **auf asiatischer Seite** nächtigen wollen, werden meist Kadıköy vorziehen, da Üsküdar nachts nur wenig zu bieten hat; auch ist die Auswahl beschränkt:

Gehobene Klasse
● **Sözbir Royal Residence (1)**
Paşalimanı Cad. 4,
Tel. 0216-4957000, Fax 0216-4957070,
www.sozbirroyalresidence.com,
EZ ab 180 Euro,
DZ ab 210 Euro (inkl. Frühstück).

Direkt an der Hafenstraße gelegenes, ganz in Rot gehaltenes Luxushotel; 28 prächtige Suiten mit schönem Blick über den Bosporus; ottomanisch inspiriertes Ambiente.

Untere Mittelklasse
● **Yeni Saray Oteli (4)**
Selmanipak Cad./Çeşme Sok. 33,
Tel. 0216-3343485, Fax 0216-3345655,
www.yenisarayotel.com,
EZ ab 35 Euro,
DZ ab 65 Euro (inkl. Frühstück).

2-Sterne-Hotel mit 33 Zimmern in einem nüchternen Neubau unweit vom Üsküdar Meydanı; vor allem die größeren Zimmer sind annehmbar, z.T. geflieste Baderäume; wegen des Straßenlärms Zimmer nach hinten wählen.

Billighotels
● **Kent Otel (7)**
Selami Ali Efendi Cad. 8/A,
Tel. 0216-5531885, DZ 22 Euro.

Zentrales Hotel beim kleinen Fischmarkt (*Balık Pazarı*); saubere, recht große Zimmer.

● **Üsküdar Pansiyon/Otel (5)**
Molla Eşref Sok. 13,
Tel. 0216-4921532, Fax 0216-4921531,
EZ 25 Euro, DZ 30 Euro (ohne Frühstück).

Sehr saubere, zweckmäßig eingerichtete Zimmer mit gekachelter Dusche, TV; das Hotel liegt im Zentrum von Üsküdar im Marktviertel und ist für das Gebotene preiswert.

Unterkunft in Kadıköy (Karte S. 344)

Die Hotels sind meist **funktional** und haben nicht die Ausstrahlung der Altstadthotels in Sultanahmet. Da die Konkurrenz hier nicht so dicht wie auf der europäischen Seite ist, ist das Preis-Leistungsverhältnis etwas ungünstiger.

Mittelklasse

● **Dila Hotel (7)**
Mühürdar Fuat Sok. 5,
Tel. 0216-4188383, Fax 0216-4189894,
www.dilahotel.com,
EZ 120 Euro, DZ 160 Euro (inkl. Frühstück).

4-Sterne-Business-Hotel und damit im Zentrum von Kadıköy eine der Top-Adressen.

● **Rıhtım Hotel (1)**
Rıhtım Cad. 62,
Tel. 0216-3498941, Fax 0216-3384985,
EZ ab 55 Euro,
DZ ab 80 Euro (inkl. Frühstück).

3-Sterne-Hotel direkt an der Hauptstraße nahe den Anlegestellen und dem Bahnhof Haydarpaşa; außen nüchterner, moderner Kastenstil, ebenso funktional wirkt die Hotellobby; die 45 recht geräumigen und durchaus ansprechenden Zimmer verfügen über TV/AC und Minibar; das Teras-Restaurant auf der Dachterrasse bietet einen guten Blick über den Hafen und das Marmara-Meer.

● **Kent Hotel (13)**
Serasker Cad. 8,
Tel. 0216-3362453, Fax 0216-4491693,
EZ ab 57 Euro,
DZ ab 81 Euro (inkl. Frühstück).

Renoviertes fünfstöckiges 3-Sterne-Hotel mitten im Marktzentrum mit recht gemütlicher Inneneinrichtung; geräumige Zimmer mit kleiner Dusche, AC und TV.

Untere Mittelklasse

● **Zümrüt Hotel (4)**
Reşitefendi Sok. 5,
Tel. 0216-4500454, Fax 0216-4500457,
www.kadikoyzumrutotel.com,
EZ 48 Euro, DZ 68 Euro (inkl. Frühstück);

Modernes, freundliches 2-Sterne-Hotel, gepflegte saubere Zimmer mit schön gefliesten Bädern, TV, AC, Tel. und Minibar.

● **Hotel Grand As (6)**
Nüzhetefendi Sok. 27,
Tel. 0216-3469160, Fax 0216-3362929,
www.grandashotel.com,
EZ 35 Euro, DZ 60 Euro (inkl. Frühstück).

Solides, großes Haus mit 56 geräumigen Zimmern, alle mit TV, AC und Tel.; Terrassenrestaurant mit Meerblick; frühzeitige Reservierung empfohlen, da stets ausgebucht.

● **Konak Hotel (2)**
Recaizade Sok. 12,
Tel. 0216-3466996, Fax 0216-3465540,
www.hotelkonak.com,
EZ 35 Euro, DZ 50 Euro (inkl. Frühstück).

Großes rotes Kastenhotel mit 45 soliden, aber einfach eingerichteten Zimmern in einer Seitengasse; das Aziziye-Hamam liegt direkt gegenüber dem Hotel.

Billighotels

● **Hotel Zirve (3)**
Reşitefendi Sok. 36,
Tel. 0216-4145142, Fax 0216-4145305,
EZ 35 Euro, DZ 60 Euro (inkl. Frühstück).

2-Sterne-Hotel mit ansprechenden, aber etwas kleinen Zimmern (TV/Minibar).

● **As Hotel (6)**
Yoğurtçu Şükrü Sok. 28,
Tel. 0216-3370652, Fax 0216-3383730,
EZ 24 Euro, DZ 39 Euro (inkl. Frühstück).

Der kleinere Ableger des Grand As direkt gegenüber ist beliebt, gutes Preis-Leistungs-Verhältnis; einfache Zimmer mit TV.

● **Hotel Güven (5)**
Reşitefendi Sok. 16,
Tel. 0216-3376866, Fax 0216-5419886,
EZ 14 Euro, DZ 28 Euro.

Kleine Zimmer mit abgetrenntem Dusch-/Waschbereich und TV; als Billighotel okay.

● **Hotel Okur (5)**
Reşitefendi Sok. 3, Tel. 0216-3360629,
EZ 20 Euro, DZ 30 Euro.

Geräumige, aber spärlich eingerichtete Zimmer mit TV, Tel. und Dusche; akzeptabel.

Hotels am Bosporus (Karte S. 353)

Die folgenden Hotels liegen alle mehr oder weniger **außerhalb des Stadtzentrums!** Abgesehen vom Ortaköy Princess stehen sie alle idyllisch **direkt am Meer.** Es handelt sich ausnahmslos um Hotels der gehobenen Kategorie/Luxusklasse.

Europäische Seite

● **Ortaköy Princess Hotel (13)**
Dereboyu Cad. 10, Ortaköy,
Tel. 0212-2276010, Fax 0212-2602148,
www.ortakoyprincess.com,
EZ ab ca. 150 Euro,
DZ ab 190 Euro (inkl. Frühstück).

Im landeinwärts gelegenen Rückraum des Ortes – also nicht am Meer! – liegendes großes 5-Sterne-Hotel mit 82 geräumigen Zimmern; Dachterrasse und Pool, Sauna und Gym-Raum.

● **Bebek Hotel (12)**
Cevdetpaşa Cad. 34, Bebek,
Tel. 0212-3582000, Fax 02122632636,
www.bebekhotel.com.tr,
nur Suiten: ab 215 Euro (Straßenseite),
ab 305 Euro (Bosporusseite).

Mitten im Nobelort Bebek gelegenes modernes Appartement-Hotel unmittelbar am Bosporus; die Zimmer zur Seeseite bieten ein traumhaftes Panorama.

Asiatische Seite

● **Bosphorus Palace (14)**
Yalıboyu Cad. 64, Beylerbeyi,
Tel. 0216-4220003, Fax 0216-4220012,
www.bosphoruspalace.com,
EZ ab 150 Euro, DZ ab 210 Euro.

Luxushotel in einer zwischen 1993 und 1996 komplett restaurierten historischen Yalı des 19. Jh.; schöne Eingangshalle mit Kassettendecke; 14 Zimmer, die teureren liegen direkt am Bosporus, alle Zimmer haben eine stilvoll gediegene, historisch orientierte Ausstattung; sehr gutes Restaurant (siehe auch im Bosporus-Kapitel).

● **Ajia (5)**
Çubuklu Cad. 27, Kanlıca,
Tel. 0216-4139300, Fax 0216-4139355,
www.ajiahotel.com;
Preise von 350–850 Euro.

In der komplett renovierten, aus dem 19. Jh. stammenden Ahmet Rasim Paşa Yalısı untergebrachtes Luxushotel direkt am Bosporus; künstlerisch modernes Styling in traumhafter Lage am Wasser; alle Zimmer/Suiten verfügen über Bosporusblick; zwischen Kanlıca und Paşabahçe.

Prinzeninseln/Kilyos/Şile

Siehe bei den Praktischen Infos der jeweiligen Abschnitte **im Kapitel „Ausflüge".**

Jugendherbergen

Es gibt in Istanbul vier Jugendherbergen, die dem internationalen Jugendherbergsverband (www.hihostels.com) angeschlossen sind. Hat man einen **internationalen Jugendherbergsausweis** aus dem Heimatland, schläft man auch bei diesen Jugendherbergen zum günstigeren Tarif, sonst muss man eine Tagesmitgliedschaft erwerben. Hat man noch keine Jahresmitgliedschaft bei den Jugendherbergsverbänden daheim, kostet diese jährlich 12,50–21 Euro in Deutschland (www.jugendherberge.de), 10–20 Euro in Österreich (www.oejhv.or.at) und 22–44 SFr in der Schweiz (www.youthostel.ch).

Verhaltenstipps

Der Besucher sollte sich grundsätzlich vor Augen halten, dass die **Stadt** – grob gesprochen – **zwei verschiedene Gesichter hat**: ein **modernes** und ein **konservatives.** Wer in Beyoğlu oder gar Nişantaşı wohnt, wird in Kleidung und Verhalten kaum einen Unterschied zu Mitteleuropa bemerken. Doch dieses Ambiente zu generalisieren wäre ebenso falsch wie nach einem Besuch der konservativen Stadtteile Fatih und Fener das traditionelle Bild zu überschätzen. Allgemein kann man sagen, dass die touristisch relevanten Stadtteile eher der modernen Kulturidentität zuneigen.

Trotzdem sollte man versuchen, für die kulturell-soziale Situation der jeweiligen Umgebung einen „Riecher" zu entwickeln (manchmal liegen nur zwei Gassen zwischen dem islamischen Anatolien und dem säkularen Europa). **Verschleierten Frauen** sollte man mit Respekt und Zurückhaltung begegnen, was für Männer impliziert, dass man nicht gerade sie nach dem Weg fragt, sondern sich an einen Mann wendet. Auch gegenüber **älteren Personen** ist Respekt angebracht, insbesondere wenn man sie in Ausübung einer religiösen oder behördlichen Funktion antrifft (beispielsweise der Imam einer Moschee oder der Leiter einer Polizeistation). Jede **Uniform** stellt in der Türkei ein staatliches Machtsymbol dar, und ihr Träger wird – bewusst oder unbewusst – diese Autoritätsposition genießen und präsentieren. Mit einem fordernden oder gar unbeherrschten Auftreten vor Behördenvertretern erreicht man garantiert das Gegenteil des Gewünschten.

In konservativen Gegenden, wo das Denken und Alltagsleben noch sehr von den **Regeln des Islam** bestimmt werden, vermeide man jede respektlose Äußerung über religiöse Sitten und Gebräuche. Das Quittieren des Gebetsrufs mit einem belustigten Mienenspiel ist ebenso verfehlt wie der öffentliche Austausch von Zärtlichkeiten bei Paaren.

Man wird Sie oft zu einem Tee einladen und nach ihren Eindrücken fragen. Solche **Einladungen** abzulehnen ist prinzipiell unfreundlich, zumal man sich selbst der Erfahrung beraubt, die türkische Gastfreundschaft kennen zu lernen und kulturelle Einsichten zu gewinnen. Mit einem überzogenen oder permanenten Misstrauen verbaut man sich also selbst die schönsten und wertvollsten Reiseerlebnisse (siehe aber auch „Kriminalität und Sicherheit").

In **Gesprächen,** die aus solchen Einladungen resultieren, sollte man politisch oder auch sozial brisante Themen (Kurdenproblematik, EU-„Qualität" der Türkei, Kopftuchfrage, Kritik an *Atatürk* oder – anders herum – am Islam usw.) zunächst zurückhaltend angehen, auch wenn man Sie direkt danach fragen

Buchtipps:
- Harald A. Friedl
Respektvoll reisen
- Kirstin Kabasci
Islam erleben
- Manfred Ferner
KulturSchock Türkei
(alle Bände REISE KNOW-HOW Verlag)

Praktische Reisetipps A–Z

mag. Der Gastgeber erwartet von seinem Gast nicht in erster Linie Kritik an türkischen Zuständen oder die Lösung der Landesprobleme, sondern **menschlichen Respekt** und **kulturelle Wertschätzung.** Kennt man sich ein bisschen näher und ist man sich der gegenseitigen prinzipiellen Achtung voreinander bewusst, können auch schwierigere Themen durchaus besprochen werden.

Eine Kleinigkeit: Sollten Sie sich einen **Schnupfen** zugezogen haben und das Taschentuch zücken, so wenden Sie sich etwas ab; öffentliches Schneuzen gilt in der Türkei als äußerst unfein.

Allein reisende Frauen

Westliche Frauen, die allein oder auch zu zweit durch Istanbul schlendern, können sicher sein, dass sie von der geballten Männerwelt aufmerksam **beobachtet und taxiert** werden. Es bedarf einer großen Portion Selbstvertrauen und Selbstsicherheit, dieser ewigen Fixierung gelassen und souverän begegnen zu können. Deshalb einige Wahrheiten und Tipps:

Zunächst einmal sollte man sich darüber im Klaren sein, dass man auf Männer wie ein Magnet wirkt – egal welche Intentionen der jeweilige Mann hat. Es lassen sich grob gesprochen dabei **drei Typen der männlichen Spezies** unterscheiden:

Buchtipp – Praxis-Ratgeber:
- Birgit Adam
Als Frau allein unterwegs
(REISE KNOW-HOW Verlag)

- Der ersten Kategorie – nennen wir sie „Simplex" –, gehören diejenigen an, die Frauen per Blick ausziehen („Röntgençi", Männer mit Röntgenblick, so nennen die Türkinnen diese Gaffer) und laut hinter Ihnen herrufen oder **dumme Bemerkungen** machen. Ignorieren Sie ihn komplett! Sie reagieren überhaupt nicht und gehen einfach Ihres Weges, ohne schneller oder langsamer zu werden. Nichts wird passieren, denn dieser Typ ist – bei Beachtung der unten folgenden Regeln – eher ungefährlich.
- Für den zweiten stellen Sie etwas zu Schützendes dar (dass es ist in seinen Augen nicht normal und gut, dass Sie alleine durch Istanbul laufen). Er wird Ihnen freundlich und respektvoll seinen **Schutz anbieten** (so Sie ihm die Möglichkeit dazu geben) und auf jede ungebührliche, vor allem körperliche Annäherung verzichten. Wahrscheinlich ist er ein eher traditioneller (!) Typ, der hohen Respekt vor einer Frau hat. Seine Annäherung wird sehr verhalten und vorsichtig sein – wenn er sich traut.
- Der dritte ist der „touristenerfahrene" **Gigolo.** Er hält Sie für eine ggf. leicht „einzukassierende" Beute und will Sie einfach anmachen. Auch er wird Ihnen freundlich begegnen, aber nur um zu testen, wie viele Chancen stehen. Sein Bild von westlichen Frauen ist durch Film und evtl. einschlägige Erfahrungen geprägt, nach denen westliche Touristinnen prinzipiell immer offen für sexuelle Abenteuer sind.

Vor keiner dieser drei Kategorien Mann brauchen Sie Angst zu haben, denn auch der dritte wird sich – wenn auch nur aus taktischen Gründen – jeglicher voreiligen Handlung enthalten! In allen drei Fällen kontrollieren Sie als Frau also den Gang der Ereignisse, vorausgesetzt Sie strahlen Sicherheit und Souveränität aus. Was Sie nicht wollen, geschieht auch nicht!

Folgende **Maximen** sollten dabei grundsätzlich beachtet werden:

●**Lassen Sie sich niemals von einem Unbekannten anfassen,** und sei es auch nur in jovialer oder scheinbar unverfänglicher Form. Sollte jemand im Gedränge (z.B. Bus) sich erkennbar an Sie herandrücken, so müssen Sie das abwehren; folgt der „Angreifer" und gibt nicht auf, so müssen Sie laut werden – egal in welcher Sprache! Rufen Sie z.B. laut „ayıp" (unverschämt, schamlos) und stellen Sie die Person bloß; alle Umstehenden werden sich mit Ihnen solidarisieren, und er wird schleunigst den Rückzug antreten. Tun Sie das nicht, wird Ihr Schweigen als Einverständnis interpretiert!

●**Vermeiden Sie „zweideutige" Situationen,** z.B. das Alleinsein mit einem fremden Mann in einem Raum oder an uneinsichtigen bzw. dunklen Ecken. Er könnte Sie missverstehen und diesen Beweis von „Vertrauen" ganz anders auslegen. Eine „ehrenhafte" Frau würde sich – in seinen Augen – niemals derartig unklaren Situationen aussetzen, ohne nicht „etwas" zu wollen.

●**Begegnen Sie Männern prinzipiell distanziert,** d.h. selbstsicher und undurchdringlich. Schauen Sie beim unumgänglichen Kontakt durch diese „hindurch" oder tragen Sie eine Sonnenbrille. In konservativen Gegenden sollte zudem eine defensive Kleidung selbstverständlich sein (Kopftuch nicht vergessen). In „westlichen" Stadtgebieten kann dagegen auch selbstbewusst getragener Schick „abschreckend" und distanzierend wirken.

●**Bei Problemen** jedweder Art – z.B. Orientierung – **wende man sich an andere Frauen;** sie werden Sie sofort und bereitwillig unterstützen.

●**Vermeiden Sie nachts einsame Straßen und Gassen;** Taxis kosten nicht die Welt in Istanbul.

●Sollte man – aus welchem Grunde auch immer – das subjektive Gefühl haben, eine Situation oder Umgebung nicht mehr zu kontrollieren, so sollte man sie umgehend verlassen.

Es sind zugegeben viele Regeln – beherzigen Sie sie aber, werden Sie in Istanbul hoffentlich viel Spaß und wenig Ärger haben.

Am Schluss eine **„Ehrenrettung" der türkischen Männer:** Sie sind keineswegs chauvihafter oder schlechter als ihre mitteleuropäischen Genossen – eher sogar das Gegenteil. Abgesehen von unserem „Simplex" (übrigens auch in Istanbul eine aussterbende Spezies) sind die meisten ausgesprochen freundlich, hilfsbereit und charmant, ja sogar (im Sinne der Kategorie 2) „ritterlich". Und sie sind leicht zu lenken – solange Sie die Situation kontrollieren.

●Tipps zum richtigen Verhalten im Gastland enthalten auch die **Kapitel „Vor der Reise, Kleidung"** und **„Fotografieren".**

Verkehrsmittel

„Man muss viel laufen in Istanbul. Da man, was man nicht mit dem Kleingeld von Schritten bezahlt hat, nicht gesehen hat, ist diese Stadt schwierig." Die Worte *Erich Kästners* können durchaus verallgemeinert werden: Man lernt eine Stadt, zumal eine alte, am besten kennen, indem man sie sich erläuft. Denn Interessantes gibt es in Istanbul an fast jeder Ecke. In den ersten Tagen sollte man allerdings die Strecken bescheiden bemessen, denn Verkehrsgewühl sowie die Flut an neuen Eindrücken und Sehenswürdigkeiten erfordern buchstäblich eine **schrittweise Eingewöhnung.** Die Stadtteilkapitel dieses Buches starten denn auch vom touristischen Altstadt-Zentrum, wo die Wege zu und zwischen den Sehenswürdigkeiten nicht lang sind. Danach wachsen die Distanzen ständig, und früher oder später kommt auch der passionierteste Fußgänger in dieser Millionenstadt auf zwei Kontinenten nicht darum herum, eines bzw. mehrere der folgenden Verkehrsmittel benutzen zu müssen.

Denn Istanbul verfügt nicht – wie z.B. Paris – über ein einheitliches, flächendeckendes Verkehrssystem. Vielmehr müssen Besucher sich auf die **Kombination mehrerer Verkehrsmittel** – Busse, Dolmuş (Kleinbusse), Vorortbahn, Metro, Straßenbahn (Tramvay) sowie Schiffslinien – einstellen. Das scheint nur auf den ersten Blick schwierig, ja chaotisch zu sein, erweist sich aber, sind die ersten Schritte erst einmal getan, als relativ unkompliziert. Etwas Grundsätzliches vorweg: Auf einer Linie kann man für den gleichen Preis so weit fahren, wie man will. Steigt man aber aus, bzw. **wechselt man** die Linie, so ist immer – egal ob bei Schiff, Bus oder Metro – **erneut** zu **bezahlen.**

Metro

Die Metro umfasst zur Zeit zwei Linien: Die für den Touristen bedeutendere ist die Linie, die von 6–24 Uhr **zwischen dem internationalen Flughafen Atatürk-Havalimanı** und dem Stadtteil Aksaray pendelt (stoppt dazwischen auch am Fernbusbahnhof in Esenler, türk.: Otogar). Jede Fahrt kostet ca. 80 Cent – egal wie weit man auf der jeweiligen Strecke fährt. Vor den Bahnsteigen gibt es einfach zu bedienende **Fahrkartenautomaten** (Jetonmatik – immer etwas Kleingeld parat haben!), an denen Jetons gelöst werden können. Diesen Jeton – eine kleine Silbermünze – wirft

man vor Betreten des Bahnsteigs in die Sperre, die man dann passieren kann.

Eine zweite Metrolinie verkehrt **zwischen Taksim und den nördlichen Stadtteilen Şişli und Levent** (Info: www.istanbul-ulasim.com.tr).

Tünel-Bahn

Touristisch interessanter ist die Tünel-Bahn, eine **unterirdische Standseilbahn,** die zwar nur 615 m lang ist, aber zwischen 7.30 und 22.45 Uhr (etwa alle 15 Min.) in etwas mehr als einer Minute den beschwerlichen Aufstieg von Karaköy nach Beyoğlu erspart (1,30 Euro).

Eine zweite, ebenfalls recht kurze, aber moderne Standseilbahn verbindet seit wenigen Jahren den **Taksim-Platz** mit der Endstation der Straßenbahn in **Kabataş** (ca. 6–24 Uhr, 80 Cent).

Straßenbahn (Tramvay)

Die Straßenbahn, die zwischen 6 und 23.30 Uhr **von Zeytinburnu über Aksaray und Sultanahmet nach Sirkeci und über die Brücke nach Kabataş** verkehrt und damit eine touristisch wichtige Strecke abdeckt, hat den gleichen Preis und die gleichen Jetons wie die Metro. Auch hier stehen an jeder Haltestelle Fahrkartenautomaten (Jetonmatik). Fährt man nun also zum Beispiel vom Flughafen zuerst mit der Metro bis Aksaray, um dort auf die Tramvay nach Sultanahmet zu wechseln, so sollte man am Flughafen direkt zwei Jetons kaufen, denn – wie schon gesagt – bei jedem Wechsel eines Verkehrsmittels muss neu bezahlt werden.

Praktische Reisetipps A–Z

Eine zweite, **nostalgische Straßenbahn (Eski Tramvay)** verkehrt auf der Istiklal Caddesi zwischen Tünel und Taksim (25 Cent) und in Kadıköy zwischen der Anlegestelle und dem Ortsteil Moda.

Vorortzüge

Das Jeton-Verfahren (gleiche Preislage, aber andere Münzen) wird auch bei den Vorortzügen (**Banliyö Tren,** 6–24 Uhr) benutzt. Auf **europäischer Seite** verkehren diese Stadtzüge zwischen dem Bahnhof Sirkeci und den westlich gelegenen Vororten Ataköy und Florya, wobei touristisch vor allem die Haltepunkte Yedikule und Kumkapı von Bedeutung sind.

Auf der **asiatischen Seite** fahren die Vorortzüge vom Bahnhof Haydarpaşa in die südöstlichen Stadtteile Bostancı, Kartal und Gebze.

Fähren

Zwischen dem europäischen und asiatischen Teil verkehren in ca. halbstündigem Abstand Fähren *(Vapur)*. Ein Jeton kostet wiederum rund 80 Cent, wobei auch hier der genaue Preis in Türkischer Lira am Schalter bzw. Fahrkartenautomaten angegeben ist. Es gibt

Fähren an der Anlegestelle
von Üsküdar (im Hintergrund
die Mihrimah Sultan Camii)

mehrere Betreiber: Neben den großen Fähren der Turkish Maritime Lines (Türkiye Denizcilik Isletmeleri, TDI, Info: www.tdi.com.tr) fahren auch Seebusse (Deniz Otobüsleri) und Katamarane, für die andere Fahrscheine (*Billets*) und Preisstufen gelten. Außerdem gibt es zahlreiche kleine Passagierschiffe (Feribot), die aber eher unregelmäßig pendeln. Weitere Anbieter sind Turyol und Dentur Avrasya, die teilweise die gleichen Strecken wie TDI anbieten.

Fährlinien

Die **wichtigsten Fährlinien** sind (siehe auch Übersichtskarte; Zeitangaben sind Richtlinien, die vor Ort an der **Anlegestelle (Iskele)** zu überprüfen sind; Jeton pro Strecke 80 Cent):

- **Kabataş – Üsküdar** (mit Dentur Avrasya) (6.30–22.30 Uhr, ca. jede halbe Stunde)
- **Eminönü – Üsküdar** (6.30–22.30 Uhr, alle 20 Min.).
- **Eminönü – Harem** (Passagier- und Autofähre, 7–21.30 Uhr, halbstündlich)
- **Eminönü – Kadıköy** (7.30–20 Uhr, viertelstündlich).
- **Karaköy – Haydarpaşa – Kadıköy** (6.30–23 Uhr, mindestens einmal halbstündlich).
- **Beşiktaş – Üsküdar** (7–22 Uhr, halbstündlich).
- **Beşiktaş – Kadıköy** (7.15–20.15 Uhr, halbstündlich).
- **Kabataş – Kadıköy** (nur morgens 7–10 und abends 17–20 Uhr halbstündlich).

Neben diesen Hauptlinien verkehren mehrere **Nebenlinien.** Die touristisch wichtigsten unter ihnen sind:

- **Üsküdar – Eminönü – Eyüp** (Fahrt entlang des Goldenen Horns, stoppt z.Z. in Kasimpaşa, Hasköy, Ayvansaray, Sütlüce und Eyüp. Bei der letzten Recherche fuhr das Schiff nur bis Sütlüce, von wo man schnell und problemlos über die alte wiederaufgebaute Galata-Brücke – eine reine Fußgängerbrücke – nach Eyüp gehen kann. Abfahrt von Eminönü zwischen 7.45 und 16.45 Uhr jede Stunde (So und Feiertage erst ab 10.45 Uhr); Rückfahrt von Eyüp zwischen 7.30 und 16.30 Uhr jede volle Stunde, danach noch zwischen 17.45 und 19.45 Uhr jede Stunde, pro Fahrt ca. 70 Cent).
- **Bosporusfahrt (Boğaz Hattı) von Eminönü (Katib Çelebi Anleger) nach Anadolu Kavağı** mit Zwischenstopps in Beşiktaş, Kanlıca, Yeniköy, Sarıyer und Rumeli Kavağı (die finanziell günstigste Version der beliebten Bosporusfahrt; 2x tägl. 10.35 und 13.35 Uhr von Eminönü (Katib Çelebi Anleger) nach Anadolu, Rückfahrt 15 und 17 Uhr von Anadolu Kavağı, einfache Strecke ca. 7,50 Euro, hin und zurück 12,50 Euro, Dauer pro Fahrt ca. 1,5 Stunden; im Winter (Nov. bis einschließlich April) nur 1x tägl. 10.35 Uhr hin und 15 Uhr zurück. Auf der (auch englischsprachigen) Website der Istanbuler Linienschiffe, **www.ido.com.tr,** können alle Fahrpreise und -pläne eingesehen werden.
- **Von Kabataş zu den Prinzeninseln (Kızıl Adalar)** (tägl. 7, 9, 10.30, 12, 14, 16.30, 18.15, 20, 23 Uhr, zurück von der zuletzt angelaufenen Insel Büyük Ada 6.15, 7, 8.25, 10, 12.30, 15.15, 17.30, 18.25, 19.30 Uhr, Fahrtdauer ca. 1½ Stunden, einfache Strecke ca. 2 Euro).

Für **weitere Fährverbindungen** sei hier auf die Übersichtskarte in der vorderen Umschlagklappe sowie die praktischen Informationen am Ende der entsprechenden Ortskapitel verwiesen.

Wie man an den obigen Strecken leicht ablesen kann, stellt **Eminönü** (aber zunehmend auch Kabataş) den **Mittelpunkt des Fährverkehrs** dar. Die verschiedenen Anlegestellen sind immer klar beschriftet, auch wenn im Zuge des durch den Tunnelbaus verursachten Umbaus einige Linien in ihrer Reihenfolge verschoben worden sind (siehe Karte zu Eminönü); die gegenwärtige

Reihenfolge der Fähranleger (von Sirkeci kommend) ist: Harem, Kadıköy, Üsküdar, Bosporus (Boğaz Hattı); jenseits der Brücke (hinter dem Busbahnhof) liegt der Fähranleger nach Eyüp.

Stadtbusse

Während alle bisher genannten Verkehrsmittel bemerkenswert pünktlich sind, können die Busse im alltäglichen Verkehrschaos ihre Fahrpläne meistens nur sehr ungenau einhalten. Es gibt zwei Busbetreiber: Die **städtischen Busse (I.E.T.T.)** sind in der Regel orange- oder auch grünfarben, die **privaten Busse (Halk Otobüsü)** meist blau oder ebenfalls grün. Beide bedienen oft die gleichen Strecken (Nummer und Fahrtziel sind hinter der Windschutzscheibe und an der Seite angebracht). Während aber in den privaten Bussen beim Schaffner bezahlt wird, kann man für die I.E.T.T.-Busse Fahrscheine an allen großen Busstationen, an Kiosken oder auch bei Einzelhändlern an der Haltestelle (etwas teurer) kaufen. Diese Tickets wirft man dann beim Einstieg (immer beim Fahrer!) in den Schlitz eines Behälters. Neuerdings kann aber auch in den I.E.T.T.-Bussen beim Fahrer bar bezahlt werden (an passendes Kleingeld denken!); man gibt dem Fahrer das Geld und erhält von ihm einen Magnetchip (*Akbil*, s.u.), den man an einem Magnetknopf neben dem Eingang einmal entwertet. Der Preis für eine Fahrt beträgt einheitlich ca. 60 Cent, nur einige weite Vorortstrecken sowie die Fahrt über die Bosporus-Brücken erfordern ein höheres Entgelt (ca. 1 Euro).

Mit dem Bus kann man jeden Winkel der Stadt erreichen. Das **Streckennetz** erscheint aber auf den ersten Blick vor allem für den Fremden etwas **unüberschaubar** zu sein, zumal es keinen Übersichtsplan gibt. Selbst Einheimische erkundigen sich oft beim Fahrer, ob er einen gewissen Ort anfährt, sodass man als Tourist erst recht keine Hemmungen haben sollte nachzufragen. Als erste Orientierungspunkte sollten die touristisch wichtigen **Busbahnhöfe von Eminönü und Taksim** dienen; viele Linien fahren einen dieser beiden Punkte als Endstation an. Kennt man sich darüber hinaus mit Blick auf die Karte noch etwas bei den Stadtteilnamen aus, so wird das Busfahren schon sehr viel leichter (die Linienführung ist immer am Seitenfenster angegeben).

Bei allen Rundgängen und Ortsbeschreibungen außerhalb der Touristenzentren von Sultanahmet und Taksim/Beyoğlu wird **im Buch** eine Busnummer/Schiffsverbindung angegeben, die von Taksim bzw. Eminönü ausgeht.

Für Informationen zu den beiden Fernbusbahnhöfen Istanbuls sowie den beiden Flughäfen siehe „Anreise".

Dolmuş

Ergänzt wird das Bussystem durch das in der Türkei weit verbreitete Dolmuş-Netz. Das Dolmuş (= voll, besetzt) ist ein **Sammeltaxi bzw. Kleinbus,** das ebenso wie der Linienbus auf **festgelegten Routen** verkehrt, aber erst dann abfährt, wenn es – wie der Name schon sagt – voll besetzt ist. Der direkt beim Fahrer zu entrichtende Fahrpreis liegt nur wenig über dem der Busse. Während letztere aber je nach Linie spätestens um Mitternacht – oft auch früher – ihren Dienst einstellen, verkehren Dolmuşe auf den Hauptstrecken **rund um die Uhr.** Auf der Strecke kann man aus- bzw. zusteigen, wo man will – vorausgesetzt, es ist ein freier Platz vorhanden. Der Fahrer reagiert beim gewünschten Zustieg auf Handzeichen, will man aussteigen, so ruft man „Inecek var" (Aussprache: „Inedschäk war").

An den Endstationen der Strecken gibt es regelrechte Dolmuş-Bahnhöfe (siehe Stadtteilkarten). Die praktischen Informationen am Ende der jeweiligen Ortskapitel in diesem City Guide informieren wiederum über die wichtigsten Verbindungen.

Taxis

Bleibt am Schluss noch das gelbe Taxi *(Taksi),* das man praktisch an jeder Ecke finden oder heranwinken kann. Die Wagen verfügen über **Taxameter.** Die noch vor Kurzem übliche Unterscheidung zwischen billigen Tag- bzw. teureren Nachttarifen ist erfreulicherweise aufgehoben worden; es gilt also nunmehr auf dem Taxameter nur noch der Tagestarif.

Vor allem **bei mehreren Personen** stellt das Taxi eine durchaus **preiswerte Alternative** dar. So kostet z.B. eine Fahrt zwischen den beiden wichtigsten Touristenzentren Taksim und Sultanahmet im Tagtarif (je nach Stau und Strecke) nur ca. 3–5 Euro.

Die große Mehrheit der Taxifahrer verrichtet ihren harten, oft zwölfstündi-

gen Job durchaus korrekt. Immer wieder hört man aber auch von **überteuerten Fahrten,** weil der Fahrer – wegen angeblich oder tatsächlich gesperrter Brücken oder Straßen – Umwege fährt oder aber ganz einfach die Unvertrautheit des fremden Gastes mit den Lokalitäten für eine ungewollte Stadtrundfahrt ausnutzt. Viele Hotels helfen deshalb bei der Vermittlung mit dem Taxifahrer, um für ihre Gäste unliebsame Überraschungen zu vermeiden. Wer ohne Kenntnis des Weges und der Distanz ein Taxi benutzen will, tut gut daran, vor dem Einstieg – beim Touristenbüro, Hotelpersonal oder anderen unbeteiligten Personen – den ungefähren Preis zu erfragen und diesen vom Fahrer bestätigen zu lassen. Jedes Taxi trägt auf den Türen deutlich lesbar sein Nummernschildzeichen. Hat man das Gefühl, einen deutlich überzogenen Preis zahlen zu müssen, wende man sich an die Touristenpolizei (siehe „Notfälle").

Akbil und Zeitkarten

Für diejenigen, die sich lange in Istanbul aufhalten oder aber jeden Tag sehr viele Strecken zurückzulegen gedenken, lohnt sich die Anschaffung des Akbil; diesen kleinen **Magnetchip** kann man sich an allen großen Bus- und Fährstationen gegen eine Pfandgebühr ausleihen und mit einem **Guthaben** „auffüllen", welches dann durch Aufdrücken des Chips an speziellen Automaten pro Fahrt abgebucht wird (im Bus ist der Entwerter direkt beim Fahrer, bei den Fähr- und Metrostationen gibt es spezielle Akbil-Sperren). Man spart so pro

Fahrt etwa 10 Prozent gegenüber dem Einzelticket; die relativ hohe Pfandgebühr (ab ca. 3 Euro) amortisiert sich also erst nach häufiger Benutzung. Ist das Akbil leer, kann man es an den großen Stationen wieder aufladen lassen. Der Magnetchip gilt für alle oben genannten Verkehrsmittel, ausgenommen Taxi, Dolmuş sowie einige private Fährlinien (z.B. Seebusse).

Zusätzlich gibt es **Zeitkarten:** Die *Aylık Mavi Kart* (Monatskarte) kostet ca. 35 Euro, die *İş Günlük Mavi Kart* (gilt an Arbeitstagen) ca. 20 Euro, die *Haftalık Mavi Kart* (Wochenkarte) ca. 13 Euro und die *Günlük Mavi Kart* (Tageskarte) ca. 3 Euro.

Abschließend ein genereller **Tipp:** Wer die Möglichkeit hat, sein gewünschtes Ziel auch auf dem Schienen- oder Wasserweg zu erreichen, sollte – zumindest tagsüber – die **vierrädrigen Verkehrsmittel meiden.** Es ist kein Vergnügen, bei großer Hitze in einem überfüllten Bus im Stau die Grenzen der eigenen Leidensfähigkeit und Geduld testen zu müssen – auf dem Schiff weht einem frischer Wind um die Nase, und zudem sieht man die Stadt immer von ihrer Panoramaseite.

Zeit

In der Türkei gilt die **Osteuropäische Zeit (OEZ),** d.h. gegenüber der Mitteleuropäischen Zeit (MEZ) besteht ganzjährig ein Unterschied von **plus 1 Stunde,** da die Verschiebung von Sommer- zu Winterzeit und umgekehrt parallel zueinander verlaufen. Also Frankfurt 12 Uhr = Istanbul 13 Uhr.

Zeitungen

Ausländische, darunter auch deutschsprachige **Zeitungen** sind mit mindestens eintägiger Verspätung an den zentralen Kiosken Sultanahmets (Divan Yolu) bzw. Beyoğlus (Taksim) erhältlich.

Wer des Englischen mächtig ist, kann zudem die täglich erscheinende **Turkish Daily News** als Informationsquelle benutzen. Auch sie wird in großen Buchhandlungen bzw. an den großen Kiosken der Touristenzentren verkauft (neben den oben genannten Orten z.B. auch am Bahnhof Sirkeci). Sie enthält – besonders in ihrer Freitagsausgabe – einen, wenn auch meist knapp gehaltenen, kulturellen Veranstaltungsteil (Kino, Theater etc.). Daneben gibt es auch eine Seite mit kleineren Jobgesuchen bzw. -angeboten.

Kulturell weit informativer ist das monatlich erscheinende Magazin **Istanbul Time Out,** dessen englische Version (ca. 2 Euro) ebenfalls in großen Buchhandlungen und Kiosken vertrieben wird. Es enthält einen umfangreichen Veranstaltungskalender für den laufenden Monat.

Praktische Reisetipps A–Z

Die Stadt und ihre Bewohner

ista06-117a Foto: mf

ista06-117b Foto: mf

Istanbuls Märkte und Basare:
Produkte und Eindrücke in Hülle und Fülle

Auf dem Vorplatz der Beyazıt Camii

Topkapı Sarayı (Sultanspalast)

Istanbul – Freilichtbühne auf zwei Kontinenten

Istanbul ist die einzige Stadt der Welt, die auf zwei Kontinenten, **Asien und Europa,** liegt. Das allein rechtfertigt natürlich noch lange nicht das Urteil *Alexander von Humboldts,* der – wie übrigens auch viele andere – die Stadt als die „schönste der Welt" bezeichnete. Es ist vielmehr die einmalige Parallelität und Überfülle eines topografischen, historischen und nicht zuletzt kulturellen Reichtums, der die uralte Metropole insgesamt zu einem der – wie es der deutsche Architekt *Bonatz* ausdrückte – „märchenhaftesten Plätze der Welt" macht.

Nähert man sich Istanbul von oben, gleichsam im Anflug aus der Karten- oder Vogelperspektive, so erkennt man sofort die geografische Besonderheit der Stadtanlage. Das wichtigste strukturierende Moment ist dabei in erster Linie das **Meer,** welches die Metropole in drei Teile gliedert.

Im Süden erstreckt sich das relativ breite Becken des **Marmara-Meers** (Marmara Deniz), dessen nördlicher Ausgang die flusslaufschmale Meerenge des **Bosporus** (Boğazıcı) eröffnet. Diese rund 30 km lange, nur zwischen 660 und 3300 m breite Meeresfurt, die das Marmara-Meer mit dem **Schwarzen Meer** (Kara Deniz) verbindet, stellt die Grenzlinie zwischen den Kontinenten dar: im Westen Europa, im Osten Asien.

Genau an der Stelle, wo der Bosporus beginnt, zweigt westlich – also auf europäischer Seite – eine weitere, etwa 11 km lange Meeresbucht ab, das berühmte **Goldene Horn** (Haliç; siehe Exkurs „Das Goldene Horn").

Zwischen dem Goldenen Horn, dem Bosporus und dem Marmara-Meer schiebt sich von Westen eine **Halbinsel** ins Wasser: der Kern des alten Istanbul. Vor über 2500 Jahren legten die Griechen auf dem Hügel dieser Halbinsel die Grundmauern ihrer Burg (Akropolis), das nach ihrem legendären Führer *Byzas* benannte **Byzanz.** Heute liegen hier die historischen **Stadtteile Eminönü** und **Sultanahmet** mit dem alten Sultanspalast Topkapı, der Aya Sofya und der Sultanahmet-Moschee.

Auf der anderen Seite des Goldenen Horns liegt der zweite, erst später besiedelte Stadtbereich, das heutige **Beyoğlu.**

Diesen beiden Bereichen gegenüber – also jenseits des Bosporus auf der asiatischen Seite – liegt die dritte Stadtmasse: die heutigen Bezirke **Kadıköy** und **Üsküdar.**

Die Stadt wird also dreifach vom Wasser gegliedert – oder soll man den Spieß umdrehen: ein Meer, das an drei Seiten von einer Stadt umfasst wird?

Verzichten wir auf die Lösung dieser verwirrenden perspektivischen Frage und gehen wir endgültig auf der europäischen Seite ans Land. Mühselig bergan steigend erkennt man schnell den durch viele Erhebungen geprägten **Hügelcharakter** der Stadt. Denn hinter der Akropolis der Griechen folgt westwärts entlang des südlichen Haliç-Ufers ein Hügel dem anderen. Die **„Stadt der sieben Hügel",** so wird Istanbul in Anlehnung an die historische Weltstadt-Konkurrentin Rom auch gerne genannt. In der Antike wurden diese Hügel nach der Erhebung zur Hauptstadt des Römischen Reiches durch *Konstantin den Großen* dann schnell alle besiedelt. Die so erweiterte Altstadt südlich des Goldenen Horns hieß nun **Konstantinopel;** sie war für Jahrhunderte die mächtigste und glänzendste Stadt der christlichen Welt. Ihre ideale Lage zwischen dem Mittel- und Schwarzen Meer einerseits und den Handelsstraßen Europas und Asiens andererseits ließ sie für Jahrhunderte zur **reichsten Stadt Europas** und zur Herrin des europäischen Orient-Handels (Levante) aufsteigen. Noch die viel später anrückenden Türken sprachen von ihr als „Goldenem Apfel".

Nähert man sich Konstantinopel nun per Schiff und umfährt den Hügel der Griechen, um in das Goldene Horn einzuschwenken – das war damals der bequemste Weg der Levante-Händler –, so stellt man heute erstaunt fest, dass sich auf jedem Hügel ein scharf konturiertes Gebäude in den Himmel streckt. Es sind die größten und berühmtesten **Moscheen** der Stadt, darunter die Süleymaniye, ein Gedicht aus Stein (Mitte 2010 allerdings eine Baustelle). Die von schlanken, hoch aufsteigenden Minaretts geprägten Gotteshäuser wurden nach der Eroberung durch die Türken gebaut, die so auch optisch und architektonisch die Stadt in ihren Besitz brachten.

Es ist diese von Pfeilern und Kuppeln bestimmte Silhouette, eine Mischung aus **Topografie und Architektur,** die

den Anblick Istanbuls zu einem ästhetisch unvergesslichen Erlebnis macht. Fahren Sie nur ja recht oft mit dem Schiff von Asien nach Europa – am besten bei Sonnenuntergang – und genießen Sie dieses weltweit einzigartige, märchenhafte Panorama aus Kunst und Natur! Sie werden es nie wieder vergessen, sondern süchtig danach werden!

Mit den **Türken** wird auch der nördlich des Goldenen Horns gelegene Stadtteil – wir erinnern uns, das heutige Beyoğlu – endgültig in die Metropole einbezogen. Er bleibt aber die „europäische" Vorstadt, in der schon Jahrhunderte vor den neuen Herren Griechen und Genuesen die Grundlagen für die ersten Siedlungen gelegt hatten (Galata, das heutige Karaköy). Auch die asiatische Seite, Kadıköy und Üsküdar, wird nun zunehmend bevölkert, sodass das topografisch bestimmte Dreieck des Meeres sich schließt.

Die Stadt selbst ist nun nach wiederholten kulturellen und ethnischen Neuansätzen eines der kosmopolitischsten Gebilde der Welt, ein Konstrukt aus Ost und West, ein zwischen den Kontinenten stehendes **Grenzgebilde,** das nur durch **Brücken** zueinander kommen kann. Und die werden auch gebaut, auch wenn es langsam geht. Zunächst (1845) werden die beiden europäischen Teile – Sultanahmet/Eminönü und Beyoğlu – miteinander verbunden: das alte historische Machtzentrum mit seinen byzantinischen und osmanischen Bauten auf der einen, die aufstrebende Moderne mit ihren imposanten Bürgerhäusern und den Finanziers auf der anderen Seite. Schnell wächst die

Die Stadt und ihre Bewohner

Abhängigkeit zwischen beiden Bereichen, und die **Galata-Brücke** wird zur Hauptschlagader, zum zentralen Nadelöhr, wo sich noch heute all die Millionen Wege der Einwohner Istanbuls irgendwann in ihrem Leben kreuzen und zusammenlaufen.

Nach dem Ersten Weltkrieg tritt auch das türkische Kaiserreich von der Stadtbühne ab. Mit seinem Untergang verliert **Istanbul** (der türkische Name löst erst 1930 offiziell Konstantinopel ab) nach über 1500 Jahren seinen Nimbus als Hauptstadt – dies allerdings nur politisch, denn das Kunst- und Wirtschaftsgebilde des Meeres lässt sich nicht per Dekret in die zweite Reihe schieben.

Aber der **kulturelle Kampf** ist hart. Denn die türkische Republik verlegt 1923 die Hauptstadt nach **Anatolien,** ins zentral gelegene **Ankara;** hier geht es türkischer, nationaler, provinzieller zu als im levantinisch-kosmopolitischen Istanbul. Auch die Stadt soll sich beugen, soll türkischer, sprich anatolischer werden: Griechen, Armenier und viele andere „Ausländer" verlassen die Stadt, in der sie jahrhunderte-, ja jahrtausendelang gelebt haben. Zählte Istanbul bei Ausbruch des Ersten Weltkriegs 1914 über eine Million Einwohner, so sind es 1927 nur noch 670.000.

Jedoch, es können keine Schiffe nach Ankara fahren, und die Stadt am Meer ist reich und das dörfliche Land arm, und so wandert denn doch schlussendlich das Land zum Meer, Anatolien zum Bosporus, der Bauer zum Städter. Erst kommen einige (1950 überschreitet die Stadt wieder die Millionengrenze), dann viele (1965 über 2 Millionen),

schließlich Massen (die letzte Zählung brachte es offiziell auf knapp 11 Millionen, man geht aber heute von etwa **15 Millionen Einwohnern** aus). Zunächst ziehen sie in die verlassenen Häuser der Griechen, Juden und Armenier, besiedeln die alten Stadtteile Fener und Balat ein zweites Mal, während die Bürgerhäuser von Pera (Beyoğlu) von den reicheren Türken und Juden in Besitz genommen werden. Danach siedelt sich der nicht enden wollende Strom anatolischer Einwanderer am Rande an, fügt der Stadt ein *Köy* (Dorf) nach dem andern hinzu, und so wuchert die Metropole am Meer zum so oft zitierten anatolischen „Millionendorf": Karaköy, Kadıköy, Bakırköy, Çengelköy, Ortaköy, Yeniköy, Ataköy, Mecidiyeköy etc.

Die Stadtverwaltung ist ohnmächtig, der kosmopolitische Städter entsetzt. Denn Anatolien kommt nachts, wenn Istanbul schläft: **„Geçekondu" (über Nacht erbaut)** heißen die **Barackensiedlungen,** die der Stadt den Atem nehmen. Nach einem alten islamischen Rechtssatz darf niemandem das Dach über dem Kopf genommen werden – wenn es erst einmal steht. So kommen die Männer zuerst, des Nachts die Baracke errichtend – Frauen und Kinder folgen später dem Mann ins neue „Dorf".

Markttreiben an der Galata-Brücke,
der Hauptschlagader der Metropole

So scheint es denn also doch so zu sein, dass das anatolische Land das Meer umarmt, ja erdrückt und erstickt. Die Stadt aus tausend Dörfern explodiert, im Osten wie Westen fallen Strände und Hügel den Barracken zum Opfer, um später dann zu Häusern veredelt zu werden. 100 km misst die Stadt in ihrer West-Ost-Ausdehnung, 20 km sind es nur von Nord nach Süd, denn hier begrenzen zwei Meere den Zuzug der Hoffenden.

Fährt man mit dem Schiff durch das Marmara-Meer Richtung Süden zu den Prinzeninseln, so zieht sich eine nicht enden wollende weiße Linie von Häusern die asiatische Küste entlang: erst Kadıköy, dann Kalamış, dann Fenerbahçe, dann Bostancı, dann ... Es nimmt kein Ende; die weiße Linie kriecht die kahlen Hügel empor, läuft weiter über den Horizont, selbst wenn man bereits auf den Hügeln von Büyük Ada angekommen nach ihrem Ende Ausschau hält. Und längst sind diese **asiatischen Vororte** zu modernen Stadtteilen geworden; kilometerlang erstreckt sich die mondäne, eher amerikanisch denn türkisch wirkende Bağdat Caddesi mit ihren Malls und Modegeschäften nach Südosten.

Auf der europäischen Seite sieht es in puncto Ausdehnung nicht anders aus: Lang, lang schon ist die alte Theo-

Die Stadt und ihre Bewohner

ista06-121 Foto: znf

dosianische Stadtmauer ein zweites Mal gefallen, doch jetzt gesprengt von innen. Außerhalb von ihr liegen die funktionalen Wohnblocks der längst zu eigenen „Städten" herangewachsenen Dörfer und Bezirke Esenler und Bahçelievler. Zwischen Bakırköy und Ataköy entsteht mit dem „Carousel" die erste moderne Shopping Mall, nördlich davon der erste internationale Flughafen Atatürk Havalimanı, einst am Rande, doch heute fast schon wieder in der Mitte der immer weiter ausufernden Stadt. Nördlich von Beyoğlu errichten Banken und Hotelketten die gläsernen Türme der Moderne, werden in Şişli und Levent die Verwaltungs- und Servicezentren der neuen Republik gelegt, entstehen in Ettiler die blau glitzernden Türme des futuristischen Ak Merkez.

Und 1973 erfährt auch die bisher unberührte Skyline des Bosporus eine spektakuläre Veränderung: Die **erste transkontinentale Brücke,** die **Boğazıçı Köprüsü,** überspannt als eine der längsten Hängebrücken der Welt die Meeresfurt zwischen Asien und Europa. Die zweite, die Mehmet Fatih Köprüsü, folgt 1988; eine dritte ist geplant. Tagsüber arbeitet man in Europa, nachts schläft man in Asien – oder umgekehrt.

Der tagtäglich hin und her pendelnden Flotte der Bosporusdampfer tut das keinen Abbruch, denn die alten Schiffe sind schneller als die neuen Autos. Die Brücken sind nämlich allsbald chronisch verstopft, so wie all die andern großen und kleinen Verkehrsadern der Stadt auch. Die alten Schätze des Goldenen Horns, wenn es sie denn gibt, versinken im eingekippten Müll. Araber und

Kreuzritter stürmten über sein Wasser, ohne ihm etwas anhaben zu können. Doch jetzt, im ausgehenden 20. Jh., ersticken seine Ufer an Häusern und Hütten, verkommen seine immer schwächer werdenden Fluten zur stinkenden Kloake.

Die Stadtverwaltung (Belediye) reagiert endlich, die Bürgermeister (unter ihnen der heutige Regierungschef *Erdoğan*) **verbessern** die **Infrastruktur,** reißen Häuser ab, tauschen die alte Galata-Brücke gegen eine flutungsfreundlichere, fördern Grün- und installieren Kläranlagen. Die Geçekondus werden an die Versorgungsstruktur der Stadt angeschlossen, erhalten Kanalisation und Energie. Metro und Straßenbahn werden zur Entlastung gebaut, ein Tunnel unter dem Bosporus soll weitere Entlastung bringen, kurz: Die Stadt entwickelt sich in einem Wahnsinnstempo. In den letzten Jahren hat man zudem den Sinn (und Nutzen) der eigenen Geschichte entdeckt. Vorbei die Zeiten, als alles Alte für Betonneues abgerissen wurde. Verfallene Holzhäuser werden zu Hotels renoviert, die alten Brunnen, Paläste, Kirchen und Stadtmauern effektvoll restauriert, um **zwischen Bosporus und Theodosianischer Stadtmauer** ein **Freilichtmuseum** entstehen zu lassen, dass der Stadt – und dem Geldbeutel der Touristen – würdig ist.

Die **Fahrt** mit dem Bosporus-Linienschiff **nach Norden** geht heute an der modernen Skyline von Beyoğlu vorbei, passiert Beşiktaş mit seinem Dolmabahçe-Palast, um dann jenseits von Ortaköy und der ersten Brücke zum ersten Mal den Blick auf unbebaute Uferpartien freizugeben. Früher zogen hier die Barken des Sultans zu den **„süßen Wassern Asiens",** osmanische Würdenträger und ausländische Gesandschaften erbauten sommerliche Holzvillen *(Yalı)* in den von Pinien und Platanen beschatteten Buchten. Heute leben in vielen der so meditteran und idyllisch wirkenden „Bosporusdörfer" die neuen Reichen – am bekanntesten unter ihnen das mondäne Bebek –, und weiße Yachten haben fast überall die alten *Kayıklar* (Fischerboote) verdrängt.

Ja, es ist wunderschön am Bosporus, sitzt man erst einmal in einem seiner schattigen **Teegärten,** abseits der überfüllten Uferstraßen. Ob so viel Lieblichkeit ist man geneigt, sich an heißen Sommertagen ins Wasser zu stürzen, wären da nicht die riesigen Containerschiffe auf dem „Fluss", den man jetzt erst wieder schockartig und ungläubig als viel zu enge Meeresstraße begreift.

Hat der Bosporus noch weich geschwungene, von großen Parks, ja Wäldern umrahmte Hügel und Buchten, so sind **Grünanlagen** im Zentrum selten. An der Spitze der alten Halbinsel, Sarayburnu, hat der einstige Garten des Sultanspalastes als **Gülhane Parkı** überlebt. Ein Terrassencafé bietet einen bezaubernden Ausblick über den Bosporus und seine ruhelosen Schiffe und Fähren.

Apropos Ausblicke: Es gibt viele **Aussichtspunkte** in Istanbul, den höchsten stellt der 267 m hohe **Büyük Çamlıca** auf asiatischer Seite dar, die höchste Erhebung der Stadt. Großflächig überschaut der Besucher die Skyline des modernen Beyoğlu mit dem tief liegenden Bosporus davor, weit geht der Blick nach Süden über die Prinzeninseln und das Marmara-Meer bis zu den Gipfeln des Ulu Dağ bei Bursa.

Ein anderer Aussichtspunkt ist die **Galata-Brücke;** hier schießen Touristen ihre Fotos von Meer und Stadt, prüfen Winkel und Linien, um doch immer nur einen kleinen Ausschnitt zu bannen.

In der Mitte von allem, im Zentrum des Meeresdreiecks und seiner um ihn gelagerten Millionen, steht ein kleiner Felsen im Wasser: **Kız Kulesi,** die „Mädchenburg". Sie werden oft auf ihren Schiffspassagen an ihm vorbeifahren. Von seinem barocken Türmchen haben Sie vieles im kaleidoskopartigen Blick: Im Westen das historische Zentrum, die Silhouette der imperialen Vergangenheit; im Norden die europäische Zukunft mit ihren glitzernden Hoteltürmen und den alten Bürgerhäusern, wo die Nacht zum Tag gemacht wird und ein hitziges Istanbul niemals schläft; im Osten, nur einen Steinwurf entfernt, das asiatisch-islamische Üsküdar, wo die Gläubigen sich seit altersher lieber begraben ließen, gehört es doch zum heiligen Kontinent des Propheten.

Wer nachts hier steht und sich im Lichtermeer der beiden Kontinente dreht, den mag das Gefühl überkommen, in einem riesigen erleuchteten Theaterrund zu stehen. **Millionen Geschichten** spielen auf dieser Bühne, liegen im Schutt und im Meer vergessen darunter und werden morgen wieder neu geträumt.

Zum Beispiel von *Galip.* Wie ein Gehetzter streift die Hauptfigur des Romans „Das schwarze Buch" von *Orhan*

ista06-124 Foto: mf

Pamuk durch die Straßen und Gassen dieser Stadt, auf der Suche nach seiner Frau, mehr noch auf der Suche nach sich selbst, am meisten aber auf der Suche nach dem, was hinter den unendlichen Zeichen der Stadt geheimnisvoll spricht.

Er wird ewig laufen. Und jeden Tag die gleiche Antwort sehen und hören. Istanbul ist ein Labyrinth, und das nicht nur in horizontaler Sicht. Ein faszinierendes kontrapunktisches Fragezeichen menschlichen Wohins, ein konvexer Spiegel, der jeden verschluckt, der Orientierung suchend in ihn hineinschaut, eine märchenhafte Freilichtbühne der Vergangenheit, Gegenwart und Zukunft, der geplatzten wie aufsteigenden Träume. Jeder der 15 Millionen Einwohner ist Zuschauer und Schauspieler zugleich – und auch der Besucher gehört dazu, ob er will oder nicht. Denn Istanbul erlaubt kein Unbeteiligtsein! Das stört Sie doch nicht, oder? Und Hand aufs Herz: Haben Sie schon jemals auf einer solchen Bühne gestanden? Der Name des Stücks heißt „Istanbul", Zuschauer und Schauspieler wechseln ständig, aber die prächtige Meer- und Hügelkulisse, die einst die ganze Welt bedeutete und anzog, sie ist geblieben. Stürzen Sie sich hinein!

Minaretts und Kuppeln in der Abenddämmerung (in Sultanahmet)

Kuppeln, Minaretts und die Moderne

Dem Istanbuler ist sie eine der selbstverständlichsten Formen der Stadt, sozusagen eine ihrer kulturellen Haupt- und Identitätslinien. Gemeint ist natürlich der **Kuppelbau**, jene wohlgeformte Halbrundung, die seit altersher eine der astralsten und religiösesten Abschlussformen des Raums ist.

Die Kuppel – oder genauer gesagt die Halbkuppel – ist eine ideale, weil im Runden verbindende Form. Sie ist harmonisch und ein perfektes **Symbol der Einheit.** Insofern entstand sie auch keineswegs zufällig während der religiös toleranten Epoche des Späthellenismus, als das „kosmopolitische" römische Reich seine Vielzahl an kulturellen Gottheiten und Völkern in einem „überwölbenden" imperialen Staatsgebilde zusammenfasste.

Eines der ältesten – und zugleich dominantesten – Exemplare stellt das im 2. Jh. unter Kaiser *Hadrian* in Rom erbaute **Pantheon** dar, das „allen Göttern" geweihte Heiligtum des römischen Kaiserreichs. Diese **Göttervielfalt** war im Wesentlichen ein Erbe des hellenistischen Ostens, der kulturell wie wirtschaftlich im Imperium Romanum immer bedeutender wurde.

So war es nur konsequent, dass **Konstantin der Große** (306–37) die Reichshauptstadt nach dem Osten verlegte und 330 Konstantinopel, das „Neue Rom", zum Zentrum der imperialen Herrschaft machte. Neu war auch die von ihm eingeleitete Abkehr vom römischen Polytheismus und die Hinwendung zum **Christentum.**

Dessen sakrale Orte waren die aus den römischen Speicher- und Markthallen hervorgegangenen **Basiliken.** Sie stellten meist ein lang gezogenes Rechteck dar, das aus drei oder fünf Schiffen und einer Flachdecke bestand, wobei das Zentralschiff leicht erhöht war. Vor dem Eingang befand sich der meist quergestellte **Narthex (Vorhalle),** dem wiederum ein säulenumstandenes **Atrium (Vorhof)** vorgelagert war. Die christliche Basilika hob das entgegenliegende Ende des Schiffs durch Einfügung einer meist halbrunden **Nische (Apsis)** hervor, wo die Priester am Altar den Gottesdienst abhielten. Die religiöse Verehrung bediente sich also einer zu durchschreitenden Längslinie, an deren Ende als sakraler Höhepunkt die Apsis stand. Als Beispiel einer solchen christlichen Basilika mag hier die älteste christliche Kirche Istanbuls, die aus dem 5. Jh. stammende Studios-Klosterkirche (Imrahor Camii, siehe „Vom Goldenen Horn zum Marmara-Meer"), angeführt werden.

Mit dem Untergang des weströmischen Kaisertums (476) konnte sich der in Konstantinopel residierende byzantinische Kaiser endgültig als höchster christlicher Herrscher und weltlicher Stellvertreter des Glaubens ansehen. Der daraus abzuleitende **Führungs- und Einheitsgedanke** wurde auch architektonisch durch die Weiterentwicklung des Zentralbaus visuell sichtbar gemacht. Die christliche Längsbasilika wurde durch einen **Zentralraum** ergänzt, der auf einem entweder oktogonalen oder kreisorientierten Grundriss stand und von einer Kuppel abgeschlossen wurde. Nach kleineren Arbeiten (so z.B die Kirche der Heiligen Sergios und Bacchus – Küçük Aya Sofya, siehe „Sultanahmet – Das historische Zentrum") erfuhr dieser zentrale Kuppelbau mit der **Aya Sofya** (Hagia Sophia, siehe „Sultanahmet – Das historische Zentrum") seine imperiale Ausgestaltung. Kaiser *Justinian*, der Byzanz militärisch wie kulturell zum mächtigsten christlichen Staat der Spätantike machte, konnte seinen Führungsanspruch so auch architektonisch sichtbar machen. Und es war dieser himmlisch überhöhte Machtgedanke, der dieser bis zum Bau der Peterskirche in Rom größten Kirche der Welt ihre Faszination und Reichssymbolik verlieh. Die Aya Sofya war das in Stein gehauene Programm der Weltherrschaft, das die Osmanen später bereitwillig übernahmen, um in einer ganzen Serie von Kuppelneuschöpfungen die christliche Symbolik zu kopieren und zu überbieten.

Die Stadt hatte nun ihr politisches Wahrzeichen, aber die Aya Sofya war zu groß für die folgenden kleinen Zeiten. Das **byzantinische Reich** wurde mehr und mehr zum exponierten **Außenposten der Christenheit,** und aus dem himmlischen Kaiserreich wurde ein notgedrungen bescheidenes Machtgebilde. Dementsprechend waren die folgenden Kirchenkonstruktionen äußerlich weit bescheidener: Hinter den meist einfachen rötlichen Ziegelmauern erwartete die sogenannte **Kreuzkuppelkirche** ihre Besucher, bei der alle Seiten wie beim griechischen

Kreuz mehr oder weniger gleich lang waren; meist war der Narthex im Westen und die Apsis im Osten untergebracht.

Auch diese Kirchen waren überkuppelt, wobei die Kuppeln der vier Seitenarme kleiner waren als die den Zentralraum überwölbende Zentralkuppel. Wichtiger als die Monumentalität des Raums wurde aber nun seine **bildliche Ausschmückung,** zumal am Ende des 9. Jh. der „Bilderstreit" (Ikonoklasmus, Verbot bildnerischer Darstellung) endgültig zugunsten der Bilderverehrer (Ikonodulen) entschieden wurde. Das berühmteste Beispiel eines solchen Gotteshauses stellt die **Chora-Kirche** (Kariye Müzesi, siehe „Vom Goldenen Horn zum Marmara-Meer") dar, deren Narthex den wohl berühmtesten Bilder- und Freskenzyklus der byzantinischen Zeit präsentiert.

Die byzantinische Kultur hatte zwar ihren monumental-imperialen Charakter verloren, galt aber nichtsdestotrotz als eine der entwickeltsten und künstlerisch anspruchsvollsten der Mittelmeerwelt. Ihre Bilder, Fresken und Ikonen sollten am Ende des Mittelalters auch im Okzident (Renaissance) große Wirkung zeigen.

Den anrückenden **Türken** aber war die Bilderverehrung gemäß den Grundsätzen des Korans ein Greuel. Sie ließen die Wände der in Moscheen umgewandelten Kirchen übertünchen, sodass viele Mosaiken, Fresken und Bilder erst wieder im 19. oder gar 20. Jh. zum Vorschein kamen. Mehr faszinierte den Sultan die imposante Struktur der Aya Sofya, deren mächtige, gleichsam

schwebende Zentralkuppel nun für die **islamische Sakralarchitektur** zum buchstäblich maßgeblichen Vorbild wurde. Das **Osmanische Reich** war jung und unverbraucht und stellte die stärkste Militärmacht der damaligen Welt dar; *Süleyman der Große* (1520–66) sprach ausdrücklich davon, nach Wien auch das restliche Europa zu unterwerfen. Also sollte auch die Architektur wieder imperiale Größe verkünden – möglichst noch größer als das mächtigste Gebäude der Christen. Bis zum 16. Jh. – die Blütezeit des osmanischen Imperiums – entstanden fast alle großen **Sultansmoscheen.** Und alle hatten mehr oder weniger eines im Sinn: die Aya Sofya zu übertreffen. Dies erklärt, warum der Besucher bei seinem Gang durch die Istanbuler Altstadt immer wieder vor mächtigen Kuppelgebirgen steht, deren zentrale Krönung an die Aya Sofya erinnert.

Der Traum, diese zu übertreffen, wurde vor allem durch einen Mann realisiert: **Koca Mimar Sinan** (1490–1588, siehe entsprechenden Exkurs). Dem genialen Baumeister der Osmanen gelang mit seinem „Meisterwerk", der Selimiye in Edirne, die auch quantitative Überwindung der Aya-Sofya-Dimensionen. Qualitativ – und darunter sei hier die ästhetische Harmonie räumlicher Gestaltung verstanden – hatte er sie be-

Das Anastasis-Fresko (Auferstehung) in der Chora-Kirche (Kariye Müzesi)

Kuppel der Nusretiye Camii

reits mit der schönsten Moschee Istanbuls, der Süleymaniye (siehe „Divan Yolu, Beyazit und Süleymaniye"), übertroffen. Eine der spektakulärsten Techniken der osmanischen Moschee besteht darin, das Gewicht der zentralen Rundung, also Hauptkuppel, gleichmäßig auf andere abfallende Halbkuppeln zu verteilen. Dies bewirkt von außen den Eindruck einer **Kaskade von Halbkuppeln,** die im perfekten ästhetischen Kontrast zu den vertikal steil aufsteigenden **Minaretts** stehen. Es ist dieser steinerne Dialog zwischen Rundung und Linie, Kuppel und Minarett, der der Silhouette von Istanbul ihren einmaligen märchenhaften Charakter verleiht. Dabei stellen aus der Ferne besehen die schlanken, hohen Minaretts (im Falle der Süleymaniye über 60 m) den optisch prägnanteren Teil dar. Hoch über den Häusern der Stadt sind sie markante Zeichen des Himmelstrebens, und wenn der Ruf des Muezzin zum Gebet ergeht *(Ezan),* hat man auch heute (trotz der Verstärkung über Lautsprecher) noch die akustisch-optische Doppelvision einer religiösen Anrufung von „oben" vor sich.

Auch die zur **Külliye (Stiftungskomplex)** gehörenden Nebenbauten der Moschee – Bad (Hamam), Armenküche (Imaret), Koranschule (Medrese), Hospital (Darüşşifa), Stiftergrabmal

(Türbe) – sowie auch profane Bauten wie z.B. die gedeckten Basare wurden häufig von kleinen Kuppeln bedeckt.

Anders als die christlichen Kirchen mit ihren Seitenschiffen besteht die Moschee aus nur einem Raum, in den **Mihrab** (nach Mekka ausgerichtete Gebetsnische), **Mimber** (Kanzel), Logen wie auch Emporen eingegliedert sind. Diese monumentale Einheit erzeugt zusammen mit der oft effektvollen Ausleuchtung (z.B. Süleymaniye, Mihrimah-Moschee) ein **überwältigendes Raumerlebnis,** das nicht nur durch die zentrale Kuppel, sondern auch durch die einfache strenge Harmonie des quadratischen oder rechteckigen Baukörpers hervorgerufen wird. Das Raumvolumen stellt sich so ästhetisch über klare geometrische Linien und Formen her, deren vertikale und horizontale Geraden in der abschließenden Rundung aufgefangen und „überhöht" werden. Der Raum erwächst hier als gleichsam mathematisches Ideal, welches selbst wiederum ein symbolisches Abbild göttlicher Harmonie und Transzendenz erfahrbar und „sichtbar" macht.

Stellt die Verbindung von einfacher Harmonie und monumentalem Machtstreben das Kennzeichen imperialer Klassik dar, flüchten sich **Niedergang und Dekadenz** umgekehrt ins **Ornament und Detail:** Mit der Niederlage vor Wien (1683) und den folgenden verlustreichen Abwehrkämpfen setzte der langsame Verfall des türkischen Kaiserreichs ein. Die Moscheen wurden nicht nur kleiner, sie verloren auch die von *Sinan* konzipierte klare Einfachheit, so als ob Dekor und Linienschwulst das Fehlen äußerlicher Größe verbergen könnten. In der sogenannten **„Tulpenzeit"** (Lale Devri, 1703–30) lassen sich zum ersten Mal starke europäische Einflüsse notieren. Dies gilt nicht nur für die namensgebenden üppigen Tulpenfeste des Hofs, sondern mehr noch für die verspielte **Architektur des „türkischen Barocks".** Ein erstes und noch recht monumentales Beispiel stellt die **Nuruosmaniye Camii** von 1748–1756 mit ihrem länglichen Fensterdekor dar (siehe „Am Divan Yolu"), aber erst die im 19. Jh. erbauten fotogenen Barockmoscheen von **Ortaköy** und **Dolmabahçe** lassen den Besucher deutlich erkennen, wie wenig „türkisch" – soll heißen „europäisiert" – der Kunstgeschmack der Oberschicht geworden war. Selbiges gilt für die Palastarchitektur: Lässt die jahrhundertealte Anlage des Topkapı-Palastes in ihren einzelnen Bauten wie z.B. dem Kubbe Altı (Divan) oder auch den prachtvoll gekachelten Köşk (Pavillons) noch deutlich türkisch-iranische, also asiatische Züge erkennen, so steht der staunende Besucher im Fall des Dolmabahçe-Palastes vor einem überbordenden Potpourri europäischer Eklektizismen: **Barock, Rokoko und Klassizismus** werden durch Neu-Imitation noch einmal gemischt, Girlandenschmuck und opulente böhmische Leuchter sowie viele andere verspielte Details verkünden außen wie innen eine effektbewusste Prachtdemonstration – die doch nur verbirgt, dass „der kranke Mann am Bosporus" auch kulturell ein sterbendes Reich ist. Eine gewisse Ausnahme sind dagegen die prächtigen Brunnenpavillons mit ihren geschwun-

Osmanische Dekorationskunst

Das 16. und 17. Jh. stellen den Höhepunkt der osmanischen **Fayencen-Kunst** dar. Im Zuge des persischen und seldschukischen Einflusses hatten sich in **Iznik** (südöstlich von Istanbul nahe Bursa) berühmte Fliesenmanufakturen herausgebildet, deren prachtvolle Motive und Farben in vielen Moscheen der Stadt zu bewundern sind. Sultan *Selim* wie auch sein Vater *Süleyman* brachten von ihren Feldzügen nach Persien iranische und armenische Handwerksmeister mit, die den anfangs auf weißem Untergrund dominierenden Farben Blau und Türkis immer neue Mischungen hinzufügten, um schließlich mit einem hellen Rot („armenischer Bolus", eine eisenhaltige Tonerde) den stärksten Kontrast zu erzielen. Aufgrund des islamischen Abbildverbots bestehen die Motive aus floralen Mustern, also Ranken und Blüten (Tulpen, Lilien, Zypressen), und kunstvollen Arabesken.

Herausragend ist der Kachelschmuck der **Süleymaniye** sowie vor allem der **Rüstem Paşa Camii** in Eminönü; auf asiatischer Seite bezaubert die **Çinilli Camii** („Fayencenmoschee") in Üsküdar. Hochwertige Fliesenarbeiten können zudem im alten **Topkapı-Palast** und der berühmten **„Blauen Moschee"** (Sultanahmet Camii) bewundert werden. Mit letzterer setzte allerdings auch der Niedergang der Iznik-Kacheln ein, denn der Sultan hatte für Jahre den Handwerkern verboten, andere Aufträge anzunehmen, um den Bedarf der „Blauen Moschee" zu sichern. Da die Entlohnung für deren Ausstattung aber gering war, wanderten viele Keramikmeister aus – wobei sie ihre Farbengeheimnisse mitnahmen. Eine nennenswerte Fortsetzung fand die Fliesenkunst im 17. und 18. Jh. in den **Kütahya-Manufakturen** (Stadt in Westanatolien), ohne dass allerdings die klassischen Meisterwerke der Iznik-Zeit wiederholt werden konnten.

Eine kaum weniger formvollendete Kunst stellen die Meisterwerke der **Kalligrafie** dar, welche Moscheen, Brunnen und vor allem Buch- und Koranabschriften schmücken. Auch wer des Arabischen nicht mächtig ist, wird die filigrane Technik und Unnachahmbarkeit der verschnörkelten Signaturen bewundern, die – von rechts nach links gelesen – zumeist den Namen *Allahs*, des Propheten und seiner Nachfolger, der Kalifen, sowie das Glaubensbekenntnis (die Shahada) verschönen und preisen.

Bekannt ist die **Anekdote** des Meisterkalligrafen *Hafiz Osman,* der einst per Fähre von der europäischen zur asiatischen Seite übersetzte, um dort festzustellen, dass er sein Geld vergessen hatte. Also bezahlte er den Fährmann damit, dass er ihm auf ein Stück Papier ein Wort aufzeichnete. Der leseunkundige Mann war keineswegs erbaut davon, und noch am Abend zeigte er im Café missmutig und ratlos den ihm nichtssagenden Zettel. Kaum aber hatte er ihn herumgereicht, als ein heftiges Feilschen um den Kauf des Papieres begann. Der Fährmann wunderte sich nicht schlecht, als er für das Wort den Lohn einer Woche bekam. Wie der Zufall es wollte, fuhr der Kalligraf wenig später wieder mit dem gleichen Fährmann. Dieses Mal hatte er sein Geld dabei und wollte bezahlen. Der Fährmann aber winkte schnell ab, zog ein Stück Papier hervor und bat demütig: „Nur einen Buchstaben, mein Herr!"

Der kaum zu bezahlende Wert der großen Meister lag im Geheimnis ihrer völligen Unkopierbarkeit und der Ästhetik des von ihnen bezeichneten religiösen Kosmos. Prachtvolle **Korankalligrafien** in goldener Schrift stellt das **Sakıp**

Sabancı Müzesi in Emirgan vor (siehe „Ausflüge, Der Bosporus"), die allein schon als optisches Werk einen Eindruck religiöser Kunst bewirken.

Das Osmanische wurde derweil im Laufe der Jahrhunderte eine vom Persischen und Arabischen sich emanzipierende Kunstform, bis *Atatürk* dann 1928 mit seiner Sprach- und Schriftreform (Einführung lateinischer Buchstaben) der Tradition von heute auf morgen die Grundlage entzog. Die Kunst des Schönschreibens starb fast aus, denn die allerorten angebotenen touristischen Kalligrafieimitationen haben nichts mit der Welt der alten Meister zu tun. Wer auf diesem Gebiet ein originelles **Souvenir** erwerben will, sollte sich z.B. an die Kalligrafen des **Istanbul Sanatları Çarşısı** (Istanbul Handicrafts Center, siehe „Sultanahmet – Das historische Zentrum") wenden. Um die Länge des Kunstwerks – z.B. den eigenen Namenszug – sollte man handeln. Machen Sie es wie der Fährmann: „Könnte man nicht noch einen Buchstaben …?"

Wem Chiffren zu abstrakt sind, kann im **Topkapı Sarayı Müzesi** der kurzen Blütezeit der osmanischen **Miniaturenmalerei** nachspüren. Anders als bei den genannten religiös gebundenen Dekorationskünsten unterliegt der Künstler hier nicht dem Abbildverbot. Die Anschaulichkeit verblüfft den Besucher ob ihrer großen Nähe zur turanisch-persischen Bildhaftigkeit, deren statische Szenenabbildung weder Perspektive noch naturalistische Verhältnismäßigkeit erkennen lässt. In frontaler Darstellung werden Szenen des Hofes bzw. Herrschers transportiert, deren Technik wie Inhaltlichkeit (Kleider, Gesichtszüge, Tier- und Pflanzenabbildungen) noch deutlich die asiatische Herkunft der Türken kenntlich machen. Man beachte auch die Nutzung der Darstellungsgröße von Figuren zur Unterstreichung ihrer gesellschaftlichen Position oder Wichtigkeit. Denn egal ob in sitzender Haltung oder auf dem Pferd: Niemand darf größer dargestellt werden als der Herrscher der Welt, der Sultan selbst.

istad6-131 Foto: mf

Die Stadt und ihre Bewohner

genen Dachkonstruktionen und Gold-kalligrafien auf grünem Grund.

An der Basis geht es lange solider zu. Jahrhundertelang bleiben die **Holzhäuser** die Wohnstätten der ärmeren Schichten, auch wenn sie immer wieder Opfer von Bränden werden. Während die oberen Klassen nur noch im Sommer ihre prachtvollen **Holzvillen (Yalı)** am Bosporus beziehen, kann man selbst heute noch in den alten Stadtteilen von Sultanahmet, Fener und Üsküdar kleine schiefe Holzhäuschen sehen, in denen sich meist kinderreiche Zuwandererfamilien eingenistet haben. Zwar sind mit dem Aufkommen von immer mehr Steinhäusern gegen Ende des

19. Jh. viele Holzbauten verlassen und dem Verfall oder Abriss preisgegeben worden, aber in den letzten Jahren hat man den Traditionswert der noch verbliebenen Exemplare begriffen. Vor allem in Sultanahmet haben Investoren wie z.B. der türkische Automobilklub viel in alte Architektur investiert (Yeşil Ev, Konuk Evi, siehe „Sultanahmet – Das historische Zentrum"), und viele der „Special Hotels" sind heute restaurierte Holzhäuser.

Jenseits des Goldenen Horns in **Galata** und **Pera** (das heutige Beyoğlu), wo schon seit altersher Genuesen und nach ihnen Juden, Armenier und europäische Gesandschaften ihren Sitz ha-

ben, entsteht das **moderne Istanbul** der Finanziers und Diplomaten. Und mit den Europäern kommt der am Ende des 19. Jh. florierende **Jugendstil** an den Bosporus, umgesetzt von italienischen Architekten wie z.B. *Raimondo d'Aronco,* der von 1893–1909 in Istanbul wirkte. Die hohen, teilweise mit Stuckdecken und Karyatiden versehenen Bürgerhäuser rund um die Istiklal Caddesi (die vormalige Grande Rue du Pera) sowie die prächtigen Botschaftsgebäude lassen noch etwas von dem mondänen Glanz des Fin de Siècle erahnen.

Kann man ungeachtet seines „europäischen" Ambientes Beyoğlu einen bourgeoisen historischen Charme kaum absprechen, so entspricht das Bild **nördlich des Taksim-Platzes** mehr oder weniger dem irgendeiner modernen Großstadt. Denn die Skyline von Beyoğlu und Harbiye besitzt hier mit hohen Hotel- , Banken- und anderen Dienstleistungsgebäuden ihre „Wolkenkratzeridylle" (*Gökkafes* bzw. *Gökdelen* = Wolkenkratzer), eben jene mehr oder weniger **identitätslose Silhouette,** die boomende Städte rund um den Globus so global macht. Das gilt auch für die weiter nördlich stehenden Türme des Shopping-Centers Ak Merkez in Ettiler; ihre blau scheinenden Glitzerfassaden gelten vielen Türken als Inbegriff einer hoffnungsvollen Zukunft und wegweisende Betonpfeiler der modernen Tür-

kei. Hinter ihrer futuristisch gestylten Glitzerfassade warten amerikanische Shopping-Malls auf solvente Käufer.

Dominieren also südlich des Goldenen Horns immer noch die Kuppeln und Minaretts der Vergangenheit die abendliche Skyline, so signalisieren nördlich davon neben den Hochhäusern **zwei transkontinentale Hängebrücken** die erhoffte Zukunft der Stadt (siehe „Ausflüge, Der Bosporus"). Sie stellen in der Tat eine nicht nur technische, sondern auch ästhetisch-kulturell einzigartige Qualität dar, obwohl die buchtenreiche Bosporusidylle zunächst widernatürlich durch zwei gerade horizontale Linien vergewaltigt worden zu sein scheint. Andererseits erscheinen die Brücken als buchstäbliche Scharniergelenke einst getrennter Welten, als kühne Konstruktionen der Moderne, die Asien und Europa optimistisch einer gemeinsamen Zukunft zuführen wollen. Wie immer man aber über den Sinn und Unsinn der Pylonenästhetik urteilen mag: Wer abends mit dem Dolmuş oder Bus über die Brücke die Kontinente wechselt und auf das Lichtermeer der Stadt hinunterschaut, der weiß, dass allein schon dieser Ausblick die Brücke zu einem Wahrzeichen des modernen Istanbul werden lässt. Mögen Kuppeln und Minaretts in verhältnismäßiger Bescheidenheit auf ein jenseitiges Paradies verweisen, so dürften vielen säkularen, nach Europa schauenden Türken die Brücken doch die solideren Glaubenspfeiler sein, scheint doch auf ihnen der Weg in das irdische Paradies der Moderne ein bisschen kürzer geworden zu sein.

Im Stadtteil Eminönü
(links vorne die Yeni Valide Camii)

Byzanz, Konstantinopel, Istanbul – Die imperiale Vergangenheit

Byzanz

Wie blind man doch sein kann. So oder ähnlich mag **Byzas,** der legendäre Gründer und Namensgeber der ersten Ansiedlung, gedacht haben, als er um 660 v.Chr. für sich und andere **griechische Kolonisten** nach Land Ausschau hielt. Vor seiner Abfahrt aus der griechischen Mutterkolonie Megara in Attika hatte er, wie es sich für einen guten Griechen gehörte, das delphische Orakel befragt und die viel sagende Antwort erhalten, dass er gegenüber dem „Ort der Blinden" siedeln solle. Nach Norden fahrend, passierte er die wenige Jahre zuvor von anderen megarischen Griechen gegründete Kolonie von **Chalcedon** (das heutige Kadıköy). Als *Byzas* die Lage der gegenüberliegenden Halbinsel (das heutige Sultanahmet) erkundete, war ihm klar, dass die Siedler von Chalcedon jene Blinden sein mussten, hatten sie doch die ideale Lage des geschützten Naturhafens am Goldenen Horn völlig übersehen.

Das so gegründete **Byzantion** profitierte schnell von der zentralen Lage zwischen dem Mittel- und Schwarzen Meer sowie den Landmassen von Thrakien im Westen und denjenigen Kleinasiens im Osten. Rund um den griechischen Burghügel (Akropolis, wo heute der alte Topkapı-Palast steht), der schon seit dem Neolithikum (3./2. Jahrtau-

send v.Chr.) gelegentlich besiedelt worden war, bildete sich rasch eine **blühende** griechische **Handelsstadt** heraus, die schnell die Begehrlichkeiten größerer Nachbarn weckte. Knapp 150 Jahre nach der Stadtgründung mussten sich die Griechen der vom Großkönig *Dareios* angeführten Persermacht unterstellen (512), die mit Hilfe einer riesigen hölzernen Pontonbrücke über den Bosporus die Stadt einnahm. Im schicksalsträchtigen Hickhack zwischen persischer Despotie und griechischem Freiheitsdrang wurde die Stadt von Spartanern (479 v.Chr.) und Athenern (472 v.Chr.) wieder dem Griechentum gewonnen, um in der Folge durch **wechselnde Allianzen und Bündnisse** eine relative Selbstständigkeit erhalten zu können. Als die hellenischen Hauptkonkurrenten Athen und Sparta sich gegenseitig neutralisiert hatten, erschien 339 v.Chr. mit dem Makedonenkönig *Philipp* ein weiterer griechischer Bewerber am Bosporus; aber seine Belagerung scheiterte, und sein Sohn, *Alexander der Große,* hatte weitfliegendere Pläne, sodass sich die Stadt auch im übermächtigen Alexanderreich einer relativen Autonomie erfreuen durfte.

Abgesehen von der historisch folgenlosen Episode einer **Stadtplünderung** durch die keltischen Galater (279 v.Chr.) schien Byzantion die Geschicklichkeit so vieler autonomer Griechenstädte geerbt zu haben, nach der das Überleben und die Unabhängigkeit vor allem davon abhängig waren, dass man sich immer rechtzeitig mit dem Stärkeren verbündete und dessen Freund wurde. So stellten sich die klugen Stadtväter im 2. Jh. v.Chr. rechtzeitg auf die Seite des aufsteigenden **Römischen Reichs,** um jahrhundertelang als Bundesgenosse unbehelligt zu bleiben. Aber auch der Klügste kann schließlich mal aufs falsche Pferd setzen: in den Jahren 193–196 schlugen sich mehrere Prätorianerführer um die kaiserliche Nachfolge in Rom, und diesmal versagte der politische Seherblick der Griechenstadt, die sich an die Seite des Thronprätendenten *Pescennius Niger* gestellt hatte. Der Feind, *Septimius Severus* (193–211), kam diesmal als Sieger, um die Stadt zu erobern und ihre Mauern einzuäschern; ein Großteil der Bevölkerung wurde getötet oder aber versklavt. Zwar wurde die Siedlung bald wieder durch den Sieger neu bevölkert und aufgebaut, aber es sollte noch 100 Jahre dauern, bis die Stadt aus der griechischen Asche zum imperialen Phönix aufsteigen sollte.

Konstantinopel

Am 28. Oktober des Jahres 312 trafen an der Milvischen Brücke in Rom zwei Kontrahenten aufeinander, die wieder einmal um die römische Macht stritten. Einem von ihnen, **Konstantin,** soll in der Nacht vor der Schlacht im Traum ein Kreuzzeichen mit den Worten „In hoc signo vinces" (In diesem Zeichen wirst du siegen) erschienen sein. Daraufhin hat *Konstantin* seinen Soldaten Kreuze auf die Schilder malen lassen, um am nächsten Tag den Rivalen *Maxentius* tatsächlich zu besiegen. Erfolg heischt immer Erklärungen. Ein Jahr später folgte das berühmte **Toleranz-**edikt, das die Christenverfolgungen im Römischen Reich beendete und dem Herrscher- und Kaiserprinzip eine reichsmächtige jenseitige Kraft an die Seite stellte.

So bahnten sich revolutionäre Neuerungen an, die *Konstantin der Große* (306–37) auch durch die Wahl einer **neuen Hauptstadt** kundtat. Er wählte das alte Byzanz, um hier im **„Neuen Rom" (Nova Roma)** die verbrauchte Kraft der heidnischen Vorgängerin am Tiber neu zu beleben. Dies war auch wirtschaftlich nur konsequent, war der Osten des Römischen Reiches doch schon lange der kulturell wie ökonomisch reichere Teil des Orbis Romanus, wo griechische Stadtkultur und orientalische Handelsgüter sozusagen vor der Tür lagen. Im Jahr 330 wurde Nova Roma als **Konstantino-polis** („Stadt des Konstantin") zur Reichshauptstadt erhoben und großzügig ausgebaut. In den nächsten Jahrhunderten sollte die Stadt am Goldenen Horn als **„Königin der Städte"** einen legendären Ruf erlangen, der seine Rechtfertigung darin fand, dass Konstantinopel das unangefochtene politische, kulturelle und wirtschaftliche Zentrum im Mittelmeerraum war.

Kaiser *Theodosius* (379–95) erhob 391 das **Christentum** zur **Staatsreligion,** schuf also religiöse Einheit, um aber politisch mit der Aufteilung des Reiches zwischen seinen Söhnen *Arkadius* und *Honorius* ein West- bzw. Oströmisches Reich ins Leben zu rufen, was sich als eine Zersplitterung der Kräfte erweisen sollte. Schon *Theodosius* musste sich der Goten erwehren, die von den Hunnen über die Donau gedrückt worden waren, und 476 ging das **Weströmische Reich** in den **Germanenstürmen** unter, sodass sich der **oströmische Kaiser** für Jahrhunderte als der einzige legitime Vertreter Gottes auf Erden fühlen durfte.

Der so gestärkte Wille der **christlich-imperialen Einheit** drückte sich am Goldenen Horn durch den grandiosen Kuppelbau der **Hagia Sophia** aus, mit der *Justinian* (527–65) nach Niederschlagung des Nika-Aufstands (siehe „At Meydanı" im Kapitel zu Sultanahmet) ein auch äußerliches Zeichen seiner umfassenden Herrschaftsansprüche setzte. Aber schon ihm gelang es trotz unablässiger Kriege nicht mehr, die alte Reichseinheit herzustellen, und seine Nachfolger, die immer mehr in die Defensive gerieten, fühlten sich zunehmend als nur mehr griechische Herrscher: Aus dem Oströmischen Reich war das „byzantinische" hervorgegangen, das sich langsam vom nicht mehr zu erobernden Westen trennte. Hinzu kam, dass sich im Westen christliche Germanenreiche gebildet hatten, die im eigenen Machtinteresse den Anspruch des römischen Papstes auf Führung der Christenheit unterstützten. Eine Vielzahl kirchlicher Streitfragen führte in der Folge zur **Trennung zwischen der östlich-orthodoxen und der westlich-katholischen Kirche.** Anstatt der drohenden Gefahr durch den Islam gemeinsam zu begegnen, erschöpften Rom und Byzanz so in fortwährendem Streit einen Großteil ihrer Kräfte. Der byzantinische Kaiser hielt zumindestens ideel lange daran fest, sowohl die „heidnischen" Völker als auch den „abtrünnigen" Westen in Schach halten zu können, eine Strategie, die sich am Ende als verhängnisvolle Illusion erweisen sollte.

Doch zunächst glänzten Reich und Hauptstadt. Konstantinopel war unter *Justinian* der wirtschaftliche und religiöse Nabel der christlichen Welt. Es war auch **organisatorisch und militärisch** so stark und **hoch entwickelt,** dass es die unablässigen Angriffe von allen Seiten immer wieder erfolgreich abwehren konnte. Im Jahr 626 standen die Heere der sassanidischen Perser zusammen mit den verbündeten Awaren vor der Stadt. Doch die schon unter *Theodosius* verstärkte und ausgebaute Stadtmauer bewährte sich, und Kaiser *Herakleios* (610–41) gelang im Gegenzug ein großer Sieg. Er brachte das von den zoroastrischen Persern 614 in Jerusalem eroberte „Kreuz Christi", eine kostbare Reliquie, wieder in seine Gewalt und eroberte die feindliche Hauptstadt.

Nur wenige Jahrzehnte später (674–78) standen **islamisch-arabische Heere** zum ersten Mal vor der Stadt; der Bannerträger des Propheten *Mohammed, Ayyub al Ansari,* soll bei der erfolglosen Belagerung gefallen sein. Die Auseinandersetzung zwischen dem Byzantinischen Reich und der neuen Kraft des Islam sollte jahrhundertelang andauern. Es spricht für die Stärke des Byzantinischen Reichs, dass auch wiederholte islamische Versuche (Belagerung von 717/18) immer wieder an den Mauern der Stadt scheiterten, ja Konstantinopel zumindest phasenweise sogar zum Gegenangriff übergehen konnte. Waren die islamischen Reiterheere im Westen über Spanien bis nach

Frankreich vorgestoßen, so stellte Byzanz im Osten ein unüberwindliches Bollwerk dar, dessen Abwehrleistung an den ansonsten dramatischen Erfolgen des Gegners zu messen ist. Nicht zu Unrecht beschreiben Historiker Byzanz als den **östlichen Schild der Christenheit,** ohne den Europa vielleicht überrannt worden wäre.

Es war, wie gesagt, eine Abwehrleistung, denn Palästina und Nordafrika gingen im 7. Jh. für immer verloren, und im Norden stellten sich mit den heidnischen **Bulgaren, Petschenegen und Russen** weitere Feinde ein, die Byzanz in einen ständigen **Zweifrontenkrieg** brachten. Zweimal, 813 und 924, lagerten bulgarische Heere vor der Stadt, bevor der „Bulgarentöter" *Basileios II.* (976–1025) im Jahr 1014 mit drastischen Mitteln ihre Angriffskraft bricht: Er lässt 15.000 gefangene Bulgaren blenden und schickt sie in Abteilungen zu Hunderten mit je einem Einäugigen an der Spitze zum Zaren *Simeon* zurück, der ob dieses Anblicks einen Schlaganfall erleidet. Vorausgegangen waren Siege über die Araber (740, 944) und Russen (907, 941).

Wichtiger und dauernder als diese militärischen Erfolge aber sind die ideellen: Bereits im 9. Jh. gelingt Byzanz mit der Slawenmission des *Methodius* und *Konstantin* ein auch gegen Rom gerichteter Bekehrungscoup, der in der Folge das südöstliche Europa zum **griechisch-orthodoxen Glauben** bekehrt. Als sich 989 Großfürst *Wladimir von Kiew* anlässlich der Heirat mit der byzantinischen Prinzessin *Anna* ebenfalls bekehren lässt, steht ganz Osteuropa

unter dem kirchlichen Banner des griechisch-orthodoxen Patriarchen von Konstantinopel. Die sich entwickelnde russische Orthodoxie übernimmt das Erbe von Byzanz – ein langfristiges historisches Testament, das noch die Osmanen zu spüren bekommen sollten.

Den äußerlichen Bekehrungserfolgen ging ein dramatischer **Kulturkampf** im Innern voran: Kaiser *Leo III.* (717–41) bricht mit der traditionellen Bilderverehrung und leitet das Zeitalter des **Ikonoklasmus** ein: Das erste der zehn Gebote („Du sollst dir kein Bildnis machen von deinem Gott") wird – wie auch später im Islam – wörtlich genommen. Das daraus resultierende **Verbot der Bilderverehrung** führt zu Zerstörungen an Kirchen und Klöstern; kostbare Kunstwerke gehen verloren, und wer sich nicht beugt, riskiert Tod oder Verbannung. Erst im 9. Jh. gewinnen die **Ikonodulen** (Bilderverehrer) endgültig die Oberhand, und mit dem 867 entstandenen Mosaik „Madonna mit Kind" entsteht in der Hagia Sophia ein erstes postikonoklastisches Heiligenbild, das heute noch an Ort und Stelle zu bewundern ist.

Trotz all dieser inneren und äußeren Kämpfe bleibt Byzanz bis zur Mitte des 11. Jh. kulturell wie politisch die führende christliche Kraft. Dass der römische Papst 800 den fränkischen König *Karl den Großen* zum Kaiser krönt, um einen kraftvollen weltlichen Arm zu erlangen, wird in Konstantinopel indigniert registriert, ohne dass sich das Primat des wahren „Christenkaisers", des östlichen „Basileus" (byzantinischer Herrscher) gefährdet sieht. Aber die Differenzen zwischen Ost und West nehmen zu, und 1054 kommt es zum endgültigen **Bruch zwischen der orthodoxen und der katholischen Kirche.** Der sich ausschließende Universalanspruch beider Seiten, des römischen Papstes auf der einen und des vom Basileus angeführten byzantinischen Klerus auf der anderen Seite, mündet in einer gegenseitigen Bannbelegung: Der Patriarch von Konstantinopel, *Michael Caerulareus,* und Papst *Leo IX.* exkommunizieren sich und stürzen die Christenheit in ein großes **Ost-West-Schisma.**

Während die 1057 an die Macht kommende **Komnenen-Dynastie** in Konstantinopel Kunst und Luxus pflegt, bereitet sich in Kleinasien die Katastrophe vor. Die türkischen Heerscharen der **Seldschuken** haben den Islam angenommen und sich dem sterbenden Kalifenreich in Bagdad als militärische Speerspitze zur Verfügung gestellt. Im Jahr 1071 kommt es bei **Mantzikert** in Ostanatolien zu einer **Schlacht** zwischen dem byzantinischen Kaiser *Romanos IV. Diogenes* und dem Seldschukenführer *Alp Arslan,* die mit einer völligen Niederlage der Byzantiner endet. Der Sultan setzt dem gefangenen Kaiser den Fuß auf den Nacken, eine symbolische Szene der Unterwerfung, die für das bisher christlich gebliebene Kleinasien zum Omen wird. Denn nun ergießen sich türkische Heerscharen über das byzantinische Kernland, erreichen die Küsten nahe der Haupstadt, ohne dass der Kaiser die Macht aufbringen kann, sie zurückzuwerfen.

Die Katastrophe von Mantzikert zwingt den einst so stolzen byzanti-

nischen Kaiser zu einer Annäherung an das lateinische Rom. Papst *Urban II.* nimmt den Hilferuf nur zu gerne auf und ruft 1095 auf der Synode zu Clermont zum **Kreuzzug** gegen die Ungläubigen auf. Ritter und Abenteurer aus ganz Westeuropa beginnen ihre Züge in den Orient, wo 1099 Jerusalem nach einem furchtbaren Gemetzel erobert und für 200 Jahre ein katholisches Königreich errichtet wird.

Doch das Verhältnis zwischen Byzantinern und lateinischen Kreuzrittern bleibt gespannt. Das gegenseitige Misstrauen, die religiösen Differenzen und vor allem die beginnende **wirtschaftliche Konkurrenz** verhindern große Kooperationen. Die italienischen **Stadtstaaten Genua, Pisa und Venedig** werden durch die Kreuzzüge reich, eröffnen sich im östlichen Mittelmeer (Levante) doch lukrative Märkte. Zudem lassen sich die italienischen Seemächte den Transport der Kreuzritter zu Wasser teuer bezahlen. Byzanz ist in ihren Augen nur ein lästiger Rivale.

Auf dem **vierten Kreuzzug** (1202/4) lenken die venezianischen Schiffe unter der Führung des Dogen *Enrico Dandolo* ihre Begehrlichkeiten auf Konstantinopel selbst. Der Sohn des entthronten byzantinischen Kaisers *Issak II.* (1185–95 und 1203/4) hatten ihnen reiche Bezahlung in Aussicht gestellt, so sie ihm bei der Rückeroberung des Throns helfen würden. Die **Venezianer** ließen sich nicht lange bitten und verjagten mit ihrer Flotte den residierenden Kaiser *Alexios III.;* als es aber ans Bezahlen ging, stellte sich heraus, dass der Geflohene die Staatskasse mitgenommen hatte

istadi6-139 Foto: mf

Die Stadt und ihre Bewohner

und folglich keine Bezahlung zu erwarten war. Die Wut *Dandolos* und seiner Kreuzritter und Venezianer führte am 13. April 1204 zum **Sturm auf Konstantinopel.** Die Stadt wurde vom Goldenen Horn aus erobert; es folgte **eine der größten Plünderungen der Geschichte.** Die Venezianer schleppten alles weg, was auch nur nach Geld aussah, darunter Bilder, Reliquien, Kunstgegenstände aller Art sowie die bronzene Pferdequadriga, welche noch heute an der Markus-Kathedrale in Venedig zu bewundern ist. Die reichste Stadt der christlichen Welt sollte sich nie wieder davon erholen.

Der bis dahin größte Kunstraub der Geschichte schien das Ende des Byzan-tinischen Reiches zu sein. Die Sieger errichteten mit dem Placet des Papstes ein **lateinisches,** selbstredend **katholisches Kaiserreich** (1204–61), an dessen Spitze *Balduin von Flandern* trat. Für ein halbes Jahrhundert wurde in der ehrwürdigen Hagia Sophia der bei den Griechen ungeliebte lateinische Kirchenritus zelebriert.

Der byzantinische Hof war derweil in das kleinasiatische Nikaia geflohen. Erst 1261 gelang es Kaiser *Michael VIII.* (1259–82) aus der **Palaiologen-Dynastie,** Konstantinopel in einem Hand-

Fethiye Camii im Stadtteil Fener

streich wiederzugewinnen. Doch Größe und Macht waren dahin; für die **genuesische Hilfe bei der Rückeroberung** musste Byzanz Geld und exterritoriale Enklaven (Galata) zur Verfügung stellen. Auf der anderen Seite des Goldenen Horns residierten nun Italiener, die den Schwarzmeer- und Levantehandel nicht mehr aus ihren Fingern ließen.

Die letzten 200 Jahre unter den Palaiologen brachten dem untergehenden Reich noch einmal eine erstaunliche **kulturelle Blüte,** wie die Mosaiken und Fresken der Chora-Kirche belegen (siehe „Vom Goldenen Horn zum Marmara-Meer"). Byzantinische Kunst und Gelehrsamkeit wirkten auf das Kunstschaffen der Frührenaissance im Westen, lange bevor der Islam die Stadt eroberte.

Die Osmanen

Die Seldschukenherrschaft in Kleinasien hatte sich inzwischen in zahlreiche kleine Fürstentümer aufgesplittert, ein Faktum, das dem immer weiter schrumpfenden Byzantinischen Reich eine relativ lange Gnadenfrist gewährte. Eines dieser **halbnomadischen Fürstentümer** wurde von einem gewissen **Ertoghrul** geleitet, der als Glaubenskrieger (Ghazi) gegen die christlichen Ungläubigen kämpfte und dabei ganz nebenbei auch noch fette Beute erwerben konnte. Denn mehr als ein paar hundert Mann dürfte die östlich von Bursa sitzende Sippe kaum umfasst haben. Mit ihren Zelten und Herden suchten sie ergiebige Weidegründe, und der nördlich gelegene byzantinische Nachbar war schwach genug, um sich hier

und da durch einen Handstreich einen Flecken wegnehmen zu lassen. So bescheiden können die Anfänge eines Weltreichs sein.

Der Sohn *Ertoghruls,* **Osman (1281–1326),** war der Namensgeber der Dynastie, die bald eine ernsthafte Gefahr für Byzanz darstellen sollte. In seinen letzten Lebensjahren eroberten die „Osmanen" – wie die Türken fortan genannt wurden – ihre erste Stadt, Bursa; bis 1361 sollte sie die Hauptstadt des jungen Reiches sein. *Osmans* Sohn **Orhan (1326–59),** der an dieser Großtat schon wesentlich beteiligt war, setzte 1354 auf Flößen über die Dardanellen, um auch in Europa die Früchte des Ghazi-Kriegertums zu ernten. Jetzt erst dämmerte es Byzantinern und Balkanchristen, dass die asiatischen „Horden" mehr im Sinn hatten, als zu plündern und wieder zu verschwinden. Innerhalb weniger Jahre hatte **Sultan Murad I. (1359–1389)** Thrakien erobert, 1361 Adrianopel (das heutige Edirne) zur Hauptstadt gemacht und seine Armeen nach Bulgarien und Serbien geschickt. Den Byzantinern blieb die schöne Aussicht von ihren Wällen, denn jenseits davon befand sich mehr oder weniger alles in den Händen der Eroberer. Längst schon hatten die Türken den „Goldenen Apfel", wie Konstantinopel bei ihnen begehrlich genannt wurde, ins Auge gefasst, besaß die Stadt doch immer noch den Nimbus der christlich-imperialen Hauptstadt. Mehrere Male – 1394, 1400, 1422 und 1442 – stießen die Osmanen bis zu den Stadtmauern vor, ohne aber die Stadt einnehmen zu können. Die Byzantiner, herabgesunken zu einem Stadtstaat wie zu *Byzas* Zeiten, versuchten, mit den alten Mitteln der Diplomatie der drohenden Gefahr Herr zu werden. Der byzantinische Kaiser leistete Sultan *Murad* sogar den Lehnseid und zahlte brav den Tribut. Andererseits war man froh, dass ein glänzendes christliches Ritterheer 1396 den Balkan durchzog, um die Türken in die Schranken zu verweisen. Das Resultat war das militärische Fiasko von Nikopolis; **Sultan Bayesid I. (1389–1402),** der aufgrund seiner schnellen Entschlüsse und militärischen Bewegungen „Yıldırım" (der Blitz) genannt wurde, ließ nach der Schlacht einen Tag lang Gefangene köpfen. Der erste Kreuzzug gegen die Türken war fehlgeschlagen.

Die letzten byzantinischen Kaiser der Palaiologen-Dynastie zogen bettelnd und Hilfe suchend durch Europa, ja man beugte sich sogar dem päpstlichen Gesuch, die beiden Kirchen wieder zu vereinen. So kam noch einmal ein von Ungarn und Polen angeführtes Kreuzfahrerheer auf den Balkan. Am 10. November 1444 schlug **Sultan Murad II. (1421–51)** bei Varna am Schwarzen Meer die christlichen Truppen vernichtend. Die Niederlage bedeutete das Ende für Byzanz.

Der junge **Sultan Mehmet II. (1451–81),** der später den Ehrennamen „Fatih" (der Eroberer) erhielt, traf sofort nach Regierungsantritt die notwendigen Maßnahmen. Er ließ in wenigen Wochen die Bosporus-Festung Rumeli Hisarı erbauen und führte Freudentänze auf, als von ihr aus ein venezianisches Schiff versenkt werden konnte. *Urban,*

ein in seinem Sold stehender ungarischer Techniker, konstruierte für den Sultan die damals größten Kanonen der Welt, sodass *Mehmet* im April 1453 wohlbestückt mit über 80.000 Kriegern vor der Stadt erschien. Die Belagerung dauerte fast zwei Monate. Byzantiner, Venezianer und Genuesen – ca. 5000 in der Not vereinte wehrhafte Männer – widerstanden bis zum Morgen des 29. Mai 1453. Dann durchbrach die Elitetruppe der Janitscharen die alte Theodosianische Mauer (siehe Exkurs „Der letzte Kampf an der Mauer"); der letzte byzantinische Kaiser, *Konstantin XI. Dragases* (1449–53), fand im Kampf den Tod. Von einem Tag auf den anderen hörten die christlichen Gebete in der Hagia Sophia auf; der Sultan ließ das fast tausendjährige Symbol der christlichen Herrschaft sofort in eine Moschee umwandeln.

Istanbul – Weltstadt der Osmanen

Die Nachricht vom Fall der Stadt löste in ganz Europa Bestürzung aus. Was musste man noch alles von diesen Osmanen erwarten, die jetzt die wichtigste und symbolträchtigste Metropole des Ostens erobert hatten? Der Papst selbst erinnerte den Sultan in einem burlesken Mahnbrief an die imperialen Dimensionen der Stadt; er schlug ihm allen Ernstes vor, zum christlichen Glauben überzutreten, woraufhin ihm die Anerkennung als östlicher Kaiser sicher wäre. **Sultan Mehmet Fatih** dürfte über das Angebot gelacht haben, obwohl er sich selbst gerne aus der Vita

Die Stadt und ihre Bewohner

Alexanders des Großen vorlesen ließ, um so seine eigenen **imperialen Pläne** zu stimulieren. Und die sollten sich schnell als bedrohlich für die Christen erweisen. In rascher Folge wurden der gesamte Balkan, Griechenland wie auch die Reste von Anatolien dem Halbmond unterworfen. Venezianer und Genuesen verloren mit dem Ausbau der osmanischen Flotte ihre Vorherrschaft auf dem Meer, und 1481 standen türkische Truppen in Süditalien. Erst der Tod des Sultans, den der österreichische Historiker *Franz Babinger* als „bedeutendste Herrschergestalt der osmanischen Geschichte" und typischen Renaissance-Machtmenschen kennzeichnete, brachte den Europäern eine Ruhepause.

Eines der berühmtesten Porträts des Sultans stammt von dem Venezianer *Gentile Bellini*. Als dieser seine Malkunst anhand einiger Bilder demonstrierte – darunter auch ein Bild von der Enthauptung *Johannes des Täufers* –, wies der Sultan auf einen Fehler in der dargestellten Szene hin. Der Hals eines Geköpften würde sich nicht nach außen wölben, sondern nach innen ziehen. Zum Beweis ließ er einen Sklaven kommen und sofort enthaupten ...

Ein Jahr nach der Eroberung wurde „Qostantiniya" die neue **Hauptstadt des Osmanischen Reiches.** Sultan *Mehmet* machte sich sofort an den Ausbau der neuen islamischen Metropole, die in den letzten Jahren des byzantinischen Reiches in vielen Teilen menschenleer geworden war. Er beruhigte nicht nur die verbleibenden Griechen, die weiterhin unter ihrem Patriarchen unbehelligt ihrem Glauben nachgehen konnten, sondern förderte den Zuzug von Handwerkern und Baumeistern, Händlern und Künstlern. Herkunft und Religion waren dabei zweitrangig, war das Osmanische Reich mit seinem in fast autonome religiöse Gemeinschaften gegliederten **Millet-System** doch eines der tolerantesten Staatswesen seiner Zeit. So gab es neben dem christlichen auch ein jüdisches, später auch armenisches Millet (Religionsgemein-

Teilansicht der Hagia Sophia von der Sultan-Ahmet-Moschee aus schaft), deren Führer dem Sultan für Ordnung und Steuerzahlungen verantwortlich waren; ansonsten konnten sie ihrer Religion unbehelligt nachgehen.

Neben den in Moscheen umgewandelten christlichen Kirchen entstanden große Sakralbauten, darunter die Fatih Camii, in der der „Eroberer" schließlich beigesetzt wurde. Die **rege Bautätigkeit** erstreckte sich auch auf die alte Akropolis, wo sich die Sultane den heutigen **Topkapı-Palast** erbauen ließen, sowie die **ersten Hane (Gasthäuser)** und **Markthallen,** die sich bald zum größten Handelszentrum der Stadt, dem berühmten „Großen Basar", entwickeln sollten.

Unter dem wenig kriegerischen Mehmet Nachfolger **Beyazıt II. (1481–1512)** wurden die von den katholischen Spaniern vertriebenen sephardischen Juden in den Mauern Istanbuls willkommen geheißen, wo sie im Stadtviertel Balat weder Inquisition noch Bevormundung zu fürchten hatten. In den nächsten Jahren kamen Perser, Armenier und andere im Machtbereich der Osmanen stehende Volksgruppen hinzu, sodass die Stadt am Goldenen Horn **eine der kosmopolitischsten Städte** der Geschichte wurde. Handwerk und Handel blühten, wobei es nur wenig oder gar nicht zählte, dass der Händler ein Grieche oder Italiener und der Künstler ein Armenier oder Perser war.

Mit **Sultan Selim (1512–20)** wurden dem Reich die Gebiete von Palästina und Nordafrika hinzugefügt. Dem Sultan wurde nun auch die **Kalifenwürde** übertragen, die ihn zum mächtigsten religiösen Führer der islamischen Welt

machte. Unter seinem Nachfolger **Sultan Süleyman (1520-66)** erfuhr das Reich seine Glanzzeit; osmanische Heere eroberten Ungarn (1526) und stürmten bis vor Wien (1529), die türkische Flotte beherrschte das Mittelmeer, während im Osten der westliche Iran und die arabische Halbinsel den Osmanen zufielen. Istanbul war nun nicht nur die größte und farbigste Stadt Europas, es war auch ein glänzendes **Zentrum des Handels und der Künste.** Architekten – darunter der geniale *Sinan* (siehe Exkurs „Koca Mimar Sinan – die Karriere eines Janitscharen") –, Miniaturmaler, Kalligrafen und Buchbinder schufen Meisterwerke der islamischen Kunst, während ein multiethnisches Heer an Handwerksmeistern und Kaufleuten Waren aus allen Himmelsrichtungen anpries.

Am Bosporus hatte sich also wieder **eine der reichsten Städte der Welt** etabliert, und die beeindruckten Europäer gaben dem Sultan den Beinamen „der Prächtige". Mit den noch reichlich fließenden Steuereinnahmen und Kriegsgewinnen konnte der Sultan einen **funktionierenden Staatsapparat** unterhalten, in dem nach islamischen Grundsätzen Armut wie auch Luxus in engen Grenzen gehalten wurden. Neben den zahlreichen Moscheen entstanden Armenküchen, Bäder und Spitäler, die Wasserleitungen und Wehranlagen wurden erneuert, und jedes Millet hatte seine eigene Verwaltungs- und Versorgungsstruktur. Die über 100.000 Einwohner zählende Stadt war **eine der sichersten der Welt,** denn nur den ausgewiesenen Truppen war es erlaubt,

Waffen zu tragen. Die Versorgung der Hauptstadt war hervorragend, und für alle Lebensbereiche, vom Abwiegen des Fleisches bis zur Festlegung der Preise, war alles genauestens geregelt. In der türkischen Geschichtsschreibung ging *Süleyman* deshalb als „der Gesetzgeber" *(Süleyman Kanunı)* ein, herrschte in seinem Reich wie Heer doch eine geradezu bewundernswürdige Ordnung und Disziplin.

Niedergang

Das sollte sich in der Folgezeit allerdings schnell ändern. Schon in den Spätzeiten *Süleymans* wiesen gewisse Zeichen daraufhin, dass die an die Person des Sultans gekoppelte Loyalität aller Reichsträger – Divan, Janitscharen, Wesire – nur dann funktionierte, wenn der Sultan stark war. Das konnte man aber von den Nachfolgern *Süleymans* kaum behaupten. Sein fetter Sohn **Selim II. (1566–74)** ging mit dem wenig ehrenhaften Beinamen „der Säufer" in die Geschichte ein; im Vollrausch rutschte er im Bad aus und schlug sich den Kopf ein. Danach folgte der epileptische **Murad III. (1574–95),** der als kulinarisches Pendant zu seinem trinkfreudigen Vater nur für die Tafel und das Essen lebte. Er und sein Nachfolger, **Sultan Mehmed III. (1595–1603),** gerieten immer mehr in das Netz von **Haremsintrigen,** bei denen vor allem die **Valide (Sultansmutter)** eine oft entscheidende Machtrolle spielte (siehe Exkurs „Der Harem – Zwischen Lust und Frust, Fantasie und Wirklichkeit"). Als dann die klassische Ausbildung der

Sultane in der Provinz abgeschafft und die „Erziehung" allein in der autistischen Welt des Harems bzw. Palastes vorgenommen wurde, waren die Folgen dramatisch: Die einst so selbstbewussten Sultane degenerierten zu Schwächlingen, Psychopathen oder gar Idioten (siehe auch Exkurs „Vom Prinz zum Sultan – oder in den Tod").

Dies bewirkte, dass die früher durch den Sultan gebundenen Teilgruppen sich selbstständig machten und ihre eigenen **partikularen Machtinteressen** verfolgten. Im **Harem** tobten die Intrigen um die Beeinflussung des Sultans, die **Janitscharen** entwickelten sich zum raffgierigen Staat im Staate, die bei jeder Inthronisierung eines neuen Sultans die Hand aufhielten und immer deftigere Loyalitätsgelder forderten. Die **Wesire** und der **Schwarze Obereunuch** (Kızlar Ağası) saßen oft zwischen beiden Fraktionen oder bildeten eine dritte. Kurz: Das Osmanische Reich fing an zu faulen und wurde zur Beute der Frauen und Günstlinge.

Hinzu kam noch ein weiteres Problem: Die erfolgsverwöhnten Heere konnten nur mehr wenige lukrative Provinzen erobern, sodass Steuern und Kriegseinnahmen in dem Maß abnahmen wie der **Luxus am Hofe** stieg. Die Zeche bezahlten die kleinen Leute, die durch **Geldentwertung** und **Korruption** zu Aufständen getrieben wurden, ohne dass sich an den Missständen etwas änderte. Zwar gelang es der Großwesirdynastie der *Köprüllüs* durch eiserne Disziplinierung der alten Tugenden noch einmal, die Kräfte des Reiches zu bündeln und gegen Europa in die Offensive zu gehen, aber es blieb wegen der immer größer werdenden technologischen Rückständigkeit und dem Festhalten an alten Mitteln ein letztes Aufbäumen vor dem Verfall.

Mit der **zweiten Belagerung Wiens** und der folgenden ruhmlosen **Niederlage** gegen ein deutsch-polnisches Entsatzheer wurden am 12. September **1683** auch äußerlich die Verfallstendenzen offensichtlich. Die türkische Armee, im 16. Jh. die stärkste Militärmacht der Welt, war **technisch von den Europäern überholt** worden. Von nun an wurden die Kriege für die Osmanen verlustreich und teuer. Österreich-Ungarn und vor allem Russland wurden die Hauptfeinde des Sultans, und nur die sich argwöhnisch neutralisierende Konkurrenz der Europäer verhinderte, dass der Niedergang schneller verlief. Die Osmanen, die bis ins 17. Jh. ihren Glauben und ihre Kultur für die zeitlos überlegenere Lebensform hielten, verstanden erst langsam, dass trotz größter Tapferkeit ihrer Heere die Europäer mit den alten Mitteln nicht mehr zu besiegen waren. Und da Sieger schnell zum Vorbild werden und nun viele ausländische Gesandte feste Vertretungen bei der Hohen Pforte unterhielten, begannen Hof und Oberschicht im Osmanischen Reich auch kulturell **die Europäer** zu beobachten und zu **kopieren.** Denn der Fisch fängt immer vom Kopf an zu stinken.

In der berühmten **„Tulpenära"** (Lale Devri, 1717–30) importierte der Hof für seine rauschenden Feste nicht nur die namensgebenden holländischen Blumen, es kamen auch Stühle und Sessel

in die einst nur von Kissen und Teppichen bestückten Zimmer des Bosporus. Für den einfachen Mann auf der Straße, tief verwurzelt im Islam und seiner Kultur, wurde der Wandel zunächst einmal nur an der veränderten Architektur von Moscheen und Brunnen sichtbar, denn an deren Fassade und Innendekoration erschienen die damals in Europa zur Mode gewordenen Rundlinien des **Barock und Rokoko.** Mit dem französischen General *Claude Alexandre Bonneval* (der sich nach seiner Konvertierung „Ahmed Pascha" nannte) erfochten osmanische Heere im österreichischen Feldzug von 1736–39 ihre letzten Siege, ein Erfolgserlebnis, das viel später zur Einladung von weiteren ausländischen Offizieren (wie z.B. dem preußischen Heeresberater *Moltke*) führen sollte.

Militärisch nutzte das lange nichts oder doch nur wenig. Nach einem sechsjährigen **Krieg gegen Russland** verloren die Osmanen 1774 die Nordküste des Schwarzen Meeres, die sie 300 Jahre lang kontrolliert hatten, und dem orthodoxen Russischen Reich wurde ein vages Recht zugesprochen, als Schutzmacht aller Christen auf dem Balkan aufzutreten – eine auf die osmanischen Balkanvölker geradezu einladend wirkende Geste zur künftigen Revolte.

Der „kranke Mann am Bosporus"

Am Anfang des 19. Jh. war zumindest einigen führenden Köpfen des Reiches klar, dass das zähe Festhalten an alten Strukturen den Untergang bedeuten würde. Die Sultane selbst tauchten nun aus ihrer mehr als 200-jährigen faktischen Regierungsabstinenz wieder auf, um zumindest teilweise Reformen einzuleiten, die unter dem Druck der außenpolitischen Bedrohung erst einmal militärischer Art waren. Vor allem **Mahmud II. (1808–39)**, der selbst gern europäische Kleidung trug und den Turban verbot, um den weniger „orientalischen" Fes einzuführen, verwirklichte einschneidende Veränderungen, indem er mithilfe ausländischer Berater eine neue Truppe nach westlichem Vorbild aufbauen ließ. Die Janitscharen waren davon natürlich wenig begeistert und rebellierten. Am 15. Juni 1826 lockte der Sultan die ehemalige Elite- und jetzige Schmarotzertruppe auf den At Meydanı, um sie dort durch seine in den umliegenden Häusern postierte neue Truppe zusammenschießen zu lassen. Nur die wenigsten Touristen, die heute auf dem Platz die Sehenswürdigkeiten bestaunen, wissen, dass hier Tausende der einst so gefürchteten Janitscharen niederkartätscht wurden.

Trotzdem war dies nur eine „Oberflächenoperation" und erst der Anfang widerwilliger Reformen. In der **Tanzimat-Periode (1839–76**; „Tanzimat" ist in etwa mit „Verordnungen" zu übersetzen) wurden von oben mehrere Änderungen in Gang gesetzt, die das Reich im Inneren **nach westlichem Vorbild modernisieren** sollten. So wurde ein zentralisiertes und fest besoldetes **Beamtentum** eingerichtet, **technische Schulen** traten in Konkurrenz zu den bisherigen Bildungsträgern, den religiösen Koranschulen (Medrese), und eine **Rechtsreform** sorgte für die formelle Gleichstellung aller Bevölkerungsgruppen. Das islamische Recht, die Scharia, wurde mit westlichen Rechtsprinzipien durchsetzt, die von weltlichen Beamten – und nicht mehr der Ulema (oberste religiöse Instanz im osmanischen Reich) – repräsentiert wurden. Im Jahr 1876 kam es sogar zur Verkündigung einer konstitutionellen Verfassung, die allerdings von **Sultan Abdülhamid II. (1876–1909)** nach wenigen Wochen wieder außer Kraft gesetzt wurde. Der Sultan geriet zunehmend unter den Einfluss der sogenannten **„Jungtürken"**, eine politisch zunächst im Ausland tätige Erneuerungsbewegung, die westlichen Nationalismus und technisch-konstitutionellen Fortschritt auch für die Türkei reklamierte.

Für die Istanbuler waren die Errichtung einer ersten Brücke über das Goldene Horn (1845), die Einführung von fahrplanmäßig verkehrenden Bosporusdampfern (1850) und pferdegezogenen Straßenbahnen (1852) von größerer Bedeutung. Sensationell muss auch der **Anschluss an das europäische Eisenbahnnetz** und das Einfahren des ersten legendären Orient-Express-Zuges (1888) gewirkt haben. So kamen die ersten „modernen" **Touristen** nach Istanbul, die standesgemäß – wie die meisten ansässigen Diplomaten und Geschäftsleute – auf der nördlichen Seite des Goldenen Horns, in den modernen Stadtteilen Pera und Galata, Quartier bezogen. Auch der Sultan hatte 1853 den alten „türkischen" Topkapı-Palast verlassen, um im nördlich des Goldenen Horns gelegenen Dolmabahçe-Palast europäischen Dekor und Luxus zu genießen. Das Zentrum der Metropole verschob sich mit der **zunehmenden Europäisierung** nach Norden, wo Cafés, Banken und ein mondänes Nachtleben lockten.

Außenpolitisch war das Reich ein Trümmerhaufen. Auf dem Balkan machte sich das moderne Gift des **Nationalismus** bemerkbar. Griechen, Serben, Rumänen, Bulgaren und andere ließen sich zu Aufständen animieren, die immer wieder zu kriegerischen Verwicklungen mit den europäischen Großmächten – allen voran Russland – führten. Diese suchten im anbrechenden Zeitalter des **Imperialismus** die Welt und alles Nicht-Europäische unter ihre Kontrolle zu bekommen, und es war nur eine Frage der Zeit (und der Beuteaufteilung), wer wann wie viel vom Osmanischen Reich einsacken konnte.

Im Jahr 1830 wurde Griechenland unabhängig, 1878 folgten Serbien und Rumänien; die Russen drangen bis zur Donau und in den Kaukasus vor; die Engländer besetzten Zypern (1878) und Ägypten (1882); die Franzosen hielten sich an Tunesien (1881) gütlich, die Italiener okkupierten Libyen (1911). In Anbetracht so vieler gieriger Feinde wurden denn auch die **Deutschen,** die erst spät die imperialistische Bühne betraten, vom Sultan nur allzu gerne als Bundesgenossen und „Freunde" begrüßt. Zweimal, 1889 und 1898, rauschte Kaiser *Wilhelm II.* an den Bosporus, um die Interessen des Reichs in der Weltpolitik zu stärken. Wirtschaftlich und militärisch wollte man zusammengehen, denn das Osmanische Reich hatte 1875

den Staatsbankrott erklären und einer internationalen Verwaltung seiner Schulden zustimmen müssen. Die Deutschen bauten auf der asiatischen Seite einen „wilhelminischen" Bahnhof (Haydarpaşa), von wo aus deutsche Ingenieure die Bagdadbahn (1908) in Angriff nahmen.

Das gute Verhältnis und die gemeinsamen Feinde führten dazu, dass Osmanisches und Deutsches Reich im **Ersten Weltkrieg** (1914–18) Seite an Seite standen – um gemeinsam unterzugehen. Am 30. Oktober 1918 kapitulierte der Sultan; nach über 450 Jahren besetzten fremde (englische) Truppen die Stadt am Bosporus, die Griechen setzten sich an der kleinasiatischen Küste fest, die Franzosen besetzten Syrien, und auf der Arabischen Halbinsel dominierten die Engländer. Die alliierten Westmächte schienen es geschafft zu haben: Im **Friedensvertrag von Sèvres (1920)** sollte das Osmanische Reich alle nicht-türkischen Gebiete verlieren. Dem Sultan, dem als Galionsfigur ein türkischer Reststaat gegönnt wurde, blieb nichts anderes übrig, als die demütigenden Bedingungen zu akzeptieren. Das einst stärkste Reich der Welt war zum Krüppel geworden und stand zum Ausverkauf bereit.

Dass es nicht dazu kam (der Friedensvertrag trat nie in Kraft), ist unlöslich mit dem Namen eines Mannes verbunden: **Mustafa Kemal Atatürk.** Er sollte nach Jahrhunderten der geschundenen türkischen Seele wieder Selbstbewusstsein einhauchen – allerdings um den Preis eines nahezu kompletten Identitätswechsels.

Atatürk und die Türkische Republik

Egal, wo man in Istanbul hingeht – in ein Restaurant, ein Hotel, eine Bank, zum Friseur oder ins Hamam oder auch nur zum Bakkal (Tante-Emma-Laden an der Ecke) – er ist garantiert da. Seine durchdringenden Augen schauen frontal oder von oben aus dem Bild auf alles und jeden herab. Seine Fotos hängen metergroß an der Dolmabahçe Caddesi, sein Museum gibt es in jeder größeren türkischen Stadt, und sein Name wird garantiert der wichtigsten und breitesten Straße gegeben: Atatürk Bulvarı. Natürlich tragen auch der Flughafen und das größte Kulturzentrum seinen Namen, und das Einzige, was in diesem Zusammenhang gerade in Istanbul erstaunt, ist die Kleinheit seines Museums sowie sein relativ bescheidenes Denkmal am Taksim-Platz.

Ansonsten aber gilt: **Atatürk ist eine Ikone in der Türkei,** eine (fast) unantastbare Größe, ein Übervater, der seine Kinder stolz und in völlig neuen Kleidern erzog.

Geboren wurde der **Gründer der modernen Türkei** 1881 in Saloniki, das zu diesem Zeitpunkt noch zum Osmanischen Reich gehörte. Der Sohn eines Beamten schlug mit dem Besuch der Kriegsakademie die **Militärlaufbahn** ein; Ehrgeiz und Zielstrebigkeit brachten ihm hier bereits den Spitznamen „Kemal" (der Reife) ein. Schon im Krieg gegen die Italiener in Libyen (1911/12) konnte der junge Offizier seine Talente unter Beweis stellen, und im Ersten Weltkrieg gewann er gegen die alliierten Truppen an der Seite des deutschen Generals *Sanders* die berühmte Schlacht an den Dardanellen (1915).

Seine große Stunde kam jedoch erst nach der Niederlage und Kapitulation. Istanbul war von den Engländern besetzt, die vom Sultan die Demilitarisierung der östlichen Heereseinheiten verlangten. Der Herrscher beauftragte *Mustafa Kemal* mit dieser Aufgabe, der nach Samsun geschickt wurde. Anstatt aber den Auftrag durchzuführen, stellte er sich an die Spitze der östlichen Armeen, um vom unbesetzten Gebiet aus den **Widerstand** zu organisieren. Er besiegte zunächst die Armenier, denen die Alliierten einen eigenen Staat zugesagt hatten (1920), um sich dann gegen den militärischen Hauptfeind, die im Westen Kleinasiens vorrückenden Griechen, zu wenden. Am Sakarya-Fluss, südwestlich von Ankara, schlugen die Türken im September 1921 nach mehrtägigen Gefechten die gegnerischen Truppen. Die Griechen flohen zur Küste und wurden von der britischen Flotte evakuiert. Nun gaben auch die alliierten Truppen den Kampf auf: Italiener, Franzosen und auch die Engländer räumten türkisches Territorium, um im **Frieden von Lausanne (1923)** der **neu gegründeten Türkischen Republik** die volle Souveränität zuzusprechen.

Diesem erstaunlichen militärischen Erfolg, der *Mustafa Kemal* bei Mitstreitern und Volk eine fast grenzenlose Gefolgschaft und Verehrung sicherte – wie lange hatten die Türken nicht mehr einen solchen Sieg gefeiert? –, ließ der zum „Ghasikrieger" geehrte Führer ei-

Die Stadt und ihre Bewohner

nen **beispiellosen Umbau der türkischen Gesellschaft** folgen, eine **politische und kulturelle Revolution,** die ihresgleichen sucht. Denn *Mustafa Kemal* war nach der politischen Niederlagenserie der letzten 250 Jahre davon überzeugt, dass das Überleben der Türkei und ihr gleichberechtigter Anschluss an die starken Mächte nur über die Modernisierung und Verwestlichung des Staates zu erreichen seien. Grotesk ausgedrückt: Die Türkei musste sich kulturell diametral ändern, ihre alte Identität verleugnen und sich den Prinzipien des Westens unterwerfen, um politisch zu siegen und zu überleben.

Die Basis dafür waren die **sechs kemalistischen Prinzipien (Altı Ok),** in denen man unschwer westliche Denkkategorien und Ideologien wiederfindet: **Nationalismus, Laizismus, Reformismus, Republikanismus, Populismus und Etatismus.** Zu den beiden erstgenannten, auch heute noch im Brennpunkt stehenden Pfeilern hier einige Erläuterungen.

Das wichtigste staatstragende Prinzip ist der **Nationalismus (Milliyetçilik).** Die neue türkische Republik (am 29. Oktober 1923 in Ankara proklamiert) definierte die Staatsidentität nicht mehr über die Person des Sultans, der von

Fahnenschmuck zum
Tag der Republik (in Kadıköy)

Atatürk am 1. November 1922 der Macht enthoben und des Landes verwiesen worden war, sondern über die moderne Fiktion eines einheitlichen türkischen Staatsvolkes, dem die Integrität seines Territoriums zuzusichern war. Einfach und verkürzt ausgedrückt: Auf dem Gebiet der Türkei lebten von nun an nur noch türkische Staatsbürger, andere ethnische Gruppen hatten sich als solche zu fühlen und sich zu „türkisieren". Die jahrhundertealte multiethnische Millet-Staatsform der Sultane wich einem rigorosen Nationenprinzip, das in der Folge besonders die **Kurdenproblematik** auf die Tagesordnung bringen sollte. Denn wenn Nationalismus ein einheitsstiftendes Prinzip für die Türken und alle Völker der Welt sein konnte, warum sollten dann nicht auch andere Ethnien – die von der türkischen Öffentlichkeit tunlichst als „Bergtürken" assimiliert und behandelt wurden – dieses Prinzip in Anspruch nehmen?

Das zweite kemalistische Prinzip stellte eine Kulturrevolution dar: der **Laizismus (Laiklik,** Trennung von Staat und Religion). Man stelle sich, um die Radikalität des Wechsels ermessen zu können, vor, in Mitteleuropa würde der Feiertag des christlichen Sonntags gegen den islamischen Freitag ausgetauscht; von heute auf morgen käme die Anweisung, nicht mehr europäisch (lateinisch), sondern arabisch zu schreiben – alle würden zunächst Analphabeten; Kleidervorschriften würden erlassen, die den Männern den Turban und den Frauen das Kopftuch vorschreiben – sonst dürften sie weder Beamte, Lehrer noch Studenten werden; das westliche

Recht würde durch die Scharia (islamisches Recht) ersetzt, die metrischen Maße würden geändert, die Zeitrechnung ebenso, und ab sofort dürften Männer bis zu vier Ehefrauen ehelichen. Was würden Sie davon halten?

Aber keine Angst: Dieser Tag wird niemals kommen, denn wir leben bekanntlich auf der richtigen Seite des Fortschritts. Die Türken lebten nach Meinung ihres Führers auf der falschen, also mussten sie diesen Tag hinnehmen.

Nach seinem außenpolitischen Sieg gingen *Mustafa Kemal* und seine Mitstreiter sofort an die **Umgestaltung der Gesellschaft.** Der Kalif als oberstes religiöses Oberhaupt wurde verbannt (3. März 1924), die religiösen und staatlichen Schulen wurden unter die Kontrolle des Ministeriums für nationale Erziehung gestellt. Die Scharia wurde durch europäische Rechtssysteme ersetzt: Einführung des Schweizer Zivilrechts (Bürgerliches Gesetzbuch), des Italienischen Strafrechts sowie des Deutschen Handelsrechts (1926), Einführung des Frauenstimmrechts (1930/34) und Verbot der Vielehe. Die islamische Zeitrechnung (nach der Hedschra) wurde durch den Gregorianischen Kalender ersetzt (1925) und der christliche Sonntag zum Feiertag gemacht. Die jahrhundertelang arabisch schreibenden Wissenschaftler und Beamten mussten 1928 mit der Umstellung auf die lateinische Schrift und der folgenden Sprachsäuberung – arabische und persische Wörter wurden durch türkische ersetzt – wieder auf die Schulbank. Die metrischen Maße wurden den europäischen angepasst (1931) sowie der bis dato im

Islam unübliche Familienname eingeführt. *Mustafa Kemal* selbst ließ sich nun
offiziell den Namen „Atatürk" (Vater
der Türken) geben. Im Jahr 1925 hielt
der westliche Musik und Kleidung be-
vorzugende *Atatürk* seine berühmte
„Hut-Rede", der das ebenso berühmte
„Hut-Gesetz" folgte: Der alte islamische
„Deckel", der Fes, wurde verboten und
die Vorzüge des westlichen Panama-
hutes präsentiert (was prompt einen
verstärkten Import europäischer Hut-
produkte nach sich zog). Im Februar
1926 wurde dementsprechend dann
der Frauenschleier in Ministerien und
anderen öffentlichen Institutionen
(Schulen, Universitäten) verboten.

Im aufgeklärten Istanbul hatte man
mit den Reformen keine allzu großen
Schwierigkeiten, aber in Anatolien gab
es Unruhen und Aufstände, und in den
Dörfern östlich von Ankara hat der geplante Fortschritt auch heute noch nicht
überall Einzug gehalten. *Atatürk* hatte
seinem Volk einen **Identitätswechsel**
befohlen – demokratisch wären die
Neuerungen auch schwerlich durch-
setzbar gewesen –, der eine kulturelle
Kehrtwendung um 180 Grad beinhal-
tete. Die ehemaligen Kernpunkte der
Identität, Sultan und Islam, waren entweder abgeschafft oder entmachtet
worden (**Säkularismus).** Die Türkei
sollte in den Westen – koste es, was es
wolle. *Atatürk* selbst hatte einmal den
Islam als Hindernis und „absurde Theo-
logie eines unmoralischen Beduinen"
bezeichnet, ein hübscher Affront, wie
ihn westliche Politiker kaum drastischer
hätten formulieren können. Wenn wun-
dert es, dass Jahrzehnte später der fun-

damentalistische Ayatollah *Khomenei*
der islamischen Welt zurief: „Wem sollen wir zuhören: Gott oder *Atatürk,
dem Banditen?"*

Als der ob seiner außenpolitischen Erfolge vergötterte „Vater der Türken" am
10. November 1938 im Dolmabahçe-
Palast starb, hatten sich seine Anhänger
in der bis dahin einzig zugelassenen
Partei, der **Republikanischen Volkspartei,** organisiert. **Ismet Inönü** und seine
Nachfolger führten im Kalten Krieg gegen die Sowjetunion die Türkei **an die
Seite der USA** und ihrer westlichen
Verbündeten (1945 Unterzeichnung
der UNO-Gründungsurkunde, 1952
Beitritt zur NATO). Ein Mehrparteiensystem (seit 1946) wurde implemen-
tiert, das jedoch ob der sozialen und
wirtschaftlichen Probleme immer wieder die oberste Instanz und Gralshüter
des Kemalismus, die Armee, auf den
Plan rief. Drei **Militärputsche** (1960,
1971, 1980) zeugen davon, wie schwierig und ambivalent der konstitutionelle
Weg der Türkei war. War der fest im
Generalstab verankerte Kemalismus bis
in die 1980er Jahre immer wieder das
nach Westen orientierte Korrektiv einer
gespannten Entwicklung, so stellt sein
immer noch staatstragendes Prinzip des
Nationalismus heute in so manchen Augen ein unzeitgemäßes Hemmnis auf
dem Weg nach Europa dar (Armenien-
und vor allem Kurdenproblematik).
Auch der Laizismus zeigt Risse, seitdem
islamische Parteien in den 1990er Jahren massenhaften Zulauf von Seiten der
Armen und Geçekondu-Bewohner erfuhren. So wissen die Europäer, die der
Türkei im Dezember 1999 den lang er-

Die Stadt und ihre Bewohner

sehnten Status eines **EU-Beitrittskan-didaten** verliehen und am 3. Oktober 2005 die Beitrittsverhandlungen offiziell eröffnet haben, nicht so recht, wie sie sich verhalten sollen: Einerseits misstrauen sie der Türkei, weil sie kulturell ein asiatisches und vor allem islamisches Land ist; andererseits haben sie Angst, dass die bisher stabilste und säkularste islamische Demokratie vor ihrer Haustür in die Hände des Islamismus getrieben wird, wenn man die Tür zu hart zuschlägt. In Istanbul und Ankara jedenfalls stand sie – wenn auch etwas knirschend – weit offen, auch wenn die Europa-Euphorie in den letzten Monaten angesichts der Euro-Krisen bei vielen Türken skeptische Fragezeichen hinterlassen hat.

Istanbul und die Moderne – Der lange Weg nach Europa

Als in den 1950er Jahren die Regierung von *Adnan Menderes* eine größere wirtschaftliche Liberalisierung einleitete, wurden die Kredite des US-Bündnispartners vor allem in die **Mechanisierung der Landwirtschaft** und den **Ausbau des Straßennetzes** investiert. Man hoffte, so dem unterentwickelten anatolischen Raum eine Perspektive bieten zu können – zumindest war das die offizielle Lesart. Die Subventionen kamen aber hauptsächlich den **Großgrundbesitzern** zugute, sodass die Tagelöhner und Kleinbauern nichts vom proklamierten Fortschritt sahen. Also nutzten sie die neu gebauten Straßen, um in die westlichen Städte zu ziehen – das Projekt hatte sich ins Gegenteil verkehrt.

An den Peripherien der Städte – allen voran Istanbul – erbauten die **anatolischen Migranten** „über Nacht" *(Geçekondu)* ihre **Hüttensiedlungen,** die ihnen nach einem alten islamischen Grundsatz nicht mehr weggenommen werden durften. Dann holten sie ihre Familien und Verwandten nach, die Siedlung wurde größer, erhielt politische Bedeutung bei den nächsten Wahlen und erfuhr über heraneilende Politiker das Versprechen, an Kanalisa-

istad06-345 Foto: mf

Gemüsestand im Marktviertel von Kadıköy

tion und Versorgungsnetze angeschlossen zu werden. Aus dem Geçekondu wurde ein „normales" **Mahalle (Stadtviertel),** der soziale Aufstieg begann, die Zurückgebliebenen erfuhren davon, um bei solch guten Aussichten ebenfalls ihre Koffer zu packen. Und das Spiel begann von neuem.

Istanbul explodierte. Lag die Einwohnerzahl 1950 bei gut 1 Million, so ist sie heute nach inoffiziellen Schätzungen bei ca. 15 Millionen angelangt. Die Stadtverwaltung stand vor riesigen Versorgungs- und Entsorgungsproblemen, und kulturell schien das anatolische Dorf *(Köy)* der Weltstadt den Garaus zu machen. Die mondänen Städter stöhnten über die **„Anatolisierung"** ihrer Straßen, wo Hühner und Gänse samt Pluderhosen zu sehen waren.

Einen neuen Schub erhielt die Zuwanderung in den 1980er Jahren, als die Regierung von *Turgut Özal* weitere **Liberalisierungen** einleitete, die politisch zwar Fortschritte brachten, aber ökonomisch wiederum eher den Stärkeren zugute kamen. Die unzufriedenen kleinen Leute (insbesondere die Geçekondus) liefen massenweise zu den neu entstandenen **islamistischen Parteien** über, die bald landesweit wie auch in den Städten die Regierung stellten. Das argwöhnische kemalistische Militär ließ zwar immer wieder die des Fundamentalismus verdächtigen Parteien verbieten (Refah Partisi 1998, Nachfolgepartei Fazilet 2001), nur um sie unter neuem Namen wieder zulassen zu müssen (heute stellt die Adalet ve Kalkınma Partisi, AKP, die Regierung). Dem 1994 zum **Bürgermeister** gewähl-

ten **Recep Tayyip Erdoğan,** damals Mitglied der Refah Partisi und damit der erste islamistische Bürgermeister der Stadt, mussten selbst politische Gegner Anerkennung zollen, packte er doch die Probleme der Stadt tatkräftig an: Er ging gegen die Korruption vor, verbesserte die Trinkwasserversorgung, sorgte für eine funktionierende Müllbeseitigung und erhöhte die Effizienz des Verkehrsnetzes. Seine Beliebtheit ließ ihn in die nationale und internationale Ebene der Politik aufsteigen. Zwar wurde *Erdoğan* wegen angeblicher Volksverhetzung 1998 von den laizistischen Gerichten zu einer zehnmonatigen Haftstrafe verurteilt (er hatte „die Minarette als Bajonette, die Kuppeln der Moscheen als Helme, die Moscheen als Kasernen und die Gläubigen als Soldaten der Wohlfahrtspartei (Refah Partisi)" bezeichnet), doch im März 2003 wurde der populäre Führer der neu formierten AKP-Partei nach einem grandiosen Wahlsieg **Premierminister.** Sorgfältig vermied *Erdoğan* als Regierungschef jedes islamistische Eifertum, um weder die argwöhnischen Europäer noch das noch argwöhnischere kemalistische Militär gegen sich aufzubringen.

Denn auch die Islamisten – und das mag manchen Besucher überraschen – verfolgen energisch die **Aufnahme in die EU.** Schon 1963 gab es ein Assoziierungsabkommen mit der damaligen EWG (Europäische Wirtschaftsgemeinschaft), 1987 beantragte die Türkei die Mitgliedschaft in der EG, 1995 erfolgte die Zollunion, 1999 erlangte das Land endlich den heiß ersehnten Status als Beitrittskandidat, und am 3. Oktober

Die Stadt und ihre Bewohner

2005 wurden die **offiziellen Beitritts-gespräche** durch Außenminister *Abdullah Gül* (AKP) eröffnet.

Der Grund für dieses fast schon verzweifelte EU-Engagement liegt vor allem auf wirtschaftlichem Terrain. Die Türkei ist – trotz eines gegenwärtigen Booms von nahezu 8 Prozent jährlichem Wirtschaftswachstum – ein hoch verschuldetes Land. Allein die **Finanzkrise** im Februar 2001 führte zur Schließung mehrerer Banken und einem Verlust von ca. 50 Milliarden Euro beim Nationaleinkommen; über eine Million Arbeitsplätze fielen innerhalb weniger Tage der Rezession zum Opfer. Der damaligen Regierung *Ecevit* wurde daraufhin ein Kredit des IWF (Internationaler Währungsfonds) von 16 Milliarden Dollar gewährt. Mit einer aufgelaufenen **Schuldenlast** von 31 Milliarden Dollar ist die Türkei eines der größten Schuldnerländer des IWF, dessen bekannt rigorose Auflagen von der neuen Regierung *Erdoğan* zunächst nicht umgesetzt wurden, um die Arbeitslosigkeit nicht noch weiter steigen zu lassen. Mit einer Gesamtschuldenlast von über 200 Milliarden Dollar steht das Land am Rand des Bankrotts und unter dem Diktat seiner westlichen Geldgeber.

Vor diesem Hintergrund erscheinen die Beitrittsanstrengungen zur EU als ein verzweifelter Versuch, der Strangulierung durch den IWF und der Abhängigkeit vom Bündnispartner USA eine **wirtschaftliche Alternative** entgegenzusetzen und wieder mehr Handlungsfreiheit zu gewinnen. Selbst konservative Muslime, die der EU kritisch gegenüberstehen, stimmen dem allgemeinen Credo zu: Lieber gehöre man zu Europa denn zu einem Amerika, dessen Kampf gegen den globalen Terror bei nicht wenigen als Kampf gegen den Islam verstanden wird.

Und die Europäer? Sie werden die Geister nicht mehr los, die sie vor Jahren mit der Aussicht auf **Beitritt** gerufen haben. Also werden immer neue **Bedingungen** gestellt: Frauen- und Minderheitenrechte (Kurden, Armenier), Zypernfrage, Strafvollzug (u.a. Abschaffung der Todesstrafe), Verbesserung der Menschenrechte und Bekämpfung der Folter waren und sind die Prüfsteine, die in den letzten Jahren von der Türkei mehr oder weniger durch **Gesetzesänderungen und Reformen** im Sinne der Europäer aus dem Weg geräumt wurden. Die noch bis vor Kurzem mögliche Strafminderung bei den berüchtigten Ehrenmorden (Tötung der Frau aufgrund „ehrlosen" Verhaltens) wurde abgeschafft, die rechtliche Gleichstellung von Mann und Frau vorangetrieben, ein von der AKP provokant geplantes Gesetz zur Bestrafung von Ehebruch nach Protesten der Europäer zurückgezogen, die kurdische Sprache in Rundfunk und Fernsehen aufgewertet.

Der **Kampf um die kulturelle und politische Identität** tobt auch am Bosporus. Die Stadt vibriert, entwickelt sich in rasendem Tempo, restauriert ehrgeizig die touristisch relevanten Objekte in

Das islamische Kopftuch der Frau, ein Symbol für den Widerstreit zwischen westlicher Moderne und islamischer Tradition der Altstadt, bietet attraktive internationale Events wie den Eurasia-Marathon, die Formel 1 oder den European Song Contest an, steht als Gastgeber internationaler Konferenzen (z.B. die Weltsiedlungskonferenz „Habitat II" im Juni 1996 oder der NATO-Gipfel im Juni 2004) und Festivals hoch im Kurs – und bleibt unter der glitzernden Oberfläche doch geteilt.

Die in Beyoğlu und Nişantaşı sitzenden „Westler" und Kemalisten fühlen sich dem Tausende von Kilometern entfernten Berliner oder Pariser näher als dem im nahen Stadtteil Fatih wohnenden islamischen Konservativen, dessen Rückständigkeit sie als beschämend empfinden. Wenige Meter, jedoch einige „kulturelle Lichtjahre", aber mindestens Jahrzehnte trennen so in Istanbul das **islamische Anatolien** und das **westliche Europa.** Als die erstarkten Islamisten in den 1990er Jahren just auf dem Taksim-Platz, dem Inbegriff des westlichen Istanbul, die Errichtung einer großen Moschee planten, wetterten die „Westler" gegen diesen kulturellen Generalangriff des Islamismus und das Projekt wurde abgeblasen.

Der **symbolträchtigste Kampfplatz** aber ist der auch in Europa heiß diskutierte und hoch politisierte **Türban,** das **islamische Kopftuch der Frau.** Längst ist sein Tragen oder Nicht-Tragen zur sichtbaren politischen Flagge geworden – und das bis in die höchsten Etagen.

Die Stadt und ihre Bewohner

istadbr-155 Foto: mf

Ministerpräsident *Erdoğan* muss es hinnehmen, dass bei Staatsempfängen des dem Kemalismus verpflichteten Präsidenten (gegenwärtig *Abdullah Gül*) seine Frau nicht eingeladen wird – nur weil sie einen Türban trägt. Den jungen, vor der Istanbuler Universität demonstrierenden Studentinnen wurde das Studium verwehrt, weil sie mit dem Kopftuch studieren wollten. Als sich eine von ihnen, eine 1998 vom Studium ausgeschlossene Medizinstudentin, zum Gang vor den Europäischen Gerichtshof entschloss, um ihr Grundrecht auf Religionsfreiheit einzuklagen, wurde ihr Gesuch auf ein Studium mit dem Kopftuch unter dem Jubel der kemalistischen Presse abgewiesen. Die Islamisten, darunter natürlich die Vertreter der AKP, zeigten sich enttäuscht, hatten sie sich doch – welch Ironie der Geschichte! – just von dem europäischen Gericht eine größere religiöse Toleranz im Kampf gegen die einheimischen Kemalisten versprochen.

Aber die Europäer leiden seit den islamischen Terroranschlägen selbst an einer weltweit grassierenden **Islamphobie.** Schulorientierte Kopftuchurteile in Deutschland und Frankreich machen klar, dass die falsche Kopfbedeckung der Frau in einer öffentlichen Funktion (Lehrerin) eine Gefahr und Verletzung der säkularen „Neutralität" darstellt.

Am 3. Oktober 2005 machte die Istanbuler Börse einen Sprung, aus lauter Freude über die gerade angelaufenen Beitrittsverhandlungen zur EU. Endlich! Und weit war der Weg der Kinder *Atatürks* gewesen. Aus Asien über den Vorderen Orient kommend, stehen sie nun auf der **Brücke nach Europa,** und zwar endlich – so die Meinung der Istanbuler Börsenyuppies – auch auf der richtigen Seite. Aber ob sie wirklich in Berlin und Paris ankommen werden? Sind die Türken, jahrhundertelang die Erzfeinde des Christentums, Europäer geworden und hat sich der Traum von *Mustafa Kemal* dann schlussendlich erfüllt? Kann man seine kulturelle Identität wechseln bzw. konservieren und trotzdem Europäer werden?

Auch am Bosporus wird man darauf keine einfache Antwort finden, denn die über 70 Millionen Türken selbst sitzen, und das keinesfalls nur geografisch, mehrheitlich **zwischen den Stühlen.** Im Moment können sie tun und machen, was sie wollen, ihre „Erfüllungspolitik" wird vielleicht auch in 15 Jahren nicht hinreichen. An ihnen klebt nämlich – in vielen europäischen Augen – anders als z.B bei den Ungarn, die ebenfalls aus Asien kamen, ein unauslöschlicher Makel, ein kultureller Grundzweifel: Sie sind ganz einfach **immer noch Muslime.** Warum nur hat *Atatürk* bei seinen Reformen die Zwangstaufe vergessen ...?

Und es fehlt vor allem in den letzten Jahren nach den nicht enden wollenden Euro-Turbulenzen nicht an Stimmen, die selbstbewusst eine **stärkere Wendung zum islamischen Osten** bevorzugen. Istanbul ist für viele arabische Golf-Touristen zum Shopping-Paradies geworden, die Wirtschaft verzeichnet seit fast 10 Jahren stolze Wachstumsschübe. Braucht man da überhaupt noch ein nörgelndes und zunehmend fragiles Europa?

Der Islam

Es ist Fastenmonat. Zwischen den Minaretts der Moscheen hängen erleuchtete Grußbotschaften, die weithin die Ankunft der **Fastenzeit** (**Ramadan,** türk.: *Ramazan*) preisen und abends den ohnehin Ehrfurcht gebietenden Gotteshäusern buchstäblich noch mehr Glanz verleihen („Hoş geldin Ramazan" – Sei willkomen Fastenmonat). Auf dem At Meydanı, dem alten Hippodrom, zieht der Ramazan Fuarı, einem Weihnachts- oder Jahrmarkt vergleichbar, jede Nacht die Promenierenden an, herrlich flankiert von der erleuchteten Sultan-Ahmet-Moschee. Die aufgebauten Holzhäuschen, die Tee, Sahlep, Köfte, Kokorec (Innereien) und viele andere Spezialitäten verkaufen, sind bis in die tiefe Nacht von Heerscharen umlagert, die, oft von weither kommend, den berühmtesten Ramazan-Markt der Türkei sehen wollen. Und solange die Sonne nicht aufgegangen ist, braucht man auch nicht zu fasten. An zentralen Punkten der Stadt sieht man große Zelte, in denen den Armen für einen ganzen Monat kostenlos das **Iftar** (**Essen nach Sonnenuntergang** im Fastenmonat) ausgegeben wird.

Manche etwas unausgeschlafen wirkenden Touristen erkundigen sich morgens an der Rezeption, warum nachts um 4 Uhr jemand durch die Straßen geht, um dermaßen auf die Pauke zu hauen, dass man fast aus dem Bett fällt. Der Hotelier lacht: „Das ist der Ramazan Davulçu. Der Trommler geht eine Stunde vor Tagesanbruch durch die Straßen, um die Leute für das **Suhur** (**Essen vor Sonnenaufgang**) zu wecken. Im Ramazan müssen wir vor Tagesanbruch essen – danach ist Schluss, bis die Sonne untergegangen ist." Insgesamt aber bemerkt der Tourist den Fastenmonat nur am Rande, soll heißen als Touristenattraktion auf dem At Meydanı. Läden, Restaurants, Cafés sind wie immer geöffnet, und niemand erwartet eine besondere Verhaltensweise seitens des Besuchers. Nördlich des Goldenen Horns, im „westlichen" Teil der Stadt, merkt man ohnehin wenig vom Ramadan, der längst nicht mehr von allen Istanbulern eisern eingehalten wird.

Der Islam („Hingabe an Gott") ist die zeitlich jüngste Weltreligion. Sie fußt auf den Offenbarungen des **Propheten Mohammed (570–632),** dem der Erzengel *Gabriel* der Überlieferung nach auf dem Berg Hira göttliche Visionen zukommen ließ, die ihn fortan zum Verkünder der neuen Religion werden ließen. Seine Mission begann in Mekka, wo er 632 fliehen musste, da die einheimische Händlerschaft sich gegen ihn stellte. Dieser **Auszug aus Mekka** (arab.: **Hedschra,** türk.: **Hac**) ist der Beginn der islamischen Zeitrechnung. Von der Nachbarstadt **Medina** aus setzte der Prophet seinen Glaubenskampf fort, um sich schließlich mit den Mekkanern zu einigen und die dortige **Kaaba,** das alte Heiligtum der Stadt, zum Zentrum des neuen Glaubens zu machen. Jeder Muslim („die sich Gott Hingebenden") sollte fortan mindestens einmal im Leben nach Mekka pilgern (Hac), um dort sieben Mal das von *Abraham* erbaute Kaaba-Heiligtum zu umrunden.

Die Stadt und ihre Bewohner

Die heilige Stadt gibt in der ganzen Welt die Gebetsrichtung (Kibla) an. In jeder Moschee weiß der Besucher genau, in welcher Richtung Mekka liegt, denn die Position des Mihrab (Gebetsnische) zeigt wie eine steinerne religiöse Kompassnadel die richtige Himmelsrichtung an. Über eine Milliarde Gläubige in 184 Ländern (nach den Christen die größte Glaubensgemeinschaft der Welt) beugen beim Gebet ihr Haupt in Richtung jener Stadt, die heute noch für Nicht-Muslime verboten ist.

Religion und Geschäft, Tradition und Moderne liegen in Istanbul nah beieinander

Dazu zählen auch die Türken, die bei ihrer Wanderung durch Vorderasien vor rund 1000 Jahren den Islam annahmen und lange Zeit die militärische Speerspitze gegen das christliche Europa waren; 99,8 Prozent der Landesbewohner bekennen sich heute offiziell zum Islam.

Die sechs Glaubenssätze des Islam

Das **Bekenntnis zum Islam** umfasst sechs Glaubenssätze:

1. Der **Glaube an den einen Gott** (Allah); dieses Prinzip wird vom Muslim in der Formel der Şehadet (siehe unten) mehrmals täglich bekräftigt und rezitiert.

2. Der **Glaube an Gottes Engel,** darunter als wichtigster der aus dem Christentum bekannte Engel *Gabriel*.

3. Der **Glaube an das göttliche Buch, den Koran;** abgefasst und zusammengestellt durch die ersten Kalifen nach dem Tod *Mohammeds* – dieser selbst konnte wahrscheinlich weder lesen noch schreiben –, stellen die 114 Kapitel (**Suren**) die Offenbarungen Gottes an den Propheten dar. Dies bedeutet, dass der Koran das heilige Wort Gottes ist, dessen punktuelle Tiefe und Auslegungsmöglichkeiten zwar gelehrte Dispute rechtfertigen, dessen Göttlichkeit selbst aber keineswegs in Frage gestellt werden kann.

Übrigens sind auch Christen und Juden „Buchbesitzer" (arab.: *Ahl al-kitab*) und insofern vor den anderen Religionen ausgezeichnet; allerdings gelten ihre Bücher als Verfälschungen des göttlichen Wortes – zum Beispiel durch die Proklamation von *Jesus Christus* als Gottes Sohn –, sodass sie historisch einerseits als Schutzbefohlene *(Ahl ad-dimma),* andererseits auch als zu bekämpfende Ungläubige bezeichnet werden. Wer allerdings einem gläubigen Muslim auf die Frage nach seiner Konfession mit einer Nicht-Buch-Religion oder gar einem atheistischen Bekenntnis antwortet, wird in der Regel wenig Verständnis und noch weniger Anerkennung finden.

Neben dem Koran gelten die **Hadithe** (türk.: *Hadis*) als weitere Richtschnur des sozialen und religiösen Lebens. Es handelt sich dabei um überlieferte Aussprüche und Handlungen des Propheten, die in der **Sunna** (arab.

„Vorbild", türk.: *Sünnilik*) gesammelt vorliegen. Der sunnitische Islam, dem sich auch 80 Prozent aller Türken verpflichtet fühlen, stellt weltweit so etwas wie die islamische Orthodoxie dar, d.h. den richtigen Glauben (vergleichbar mit der Katholischen Kirche im Christentum), dem ca. 80 mehr oder weniger „abweichlerische" Auffassungen gegenüberstehen. Koran und Hadithe sind für sunnitische Muslime die beiden entscheidenden Autoritätsquellen für religiöse wie auch gesellschaftliche Fragen; aus ihnen wird zum Beispiel das religiöse Recht, die **Scharia** (türk.: *Şeriat*), abgeleitet, das von einigen islamischen Staaten (z.B. Pakistan) heute noch angewendet wird.

4. Der **Glaube an die Gottes Wort verkündenden Gesandten** (Propheten); in einer Kette von *Moses, Abraham* und *Christus* stellt *Mohammed* den letzten, das endgültig wahre Gotteswort sprechenden Verkünder dar. Seine Vorläufer gelten ebenfalls als *Allahs* Gesandte, deren Botschaft aber durch die Aufnehmenden (auch in der Schrift) verfälscht worden ist.

5. Der **Glaube an den jüngsten Tag,** die „Stunde"; ähnlich wie im Christentum müssen die einzelnen Seelen vor dem göttlichen Endgericht die Verantwortung für ihre jeweiligen Taten übernehmen, die über Himmel (türk.: *Cennet*) oder Hölle *(Cehennem)* entscheiden.

6. Der **Glaube an die Vorherbestimmung** *(Kısmet);* der für den Orient so typische Schicksalsglaube ist im Gegensatz zu den ersten fünf Prinzipien durchaus umstritten und auch nicht ein-

deutig aus dem Koran ableitbar. Auch in der Türkei gibt es islamische Interpretationen, die dem Individuum gegenüber dem Schicksal eine reelle Freiheit und Verantwortung zugestehen.

Die fünf Säulen des Islam

Den fünf bzw. sechs Glaubensdogmen stehen fünf **praktische religiöse Grundpflichten** zur Seite (die sogenannten „fünf Säulen der Religion", arab.: *Arkan ad-din*). Sie stellen die für jeden gläubigen Muslim verbindlichen individuellen Handlungsmaximen dar:

1. Erste Pflicht ist das **tägliche Glaubensbekenntnis an den einen Gott** (*Allah*): „Es gibt keinen Gott außer *Allah,* und *Mohammed* ist sein Prophet". Das öffentliche und aufrichtige Sprechen dieses Zeugnisses (arab.: *Shahada,* türk.: *Şehadet*) bekundet die Zugehörigkeit zum islamischen Glauben; einen äußerlichen symbolischen Initiationsritus, wie z.B. die Taufe, gibt es nicht.

2. Des Weiteren sind die **fünf täglich abzuhaltenden Gebete** (arab.: *Salat,* türk.: *Namaz*) eine Pflichthandlung: in der Morgendämmerung, zur Mittagszeit, am Nachmittag, am Abend sowie vor dem Anbruch der Nacht.

Das öffentliche Gebetshaus der Muslime ist die **Moschee** (türk.: *Cami* oder *Mescit*). Von ihren schlanken Gebetstürmen **(Minarette)** ruft der **Muezzin** den *Ezan* (Gebetsruf) aus, der alle Gläubigen zum gemeinsamen Gebet versammelt.

Am Reinigungsbrunnen der Moschee (türk.: *Şadırvan*) finden vor dem Gebet die **rituellen Waschungen** (türk.: *Aptes*) statt: Hände, Füße und Gesicht sind nach bestimmten Vorschriften unter fließendem Wasser zu reinigen. Die religiös vorgeschriebene Reinheit hat nur so lange Bestand, wie man nicht zur Toilette geht oder sexuell verkehrt.

Die Moschee wird selbstverständlich ohne Schuhe betreten; auf ihren Teppichen findet dann der eigentliche **Gebetsvorgang** statt. Das Gesicht zur Mihrab (Gebetsnische, die die Richtung nach Mekka anzeigt) und der meist benachbarten Minbar (Gebetskanzel des Vorbeters) gewendet, spricht der Gläubige sein Gebet, wobei er sich mehrmals mit Stirn und Händen bis zum Boden verneigt und zwischen knieender und aufrechter Gebetshaltung wechselt. Männer und Frauen beten getrennt; letzteren ist in der Moschee meist ein abgeteilter Raum oder eine Empore zugewiesen, damit sie den Augen der Männer entzogen sind.

Das wichtigste Gebet ist das **Freitagsgebet** (türk. *Cuma namazı*), da der Freitag (*Cuma*) im islamischen Denken dieselbe hohe Position hat wie der christliche Sonntag. Seit den Reformen *Atatürks* gilt zwar auch in der Türkei der Sonntag als arbeitsfreier Feiertag (seit dem 27. Mai 1935), die Bedeutung des Freitagsgebetes ist aber für Muslime davon nicht berührt worden.

Die Einhaltung der fünf Pflichtgebete ist übrigens nicht an den Besuch einer Moschee gebunden; Muslime können überall in der Welt ihren **persönlichen Betplatz** kreieren, indem sie ihren Gebetsteppich oder eine andere geeignete Unterlage auf dem Boden ausbreiten, um sich dann Richtung Mekka zu verbeugen. Ist kein Wasser zur Hand, kann für die rituelle Reinigung auch Sand benutzt werden.

3. Die dritte praktische Handlungsmaxime ist die **Sozial- bzw. Armensteuer** (arab.: *Zakat,* türk.: *Zekât*), die nicht mit der freiwilligen **Almosenspende** (türk.: *Sadaka*) verwechselt werden darf. Denn die Zekât stellt für Wohlhabende eine Art religiöse Pflichtsteuer dar, die von einigen Theologen (Hoca) auf 2,5 Prozent der jährlichen Nettoeinnahmen festgelegt wird. Darüber hinaus fordert die *Sadaka* jeden Einzelnen dazu auf, nach Maßgabe seiner jeweiligen Möglichkeiten den Bedürftigen zu helfen; die Gabe ist immer freiwillig, aber, so die 3. Sure im Koran, „nimmer erlangt ihr die Gerechtigkeit, ehe ihr nicht spendet von dem, was ihr liebt; und was immer ihr spendet, siehe, Allah weiß es".

4. Eine bedeutende religiöse Pflicht ist das **Fasten (Oruç) im Monat Ramadan** (türk.: *Ramazan*). Jeder Gläubige ab dem 8./9. Lebensjahr verzichtet während des Fastenmonats zwischen Sonnenaufgang und -untergang auf Essen, Trinken, Rauchen und Geschlechtsverkehr. Vor allem für arbeitende Menschen stellt dies eine erhebliche Anforderung dar, sodass nicht wenige Firmen bei ihren Mitarbeitern eine verringerte Motivation und Arbeitsintensität feststellen müssen. Der Fastenmonat richtet sich nach dem **islamischen Mondkalender,** dessen Jahresrhythmus um ca. elf Tage kürzer ist als das uns bekannte Sonnenjahr; so „wandert" der Beginn des Ramadans jedes Jahr im Sonnenkalender kalendarisch um etwa elf Tage nach vorne (zu den genauen Terminen siehe „Feste und Feiertage").

Wird übrigens aus irgendeinem Grund während des Tages das Fasten gebrochen – und sei es nur durch den Zug an einer Zigarette –, so kann der verlorene Fastentag nach dem Ramadan nachgeholt werden. Schwerstarbeiter, Kranke, Reisende und schwangere wie auch menstruierende Frauen sind ohnehin vom Fasten befreit.

5. Die letzte Säule des Islam kann ebenso wie die vorherige im westlichen Denken als bekannt vorausgesetzt werden, und sei es nur, weil man sich aus seiner Jugendlektüre der Karl-May-Gestalt des Hadschi Halef Omar erinnert. Ein *Hadschi* (türk.: *Hacı*) ist derjenige, der die oben bereits angesprochene **Wallfahrt nach Mekka** (arab.: *Hedschra,* türk.: *Hac*) erfolgreich absolviert hat, d.h. mindestens einmal im Leben im islamischen Monat *Zilhicce,* dem letzten des islamischen Kalenders, das Heiligtum der Kaaba siebenmal umrundet und dabei mehrere rituelle Handlungen zelebriert hat.

Islam, Politik und Gesellschaft

Mohammed hatte im Exil in Medina eine **religiöse Gemeinschaft** (arab.: *Umma*) geformt, die ungeachtet aller etwaigen ethnischen Unterschiede die Gemeinde zu einem sozialen Ganzen verband. Damit stellte der Islam eine nicht nur religiöse, sondern auch **politische Wertegemeinschaft** dar, die das ganze Leben des Gläubigen regelte. Es ist dieser weltliche Gestaltungsanspruch, die

Integration von Religion und Gemeinde, die den Islam bis heute zu einem mit dem Säkularismus schwer zu vereinenden Glaubensgebäude macht. Auch das Christentum besaß im Mittelalter diese gesellschaftlich durchdringende Gestaltungskraft, aber der Aufklärungsprozess der Neuzeit hat Staat und Kirche getrennt und die Religion zu einer Privatsache werden lassen. Eine der säkularisierenden Aufklärung vergleichbare Entwicklung hat es im Islam aber kaum gegeben, sodass die säkulare Umformung (Laizismus) per Dekret (*Atatürk*) zumindest bei „Fundamentalisten" immer wieder auf Widerstand trifft. Es ist dieser Punkt, die **Konkurrenz um die soziale und politische Gestaltungsautorität** bzw. -hegemonie, die **Islam und Säkularismus** in einen spannungsreichen Gegensatz treten lässt. Ein „Gottesstaat" wie im Iran erscheint dem Europäer als rückständige und längst „überwundene" Einrichtung, während umgekehrt dem Islamisten die „Gottlosigkeit" des säkularen Staates als sittenlose Verirrung und Verfehlung erscheint.

Die **Türkei** ist der einzige islamische Staat, der die **Trennung von Religion und Politik** konsequent in seiner Verfassung verankert hat. Imame und Muezzins befinden sich auf den Gehaltslisten des staatlichen Präsidiums für Religiöse Angelegenheiten, das direkt dem Ministerpräsidenten unterstellt ist. Bei politisch stabilen Verhältnissen besteht insofern kaum die Gefahr, dass islamistische Vokabeln und Doktrinen die Kanzel beherrschen. Gleichwohl hat der **Islam** seit den Tagen *Atatürks*

viel an **Bedeutung zurückgewonnen.** Abgesehen von den seit den 1990er Jahren starken islamischen Parteien hat auch das von *Atatürk* einst verfemte Derwischwesen wieder an Boden gewonnen. Selbst die Modeindustrie hat den islamischen Chic entdeckt, den junge, selbstbewusste Frauen samt Türban bewusst zur Schau stellen, was nicht wenigen westlichen Fortschrittsaposteln einiges Kopfzerbrechen bereitet. Dass junge gebildete Frauen und Studentinnen ausgerechnet den Islam als **Persönlichkeits- und Protestideologie** entdecken, ja sogar bereit sind, für ihren Glauben den Ausschluss von der kemalistischen Universität zu riskieren, passt so gar nicht in das klassische Bild der rückständigen islamischen Frau, die tief verschleiert und entrechtet fünf Schritte hinter dem allmächtigen Herrn der Schöpfung hertrottet und nur auf ihre „Befreiung" wartet. Nicht, dass es diese Bilder anatolischer Dörflichkeit nicht mehr gäbe – man braucht nur nach Fatih oder Fener zu gehen, um den alten schwarzen Çarşaf auf den Straßen zu sehen –, aber es wäre eine grobe Verunglimpfung, damit die Rolle der Frau im Islam erfasst haben zu wollen. Junge islamische Frauen sind im Internet und der beruflichen Karriere ebenso zu Hause wie ihre laizistischen Genossinnen, und sie wollen wie diese mitreden bei der Gestaltung der Gesellschaft und der Rolle der Frau.

Angler auf der Galata-Brücke

Schuhputzer und Yuppies – Straßenkino der sozialen Gegensätze

Wissen Sie, was in Istanbul die **größte Sehenswürdigkeit** ist? Nein, nicht die Aya Sofya, nicht irgendein Sultanspalast und auch nicht die Süleymaniye. Es ist – die Straße, der **Alltag,** das pralle, gegensätzliche Leben.

In der steilen Galip Dede Caddesi trägt ein alter Mann auf gekrümmtem Rücken eine riesige Holzplatte bergan – *Allah* weiß wofür! –; sein Gesicht hängt fast über dem Pflaster, er stapft langsam und schwer. Selbst für Istanbul ist die Szene zum Stehenbleiben. Dann packt die erste, die zweite, die dritte Hand zu, trägt die Platte mit, bis der Mann vor seinem Ziel steht und das Monster an die Wand gelehnt wird. Sein verschwitztes, stoppeliges Gesicht, jetzt aufgetaucht, brummt abwinkend irgendetwas, nimmt die Hilfe so selbstverständlich an, wie auch die Hände sich wieder lösen, längst weitergehen. Die Minute der **Gemeinschaft** ist so selbstverständlich, so direkt und spontan, dass Dank überflüssig wird.

Durch die Hasırcılar Caddesi im Marktviertel Tahtakale schiebt sich ein Kleinlaster; er nimmt die ganze Ladenstraße ein. Trotzdem drücken sich rechts und links noch die bepackten Menschenmassen vorbei, da der Fahrer im Zentimetertempo fahren, oft stehen bleiben muss. Nicht einer schimpft, niemand stockt, selbst der Junge mit dem dampfenden Teetablett kommt vorbei, ohne einen Tropfen zu verschütten. Alle bewegen sich lückenlos an- und nebeneinander, sind Teile und Gemeinschaft zugleich. In Deutschland wäre längst jeder Verkehrsfluss erstorben, und man hätte die Polizei gerufen.

Vom südlichen Brückenkopf der Galata-Brücke überblickt man den weiten Vorplatz zwischen Anlegestellen und Busbahnhof. Ein geballtes Gewimmel aus Hunderten von Händlern, die ihre Waren – Hosen, Jacken, Spielzeug, Kleinkram – auf Decken ausgebreitet haben, beherrscht den Platz. Aus irgendwelchen Lautsprechern streicht türkische Musik an den Kiosken und Schiffen vorbei. Stundenlang kann man hier stehen und zusehen. Manchmal

ista06-163 Foto: mf

geht eine horizontale Fluchtbewegung durch das gleichmäßig wogende Bild, wenn nämlich die Nachricht von anrückenden Polizeibeamten wie ein Lauffeuer den Straßenbasar durcheilt. Dann raffen all die illegalen Händler ihre Decken hoch, rennen in eine Richtung, flüchten in die Unterführungen oder überqueren Kopf und Kragen riskierend mit ihren Säcken den breitspurigen Boulevard. In einer Stunde sind sie dann alle wieder da, als wäre nichts gewesen.

Oben, im ersten Stock des kleinen Internet-Cafés nahe dem At Meydanı kontrolliere ich meine Mails. „Ne kadar?" Wie viel muss ich bezahlen? *Cem* schaut auf, 1 Lira, okay? Ich nicke, habe aber nur eine grüne 20-Lira-Note, die ich entschuldigend in die Luft halte. *Cem* schaut in seinen Wechselkasten, winkt ab, „tamam, tamam (okay)". Bezahl' morgen, oder irgendwann.

Oder jener „Büfe"-Laden nahe dem Divan Yolu: Der Angestellte macht mindestens drei Sachen gleichzeitig. Während er für ein „Dürüm Döner" (Döner-Sandwich) das Brot teilt, aufschneidet, belegt, gibt er Zigaretten heraus, ein dritter Kunde will bezahlen, ein vierter eine Telefonkarte. Jeder Griff sitzt, 14 Stunden am Tag, und das Unglaubliche ist, dass bei jedem Kunden, der es wünscht, ein kurzer Satz, ein kleines Lächeln so natürlich herüberkommt, dass aus dem Verkauf eine kurze menschliche Begegnung wird. Und das ohne eine Spur aufgesetzter Verkäuferhöflichkeit, ohne Spiel und Taktik. Und kommt man am nächsten Tag wieder, bekommt man schon ein kurzes „İyi günler" (Guten Tag) mit einem erkennenden Lächeln zu hören, dem am nächsten Tag ein vertrauliches „Nasilsın?" (Wie geht es?) folgt.

Nicht dass alle so lächeln; der Mann im Bakkal (kleiner Tante-Emma-Laden an der Ecke), bei dem ich abends noch Wasser und Zigaretten hole, hat niemals gelächelt. Stur sind seine Bewegungen, sein Gesicht undurchdringlich, aber selbst das ist echt, ist er. **Echt** – das ist es, was all diese Szenen verbindet, was einem das Gefühl gibt, immer mittendrin zu sein.

Wobei der Hintergrund alles andere als sozialromantisch ist. Als in den 1980er Jahren die Busse aus Anatolien in Istanbul täglich an die 500 Neuankömmlinge ausspuckten, die *Geçekondus* (Hüttensiedlungen) das Meer und die Hügel eroberten, ergoss sich ein **Heer an billigen Arbeitskräften** über die Stadt. Schuhputzer, Wasser- und Lastträger, fliegende Gemüse- und Maisverkäufer mit ihren Handkarren, Fahrschein- und Brezelverkäufer, Straßenhändler und Dienstpersonal aller Art, billige Bau- und Hotelierkräfte – Legionen an Ich-AGs bevölkern die Stadt, kämpfen um den erhofften sozialen Aufstieg, um oft im **Kampf ums** nackte **Überleben** stecken zu bleiben. Der zwölf Stunden täglich arbeitende, meist mehrsprachige Hotelrezeptionist, der rund 250 Euro im Monat bekommt, kann sich weder Wohnung noch Familie leisten. Er isst bei seinem Arbeitgeber, schläft oft mit anderen Bediensteten in einer kleinen Pension oder dem hauseigenen Mehrbettzimmer im Souterrain und muss dafür schon fast wieder 100 Euro zahlen. Und ist trotzdem noch relativ gut dran, denn weiter unten geht es noch knapper zu.

Man nehme z.B. die **Schuhputzer,** die fürs Lederwienern ungefähr 50 Cent bekommen. Die Arrivierten unter ihnen haben feste Stände, sitzen mit ihren schön geschmückten Schuhkästen nebeneinander, warten geduldig den ganzen Tag, eine ehrwürdige Zunft der Straße, während andere Bürsten und Schuhfett kilometerlang durch die Gegend tragen, um jeden Passanten von unten zu taxieren. Sehen sie einen Touristen – also potenziell fette Beute –, ziehen sie eine Zigarette aus dem alten, abgetragenen Jackett, um zufällig nach Feuer zu fragen. Natürlich ist das nur die Angel, an die Fragen nach dem Woher und Wohin angehängt werden, um dann als Fachmann schnell auf die viel zu schmutzigen Schuhe hinzuweisen, die er als Freund für 1–2 Euro wie neu aussehen lassen kann.

Da sind auch die **Kinder,** ein Kapitel für sich. Selbstverständlich arbeiten sie im Familienbetrieb mit, übernehmen Botengänge, stehen mit sechs Jahren hinter der Einkaufstheke, tragen die Teetabletts durch die Nachbarschaft, folgen den Kommandos des Vaters oder älteren Bruders, so selbstverständlich und früh erwachsen, dass sie mit zehn Jahren als „Abi" – älterer Bruder – den jüngeren anlernen. Aber ihnen geht es noch gut, sind sie doch fest integriert und arbeiten im Kreis der Familie. Andere laufen mit einer Waage durch die Stadt, kassieren fürs Wiegen wenige Cent, verkaufen Postkarten, Werbesticker oder Taschentücher. Nie

Die Stadt und ihre Bewohner

vergessen werde ich die Szene im winterlichen Istanbul – es war einer der wenigen Schneetage im Jahr –, als ein kleiner, vielleicht fünfjähriger Junge am Divan Yolu allein auf seiner Decke saß, zehn Tempopackungen vor sich. Eingemummelt blickten kreuzunglückliche, kaum begreifende Kinderaugen vor sich hin. Die Passanten blieben stehen, sprachen leise mit ihm, strichen ihm über den Kopf, kauften ihm seine Tempos ab. Der Junge antwortete nicht, bewegte sich kaum, ja schaute den Zusprechenden nicht mal ins Gesicht.

Teeverkäufer in osmanischer Tracht

Warten auf den Tag X

Gebet hat es in der Gegend schon immer, und dafür haben Wissenschaftler auch eine einsichtige Erklärung gefunden. Entlang eines mehrere hundert Kilometer langen **tektonischen Grabens** zwischen Marmara-Meer und Nordanatolien stoßen die **asiatische und** die **afrikanische Erdplatte** gegeneinander. Sie bewegen sich sozusagen beide aufeinander zu, was dem Riss immer wieder neue Erschütterungen beschert. Beunruhigend ist dabei vor allem ein vermeintlicher Rhythmus, nach dem ein großes **Erdbeben** in der Region um Izmit (östlich von Istanbul) immer wieder als Vorbote zu einem folgenden Erdbeben am Bosporus notiert wurde. Wenn diese Logik stimmt, verheißen die nächsten Jahre nichts Gutes, denn im August 1999 wurde Izmit Opfer eines katastrophalen Bebens, das mehr als 18.000 Tote forderte. Die Vielzahl der zerstörten Häuser rief wütende Proteste hervor, da angeblich Baufirmen aus Kostengründen bei Material und Sicherheitsausstattung gespart hatten.

Das will sich die Istanbuler Stadtverwaltung im Fall des Falles auf keinen Fall nachsagen lassen. Oberbürgermeister *Topbas* hat das Katastrophenkoordinationszentrum mit der Feststellung und Verbesserung der Erdbebensicherheit beauftragt. Eine **Risikoabschätzung** im Modellbereich Zeytinburnu (westlich des alten Stadtzentrums) spricht von 2300 unzureichend abgesicherten Gebäuden; 72.000 Menschen müssten umgesiedelt werden. Bei Übertragung auf den Raum Istanbul würde das bedeuten, dass man für die Erdbebensicherung einen Zeitraum von ungefähr 30 Jahren veranschlagen müsste.

So viel Zeit steht aber vielleicht nicht mehr zur Verfügung. Also bildet die Stadt vorbeugende **Notfalldepots,** in denen Schaufeln, Decken und andere Geräte einen Erste-Hilfe-Status sichern. Psychologisch mag das beruhigen, aber man schaue sich nur die Millionenstadt und ihre teilweise wackeligen Häuser an. Nicht auszudenken, wenn er käme, der Tag X ...

ista06_166 Foto: mf

Wäre dies ein Einzelfall, könnte man ihn schnell karitativ korrigieren – aber es werden mehr, jeden Tag und jedes Jahr. Istanbul hat – gemessen an seiner explodierenden Einwohnerzahl – noch relativ wenige **Bettler und Straßenkinder.** Aber das Problem wächst unaufhörlich, denn mit dem Stadtleben lösen sich die althergebrachten familiären Rollen der zugewanderten Anatolier, da Vater und Mutter schnell jeden Job annehmen müssen, um über die Runden zu kommen. Reicht es vorne und hinten nicht, werden die Kinder nicht selten schon früh am Zuverdienst beteiligt. Familien zerbrechen unter dem Druck, die Vereinzelung nimmt zu, und Kinder verlassen ihre zerstörten Familien oder kehren abends nicht zurück, um sich auf der Straße irgendwie durchzuschlagen.

Dennoch sollte man diesen wie auch allen anderen **Kindern kein Geld schenken** – auch wenn sich das grausam anhört. Der Junge, der von einem reichen Touristen vielleicht die Tageseinnahme (oder mehr) seines Vaters bekommt, wird sich das merken (seine Eltern vielleicht auch, die ihn zur Wiederholung drängen), und bald werden Scharen von Kindern als Bettelnde die Touristen umlagern. Der mehr oder weniger große Erfolg, den sie dabei haben, wird sie von der Schule und dem Erlernen eines Berufs abhalten – denn man verdient ja ganz gut. Ist die Zeit der frühen Kindheit aber vorbei und werden die den „armen Kleinen" einst zugeflossenen Gaben weniger, stehen diese Heranwachsenden ohne jegliche Perspektive und Ausbildung da. Die

Betteltätigkeit erweist sich nun als Boomerang, denn wie sollen sie ihre verlorene Zeit aufholen? Erwachsene Bettler – deren Zahl ebenfalls steigt – verdienen bei weitem nicht mehr so gut wie die mitleidig verhätschelten Bettelkinder. Zwar gibt man ihnen gemäß der islamischen Pflicht zur Armenspende ein Almosen, aber dafür leben sie auch fortwährend am Rand der Gesellschaft.

Wer also vor den ausgestreckten Kinderhänden (verständlicherweise) kapituliert, sollte **dem Kind wenigstens etwas abkaufen** (und seien es nur die gerade frisch gepflückten Blumen) oder sich für eine empfangene Dienstleistung erkenntlich zeigen – auch wenn dies gewiss nicht die Lösung des Problems ist.

Hinzu kommt, dass die ungeheure Warenfülle der Stadt die Begehrlichkeiten wachsen lässt, dass jeder z.B. in Beyoğlu das real existierende schicke Leben als Vorbild praktisch studieren kann. Hier sieht man übrigens deutlich weniger Kinder als in den traditionellen Stadtteilen, jagt hier doch eine relativ **gut verdienende Mittelschicht** der individuellen Verwirklichung hinterher, die sich ja doch oft nur in der Anbetung des Fetisches Konsum erschöpft.

Auch hier brummt die Stadt, auch hier muss sich die wachsende Zahl gut ausgebildeter junger Leute um die qualifizierten Jobs im gehobenen Dienstleistungsbereich – Banken, Versicherungen, Ärzte – schlagen. Aber was für ein Unterschied in den **Zielsetzungen:** Die Wohnung für mindestens 300 Euro im Monat will bezahlt sein, das entsprechende Outfit für Arbeit und Freizeit

Die Stadt und ihre Bewohner

muss her, der abendliche Zug durch Bars und Kinos gehört mindestens am Wochenende zum festen Programm. Und natürlich misst man sich nicht nach unten, sondern nach oben. Eine Eintrittskarte ins Babylon, den vielleicht berühmtesten Musikschuppen der Stadt, kostet am Wochenende 15 Euro – ohne ein Getränk. Eine Nacht in einer Open-Air-Disco am Bosporus in Ortaköy verschlingt mehr Geld, als unser Hotelrezeptionist im Monat verdient – von krasseren Vergleichen ganz zu schweigen.

Hier treffen sich die Yuppies der Industrie und Börse, die Stars der Unterhaltungs- und Kulturszene, die **Reichen und Schönen,** die ihre (oder wenigstens des Vaters) Yacht am Bosporus schon haben, stilvoll in Bebek oder Nişantaşı wohnen und von ihrer letzten Reise nach Paris schwärmen. Die 10–15 Euro, die unser Karren schiebender Brezelverkäufer in Sirkeci (hoffentlich!) am Tag verdient, werden hier von einem Baulöwen in fünf Minuten mit einem Bier weggekippt.

Vielleicht hat er gerade einen großen Bauauftrag an Land ziehen können – sei es öffentlicher oder privatwirtschaftlicher Art. Denn das beste Kapital auf dieser Ebene sind gute **Verbindungen** zu Ministerien und Vorstandsebenen. Den Auftrag gibt er – nach Abzug seiner Marge – an die Baufirma seines Bruders, Onkels oder Bekannten weiter, der wiederum den Auftrag spezifiziert, in Teile zerlegt und an untergeordnete Chefs und Firmen verteilt, die dann irgendwann die anatolischen Baukolonnen losschicken.

Istanbul ist wie ein Kessel, dem unten in Form von billiger Arbeitskraft beständig Energie und Hitze zugeführt wird. Rund **ein Drittel des türkischen Bruttoinlandsproduktes** wird allein in dieser Stadt erwirtschaftet, die sich in einem atemberaubenden Tempo entwickelt und verändert.

Es ist dieser Druck, und der Glaube daran, es schaffen zu können, schaffen zu müssen, der all den tausend Szenen der Stadt ihren unmittelbaren Alltagselan und eine nie versiegende Lebensfülle verleiht. Doch was, wenn der Kessel explodiert, der Druck zu hoch wird? Die **überhitzte Entwicklung** scheint vielen Istanbulern selbst mittlerweile fast unheimlich zu werden. Eine Sehnsucht nach ein bisschen alter Ruhe und Langsamkeit durchzieht in „abgeschalteten" Gesichtern fast schon wehmütig die alten Teegärten, in denen zunehmend eine weltabgewandte Sufi-Musik (bzw. ihr verpopptes Pendant) in entrückter Zeitlosigkeit im Gegensatz zum pulsierenden Optimismus der Moderne zu stehen scheint. Auf den abendlichen Fähren schauen viele nach Hause Fahrenden erschöpft und ungläubig über das Häusermeer der Stadt, das allen die Freiheit und jedem die Unscheinbarkeit bringt.

Apropos Schiffe: Als die Stadtverwaltung vor Kurzem den Ersatz der altehrwürdigen Bosporuslinienschiffe durch schnellere norwegische Fährschiffe plante, weil für die alten keine Ersatzteile mehr zur Verfügung stünden, bildete sich prompt eine Bürgerinitiative, die sich vehement dagegen aussprach. Ein Sinn für Historie, ein Suchen nach Beständigkeit beginnt am Bosporus zu reifen. Einige alte Leute seien sogar schon wieder aus der Stadt weggezogen, zu schnell, zu unruhig sei der rasende Puls der Stadt. Aber das dürften noch Ausnahmen sein. Für viele bleibt Istanbul ein großes, lebenslanges **Abenteuer,** und zwar eines, das süchtig macht. Wie sagte es mir ein älterer Geschäftsmann bei Nargile und süß-bitterem Tee: „Ich lebe hier schon über 60 Jahre, und glauben Sie mir, jeden Tag entdecke ich etwas Neues, einen neuen Laden, ein neues Café, eine neue Gasse, eine nie vorher gesehene Szene … Für mich ist Istanbul das größte und schönste Kino der Welt." Und eine junge Türkin mit einem guten Job, fit in mehreren Sprachen und neugierig auf Europa erklärte es mit Blick über den Bosporus so: „Ja, ich kenne Athen und Rom, nächstes Jahr folgen Paris und Barcelona, und ich möchte die Renaissance in Florenz sehen, überhaupt alles. Aber höchstens immer nur für zwei Wochen. Danach bekomme ich eine solche Sehnsucht nach Istanbul, das mir das schönste Ziel nichts mehr ist. Leben, leben kann ich nur hier …".

Man muss aber nicht unbedingt in dieser Stadt leben, um das gegensatzreiche Hohelied der **Sehnsucht** auf den Bosporus zu singen. Istanbul lässt sowohl den emigrierten Türken wie auch den interessierten Besucher nicht mehr so leicht los – im Guten wie im Schlechten. Ein Beispiel dafür sind die wunderschönen Zeilen der türkischen Lyrikerin

Zehra Çırak, die zwar in Istanbul geboren, aber in Deutschland aufgewachsen ist. Ihr **Gedicht „istanbul"** lässt ein wenig erahnen, welche tiefen, elementaren Sehnsüchte mit dieser Stadt verbunden sein können:

istanbul
von istanbul bis istanbul
ist weit
ist weit geworden
mein weg wohin nach istanbul
ist schmal ist breit wie istanbul
und bosporus fließt in mir
in meinen adern nur blut
salzig und ohne ein blau wie das meer
die windmühlen drehen sich nicht mehr
in istanbul ist
windstille
in mir ist weit geworden
istanbul
wie sonnenblumenfelder
sich der Sonne zuwenden
drehe ich mich im kreise
und suche istanbul …

Frisch renoviertes Holzhaus am Bosporus

Die Stadt und ihre Bewohner

ist12-021 Foto: mf

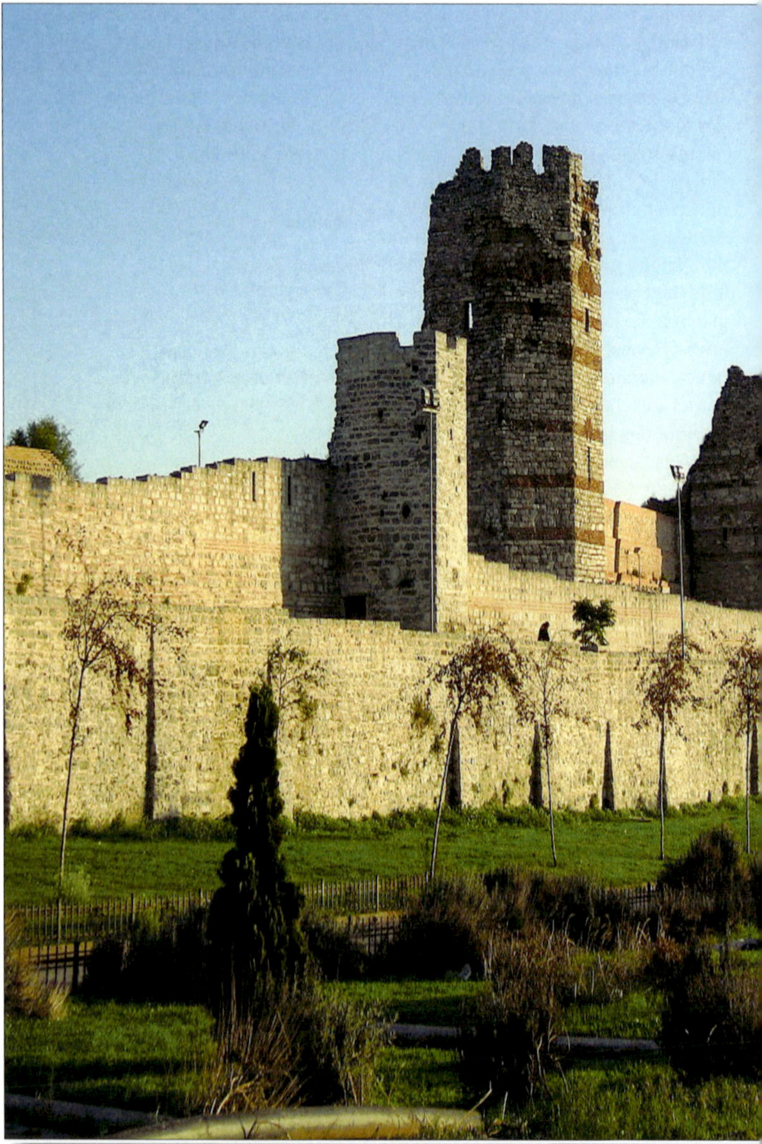

Stadtteile und Wege

ista06-171a Foto: mf

ista06-171b Foto: mf

Theodosianische Landmauer

Die Süleymaniye-Moschee,
ein Meisterwerk islamischer Architektur

Mit der Fähre von Europa nach Asien

Sultanahmet – Das historische Zentrum

Das historische Zentrum der Weltstadt lag seit Gründung von Byzanz immer auf und um den ersten Hügel, der sich zwischen dem Goldenen Horn und dem Marmara-Meer bis an den Bosporus schiebt. Schon die griechischen Siedler bauten hier ihre Akropolis, und die jeweiligen Eroberer – Römer und Osmanen – folgten ihnen. Der heutige Name dieses Stadtteils – Sultanahmet – leitet sich von der mächtigen Moschee her, die dem christlichen Pendant, der Hagia Sophia, gegenübersteht.

Sultanahmet ist ein einziges **historisches Freilichtmuseum** und damit auch der einzige Stadtteil Istanbuls, in dem Touristen aus aller Welt zahlenmäßig das Straßenbild bestimmen. Hier befinden sich auf engem Raum die **monumentalsten Zeugnisse der christlichen und islamischen Metropole,** und hier beginnt fast jeder Neuankömmling seine Erkundung der Stadt.

Hier befindet sich auch in einem kleinen Pavillon die stets gut besuchte und recht hilfreiche **Tourist-Info,** die nach Kräften versucht, der babylonischen Masse der Anfragen Herr zu werden.

> **Hinweis:** Der **Stadtteilplan zu Sultanahmet** findet sich in der hinteren Umschlagklappe; auf diese Karte beziehen sich auch alle in Klammern gesetzten Zahlen nach Sehenswürdigkeiten, Restaurants etc. Die weiteren Stadtteilpläne sind in den Kapiteln zu den jeweiligen Stadtteilen platziert.

Aya Sofya (Hagia Sophia) (43)

Die Einweihung der **„Kirche der göttlichen Weisheit"**, so die Übersetzung, fand am 27. Dezember 537 durch den damaligen byzantinischen Kaiser *Justinian* statt. Der bei dieser Gelegenheit allseits zitierte begeisterte Ausspruch des ehrgeizigen Herrschers – *„Salomon, ich habe dich übertroffen!"* – mag verdeutlichen, welche Faszination das architektonische Wunderwerk bereits auf die byzantinischen Zeitgenossen ausgeübt hat. Den Größten zu übertreffen – und *Salomos* Tempelbau zu Jerusalem galt als das bis dahin Größte – ist immer die beste Garantie für die eigene erhoffte Unsterblichkeit. Und *Justinians* Frohlocken war gerechtfertigt, denn diese Kirche sollte ihm mehr als all seine unaufhörlichen Kriege den Platz in der Geschichte sichern.

Das **neben der Peterskirche in Rom berühmteste christliche Gotteshaus der Welt** war in nur knapp sechsjähriger Bauzeit entstanden. Seine beiden gleichnamigen Vorläufer hatten ein relativ kurzes Leben: Die erste, im Jahr 360 fertig gestellte und angeblich schon von *Konstantin* geplante Kirche wurde bereits 44 Jahre später ein Opfer der Flammen; die zweite, im Jahr 415 geweihte Nachfolgekirche erlitt 532 während des Nika-Aufstands gegen *Justinian* das gleiche Schicksal. Nach der blutigen Niederschlagung der Unruhen beauftragte der Kaiser die Architekten *Isidor von Milet* und *Anthemios von Tralles* mit dem Neuaufbau. Um Gott – und

sich selbst – gebührend zu rühmen, hatten sich die kaiserlichen Schatztruhen weit geöffnet: Einem Heer von mehr als 10.000 Arbeitern trugen fünf Jahre lang die besten Marmorbrüche des Reiches ihr Material zu. Als dann im Jahr 558 bei einem Erdbeben Teile der sehr flachen Kuppel einbrachen, übernahm ein Neffe des *Isidor von Milet* die Restaurierung. Er erhöhte die Kuppel um mehr als sechs Meter, um den Druck von der Horizontalen auf die Vertikale zu verlagern. Am Heiligabend des Jahres 562 wurde die Kirche von *Justinian* ein zweites Mal geweiht, um dann **für fast 900 Jahre** als **Hauptkirche des östlichen Christentums** zu glänzen. Den erst im 14. Jh. unter Kaiser *Andronikos* angebrachten Stützpfeilern ist es zuzuschreiben, dass die Kirche heute ein relativ gedrungenes und kompaktes Erscheinungsbild abgibt. Nach der Eroberung Konstantinopels 1453 wandelte Sultan *Mehmet Fatih* die Hagia Sophia in eine **Moschee** um (Aya Sofya Camii), die in der Folge vier Minaretts erhielt. Da der Islam die figürliche Darstellung in Moscheen untersagt, wurden die Mosaiken der Kirche übertüncht. Erst bei Restaurierungsarbeiten unter den Brüdern *Fossati* kamen im 19. Jh. wieder einige Mosaiken zum Vorschein. Als dann *Atatürk* 1934 die Hagia Sophia zu einem **Museum** machte, wurden weitere Mosaike freigelegt.

Die gewaltige **Zentralkuppel** der Hagia Sophia (Durchmesser 32,50 m, Gesamthöhe 55,60 m), die in der Hauptachse von zwei großen sowie sechs kleineren Halbkuppeln gestützt wird, sollte für die folgenden Sultansmoscheen zum **architektonischen Vorbild** werden – man begegnet diesem Bautyp in Istanbul quasi auf Schritt und Tritt. Im auch symbolischen Wettstreit um religiöse und kulturelle Größe war die **berühmteste Kuppelbasilika der Welt**

mit ihrer 7000 m² umfassenden Grundfläche eine buchstäblich gewaltige Herausforderung für die größten Baumeister der Sultane, die das christlich-imperiale Vorbild in Folge zu übertreffen suchten.

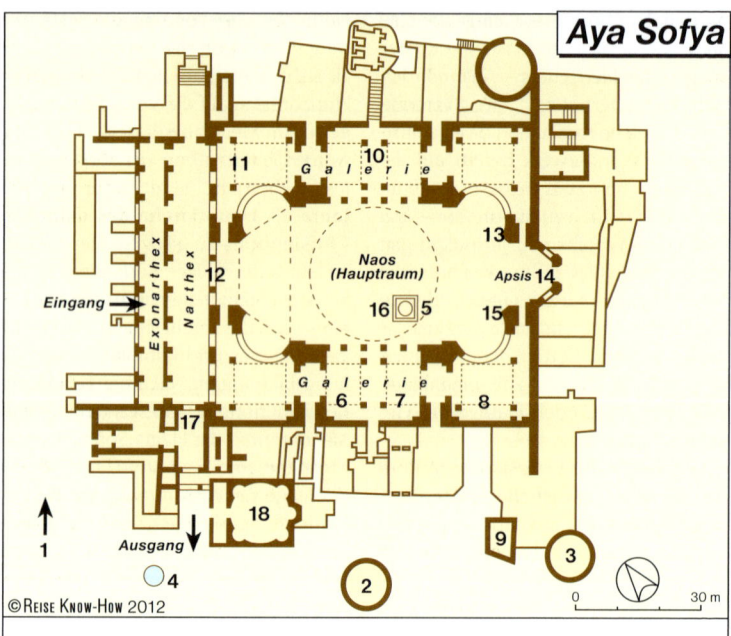

1	Eingang: Ticketverkauf	**10**	Mosaik von Kaiser Alexandros auf Galerie
2	Türbe Murat		
3	Türbe Mehmet III.	**11**	Schwitzende Säule
4	Reinigungsbrunnen	**12**	Kaiserportal
5	Vorbetertribüne	**13**	Sultansloge
6	Deesis-Mosaik auf Galerie	**14**	Mihrab
7	Grab Enrico Dandolos auf Galerie	**15**	Mimbar
8	Kommenos u. Zoe Mosaiken auf Galerie	**16**	Omphalos
		17	Orea Porta/Südtor
9	Türbe Selim II.	**18**	Baptisterium - Türbe Mustafa I. und Ibrahim I.

Das Innere

Man betritt die Kirche heute von Nordwesten über den Exonarthex (äußere Vorhalle), dessen fünf Portale den Zugang zu dem lang gezogenen inneren Narthex bilden. Die Marmorplatten und ornamentalen Mosaiken der inneren Vorhalle stammen noch aus der Zeit *Justinians.* Von hier führen wiederum insgesamt neun Türen in das **Hauptschiff,** darunter das zentrale **Kaisertor,** das allein dem Basileus (Kaiser) vorbehalten war. Über dieser imposanten Haupttür sieht man ein **Mosaik** aus dem 9. Jh., das den thronenden *Christus* mit einem Buch zeigt. Flankiert wird er von zwei Medaillons, die die Jungfrau *Maria* und den Erzengel *Gabriel* darstellen. Vor *Christus* kniet demütig Kaiser *Leo VI.* (886–912), der erst in seiner vierten Ehe einen männlichen Thronfolger zeugte; das waren nach byzantinischem Kirchenrecht auch für einen Kaiser, der um seine Nachfolge besorgt war, zwei Ehen zu viel, sodass eine offizielle Rüge seitens des Klerus nicht ausblieb. Es entbehrt übrigens nicht einer gewissen Ironie, dass nur wenige Meter weiter – im heutigen Ausgangsbereich der Aya Sofya – ein Sultan (*Murat III.*, 1574–95) ruht, der mit seinem Harem 103 Kinder zeugte. Sein Sohn und Nachfolger *Mehmet III.* (1595–1603), dessen Türbe ebenfalls beim Ausgang zu sehen ist, ließ anlässlich seiner Thronbesteigung – übrigens nach höchst offiziellem Recht – all seine noch lebenden neunzehn Brüder sofort töten, um die geforderte männliche Alleinherrschaft zu sichern (siehe Exkurs „Vom Prinz zum Sultan – oder in den Tod").

Das Innere des Hauptschiffs vermittelt ein überwältigendes Raumgefühl, das im Wesentlichen durch die scheinbar über dem Hauptraum schwebende **Zentralkuppel** hervorgerufen wird. Sie ruht auf vier mächtigen Pfeilern, die durch weit geschwungene Bögen miteinander verbunden sind, aber durch die Rückversetzung in die Seitenschiffe das weite Raumerlebnis kaum stören. Der oft gepriesene Eindruck der himmlischen Entrücktheit der Kuppel wird durch die geschickte Anordnung der **vierzig Fenster** am unteren Rand der Wölbung erzielt. Der durch sie gebildete **Lichtkranz** scheint sowohl die Kuppel von ihrem irdischen Fundament zu trennen wie auch eine fast astrale Harmonie zu suggerieren, die sich aus der Erlebnisperspektive des Betrachters aus himmlischen Quellen zu speisen scheint.

Im **Zentrum der Kuppel** prangt heute eine Koraninschrift, während die großen geflügelten Engelwesen (Seraphim) in den Pendentifs (Zwickeln) an die christliche Zeit erinnern. Allerdings sind nur die zwei östlichen Originalmalereien, die beiden westlichen stammen von den *Fossati-Brüdern,* die im 19. Jh. die Kirche restaurierten.

Hauptschiff und Seitenschiffe werden jeweils durch acht dunkelgrüne, mächtige **Säulen** (vier auf jeder Seite) getrennt, die angeblich – ebenso wie die am Eingang zum Hauptschiff platzierten riesigen Vasen – aus der antiken Weltstadt Ephesos stammen. Über ihnen erheben sich eine zierliche **Säulen-**

galerie sowie die von Fenstern durchbrochene **Schildwand.** In den Ecknischen sieht man rote Porphyrsäulen aus Baalbek (antike Tempelstadt im heutigen Libanon). Die übrigen Säulen – die Hagia Sophia besitzt insgesamt über einhundert – sowie die verschiedenfarbigen Marmorplatten der Wände sind aus thessalischem bzw. prokonessischem **Marmor,** der von den nahe gelegenen Marmara-Inseln stammt. Die fein gearbeiteten byzantinischen Kapitelle der Säulen mit ihren eigenwilligen Blattmustern und Motiven tragen das Monogramm des byzantinischen Kaiserpaars, *Justinian* und *Theodora.*

In der zentralen **Halbkuppel der Apsis** erblickt man ein **Marienmosaik** (mit Christuskind), das zu den ältesten Darstellungen der Kirche zählt (9. Jh.). An den Hauptpfeilern hängen acht riesige, aus dem 19. Jh. datierende **Rundschilde** von jeweils 7,50 m Durchmesser, die auf grünem Grund in goldenen arabischen Lettern den Namen Gottes (Allah), seines Propheten *Mohammed,* die seiner beiden Enkel *Hasan* und *Hüseyin* sowie die Namen der ersten vier Kalifen (*Abu Bekr, Othman, Ali* und *Omar*) enthalten. Links der Apsis steht die oktogonale, von kleinen Säulen getragene **Sultansloge** (1849 von *Fossati* erbaut), unter deren vergittertem Baldachin der osmanische Herrscher zu beten pflegte. In der zentralen Nische der Apsis steht in schräger Position zum Halbrund die Richtung Mekka ausgerichtete **islamische Gebetsnische (Mihrab),** rechts davon die **Gebetskanzel** (**Mimbar,** beide 16. Jh.). Gegenüber dem Mimbar befindet sich die unter Sultan *Murat III.*

(1574–95) erbaute und ebenfalls aus Marmor bestehende **Sängertribüne,** auf der einst der Muezzin Platz nahm. Nicht weit von der Tribüne ist ein buntes **Bodenmosaik** (Omphalos) zu sehen, an dem der christliche Kaiserthron bei der Krönungszeremonie gestanden haben soll; er galt als Mittelpunkt der damaligen byzantinischen Welt.

Auf dem Weg zurück zum inneren Narthex passiert man kurz vor dem Verlassen des Hauptschiffs rechts die sogenannte „Schwitzende Säule", die von altersher als wunderwirkend gilt. In das Loch der immer feuchten Marmorsäule stecken noch heute viele Besucher brav ihren Daumen, um so von der angeblichen Heilkraft gegenüber Leiden aller Art irgendwie zu profitieren.

Vom inneren Narthex führt eine Rampe hinauf zur **Galerie,** die einst den Frauen vorbehalten war und heute einige der wohl sehenswertesten **Mosaiken** der Kirche birgt. Auf dem Weg zur **südlichen Galerie** (rechts vom Ausgang der Rampe) passiert man zunächst die **Loge der Kaiserin** und danach eine **Marmortür** (Mermer Kapı), deren blumenornamentierte Seite das Paradies symbolisiert, während die andere ungeschmückte Seite den Eingang zur schmucklosen Hölle präsentiert. Dahinter gelangt man zum berühmten **Deesis-Mosaik** (12. Jh.), welches das Jüngste Gericht darstellt: *Jesus Christus* wird als Pantokrator (Allherrscher) flankiert von der Muttergottes sowie *Johannes dem Täufer.* Obwohl nur noch die Köpfe bzw. Oberkörper der Personen erhalten sind, gilt die Deesis aufgrund der ausdrucksstarken Gesichter als ei-

Sultanahmet – Das historische Zentrum

nes der berühmtesten Mosaike des alten Byzanz. Gegenüber befindet sich im Boden das einfache Grab *Enrico Dandolos,* jenes venezianischen Dogen, der als Führer des Vierten Kreuzzugs *Konstantinopel* 1204 eroberte. Die Venezianer plünderten die reiche Stadt und schleppten dabei unter anderem die prachtvollen Kirchentüren der Hagia Sophia fort.

Das sogenannte **Komnenos-Mosaik** (12. Jh.) befindet sich ebenfalls in der Südgalerie nahe der Apsis: In der Mitte sieht man *Maria* mit dem Jesuskind auf dem Schoß, rechts von ihr Kaiserin *Irene,* Tochter des ungarischen Königs und Frau des am linken Mosaikrands dargestellten Kaisers *Johannes Komnenos* (1118–43); beide haben prächtige Ge-

wänder an, und der Kaiser hält sein Donativum – ein Geldsäckchen – in der Hand.

Daneben sieht man ein weiteres, gut erhaltenes **Mosaik** aus dem 11. Jh.: rechts neben dem thronenden *Christus* erblickt man die **byzantinische Kaiserin Zoe** (978–1050), die – man fühlt sich an den eingangs erwähnten *Leo* erinnert – nicht zuletzt der Staatsräson wegen drei Kaiser ehelichte, was auch ihr seitens des Klerus Kritik und Entrüstung einbrachte. Ihre Ehekarriere – erster Gemahl sollte eigentlich der deut-

Aya Sofya (Hagia Sophia) – für fast 900 Jahre die Hauptkirche des östlichen Christentums sche Kaiser *Otto III.* werden, der aber früh starb – erscheint umso erstaunlicher, als sie ihr erstes Ja-Wort erst im 50. Lebensjahr gab; die dritte Heirat im Jahr 1042 erlebte sie als 64-Jährige, als sie den schönen und stattlichen *Konstantin IX. Monomachos* – man sieht ihn auf der linken Seite des Mosaiks – zum Kaiser (1042–55) machte. Zoe war eine erstaunliche Frau; sie war realistisch genug, um ihrem schönen Gemahl seine Liebesbeziehung zu der jüngeren *Sclerena* zu lassen, ja, sie lud sie sogar an den Hof, und die drei führten eine durchaus tolerante Dreiecksbeziehung.

Von der südlichen Galerie kann man einen guten Blick auf das **Marienbild der Apsis** werfen.

In der **nördlichen Galerie** findet man ein **Mosaik von Kaiser Alexandros** (10. Jh.), der 912 für wenige Monate seinem Bruder Leo als Kaiser folgte.

Man verlässt die Kirche heute meist über das **Südtor** im inneren Narthex. Dieses große Bronze-Tor aus dem 2. Jh. v.Chr. stammt aus einem Tempel des antiken Tarsus in Kleinasien. Über der Pforte erkennt man ein prachtvolles, gut erhaltenes Mosaik (10. Jh.), das im Zentrum *Maria* und das Jesuskind zeigt. Rechts von ihr steht *Konstantin der Große,* der Gründer von Konstantinopel, welcher ein Modell der Stadt in seinen Händen hält, links Kaiser *Justinian,* der der Gottesmutter, die zugleich als Schirmherrin der Stadt angesehen wurde, sein Modell der Hagia Sophia entgegenhält.

Beim Ausgang passiert man rechter Hand den überdachten **Rokoko-Şadırvan (Reinigungsbrunnen)** von 1740

sowie linker Hand das oktogonale, noch aus der Zeit *Justinians* stammende **Baptisterium,** welches heute als Sultanstürbe für *Ibrahim* (1640–48) und *Mustafa I.* dient; letzterer regiere insgesamt nicht einmal zwei Jahre – 1617/18 und nach Ermordung seines Nachfolgers *Osman II.* noch einmal 1622/23 –, so man denn sein scheinbar hilfloses und schwachsinniges Herumirren im Palast Regieren nennen mag. Groß geworden in der Isolation des Goldenen Käfigs im Serail (siehe Exkurs „Vom Prinz zum Sultan – oder in den Tod"), war *Mustafa* völlig unfähig, irgendwelche Entscheidungen zu treffen. Chronisten berichten von seinen nächtlichen Gängen über den Friedhof, von seinen irren Fantasien und seinem Idiotenglück, das darin bestand, dass er 1623 wieder in den Käfig zurückdurfte.

Die eingangs schon angesprochenen Sultane *Mehmet III.* und *Murat III.* ruhen in jeweils eigenen **Türben** südlich vom Baptisterium; zwischen ihnen steht die 1577 von *Sinan* erbaute und schön gekachelte Türbe *Selims II.* (1566–74). Der Sohn und wenig rühmliche Nachfolger Sultan *Süleymans* besaß den Beinamen „der Säufer"; im Vollrausch rutschte der Alkoholiker im Marmorbad des Palastes aus und schlug sich den Schädel ein.

Die mit prachtvollen Fayencen ausgearbeiteten Türben sind seit 2009 mit einem eigenen Eingang (Tor an der Südostseite des Aya-Sofya-Komplexes) der Öffentlichkeit zugänglich gemacht worden (freier Eintritt).

● **Aya Sofya,** 9–19 Uhr, Galerie nur bis 17 Uhr, Mo geschlossen, Eintritt 9 Euro.

Sultan Ahmet Camii (Blaue Moschee) (75)

Zwischen der Aya Sofya und ihrem optischen Gegenpart, der **Sultan-Ahmet-Moschee,** liegt die gepflegte, mit Bänken und Brunnen versehene **Grünanlage des Sultans Ahmet Meydanı.**

Mitten durch den Park, der tagsüber immer von Touristen, traditionell gekleideten Teeverkäufern und so manchem „Teppichagenten" bevölkert ist, verläuft die **Mimar Mehmet Ağa Caddesi.** Die hier aufgestellten Bänke dienen nicht nur als kaleidoskopartiger Panoramapunkt, der je nach Sitzrichtung die Aya Sofya oder die Blaue Moschee inszeniert, sie dienen auch als Kinositz für die im Sommer nach Sonnenuntergang ablaufende Lightshow (s.u.).

Rechts von hier sieht man an der Straße die mit einer Zentralkuppel und Vorhalle versehene rechteckige **Türbe (Mausoleum) des Moschee-Erbauers, Sultan Ahmet I. (76,** 1603–17). Sein Sohn, Sultan *Osman II.,* ließ sie 1620 erbauen und mit schönen Iznik-Kacheln schmücken. Neben dem Sultan ruhen hier auch noch seine Lieblingsfrau *Kösem* sowie andere Mitglieder des Herrscherhauses, darunter drei seiner Söhne.

●**Sultan Ahmet I. Türbesi,** Mimar Mehmet Ağa Cad., 9.30–16.30 Uhr, Eintritt frei.

Der frontale Anblick der von Kuppeln und Halbkuppeln dominierten **Sultan Ahmet Camii** (auch **„Blaue Moschee"** genannt) mit ihren sechs schlanken Minaretts rechtfertigt schon rein äußerlich den herausragenden Ruf dieser Moschee. Auch wenn die historische Bedeutung der „Ahmediye" (wie sie oft kurz bezeichnet wird) hinter derjenigen der Hagia Sophia zurückstehen mag – optisch und architektonisch ist sie ein würdiger Gegenpart und ein ebenso berühmtes Wahrzeichen dieser Stadt. Vor allem nachts, wenn die Minaretts und das Hauptschiff erleuchtet und von Möwenschwärmen umflogen werden, bietet die Moschee einen weithin sichtbaren unvergesslichen Anblick.

Der fromme **Sultan Ahmet I.,** der als 14-Jähriger zur Herrschaft kam und stark unter dem Einfluss des Harems und der islamischen Priesterschaft *(Ulema)* stand, gab 1609 seinem Baumeister *Mehmet Ağa,* einem Schüler *Sinans,* den Auftrag, eine Moschee zu erbauen, die vis-à-vis zur Hagia Sophia das christliche Pendant mindestens einholen, wenn nicht sogar übertreffen sollte. In nur siebenjähriger Bauzeit konnte *Mehmet* diesem Wunsch – fast – entsprechen, und auch der Sultan, der noch kurz vor seinem Tode die Einweihung vornehmen konnte, war zufrieden. Ein Zentralkuppelvergleich der beiden Gotteshäuser zeigt, dass die rein quantitativen Dimensionen des christlichen Vorbilds nicht ganz erreicht wurden: Die Hauptkuppel der Ahmediye besitzt einen Durchmesser von 23,50 m, ihre Scheitelhöhe beträgt 43 m, sodass der 51 x 53 m große Innenraum nicht ganz das Volumen der Hagia Sophia erreicht.

Derartig kleinkariertes Meter-Zählen verblasst aber vor dem kunstvollen Stufengebirge der zahlreichen Halbkuppeln, die das Gewicht der Hauptkuppel

Sultanahmet – Das historische Zentrum

tragen. Zudem verfügt die Moschee als einzige über **sechs Minaretts,** eine Tatsache, um die sich viele altbekannte Geschichten ranken: Der Sultan habe sich „goldene" (türk.: *altın*) Minaretts gewünscht, aber *Mehmet Ağa* habe wohlweislich ob der Unbezahlbarkeit dieses Ansinnens „sechs" (türk.: *altı*) verstanden. Ungewöhnlich ist diese Minarett-Zahl allemal, hatte doch bis dato nur die Moschee im heiligen Mekka das Anrecht auf sechs Minaretts. Der Sultan soll denn auch zur Beschwichtigung der Kaaba-Hüter in Mekka der dortigen Hauptmoschee ein siebtes Minarett gestiftet haben, um so den Vorrang der heiligen Stadt wiederherzustellen.

Man betritt das eigentliche **Moscheegelände** mit dem ummauerten **Vorgarten** und dem folgenden **Vorhof,** wo Schilder auf den Touristeneingang an der Westseite des Gebäudes hinweisen. Der Vorhof selbst, der nach Norden zum Hippodrom liegt und fast ebenso groß wie die Moschee ist, wird von spitzbögigen Säulenkolonnaden umrahmt; in der Mitte steht der überkuppelte **Şadırvan,** der allerdings heute nicht mehr benutzt wird, da sich die Gläubigen an den Waschanlagen der Seitenmauer reinigen.

Das **Innere der Moschee** ruft – auch hierin der Aya Sofya verpflichtet – einen überwältigenden Raumeindruck hervor. Die Gesamtkonstruktion ruht auf vier kannelierten monumentalen „Elefantenfüßen", 5 m dicken **Säulen,** die nicht nur die **Hauptkuppel,** sondern auch die abstützenden **Nebenbögen** tragen. Wände und Bögen sind mit bunten, meist blauen **Ornamentmalereien** geschmückt, die teilweise den alten, demolierten Fliesenschmuck ersetzt haben. Ursprünglich verfügte die Moschee über 20.000 Kacheln – Sultan *Ahmed* galt als großer Fliesenliebhaber –, die der Sultan alle in der berühmten Fliesenmanufaktur von Iznik orderte. Von diesem alten **Fayencen-Schmuck,** der meist in blauer, roter oder grüner Farbe gehalten ist (daher „Blaue Moschee"), sind noch große Teile erhalten, die schönsten an den Galerien und der Sultansloge. Ihre Ausmalung konzentriert sich – wie üblich in islamischen Gotteshäusern – auf Blumenornamente wie z.B. stilisierte Lilien-, Tulpen- und Zypressenmotive. Der Eindruck eines lichtdurchfluteten Blau muss in alten Zeiten noch stärker gewesen sein, als alle rund 260 Fenster der Moschee mit venezianischen Buntglasscheiben versehen waren. Einen Blick verdienen auch die bemalte **Holzdecke der Sultansloge,** der kunstvoll ziselierte und dem mekkanischen Vorbild nachgebaute Mimber und der einen Stein der Kaaba enthaltende Mihrab – allesamt aus Marmor natürlich.

Sultan Ahmet Camii

Wie alle großen Moscheen besaß auch die Ahmediye einen großen **Stiftungskomplex (Külliye),** zu dem außer der schon erwähnten Stiftertürbe eine Armenküche, eine Medrese, eine Karawanserai und ein Hospital gehörten (die beiden letztgenannten existieren heute nicht mehr).

Die Moschee war einst der Ausgangspunkt der **Pilgerfahrten nach Mekka** (Hadsch, türk.: *hac*) und Schauplatz wichtiger politischer und kultureller Kundgebungen und Feste. Noch heute gilt das **Zuckerfest (Şeker Bayramı)** von Sultanahmet, das den Fastenmonat Ramazan mit kulinarischen und folkloristischen Darbietungen feiert, als das prächtigste des ganzen Landes.

●**Sultan Ahmet Camii,** ca. eine halbe Stunde vor den Gebetszeiten wird der Touristenstrom für die Dauer des Gebets für ungefähr eine Stunde gestoppt; die Lightshows (1. Mai bis 30. Sept.) beginnen direkt nach Sonnenuntergang und dauern ca. 40 Min. (Englisch, Französisch, Deutsch).

Halı Müzesi (74)

Noch innerhalb der Moschee kann man an der Südostseite über eine Rampe ins Halı Müzesi (**Teppich-Museum**) hinaufsteigen. Von Touristen nur wenig beachtet, finden sich hier alte, zerschlissene Teppiche und Kelims aus der Zeit des 16.–18. Jh. ausgestellt, die aus allen Teilen der Türkei und meist aus den örtlichen Moscheen (Gebetsteppiche) stammen. Unter den hier erklärten Mustern dürfte der sogenannte **„Holbeinteppich"** unter kulturhistorisch Interessierten besondere Beachtung fin-

Sultanahmet – Das historische Zentrum

den, handelt es sich doch um jenes Teppichdesign, das durch die Bilder des Malers *Hans Holbein* (1497–1543) in ganz Europa bekannt wurde.

●**Halı Müzesi,** im südöstlich gelegenen Innenbereich der Sultanahmet Cami, Di bis Sa 9–12 und 13–16 Uhr, Eintritt 1 Euro.

Topkapı Sarayı (38)

Für das neben der Aya Sofya und der Sultan-Ahmet-Moschee dritte touristische Schwergewicht braucht man Zeit, viel Zeit, handelt es sich doch bei dem **alten Sultanspalast** um eine **Stadt in der Stadt.**

Der Palast liegt auf dem ersten Hügel der Stadt, also der **antiken Akropolis** (Burghügel), auf dem die griechischen Siedler im 6. Jh. v.Chr. Byzanz gegründet hatten. Das Areal umfasst gut 700.000 m², die mit Türmen und Toren bestückten Palastmauern sind 5 km lang. Nach dem italienischen Wort „seraglio" wird der Palast in der einschlägigen Geschichtsliteratur auch oft einfach als **„Serail"** wiedergegeben. Sein Name, Topkapı Sarayı (**Kanonentor-Palast,** nicht zu verwechseln mit dem gleichnamigen Stadttor im Westen!), stammt von einem zur Seeseite liegenden Tor, das mit Kanonen bestückt war und heute nicht mehr existiert.

Als **Sultan Mehmet** 1453 Konstantinopel eroberte, errichtete er den ersten Palast (**Eski Sarayı** – Alter Palast) in der Nähe der heutigen Universität, begann aber bereits wenige Jahre später, auf dem ersten Hügel der Stadt, also der alten griechischen Akropolis, eine größe-

re Palastanlage zu bauen (**Yeni Sarayı** – Neuer Palast), die ab 1478 vom Sultan und seinen Ministern genutzt wurde. Der **Harem,** also die **Frauengemächer,** kamen erst 1541 dazu, als nämlich ein Feuer den ersten Palast zerstörte. Jahrhundertelang, bis 1853, stellte der Topkapı-Palast nun das **politische und administrative Zentrum des Osmanischen Reiches** dar. Zwischen 3000 bis 5000 Bewohner lebten ständig im Serail, Tausende kamen hinzu, die für das Funktionieren dieser Herrscherstadt ihren täglichen Verrichtungen nachgingen. Das Alltagsleben war durch strenge Etikette und Regeln bestimmt, und der einzige Mensch, der sich völlig frei im ganzen Palast bewegen konnte, war der allmächtige Sultan.

Die jeweiligen Herrscher haben bis ins 19. Jh. hinein immer wieder bauliche Ergänzungen bzw. Veränderungen am Palast vorgenommen, ohne allerdings die **Grundstruktur von vier Höfen** grundlegend zu ändern. Jeder dieser Höfe, die durch Mauern und prachtvolle Tore voneinander getrennt sind, hatte eine jeweils unterschiedliche Funktion im Palastkosmos, wobei der Grad der Intimität bzw. Unzugänglichkeit von Hof zu Hof zunahm. Der **erste Hof,** der für jeden zugänglich war, umfasste ein Hospital, die Münze sowie die Lagerräume; zudem diente er als Übungsplatz der Elitetruppe, der Janitscharen. Der **zweite Hof** fungierte als administratives Zentrum des Reichs; hier waren der Divan (Ministerrat), aber auch Stallungen und Küchentrakt untergebracht. Dieser Hof konnte von Außenstehenden nur mit entsprechender offizieller

Topkapı Sarayı

1 Bab-üs Selam, Eingang
   zum 2. Hof u. zum Museum
2 Cellat Çeşmesi
3 Küchentrakt (Mutfaklar)
   Porzellansammlung
4 Baltacilar Avlusu
   (Hof der Beilträger)
5 Beşir Ağa Camii
6 Meyit Kapısı
   (Tor des Todes)
7 Stallungen
8 Kubbe Alti (Divan)
9 Iç Hazine (Rechnungshof;
   Waffensammlung)
10 Arabacilar Kapısı
   (Eingang zum Harem)
11 Kuşhane Kapısı
   (Haremsausgang)
12 Bab-üs Saadet
13 Arz Odasi
14 Enderun-Bibliothek
15 Ağalar Camli
16 Has Oda Koğuşu
   (Porträt-Sammlung)
17 Hirka-i Saadet Dairesi
   (Reliquien)
18 Miniaturen- und
   Uhrensammlung
19 Hazine (Schatzkammer)
20 Seferli Koğuşu
   (Gewänder-Ausstellung)
21 Revan Köşkü
22 Sünnet Odasi
23 Iftariye
24 Bağdat Köşkü
25 Tulpengarten
26 Mecidiye Köşkü
   und Konyali-Restaurant

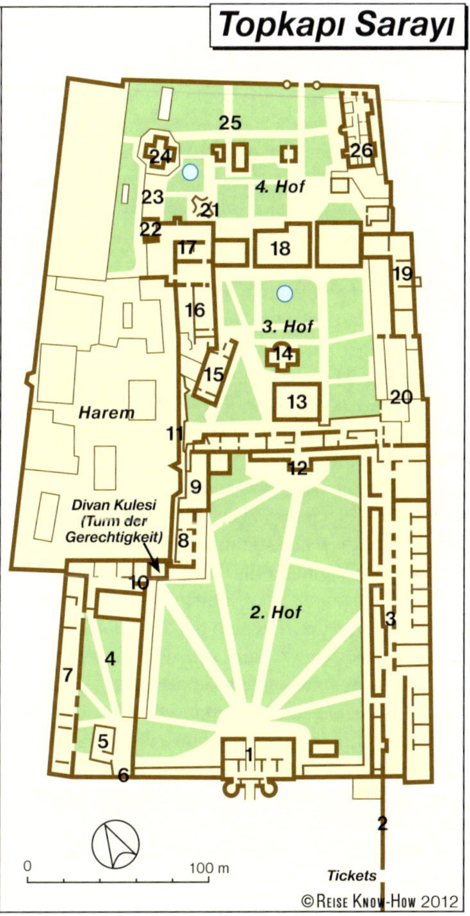

Map labels: 25, 24, 26, 23, 21, 22, 17, 18, 4. Hof, 16, 19, 3. Hof, 14, 15, 13, 20, Harem, 11, 12, 9, Divan Kulesi (Turm der Gerechtigkeit), 8, 10, 2. Hof, 3, 4, 7, 5, 6, 1, 2, Tickets

0 ———— 100 m

©REISE KNOW-HOW 2012

Seitenrand: Sultanahmet – Das historische Zentrum

Erlaubnis betreten werden. Im **dritten Hof** befanden sich sowohl die Palastschule als auch die Audienzräume des Sultans; nur hochgestellte offizielle Besucher bzw. ausländische Gesandte konnten bis zu diesem Bereich vordringen. Der **vierte Hof** umfasste die Privatgemächer bzw. -gärten des Herrschers, die selbstredend ihm allein vorbehalten waren.

Der seit 1541 an der Nordseite des Topkapı-Palastes befindliche **Harem** stellt eine nochmals abgeschlossene Baueinheit dar, die man heute vom zweiten Hof aus besichtigen kann.

Der **erste Hof** ist auch heute frei zugänglich; am Eingang zum zweiten Hof beginnt heute das **Topkapı Müzesi**, das schon unter *Atatürk* 1924 eingerichtet worden war und folglich das Areal vom zweiten bis zum vierten Hof umfasst. Für einen Besuch des Palastmuseums sollte man mindestens drei bis vier Stunden veranschlagen.

Der erste Hof

Es sind nur wenige Meter von der Aya Sofya bis zum ersten, 1478 fertig gestellten Tor, dem **Bab-ı Hümayun** (Reichstor). Noch vor diesem Tor sieht man rechts den reich dekorierten **Sultan Ahmet III. Çeşmesi** (**44,** Brunnen *Ahmets III.*), ein prachtvoll gearbeiteter Rokoko-Brunnen, der 1728 von Sultan *Ahmet III.* erbaut wurde. Sein von kleinen Kuppeln geschmücktes pavillonartiges Dach sowie die umlaufenden Schriftbänder und Reliefs machen ihn zu einem der schönsten Brunnen Istanbuls.

Der erste Hof stellt heute eine **parkähnliche Anlage** dar, da die meisten Gebäude hier – Spital, Kasernen, Bäckerei – aus Holz waren und diversen Bränden zum Opfer fielen. Links erreicht man nach wenigen Schritten die **Aya Irini Kilisesi** (Hagia Eirene). Die „Kirche des heiligen Friedens" wurde wahrscheinlich schon in vorkonstantinischer Zeit (ca. 300 n.Chr.) errichtet, aber aufgrund von Bränden oder Erdbeben des Öfteren beschädigt, sodass die ältesten Teile heute aus dem 6. Jh. stam-

men dürften. Hier fand 381 unter Kaiser *Theodosius* das Zweite Ökumenische Konzil statt, welches das christlich-nicänische Glaubensverständnis gegen andere christliche Auslegungen (Arianer) abgrenzte. Der von zwei Kuppeln überwölbte Kirchenbau besteht aus einem dreischiffigen Langhaus, dessen Seitenschiffe durch Säulenreihen vom Hauptschiff getrennt sind. Von der Innenausstattung ist so gut wie nichts mehr erhalten. Zwar wurde die Kirche nach der türkischen Eroberung nicht in eine Moschee verwandelt, dafür aber benutzte die im ersten Hof logierende Elitetruppe des Reichs, die Janitscharen, sie als Waffen- und Rumpelkammer. Später diente sie als Aufbewahrungsort für archäologisches Material. Obwohl die Aya Irini heute offiziell als Museum tituliert wird, findet der Besucher sie in der Regel verschlossen – es sei denn, es findet gerade eines der recht zahlreichen Konzerte oder Kunstausstellungen statt, welche die weiten Räumlichkeiten und ihre Akustik gerne nutzen.

Der zweite Hof (Eintritt ins Museum)

Mit seinen Zinnen und spitzen Flankentürmen mag das zweite Tor, das **Bab-üs Selam** (Tor der Begrüßung), so manchen Besucher an die Wehrhaftigkeit mittelalterlicher Schlösser erinnern. Errichtet wurde es 1525 unter Sultan *Süleyman dem Prächtigen,* der auf sei-

Topkapı Sarayı, links: Bab-ı Hümayun; rechts: Brunnen der Enderun-Bibliothek

nen europäischen Feldzügen genug Gelegenheit hatte, derartige Wehrtore kennen zu lernen. In den Verließen der Türme warteten die zum Tode Verurteilten auf ihre Hinrichtung, die dann direkt vor dem Tor vollzogen wurde. An der rechten Seite sieht man einen kleinen Brunnen, den **Cellat Çeşmesi** (Henkersbrunnen), an dem der Scharfrichter nach der „Arbeit" seine Hände wusch; so jedenfalls steht es in den meisten Reiseführern, obgleich der an der Mauer angebrachte Brunnen durch seine arabische Inschrift verrät, dass er erst in der zweiten Hälfte des 19. Jh. unter Sultan *Abdülhamit II.* erbaut wurde. Tatsache aber ist, dass die abgeschla-

genen Köpfe der Enthaupteten zur Abschreckung oder „Erbauung" des Volks oft am ersten Tor ausgestellt wurden.

Der Sultan war der einzige Mensch, der das Bab-üs Selam zu Pferd passieren durfte; alle anderen mussten hier absteigen und auf das offizielle Geleit warten. Auch heute muss man hier bei großem Besucherandrang gelegentlich Schlange stehen, denn die Kontrollen am Museumseingang sind gründlich.

Der zweite Hof zeigt ein weit kultivierteres Gesicht als der erste: zwischen einem gepflegten Rasen, Zypressen- und Platanenbäumen streben die **Spazierwege** geradlinig und sternförmig auf die umliegenden Gebäude zu. An

Sultanahmet – Das historische Zentrum

der rechten Seite liegt der lang gezogene ehemalige **Küchentrakt** (16. Jh.), in dem einst über 1000 (!) Palastköche den Gaumen des Sultans mit immer neuen Delikatessen zu verwöhnen suchten. Über 30.000 Rinder und Hammel mussten hier jährlich ihr Leben lassen – von den Legionen an Geflügel ganz zu schweigen. Außer den Wohnräumen des Personals sind hier auch die Lagerräume sowie die eigentlichen, mit Schornsteinen und Belüftungssystemen versehenen Küchenräume (Mutfaklar) zu sehen, in denen heute eine umfangreiche **Porzellansammlung** (viele altchinesische Seladon-Exponate aus der Sung-, Yüan- und Mingdynastie, 10.–19. Jh.) sowie eine **Silber- und Glasausstellung** wie auch diverse **Küchengeräte** zu bewundern sind.

Auf der linken Seite des Hofs befindet sich ein Arkadengang, hinter dem einst die **Leibwache des Sultans** untergebracht war; ihre Hieb- und Stoßbewaffnung verschaffte ihnen den Namen „baltacılar" (eigentlich „Beilträger", wobei es sich – ähnlich der Schweizer Garde im Vatikan – um Hellebarden mit mehreren mörderisch gezackten Axtklingen handelte). Neben der **Beşir Ağa Camii** aus dem 18. Jh. liegt das **Meyyit Kapısı** (Tor des Todes), durch das die Verstorbenen aus dem Palast gebracht wurden. An der Westseite des Beilträger-Hofes befanden sich die Stallungen für die Pferde des Sultans.

Das beeindruckendste und auch wichtigste Gebäude des zweiten Hofes ist das **Kubbe Altı** (16. Jh.), nach seiner Funktion auch oft als **„Divan"** bezeichnet. So nannte man die Versammlung des hohen Rates, der gleich einer Ministerrunde hier regelmäßig die Belange des Reichs besprach. Die frühen Sultane pflegten den Divan persönlich abzuhalten, die späteren ließen sich bei den Ratssitzungen durch den Großwesir vertreten, lauschten aber gelegentlich hinter der kunstvoll vergitterten Loge, die sich über dem Platz des Großwesirs befindet, ob bei den Beratungen auch alles in ihrem Sinne lief.

Hinter dem Kubbe Altı ragt der 41 m hohe **Divan Kulesi** (Turm der Gerechtigkeit) empor; sein weithin sichtbares Kegeldach ist sozusagen das Wahrzeichen des Palastes. Direkt rechts neben dem Divan befindet sich das **Iç Hazine** (Innere Kasse), gleichsam die Finanz- und Schatzbehörde des Reichs. Hier flossen alle Pfründe und Steuern zusammen, und was nicht sofort wieder ausgegeben wurde, landete in den hiesigen Kellergewölben. Die Räume beherbergen heute eine **Waffenausstellung.**

Der Harem

Links neben dem Kubbe Altı befindet sich in der Ecke des Hofes das **Arabacılar Kapısı** (Tor der Kutscher), das heute den Eingang zum Harem bezeichnet und früher den Lieferanteneingang – das Equipagentor – darstellte. Da die meisten Besucher sich brennend für die Geheimnisse des Harems interessieren und der Ansturm oft dementsprechend ist, tut man gut daran, sich noch vor Besichtigung des dritten Hofes in die Wartenden einzureihen (Extraticket, nur mit Führung möglich, jede halbe Stunde 10–16 Uhr).

Es war die Lieblingsfrau Sultan *Süleymans, Haseki Hürrem* (auch „Roxelane" genannt), die nach dem Abbrennen des alten Palastes (der bis 1541 noch Sitz des Harems geblieben war) beim Sultan den Umzug der Frauen in das Topkapı Sarayı durchsetzte. Auch hier wurde im Laufe der Jahrhunderte kräftig an- bzw. umgebaut, und es entwickelte sich eine 6700 m² große Stadt in der Stadt, die aus einem Labyrinth von mehr als 300 Zimmern bestand, darun-

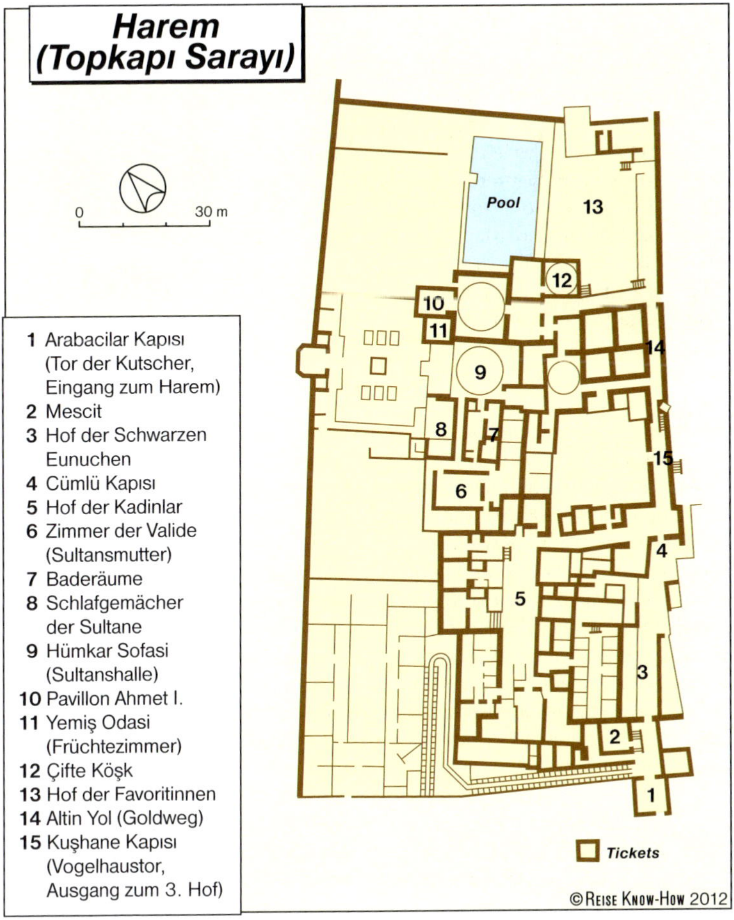

Harem (Topkapı Sarayı)

0   30 m

Pool

13

12

10
11

9

14

8   7

15

6

5

4

3

2

1

Tickets

© REISE KNOW-HOW 2012

1 Arabacilar Kapısı (Tor der Kutscher, Eingang zum Harem)
2 Mescit
3 Hof der Schwarzen Eunuchen
4 Cümlü Kapısı
5 Hof der Kadınlar
6 Zimmer der Valide (Sultansmutter)
7 Baderäume
8 Schlafgemächer der Sultane
9 Hümkar Sofasi (Sultanshalle)
10 Pavillon Ahmet I.
11 Yemiş Odasi (Früchtezimmer)
12 Çifte Köşk
13 Hof der Favoritinnen
14 Altin Yol (Goldweg)
15 Kuşhane Kapısı (Vogelhaustor, Ausgang zum 3. Hof)

Sultanahmet – Das historische Zentrum

ter acht Bäder, ein Hospital, vier Küchen und sogar ein Pool.

Nach Durchschreiten des Tors passiert man links die **Mescit,** eine kleine, vollständig gefliese Moschee, die ebenso wie der folgende Hof den schwarzen **Eunuchen** vorbehalten war. Prachtvolle türkisfarbene Kacheln aus Kütahya schmücken die Wände dieses Hofs. Die schwarzen Eunuchen (siehe Exkurs „Der Harem – Zwischen Lust und Frust, Fantasie und Wirklichkeit") waren verantwortlich für die Bewachung des Harems. Kein Mann außer dem Sultan und seinen Söhnen durfte diesen Bereich betreten. So war es denn logisch, die Schlafquartiere der Eunuchen in den Seitenräumen des Hofganges unterzubringen, da er unmittelbar am zu schützenden Eingang lag. Die Schlafnischen der „normalen" Eunuchen sind winzig, während ihr Führer, der mächtige *Kızlar Ağası* (Schwarze Obereunuch), einen eigenen Raum besaß, der wiederum in unmittelbarer Nähe der Prinzenschule lag. In dieser im ersten Stock untergebrachten Schule erhielten die Sultanssöhne ihre Erziehung, für die ebenfalls der *Kızlar Ağası* zuständig war.

Im Harem des Topkapı-Palastes

Erst mit dem Durchschreiten des **Cümle Kapısı** (Haupteingang) am Ende des Eunuchenquartiers betritt man den eigentlichen Harem, wo man links den **Hof der Kadınlar** erreicht. Dies waren die Hauptfrauen des Sultans, die auch jeweils ein eigenes Zimmer sowie eigenes Personal besaßen. Letzteres musste sich die Schlafkammern teilen und in den benachbarten Räumen (Wäscherei, Küche) den jeweiligen Arbeiten und Aufgaben nachgehen.

Danach kommt man in die **Wohnung der Valide,** der **Mutter des regierenden Sultans.** Schon an der dekorativen Ausstattung und den goldverzierten Decken erkennt man, dass sie die wichtigste Frau des Harems war; sie verfügte neben den Wohn- und Schlafräumen sowohl über einen Empfangs- wie auch über einen Gebetsraum. Ihre wie auch des Sultans **Baderäume** – parallel zueinander aus Ankleide-, Warm- und Kaltraum bestehend –, sind ganz aus weißem Marmor gestaltet. Im Bad des Sultans sieht man ein Gitter, das ihn vor Anschlägen schützen sollte. In unmittelbarer Nähe liegen einige **Schlafgemächer** der Herrscher, darunter dasjenige von Sultan *Abdülhamit I.* (1774–89), das mit schönen Goldverzierungen, Baldachinbett und Malereien ausgestattet ist.

Das heute im Rokoko-Stil ausgestattete **Hünkar Sofası** (Sultanshalle) war sozusagen das gemeinsame Wohn- und Festzimmer der Sultansfamilie. Hier verbrachte der Sultan unter einem Baldachin sitzend mit seinen Frauen den „Feierabend" und ließ sich Tänze vorführen, während die Musikanten auf der Empore – mit verbundenen Augen

natürlich – aufspielten. Auch der von *Sinan* überkuppelte und mit einem plätschernden Brunnen versehene Salon *Murats III.* (1574–95), der später unter *Osman III.* (1754–57) umgestaltet wurde, diente den Festivitäten, denen der Sultan vom Thron aus zusah; herrliche blau-rote Iznik-Fayencen schmücken diesen Raum, der bis auf die Baldachinbetten (18. Jh.) weitgehend dem 16. Jh. entstammt.

Neben dem kleinen, ebenfalls kostbar gekachelten Pavillon *Ahmets I.* (1603–17), der wahrscheinlich als Hofbibliothek diente, kann man in das berühmte **Yemiş Odası** (Früchtezimmer) sehen, das *Ahmet III.* (1703–30) prachtvoll mit Früchte-Stilleben und Blumenmotiven dekorieren ließ.

Wunderschöne blaugrüne Fliesen, goldene Verzierungen und herrliche Buntglasfenster zieren den **Çifte Köşk,** den man einst für den Goldenen Käfig der Prinzen gehalten hat (siehe Exkurs „Vom Prinz zum Sultan – oder in den Tod"). Heute geht man davon aus, dass dieser Prinzenkäfig über den Räumen der Valide gelegen hat.

In unmittelbarer Nachbarschaft liegen der **Pool und** der **Hof der Favoritinnen.** Bei schönem Wetter bestand wenigstens hier für die Frauen die Möglichkeit, etwas Abwechslung von der Enge der Haremsräumlichkeiten zu erleben. Über den langen dunklen Korridor des **Altın Yol** (Goldweg), auf dem der Sultan zu seiner Thronbesteigung und an anderen Festtagen Goldmünzen auszuwerfen pflegte, gelangt man zum **Kuşhane Kapısı** (Vogelhaustor). Für die „Haremsvögelchen" war dieses Tor

Sultanahmet – Das historische Zentrum

Der Harem –
Zwischen Lust und Frust, Fantasie und Wirklichkeit

Wer hat sie nicht irgendwo und irgendwann schon einmal gesehen: jene lasziv ästhetisierten Frauen-Orient-Porträts des 19. Jh., auf den sich nackte oder halbbekleidete Schöne lüstern auf dem Divan räkelnd dem Betrachter stellen und nur darauf zu warten scheinen, dass man sie endlich zum „Dienst" auffordert. Die Maler des 19. Jh. – darunter *Renoir, Cormon, Ingres, Bompard, Trouillebert* usw. – schufen geradezu eine Orientmode, in dessen Zentrum wieder und immer wieder der orientalische Harem und seine Haremssklavinnen, die berühmten **Odalisken**, standen. Denn genau so stellte man sich das Sultansleben und den Harem vor: eine von luxuriösem Dekor und Teppichen umrahmte polygame Orgie, bei der die Frauen im Bad, beim Bedienen, beim Tanzen und Posieren nur eines, aber wirklich nur eines auszustrahlen hatten: permanente Verfügbarkeit und Willfährigkeit. Selbst in den modernen Cafés von Istanbul trifft man auf jene **„orientalisierenden" Bilder** – das meistkopierte ist wohl „Leila" von *Frank Dicksee* –, die mit einem Augenzwinkern gerne geschichtliche Illusionen und Stereotypen aufrechterhalten und pflegen wollen. Allein, die Motive verraten wohl eher etwas über die christlich-verklemmte **Prüderie,** unter der das europäische Bürgertum im 19. Jh. litt. Zum „Dampfablassen" musste man eben Kompensationsanleihen im Orient machen, und allein das Wort „Harem" (vom arabischen „Haram": das Verbotene, Geheime, Verborgene) ruft auch bei nicht wenigen heutigen Besuchern jenes erwartungsvoll-süffisante Lächeln hervor, das kaum etwas über den Orient, aber viel über die eigene psychische Befindlichkeit aussagt.

Die rechtlich geregelte **Vielehe** wurde vom Religionsstifter *Mohammed* nicht zur Befriedigung des Mannes, sondern zur Verbesserung der sozialen Situation der Frau eingeführt. Es gab zur damaligen Zeit in Arabien nämlich einen (bis dahin völlig rechtlosen) Frauenüberschuss, dessen materielle Basis in aller Regel nur über die Eheverbindung zum Mann abgesichert werden konnte. Dieser war verpflichtet, alle seine Frauen materiell wie auch sexuell gleich zu behandeln, sodass jeder Frau genau festgelegte Zuwendungstage zustanden. *Mohammed* selbst hatte elf Frauen, und er versuchte mit gutem Beispiel voranzugehen, indem er alle durch genaue Zeiteinteilung gleich zu behandeln trachtete. Ob das allerdings überhaupt möglich ist, bleibt ein auch unter Muslimen heiß umstrittenes Thema, und selbst der Prophet soll sich ob des unausbleiblichen Gezänks um Bevorzugungen des Öfteren resigniert geäußert haben.

Da die **patriarchalische Erbfolge** galt, musste sichergestellt werden, dass die Kinder keine „Kuckucksgeschenke" waren, was in der Folge sowohl im Islam als auch im Christentum zur verstärkten **Kontrolle der Frau** führte. Weil diese gemäß der islamischen Sexualtheorie über eine ungeheure Anziehungskraft (arab.: *fitna*) verfügt, galt es, ihre Ausstrahlung visuell einzuschränken. In islamischen Gesellschaften wurde dies u.a. durch den Schleier und durch die **Politik der getrennten Räume** geregelt: Der Mann agiert(e) außerhalb, die Frau innerhalb des Hauses. Auch im trauten Heim selbst wurde diese Zweiteilung beibehalten: Es gab den Selamlik-Bereich (Räume des Hausherrn, in denen er Gäste zu empfangen pflegte) und den für jeden anderen männlichen Besucher verbotenen Haremlik-Bereich, in denen die Frauen des Hauses lebten.

Auch der Topkapı-Palast lässt – in gigantischer Größenordnung – diese räumliche Zweiteilung erkennen: Der Harem (Dar-üs Saadet – Haus der Glückseligkeit) war für jeden Besucher ein absolut unzugänglicher Bereich, wohingegen vor allem der zweite und dritte Palasthof die Funktion des Selamlik erfüllten.

Der Herrscherharem war anfangs noch recht bescheiden, dies allein schon deshalb, weil die ersten Sultane einen großen Teil ihres Lebens auf Kriegszügen verbrachten. Erst später erhöhte sich die Zahl der Frauen, wobei der Sultan und andere Reiche bald schon dazu übergingen, **Sklavinnen** in ihren Harem zu bringen und sich mit diesen zu liieren. Die Frauen wurden entweder direkt über die Kriegsbeute oder über Sklavenhändler rekrutiert, die zum Beispiel armen Familien Mädchen abkauften oder sie sogar von ihnen angeboten bekamen, da die Eltern ihrer Tochter so ein besseres Leben zu ermöglichen glaubten. Als Sklave in einen reichen Haushalt zu kommen, und das galt besonders für den Harem des Sultans, bedeutete einen großen Glücksfall, denn die materielle Absicherung war hier garantiert. Später wurden dem Herrscher auch besonders schöne Sklavinnen geschenkt, um so sein Wohlwollen zu finden.

Vor dem Eintritt in den Serail wurden alle Frauen aufs Sorgfältigste inspiziert (besonders ihre Jungfäulichkeit war von hohem Wert) und dann genau auf ihre jeweiligen Aufgaben vorbereitet. Besonders beliebt wegen ihrer Schönheit waren weiße Sklavinnen, die zu-

meist aus Russland oder der Schwarzmeerregion kamen (die berühmte Lieblingsfrau Sultan *Süleymans*, *Haseki Hürrem*, war eine Russin oder Tscherkessin). Die schwarzen Sklavinnen hatten dagegen zumeist die niedrigen und schweren „Hausarbeiten" zu erfüllen und wurden meist als Dienerinnen eingesetzt.

Im Harem herrschte eine strenge **Hierarchie** und ein genau reglementiertes **Protokoll**.

Die Karriere einer Sklavin konnte – im Idealfall! – so aussehen:

Der Startpunkt war, dem Sultan irgendwie aufzufallen oder ihm – zum Beispiel von der Mutter des Sultans – empfohlen zu werden. War das geschafft und bestellte der Sultan die Betreffende nachts zu sich, wurde sie von den bereits „erfahrenen" Frauen genau instruiert, von Dienerinnen sorgfältig gebadet und epiliert. Der Herrscher erwartete sie dann in seinem Schlafzimmer, wo sie – so behauptet es ein Teil der Quellen – vom Fußende des Bettes unter der Decke „hochzukrabbeln" hatte. War der Sultan mit der nächtlichen „Performance" zufrieden, bestand die große Chance, dass sie als **Ikbal** (Favoritin) in den Kreis der festen Konkubinen des Sultans aufsteigen konnte. Dann, und nur dann, bekam sie ein eigenes Zimmer (deshalb „Odaliske", türk.: *oda* = Zimmer), höhere materielle Zuwendungen und eine eigene Sklavengefolgschaft. Die nächste Stufe war dann, die Position einer **Kadin** (Hauptfrau) zu erlangen, von denen der Sultan gemäß dem islamischen Grundsatz in aller Regel nur maximal vier wählte. Als Hauptfrau hatte sie das Recht auf geregelte „Zuwendung" seitens des Herrschers. Ihre Zimmer, ihre Macht und ihr Sklavengefolge wurden nun noch größer. Gebar sie dann dem Sultan einen Sohn, hatte sie die vorerst höchste Stufe, die der **Haseki**, erreicht. Jetzt galt es, den eigenen Sohn im Kampf gegen etwaige Söhne der anderen Hauptfrauen auf den Thron zu bringen, um dann als Mutter des neuen Sultans (Valide) die mächtigste Frau des Harems und des Reiches zu werden (siehe dazu Exkurs „Vom Prinz zum Sultan – oder in den Tod").

Dies ist der Idealfall, soll heißen: für die meisten Frauen des Harems unerreichbar. Denn der Herrscher hatte in aller Regel nur vier Hauptfrauen, vielleicht noch sechs bis acht Ikballar, sowie gelegentliche Kontakte zu anderen Sklavinnen, sodass es schwer war, in diese einmal bestehende hierarchische Phalanx erfolgreich einzubrechen. Bedenkt man weiterhin, dass eine Liebesnovizin und Jungfrau nur über begrenzte praktische Erotikkünste verfügen konnte und dass sie für den ihr beiliegenden Mann eine austauschbare Gelegenheit unter vielen darstellte, so waren ihre Chancen in der alles entscheidenden Nacht ziemlich begrenzt. Um den Platz einer Kadin zu erlangen, musste diese Stelle zudem erst „vakant" werden, die Vorgängerin musste also entweder sterben oder der Sultan musste ihrer so überdrüssig werden, dass er sie im Eski Sarayı entließ (der Alte Palast fungierte lange noch als Pensionat ausrangierter Haremsfrauen, die dort unter weit kärglicheren Verhältnissen ihren Lebensabend verbringen mussten). Umgekehrt konnte Letzteres auch immer unserer „Karrieristin" passieren, sodass Intrigen und Rivalitäten im Harem durchaus wichtige Überlebensstrategien darstellten.

Alles Kämpfen aber nützte nichts mehr, wenn der Sultan starb und sein Nachfolger sich einen komplett neuen Harem aufbaute. Der alte wanderte dann samt und sonders (einschließlich der vorher so mächtigen Valide) in das unscheinbare Schattenleben des **Eski Sarayı**, der deshalb auch bald als **„Haus der Tränen"** bezeichnet wurde.

Nach dem Tod Sultan *Süleymans* 1566 zeigten seine Nachfolger nur noch geringe Herrscherqualitäten; die **Sultane degenerierten** geradezu und verbrachten nun erst recht ihre Zeit vornehmlich im Harem. So konnte jene Periode beginnen, die in der türkischen Geschichtsschreibung als **„Kadınlar Sultanatı"** (Herrschaft der Frauen) bezeichnet wird (bis Mitte des 17. Jh.). Das dekadente und intrigenreiche Haremsleben dieser Epoche entsprach in puncto Sinnenfreude und Ausschweifung noch am ehesten den oben erwähnten europäischen Vorstellungen vom lüsternen Orient. So soll die Mutter Sultan *Murats III.,* die Valide *Nurbanu,* ihrem Sohn regelmäßig schöne Sklavinnen geschenkt haben, um ihn so besser kontrollieren zu können. Dieser Sultan, dessen 103 Kinder wir schon an anderer Stelle erwähnten (siehe „Hagia Sophia"), lebte ganz für den Harem und hatte für seine erste Kadın, die von türkischen Piraten geraubte Venezianerin *Safiye,* eine starke Vorliebe. Genau die aber wollte *Nurbanu* mit ihren Geschenken neutralisieren. Als *Safiyes* Sohn *Mehmet* dann an die Macht kam, verfuhr die nun zur Valide aufgestiegene Mutter ganz ähnlich; auch sie suchte über immer neue Beischläferinnen zu verhindern, dass der Sultan sich an seine erste Hauptfrau band, und betrieb zudem eine sozusagen pro-venezianische Politik. Eines Morgens fand man sie dann erwürgt in ihrem Bett vor.

Der Harem, mythischer Ort sehnsüchtiger Projektionen und realer Platz handfester Machtspiele

Auch *Kösem Machpeiker,* die wohl mächtigste Valide jener Zeit, setzte schöne Sklavinnen als Narkosemittel für ihren Sohn, **Sultan Ibrahim,** ein. Der im Goldenen Käfig aufgewachsene Spross des Hauses Osman war für seine debilen Verrücktheiten bekannt: Er befahl zum Beispiel, den Basar rund um die Uhr zu öffnen, damit seine Konkubinen nachts shoppen konnten; ein andermal machte er „einen Badediener zum Pascha", wie Geschichtsschreiber *Jorga* zu berichten weiß. Seinen Favoritinnen überließ er die Einnahmen ganzer Provinzen, sodass die Valide eingriff und besonders raffgierige Konkubinen beseitigen ließ. *Ibrahim* soll übrigens anfangs große Potenzprobleme gehabt haben; er verschenkte Geld an seine Wachen,

damit die für seine Manneskraft beten sollten. Eine armenische Sklavin, die wohl wusste, wie man das Problem „anzupacken" hatte, kurierte ihn, und nun schlug das virile Pendel so kräftig ins Gegenteil aus, dass der begeisterte Sultan sein bestes Stück gelegentlich öffentlich zur Schau stellte. Als dem Irren zugeflüstert wurde, dass eine seiner Beischläferinnen ein Techtelmechtel mit einem Eunuchen habe, soll er die Ersäufung von über 200 Sklavinnen angeordnet haben. Um schlussendlich für eine Favoritin ein Zobelzimmer zu finanzieren, plante er, den Besitz anderer Würdenträger zu konfiszieren und sie umzubringen. Die Bedrohten bekamen Wind von der Sache, und nun beschloss auch die Valide, ihren Sohn fallen zu lassen; er wurde ab-

ista06_193 Foto: mf

Sultanahmet – Das historische Zentrum

gesetzt und umgebracht. *Kösem* selbst setzte den Kampf um die Macht gegen die neue Valide *Turhan* fort, unterlag aber schließlich in ihrem letzten Ränkespiel und wurde von den Eunuchen am Vogelhaustor des dritten Hofes mit einer Schnur erdrosselt.

Dergleichen wüste Anekdoten und die Tatsache, dass der osmanische Harem seit *Murat III.* über 1000 weibliche Insassen beherbergte, scheinen für westliche Besucher das Bild vom patriarchalisch-orientalischen Sinnenleben aufs Lustvollste zu bestätigen. Vergessen wird dabei, dass von all diesen Frauen **nur ein äußerst kleiner Teil mit dem Sultan intim liiert** war (jeder halbwegs erfolgreiche Gigolo bringt es rein zahlenmäßig sicher auf mehr Lebensabschnittsbekanntschaften). Die meisten Haremsbewohnerinnen waren entweder irgendeinem personengebundenen Gefolge als Dienerin zugeteilt (der Valide, den Hauptfrauen oder den Ikballar), oder sie waren als Dienstsklaven mit verschiedenen Aufgaben beschäftigt, ohne auch nur jemals vom Herrscher bemerkt zu werden. Nur aus seinem eigenen Gefolge, das allerdings die hübschesten Sklavinnen umfasste (Gedikli), wählte der Sultan sich seine Konkubinen.

Und was konnten nun all diese Frauen in diesem Mikrokosmos, der ihre **hermetisch abgeschlossene Lebenswelt** war, tun? Sie musizierten, sie spielten, sie tanzten, sie intrigierten – und sie langweilten sich. Welch ein Höhepunkt muss es gewesen sein, wenn ihnen – unter strenger Bewachung der Eunuchen und einer Palastgarde – erlaubt wurde, einen Ausflug zu den „Süßen Wassern Asiens" zu machen! Den Sultan sahen die meisten nur selten, und nicht wenige dürften in ihrem Leben keinem Mann nahe gekommen sein.

Denn die **Schwarzen Eunuchen,** denen die strikte Bewachung des Harems anvertraut war, waren ja keine Männer mehr. Die Tatsache, das gerade schwarze Sklaven den Harem bewachten, hat zu der Vermutung geführt, dass man so der Anbahnung von „Seitensprüngen" besser entgegenzuwirken hoffte, da dunkelhäutige Sklaven im Allgemeinen nicht dem Schönheitsideal der osmanischen Gesellschaft entsprachen. Historiker weisen dagegen nüchtern darauf hin, dass unter *Murad III.* den Weißen Eunuchen aufgrund von Ämtermissbrauch – sie hatten versucht, sich zu bereichern – die Haremsüberwachung entzogen worden war. Im Unterschied zu den Weißen Eunuchen, die in den anderen Höfen des Palastes Dienst zu leisten hatten und denen man lediglich die Hoden entfernt hatte, waren die Schwarzen Eunuchen einer Totalkastration unterzogen worden, bei der der Penis komplett entfernt wurde. Da diese torturenreiche Operation nicht selten den Tod des Opfers nach sich zog, waren Schwarze Eunuchen relativ seltene, d.h. teure und damit wertvolle Sklaven. Kein Wunder, dass sie alle ausnahmslos in ihrem neuen Leben als Frauenbewacher mit den hübschesten Blumennamen bekost wurden: der Rosige, Narzissenhafte, Nelkenduftende, der Hyazinthenreiche und Ähnliches mehr. Ihr Anführer, der **Kızlar Ağası,** stand im Osmanenreich in puncto Macht und Bedeutung hinter dem Sultan, dem Großwesir sowie dem Scheich-ül Islam (höchster Geistlicher) an vierter Stelle. Unter seinen vielen hohen Funktionen befand sich auch die Erziehung der jungen Prinzen, die dann auch als spätere Sultane oft eine besonders starke Beziehung zu ihm aufrechterhielten. Übrigens konnte auch der Obereunuch, wie jeder Große im Reich, seinen eigenen Harem haben – wohl weniger der ja nicht mehr schäumenden Liebesfreuden wegen denn aus Gründen des wuchernden Prestiges.

Die Position eines Scharniergelenks zwischen der Frauenwelt des Harem und der Außenwelt hat den Schwarzen Eunuchen bei den oben erwähnten Intrigen eine oft entscheidende Rolle ermöglicht. So entbehrt es nicht einer gewissen Ironie, dass der erste Sultan, der bei einer Revolte umgebracht wurde – Sultan *Osman II.* (1618–22) –, durch den „schamlosen" Griff eines Verschnittenen außer Gefecht gesetzt wurde: Die Konspirateure, darunter auch die zukünftige Valide, hatten den abgesetzten Herrscher in die Festung der Sieben Türme (Yedikule) gebracht, wo man auf Befehl des Großwesirs zu viert über den kräftigen *Osman* herfiel. Der wehrte sich mächtig, aber einem Eunuchen gelang es, die Hoden des Herrschers in den Griff zu bekommen und so ausgiebig zu quetschen, dass *Osman* vor Schmerz in Ohnmacht fiel; nun konnte man ihn in aller Ruhe erdrosseln.

Übrigens dürfte die weitgehend fehlende Lust der Eunuchen sie zu keineswegs schlechteren Zuhörern oder auch „Liebhabern" gemacht haben – nicht wenige schließen sogar auf das Gegenteil, denn wer keine Lust mehr nehmen kann, hat vielleicht mehr Lust, sie zu geben. Opfer bewachten Opfer – und auf der Suche nach Verständnis und Trost oder auf der Flucht vor der Langeweile gab es für die Frauen neben der gewiss praktizierten Homosexualität ohnehin keine anderen Alternativen.

Als am 24. April 1909 die westlich orientierten **Jungtürken** den letzten Sultanspalast, den Yıldız Sarayı, stürmten und Sultan *Abdülhamit* zur Abdankung zwangen, war es mit dem osmanischen Harem vorbei. Während man den Sultan und seine drei Hauptfrauen samt fünf Konkubinen des Landes verwies, hängte man den Kızlar Ağası und einige andere Palastbedienstete einfach an den Laternen der Galata-Brücke auf. Für die Hunderte von irritierten Frauen, die man „befreit" hatte, versuchte man die alten Verwandten wiederzufinden, aber nur wenige meldeten sich. So wurden die meisten im nun alten Harem des Topkapı-Palastes untergebracht und auf Staatskosten recht und schlecht alimentiert. Denn nur wenige Frauen und Eunuchen versuchten, etwas zu tun, was jahrhundertelang unerhört für sie gewesen wäre: sich auf eigene Faust durchzuschlagen, also „frei" und „unabhängig" zu werden. Einige tingelten durch die Hauptstädte Europas und ließen sich – ähnlich den Indianern und anderen ethnischen „Kuriositäten" – als kulturelle Sensation fotografieren und begaffen. Was dabei herauskam, so *Roswitha Gost* in ihrem Buch „Die Geschichte des Harems", war für die westlichen Voyeure eine Enttäuschung: „Die vermummten und ernst dreinblickenden Frauen und die in ihren streng geschnittenen Anzügen eher komisch wirkenden Eunuchen hatten so gar nichts gemein mit dem Bild, das sich der Westen von Odalisken und Haremswächtern gemacht hatte."

Jener Touristin, die am Eingang zum Topkapı lachend ihren Freundinnen verriet, auch einmal gerne für ein paar Tage im Harem leben zu wollen, sei noch verraten, dass es auch einen Ağa gab, zu dessen Aufgaben es gehörte, renitente oder anderweitig missliebige Sklavinnen zu ertränken. Allein die Existenz einer solchen Position weist schon darauf hin, dass dieses zumindestens nicht ganz so selten vorkam: Diskret und des nachts wurde die Betreffende in einen mit Steinen beschwerten Sack gesteckt und zu den Fischen des Bosporus geschickt ...

Sultanahmet – Das historische Zentrum

(hier wurde früher das Essen angeliefert) das Ende der Welt, für den führungsmüden Besucher ist es heute das Tor in die relative Freiheit des dritten Hofes.

Der dritte Hof

Wer nicht den Harem besucht, betritt den dritten Hof durch das prachtvolle **Bab-üs Saadet** (Tor der Glückseligkeit), auch „**Ak Ağalar Kapısı**" (Tor der Weißen Eunuchen) genannt. Unter seinem säulengestützten Dach wurde die Inthronisation des Sultans zelebriert. In den Seitengebäuden des Tors waren die Weißen Eunuchen untergebracht, die hier die Palastschule leiteten und junge Sklaven für verschiedene Funktionen ausbildeten. Direkt hinter dem Tor stößt man auf das mit einem ausladend geschwungenen Dach und Marmorsäulen versehene **Arz Odası** (Audienzhalle), das einzige Gebäude des dritten Hofs, das von Außenstehenden betreten werden konnte: In dem reich dekorierten Saal empfing und verabschiedete der Sultan auf seinem prachtvollen Thron fremde Gesandte und hohe Würdenträger – ohne allerdings zu den Ungläubigen zu sprechen, denn das war Aufgabe des interpretierenden Großwesirs. Das Plätschern des Brunnens verhinderte, dass etwaige Lauscher von der Audienz etwas mitbekamen; zudem bestand das anwesende Personal aus dem gleichen Grunde hauptsächlich aus Taubstummen.

Hinter der Halle, quasi in der Mitte des Hofes, sieht man die reich mit Fayencen und Elfenbeinintarsien geschmückte **Kütüphane Ahmets III.** (auch „**Enderun-Bibliothek**" genannt; von 1718). Einige wenige Exemplare der heute meist verschlossenen und leeren Barockbibliothek kann man im Miniaturenmuseum (s.u.) begutachten.

Links der Audienzhalle passiert man die **Ağalar Camii** (15. Jh.), die ihren Namen (Ağa = Herr, Offizier, Page) nach den von den Weißen Eunuchen ausgebildeten zukünftigen Stellenträgern hatte. Ausgebildet wurden diese Pagen im folgenden **Has Oda Koğusu,** wo heute eine **kalligrafische Sammlung** sowie die **Portreler** (Porträts der Sultane) zu sehen sind.

Dahinter befindet sich im **Hırka-i Saadet Dairesi** (Halle des heiligen Mantels) die **berühmteste Reliquiensammlung der islamischen Welt:** Zu bestaunen sind u.a. der Mantel, zwei Schwerter, einige Barthaare und sogar ein Zahn des Propheten *Mohammed.* Auch die heilige Fahne des Islam befindet sich hier sowie die Schwerter der ersten Kalifen *Abu Bekr, Omar, Othman* und *Ali* sowie eines der ältesten Koranexemplare aus Gazellenleder. All diese und andere im islamischen Glauben schier unschätzbare Reliquien wurden von Sultan *Selim I.* (1512–20) nach Istanbul gebracht, nachdem er Ägypten 1517 erobert hatte und die dort ansässige Kalifenwürde auf sich übertragen ließ. Da diese Räume für islamische Besucher verständlicherweise von hoher religiöser Bedeutung sind und aktive Stätten der Andacht und Verehrung darstellen, sollten westliche Touristen hier – auch hinsichtlich der Kleidung – achtungsvoll auftreten.

istadte-197 Foto: mf

Sultanahmet – Das historische Zentrum

An der Nordostseite – neben dem Durchgang zum vierten Hof – kommt man an den **Sammlungen der Minyatürler** (schöne Bild- und Buchminiaturen aus dem 13.–17. Jh.) und **Saatler** (Uhren; 16.–18. Jh.) vorbei, um dann in der Nordostecke die **Hazine** (Schatzkammer) zu erreichen. Neben dem Harem gehören diese vier Räume zum sicherlich meistbesuchten Teil der Palastanlage: In den Vitrinen glänzen und funkeln unbezahlbare Schätze, darunter der smaragd- und diamantenbesetzte, durch den gleichnamigen Ustinov-Film weltberühmt gewordene Topkapı-Dolch (18. Jh.; Geschenk für *Nadir Schah von Persien,* der aber vorher starb), der 86 Karat schwere Löffelmacher-Diamant (der Fischer, der ihn auf einer Müllhalde fand und an einen Straßenhändler abgab, soll dafür drei lausige Löffel bekommen haben) sowie der prachtvoll mit Smaragden und Perlen verzierte Thron des *Nadir Schah* (18. Jh.; Geschenk für Sultan *Mahmut I.*). Kaum weniger kostbar sind der mit Perlmuttintarsien und Edelsteinen geschmückte Thron *Ahmets I.* sowie die beiden 48 kg schweren goldenen Kandelaber, die es

Topkapı Sarayı, Bab-üs Saadet
(Tor der Glückseligkeit)

jeweils auf 6666 Brillanten bringen; neben solchen Preziosen nimmt sich der von Kaiser *Wilhelm* als Geschenk für Sultan *Abdülhamit II.* mitgebrachte brillantenbesetzte Spazierstock fast schon bescheiden aus.

Den Rundgang durch den dritten Hof beendet das **Seferli Koğusu,** in dessen Halle eine Ausstellung alter Sultans- und Prinzengewänder bis in die Zeit Sultan *Mehmet Fatihs* führt.

Der vierte Hof

Nur für die private Erholung des Sultans bestimmt, rahmt sich der vierte Hof terrassenförmig um die Hügelspitze der uralten Akropolis, des heutigen **Saray Burnu** (Palastspitze). Links erblickt man zunächst den von *Murat IV.* 1635 erbauten **Revan Köşkü,** der anlässlich der Eroberung Eriwans errichtet wurde. In der nordwestlichen Ecke der Terrasse liegt das von herrlichen Fayencen geschmückte **Sünnet Odası** (Beschneidungszimmer; 15./16. Jh.), in dem die Prinzen beschnitten und so zum Mann gemacht wurden. Rechts daneben sieht man direkt am Terrassenrand das von zierlichen Säulen getragene **Iftariye** (1641). Der verrückte Sultan *Ibrahim* pflegte unter diesem vergoldeten Mini-Baldachin sein *Iftar* (das Abendessen im Fastenmonat Ramadan) einzunehmen und den märchenhaften Blick auf das Goldene Horn zu genießen.

Das größte und aufwendigste Gebäude dieses Hofes ist der oktogonale, kuppelgekrönte **Bağdat Köşkü,** den der kriegerische und grausame Sultan *Murat IV.* 1638 in Erinnerung an die blutige Eroberung Bagdads errichten ließ; auch hier sind prachtvolle Fliesenarbeiten zu bewundern.

Den tiefer liegenden **Tulpengarten Ahmets III.** (1703–30; er dürfte in der „lale devri" – Tulpenära – genannten Zeit des Sultans besser ausgesehen haben) durchhasten die meisten nun besichtigungsmüden Besucher ohne Würdigung, denn an der Ostseite des Hofs lockt das stets gut besuchte (und deshalb nicht gerade billige) **Konyalı-Restaurant;** untergebracht ist es im **Mecidiye Köşkü,** den Sultan *Abdülmecit* 1839 als jüngstes Gebäude des Topkapı-Palastes errichten ließ. Aber wen interessiert das schon, wenn die Beine müde und der Magen leer sind und man außer dem Essen nur noch den herrlichen Blick über das Marmara-Meer genießen will ...

●**Topkapı Sarayı Müzesi,** 9–19 Uhr (Winter 9–18 Uhr; Harem im Sommer 9–17 Uhr, im Winter 10–16 Uhr), Di geschlossen, Eintritt 9 Euro (Harem zusätzlich 6,50 Euro), die Schatzkammer ist nach letztem Stand im Preis enthalten!

Rund um Gülhane

Vom ersten Palasthof des Topkapı Sarayı führt hinter der Aya Irini links eine kleine Straße bergab. Linker Hand sieht man die lang gestreckten Gebäude des **Darphane-i Amire** (**37,** Münze; 17. Jh.), wo heute kleinere stadtgeschichtliche Ausstellungen stattfinden (Eintritt frei). Gegenüber auf der rechten Seite befindet sich der Eingang zum hervorragenden Archäologischen Museum.

Arkeoloji Müzesi (36)

Der Komplex des **Archäologischen Museums** besteht aus drei Gebäudetrakten. Links vom Eingang steht zunächst das 1883 als Kunstakademie erbaute Gebäude des **Eski Şark Eserleri Müzesi** (Museum der altorientalischen Kunst), dessen Eingang von zwei mächtigen hethitischen Löwenstatuen (8. Jh. v.Chr.) flankiert wird. Es enthält Ausstellungsstücke der altorientalischen Reiche der Assyrer, Sumerer, Ägypter und Hethiter. Die umfangreichen Exponate, darunter Tonarbeiten, -stelen, Orthostaten und Keilschrifttafeln, gehen bis ins 3. Jahrtausend vor *Christus* zurück. Zu den Höhepunkten zählt die in der alten Hethiterhauptstadt Hattuşa gefundene **Kadesch-Keilschrifttafel** (1269 v.Chr.). Sie ist das älteste Friedensdokument überhaupt und formuliert die Abmachungen zwischen dem Pharao *Ramses II.* und seinem hethitischen Widerpart *Hattusilas III.,* die einen Nichtangriffspakt und die gegenseitige Auslieferung politischer Flüchtlinge vereinbaren. Bemerkenswert sind auch die aus glasiertem Ziegelstein bestehenden Löwenreliefs der babylonischen Prozessionsstraße, die aus der Zeit *Nebukadnezars* (604–562 v.Chr.) stammen.

Ein paar Schritte weiter steht rechts das mächtige, im klassizistischen Stil des 19. Jh. erbaute **Hauptgebäude des** eigentlichen **Archäologischen Museums.** Der Ziehvater dieser herausragenden Antikensammlung war der in Istanbul geborene Maler und Kunstliebhaber *Osman Hamdi Bey* (1842–1910), der 1887 in Sidon bei Ausgrabungsarbeiten jene Kunstwerke zutage förderte, für die das zwischen 1881 und 1910 von ihm geleitete Museum heute weltberühmt ist.

Im Eingang stößt man zunächst auf die grimmige Riesenstatue des ägyptischen Dämons *Bes* (6. Jh. v.Chr.), der eine getötete Großkatze in den Händen hält. *Bes* galt u.a. als kraftvoller Spender von Geschlechtslust und wurde oft mit großem erigierten Phallus dargestellt; der hier aufgestellte wurde allerdings an entscheidender Stelle amputiert – vielleicht ein Fall von Penisneid ...

Wendet man sich nun nach links, kommt man zu den prachtvollen Sarkophagen aus der Nekropole von Sidon (antike Stadt im heutigen Libanon). Das berühmteste Fundstück *Osman Hamdi Beys* ist der aus dem 4. Jh. v.Chr. stammende **Alexandersarkophag;** seinen Namen erhielt er aufgrund der fantastischen Marmorreliefs, die den berühmten Makedonen auf der Jagd und in der Schlacht gegen die Perser zeigen. Gleich nebenan steht der kaum weniger beeindruckende **Sarkophag der klagenden Frauen** (4. Jh. v.Chr.). Die Figuren – trauernde Frauen in unterschiedlicher Haltung und Gestik – strahlen angesichts eines Alters von fast 2500 Jahren eine unglaubliche plastische Lebendigkeit aus.

Im Nebenraum ist neben dem persischen Satrapensarkophag ein schöner Lykiensarkophag (beide 5. Jh. v.Chr.) zu sehen. In einem weiteren Raum steht der schwarze Sarkophag des ägyptischen Königs *Tabnit* (6. Jh. v.Chr.); die Überreste des Toten sind heute in einer Vitrine untergebracht.

Sultanahmet – Das historische Zentrum

Ebenfalls im Erdgeschoss, aber rechts vom Eingang beginnt die über mehrere Räume verteilte **Sammlung griechischer und römischer Statuen und Torsos** (Kaiserbüsten bzw. -statuen, Götterdarstellungen usw.). Die Exponate reichen von der griechisch-archaischen über die hellenistische bis zur römischen Kaiserzeit. Der Kithara spielende *Apoll*, die grazile Statue des Jünglings mit Umhang (1. Jh. v.Chr.), eine Marsyas-Statue und eine römische Tyche (2. Jh. v.Chr.) sowie die Friesskulpturen der berühmten kleinasiatischen Bildhauerschule von Aphrodisias sind nur einige der zahlreichen Höhepunkte.

Eine kleine **Kinderabteilung** im Rückraum des Erdgeschosses beweist museumspädagogische Feinfühligkeit, können die gelangweilten kleinen Gäste hier doch wenigstens in ein Trojanisches Pferd hineinschauen.

Die Räume der ersten Etage konzentrieren sich auf **archäologisches Material** aus dem Stadtgebiet (darunter Teile jener berühmten Kette, die im byzantinischen Reich bei Gefahr die Einfahrt in das Goldene Horn sperrte). Die zweite und dritte Etage widmen sich dem frühen **anatolischen bzw. vorderasiatischen Kulturkreis** der Stein-, Bronze- und Eisenzeit. Besondere Erwähnung verdient dabei die auf der zweiten Etage untergebrachte **Sammlung trojanischer Fundstücke** (Tonscherben, Schmuck), die man seit *Schliemanns* Zeiten zusammengetragen hat (die dritte Etage war zur Zeit der Recherchen geschlossen).

Neben dem schattigen, von alten Säulen und Skulpturen umstandenen Gartencafé steht der 1472 von Sultan *Mehmet Fatih* erbaute **Çinili Köşk** (Fayencen-Pavillon). Nach einem Brand wurde der Pavillon bereits im 18. Jh. teilweise restauriert. Von seinem namensgebenden Fayencenschmuck ist nur mehr wenig erhalten, aber im Innern werden die historischen Fliesenkunstwerke des Topkapı-Palastes bewahrt, die von der Keramik der Seldschukenzeit (12.–14. Jh.) bis zu den osmanischen Manufakturen von Iznik (15.–16. Jh.) und Kütahya (17.–19. Jh.) reichen. Der Pavillon war längere Zeit wegen Renovierungsarbeiten geschlossen, kann nun aber wieder in Verbindung mit dem Archäologischen Museum besucht werden.

● **Arkeoloji Müzesi,** Osman Hamdi Bey Yokusu, 9–19 Uhr im Sommer (im Winter 9–16 Uhr), Mo geschlossen, Eintritt 4 Euro (für den gesamten Museumskomplex; nicht alle Räume sind zugänglich, da seit Jahren Restaurierungsarbeiten im Gange sind).

Gülhane und Bab-i Ali (32)

Die kleine Osman Hamdi Bey Gasse führt nun links vom Museum direkt hinunter zum Eingang des **Gülhane Parkı** (**35**; Rosenpark). Entgegen seinem Namen besticht der Park eher durch seine hohen schattigen Zypressen, Platanen und Kastanienbäume. Angesichts der wenigen, dazu meist kleinen Grünanlagen in der Stadtmitte stellt Gülhane ein sehr beliebtes Ausflugsziel für Spaziergänger und Picknickfreunde dar.

Innerhalb des Parks hat auch das 2008 eröffnete **Museum für Geschichte der Wissenschaft und Technik im**

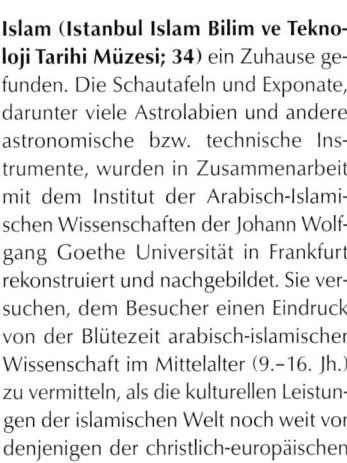

Islam (Istanbul Islam Bilim ve Teknoloji Tarihi Müzesi; 34) ein Zuhause gefunden. Die Schautafeln und Exponate, darunter viele Astrolabien und andere astronomische bzw. technische Instrumente, wurden in Zusammenarbeit mit dem Institut der Arabisch-Islamischen Wissenschaften der Johann Wolfgang Goethe Universität in Frankfurt rekonstruiert und nachgebildet. Sie versuchen, dem Besucher einen Eindruck von der Blütezeit arabisch-islamischer Wissenschaft im Mittelalter (9.–16. Jh.) zu vermitteln, als die kulturellen Leistungen der islamischen Welt noch weit vor denjenigen der christlich-europäischen Länder rangierten (Eintritt 2,50 Euro, 9–16.30 Uhr, Di geschlossen).

Das **Zugangstor (Soğuk Çeşme Kapısı, 29;** Tor des kalten Brunnens**)** und die angrenzende Parkmauer erinnern daran, dass der Park ursprünglich zum Sultanspalast gehörte und nicht zugänglich war; erst Sultan *Mehmet V.* (1909–18) überließ das Areal der Stadt.

Eine breite, baumbestandene Allee führt vom Eingangstor zur Serailspitze (Sarayburnu), wo nahe der inneren Palastmauer die **Gotlar Sütünü** (Gotensäule) steht. Die 15 m hohe Granitsäule mit ihrem korinthischen Kapitell soll das älteste römische Zeugnis der Stadt darstellen; eine genaue Datierung ist allerdings nicht gesichert. Immerhin weist die Inschrift, die einen römischen Sieg über die germanischen Goten feiert, auf den Zeitraum des 3. oder 4. Jh. hin.

Von dem am Ende des Parks hübsch gelegenen **Terrassenteegarten** genießt man einen malerischen Ausblick auf den Bosporus und die asiatische Seite.

Der Tee wird hier übrigens ausschließlich im *Semaver* (Samowar) kredenzt: zwei Kannen übereinander, die obere mit dem starken Tee-Sud, die untere mit heißem Wasser, dazu ein Sieb und ein Tuch, das verhindert, dass man sich beim Mischen die Finger verbrennt.

Zurück am westlichen Eingangstor sieht man rechts gehend auf der anderen Straßenseite der Alemdar Caddesi ein gelbes Tor mit einem auffällig geschwungenen Barockdach. Es handelt sich um das restaurierte **Bab-i Ali (32, Hohe Pforte),** das seit dem 17. Jh. der Sitz des Großwesirs war (das heutige Aussehen entspricht dem 19. Jh.). Hier empfing er auch alle ausländischen Gesandten und Diplomaten, sodass der Ausdruck „Hohe Pforte" in den europäischen Geschichtsbüchern und Kanzleien zum Synonym des Osmanischen Reichs wurde. Heute führt das Tor nur noch zu den modernen Funktionsbauten der Istanbuler Provinzverwaltung (Vilayet).

Schräg gegenüber sieht man an der Palastmauer den **Alay Köşkü 31,** dessen heutige Gestalt auf die Renovierung durch Sultan *Mahmud II.* (1808–39) zurückgeht. Von dem Pavillon konnte der Sultan sowohl den Paradezügen wie auch dem Treiben vor der Hohen Pforte zusehen und sich fragen, warum der Großwesir wen wie oft empfangen hatte. Von einem Vorgängerbau an gleicher Stelle soll sich der verrückte Sultan *Ibrahim* die Zeit damit vertrieben haben, Pfeile auf die vorbeigehenden Spaziergänger abzuschießen – doch Allah sei Dank: Er soll ein ziemlich lausiger Schütze gewesen sein.

Sultanahmet – Das historische Zentrum

Vom großen Glück, ein Großwesir zu sein

Ab dem 16. Jh. trat in der osmanischen Staatshierarchie immer mehr ein Mann in den Vordergrund, der hinter dem Sultan die mächtigste Instanz des Riesenreiches darstellte: der Großwesir. Seine Machtfülle war schier unbegrenzt und nur an die Person des Herrschers gebunden. Der Großwesir saß dem **Divan** (Ministerrat) vor und war der einzige, der das großherrliche Siegel seines Kaisers verwalten durfte, das ihm Macht über Dekrete und Schatzhaus gab. Er allein hatte zudem das Recht, den Sultan persönlich aufzusuchen und vor ihm das Wort zu ergreifen; und natürlich wurde er auch dementsprechend entlohnt.

Die erste nennenswerte Großwesirkarriere unter Sultan *Süleyman* nimmt sich denn auch fast wie ein Märchen aus. **Ibrahim,** so der Name unseres Helden, stammte aus Griechenland und war von türkischen Seeräubern gefangen und auf dem Sklavenmarkt verkauft worden. Seine guten Sprachfähigkeiten – er konnte neben Griechisch und Türkisch auch Persisch und Italienisch – ließen den Sultan auf ihn aufmerksam werden, der ihn zum obersten Falkner und schließlich 1523 zum Großwesir machte. Dabei verkündete *Süleyman,* dass allen Befehlen des Großwesirs so nachzukommen sei, als seien es seine eigenen. *Ibrahim,* dessen Hofstaat und Kleidung dem Sultan in nichts nachstanden, genoss in der Tat ein beispielloses Vertrauen bei seinem Herrn. *Süleyman* speiste mit ihm zusammen (ein erstaunliches Privileg, nahmen die Sultane doch sonst ihr Essen stets alleine ein), ja, er ließ ihn sogar nachts neben sich schlafen. Die ausländischen Gesandten staunten nicht schlecht, dass der Großwesir alleine über Krieg und Frieden entscheiden konnte, und beeilten sich, ihn mit Geschenken zu überhäufen. *Süleyman* gab ihm sogar eine seiner Schwestern zur

Frau, und als Hochzeitsgeschenk erhielt *Ibrahim* jenen Palast, der heute noch am At Meydanı als **Ibraham Sarayı** bekannt ist und das Museum der türkischen und islamischen Kunst beherbergt. So schien alles gut zu sein, und *Ibrahim* muss sich schon wie ein Sultan gefühlt und auch benommen haben, als *Süleyman* seinen Busenfreund und Günstling wieder einmal wie so oft am 15. März 1536 zu sich bestellte. Der Wesir schien wie so oft auch diesmal über Nacht bleiben zu wollen. Doch am nächsten Morgen verließ ein schwarz gesatteltes Pferd mit dem Leichnam des Großwesirs den Palast; er war den „Stummen" (so nannte man jene Eunuchen, denen man die Zunge herausgeschnitten hatte, damit sie ihr schwarzes Tun – die Hinrichtung missliebiger Personen – nicht verraten konnten) in die Hände gefallen. Allen – auch den zukünftigen Großwesiren – war damit klargemacht worden, dass ausschließlich der Wille des Sultans die einzige feste Macht im Reiche war.

Gab es im 16. Jh. mit *Rüstem Paşa* und *Mehmed Sokullu* noch recht erfolgreich agierende Großwesire, so zeigte das 17. Jh. mit seinen instabilen Sultanen und noch instabileren Machtverhältnissen, dass der Posten des Großwesirs ein äußerst gefährlicher Schleudersitz war. Bekannt ist das Schicksal des Großwesirs **Achmed,** der unter Sultan *Ibrahim* (1640–48) die Tollheiten seines Herrn decken und organisieren musste. Als *Ibrahim* zur Finanzierung eines Zobelzimmers den Großwesir zur Tötung von vier reichen Magnaten anhielt (um danach ihren Besitz einzuziehen), ließ dieser die vier zu einem Fest einladen, um sie dort zu ermorden. Die vier aber waren gewarnt und schalteten die Ulema (das höchste geistliche Gremium) ein, die den Sultan zur Herausgabe seines Großwesirs zwang. Der Henker erdrosselte *Achmed,* dessen Leiche danach auf den At Meydanı geschleift wurde. Danach verkaufte ein Janitschar den dicken Wesirskörper häppchenweise, indem er kleine Stücke aus ihm herausschnitt und behauptete, sie seien gut gegen Schmerzen verschiedener Art. Die Geschäftsidee erwies sich als Renner, sodass *Achmed* unter dem Namen „Hesarpara" – der Wesir der tausend Stücke – eine gruselige Berühmtheit erlangte.

In weitaus positiverer Form ist die **Großwesirsdynastie der Köprüllüs** in die Geschichte eingegangen. Das Reich war im 17. Jh. innerlich an einem Tiefpunkt angelangt, als die machtführende Valide *Turhan* dem aus einem anatolischen Dorf nahe Samsun stammenden *Mohammed Köprüllü* die Reichssiegel zukommen ließ. Es war ein glücklicher Griff, denn der eiserne und unbestechliche Alte – er war 70 Jahre alt – sollte das Reich als Vizekaiser noch einmal zu einer Blütezeit führen. Vorher hatte er sich absolute Vollmachten ausstellen und das Versprechen geben lassen, dass der Sultan alle seine Anordnungen stützen werde. *Mohammed Köprüllü,* der als Küchenjunge und Koch seine Karriere begonnen hatte, konnte weder lesen noch schreiben, aber seine unerbittliche Härte gegen korrupte Janitscharen und Beamte sorgte dafür, dass wieder Disziplin in Heer und Verwaltung kamen. Sein Sohn *Ahmed,* der ab 1661 die Reichssiegel besaß, brachte die Eroberung Kretas zu einem erfolgreichen Abschluss. Von Sultan *Mehmed IV.* (1648–87) hörte der tugendhafte Großwesir, der sich für das Reich aufopferte, so aufmunternde und tiefsinnige Sätze wie „Siehst du, Hund, wir haben schon Sommer" oder „Geh du, Hund, und sorge dafür, dass dein Kopf heil bleibt". Doch der morbide Sultan, dessen einzige Heldentaten in großen Hasenjagden bestanden, wusste trotz aller Schmähungen nur allzu gut, was er an seinem Großwesir hatte.

Einer der prachtliebendsten und auch gierigsten Reichsverwahrer war **Kara Mustafa,** der nach dem Tode *Achmeds* das Vizekaisertum antrat. Er war es, der die zweite Belagerung Wiens im Jahr 1683 anführte, um in der Schlacht am Kahlenberg (12. September 1683) gegen Polen und Deutsche eine vollständige Niederlage zu kassieren. Es war der Wendepunkt der osmanischen Geschichte. *Kara Mustafa* ließ auf dem Rückzug nach Belgrad schnell über vier Dutzend Feldherren hinrichten, um so tatkräftig die Schuld für das Desaster von sich abzuwälzen. Aber auch ihn ereilte das Schicksal aller erfolglosen Großwesire: Am 25. Dezember 1683, als er sich schon fast in Sicherheit wiegte, erschienen zwei hohe Beamte des Sultans vor ihm in Belgrad und forderten ihm das Reichssiegel ab – das Zeichen des sicheren Todes. Das Verhalten des sonst so grausamen und selbstherrlichen *Kara Mustafa* ist ein Paradebeispiel für türkische Sultansdiener, die oft ebenso skrupellos töten wie ergeben sterben konnten. „Ist mir der Tod bestimmt?", soll er gefragt haben. Die Henker bejahten: „Gewiß, es muss sein." *Kara Mustafa* kniete nieder und bot ohne Gegenwehr seinen Hals den Henkern an, die ihm von hinten den Seidenschnur umlegten. Dann trennte man ihm die Kopfhaut ab und stopfte sie aus, um so dem Sultan die sichtbare Durchführung des Befehls vorlegen zu können.

Seine ziegelsteinrote Türbe liegt heute an der Yeniçeriler Cad. gegenüber dem Eingang zum Großen Basar. Touristen hasten vorbei, auch die meisten Türken haben seinen Namen längst vergessen. Die ihn und andere hohe Sultansdiener aber kennen, werden aufatmen: Welch ein Glück, kein Großwesir zu sein ...

Sultanahmet – Das historische Zentrum

Wer die **einzige autofreie Gasse Istanbuls** kennen lernen will, der wende sich am Eingangstor von Gülhane nach rechts in die bergan führende **Soğuk Çeşme Sokak** (**42;** Kalter-Brunnen-Weg). Die kleine Straße, die hinter der Aya Sofya zum Eingang des Topkapı-Palastes zurückführt, verdankt ihre Verkehrsberuhigung paradoxerweise dem Türkischen Automobilklub. Denn dieser war es, der in den 1980er Jahren die heruntergekommenen und verlassenen alten Häuser der Gasse aufkaufte und restaurierte. Heute passiert man hier einen alten byzantinischen Wasserspeicher (Restaurant Sarnıç, 41), ein vorbildlich restauriertes Haus des frühen

19. Jh. (**Hotel Konuk Evi, 40**) sowie die ebenfalls vom Touring-Klub renovierten und mit hübschen Erkern versehenen Holzhäuser der Ayasofya Pensions (s.a. unten „Praktische Infos" und im Kapitel „Unterkunft"); alte Straßenlampen und das Kopfsteinpflaster vervollständigen das beschauliche, wenn auch durch die Häuserfarben Rosa und Grün etwas künstlich wirkende Bild.

Yerebatan Sarnıcı (25)

Wer von Gülhane auf der Alemdar Caddesi zur Aya Sofya zurückgeht, findet rechts am Anfang der Yerebatan Caddesi den Eingang zur Yerebatan Sarnıcı (**Yerebatan-Zisterne,** auch bekannt als „Yerebatan Sarayı" – Versunkener Palast). Der aus der Zeit *Justinians* (527-565) stammende **unterirdische Wasserspeicher** hat eine Grundfläche von 140 x 65 m und ein Fassungsvermögen von ca. 80.000 m³. Sein dritter Name, **„Basilika-Zisterne",** weist darauf hin, dass sich über ihm einst eine Kirche erhoben hat.

Über die römischen Äquadukte des Valens wurde das Wasser aus dem nördlich gelegenen, über 20 km entfernten Belgrader Wald in die Stadt geführt. Noch zur Zeit der Sultane war die mit einer 4 m dicken Ziegelsteinwand versehene Zisterne in Betrieb.

Klassische Musik und **effektvolle Beleuchtung** empfängt den in die Tiefe steigenden Besucher, der sich plötzlich in einer anderen Welt wähnt. Auf Holz-

Teegarten im Gülhane Parkı

stegen kann man zwischen den 336 Säulen (dorisch-korinthische Kapitele) trockenen Fußes nach den beiden gruseligen Medusenhäuptern suchen (am hinteren Ende der Zisterne), die als Säulensockel auf dem Kopf bzw. auf der Seite liegen. In dem James-Bond-Film „Liebesgrüße aus Moskau" paddelt übrigens das Idol von *Ronald Reagan* durch die schaurige antike Finsternis, um die Welt vor den dunklen Machenschaften der sowjetischen Botschaft zu retten.

●**Yerebatan Sarnıcı,** Eingang: Yerebatan Cad. 13, Ausgang: Alemdar Caddesi, 9– 18.30 Uhr, Eintritt 4,50 Euro.

Am At Meydanı (77)

Nordwestlich der Sultan-Ahmet-Moschee erstreckt sich ein langer, aber schmaler **Grünstreifen,** der zu beiden Seiten von einer Straße eingefasst wird; dies ist der sogenannte At Meydanı **(Rossplatz).** Die türkische Bezeichnung folgt dem alten griechischen Wort **„Hippodrom".** Denn an dieser Stelle ließ der römische Kaiser *Septimius Severus* (193–211) zur Kurzweil des Volkes eine **Pferderennbahn** erbauen, die später unter *Konstantin dem Großen* (306–337) in Orientierung an den Circus Maximus in Rom beträchtlich ausgebaut wurde. Es muss folglich ein prachtvolles **Stadion** gewesen sein: Mindestens 30.000 Zuschauer konnten die hohen Sitztribünen fassen, die mit pompösen Marmorstatuen griechischer Künstler geschmückt waren. In der Mitte der über 400 m langen Rennbahn –

also ungefähr dort, wo sich heute die Wiesenfläche erstreckt – gab es eine Empore, die Spina, die ebenfalls mit Siegesstatuen geschmückt war. Die Ostseite der Rennbahn bildete die überdachte und mit vier Bronzepferden (Quadriga) geschmückte Kaiserloge, die einen direkten Zugang zum Palast hatte, sodass der Herrscher bei Unruhen das Hippodrom ungehindert verlassen konnte. Denn **frenetisch** müssen die **Zuschauer** Partei für die „Blauen" bzw. „Grünen" genommen haben (nach den Farben der Wagenlenker), und nicht selten arteten die auf Zwei- oder Vierspännern durchgeführten Pferderennen in einen Tumult aus, insbesondere dann, wenn sich hinter den „Fanfarben" politische Gruppierungen verbargen. Das berühmteste Beispiel ist der **Nika-Aufstand** vom Januar 532: Es begann mit dem üblichen Gezänk der „Blauen" und der „Grünen". Kaiser *Justinian* versuchte im Hippodrom, des Streites Herr zu werden und drohte, einige Anführer der „Hooligans" hinzurichten. Die aber verbündeten sich plötzlich, und die vereinten Massen von „Grünen" und „Blauen" zogen mit dem Schlachtruf „Nika!" (Sieg!) brennend und plündernd durch die Stadt (die wahre Triebfeder des Aufstands waren nicht die Pferde, sondern die blutsaugerische Steuerpraxis des Reichs, die noch das Letzte aus den Menschen herauszuholen versuchte). Der Kaiser und auch seine Generäle und Minister dachten bereits an Flucht, als Kaiserin *Theodora* (übrigens die Tochter eines Rosswärters im Zirkus) eine flammende Rede an ihren kleinmütigen Gatten richtete und ihn zum Widerstand um jeden Preis aufforderte. Ihr Aufruf soll – nach dem Geschichtsschreiber *Prokop* – mit den martialischen Worten geschlossen haben: „Der Purpur ist das schönste Leichentuch." Daraufhin beauftragte der beeindruckte Ehemann seinen Feldherrn *Belisar,* die im Hippodrom versammelten Massen, die dort einen Gegenkaiser küren wollten, mit seinen Elitetruppen anzugreifen: es folgte ein Gemetzel ohnegleichen – und die purpursüchtige Zirkustochter *Theodora* durfte sich rühmen, den aufrührerischen Plebs aus dem Rennen geworfen zu haben ...

Als auf dem vierten Kreuzzug (1202/04) die westlichen Ritter unter der Führung Venedigs Konstantinopel eroberten, ließen sie alle Statuen niederreißen, zerstören oder aber (wie z.B. die oben erwähnte Quadriga) nach Venedig bringen. Als die Türken 1453 die Stadt eroberten, war das einst so stolze Hippodrom fast schon zerfallen. Die restlichen Steine benutzte man für den Bau der eigenen Paläste und Moscheen.

An der Nordostseite des Platzes, also ungefähr an der Stelle der früheren Kaiserloge, steht heute unter alten Bäumen der überkuppelte und mit Mosaiken geschmückte **Alman Çeşmesi (46;** Deutscher Brunnen). Der deutsche Kaiser *Wilhelm II.* überreichte anlässlich seines Besuches im März 1898 den oktogonalen und mit acht schwarzen Säulen versehenen Brunnen dem osmanischen Sultan *Abdülhamit II.* als Geschenk. In der vergoldeten Kuppel erkennt man die kreisrunden Monogramme des deutschen und türkischen Kaisers. In den folgenden Jahren sollte sich die

beiderseitige Freundschaft in klingender Münze (Bagdadbahn) und praktischer Waffenbrüderschaft (1. Weltkrieg) auszahlen – mit anschließendem Bankrott für beide. Immerhin deutsche Wertarbeit: Alle Wasserhähne funktionieren noch ...

Danach folgt der fast 20 m hohe **Dikilitaş (49; Ägyptischer Obelisk),** der unter Kaiser *Theodosius I.* (379–92) auf der Spina des Hippodroms aufgestellt wurde. Ursprünglich stammt der aus rötlichem Granitstein bestehende Pfeiler aus der ägyptischen Tempelstadt Karnak (Theben). Er datiert aus dem 15. Jh. v.Chr. und ist mit ägyptischen Bild- und Schrifthieroglyphen geschmückt, die den Pharao *Thutmosis III.* und den Gott *Amun* nennen. Interessant ist auch der zweistufige Marmorsockel, dessen Reliefs Kaiser *Theodosius* und seine Familienangehörigen in der Kaiserloge des Hippodroms zeigen; das Basrelief zeigt u.a. die Errichtung des Obelisken im Jahr 390.

Ein paar Meter weiter steht in einer Vertiefung der **Burma Sütun (79;** von den Einheimischen meist als **„Yılantaş"** – Schlangensäule – bezeichnet). Die einst 8 m hohe Bronzesäule (heute nur noch 6 m) war ein Dankgeschenk von 31 Griechenstädten an den Apollon-Tempel zu Delphi für den gegen die Perser errungenen Sieg bei Plataiai (479 v.Chr.). Die Griechen sollen für die Säule die eroberten Bronze-Waffen der

Bild oben: Blick über Sultanahmet;
Bild unten: Hagia Sophia,
Ägyptischer Obelisk und
Sultan-Ahmet-Moschee (von links)

Sultanahmet – Das historische Zentrum

Die Janitscharen – Aufstieg und Fall einer Elitetruppe

Für Jahrhunderte waren sie der Schrecken Europas. Sie waren es, die dem osmanischen Heer den Nimbus der Unbesiegbarkeit einbrachten und eine geradezu lähmende **Türkenangst** begründeten. Ihr zwischen Ehrfurcht und Grauen oszillierender Ruhm lässt sich heute schon daraus ablesen, dass sie, obgleich seit fast 180 Jahren von der Bildfläche verschwunden, als Kriegername im europäischen Vokabular weiterleben: Die Rede ist von den Janitscharen, der Elitetruppe des türkischen Sultans.

Seit Sultan *Murad II.* (1421–51) gingen die Osmanen dazu über, eine hauseigene militärische Macht aufzubauen, die an Bedeutung bald die anderen regulären Truppenteile übertreffen sollte. Dazu ließ der Sultan in den christlichen Gemeinden seines Reiches die **„Knabenlese"** *(Devşirme)* erheben: Die Familien mit den vielversprechendsten Jungen traten ein Kind an den Sultan ab, der es dann in seinen Palastschulen erziehen ließ. Aus den einstigen Christenkindern wurden hundertprozentige Muslime, die persönlich dem Sultan, ihrem „Vater", sklavisch treu ergeben waren und von ihm versorgt und für die verschiedenen Aufgaben in Heer und Verwaltung vorbereitet wurden. Neben der eigentlichen Infanterietruppe gingen aus ihnen auch Techniker und Verwaltungsbeamte hervor; der wohl berühmteste Janitschar dürfte *Koca Mimar Sinan* gewesen sein, jener geniale Baumeister der Osmanen, der im Heer Sultan *Süleymans* viele Militärprojekte – Brücken, Wasserleitungen etc. – realisiert hatte (siehe entsprechenden Exkurs).

Der Name „Janitschar" leitet sich von „Yeni Çeri" (Neue Truppe) ab. Als solche erlangte sie vor allem unter Sultan *Meh-*

met Fatih (1451–81) ihre ersten Lorbeeren; bei der Eroberung Konstantinopels sollen Janitscharen den Mauerkampf entschieden haben. Janitscharen durften – zumindestens in ihrer Frühzeit – weder heiraten noch einem Gewerbe nachgehen, sodass ihre Kräfte ganz auf den Sultansdienst konzentriert waren. Die Janitscharenregimenter benutzten viele Küchenembleme: Nicht nur besaß jede Abteilung ihren eigenen Koch, auch die Rangordnung der Offiziere entstammte der **Küchenordnung,** und jeder Janitschar trug seinen Löffel an der Mütze. Um den großen Kochtopf des Regiments wurden die Besprechungen abgehalten, und wurde er mal umgestoßen, so war das ein sicheres Zeichen des Aufruhrs und der Revolte. Die **Disziplin** der Janitscharen erstaunte, ja erschreckte die christlichen Gegner schon vor dem eigentlichen Kampf: kein lautes Geschrei, keine Ausschreitungen oder auch nur Panik begleiteten ihre Aktionen, völlig unbeirrt und schweigsam erwarteten sie die Attacke des Gegners oder bereiteten ihren Angriff vor. Anders als die berüchtigten Akindschis (Reitertruppen, die dem regulären Heer vorausritten und auf Raub schielend die Dörfer des Feindes zerstörten) waren sie nicht unmittelbar auf Beutegut angewiesen, da sie vom Sultan direkt versorgt wurden. In der Schlacht waren sie anfangs direkt vor dem Zelt ihres „Vaters", des Sultans, postiert und erwarteten hier in mönchischer Ruhe den Angriff des Feindes. Die nachlesbaren Schlachtberichte verraten dabei oft immer die gleiche Taktik: Die Osmanen starteten oft Scheinangriffe, die der Gegner dann „zurückschlug", um so ermutigt selbst zum Angriff verleitet zu werden. Vor dem Zelt des Sultans aber wartete die undurchdringliche Phalanx der Elitekrieger, die den heranstürmenden Pferden die Sehnen durchschnitt und den stürzenden Reitern den Kopf abschlug. Janitscharen wichen nicht, und noch der österreichische Feldherr *Monteccucoli,* der in der für die Europäer siegreichen Schlacht bei Mogersdorf (1664) die Leitung innehatte, war voll des Lobes über die osmanischen Krieger, die in den brennenden Häusern eher versuchten, die Wände zu erklettern, oder es vorzogen, zu verbrennen, um sich ja nicht dem Feind ergeben zu müssen.

In Friedenszeiten blieben die Janitscharen in ihren Hauptstadtkasernen; zu ihren Aufgaben gehörte der polizeiähnliche Patrouillendienst sowie – als „Hauptstadtfeuerwehr" die Kontrolle der häufig ausbrechenden Stadtbrände.

Aber auch die Moral der besten Truppe kann **degenerieren** – vor allem, wenn sie zu viel Erfolg hat. Die Zahl der „Sklaventruppen" stieg beständig an; waren es unter Sultan *Murad II.* nur wenige Tausend, so übertraf ihre Zahl im 17. Jh. weit die 100.000-Marke. Und auch das Gebaren und das Auftreten der Elitekrieger sollten sich verändern: waren die Janitscharen anfangs eine blind ergebene, dem Sultan zur absoluten Loyalität verpflichtete Hausmacht, so wurden sie sich bald bewusst, dass die Macht des Sultans und des Reiches in erheblichem Maße von ihnen abhängig war. Waren sie anfangs noch dankbar für das „Thronbesteigungsgeschenk" eines neuen Sultans, der sie so auf seine Person einschwor und ihre Loyalität belohnte, so verkehrte sich diese Beziehung bald ins Gegenteil: Die Truppe verlangte immer größere „Geschenke", an-

dernfalls sie ihre Loyalität versagte. Aus dem Geschenk war ein gefährliches einklagbares Privileg geworden. Schon zu Zeiten Sultan *Selims des I.* (1512–20) kam es auf dem Feldzug gegen Persien (1514) zu aufrührerischen Szenen, als nämlich die Elitekrieger Pfeile durch das Sultanszelt schossen, weil sie mit dem Verlauf des Feldzugs nicht einverstanden waren. Nach dem Tode Sultan *Süleymans* (1566) sank die Autorität der Sultane in dem Maße, wie die Ansprüche der Janitscharen zunahmen. Der Führer der Elitekrieger, der Janitscharen Aǧa, saß mit im Divan, dem Beratungsorgan der Osmanen. Hier war er neben dem Großwesir und dem schwarzen Obereunuchen *(Kızlar Aǧası)* der wichtigste Mann. Alle Fraktionen des Reichs – Harem, Wesir und Eunuchen – setzten in ihrem Ränkespiel um die Macht auf die Solidarität der Elitekrieger, die sich das bald teuer bezahlen ließen. An den häufigen Sultanswechseln des 17. Jh. hatten sie allein schon deshalb ein Interesse, weil sie jedes Mal erneut mit einem „Thronbesteigungsgeschenk" rechnen konnten. Auch die einst so vorbildliche „mönchische" Moral hatte stark nachgelassen: Die Janitscharen lebten wie die Mäuse im Staatsspeck, heirateten und häuften allerhand materielle Privilegien an.

Als wegen der ausbleibenden militärischen Erfolge die Sultane langsam – zu langsam! – Heeresreformen nach europäischem Muster einleiten wollten, stürzten die Janitscharen, die natürlich keine Veränderungen wollten, ihre Kochtöpfe um, um manchmal sogar plündernd durch die eigene Hauptstadt zu ziehen. Die einst so bescheidene und funktionstüchtige Elitetruppe war zu einem parasitären **Staat im Staate** geworden, und die Sultane wussten bald nicht mehr, wie dem Übel finanziell und politisch beizukommen war.

Gleichwohl sägten sich die Janitscharen mit ihrer Verweigerung gegenüber Reformen selbst den Ast ab, auf dem sie für Jahrhunderte gut gesessen hatten. Als Sultan *Mahmud II.* (1808–39) mit europäischer Hilfe eine moderne Truppe nach westlichem Vorbild aufbaute, hatte er den Widerstand der Janitscharen natürlich vorausgesehen. Lange hielt er sie taktisch hin, um sie dann im Jahr 1826 zu **eliminieren.** Als die Janitscharen wieder meuterten – zum letzten Mal sollten sie ihre Kochtöpfe als Zeichen des Aufruhrs umstoßen! –, lockte er die Aufständischen am 15. Juni 1826 auf den At Meydanı. In den umliegenden Häusern hatte der Sultan seine neue Truppe versteckt, die kurzen Prozess machte: Die aufständischen Janitscharen wurden zusammengeschossen und niederkartätscht, ihre Kasernen niedergebrannt und ihre Organisation aufgelöst.

Niemand in der Hauptstadt weinte den ehemaligen Stützen des Reichs auch nur eine Träne nach, man sprach im Gegenteil von einem geradezu „wohltuenden Ereignis". Im Askeri Müzesi in Harbiye kann man an Puppen ihre Kleidung und Bewaffnung bewundern; sie sehen ganz harmlos aus, aber einst zitterte halb Europa vor ihnen – und später der Sultan selbst.

Feinde eingeschmolzen haben, um so den spiralförmig verschlungenen dreifachen Schlangenleib bilden zu können. *Konstantin der Große* ließ die Säule 324 mitten auf der Spina aufstellen. Die drei vergoldeten Schlangenköpfe, die früher den Säulenkopf bildeten, sind abgebrochen und seit dem 17. Jh. verschwunden; nur ein Unterkiefer tauchte im 19. Jh. vor der Aya Sofya wieder auf und befindet sich heute im Archäologischen Museum.

Der im Südwesten des At Meydanı aufragende **Örmetaş (78; Gemauerter Obelisk)** bringt es auf stolze 32 m, ist aber dennoch seines Besten beraubt. Der byzantinische Kaiser *Konstantin VII. Porphyrogenetos* (913–59) ließ den vermutlich spätantiken Kalksteinobelisken zu Ehren seines Großvaters *Basileos I.* verschönern, indem er ihn mit vergoldeten Bronzeplatten verkleidete, auf denen der Großvater gebührend verherrlicht wurde. Das war für die plündernden Kreuzritter im Jahr 1204 kein Grund, die Bronzeplatten zu schonen. Sie rissen sie ab und das Andenken des Großvaters verschwand in irgendwelchen Schmelzöfen.

Am Südwestende des Platzes, wo heute statt der Pferde die Autos in die Kurve gehen, steht das durch eine ausladende Dachkonstruktion auffallende Rektorat der Marmara-Universität.

Türk ve Islam Eserleri Müzesi (48)

Zwischen At Meydanı und Divan Yolu stößt der Besucher auf **byzantinische Mauerreste,** die Palastanlagen und Kirchen des 5. Jh. zugeordnet werden. Das imposanteste und wichtigste Gebäude in diesem Umfeld ist aber der **Ibrahim Paşa Sarayı,** der heute das sehenswerte Türk ve Islam Eserleri Müzesi, das **Museum der türkischen und islamischen Kunst,** beherbergt.

Der Großwesir und langjährige Favorit Sultan *Süleymans, Ibrahim Paşa* (siehe Exkurs „Vom großen Glück, ein Großwesir zu sein"), erhielt im Jahr 1524 an der Nordseite des Hippodroms vom Sultan einen Palast geschenkt, den er zur größten **Privatresidenz** der osmanischen Metropole ausbaute. In späteren Jahrhunderten mehrfach umfunktioniert, umgebaut und renoviert, steht das großzügige, um mehrere Höfe gruppierte Gebäude seit 1983 dem Museum der islamischen Kunst zur Verfügung; im schönen Arkadenhof der Galerie kann man von der ruhigen Caféterrasse entspannt dem Treiben auf dem At Meydanı zusehen.

Die über 40.000 Ausstellungsobjekte reichen von der präislamischen Zeit (Arabien, Ägypten, Mesopotamien) bis zu den islamischen Hochkulturen Anatoliens, Persiens und Zentralasiens (Timuridenzeit).

Herrliche türkische und persische Miniaturen des 15.–18. Jh. sowie verschiedene historische Koranausgaben demonstrieren die hohe Kunst der **Buch- und Schriftkalligrafie** in der islamischen Kultur.

Wer sich mehr für die **Teppichkunst** interessiert, findet hier die weltweit größte Sammlung historischer Stücke überhaupt. Neben den kostbaren Exponaten aus Konya, Uşak und anderen Re-

gionen (13.–18. Jh.) gibt es gute Erläuterungen zur Technik dieses uralten Kunstgewerbes, wobei auf Farbgebung, Motivwahl und Material ausführlich eingegangen wird.

Gleiches gilt für die so berühmte osmanische **Fayencen-Kunst** und ihre Vorläufer sowie für kunsthandwerkliche Gegenstände wie z.B. Lampen, Kannen, Schatullen und Holzarbeiten; neben seldschukischen und osmanischen Stücken sind auch mamelukische (ägyptische) Exponate zu sehen. Besonders hervorzuheben ist die prachtvolle, 1155 hergestellte Holztür der seldschukischen Ulu Camii von Cizre.

Eine kleine ethnologische Ausstellung zur **Wohn- und Lebensweise der nomadischen Türken** schließt im Erdgeschoss den Rundgang ab.

● **Türk ve Islam Eserleri Müzesi,** At Meydanı 44–46, Di bis So 9–16.30 Uhr, Eintritt 4,50 Euro.

Von der großen zur kleinen Aya Sofya

Haseki Hürrem Sultan Hamamı (45)

Schräg gegenüber dem Eingang zur Aya Sofya, am südlichen Rand des Sultan Ahmet Parkı, lohnt ein Blick in das Haseki Hürrem Sultan Hamamı (Roxelane-Bad). In dem von *Sinan* errichteten roten Ziegelsteinbau (1556), der noch bis 1910 als Bad benutzt und 1980 restauriert wurde, befand sich bis 2008 eine staatliche Teppichverkaufsstelle. Nach einer erneuten Restaurierung hat das historische Hamam seit 2011 wieder seine ureigene Arbeit als **Dampf- und Massagebad** aufgenommen. Seine strenge Struktur besteht aus Auskleideraum *(soyun malik),* Warmraum *(soğukluk),* Dampf- oder Schwitzraum *(sıcaklık, hararet)* und Kabinenräume *(halbet)* sind deutlich zu erkennen, ebenso wie die beiden zentral im sıcaklık unter den Kuppeln platzierten Marmorplatten *(göbektaşı).* Erwähnenswert ist die streng an der Längsachse ausgerichtete Parallelstruktur der Anlage, die gleichsam spiegelbildlich zwei Hamams mit all ihren Räumen doppelt – eines für Männer und eines für Frauen. Ihren Namen hat die Anlage nach der Auftraggeberin des einstigen Prachtbads, der Lieblingsfrau Sultan *Süleymans, Haseki Hürrem* (siehe Exkurs „Vom Prinzen zum Sultan – oder in den Tod"), die in der europäischen Welt meist *Roxelane* genannt wurde (siehe auch „Süleymaniye-Moschee").

● **Ayasofya Hürrem Sultan Hamamı,** Babuhumayun Cad. 1 (vor der Aya Sofya), Tel. 0212-5173535, www.ayasofyahurremsultan hamami.com, tägl. 7–24 Uhr, verschiedene Massage- und Therapieangebote, ab 60 Euro.

Istanbul Sanatları Çarşısı und Yeşil Ev (51)

Hinter dem Hamam verläuft parallel zum Sultan Ahmet Park die **Kabasakal Caddesi,** eine kleine Straße mit den nebeneinander liegenden Gebäuden des Istanbul Sanatları Çarşısı (Istanbul Handicrafts Center) und des Yeşil Ev („das grüne Haus"). Der Anfang der 1980er Jahre restaurierte alte Konak war das **erste Hotel, das in einem historischen Gebäude** errichtet wurde (siehe auch Kapitel „Unterkunft"). Er galt als Vorbild vieler folgender Restaurierungsprojekte in Sultanahmet, die allesamt aus alten verfallenen Holzhäusern repräsentative historische Herbergen – sogenannte „Special Hotels" – hervorbringen sollten. Das bahnbrechende Vorreiter-Projekt wurde von dem an anderer Stelle (siehe Kapitel „Rund um Gülhane") bereits erwähnten Türkischen Automobilklub unter *Çelik Gülersoy* realisiert, der auch die 1987 durchgeführte Restaurierung des benachbarten **Handicrafts Center** (in einer ehemaligen Medrese – Koranschule – untergebracht) bewerkstelligt hat. Im Innenhof des rot-weißen Ziegelsteinbaus kann man traditionellen Handwerkern bei der Arbeit zusehen und in einem kleinen angeschlossenen Laden anspruchsvolle Souvenirs erstehen.

Arasta Basar (73)

Nur wenige Schritte südlich – man passiert das schattig gelegene, aber leider auch sehr touristische **Derviş Café** – liegt der hauptsächlich auf **ausländische Besucher** orientierte Arasta Basar mit Cafés, Teppichläden und sonstigen touristischen Souvenirartikeln. Abends kreist hier ein weiß gekleideter Tänzer in Derwisch-Manier, der ebenso wie die *gözleme* backenden Frauen den Gästen ein Stück Orient vermitteln soll.

Büyük Sarayı Mozaikleri Müzesi (103)

Direkt hinter dem Arasta Basar kommt man zum **Mosaikenmuseum.** Der ganze südlich der Sultanahmet-Moschee liegende Hangbereich wurde zu oströmisch-frühbyzantinischen Zeiten von dem **großen Kaiserpalast (Büyük Sarayı)** des *Konstantin* und seiner Nachfolger eingenommen. Erst im 11. Jh. wechselten die byzantinischen Kaiser in den Blachernen-Palast an der nördlichen Stadtmauer; der Große Palast zerfiel. Kaum etwas von seinen Hallen, Sälen und Atrien ist übrig geblieben, und schon zur Zeit der Eroberung durch Sultan *Mehmet Fatih* war der einst so prächtige Palast zerstört oder aber unter meterhohem Schutt im Erdboden versunken.

Aber in den 1930er und 1950er Jahren entdeckten britische Forscher bei Grabungen ein großes **Mosaik,** dessen farbenkräftige Jagd- und Lebensszenen, Bukolik- und Mythosmotive wenigstens einen kleinen Eindruck der damaligen Palastpracht vermitteln. Experten putzten in jahrelanger Arbeit jedes Steinchen, um das 45 m lange Mosaik dann wieder an Ort und Stelle auszulegen. Heute kann man über einen Steg gehend auf die Mosaikszenen schauen, die wahrscheinlich im 4. oder 5. Jh. entstanden sind.

●**Büyük Sarayı Mozaikleri Müzesi,** Torun Sok. 103, Di bis So 9–16.30 Uhr, Eintritt 4 Euro.

Küçük Aya Sofya (95)

Über die gepflegte und von mehreren Hotels gesäumte Küçük Aya Sofya Caddesi gelangt man zur **Kleinen Hagia Sophia** (ehemalige Kirche der Heiligen *Sergios* und *Bakchos*), die der Straße den Namen gegeben hat. Vor Erreichen der Kirche kann man rechts ein paar Meter in die Şifa Hamamı Sokak hinaufsteigen; kurz bevor diese den At Meydanı erreicht, sieht man linker Hand die letzten noch erhaltenen Stützmauern des alten Hippodroms.

Die **Kirche der Märtyrer Sergios und Bakchos** wurde unter *Justinian* kurz nach dessen Machtantritt im Jahr 527 durch den späteren Architekten der Hagia Sophia, *Anthemios von Tralles,* errichtet. Einer Legende zufolge schuldete der Kaiser den beiden Heiligen sein Leben, hatte doch Kaiser *Anastasios I.* (491–518) ihn wegen Hochverrats zum Tode verurteilt. In einem Traum hätten die Heiligen den alten Kaiser dann umgestimmt, was *Justinian* mit dem Bau einer Kirche zu danken gelobte.

Jahrhundertelang war das Gotteshaus denn auch ein Ort der Heiligenverehrung, um dann unter Sultan *Beyazit I.*

Sultanahmet – Das historische Zentrum

istat06-214 Foto: mf

(1481–1512) **in eine Moschee verwandelt** zu werden, wobei Mihrab und Mimber wegen der Ausrichtung nach Mekka schräg zur Bauachse aufgestellt wurden. Erst die Türken verwendeten die Bezeichnung Küçük Aya Sofya Camii (Kleine Hagia-Sophia-Moschee).

Die Hauptkuppel ruht auf acht gleichsam oktogonal angeordneten Pfeilern. Entgegen dieser inneren Symmetrie sind die Außenwände eher „schief" und unregelmäßig, was man dadurch erklärt hat, dass man die Kirche zwischen hier stehenden älteren Palast- und Kirchengebäuden einfügen musste.

Blick über die Mehmet Sokullu Paşa Camii auf das Marmara-Meer

Im schön begrünten Innenhof haben sich einige traditionelle **Kunsthandwerker** niedergelassen. Der **Teegarten** ist eine Oase der Ruhe, aber der Touristenzustrom wächst. Auch in den Zugangsstraßen haben sich ein traditionsorientiertes Kunsthandwerk samt Werkstätten sowie einige Galerien etabliert (Maler, Kalligrafen, Stickereien).

●**Küçük Aya Sofya,** am Ende der Küçük Aya Sofya Caddesi, 9–18 Uhr (bzw. nach dem letzten Gebet).

Bukoleon-Palast (101)

Unterquert man auf der nahe gelegenen Aksakal Sokak die Bahngleise, gelangt man zu der viel befahrenen und außerhalb der alten Stadtmauern verlaufenden Kennedy Caddesi; folgt man der Straße wenige hundert Meter nach links, so sieht man die in die Stadtmauer (in diesem Abschnitt „Seemauer" genannt) integrierten **Ruinen** des alten Bukoleon-Palastes (4. Jh.). Er war einer jener Teil-Paläste, die zum Areal des oben erwähnten Großen Kaiserpalastes gehörten. Einige wild umwucherte Fensterrahmen sind noch zu erkennen, ansonsten ist die Szenerie eine fast schon „romantisch" zu nennende Versinnbildlichung von Vergänglichkeit.

Mehmet Sokullu
Paşa Camii (93)

Nördlich der Kücük Aya Sofya erhebt sich inmitten eines engen und noch teilweise von Holzhäusern geprägten Gassengewirrs die von *Sinan* erbaute Mehmet Sokullu Paşa Camii. Die steil am Hang an der Stelle einer alten byzantinischen Kirche erbaute **Moschee** wurde 1571 von dem mächtigen Großwesir *Mehmet Sokollu* sowie seiner Frau *Esmehan*, Tochter des Sultans *Selim II.,* in Auftrag gegeben. Der Vorhof wird an drei Seiten von der heute noch tätigen **Medrese** (Koranschule) begrenzt. Ein von sieben bemalten Kuppeln und schönen Fliesen geschmückter Narthex steht dem harmonischen Hauptbau vor, dessen große, von sechs Pfeilern gestützte Zentralkuppel zwei seitliche Halbkuppeln ergänzen. Prachtvolle Iznik-Fayencen schmücken die Kibla-Wand rund um Mihrab und Mimber.

●**Mehmet Sokullu Paşa Camii,** Şehit Mehmet Paşa Sok.

Westlich der Küçük Aya Sofya erreicht man den wenig touristischen, lebendigen Stadtteil **Kadırga,** der einige preiswerte, wenn auch einfache Restaurants aufweisen kann. Oder man beendet den Rundgang im noch weiter westlich gelegenen **Kumkapı,** dessen mehr als 50 Fischrestaurants weithin bekannt sind. In den Gassen rund um den hübschen Kumkapı Meydanı fließt der rakı am Wochenende oft bis Mitternacht, Zigeunerkapellen ziehen von Restaurant zu Restaurant, und auch Bauchtänzerinnen bemühen sich um die Animation der Gästescharen.

Praktische Infos
Anfahrt

●Die beschriebenen Orte sind innerhalb von Sultanahmet alle leicht zu Fuß erreichbar; lediglich die Fischrestaurants von Kumkapı (s.u.) sind weiter entfernt, sodass sich in diesem Fall der **Vorortzug (Banliyö Tren) von Sirkeci** empfiehlt (Haltestelle Kumkapı); wer in Beyoğlu/Taksim logiert, nimmt entweder die **Zahnradbahn von Taksim nach Kabataş** oder die **Tünel-Bahn** hinunter **nach Karaköy** (siehe „Verkehrsmittel"); an beiden Stellen hält die Straßenbahn, mit der man dann leicht nach Sirkeci zum Bahnhof kommt.
●Wer eine **Stadtrundfahrt** auf dem Panoramadach des Doppeldeckerbusses machen will, findet die Abfahrt am Aya Sofya Meydanı direkt vor der Aya Sofya (10, 12, 14 und 16 Uhr, im Sommer stündlich 10–18 Uhr, 22 Euro, Kinder 5–12 Jahre 10 Euro).

Einkaufen

●**Istanbul Sanatları Çarşısı (51; Istanbul Handicrafts Center),** Kabasakal Cad. 7, Tel. 0212-5176782, tägl. 9–18 Uhr; in der alten restaurierten Medrese gibt es traditionsorientierte Handwerks- (Keramik, Porzellan, Stickerei, Glasarbeiten) und Kunstarbeiten (Kalligrafie, Textilmalerei) auf hohem Niveau.

● Im Vorhof der Küçük Aya Sofya sowie davor haben sich einige **Kunsthandwerker und Galeristen** niedergelassen, deren Produkte weit origineller sind als z.B. diejenigen im touristischen Arasta Basar; z.B. **Küçük Aya Sofya Sanat Merkezi,** Küçük Aya Sofya Cad. 89, www.hat-tezhib.com.

● Teppiche können an jeder Ecke erstanden werden; die folgenden Empfehlungen ersetzen nicht die beim Kauf eines Teppichs immer erforderlichen Voraussetzungen von viel Geduld und entsprechenden Vergleichen: **Urartu Carpets (71),** Utangaç Sok. 8/A, www.urartu.com.tr, alteingesessenes Unternehmen mit großer Auswahl; **Mevlana Rug Store (72),** Torun Sok. 1, Tel. 0212-5171260, gehört ebenfalls zu den arrivierten und seit Langem im Tourismus vertretenen Repräsentanten seiner Zunft; Angebot wie Präsentationsraum sind dementsprechend groß.

● In der rein touristischen **Akbıyık Caddesi** ist man auf **Rucksackreisende** und ihre möglichen Probleme und Anliegen gut eingestellt.

● Wer sich für kunstvolle und teilweise handgemachte **Keramik** und farbenprächtige Fayencen interessiert, findet neben den vielen Gelegenheiten des Großen Basars auch bei **Cemre (12),** Peykhane Cad. 23/A, eine gute und breite Palette an ansprechenden Souvenirs (www.cemredizayn.com).

Essen und Trinken

Sultanahmet ist als Touristenzentrum ein auch in puncto Essen durchaus nicht billiges Pflaster. Wer knapp bei Kasse ist und zudem einfache, aber schmackhafte türkische Lokantas bevorzugt (in denen auch die Einheimischen gern essen), dem sei der 15-minütige Spaziergang nach Sirkeci oder aber nach **Kadırga** empfohlen. Der letztgenannte Stadtteil liegt zwischen Küçük Aya Sofya und Kumkapı. An der Stelle, wo Piyerloti Caddesi und Kadırga Limanı Caddesi zusammentreffen, gibt es mehrere **einfache Restaurants** (z.B. das winzige **Develi Seyrani (89),** Piyerloti Cad. 69/A, oder das größere **Şelale Kebap Yemek Salonu (88),** Kadırga Liman Cad. 85/A), in

deren ausgestellten Kochtöpfen man gut und preiswert fündig werden kann (ab 3 Euro).

Die **folgenden Restaurants** gehören in Preis und dekorativer Ausstattung zu den beliebtesten und anspruchsvollsten des Stadtteils. Die relativ wenigen einfachen **Lokantas** am Divan Yolu sind – ebenso wie die Teegärten – **im nächsten Kapitel** „Divan Yolu, Beyazıt und Süleymaniye" erwähnt.

● **Sarnıç (39),** Soğukçeşme Sok. 26, Tel. 0212-5124291; die aus byzantinischen Zeiten datierende Zisterne wurde bis in die 1970er Jahre als schnöde Autowerkstatt missbraucht, bis der türkische Automobilklub mit der gesamten Gasse auch diese unterirdischen Räume stilvoll renovierte; wer gern vor einem Kamin zwischen alten Säulen bei klassischer Musik speist und türkische und französische Küche goutiert, der wird hier auf seine Kosten kommen; apropos Kosten: Für ein Abendessen zu zweit sollte man mindestens 50 Euro einstecken; 19.30–24 Uhr.

● **Matbah (41),** Caferiye Sok. 6/1 (direkt neben der Aya Sofya); Tel. 0212-5146151, www.matbahrestaurant.com, 11–24 Uhr; gehobenes Restaurant des Ottoman Hotel, das sich rühmt, genuine ottomanische Küchenspezialitäten anbieten zu können. Das Ambiente ist dementsprechend stilvoll – die Preise hoch ...

● **Rami Restaurant (73),** Utangaç Sok. 4, Tel. 0212-5176593; 1989 in ottomanischem Stil restauriertes kleines Holzhaus nahe dem Arasta Basar, das nach dem impressionistischen Maler *Rami Uluer* benannt ist (Bilder von ihm sind ausgestellt); gute türkische Küche und stilvolles Ambiente (historische Einrichtung und klassische Musik), dementsprechende Preise (ab 12 Euro ohne Getränke), tägl. 12–23.30 Uhr.

● **Seven Hills Restaurant (54),** Tevkifhane Sok. 8, Tel. 0212-5169497; Dachterrassenrestaurant im gleichnamigen Hotel, traumhafte Aussicht auf Sultanahmet und Marmara-Meer, ideal für eine laue, romantische Dinner-Nacht; türkische wie internationale Küche.

● **Magnaura (64),** Akbıyık Cad. 27, Tel. 0212-5187622; für das Akbıyık-Viertel etwas gehobeneres Café/Restaurant, das schon durch seine Holzfassade gemütlich wirkt; internationale wie türkische Küche, tägl. geöffnet.

●**Dubb Ethnic Restaurant (66),** Amiral Taftil Sok. 25, Tel. 0212-5176828; im touristischen Viertel der Akbıyık Caddesi gelegenes ansprechendes Restaurant mit türkischer Küche in einem renovierten alten Holzhaus mit Terrasse, untere bis mittlere Preiskategorie.

●**Derviş (50),** an der Ecke zwischen Kabasakal Caddesi und Mimar Mehmet Ağa Caddesi liegendes Café, dessen alte hohe Bäume im Sommer willkommenen Schatten spenden; infolge seiner Lage zwischen Aya Sofya und Sultanahmet Camii stark von Touristen frequentiert und insofern etwas höhere Preise, trotzdem eine Pause wert.

●**Baran 1 Restaurant (18),** Işık Sok. 6 (direkt neben der Buchhandlung Book Store am Divan Yolu); sozusagen eine Super-Lokanta mit hübschem Fliesen-Interieur und noch ansprechenderer kulinarischer Auslage, allein schon beim Ansehen steigt der Hunger ...

●**Yeni Marmara Café (100),** Çayıroğlu Sok. 46; hübsches Nargile-Café mit Garten, etwas abseits der Touristenpfade.

●**Altın Kupa (27),** Yerebatan Cad. 2, Tel. 0212-5194770; ein grünes altes Holzhaus aus dem 19. Jh. mit schöner rustikaler Inneneinrichtung und Dachterrasse; das schon seit 35 Jahren arbeitende Restaurant hat sich ganz auf den touristischen Geschmack eingerichtet; türkische Küche und Fischgerichte.

●**Amedros Restaurant (17),** Hoca Rüstem Sok. 3/A, Tel. 0212-5228356; eines jener eigens für den touristischen Geschmack entwickelten „schnuckeligen" Candlelight-Restaurants am Divan Yolu; gute türkische wie internationale Küche; die unmittelbar benachbarten Restaurants **Anatolian House** (17; Tel. 0212-5220638) und **Şirevi** (17; Tel. 0212-5126942) bieten ebenfalls eine weitgehend türkisch-anatolische Küche.

●**Mozaik (20),** Incilli Çavuş Sok. 1, Tel. 0212-5124177; ebenfalls im touristischen Restaurant-Viertel gelegenes Restaurant, dessen Kerzenlichtatmosphäre und gute Küche meist von Ausländern gewürdigt wird.

●Der Ortsteil **Kumkapı** ist bekannt für seine vielen **Fischrestaurants (86),** die dicht gedrängt nebeneinander liegen. Es empfiehlt sich, ein Komplettmenü aus der (auch deutschsprachigen) Karte auszuwählen (ca. 15–20 Euro), denn das Bestellen kleiner un-

terschiedlicher Fischportionen (pro Portion um die 5 Euro) kann leicht zu einem schwer kontrollierbaren, teuren Erlebnis werden. Hier eine Auswahl der Restaurants, die alle von ca. 12–1 Uhr nachts geöffnet haben: **Kör Agop,** Ördekli Bakkal Sok. 7, Tel. 0212-5172334, renommiertes Haus, das seit 1938 seine Gäste mit armenisch/türkischer Küche und historischer Fasıl-Musik unterhält; **Çapari,** Çapariz Sok. 22, Tel. 0212-5177530, eines der ältesten Restaurants des Stadtteils, nette Atmosphäre; **Okyanus,** Çapariz Sok. 41/43, Tel. 0212-6383888; großes Haus mit allem, was das Meer so hergibt, Hotel-Shuttle-Service; **Kumkapı,** Büyük Kömürcü Sok. 25, Tel. 0212-5176251; **Olimpiyat,** Samsa Sok. 7, Tel. 0212-5172240; **Havuzbaşı,** Kennedy Cad. (am Fischmarkt – Balıkçılar Çarşısı), Tel. 0212-5173913, ebenso wie das benachbarte **Doğan** an der Küstenstraße direkt am Meer; das **Küçük Liman** (Tel. 0212-5188410) verfügt außerdem noch über eine schöne Meeresterrasse.

Hamam

Auf die touristischen und nicht weit entfernten **Prachthamams von Çemberlitaş (9)** und **Çağaloğlu (30)** wird **in den beiden nächsten Kapiteln** verwiesen; wer weniger ausgeben, aber genauso sauber werden will, dem sei der Besuch eines eher lokalen, „einheimischen" Hamams empfohlen, z.B.:

●**Gedikpaşa Hamamı,** Hamam Cad. 67 (nahe Beyazit-Platz), Tel. 0212-5178956, www.gedikpasahamami.com, 6–24 Uhr, Frauen 9–22 Uhr, getrennte Waschräume für Frauen und Männer, ca. 18 Euro; das 1475 erbaute Hamam ist eines der ältesten Badehäuser der Stadt. Erst in den letzten Jahren wurde es von Touristen entdeckt und stellt eine gute Alternative zu den oben genannten renommierten Hamams dar.

Internet-Cafés

●Mehrere Internet-Cafés befinden sich an der **Peykhane Caddesi** und ihren Nebengassen (Südwestecke des At Meydanı).

●**Seycom,** am Divan Yolu Nr. 48/A.

Divan Yolu, Beyazıt und Süleymaniye – Zwischen irdischem Kaufrausch und göttlichem Meisterwerk

Am Divan Yolu

Der heute von der Aya Sofya nach Westen laufende Divan Yolu entspricht in seinem Verlauf der **Mese**, also jener **byzantinischen Hauptstraße,** die von Hippodrom und Kaiserpalast ausgehend die westliche Stadt durchzog, um dann nach Thrakien und in den Balkan zu führen. An ihr standen schon zu christlichen Zeiten Paläste, Triumphbögen und Marmorarkaden, und auch für die Osmanen blieb diese Straße die Hauptarterie der Altstadt. Die türkische Bezeichnung „Divan Yolu" (Weg des Divans) verdeutlicht, dass die Großen des Reiches auf dieser Straße dem Divan des Palastes, später der „Hohen Pforte" des Großwesirs, zueilten.

Heute gehört die einstige Prachtstraße der Straßenbahn und den Touristen **(kein Autoverkehr bis zum Beyazıt-Platz).** Alte Türben und Moscheen stehen neben modernen Shoppingläden, Restaurants und diversen Imbissbuden.

Am Beginn des Divan Yolu, an der Ecke zur Yerebatan Caddesi, erblickt man leicht vertieft eine recht unscheinbare Säule, den sogenannten **Milion** (**24,** 4. Jh.). Der kümmerliche Marmorstumpf ist der letzte Rest jenes byzantinischen Triumphbogens (Milliarium Aureum), von dem aus die Distanzen in alle Teile des Reiches gemessen wurden. Statt kaiserlicher Größe ragt hier heute ein verfallender türkischer Wasserturm in die Höhe.

Auf der linken Straßenseite erhebt sich die kleine, von einer schönen Vorhalle geschmückte **Firuz Ağa Camii** (**22**) von 1491; die Türbe des namens-

Divan Yolu, Beyazıt und Süleymaniye

gebenden Stifters – er war Schatzmeister unter Sultan *Beyazıt II.* (1481–1512) – steht neben der Moschee.

Ein kurzer Abstecher in die links abführende Imran Öktem Caddesi führt zur **Binbirdirek Sarnıcı** (**47;** Zisterne der 1001 Säulen). Hinter dem poesievollen Namen verbirgt sich der mit 50.000 m³ Fassungsvermögen und 3500 m² Fläche zweitgrößte Wasserspeicher des antiken Konstantinopel (6. Jh.). In Wirklichkeit gibt es hier allerdings „nur" 224 Marmorsäulen, die es auf eine Höhe von ungefähr 12 m bringen. Einige der meist dorischen Säulen zeigen am Kapitell noch Inschriften bzw. ein Kreuz (letzteres nahe am Eingang). Sieben lange Jahre dauerte die

Restaurierung des vollständig mit Schutt angeladenen Riesenraums. Nachdem die Zisterne vorübergehend als effektvoll beleuchtete Bar benutzt worden war, ist sie nun in ein **reguläres Museum** verwandelt worden; wer schon die Yerebatan-Zisterne (s. S. 204) gesehen hat, kann sich den Besuch eigentlich sparen, zumal diese etwas mehr Flair aufweisen kann.

● **Binbirdirek Sarnıcı,** Imran Ökten Sok. 4, 9–19 Uhr (danach nur noch für Gruppen bis 23 Uhr), Eintritt ohne Getränk 4,50 Euro, www.binbirdirek.com.

Beyazıt Camii

Hinter der Kreuzung mit der Bab-i Ali Caddesi sieht man rechts die von einem ummauerten Friedhof umgebenen **Türben (15),** Umschlag hinten) von Sultan *Mahmut II.* (1808–39) und Sultan *Abdülaziz* (1861–76); so nüchtern klassizistisch die wuchtigen Grabkuppeln von außen sind, lohnt doch der Blick auf die prachtvollen Stuckdecken im Innern.

● Divan Yolu 82, **Türben** geöffnet 9–19 Uhr.

Auf der gegenüberliegenden Straßenseite befindet sich (Nr. 29) die ansehnliche **Köprülü Kütüphanesi** (Köprülü-Bibliothek; **14,** Umschlag hinten), die 1661 gegründet wurde, in der zahlreiche Bücher und Familiendokumente dieser berühmten Großwesir-Familie aufbewahrt werden; nur wenige Schritte weiter (Nr. 33) sieht man die von einem durchbrochenen Gitter begrenzte Türbe *Mehmet Köprülüs,* um die ein völ-

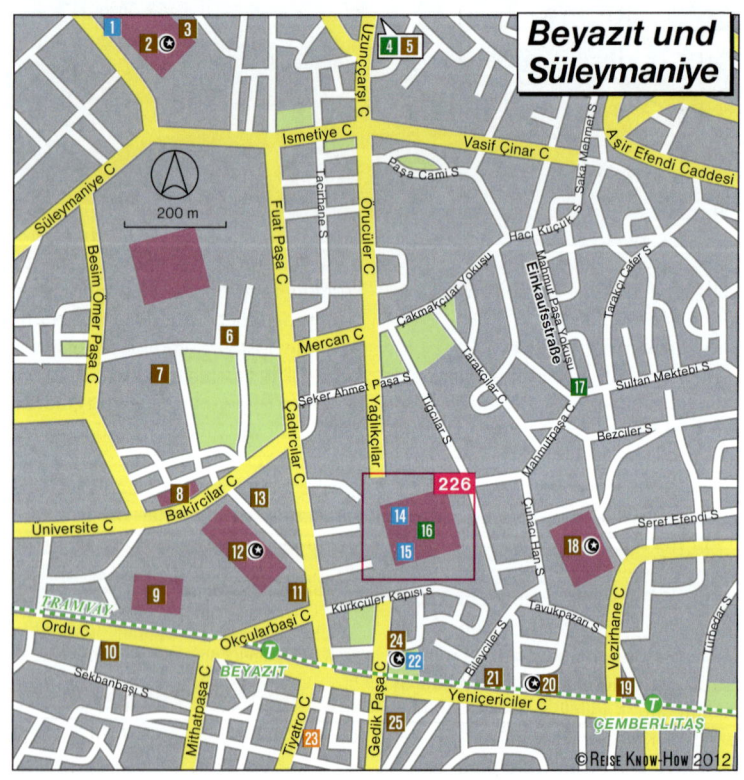

Beyazıt und Süleymaniye

© REISE KNOW-HOW 2012

lig verwilderter Garten wuchert, sowie die benachbarte **Köprülü Mehmet Paşa Camii** von 1659 (siehe Exkurs „Vom großen Glück, ein Großwesir zu sein").

Direkt gegenüber (Nr. 76) können Liebhaber alter Druckerpressen einen schnellen Blick ins kleine **Basın Müzesi** (Pressemuseum; **10,** Umschlag hinten; Mo bis Fr 10–18 Uhr, Eintritt frei) werfen.

- ■ **Essen und Trinken**
  1 Darüzziyafe Türk Mutfağı
  14 Huzur Café
  15 Havuzlu Restaurant
  22 Teegarten Erenler

- ■ **Nachtleben**
  23 Orient House

- ■ **Einkaufen**
  4 Ägyptischer Basar
  16 Kapalı Çarşı - Großer Basar
  17 Mahmutpaşa-Basarviertel

- ■ **Sehenswürdigkeiten, Museen, Gotteshäuser**
  2 Süleymaniye Camii
  3 Süleymaniye Hamamı
  5 Goldenes Horn
  6 Beyazıt Kulesi (Beyazıt-Turm)
  7 Üniversite (Universität)
  8 Universitätseingangstor
  9 Türk Vakıf Hat Sanatları Müzesi
  10 Reste Forum Tauri
  11 Sahaflar Çarşısı
  12 Beyazıt Camii
  13 Çınaraltı Çay Bahçesi
  18 Nuruosmaniye Camii
  19 Çemberlitaş Hamamı
  20 Atik Ali Paşa Camii
  21 Sinan Paşa Medresesi
  24 Çorlulu Ali Paşa Camii
  25 Kara Mustafa Paşa Medresesi

Çemberlitaş (9)

Die einst über 50 m hohe **Säule** ist der Rest des einst so prächtigen **Konstantinischen Forums.** Ihre Spitze krönte einst die Statue *Konstantins des Großen* (306–337), der angeblich in der Säule so fantastische Reliquien wie die Axt *Noahs* und Nägel vom Kreuz *Christi* aufbewahrte. Von Unwettern und Erdbeben geschüttelt verlor die Säule Statue wie Kapitell (und wahrscheinlich auch Axt und Nägel); ein Brand gab ihr dann fast den Rest, hätte Sultan *Abdülhamit I.* (1774–89) sie nicht mit Eisenringen stützen lassen. Seitdem nennen die Türken die nur noch 35 m hohe „Verbrannte Säule" offiziell „Beringte Säule".

Auf der rechten Seite des Platzes sieht man das 1584 nach Plänen von *Sinan* erbaute **Çemberlitaş Hamamı,** das von *Nurhanu Sultan* – der Mutter Sultan *Murats III.* – gestiftet wurde. Das prachtvolle Hamam gehört sicherlich zu den schönsten, deshalb aber auch zu den touristisch meistfrequentierten und folglich teureren Bädern der Stadt (in dem es gelegentlich auch zu Unstimmigkeiten über zu hohe Rechnungen gekommen sein soll). Wem es nur ums Baden geht, sollte ein einfacheres Hamam vorziehen – oder zum Beispiel das nahe gelegene **Gedikpaşa Hamamı** besuchen. Es stammt – ebenso wie die benachbarte Moschee – von einem Wesir *Mehmet des Eroberers,* sodass es, im Jahr 1457 erbaut, sogar noch älter, wenn auch weniger prachtvoll ist als das Çemberlitaş. Hier trifft man übrigens auch auf einheimische Klientel.

Das Hamam

Ein Besuch in einem der berühmten türkischen Dampfbäder (Hamam) gehört heute fast zum Pflichtprogramm eines Aufenthaltes in der Türkei bzw. Istanbul. Die **traditionellen Badeanstalten,** häufig in kuppelgeschmückten alten Gebäuden untergebracht, waren meist Teil eines Stiftungskomplexes *(Vakıf),* zu dem in osmanischer Zeit auch Moscheen, Medresen (Theologenschule) und Bibliotheken gehörten. Da das alte Stiftungswesen nach der Kulturrevolution unter *Atatürk* umgebaut wurde und kaum neue Hamams entstanden, stammen die meisten heute noch tätigen Anlagen aus historischer Zeit. Nicht selten sind sie so alt, dass sich das Amt für Denkmalpflege für sie interessiert. Von außen sehen sie oft nicht unbedingt einladend aus, davon sollte man sich aber nicht täuschen oder gar abschrecken lassen, denn im Innern erwartet einen **Marmor und Entspannung pur.**

In einem echten Hamam baden die **Frauen** meist **tagsüber,** während der **Abend** den **Männern** gehört.

Nachdem man am Eingang bezahlt hat, bekommt man ein großes Tuch *(Peştamal)* und wird in den **Umkleideraum** geführt. Dort hinterlegt man seine Sachen in einem kleinen Korb oder Fach (Wertgegenstände an der Kasse verschließen lassen!), schlüpft in die bereitgestellten Holzschuhe *(Takunya),* bindet sich das Tuch wie einen langen Schurz um die Hüften und stapft in Erwartung höchster Wonnen in den dampfenden **Baderaum.** Dessen Zentrum bildet eine ca. 80 cm hohe viereckige Marmorplatte *(Göbektaşı),* die meist unmittelbar unter der Kuppel des Raums platziert ist; die Wände um sie herum sind ebenfalls aus hellgrauem Marmor und weisen mehrere Waschstellen auf, die manchmal nischenartig voneinander getrennt

sind. Spätestens hier wird man neben den Wasserhähnen auch Schöpfschalen und Seife vorfinden (falls sie einem nicht bereits schon am Eingang ausgehändigt worden sind).

Man wäscht sich nun, indem man aus den jeweiligen Wasserhähnen heißes und kaltes Wasser in den Schalen mischt und sich über den Körper gießt, um sich dann gründlichst einzuseifen und die Prozedur des Übergießens zu wiederholen.

Ist man damit fertig, legt man sich auf die beheizte Marmorplatte, die in Verbindung mit Feuchtigkeit und Dampf die Poren noch weiter öffnet. Auf dem Rücken dösend kann man nun in Ruhe die Kuppel des Hamam studieren, von der durch sternförmige Öffnungen Licht in den Raum fällt. Irgendwann ist man dann an der Reihe: Als Mann wird man von einem *Tellâk* **(Badediener),** als Frau von dem weiblichen Pendant, der *Natır,* bedient. Zunächst wird man mit einem Frottierhandschuh aus Ziegenhaar *(Kese)* von oben bis unten ein- und abgerieben, eingeseift und wieder abgespritzt. Zusätzlich gibt es eine Massage, bei der es vielleicht manchmal knackt, aber – keine Angst! – niemals schmerzlich oder gefährlich wird. Wem es aber dennoch einmal zu viel sein sollte, der rufe einfach „yavaş, yavaş" (langsam, langsam!, Aussprache: jawasch), und der Masseur wird sofort einen Gang zurückschalten. Die ganze Prozedur beseitigt nicht nur die allerletzten abgestorbenen Hautpartikelchen, sie fördert auch den Kreislauf, sodass man sich dann als „neuer Mensch" wieder ins Straßengetümmel stürzen kann.

Während der ganzen Prozedur bleibt das nasse Badetuch lose zwischen den Beinen und um die Hüften gewickelt; kein **türkischer Mann** pflegt sich nach seiner Beschneidung jemals nackt zu zeigen. Als vor wenigen Jahren der Film „Hamam" , eine italienisch-türkisch-spanische Koproduktion unter der Regie von *Ferzan Özpetek*, das Thema der Homosexualität aufnahm – seit osmanischer Zeit kursieren Gerüchte, dass die Badeanstalten mehr als nur der körperlichen Entspannung dienten –, verwahrte sich der türkische Bäderverein wütend gegen derartige Lästerungen und wies darauf hin, dass gerade Männer abends das Hamam gezielt und nur kurz als Badeanstalt zu nutzen pflegen. Das stimmt sicherlich, denn im Gegensatz zu den Frauen, die stets in Gruppen kommen und oft den ganzen Tag im Hamam verbringen, besuchen Männer nach der Arbeit das Bad nur für eine relativ kurze Zeit. Auch kommen sie häufig allein, wollen schweigen und sich von den Mühen des Tages erholen.

Dagegen genießen die **Frauen** den Besuch geradezu als soziales Happening. Früher, als noch nicht jedes Haus über seine eigene Dusche verfügte, war es durchaus üblich, dass die weibliche Verwandtschaft mit der Braut vor der Hochzeit (*Düğün*) einen Tag im Hamam verbrachte, und ebenso üblich ist und war es, dass Frauenzirkel ihre festen Tage im Badehaus haben.

Das Hamam ist so einer der wenigen Orte **im männlichen „Außenbereich"**, der **für Frauen** einen **legitimen Treffpunkt** darstellt; man genießt nicht nur das gegenseitige Einseifen und Pflegen, sondern lacht, tratscht, witzelt und wettert (z.B. über Männer), was das Zeug hält. Europäische Besucherinnen können sicher sein, die Anteil nehmende und inspizierende Neugierde der versammelten Weiblichkeit auf sich zu ziehen. Eine Freundin, die vor Jahren mit einer marokkanischen Bekannten das Bad

aufsuchte, war Tage danach noch begeistert von der Offenheit und Freundlichkeit der Frauen; nie sei sie so gründlich abgeschrubbt und ausgefragt worden. Offensichtliche Verwunderung hätten vor allem ihre Achselhaare hervorgerufen; ob sie sich denn nicht enthaaren würde, war die immer wieder mit Erstaunen gestellte Frage.

Einige Hamams in Istanbul

● **Çemberlitaş Hamamı,** Vezirhan Cad. 8, www.cemberlitashamami.com.tr, 6–24 Uhr, ab 30 Euro.
● **Gedikpaşa Hamamı,** Hamam Cad. 61, Männer 6–24 Uhr, Frauen 9–22 Uhr, 25 Euro alles inkl.; traditionelles Bad aus dem Jahr 1475.
● **Süleymaniye Hamamı,** Mimar Sinan Cad. 20, 7–24 Uhr, ca. 20 Euro, www.suleymaniyehamami.com; 1550 durch *Sinan* erbautes Bad, das als einziges traditionelles Hamam Istanbuls keine Geschlechtertrennung kennt; die *Tellâks* (Masseure) sind männlich.
● **Çağaloğlu Hamamı,** Prof. Kazım Ismail Gürkan Caddesi 24, www.cagalogluhamami.com.tr, Frauen 8–20 Uhr, Männer 7–22 Uhr, ab 20 Euro, Komplettservice 40 Euro, „Sultansbad" 55 Euro.
● **Kılıç Ali Paşa Hamamı,** Ali Paşa Medresesi Sok. 24, 6–23 Uhr, nur Männer!, untouristisches, preiswertes Bad: ca. 13 Euro inkl. Massage.
● **Galatasaray Hamamı,** Turnacıbaşı Sok. 14 (nahe Galatasaray Lisesi), Männer: 6–22 Uhr, Frauen 8–20 Uhr, ca. 40 Euro inkl. Massage.
● **Ayasofya Hürrem Sultan Hamamı,** Babuhumayun Cad. 1 (vor der Aya Sofya), Tel. 0212-5173535, www.ayasofyahurremsultanhamami.com, tägl. 7–24 Uhr, verschiedene Massage- und Therapieangebote, ab 60 Euro.

Divan Yolu, Beyazıt und Süleymaniye

224 AM DIVAN YOLU

Die nahe Çemberlitaş gelegene **Nuruosmaniye Camii (18)** wurde zwischen 1748 und 1756 im Auftrag von Sultan *Mahmud I.* (1748–55) erbaut. Der mächtige Kuppelbau stellt die erste Barockmoschee Istanbuls dar, wie die verspielte Innendekoration von Pfeilern und Fensterreihen zeigt. Ein absolutes Novum ist auch das Fehlen des Şadırvan (Reinigungsbrunnen) im hufeisenförmigen Vorhof.

Wer sich jetzt schon dem Einkaufsrausch ergeben will, der hat die Qual der Wahl: Nur wenige Schritte westlich der Moschee führt das **Nuruosmaniye Kapısı** (Nuruosmaniye-Tor) in die Gefilde des **Großen Basars,** wo man sich – so man will – von morgens bis abends im Feilschen üben kann (s.u.); wer dagegen teuer und gut – aber ohne Handeln – auf gesicherte Markenqualität setzt, der wende sich östlich der Moschee in die **Nuruosmaniye Caddesi,** eine baumbestandene Allee und **Fußgängerzone,** die durch ihre gepflegten Shopping-Auslagen auffällt.

Auf dem Weg zum Beyazıt Meydanı (Karte S. 221)

Die Fortsetzung des Divan Yolu, die Yeniçeriler Caddesi, führt an der im Jahr 1496 erbauten **Atik Ali Paşa Camii (20)** vorbei, die nach dem Großwesir Sultan *Beyazıts I.* benannt ist. In der von einigen schiefen alten Grabsteinen umgebenen **Sinan Paşa Medresesi (21;** Koranschule; die Türbe des Stifters steht daneben) wie auch in der von Teppichhändlern genutzten Medrese der **Çorlulu Ali Paşa Camii (24)** (1716) laden gemütliche Nargile-Teegärten zur Rast ein.

Auf der anderen Straßenseite steht die **Kara Mustafa Paşa Medresesi (25)** (1684); in der benachbarten gleichnamigen Türbe liegen die sterblichen Reste jenes Großwesirs, der 1683 vor Wien gescheitert war (siehe Exkurs „Vom großen Glück, ein Großwesir zu sein").

Hier öffnet sich der geschäftige **Beyazıt Meydanı (Beyazıt-Platz,** s.u.); nur wenige Meter rechts und man steht im Gewühl vor dem Haupteingang des berühmten Großen Basars.

Vorsicht: Freundliche Schuhputzer!
Die Tricks sind altbekannt: Vor Ihnen verliert ein Schuhputzer beim Gehen seine Bürste aus dem Kasten, oder er bittet Sie „rein zufällig" um Feuer für seine Zigarette. Selbstverständlich will der freundliche Tourist gefällig sein, um dann mit noch mehr Freundlichkeit darauf hingewiesen zu werden, dass man ihm nun fürs Schuhputzen einen absoluten Dankespreis einräumt. Die Freundlichkeit kann dann schnell den Charakter einer zudringlichen Nötigung annehmen, und der verdatterte Tourist merkt erst spät, dass er einem alten Trick aufgesessen ist. Damit keine Missverständnisse aufkommen: Diese Warnung gilt nur für „Wanderschuhputzer" – diejenigen, die den ganzen Tag an einem festen Ort ihr mühevolles Handwerk verrichten, stellen eine durchaus ehrenwerte Zunft dar!

Kapalı Çarşı (Großer Basar) (16)

Sultan *Mehmet Fatih* ließ kaum sieben Jahre nach der Eroberung Konstantinopels hier einen ersten **Bedesten (überdachter Basar)** errichten, um den sich in der Folge weitere Märkte bildeten. Dieser **Eski Bedesten** (alte Markthalle) liegt heute in der Mitte des rund 20 ha großen Basars Kapalı Çarşı (Der überdachte Basar, meist „Großer Basar" genannt); aufgrund seiner schützenden Zentrallage und der Tatsache, dass er separat abschließbar ist, findet man hier die kostbarsten Waren: **Antiquitäten, Gold- und Juweliergeschäfte.** Wegen der zahlreichen Feuersbrünste, denen immer wieder große Teile des Markts zum Opfer fielen, wurde schließlich auch der anfangs aus Holz bestehende Eski Bedesten im 18. Jh. in Form einer überkuppelten Steinhalle wiederaufgebaut. In der Nähe des bereits erwähnten, östlich gelegenen **Nuruosmaniye Kapısı (8)** liegt ein zweiter überkuppelter Bedesten, der **Sandal Bedesten.** Die ursprünglich im 16. Jh. als Textil- und Seidenmarkt dienende Markthalle besitzt heute mit der jeden Mittwoch um 13 Uhr stattfindenden Teppichversteigerung eine besondere Kuriosität.

Das zweite historische Bauelement des Basars stellt der **Han** dar; diese Händlerherbergen waren meist um einen geschützten Innenhof angelegt, an dessen Seiten sich Zimmer und Warenlager befanden; oft gehörten noch ein Brunnen sowie eine Moschee dazu. Die Händler, die aus allen Teiles des Reiches nach Istanbul kamen, gründeten im Großen Basar mehr als 40 Hans, die heute noch teilweise erhalten und oft besonders reizvoll sind.

Zwischen den Hans und den beiden Bedesten erstreckt sich ein **labyrinthisches Gewirr** an Straßen und Gassen, in denen **über 4000 (!) Geschäfte** auf Kunden warten. Natürlich gibt es im orientalischen Shopping-Paradies auch Cafés, Restaurants, Geldwechsler und auch ein Postamt. Verkauft wird Großes und Kleines, vom einfachen Teelöffel bis zum einmaligen Hochzeitsteppich fürs Leben, kurz: alles.

Der ummauerte und durch 17 Tore zugängliche Basar, der nach 19 Uhr abgeschlossen wird, ist – wie übrigens auch in anderen Einkaufsvierteln oft noch üblich – **nach Gilden gegliedert**, d.h. Goldverkäufer, Schuhverkäufer, Kofferverkäufer, Bücherverkäufer etc. sind unter sich und bilden homogene Märkte im Markt; eine gute, einst auch im europäischen Mittelalter übliche Einrichtung, erleichtert sie doch dem Käufer den Vergleich und den Überblick über die Auswahl. Auch in den Straßennamen spiegelt sich die einstige Berufszugehörigkeit: Kalpakçılar Caddesi (Straße der Mützenmacher), Yorgancılar Caddesi (Straße der Steppdeckenverkäufer) usw.; verlassen sollte man sich bei der Produktsuche auf derlei Namen nicht, denn Straßennamen leben länger als manche Berufe. In der Çadırdılar Caddesi mag man alles mögliche finden, aber einen „Zeltnäher" wird man wohl umsonst suchen. Überhaupt sind Werkstätten und Handwerksbetriebe, die früher den Basar be-

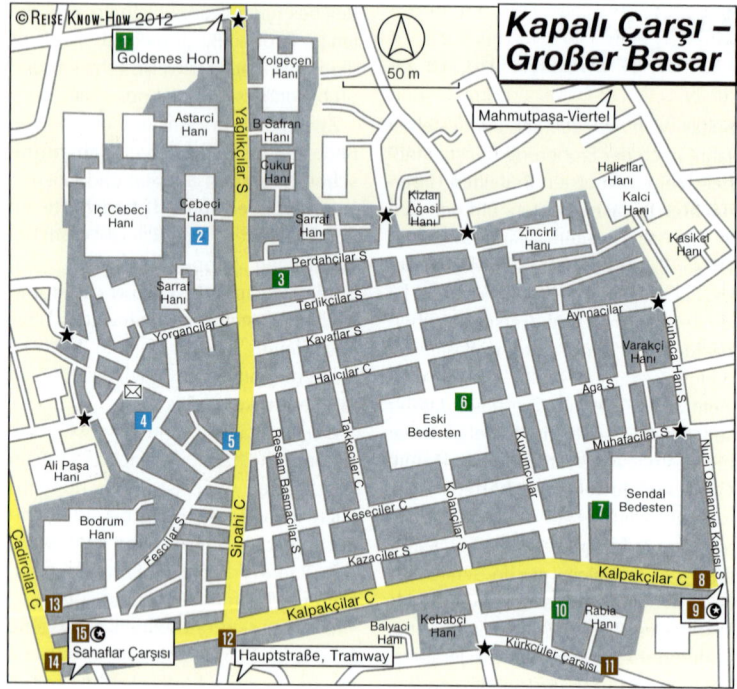

Kapalı Çarşı – Großer Basar

■ Einkaufen
1 Ägyptischer Bazar
3 Textilien, Souvenirs
6 Antiquitäten, Schmuck
7 Teppiche
10 Ledergeschäfte

■ Essen und Trinken
2 Huzur Café
4 Havuzlu
5 Şark Kahvesi

■ Sehenswürdigkeiten, Museen, Gotteshäuser
8 Nuruosmaniye Kapısı
9 Nuruosmaniye-Moschee
11 Kürkçüler Kapısı
12 Çarşı Kapısı
13 Fesciler Kapısı
14 Beyazıt Kapısı
15 Beyazıt-Moschee

★ Eingangstore des Bazars

lebten, selten geworden: Produziert wird woanders, hier wird verkauft.

Trotzdem stellt der Kapalı Çarşı mit seinen prächtigen Arkadenstraßen und verwinkelten Hanen, seinen farbigen und funkelnden Auslagen für **viele Touristen** das orientalische Erlebnis schlechthin dar. Einheimische pflegen hier allerdings in aller Regel gar nicht oder nur ausgesucht wenig zu kaufen, vielleicht Schmuck oder Gold für die Hochzeit oder aber besonders edle oder seltene Stoffe. Ansonsten marschieren die Istanbuler – und das sei entschieden auch dem Besucher empfohlen – durch den Basar nach Norden **hinab zum Goldenen Horn** nach Eminönü. Denn hinter dem Kapalı Çarşı hört der Markt keineswegs auf, man könnte sogar sagen, hier fängt er für die Istanbuler erst richtig an. Wer den Basar an seiner Nordseite über die Yağlıkçılar Sokak (und ihre Verlängerung Örücüler Caddesi) oder etwas weiter östlich über die Mahmutpaşa Yokuşu nach Norden geht, gelangt – vorbei an recht authentischen, eindrucksvollen Marktgassen, in denen nun fast nur noch Einheimische als Käufer auftreten – hinunter zum Goldenen Horn. Der letzte Teilabschnitt dieser höchst lebendigen Straße, der nahe der Rüstem Paşa Camii endet (siehe „Sirkeci und Eminönü – Am Eingang zum Goldenen Horn"), heißt **Uzun Çarşı Caddesi** (Lange Marktstraße), und dieser Name ist Programm: Läden reihen sich an Läden, die hier ohne Funkeln und Dekor ganz Praktisches meist billiger verkaufen. Und die Kleidung – Jeans, Hemden, Socken usw. – kauft der preisbewusste Istanbuler oh-

Schlepper

Im Großen Basar ist man auf Touristen eingestellt, man erwartet sie sehnlichst und das gleich in mehreren Sprachen. Vor dem Haupteingang werden Sie mit an Sicherheit grenzender Wahrscheinlichkeit nicht nur von diversen Straßenhändlern aller Art (Parfüm, Uhren, Socken etc.), sondern auch von Schleppern angepeilt, die Ihnen – ganz freundschaftlich – den besten oder günstigsten Leder- oder Teppichladen zeigen wollen. **Neuankömmlinge** werden natürlich **besonders gerne ausgeguckt** – man sieht ihnen die Unerfahrenheit in Gang und Blick einfach an.

Gehen Sie nun mit, so lesen Sie bitte unter „Feilschen" weiter. Wollen Sie aber in Ruhe gelassen werden, so **ignorieren Sie den Aufreißer** ganz einfach, indem Sie entspannt und ohne ihn wahrzunehmen weitergehen. Er wird Ihnen vielleicht ein paar Meter folgen und seine Sprachkünste weiter an Ihnen testen und auf Resonanz pochen. Auch das können Sie konsequent ignorieren oder aber – da Sie ein jovialer Mensch sind und Ihnen das Verfahren zu unhöflich erscheint – kurz und freundlich ihr Desinteresse ausdrücken. Froh darüber, dass Sie nun Ihr Schweigen gebrochen haben, verdoppelt unser Prozentejäger seine Anstrengungen – und das Spiel beginnt von vorne. Aber keine Angst: Sie sind am längeren Hebel! Wenn Sie bei Ihrer Linie – der höflichen oder der unhöflichen – bleiben, gibt er 10 m früher oder später auf und Sie sind um ein kleines Erlebnis reicher geworden.

Divan Yolu, Beyazıt und Süleymaniye

nehin direkt von der Straße. Denn was für die Touristen der Große Basar ist, ist für die Einheimischen der Straßenkarren rund um den Ägyptischen Basar (siehe „Sirkeci und Eminönü – Am Eingang zum Goldenen Horn") oder aber die

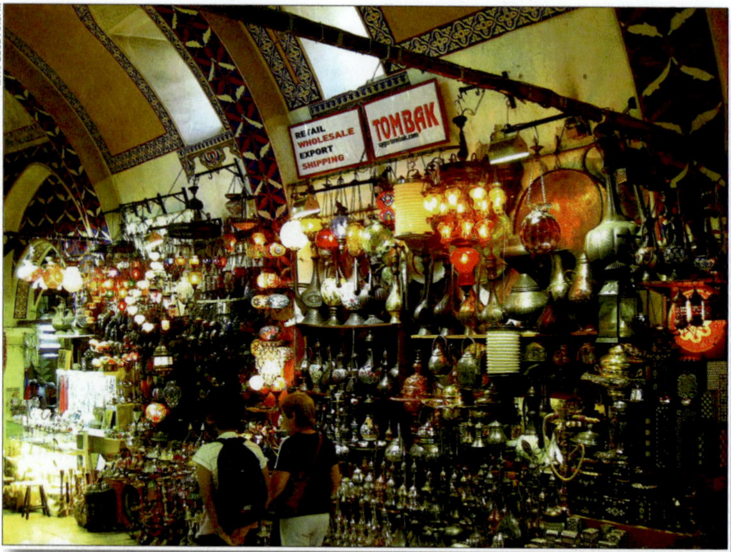

ist10-228a Foto: fk

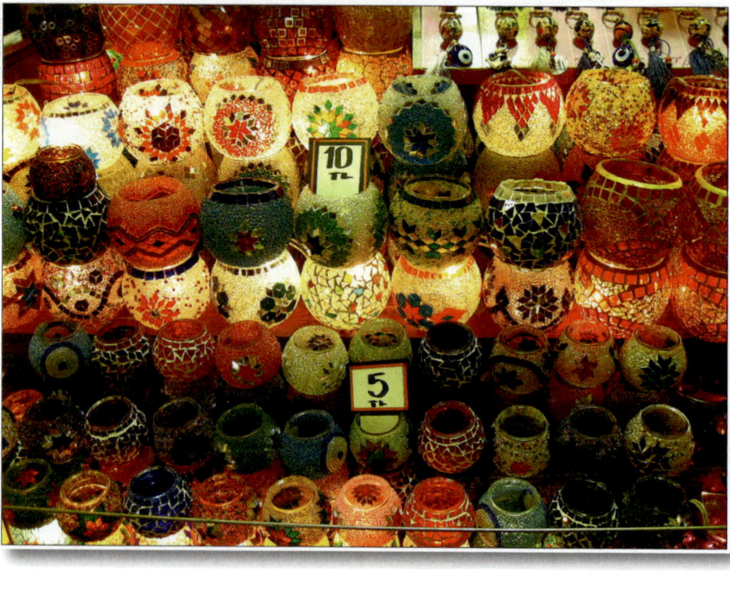

ist10-228b Foto: fk

Feilschen

Ob freiwillig oder abgeschleppt: Im Laden für Teures wird dem Kunden zunächst einmal gastfreundlich ein çay angeboten, und ein paar höfliche Floskeln nach dem Woher und Wohin werden ausgetauscht. Dann beginnt unser Freund seine Arbeit, indem er Sie mit Jacken, Teppichen oder sonst etwas bombardiert und nach Ihren Wünschen forscht. Sie können sich alles in Ruhe ansehen, noch 20 Jacken anprobieren und auch noch einen weiteren Tee trinken – all das verpflichtet Sie zu nichts, und Sie können den Laden jederzeit ohne Gesichtsverlust verlassen. Sollten Sie aber auf die Preisvorschläge **mit einem konkreten Gegenpreis reagieren,** so erwartet man, dass Sie bezüglich der ausgewählten Ware auch zu einem Abschluss, also Preiskompromiss, kommen wollen. Beide Seiten müssen wissen, wo der für sie liegt. Kalkulieren Sie das Zuviel des Anderen gegen Ihr geäußertes Zuwenig, und versuchen Sie, die mögliche Mitte vorherzusehen. Mit anderen Worten: Der Käufer sollte erst dann einen konkreten Gegenpreis nennen, wenn er sich entschieden hat, das das interessierende Stück finanziell in „Reichweite" liegt. Hat er diesen Schritt dann aber getan, gilt es zumindestens als unhöflich, die unter Umständen längeren Verhandlungen ohne positives Ergebnis abzuschließen.

Das hier Gesagte gilt nur für das Spiel im Basar oder beim Straßenhändler: In den großen Einkaufszentren oder etablierten Boutiquen gelten Festpreise.

Am Westrand des Großen Basars rund um das Beyazıt Kapısı liegt der **Sahaflar Çarşısı (11),** der Büchermarkt. In den kleinen Läden stapeln sich neue wie alte Werke, darunter viele religiöse Schriften. Schüler und Studenten versuchen dagegen, das profan Nötige zu finden, und Kunstinteressierte forschen nach kalligrafischen Schnäppchen oder Miniaturmalereien.

Die Büchergasse öffnet sich schließlich zu dem weiten Platz um die Beyazıt Camii, wo unter schattigen Platanen ein beliebter Teegarten zur Pause einlädt.

Beyazıt

Das ganze **geschäftige Areal zwischen dem Großen Basar, der Universität und der Ordu Caddesi** wird unter Istanbulern als „Beyazıt" bezeichnet, denn die große Moschee des Namenspenders, Sultan *Beyazıt II.* (1481–1512), steht dominierend im Zentrum.

In spätrömischer Zeit glänzte hier das **Theodosianische Forum (10,** auch „Forum Tauri" genannt), das 393 von Kaiser *Theodosius I.* (379–95) mit einem Triumphbogen geschmückt wurde, dessen spärliche Trümmerreste – einige wenige Säulenfragmente – heute am Rande der Ordu Caddesi abgelegt worden sind.

Divan Yolu, Beyazıt und Süleymaniye

Textilviertel von Laleli (siehe „Von Laleli nach Fatih – Zwischen Russenmärkten und religiöser Tradition").

●**Kapalı Çarşı,** Haupteingang Çarşı Kapı Kapısı, 9–19 Uhr, So geschlossen.

Auf dem Basar –
Orient, wie für Touristen geschaffen

Beyazıt Camii (12)

Die Beyazıt Camii (1500–05) ist die **älteste noch bestehende Sultansmoschee der Stadt.** Der Architekt *Hayrettin* orientierte sich sichtlich an dem großen Vorbild der Aya Sofya, sodass die mächtige, von Fenstern durchbrochene Zentralkuppel das prägende Bauelement darstellt. Zwei größere Halbkuppeln sowie vier kleinere Kuppeln ergänzen die Konstruktion. Im Inneren ist vor allem die schön gearbeitete **Marmor-Sultansloge** hervorzuheben; im Vorhof besticht der überdachte, reizvolle **Şadırvan,** der zu den schönsten Reinigungsbrunnen der Stadt gezählt wird.

Die **vielen Tauben** auf dem westlichen Vorplatz haben dem Gotteshaus den Zweitnamen **„Güvercin Camii"** (Taubenmoschee) eingebracht. Eine Legende erzählt, dass Sultan *Beyazıt* hier einst einem armen Mann eine Taube abgekauft habe, die – in Freiheit entlassen – sich zum Dank kräftig fortgepflanzt habe. Ihre heutigen Nachfahren haben es gut: Sie werden von vielen Verehrern regelmäßig gefüttert, entweder aus einfacher Tierliebe oder vielleicht auch, weil sie sich von den Sultanstauben eine Portion magisches Glück versprechen.

Zum **Külliye-Komplex** der Moschee gehören die Türbe des Sultans (geöffnet Di bis So 9.30–16.30 Uhr), eine Ar-

ista06-231 Foto: mf

menküche (heute Bibliothek), ein Han, eine Medrese sowie ein Hamam. Die beiden letztgenannten liegen an der Westseite des weiten Platzes. In den Fundamenten des Hamams hat man antikes Baumaterial des Theodosianischen Forums gefunden.

Türk Vakıf Hat Sanatları Müzesi (9)

Die ehemalige **Medrese** (Koranschule) beherbergt heute das leider ziemlich unbeachtete Türk Vakıf Hat Sanatları Müzesi **(Museum der Kalligrafie):** Alte Koranausgaben des 15. bis 18. Jh., Herrschersignaturen (Tughra), Holz- und Stoffkalligrafien vermitteln die Schreib- und Repräsentationskunst einer untergegangenen Epoche.

● **Türk Vakıf Hat Sanatları Müzesi,** Beyazıt Meydanı, Di bis Sa 9–16 Uhr, Eintritt 2,50 Euro.

Üniversite (7)

Nordwestlich gegenüber der Moschee fällt sofort das mächtige, im maurischen Stil gehaltene **Tor der Universität (8)** ins Auge. Über dem Eingang steht in lateinischen Ziffern die Jahreszahl 1453, das Jahr der Eroberung durch die Osmanen. Damals legte Sultan *Mehmet Fatih* genau an dieser Stelle den ersten Palast, den Eski Sarayı, an; die Universität selbst wurde erst 1845 durch Sultan *Abdülmecit I.* (1839–61) gegründet. Nach Durchschreiten des Tors gelangt

Beyazıt-Platz und Tor zur Universität

man in ein baumbestandenes Parkgelände, in dem sich rechter Hand der große weiße **Beyazıt Kulesi (6)** erhebt. Dieser weithin sichtbare Turm ist eines der Wahrzeichen Istanbuls. Er wurde 1828 anstelle eines hölzernen Vorgängers als Feuermeldeturm errichtet, da von seiner rund 50 m hohen Plattform jeder aufsteigende Rauch frühzeitig gesichtet werden konnte. Auch heute noch verwahrt die Feuerwehr *(Itfaiye)* des Stadtteils Fatih die Schlüssel des für Touristen nicht zugänglichen Turms; schade – denn von oben genießt man einen fantastischen Rundumblick über die Stadt.

Das unweit davon entfernte Hauptgebäude der Uni stammt aus dem 19. Jh.; viele Fakultäten sind heute aber ausgegliedert und in den modernen Betonklötzen westlich des Beyazıt-Platzes an der Ordu Caddesi untergebracht.

Süleymaniye-Moschee (2)

Nördlich des Universitätsgeländes (man nehme die Besim Ömer Paşa Caddesi an der Westmauer der Uni) erhebt sich – buchstäblich und übertragen – auf dem dritten Hügel der Stadt **einer der unbestreitbaren Höhepunkte Istanbuls** (seit Jahren dauern allerdings Renovierungsarbeiten an, die den Besuch behindern). Denn Blaue Moschee hin, Blaue Moschee her – der ästhetische Spitzenplatz unter all den Sakralbauten der Weltstadt gebührt der Süleymaniye. Sie ist ein **Meisterwerk der Harmonie**

Divan Yolu, Beyazıt und Süleymaniye

und **Schwerelosigkeit,** eine **Moschee,** wo Geist und Augen ganz von allein in die Höhe streben, ja emporgezogen werden. Wenn der Architektur – so wie in der Gotik – ein räumlicher Versuch der Transzendenz überhaupt möglich ist, so hat *Allah* beim Bau der Süleymaniye gnädig mit den Augen gezwinkert – und den richtigen Mann zur richtigen Zeit an die richtige Stelle gelenkt.

Dieser Mann war der in Istanbul allgegenwärtige **Koca Mimar Sinan.** Zwischen 1550 und 1557 konzipierte und dirigierte er mit 3500 Arbeitern und einem Budget von 700.000 Golddukaten den Bau der **Zentralkuppelmoschee,** die auf einer eingeebneten Plattform über dem Goldenen Horn dem größten Sultan der Osmanen, *Süleyman Kanunı* („„der Gesetzgeber", bei den Europäern meist „der Prächtige" genannt) ein kongeniales Andenken setzen sollte. Schon die steinerne **Zahlensymbolik der Minaretts** verdeutlicht dies: Die Süleymaniye hat vier Minaretts. Die beiden kleineren zeigen jeweils zwei Galerieumgänge (also zusammen vier; Sultan *Süleyman* war der vierte Sultan in Istanbul); die beiden größeren haben jeweils drei Umgänge – macht insgesamt zehn, und *Süleyman* war der zehnte Sultan der Osmanen überhaupt.

Der **Külliye-Komplex** der Moschee gruppiert sich um einen weiten äußeren Vorhof, der an drei Seiten von einer Mauer, im Nordosten aber von einer Aussichtsterrasse begrenzt wird, die einen schönen Blick über das Goldene Horn ermöglicht. Alte Bäume und weite Grünflächen bestimmen den ruhigen, friedfertigen Charakter dieses Areals.

Südöstlich der Moschee befindet sich der fast quadratisch angelegte **Friedhof,** auf dem die prachtvollen **Türben** Sultan *Süleymans* wie auch die seiner Lieblingsfrau *Haseki Hürrem (Roxelane)* untergebracht sind. Die große, oktogonale Kuppeltürbe des Sultans wie auch die kleinere der *Haseki* sind innen mit prachtvollen Iznik-Fliesen geschmückt; neben dem Sultan haben hier auch seine Tochter *Mihrimah* sowie die Sultane *Süleyman II.* und *Ahmet II.* ihre letzte Ruhe gefunden.

● **Türben** geöffnet 9.30–16.30 Uhr.

Man betritt den nordwestlich der Moschee gelegenen **inneren Vorhof** durch ein stalaktitengeschmücktes hohes **Tor,** über dem in arabischer Schrift die Shahada – das Bekenntnis – steht: „Es gibt keinen anderen Gott als *Allah,* und *Mohammed* ist sein Prophet." Der fast unscheinbare **Şadırvan** im Zentrum wird an den Hofseiten von einem harmonischen, von 28 Kuppeln überdachten Arkadengang aus Marmor- und Granitsäulen umrahmt.

Wohl kein Besucher kann sich beim Betreten der Moschee dem geradezu **überwältigenden Raumeindruck** entziehen, der aus den genialen Proportio-

Süleymaniye (rechts) und Yeni Valide Camii

nen eines fast quadratischen Grundrisses von ca. 60 m Seitenlänge (Fläche über 3400 m²) sowie der sich darüber wölbenden riesigen Kuppel (Durchmesser 27 m, Höhe 53 m) resultiert. Letztere steht auf vier mächtigen Elefantenfüßen und wird im Osten und Westen durch zwei wohl proportionierte Halbkuppeln flankiert. Im Norden und Süden schließen über einem dreifachen Arkadenbogen fensterdurchbrochene Tympana (Schildwände) den Raum. Die farblich abgegrenzten Bögen und Schildwände wie auch die teilweise prachtvoll bemalten 138 Fenster (besonders an der Mihrab-Wand) verstärken noch den lichtdurchfluteten Raumeindruck einer göttlichen Erhabenheit. Der Mihrab, obgleich aus kostbarem Marmor und von schönen Fayencen eingefasst, wiederholt die maßvollschlichte Eleganz, die auch Mimber und Sultansloge, ja das ganze Werk auszeichnen. Es ist vielleicht diese **Verbindung von Größe und Maß, Transzendenz und Einfachheit,** der die Süleymaniye ihre überwältigende und gleichzeitig harmonische Wirkung verdankt. Gewiss – die Anlage zollt sichtlich der Aya Sofya den historischen Tribut des originalen Vorbilds. Aber, gäbe es einen Preis für ästhetische Proportionen, *Sinan* hätte zu Recht sagen können: *„Justinian, ich habe dich übertroffen!"*

Um den **äußeren Vorhof** der Moschee liegen die anderen Külliye-Bauten: im Nordosten das heute noch arbeitende Hamam sowie zwei Medre-

istaf6c-233 Foto: mf

Divan Yolu, Beyazıt und Süleymaniye

Koca Mimar Sinan – Die Karriere eines Janitscharen

Seit den Zeiten Sultan *Mehmet Fatihs* fegten von Bosnien aus die **Akindschis** („Renner und Brenner"), wie die irregulären Truppen der Osmanen genannt wurden, raubend und brennend durch die Täler der Steiermark und Kärntens, um dabei alles, was irgendeinen Wert hatte, mit sich fortzuschleppen. Das waren vor allem Sklaven, und darunter auch die Mutter des zukünftigen Baugenies *Sinan*. Ob der Junge dabei schon in Österreich oder – was wahrscheinlicher ist – erst in der Türkei geboren wurde, ist unsicher. Das Geburtsjahr setzt man auf 1490 oder etwas später an. Fest steht, dass die Mutter um 1499 freigelasssen wurde, da ihr Herr, ein Pascha, starb. Sie zog in ein Dorf in der Nähe von Kayseri, wo andere christliche Untertanen lebten. Im Zuge der **Knabenlese** (*Devşirme*; siehe auch Exkurs „Aufstieg und Ende einer Elitetruppe") wurde der junge *Sinan* von seiner Mutter getrennt und zur Ausbildung nach Istanbul gebracht. In der Palastschule (siehe „Topkapı Sarayı") konvertierte er zum Islam, um dann als **Janitschar** in der Militärausbildung auf Ingenieursaufgaben vorbereitet zu werden. Zwischen 1521 und 1538 begleitete *Sinan* Sultan *Süleyman* auf zahlreichen Kriegszügen, darunter auch der Feldzug zur ersten Belagerung Wiens im Jahr 1529.

Vor allem durch den Bau von Brücken und Kriegsmaschinen fiel der junge Ingenieur dem Sultan schließlich auf, und er wurde 1539 zum **Hofarchitekten** des ganzen Reiches ernannt. Damit durfte er das Janitscharenkorps verlassen, um sich auf breiter Ebene als Architekt entfalten zu können. Und das Ergebnis war qualitativ wie quantitativ gewaltig: **477 (!) Bauwerke** gehen auf das Konto *Sinans*,

darunter 107 Moscheen, 74 Medresen (Koranschulen), 56 Hamams, 52 Mescits (kleinere Gebetshäuser), 45 Türben, 38 Paläste, 31 Karawansereien, 22 Imarets (Armenküchen), neun Brücken, acht Hane, acht Zisternen, sieben Äquadukte, sechs Grundschulen, sechs Derwischklöster, fünf Pavillons und drei Spitäler.

Berühmt aber wurde er durch die **Eleganz seiner Moscheen:** Die Şehzade Camii (Prinzenmoschee, 1544–48) in Istanbul bezeichnete *Sinan* als sein „Lehrlingsstück" – immerhin war der Lehrling schon rund 50 Jahre alt! –, die Süleymaniye (1550–57) in Istanbul begriff er als sein „Gesellenstück" (welch bescheidene Qualifizierung!), die Selimiye (1569–75) in Edirne krönte sein Leben als „Meisterwerk". Beim Bau der letztgenannten Moschee, deren Statik und Harmonie in der Tat die der Süleymaniye noch überragen, war der Meister 80 Jahre alt. Der Sinn für harmonische Proportionen, das kontrastierende Wechselspiel gerundet-mächtiger Kuppelgebirge und pfeilschlanker Minaretts, die Ausleuchtung des Raums, die oft schlichte Eleganz der Details und natürlich der Wunsch, das große Vorbild, die christliche Aya Sofya, zu übertreffen, haben ein Genie hervorgebracht, wie es die Osmanen später niemals wieder finden sollten.

Der **„Michelangelo der Osmanen"**, der „Dichter der Steine" starb 1588 im Alter von fast 100 Jahren. Er hatte drei Sultanen gedient – *Süleyman, Selim II.* und *Murad III.*, aber seinen Aufstieg vom Sklaven zum imperialen Hofbaumeister der Osmanen verband er wohl selbst mit dem ersten und größten unter diesen dreien. Neben der großartigen Süleymaniye liegt sein einfaches Grab.

sen; im Nordwesten das Darüşşafaka (Waisen- und Krankenhaus, heute ein Restaurant, siehe „Praktische Infos" unten) sowie das Imaret (Armenküche) und eine Karawanserai (hier hübscher, tief gelegener Innenhof mit einem ruhigen Teegarten); im Südwesten nochmals mehrere Medresenräume.

Ebenfalls außerhalb der äußeren Vorhofmauer, unmittelbar vor der nördlichen Spitze des Hofrechtecks, liegt im spitzen Winkel zweier Straßen – Mimar Sinan und Şifahane Sokak – erhöht die **Türbe des** größten Baumeisters der Osmanen, **Koca Mimar Sinan.** Ein Freund *Sinans,* der Dichter *Mustafa Sa'i,* ließ eine Widmung in den Stein schreiben, die u.a. feststellt: „Baumeister war dieser erlesene Mann dem *Süleyman Chan.* Er schuf eine Moschee, die vom höchsten Paradiesgarten kündet." Das von *Sinan* selbst entworfene und von einem Baldachin geschmückte Grab ist typisch für den Mann: fein, aber bescheiden, wenn nicht sogar unscheinbar. Aber wer braucht schon ein persönliches Prachtgrab, wenn er im unsterblichen Schatten seines göttlichen „Paradiesgartens" ruht ...

Praktische Infos

Anfahrt

● Die **Tramvay-Haltestelle Beyazıt** liegt nur zwei Stationen von Sultanahmet entfernt; von hier sind es ca. 15 Minuten zu Fuß bis zur Süleymaniye (links am Uni-Tor vorbei immer entlang der Uni-Mauer über die Besim Ömer Paşa Cad.; oder am Basar der Çadırcılar Cad. und ihrer Verlängerung, Fuat Paşa Cad., folgen, hinter der Uni dann links).

Bauchtanz und orientalischer Abend

● **Orient House (23),** Tiyatro Cad. 27 (am President Hotel), Tel. 0212-5173488, www.orienthouseistanbul.com, 20–24 Uhr; ein allseits bekanntes großes Lokal, das in jedem Hotel für sich wirbt und türkische Musik und Folklore inszeniert. De facto handelt es sich um ein Restaurant mit zentraler Bühne, auf der jeden Abend Tanz- und Gesangsgruppen in traditioneller türkischer Tracht auftreten. Zusätzlich animieren drei Bauchtänzerinnen die Gäste, die für den Eintritt saftige 50 Euro (inkl. Getränke) bzw. 75 Euro (inkl. Essen à la carte und Getränke) hinblättern dürfen (ohne das Geld für die Bedienung!

Buchhandlung

● **Bookshop (U18),** Divan Yolu 11, Tel. 0212-5163366; unter mehreren Buchhandlungen diejenige mit der touristisch breitesten Auswahl (gilt nur für Englisch! Kaum deutschsprachige Bücher!)

Essen und Trinken

● Siehe auch im Kapitel zu Sultanahmet.
● Am Divan Yolu laden mehrere **Teegärten** zu einer Pause mit oder ohne *Nargile* (Wasserpfeife) ein: Auf dem Friedhof mit den Türben Sultan *Mahmuds II.* und Sultan *Abdülaziz'* gibt es einen sympathischen, hauptsächlich von Studenten besuchten Teegarten (**Türk Ocağı, (U16),** Divan Yolu 82); in einem unscheinbaren Eingang an der Peykane Sok. 5 liegt in einem Innenhof das **Derviş Nargile Café 2 (U11),** ein Nargile- und Tavla-Teegarten, der nur von wenigen Touristen frequentiert wird und der gelegentlich traditionelle Live-Musik bietet; ein paar Schritte weiter liegt an der Verlängerung des Divan Yolu, Yeniçeriler Cad. 34, der in einem Medresen-Innenhof von Teppichgeschäften umgebene Teegarten **Erenler (22)** der Çorlulu Ali Paşa Camii, in dem sich auch viele Touristen vom Einkauf ausruhen; ebenfalls beliebt ist der **Çınaraltı Çay Bahçesi (13)** zwischen

Divan Yolu, Beyazıt und Süleymaniye

Eingang zum Großen Basar

Beyazıt-Moschee und Büchermarkt, ein von Platanen bestandener Platz, der sich ideal zum Beobachten der hin und her strömenden Massen eignet.

● **Pudding Shop (U23)**, Divan Yolu 6, Restaurant; weltberühmt war er in den 1960er und -70er Jahren, als sich hier Hippies, Aussteiger und Flower-Power-Gläubige aus aller Welt sammelten, Infos ausstauschten, um dann nach Indien weiterzuziehen. Heute ist der Pudding Shop – gleich den meisten seiner ehemaligen Gäste – in der ach so biederen Realität angekommen und eine stinknormale Touristenlokanta.

● **Can Restaurant (U21)**, Divan Yolu 10; türkische Lokanta mit verführerisch ausgelegten Gerichten und einer reichhaltigen Auswahl; allerdings entsprechen die Preise (vor allem die der Getränke) der touristischen Lage.

● **Tarihi Sultanahmet Köfteçisi (U21)**, Divan Yolu 12; auf dem Divan Yolu die große Ausnahme zwischen all dem touristischen Durchschnitt! In über 100 Jahren hat sich dieses einfache, aber hervorragende Köfte-Restaurant seinen exzellenten Ruf bewahren können; ausgezeichnete Hackbällchen, und dazu sogar noch recht preiswert; auch türkische Klientel weiß die Qualität durchaus zu schätzen.

● **Cozy Pub (U19)**, Divan Yolu 60, Restaurant/Bar; wie der Sultan Pub: gediegen-untürkische Touristen-Lokalität.

● **Havuzlu Restaurant (15)**, Gani Çelebi Sok. 3, Tel. 0212-5273346; das im Großen Basar direkt neben der Post gelegene Restaurant bietet sich für Kaufsüchtige an, die den Basar auch zum Essen gar nicht mehr verlassen wollen ...

● **Huzur Café (14)**, Yağlıkçılar Cad. 15; nettes und gemütliches Café/Restaurant im Cebeci Han des Großen Basars.

● **Şark Kahvesi (5**, siehe Plan „Großer Basar"), Yağlıkçılar Sok. 134; mitten an einer der geschäftigen Hauptadern des Basars; kleine Gerichte.

● **Darüzziyafe Türk Mutfağı (1)**, Şifahane Cad. 6, Tel. 0212-5118414; recht preiswertes Restaurant im schönen Innenhof des ehemaligen Waisen- und Krankenhauses der Süleymaniye-Moschee; türkisch-ottomanische Kü-

Der süße Rauch der Nargile

Sie gehört zum Sinnbild des genießerischen Orients wie die Märchenfantasien des Harems oder das allerorten im Café bzw. Teegarten zu beobachtende Tavla-Spiel (türkisches Backgammon): die Nargile. Die aus Persien stammende **Wasserpfeife** erlebt heute geradezu eine **Renaissance**, nachdem sie in den sinnenfeindlichen Jahren der Republik als Sinnbild orientalischer Dekadenz und Rückständigkeit verpönt war. Heute frönen nicht nur Touristen lachend ihrem ersten Rauchvergnügen; die wunderschöne Nargile mit ihrem wohlgerundeten Wasserbauch und ihrem schicken Mundstück ist ein beliebtes Mitbringsel geworden. Vor allem junge Frauen haben sich mit dem Erbe der Vergangenheit wieder angefreundet, zumal der schwere Pfeifentabak von einst heute längst durch gesundheitlich unbedenkliche **Fruchtschalen** ersetzt wird, die durch Holzkohlestückchen am Glühen gehalten werden. Das Wasser entzieht dem Rauch jede beißende Bitterkeit und Schärfe, sodass auch fanatische Nichtraucher hier durchaus Gaumenfreuden zu entdecken vermögen. Dabei können Sie in einem guten Nargile-Café gleich zwischen mehreren **Aromasorten** wählen: Ganz oben auf der Beliebtheitsskala steht der Apfelgeschmack (*Elma*), aber Erdbeere (*Çilek*), Rose (*Gül*), Banane (*Mus*) oder Zuckermelone (*Kavun*) sind doch auch verlockend, oder? Wie wär es mit einem würzigen Cappuccino-Geschmack oder soll es „gemischt" und gleich etwas von allem sein (*karışık*)? Probieren Sie es aus! Der Kellner wird Ihnen alles mundgerecht kredenzen: Er bringt die glühende Holzkohle, zieht kräftig an der Pfeife (raucht sie also quasi an), damit der Gast dann nur noch leicht zu saugen braucht. Natürlich bekommen Sie vorher ein hygienisch verpacktes Mundstück, das sie nur noch auf das Schlauchende aufsetzen müssen – und der mindestens halbstündige Spaß kann losgehen. Dabei lässt man sich den obligatorischen Çay (Tee) oder auch einen türkischen Kaffee servieren, und völlig Akklimatisierte werden den Kellner noch um ein Tavla-Spiel bitten. Jetzt sind sie im türkischen Teegarten angekommen. Und das Beste ist, dass Sie die ganze Erholung kaum mehr als 2–3 Euro kosten wird.

Divan Yolu, Beyazıt und Süleymaniye

che, 9–23 Uhr; nur wenige Schritte weiter entlang der Mauer (Nr. 12) öffnet sich eine Tür zu einem weiteren tief gelegenen Innenhof, der einen schönen, auch oft von Studenten besuchten Teegarten (**Lale Çay Bahçesi**) beherbergt; nette Atmosphäre.

Hamams

● **Çemberlitaş Hamamı (19),** Vezirhan Cad. 8, www.cemberlitashamami.com.tr, 6–24 Uhr, ab 30 Euro (siehe auch Beschreibung am Ende des Kapitels zu Sultanahmet).

● **Gedikpaşa Hamamı (U6a),** Hamam Cad. 67, Männer 6–24 Uhr, Frauen 9–22 Uhr, ab 25 Euro alles inkl.; traditionelles Bad von 1475 (siehe auch Beschreibung weiter oben und Umschlag hinten).

● **Süleymaniye Hamamı (3)** Mimar Sinan Cad. 20, 7–24 Uhr, ca. 20 Euro, www.suley maniyehamami.com; 1550 durch *Sinan* erbautes Bad, das als einziges traditionelles Hamam Istanbuls keine Geschlechtertrennung kennt; die *Tellaks* (Masseure) sind männlich.

Sirkeci und Eminönü – Am Eingang zum Goldenen Horn

Der **direkte Weg von Sultanahmet nach Sirkeci** folgt den Gleisen der Straßenbahn, wobei der bereits beschriebene Gülhane-Park und die Hohe Pforte passiert werden.

Alternativ dazu führt die Yerebatan Caddesi (später Kazım Ismail Gürkan Caddesi) zunächst nach Norden, wobei man auf der rechten Seite das bekannte **Çağaloğlu Hamamı** passiert. Das während der Tulpenära 1741 erbaute Bad besitzt einen schönen Barockbrunnen sowie eine imposante Zentralkuppel. Das Hamam, dessen Einnahmen damals die Restaurierung der Hagia Sophia unterstützen sollten, kann den Besuch illustrer Gäste verzeichnen, darunter der Komponist *Friedrich Liszt,* der deutsche Kaiser *Wilhelm* und auch die „Lady with the lamp" *Florence Nightingale.* Das heute vorwiegend von Touristen frequentierte Bad ist auch als Filmhintergrund beliebt und berühmt geworden, so zuletzt in dem Video der türkischen Eurovisionssiegerin *Sertab Erener.* Filmästhetik und Badefreuden müssen allerdings nicht immer parallel zueinander verlaufen: Zum Schwitzen gibt es durchaus preiswertere und keineswegs schlechtere Alternativen ...

Rechts der Ankara Caddesi bergab folgend, passiert man rechter Hand das moderne **Vilayet** (Sitz der Provinzregierung Istanbul), um dann an Buch- und Kopierläden vorbei den geschäftigen **Stadtteil Sirkeci** zu erreichen. Rechts liegt der gleichnamige, im orientalischen Stil erbaute **Bahnhof (Sirkeci Istasyonu; 27),** die „Endstation Europas", in dem seit 1889 der durch Bücher und Filme berühmt gewordene **„Orient-Ex-**

press" ankam. Die Linie Paris – Istanbul war für viele betuchte Gäste der Compagnie des Wagons Lits so etwas wie ein Abenteuermärchen aus 1001 Nacht – noch zu verspüren in *Agatha Christies* „Mord im Orient-Express"; die französische Bahngesellschaft sorgte dafür, dass ihre exquisiten Gäste in nicht allzu abenteuerlichen Hotels nächtigen durften, und eröffnete flugs das Pera Palas Hotel, in dem sich die Schönen und Großen nach der Fahrt mondän die Klinke in die Hand gaben (siehe „Beyoğlu"). 1977 war Schluss mit dem Boheme-Spuk, dafür kamen nun zivilisationsmüde jugendliche Aussteiger in Sirkeci an, um in Billigsthotels und am Pudding Shop die Reise nach Indien zu planen. Auch diese Illusion ist mit den letzten Dampflokomotiven verpufft (eine steht noch vor dem Bahnhof); heute dienen die alten Gleise hauptsächlich den **Vorortzügen (Banliyö Tren).** Wer die lange Fahrt nach Europa wagen will, muss zurzeit mühselig und zeitraubend über Bukarest hoppeln.

●**Bahnhof Sirkeci,** Derwischvorstellungen im Saal des Bahnhofs, jeden Di/Sa 19.30 Uhr (Dauer 1 Std.), 17 Euro, Ticket-Vorbestellung: Tel. 0216-4499081.

Nur wenige Meter weiter erreicht man die hektischen **Fähranlegestellen von Eminönü** und damit den **Eingang zum Haliç (Goldenes Horn).**

Auf die Brücke zugehend, hat man einen schönen Blick auf den auf der gegenüberliegenden Seite thronenden **Galata-Turm** und die **Kais von Karaköy,** wo häufig die großen Kreuzfahrtschiffe anlegen.

Yeni Galata Köprüsü (Galata-Brücke) (2)

Die beiden **Ortsteile Eminönü und Galata** (Pera) waren erst seit der Mitte des 19. Jh. durch eine Brücke miteinander verbunden. Zwar plante bereits Sultan *Beyazit II.* (1481–1512) an dieser Stelle den Bau einer Brücke (*Michelangelo* hatte sich erboten, die Konstruktion zu übernehmen), aber das Vorhaben gelangte nie zur Ausführung.

Die **erste Brücke** von 1846 war noch eine relativ schmale Holzbrücke; da der Verkehr aber rasant zunahm, wurden immer wieder neue und größere Übergänge gebaut; die heutige Pfeiler-Konstruktion bringt es auf eine Breite von über 40 m – seit 2005 kann jetzt sogar die Tramvay hinüber fahren.

Die Vorgängerbrücke, die **Alte Galata-Brücke,** war berühmt und wurde geliebt; erbaut wurde die **Ponton-Brücke** zwischen 1910 und 1912 von der deutschen Maschinenfabrik MAN in Nürnberg. Sie war rund 470 m lang, über 25 m breit und hatte 22 Pontons, wobei das Mittelteil aufklappbar war, um größere Schiffe passieren lassen zu können. Ihr Untergeschoss fungierte als Fähranleger und Marktplatz für Allerlei, und man kann sich heute kaum mehr vorstellen, was für ein überbordendes Gewimmel dort tagtäglich blühte. In all ihrem Chaos war sie ein Sinnbild sozialen Lebens, Treffpunkt von Alltagstätigkeiten und Ort des Austauschs – und natürlich ein Standplatz der Angler.

Auch die **Neue Galata-Brücke,** ebenfalls 470 m lang und von Thyssen 1991

Sirkeci und Eminönü

fertig gestellt, hat ein Untergeschoss, das heute von zahlreichen Restaurants und Cafés besetzt ist. Aber das chaotische und vor allem vielseitige Leben ist verschwunden, obwohl sich an schönen Tagen Massen über die Brücke schieben. Alles geht gemessener, eben „europäischer" zu. Immerhin, die Angler sind geblieben – sie stehen auf der oberen Etage, Tag und Nacht, und so mancher Gast in den unteren Restaurants sieht die Fische an seinem Teller vorbeischweben. So lohnt sich doch noch eine Pause in den Cafés, zumal der Ausblick von hier – egal auf welcher Seite! – wohl einer der schönsten der Stadt ist.

Die **alte Brücke** gibt es übrigens noch; ein paar Kilometer oberhalb der heutigen lag sie lange aufgeklappt und

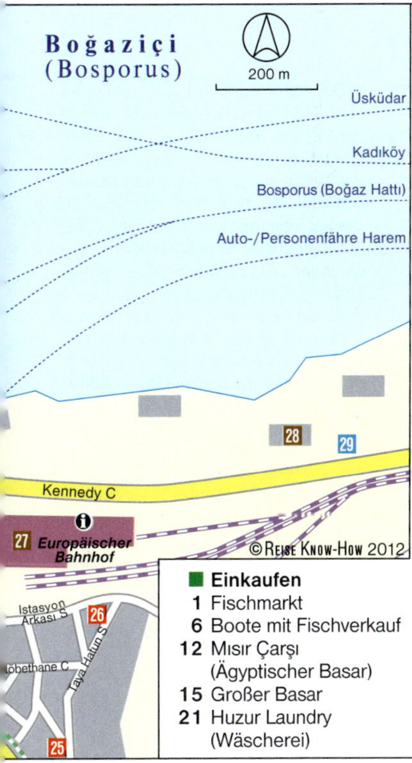

Boğaziçi (Bosporus)

200 m

Üsküdar

Kadıköy

Bosporus (Boğaz Hattı)

Auto-/Personenfähre Harem

28 29

Kennedy C

27 Europäischer Bahnhof

© REISE KNOW-HOW 2012

Istasyon Arkası S

26

bbethane C

Taya Hatun S

25

Sirkeci und Eminönü

■ Übernachtung
16 Hotel Yaşmak Sultan
18 Turvan
19 Şehir
20 Flower Palace Hotel
22 Fahri
23 Hotel Istiklal
24 Hatay
25 Sirkeci Konak
26 Hotel Best Town Palace

■ Essen und Trinken
3 Café/Restaurant Galaturka
4 Café Aruna
5 Restaurant Yıldızlar
9 Kahve Dünyası
   (Coffee World)
11 Pandeli
17 Hoca Paşa (Restaurantviertel)
29 Douche Club

■ Sehenswürdigkeiten, Gotteshäuser
2 Yeni Galata Köprüsü
7 Çukurhan/Kiraz Han
8 Rüstem Paşa Camii
10 Yeni Valide Camii
13 Hatice Turhan Türbesi
14 Hatice Turhan Çeşmesi
27 Sirkeci Istasyonu
28 Sepetçiler Kasrı

■ Einkaufen
1 Fischmarkt
6 Boote mit Fischverkauf
12 Mısır Çarşı
   (Ägyptischer Basar)
15 Großer Basar
21 Huzur Laundry
   (Wäscherei)

von den Massen verlassen am Ufer von Hasköy, bevor sie nun als **Fußgängerbrücke zwischen Eyüp und Sütlüce** endlich wieder in Betrieb genommen worden ist (siehe „An den Ufern des Goldenen Horns").

Auch wenn die neue Brücke heute viel „manierlicher" daherkommt – an ihren Brückenköpfen brummt es! Vor allem die **Eminönü-Seite** ist ein großer, wimmelnder **Straßenbasar,** auf dem reguläre und irreguläre Händler insbesondere Textilien zu Schleuderpreisen feilbieten. Noch gedrängter geht es in den **Unterführungen** zu (Umhängetaschen nach vorne hängen!), von denen eine zur Tramvay und zur gegenüberliegenden imposanten Yeni Valide Camii (Neue Moschee der Sultansmutter) führt.

Das Goldene Horn

Der **Haliç,** wie die Türken den **8 km langen und bis zu 40 m tiefen „Meeresbusen"** nennen, ist in Europa als „Goldenes Horn" bekannt und berühmt.

Ein Blick auf die Karte erklärt bei etwas Fantasie auch leicht den letzteren Teil des schillernden Namens, bildet die auf der europäischen Seite liegende Bucht doch in der Tat ein vom Bosporus abzweigendes Meereshorn, an dessen nördlichem Ende zwei kleine Zuflüsse, die „süßen Wasser Europas", münden. Der Ausdruck „Meeresbucht" ist dabei geologisch nicht ganz korrekt, handelt es sich bei dem Horn genau genommen doch um ein abgesunkenes Flussbett.

Den anderen Teil des Namens leitet eine noch größere Fantasie aus dem goldenen Schein des Wassers bei Sonnenuntergang ab; „golden", so wähnt man, könnte aber auch der schlammige Untergrund des Horns sein, in dem man die untergegangenen **Schätze** der Jahrhunderte vermutet. Eine durchaus berechtigte Annahme, wenn man bedenkt, wie oft dieser nahezu ideale Naturhafen umkämpft war. Bei ihrer Belagerung im 7. Jh. verlor die arabische Flotte hier durch das berühmte „Byzantinische Feuer" ihre Schiffsmacht. Dagegen waren die Ritter des vierten Kreuzzugs, im Plündern fast noch raffgieriger als ihre „heidnischen" Gegner, 1204 sehr viel erfolgreicher: Mit einem Sturm auf die „Seemauern" eroberten sie Konstantinopel genau von dieser Seite. Als Sultan *Mehmet* 1453 vor den Mauern lag, sperrten die Byzantiner mit ihrer bekannten Eisenkette das Horn, um die Einfahrt der türkischen Flotte zu verhindern. Allein, der Sultan ließ – mit aufspielender Musik, gesetzten Segeln und Galeerensklaven an den Riemen! – die Flotte auf Holzrollen über den Hügel ziehen und ins Horn plumpsen.

Die früher nahe den „süßen Wassern Europas" und dem Meeresufer stehenden Villen und Pavillons der Oberschicht mussten am Anfang des 19. Jh. den Werft- und anderen Industriebauten sowie Straßenprojekten weichen. Nur das am Eingang des Horns nahe Sarayburnu liegende **Sepetçiler Kasrı (28),** ein unter Sultan *Ibrahim* (1640–48) angelegtes Bootshaus, erinnert noch an alte Zeiten (heute ist hier das Internationale Presse-Zentrum untergebracht).

Das einst so romantische Horn jedoch verkam zur übel riechenden **Kloake,** zum Abfalleimer eines unbekümmert sich um Industrialisierung bemühenden Schwellenlandes. Niemand hat das drastischer ausgedrückt als der bekannte türkische Dichter *Yaşar Kemal* in seinem Buch „Zorn des Meeres": „Mit Istanbul erwachte auch das verdreckte, schreckliche Goldene Horn, dieser unter Abfällen und dem Gewicht der Kadaver von Katzen, Hunden, Ratten und Möwen erstarrte Fluß, der keine Wellen schlägt, in dessen Schlamm sich fahl das Licht der Sonne, der Neonröhren und Scheinwerfer spiegelt, auf dem sich Astwerk, Obstschalen und am Gemüsemarkt eingekippte Unmengen vergammelter Tomaten, Auberginen, Apfelsinen, Melonen, vermischt mit Industrieabwässern und Fetten, zu einer zähen, stinkenden Schicht verklebt haben, einer Schicht über einem Sumpf, so überriechend wie kein zweiter auf dieser Welt."

Aber auch diese Zeiten sind (hoffentlich) für immer vorbei. Seit den 1980er Jahren wurden tatkräftige **Maßnahmen zur Rettung** der historischen Meeresbucht in die Wege geleitet. Die schlimmsten industriellen Umweltsünder wurden in andere Stadtteile verbannt und viele direkt am Ufer stehende Häuser abgerissen. Zwar mussten Tausende

Menschen umziehen, aber zumindestens einige geschundene Uferpartien konnten so zu Grünanlagen zurückverwandelt werden. In den letzten Jahren hat sich die Stadtverwaltung durch den Bau von Kläranlagen vornehmlich um die Verbesserung der Wasserqualität bemüht, und Müllschiffe sammeln alles auf, was ökologisch Unsensible immer noch ins Wasser werfen. Zudem lässt die neue Galata-Brücke einen besseren Wasseraustausch zu. Es wird also besser – auch wenn noch nicht alles wieder Gold ist, was golden glänzt. Die Leistungen müssen immerhin vor dem Hintergrund der immensen Probleme einer Mega-Metropolis und ihres Industrie- und Verkehrsaufkommens als durchaus ansehnlich gewürdigt werden.

Denn an den Kais von Eminönü brodelt es tagsüber wie in einem Hexenkessel, und mancher Neuankömmling mag sich wie im Action-Kino fühlen. Unablässig spucken die tutenden und geschickt navigierenden Schiffe der diversen Gesellschaften **Heerscharen an Pendlern** aus bzw. nehmen sie auf. Ein Gerenne ohnegleichen beherrscht den Platz vor den nummerierten Kais, dazwischen die Buden und Kioske der Kebab-, Tavuk- und Simitverkäufer, die Decken und Karren der Schwarzhändler, welche Kleidung, Spielzeug, Zigaretten (miserable Qualität!) und alles mögliche schreiend anbieten. Kurz: Hier schlägt eine der unruhigen, aber vor Energie berstenden Herzkammern dieser hin und her hastenden Metropole. Die Stadtverwaltung, auch hierin stets um Restaurierung und Verschönerung bemüht, hat in allerjüngster Zeit das Ufertrottoir renoviert und dabei (leider) nicht nur den von Kajaks direkt verkaufenden Fischständen die Lizenz, sondern auch dem Chaos-Charme (zumindestens vorübergehend) die attraktive Enge entzogen.

Aber es wird schon wieder werden: Abends, wenn die Lizenzwächter schlafen, sind die brutzelnden Fischbrötchenkarren schnell wieder da, und der schöne breite Gehsteig kann sicherlich noch mehr Händler aufnehmen ...

Sirkeci und Eminönü

ista06-243 Foto: mf

Yeni Valide Camii (10)

Im Jahr 1597, also zur Zeit der „Weiberherrschaft" (siehe Exkurs „Der Harem"), beauftragte die Valide *Safiye* den Architekten *Davut Ağa,* einen Schüler *Sinans,* mit dem Bau einer neuen **Moschee,** die aber erst 1664 unter der Valide *Turhan* und dem Baumeister *Mustafa Ağa* fertig gestellt wurde. Die wegen ihrer markanten Lage am Bosporus oft fotografierte Yeni Camii, deren Taubenbestand locker mit dem der Beyazıt Camii (siehe „Divan Yolu") mithalten kann, beeindruckt vor allem durch ihre 36 m hohe **Zentralkuppel,** die auf vier Elefantenfüßen ruht und von vier Halbkuppeln gestützt wird. Im hoch gelegenen, über eine breite Treppe erreichbaren Arkadenvorhof fällt der oktogonale **Şadırvan** mit seinem schönen Bronzegitter auf, im Innern sind Mihrab und Mimber, beide aus Marmor, sowie der blaue Fayencenschmuck hervorzuheben; die östlich platzierte Sultansloge hat eine Brückenverbindung zum **Hünkar Kasrı,** einem mit der Moschee im Osten verbundenen Annex, dessen Räume dem Sultan vorbehalten waren.

Zum **Külliye-Komplex** gehören die große, fliesengeschmückte Türbe der Valide *Hatice Turhan* **(13),** in der auch mehrere Sultane beigesetzt sind, sowie ein jüngst restaurierter Brunnen **(14,** Hatice Turhan Valide Sultan Çeşmesi), dessen prachtvoll verziertes überhängendes Baldachindach hervorzuheben ist.

● **Türbe** (9.30–16.30 Uhr) und Brunnen befinden sich in der Bankacılar Sokak im Banken- und Geschäftsviertel hinter der Moschee.

Mısır Çarşı (Ägyptischer Basar) (12)

Direkt neben der Moschee befindet sich der Eingang zum Mısır Çarşı (Ägyptischer Basar). Der ziegelsteinrote, zwischen 1597 und 1664 errichtete L-förmige Basar ist zusammen mit der Yeni Camii geplant und realisiert worden, um die finanziellen Einkünfte der Moschee zu erhöhen. Bekannt ist er vor allem wegen seiner farben- und geruchsstarken **Gewürzsäcke,** neben denen aber auch Süßigkeiten wie z.B. Lokkum (Türkischer Honig), eingelegtes Gemüse, Nüsse, Wurst, Käse und auch touristische Artikel verkauft werden.

In den ständig überfüllten Gassen rund um den überdachten „Gewürzbasar" können **Shopping-Fanatiker** leicht den ganzen Tag verbringen. An der Südostseite des Basars hat sich ein Blumen- und Tiermarkt etabliert, an der Südwestseite warten Hosen-, Jacken- und T-Shirt-Berge (kopierte Markenartikel), und im nordwestlichen Viertel Tahtakale können vom Flechtkorb über den Wasserhahn bis zu Viagra alle möglichen geprüften und ungeprüften Produkte erworben werden. Anders als im Großen Basar kaufen hier übrigens auch die Einheimischen Textilien, Haushaltswaren, Geschirr, Kinderspielzeug und Werkzeug ein.

Rüstem Paşa Camii (8)

Verlässt man den überdachten Teil des Basars über die Hasırcılar Caddesi (Straße der Korbmacher), erreicht man nach ungefähr 250 m mitten im Gewimmel bei der Hausnummer 80 rechts den fast versteckten Eingang der Rüstem Paşa Camii. Die wegen ihrer **reichen Iznik-Fliesenausstattung** berühmte **Kuppelmoschee,** ein Kleinod unter den Gebetshäusern Istanbuls, wurde 1561 von dem Großwesir *Rüstem Paşa,* dem Ehemann der Süleyman-Tochter *Mihrimah* (siehe Exkurs „Vom Prinz zum Sultan – oder in den Tod") in Auftrag gegeben und von *Sinan* erbaut. Über eine Steintreppe gelangt man in den Vorhof über den Geschäften, dessen blau-grüner Fayencenschmuck schon andeutet, welche Pracht den Besucher im Innern erwartet. Es war die Blütezeit der Iznik-Manufakturen, und es nicht übertrieben, das Innere der Moschee als ein **„Fayencen-Museum"** zu bezeichnen, in dem man ausführlich geometrische wie florale Stilisierungen und Farbmuster studieren kann. Beachtung verdienen außerdem die bemalten Holzdächer der Emporen sowie das mit Intarsien geschmückte Predigerpult.

Sonstiges

Nur wenige Schritte vom Eingang der Rüstem Paşa Camii entfernt liegt auf der anderen Straßenseite der Eingang zum ehemaligen **Tahtakale Hamamı,** in dessen überkuppelten und renovierten Baderäumen aus dem 16. Jh. heute ein nettes **Café** untergebracht ist.

Yeni Valide Camii und Verkäuferin von Taubenfutter vor der Moschee

Sirkeci und Eminönü

Wer noch mehr Marktatmosphäre einatmen will, kann von hier über die bergan führende Uzunçarşı Caddesi (Lange Marktstraße) zum Großen Basar gelangen (siehe vorheriges Kapitel).

Ansonsten kann man über die Uferstraße schnell wieder das Zentrum von Eminönü erreichen. Auf dem Weg dorthin lohnt ein Blick in den ebenfalls von *Rüstem Paşa* erbauten **Çukurhan (7);** gegenüber steht der jüngst schön renovierte **Kiraz Han,** in dem heute stimmigerweise das Tarihi Çevreğı Koruma Müdürlüğü (Amt für Denkmalschutz) untergebracht ist. Beide Häuser waren einst Händlerherbergen.

Praktische Infos

Anfahrt

● Die **Tramvay** von Sultanahmet Richtung Kabataş hält sowohl vor dem Bahnhof in Sirkeci als auch an der Galata-Brücke; von Beyoğlu nimmt man einfach die **Tünel-Bahn** und läuft dann über die Brücke.

Essen und Trinken

● Nördlich des Bahnhofs von Sirkeci liegen in der kleinen **Hoca Paşa Sokak (17)** um die gleichnamige Moschee herum viele billige **Teehäuser und Lokantas** (Portion ca. 3 Euro), so z.B. das **Et İş,** Hoca Paşa Sok. 15; die Hoca Paşa ist eine der farbigsten und stimmungsvollsten Gassen Sirkecis und einer der wenigen Orte, wo sich Einheimische und (Individual)touristen die Lokantas teilen; erst in die Kochtöpfe schauen und dann bestellen!
● **Cafés und Restaurants** gibt es auf der **Galata-Brücke** genügend, sie servieren alle mehr oder weniger das Gleiche, darunter auch die vormals auf den Fischkajaks so frisch gebrutzelten Fischbrötchen; z.B. das

Restaurant **Yıldızlar** (s.u.). Ein hübsches Tavla-Café mit Holztischen und kleineren Gerichten ist das bis spät abends geöffnete **Aruna (4).**
● Ein beliebtes Ziel für einen guten und günstigen Snack sind die **Fischverkaufsboote von Eminönü (6);** Boote und Verkäufer stellen ob ihrer historischen Ausstattung bzw. Kleidung auch beliebte Photoobjekte dar. Das preisgünstige Fischsandwich sollte man mit Salz und etwas bereitstehendem Zitronensaft aufpeppen.
● **Pandeli (11),** Mısır Çarşısı 1, Tel. 0212-5225534; das alteingesessene, berühmte Restaurant liegt in der von schönen Fliesen geschmückten ersten Etage des Eingangstors zum Ägyptischen Basar; türkische Küche, kein Alkohol, 12–16 Uhr (So geschlossen).
● **Galaturka Café/Restaurant (3),** Yeni Galata Köprüsü (auf der Seite des Goldenen Horns); modisches Café mit originellen Sesseln direkt auf der Brücke, schöner Blick auf die Süleymaniye-Moschee.
● **Yıldızlar (5),** Galata Köprüsü (Bosporusseite); großes Restaurant mit schönem Ausblick (Fisch- und Fleischgerichte).
● **Kahve Dünyası (9),** Büyükbaş, Sok. 3/F; nettes Terrassencafé mitten im Einkaufsbereich des Tahtakale-Basars.

Hamam

● **Çağaloğlu Hamamı (U30),** Prof. Kazım Ismail Gürkan Caddesi 34, www.cagaloglu hamami.com.tr, Frauen 8–20 Uhr, Männer 7–22 Uhr, ab 20 Euro, Komplettservice 40 Euro, „Sultansbad" 55 Euro (siehe Sultanahmet-Plan im hinteren Umschlag).

Sonstiges

● **Huzur Laundry (21),** Saffeti Paşa Sokak, kleiner preisgünstiger Waschsalon für die Wäsche von Langzeit-Travellern.
● **Furkan Internet Café,** Hocapaşa Sok. 16.

Im Ägyptischen Basar (Mısır Çarşı)

istal06-247 Foto: mf

Sirkeci und Eminönü

Von Şişhane über Karaköy nach Tophane – Jenseits des Goldenen Horns

Jenseits des Goldenen Horns lagen die Stadtteile der einst als **„Galata"** bekannten **genuesischen Handelskolonie.** Als im Jahr 1261 der byzantinische Kaiser *Michael VIII.* (1259–82) nach einem fast 60-jährigen Exil die Hauptstadt Konstantinopel den westlichen Kreuzfahrermächten wieder abnehmen konnte, geschah dies mit der Flottenunterstützung Genuas. Als Dank (oder besser: Bezahlung) erhielten die Genuesen das Privileg, auf der anderen Seite des Horns eine Kolonie zu errichten. Auch nach der Eroberung Konstantinopels waren und blieben diese Viertel die bevorzugten **Wohnquartiere von westlichen Ausländern, Griechen, Juden** und (später) **Armeniern.** Die vielen, oft in kleinen Gassen und hinter hohen Mauern versteckten **Kirchen und Synagogen** belegen dies noch heute. Gegen Ende des Osmanischen Reiches wohnten in Galata reiche Finanziers, in deren Händen viele ausländische Geschäfts- und Bankverbindungen zusammenliefen. So prägen die alten hohen Bürger-, Geschäfts- und Bankhäuser der Jahrhundertwende noch heute die dunklen engen Gassen, und Einheimische leiten den türkischen Namen Galatas, **Karaköy** (Schwarzes Dorf), denn auch von den rußgeschwärzten Gassen- und Häuserschluchten dieses Viertels ab.

Während der **politischen Unruhen** der 1950er Jahre – deren rassistische Ausschreitungen auch die in diesem Viertel ansässigen Armenier und Griechen schwer trafen – sank Karaköy zu einem verlassenen, toten Ort ab: Die Häuser standen leer und verfielen, es gab entgegen dem ansonsten überall pulsierenden Treiben kein Leben in den alten Straßen. Erst in den letzten 15 Jahren haben private Gesellschaften langsam mit der **Restaurierung und Wiederbelebung** des einst so ansehnlichen Stadtviertels begonnen. Es wurden Werkstätten und Geschäfte eingerichtet, die eine langsame Wiederbevölkerung des schwer getroffenen Stadtteils einleiteten. So hat Karaköy mit seinen alten Stadtresidenzen heute sein ganz eigenes Flair zwischen sichtbarem Verfall und Neuaufbau.

Fischmarkt (21), Uferstraße

Hinter der Galata-Brücke sieht man links am Ufer den kleinen **Fischmarkt von Karaköy.**

  Die **Uferstraße** auf der gegenüberliegenden, also östlichen, Brückenseite ist die zum **Fähranleger** von Karaköy führende **Rihtim Caddesi,** an der sich heute mehrere **Restaurants** angesiedelt haben.

Yeraltı Camii (22)

Hinter dieser Uferstraße, an der **Kemankeş Caddesi,** befindet sich der Eingang zur Yeraltı Camii (**Unterirdische Moschee**). Die von über 50 niedrigen Säulen getragene Moschee wurde im 18. Jh. in den Gewölben eines ehemaligen Verlieses platziert, über dem sich einst jener Turm befunden haben soll, an dem die das Goldene Horn sperrende Kette angebracht werden konnte.

Von Şişhane über Karaköy nach Tophane

017b-mf Foto: mf

Fußball – der wahre Sinn des Lebens

■ **Sehenswürdigkeiten,
  Museen, Gotteshäuser**

1 Neva Shalom Synagogu
2 Divan Edebiatı Müzesi
   (Mevlevi-Kloster)
3 Kırım İngiliz Protestan Kilisesi
4 Teutonia (Alman Kultur Merkezi)
   (Deutsches Kulturinstitut)
6 Galata Kulesi (Galata-Turm)
10 Eski İngiliz Karakolu
11 Sen Piyer Kilisesi Karaköy
12 Arap Camii
13 Azapkapı Sokullu Mehmet Paşa Camii
14 Osmanlı Bankası Müzesi
15 Camondo-Treppe
16 Avusturya Lisesi (Österreichisches
   St. Georgs-Gymnasium),
   Podestà

17 Schneidertempel
20 Zülfaris Sinagogu
22 Yeraltı Camii
23 Aşkenaz Sinagogu
24 Saint Benoit Kilisesi
25 Aya Yanı Kilisesi
26 Kılıç Ali Paşa Hamamı
27 Kılıç Ali Paşa Camii
28 Saliha Sultan Çeşmesi
   (Tophane Çeşmesi)
29 Tophane
30 Nargile-Teegärten
31 Istanbul Modern Sanat Müzesi
32 Nusretiye Camii

Şişhane, Karaköy und Tophane

Boğaziçi (Bosporus)

Haydarpaşa/Kadıköy   ©Reise Know-How 2012

■ **Übernachtung**
7 Anemon Galata
19 Galata Residence
    Camondo Apart Hotel

■ **Essen und Trinken**
5 Cafe Privatto
9 Galata Evi
18 Galata Konak Café

■ **Nachtleben**
8 Nardis

■ **Einkaufen**
21 Fischmarkt von Karaköy

Von Şişhane über Karaköy nach Tophane

Zülfaris Sinagogu (20)

Von dem hinter der Galata-Brücke liegenden Verkehrsknotenpunkt führt die **Yüzbaşı Sabahattin Evren Caddesi** nach Westen; die erste kleine Sackgasse rechts endet vor der Zülfaris-Synagoge, in der 2001 das **erste jüdische Museum der Türkei** eröffnet wurde. Fotos und Dokumente erzählen von der **Geschichte der sephardischen Juden,** die nach ihrer Vertreibung aus Spanien im

frühen 16. Jh. im Osmanischen Reich eine tolerante Aufnahme fanden. Eine kleine ethnologische Sektion informiert über **Kleidung und Alltagsleben der türkischen Juden.** Die Synagoge selbst, die seit 1671 erwähnt wird, stammt in ihrer heutigen Form aus dem 19. Jh. und wurde restauriert.

● **Zülfaris Sinagogu (Museum der türkischen Juden),** Perçemli Sokak, Mo bis Do 10–16 Uhr, Fr/So 10–14 Uhr, Sa geschlossen, Eintritt 2,50 Euro, www.muze500.com.

Tünel-Bahn

Ein paar Meter weiter liegt rechts der Hauptstraße der Eingang zur Tünel-Bahn. Die im Jahr **1875** in Betrieb genommene, nur 614 m lange **Standseilbahn verbindet Karaköy mit** dem rund 200 m höher gelegenen **Beyoğlu** – eine bequeme Alternative zu dem ansonsten anstrengenden Aufstieg (siehe „Das moderne Istanbul").

Azapkapı Sokullu Mehmet Paşa Camii (13)

Die von unzähligen Werkstätten, Baumärkten und Gerätehandlungen geprägte Hauptstraße Tersane Caddesi führt in den westlich gelegenen **Ortsteil Şişhane.** Hier steht die **zweite Brücke,** die **über das Goldene Horn** führt, die 1940 eröffnete **Atatürk Köprüsü.**

Fast verdeckt von ihr erhebt sich am Ufer die Azapkapı Sokullu Mehmet Paşa Camii, eine von *Sinan* für den namensgebenden Großwesir 1577 fertig gestellte Moschee. Das auf einem Sockel erhöht stehende Gebetshaus besitzt eine Zentralkuppel, die von acht Halbkuppeln gestützt wird, zudem schöne Mihrab- und Mimberarbeiten. Wegen der mächtigen Brücke hat die Moschee optisch leider viel an Ausstrahlung und Flair verloren.

Camondo-Treppe in Karaköy

Arap Camii (12)

Geht man nun die Hauptstraße wenige hundert Meter zurück, gelangt man links über die Hediye Sokak (kein Namensschild!) zur erstaunlichen Konstruktion der Arap Camii (**Arabische Moschee**). Unschwer erkennt man in dem von einem großen Glockenturm gekennzeichneten rötlichen Ziegelsteinbau die im 14. Jh. gegründete **Dominikanerkirche Santi Paolo e Domenico,** die einige Jahre nach der Eroberung durch die Türken zu einer Moschee umfunktioniert wurde. Ihren Namen „Arabische Moschee" leitet die Legende davon ab, dass an dieser Stelle schon bei der Belagerung Konstantinopels durch die Araber 717 eine Moschee gegründet worden sei; realistischer erscheint, dass die 1492 aus Spanien vertriebenen Muslime, die hier durch Sultan *Beyazıt II.* Asyl erlangten, im Osmanischen Reich als „Arablar" (Araber) tituliert wurden. Der zum Minarett umfunktionierte Glockenturm wie auch der große rechteckige Grundriss mit seinen gotischen Fenstern sowie die flache Holzdecke lassen noch den gotischen Kirchenkörper erkennen.

Osmanlı Bankası Müzesi (14)

Östlich und oberhalb der Arap Camii erreicht man an der Voyvoda Caddesi (früher Bankalar Caddesi – Bankenstraße) das von hohen klassizistischen Repräsentationsbauten geprägte **Bankenviertel Karaköys.** In der Nummer 35–

37 befand sich seit 1892 der Sitz der Osmanischen Staatsbank (heute Sitz der Garanti Bank). Heute kann man hier im Untergeschoss das Osmanlı Bankası Müzesi (**Museum der Osmanischen Bank**) besuchen, das u.a. in Originaltresoren aus London über die Entwicklung des modernen osmanischen Bankwesens seit 1856 informiert. In jenem Jahr wurde die Osmanische Bank durch Königin *Victoria* und Sultan *Abdülmecit* gegründet (um dann 1876 den Staatsbankrott zu verwalten).

● **Osmanlı Bankası Müzesi,** Voyvoda Cad. 35–37, Mo bis Fr 10–18 Uhr, Eintritt frei.

Camondo-Treppe (15)

Schräg gegenüber vom Museum führt links die Camondo-Treppe bergan; der Name der malerisch geschwungenen Treppengasse verweist auf jene hier einst ansässige Familie von Börsenmagnaten, die am Ende des 19. Jh. sogar dem Sultan wichtige Finanzdienste leistete. In einem ihrer rot-weißen Stadtpaläste, der nur wenige Schritte entfernt in der Hacı Ali Sokak liegt, sind heute das **Aparthotel Camondo** (siehe „Unterkunft") und sein **Restaurant Le Felek** untergebracht.

    Am oberen Ende der Treppe führt links die **Kartçınar Sokak** am **Avusturya Lisesi** (**16,** Österreichisches St. Georgs-Gymnasium) und an den Mauerresten des genuesischen Regierungssitzes, des **Podestà (16),** vorbei; eine Tafel erinnert daran, dass hier im Jahr 1314 die einst so mächtige Seerepublik Genua ihren Gouverneurspalast errichtete.

istt2.018 Foto: mf

Sen Piyer Kilisesi Karaköy (11)

In der rechts bergan führenden **Galata Kulesi Sokak** verbirgt sich hinter der Hausnummer 44A die Sen Piyer Kilisesi Karaköy (Chiesa degli Santi Apostoli Pietro e Paulo – Kirche der heiligen Apostel Petrus und Paulus). Die italienische Bezeichnung rührt noch aus der Zeit als Malteserkirche her. Die gegenwärtige graue **Kirche** (19. Jh.) hat nichts mehr mit dem im 16. Jh. gegründeten Gotteshaus gemein.

● **Sen Piyer Kilisesi Karaköy,** Messe So 10–12 Uhr, Sa geöffnet 15.30–17.30 Uhr, ansonsten in der Regel geschlossen.

Von Şişhane über Karaköy nach Tophane

Eski Ingiliz Karakolu (10)

Wenige Meter weiter (Nr. 61) steht das kleine **ehemalige britische Gefängnis** (Eski Ingiliz Karakolu), das zwischen 1904 und 1919 für die britische Justiz in Betrieb war; die europäischen Mächte, deren Vertreter fast alle im alten Galata/Pera residierten, besaßen nämlich in der Verfallszeit des Osmanischen Reiches genug Macht, um ihre Bürger auch in Istanbul der eigenen Rechtssprechung zu unterstellen. In dem Gebäude ist heute ein familiäres kleines **Restaurant** mit gediegener Wohnzimmeratmosphäre untergebracht (siehe unten, „Essen und Trinken"). Die Besitzerfamilie *Göktuğ* kann viel über die Restaurierungsbemühungen im Viertel erzählen, gehört sie doch selbst zu denjenigen, die als erste die Wiederbelebung Galatas tatkräftig vorantrieben.

Galata Kulesi (Galata-Turm) (6)

Nachts glänzt er wie eine Christbaumkugel über dem Goldenen Horn, und im Luxus-Restaurant der obersten Etage genießen Gutbetuchte beim Bauchtanz jeden möglichen Ausblick. Der buchstäbliche Höhepunkt dieses Rundgangs, der **Galata-Turm,** ist eines der spektakulären **Wahrzeichen Istanbuls.**

Von Genuesen Mitte des 14. Jh. als Wachtturm erbaut, stellt der wuchtige Turm den einzigen noch erhaltenen **Teil der mittelalterlichen Stadtbefestigung Galatas** dar. Die Osmanen benutzten ihn als Gefängnis, Observatori-

um und Feuermeldeturm. Von hier soll im 17. Jh. ein gewisser *Ahmet Çelebi,* Abenteurer und obskurer Bastler, mit selbst gebauten Ikarus-Flügeln abgesprungen und bis nach Üsküdar geschwebt sein (und der türkische *Münchhausen* soll sogar gut gelandet sein).

Oft durch Brände beschädigt und umgebaut, erhielt der Turm in den 1970er Jahren nach Restaurierungsarbeiten sein ursprüngliches Aussehen zurück und fungiert heute als leuchtender Touristenmagnet. Von seiner 61 m hohen **Plattform** genießt man einen weiten Um- und Ausblick. Tagsüber steht ein **Café** für Jedermann, nachts ein Nobelrestaurant mit türkischer Folklore und Bauchtanz zur Verfügung.

An der Außenwand erinnert eine Schrifttafel an die Eroberung Konstantinopels am 29. Mai 1453, die auch die Unabhängigkeit des damaligen genuesischen Galata beseitigte. Ein restaurierter, hübsch beschrifteter osmanischer **Brunnen** steht neben dem Turm.

●**Galata Kulesi,** Büyük Hendek Sokak, 9–20 Uhr, Eintritt 4,50 Euro (nur für den Aufzug); das Restaurant bleibt für seine Night-Shows mit türkischem Bauchtanz bis nach Mitternacht geöffnet (80 Euro inkl. Essen).

Nahe beim Galata-Turm führt die **Galipdede Caddesi** hinauf nach Tünel. An der steilen, viel begangenen Straße liegen nicht nur viele Geschäfte für Musikinstrumente, sondern auch (Nr. 65) die **Teutonia (4),** eine in einem unscheinbaren grauen Haus untergebrachte Dependance des Goethe-Instituts, die sich um die Vermittlung deutscher Kultur bemüht (Alman Kültür Merkezi).

Divan Edebiatı Müzesi (2)

Touristisch interessanter ist das weiter oben gelegene **Mevlevi-Kloster** (Divan Edebiatı Müzesi), in dem heute ein **Museum** an die berühmten **Tanzenden Derwische** erinnert (wurde zurzeit der Recherche restauriert und war geschlossen).

Im Jahr 1492 gründete *Ibrahim Paşa* hier die erste Tekke Istanbuls (*Tekke* = Konvent der Derwische). Hier pflegten die Mevlevi (die Tanzenden Derwische) bis zum Verbot durch *Atatürk* 1924 ihre mystisch-ekstatischen **Sema-Tänze** (*Sema* = Himmel), die im Orden als ein Mittel entrückter Gotteserfahrung praktiziert wurden. Begründet wurde der Konvent der Tanzenden Derwische durch den in Konya lehrenden islamischen Mystiker *Mevlana Celaleddin Rumi* (1207–73).

Nach der Restaurierung des Klosters treten in der oktogonalen Sema-Halle des heutigen Museums regelmäßig Tanzende Derwische auf, denn seit den 1980er Jahren steht die Republik dem Orden wieder toleranter gegenüber.

Die echten **Mevlevi-Tänzer** werfen ihre schwarzen Umhänge (Symbole des irdischen Daseins) während des Tanzes ab (Zeichen der Entkörperlichung). Dabei drehen sie sich um den zentral postierten Scheich (hier ein Titel geistiger Führerschaft) ekstatisch im Kreis. Ihr nun weißer Glockenumhang (die Farbe des Himmels und der göttlichen Reinheit) symbolisiert den Übergang vom Irdischen zum Göttlichen. Man achte dabei auch auf die entgegengesetzten Handausrichtungen: Die eine Hand ist nach oben gerichtet, um das göttliche Licht zu empfangen, die andere weist nach unten, um das Empfangene an die Erde weiterzuleiten. Die meist roten, zylindrischen Filzhüte auf dem Kopf fungieren symbolisch als irdische Grabsteine. Der Tanz endet im plötzlichen Zusammensinken der Tänzer (Tod des Körperlichen), die in entrückter Trance am Boden verharren; die „Entwerdung" alles persönlich Materiellen und das mystische Versinken in Gott sind abgeschlossen.

Das **Museum** informiert in einer kleinen Ausstellung über Musikinstrumente, Kleidungsstücke und die mystische Dichtung der Sufi-Literatur. Direkt links beim Eingang sieht man die Türbe des Scheichs *Galip Dede,* der einer der führenden Ordensdichter des 17. Jh. war.

● **Divan Edebiati Müzesi** (Mevlevi-Kloster), Galipdede Cad. 15, Eintritt 1,10 Euro, 9.30–16 Uhr (außer Di); Derwisch-Tänze werden z.Z. von Mai bis Okt. monatlich jeden zweiten und letzten So um 17 Uhr aufgeführt; Derwisch-Tänze werden aber auch an anderen Aufführungsorten wie z.B. im Bahnhof von Sirkeci dargeboten (Anschläge beachten oder im Kloster fragen, Call Center 0212-4588834); Preis für eine Sema-Aufführung ca. 20 Euro.

Von Şişhane über Karaköy nach Tophane

Rund um den Galata-Turm (6)

In den engen, von hohen Häuserschluchten und verfallenden Stadtpalästen geprägten Gassen rund um den Galata-Turm liegen versteckt (und oft nicht zugänglich) kleinere geschichtliche Sehenswürdigkeiten: In der nordöstlich gelegenen Serdarı Ekrem Sokak passiert man (Nr. 52/A) die **Kırım Ingiliz Protestan Kilisesi** (3; Englisch-Protestantische Krim-Kirche), die während des Krimkrieges (1854–56) errichtet wurde.

In der nordwestlich gelegenen Büyük Hendek Caddesi steht die **Neva Shalom Sinagogu (1),** die im November 2003 ebenso wie die Britische Botschaft Opfer eines Terroranschlags wurde (insgesamt 29 Tote); dabei stand die Synagoge bereits 1986 schon einmal im Visier radikaler Islamisten, die bei einem Anschlag 23 Menschen töteten.

Die steile Yüksek Kaldırım Caddesi hinabgehend, passiert man links (Hausnummer 27) eine weitere versteckte Synagoge, die **Aşkenaz Sinagogu (23).** Glücklich unten angekommen, folgt man der ständig vom Verkehr verstopften Kemeraltı Caddesi nach links, wo man (Hausnummer 35) die meist verschlossene rot-weiße **Saint Benoit Kilisesi** (24; Kirche des heiligen Benedikt; 15. Jh.) passiert.

Eine (leider ebenfalls nicht zugängliche) Kuriosität wartet in der von der Hauptstraße rechts abführenden Vekil Harç Sokak: Verborgen hinter Mauern liegt hier die kleine **Aya Yani Kilisesi** (25; Panagia-Kirche), deren schrumpfende Kirchengemeinde zu jener türkisch-orthodoxen Splittergruppe gehört, die sich 1923 von der Griechisch-Orthodoxen Kirche getrennt hat. Beide Seiten wollen nicht viel miteinander zu tun haben, und der griechische Patriarch scheint mehr auf die Zeit denn auf Anerkennung zu setzen.

Kılıç Ali Paşa Camii (27)

Am Ende der **Kemeraltı Caddesi** (Ali Paşa Mescit Sokak) steht rechts nahe dem Bosporusufer die von einer tief liegenden Vordachkonstruktion bestimmte, etwas düster wirkende Kılıç Ali Paşa Camii, die zwischen 1580 und 1587 von *Sinan* erbaut wurde. Der Auftraggeber, *Ali Paşa,* stieg unter Sultan *Selim II.* (1566–74) vom Kriegssklaven zum **Kapudan Paşa** (Großadmiral der osmanischen Flotte) auf und erhielt aufgrund seiner militärischen Fähigkeiten den Beinamen „Kılıç" (Schwert).

Ein Gewirr von engen Halbkuppeln stützt die von Elefantenfüßen getragene große Zentralkuppel. Der für *Sinan* ungewöhnlich **lichtarme Moscheebau** kopiert in seiner inneren Anlage (Zentralraum und Seitenschiff werden durch Säulen und darüberliegende Emporen getrennt) die Aya Sofya und besitzt rund um den prachtvollen Mihrab schöne Iznik-Fayencen.

Zum **Külliye-Komplex** gehören das benachbarte gleichnamige Hamam (das noch immer preiswert den Straßendreck abrubbelt), die Türbe des Stifters sowie eine Medrese.

Von Şişhane über Karaköy nach Tophane

Saliha Sultan Çeşmesi (28)

Unmittelbar hinter der Moschee steht an der Hauptstraße der schöne Saliha Sultan Çeşmesi, eher bekannt als **„Tophane Çeşmesi",** ein **überdachter Rokoko-Kuppelbrunnen** aus dem Jahr 1732, der durch seine fein gearbeiteten Blatt- und Blumenreliefs sowie arabische Kalligrafien besticht.

Tophane (29)

Gegenüber steht etwas oberhalb der Hauptstraße die große, von acht Kuppeln bedeckte Anlage von Tophane. Die **ehemalige osmanische Kanonengießerei** wurde bereits unter Sultan *Mehmet Fatih* im 15. Jh. gegründet; das gegenwärtige weiß-rot gestreifte Ziegelsteingebäude stammt aus dem Jahr 1803 und dient heute als **Kulturzentrum** (Mimar Sinan Üniversitesi Kültür ve Sanat Merkezi). In der großen Fabrikhalle finden nun des Öfteren wechselnde Kunstausstellungen und Präsentationen statt.

Galata-Brücke mit Blick
auf den Galata Kulesi (Galata-Turm)

●**Tophane,** Eingang über die Boğazkesen Caddesi bzw. Defterdar Yokusu; keine festen oder regelmäßigen Öffnungszeiten.

Nusretiye Camii (32)

Sultan *Mahmut II.* (1808–39) hatte sich dermaßen über die erfolgreiche Liquidierung der Janitscharen gefreut (siehe Exkurs „Aufstieg und Ende einer Elitetruppe"), dass er das „wohltuende" Ereignis mit dem Bau einer „Siegesmoschee" zu feiern gedachte. So beauftragte er den armenischen Architekten *Kirkor Balyan* – dessen Söhne sollten Jahre später den berühmten Dolmabahçe-Palast verschönern (siehe „Beşiktaş") – mit dem Bau der **barocken** Nusretiye Camii. Man betritt die 1825 fertig gestellte **Kuppelmoschee,** die zwei schöne schlanke Minaretts besitzt, über eine geradezu spanisch anmutende Flügeltreppe. Auch das Innere der Moschee mit ihren bemalten Trompe-l'œil-Fenstern verrät einen stark europäisch beeinflussten Dekorationsstil. Die Verzierungen von Mihrab und Mimber sowie das Bronzegitter der Sultansloge sind weitere Höhepunkte der verspielt, aber ansprechend wirkenden Moschee.

Hinter der Nusretiye laden nahe am Bosporus mehrere beliebte Nargile-Teegärten zur Ruhepause ein.

Istanbul Modern Sanat Müzesi (31)

Direkt am Bosporus und an den Anlegestellen der Kreuzfahrtschiffe in Karaköy ist seit 2004 das sehenswerte **Museum der modernen Kunst** untergebracht. In einer alten, 8000 m² großen Lagerhalle bieten zwei Ebenen eine

Stadtteilplan S. 250

repräsentative Ausstellungsfläche für Werke der modernen türkischen Kunst, darunter auch eine hervorragende Fotoabteilung. Die Ausstellungsstücke sind großzügig platziert und umfassen eigene und temporäre Exponate. Das Museum arbeitet eng mit privaten Sponsoren wie auch mit der Universität der Bildenden Künste sowie dem Skulpturenmuseum zusammen und ist ständiger Aufenthalts- und Ausbildungsort studentischer Workshops. Ein Besuch lohnt sich auch für denjenigen, der sich weniger für avantgardistische Kunst interessiert, verfügt das Museum doch über ein stilvolles modernes Café/Restaurant, dessen Außenterrasse direkt am Bosporus liegt; seine große Glaswand garantiert einen herrlichen Blick über den Bosporus nach Asien – falls nicht gerade direkt vor dem Fenster ein Ozeanriese angedockt hat ...

●**Istanbul Modern Sanat Müzesi,** Meclisi Mebusan Caddesi (von Tophane kommend an der Nusretiye Camii vorbeigehen, dann rechts in einen Zufahrtsweg und den großen Parkplatz überqueren), Tel. 0212-3347300, www.istanbulmodern.org, Di bis So 10–18, Do 10–20 Uhr, Mo geschl., Eintritt 6,75 Euro, Studenten 3,50 Euro.

Praktische Infos

Anfahrt

●Anfang- wie Endpunkt des Rundgangs sind jeweils mit der **Tramvay** zu erreichen; diese fährt von Sultanahmet über die Galata-Brücke (dort Stopp nahe Tünel-Bahn) und weiter über Tophane nach Kabataş (dort Anschluss an die zweite moderne Zahnradbahn nach Taksim).

Essen und Trinken

●Die **Nargile-Teegärten (30)** seitlich der Tophane Iskele Caddesi (hinter der Nusretiye Cami) sind beliebte Treffpunkte und stets gut besucht.
●**Galata Konak Café (18),** Haci Ali Sok. 2, Tel. 0212-2252827; das Café in den oberen Etagen eines alten Hauses unterhalb des Galata-Turms ist definitiv ein touristisches Muss! Die Inneneinrichtung ist gediegen-traditionell, die Krönung aber ist die Dachterrasse, die – keine Übertreibung! – als einer der besten Aussichtsorte Istanbuls gelobt werden kann. Bei schönem Wetter ist es aussichtslos, hier einen Platz zu bekommen, es sei denn, man wartet in den unteren Etagen und meldet sich beim Kellner extra vor ...
●**Galata Evi (9),** Galata Kulesi 61, Tel./Fax 0212-2451861, 12–24 Uhr (außer Mo); im alten britischen Gefängnis untergebrachtes kleines Familienrestaurant, in dessen stilvoller Wohnzimmeratmosphäre mit historischem Dekor und kleinen Erkern seit 20 Jahren russisch-georgische Gerichte serviert werden.
●**Caffe Privatto (5),** Timarcı Sok. 3 (links von Galipdede oberhalb des Galata-Turms); schnuckeliges kleines Café mit Holztisch-Atmosphäre, auch kleinere Gerichte, Internet.

Hamam

●**Kılıç Ali Paşa Hamamı (26),** Ali Paşa Medresesi Sok. 24, 6–23 Uhr, nur für Männer! Untouristisches, preiswertes Bad: ca. 18 Euro inkl. Massage.

Kunstgalerie

●**Schneidertempel Sanat Merkezi (17),** Felek Sok. 1 (nahe dem oberen Ende der Camondo-Treppe), 10.30–17 Uhr, So 12–16 Uhr, Sa geschl.; in einer ehemaligen Synagoge untergebrachte Kunstgalerie.

Nächtlicher Gemüsemarkt

Von Şişhane über Karaköy nach Tophane

Das moderne Istanbul – Südlich und nördlich von Taksim

Die auf einem Hügelgrat zwischen Bosporus und Goldenem Horn verlaufende **Istiklal Caddesi** verbindet die Seilbahn-Station Tünel mit dem nordöstlich gelegenen Taksim-Platz. Von dieser **verkehrsberuhigten Hauptstraße** (nur die historische Tramvay fährt hier) fallen rechts und links schmale, von hohen Häuserschluchten bestimmte Gassen zum Goldenen Horn bzw. zum Bosporus ab. **Beyoğlu** (im Sprachgebrauch oft mit Taksim gleichgesetzt) ist ein in ganz Istanbul bekanntes **Synonym für Nightlife und westliche Lebenskultur.**

Der Name des Viertels – Beyoğlu (Sohn des Herrn) – soll darauf zurückzuführen sein, dass hier einst der Sohn eines Herrschers sein Domizil erbaut haben soll. Historisch gesichert ist demgegenüber, dass der schon im Fall von Galata/Karaköy bemerkte **ausländische Sonderstatus** quasi auch für **Pera** galt. Mit „Pera" bezeichnete man seit dem 17. Jh. jenen unteren Teil der Istiklal Caddesi, der heute (ungefähr) zwischen Tünel und dem Galatasaray Lisesi liegt. In direkter Anlehnung an die ehemalige genuesische Enklave von Galata hatten ausländische Gesandte und Botschaften sowie international agierende Geschäftsleute und Finanziers ihre Quartiere nach Norden – also nach Pera – ausgedehnt; zu diesen „neuen Ausländern" kamen noch die unter dem Begriff Levantiner zusammengefassten „alten" hinzu, u.a. Armenier, Juden und Griechen, die im benachbarten Galata lebten. Viele Kirchen entlang der Istiklal bezeugen noch heute den „europäisch-levantinischen" Charakter dieses kosmopolitischen Viertels.

Das heutige Aussehen Beyoğlus mit seinen prachtvollen **Jugendstilhäusern** geht auf das späte 19. und frühe 20. Jh. zurück, als das illustre Pera seine bourgeoise Glanzphase (Belle Epoque) erlebte. Mit der Gründung der Republik im Jahr 1923 zogen die meisten Diplomaten dann nach Ankara, und viele westliche Ausländerfamilien verließen das Viertel. Vor den politischen Unruhen der 1950er und -60er Jahre flohen dann auch noch die klassischen „Levantiner" – u.a. Griechen, Juden, Armenier –, und türkische **Emigranten aus Anatolien** zogen in die verlassenen Gassen ein. Es begann eine „dunkle" Zeit, in der die verfallenden Häuser und dubiosen Etablissements als Orte sittlicher Verderbtheit und Kriminalität berüchtigt waren.

Anfang der 1990er Jahre beschloss man dann, die Istiklal zur **Fußgängerzone** zu machen. Mit den nun zuhauf eröffnenden modernen Geschäften und dem international zurückkehrenden (Reise)publikum erlebte das Viertel eine **Renaissance** – und was für eine!

Beyoğlu ist heute wieder der **Inbegriff des säkularen, liberalen Istanbul.** Unzählige Cafés, Geschäfte, Galerien, Kinos, Musik- und Bücherläden samt einer schier unüberschaubaren, brodelnden Nightlife-Szene, in der jeder auf seine ruhigen oder lauten Kosten kommt, haben das Viertel in einen täglichen **multikulturellen Hot Spot** verwandelt. Hier geht buchstäblich alles – Minirock neben Kopftuch, Transvestiten, Gays und Lesben, moderner Chic neben den letzten Grand Seigneurs und der neuesten Jeans-Mode,

Intellektuelle neben feiernden Fußballfans, russische Feinschmeckerlokale neben kurdisch-türkischen Lokantas und afrikanische Reggae-Discos neben schicken Szene-Klubs und authentischen Türkü-Bars.

Wer am Wochenende gegen Mitternacht über die obere Istiklal Richtung Taksim geht, hat das Gefühl, einer Massendemonstration beizuwohnen. Die Straße, obgleich keineswegs so eng, ist so voll wie der Nürnberger Weihnachtsmarkt. Und so geht es Abend für Abend, Woche für Woche – immer auf der Jagd nach dem Kitzel der bewunderten Schaufenster-Ästhetik, den Kino-Fetischen und dem überall raunenden Versprechen von Schönheit, Erfolg und persönlichem Glück.

Steht man im europäisch-levantinischen Beyoğlu wenigstens noch mit einem Bein im „Orient", so lässt man **nördlich des Taksim-Platzes** diesen geschichtsträchtig-verstaubten Begriff endgültig hinter sich. Hier zählt nicht Geschichte, sondern nur die Gegenwart. Hatten bereits die letzten osmanischen Sultane und ihre Offiziere und Zulieferer aus Furcht vor Unruhen die Flucht auf die Hügel des Bosporus angetreten (siehe „Beşiktaş"), so ließen sich hier in den 1920er Jahren die modernen und gut bezahlten Leistungsträger der Türkischen Republik nieder. Und gemäß der Atatürkschen Linie war man hier natürlich **ganz nach Westen, zur „Zivilisation" ausgerichtet.**

So sind die von breiten Straßen durchzogenen **modernen Stadtteile Harbiye, Şişli und Levent** heute der Sitz von Fluggesellschaften, Versicherungen, Medien, Anwaltskanzleien und Banken. Mehr oder weniger funktionale westliche Architektur ermüdet das Auge, und selbst die touristisch interessanten Punkte, das Askeri Müzesi und die Konzert- und Theaterhallen, verhehlen nicht ihren Platz in der Moderne.

Trotzdem ist auch hier – in dieser Welt der kulturellen Gegensätze – eine Stippvisite interessant. Denn verspricht das heutige Beyoğlu den westlichen Konsumtraum für alle, so ist nördlich des Taksim-Platzes Glück das, was sich nicht alle leisten können. Mit Naserümpfen oder detachierter Langeweile sieht die **finanzkräftige Klientel** der international wie national renommierten Modeboutiquen und Lifestyle-Zentren der **Viertel von Nişantaşı und Teşvikiye** auf das prollige Möchte-Gern-Treiben und die billigen Marken-Kopien im Süden. Hier ist zumindest außen alles echt; hier lebt man wie in Mailand oder Rom, Paris oder New York; hier ist chic, was exklusiv macht; und hier kostet selbst der Tee das Fünf- bis Zehnfache von dem, was man dafür in Fatih oder Kadırga bezahlt, nicht zu reden von den Mieten und Pachtkosten, die sich ein „normaler" Istanbuler nicht einmal im Traum vorstellen, geschweige denn bezahlen kann. Säkular gebildet und immer „en vogue", schaut die Boheme auf die Flatscreens der Szene-Cafés, wo das Neueste vom Neuen zuckt. Hinter der ostentativ zur Schau getragenen Nonchalance meinen neidische Intellektuelle sogar die ersten Anzeichen einer aufdämmernden Konsumfrustration diagnostizieren zu können. Dabei ist doch alles so schön hier ...

Beyoğlu – Entlang der Istiklal Caddesi

Die Istiklal Caddesi (Straße der Unabhängigkeit, vormals in der Belle Epoque als „Grande Rue du Pera" bezeichnet) beginnt im Süden genau vor dem oberen Ausgang der **Tünel-Bahn.** Gegenüber der Station liegt der Eingang zu einem schönen, von Cafés und alten Antiquitätenläden besetzten **Innenhof (Tünel Geçidi, 2),** dessen charmante italienische Fin-de-Siècle-Architektur bereits typisch für Beyoğlu ist.

Den Straßenbahnschienen der nostalgischen Tramvay folgend, passiert man rechter Hand zunächst das **Schwedische Konsulat (6),** das im 17. Jh. erbaut wurde und ein schönes auffälliges Gartentor besitzt.

Mit der Hausnummer 235 erreicht man auf der Istiklal das sogenannte **Botter Apartmanı (7).** Das graue, stark renovierungsbedürftige Haus mit seinem breit geschwungenen Balkon und seinen Außenverzierungen ist ein typisches Beispiel der Jugendstil-Architekur. *Raimondo d'Aronco* erbaute es 1900 für den holländischen Hofcouturier von Sultan *Abdülhamit, Jean Botter.*

Hotel Pera Palas (13)

Links führt die schmale, von Galerien, kleinen Geschäften und Cafés geprägte Asmalı Mescit Sokak hinunter zur Meşrutiyet Caddesi, wo rechter Hand das Pera Palas liegt. Das Hotel (Mitte 2010 Renovierungsarbeiten) ist fast ebenso legendär wie der eng mit ihm verbundene **„Orient-Express",** war es doch die französische Compagnie des Wagons Lits et des Grands Express Européens, die 1892 das **Luxushotel** für die betuchten Passagiere des Orient-Express eröffnen ließ. Auf der langen Gästeliste finden sich folglich viele illustre Namen, so Schah *Reza Pahlevi von Persien,* König *Vittorio Emanuelle III. von Italien* und *Elizabeth (Sissi) von Österreich* – um nur einige Vertreter des blauen Geblüts zu nennen. Daneben tummelten sich aber auch Spione *(Mata Hari)* und Filmsternchen *(Josephine Baker)* in der exklusiven Bar, und auch Schriftsteller von einst und heute *(Pierre Loti* und *Erich von Däniken)* genossen die Atmosphäre dieses Luxushotels. **Agatha Christie,** deren Krimi „Mord im Orientexpress" fast ebenso bekannt ist wie der Zug selbst, soll 1926 in Zimmer 411 das schaurige Machwerk geplant haben; angeblich soll sie sich für elf Tage hier verbarrikadiert haben, um ihren kriminalistischen Fantasien freien Lauf zu lassen. Man kann das Zimmer übrigens mieten – für den lächerlichen Preis von ca. 400 Euro pro Nacht. Immer für Besucher offen ist dagegen Zimmer 101 im ersten Stockwerk: Hier nächtigte zwischen 1915 und 1938 des Öfteren **Mustafa Kemal Atatürk.** Das Hotel hat dieses Zimmer zu einem **Museum** (10–11 und 15–16 Uhr) gemacht und es mit persönlichen Gegenständen des Republikgründers gefüllt, die sein „Bodyguard" und Fotograf, *Rıdvan Güranı,* dem Hotel überließ. Darunter befindet sich auch der politisch wichtige Panama-Hut *Atatürks,* diente dieser doch seit der berühmten „Hut-Rede" 1926

als Leitbild der westlichen Kleiderordnung: Der alte türkische Fes wurde verboten und der „Vater aller Türken" ging beispielhaft voran. (Für die Besichtigung an der Rezeption anfragen.)

Wer sich für derlei historische Reminiszenzen nicht erwärmen kann, sollte auf jeden Fall der gediegenen **Patisserie de Pera,** so der Name des Hotelsalons, einen Besuch abstatten: Kuchen und Torten gehören zum Feinsten weit und breit!

Historische Straßenbahn auf der Istiklal Caddesi

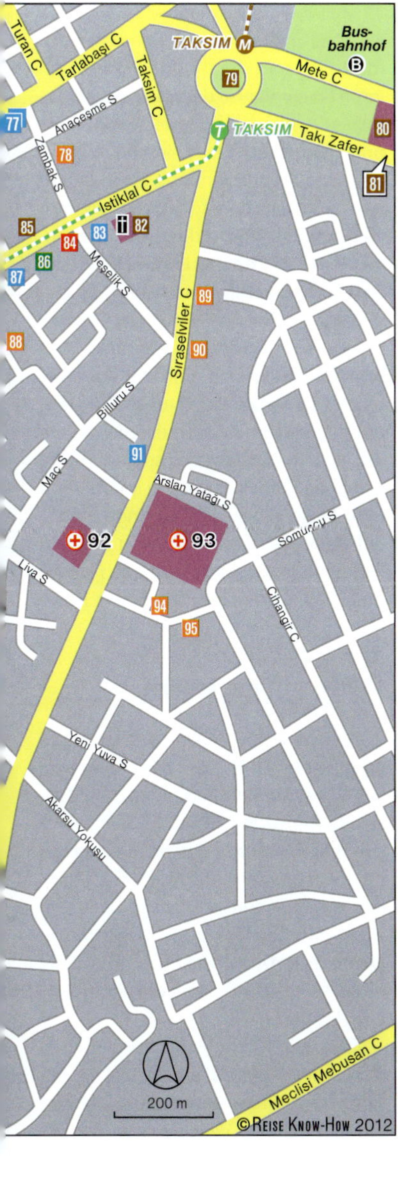

Südlich und nördlich von Taksim

■ **Übernachtung**
13 Pera Palace Hotel
16 Hotel Silviya
17 Hostel Chill Out
32 Grand Hotel de Londres
33 Hotel Devran
56 Grand Hisar Hotel
68 Residence
84 Triada Residence
   Apart Hotel

■ **Essen und Trinken**
3 Kave
8 Mihrimah Sultan
9 Armada
11 Pasific/Café Kino
12 Canım Ciğerim
15 Mikla
19 Yemek Külübü
27 Nuteras-Restaurant,
   Club Wanna
30 Café Turco
   Sugar Café
35 Sefa Nargile/
   Barcelona
36 Rejans/Zindan
39 Café Kafka, Robin Hood
40 360°
42 Taraca
44 Litera Teras
48 Neoclassic
52 Çiçek Pasajı
54 Viktor Levi Şerap Evi,
   Pano
57 Alem
58 Nevizade-Kneipenviertel
65 Küçük Beyoğlu
67 Marko Paşa,
   Lades Restaurant
74 Merkez Et Lokantası
75 Erra Goppa
76 Kallavi
77 Zencefil Restaurant,
   Deep Restaurant
83 Hacı Baba
87 Kafeka
91 Erciyes Kitabevi/Café

© REISE KNOW-HOW 2012

200 m

Pera Müzesi (28)

Folgt man nun der Meşrutiyet Caddesi nach Norden, gelangt man rechts zu dem im Juni 2005 eröffneten **Pera-Museum,** das in einem renovierten Patrizierhaus von 1893 untergebracht ist. Die ersten beiden Stockwerke beherbergen permanente **archäologische Exponate** (Ausstellungsthema: anatolische Gewichte und Maße) bzw. eine **Keramikabteilung,** die sich den berühmten Kütayha-Fliesen widmet. Ebenfalls zum festen Ausstellungsrepertoire gehört die historisch interessante **Bildergalerie** über ottomanische Themen und Personen des 17. bis 20. Jh. (Porträtausstellung), deren Exponate europäische wie auch türkische Maler (unter Letzteren *Osman Hamdi Bey,* siehe „Rund um Gülhane/Arkeoloji Müzesi") präsentieren. Die oberen drei Stockwerke des von privaten Stiftungen finanzierten Museums dienen temporären Ausstellungen.

● **Pera Müzesi,** Meşrutiyet Cad. 65, Tel. 0212-3349900, Di bis Sa 10–19, So 12–18 Uhr, www.peramuzesi.org.tr, Eintritt 4 Euro.

Grand Hotel de Londres (32)

Weit weniger „aufpoliert", aber ebenso sehenswert wie das vorne genannte Pera-Hotel ist das wenige Schritte entfernte Grand Hotel de Londres, dessen französischer Name schon darauf verweist, dass auch hier einst die internationalen Gäste des Orient-Express zu nächtigen pflegten. Das Haus mit seiner hübschen, von Karyatiden geschmückten Fassade wurde in den 50er Jahren des 19. Jh. von dem Architekten *Semprini* als **Stadtpalast** der levantinischen Familie *Glavani* erbaut und ab 1892 von ihren Nachfolgern, der griechischen Familie *Dandria,* als Hotel geführt. So prachtvoll dieses Haus einst gewirkt haben mag, heute verblasst es im Schatten des nahe gelegenen modernen Glaspalastes des türkischen Fernsehsenders TRT. **Im Inneren** scheint die **Zeit stehen geblieben** zu sein: Fast das ganze Mobiliar samt umstehenden Accessoires hat eine sichtbar lange Geschichte hinter sich, und die dominierende plüschrote Farbe tut ein Übriges, um den erstaunten Besucher in die koloniale Atmosphäre des späten 19. Jh. einzutauchen. Auch wer in so viel muffiger Geschichte nicht wohnen mag – ein Kaffee im Lesesaal reicht hin, um melancholisch oder aber auch aufatmend der alten levantinischen Bourgeoisie nachzuspüren.

Weiter auf der Istiklal

Zurück auf der Istiklal passiert man rechts (Nr. 219) das 1843 von den Schweizer Fossati-Brüdern erbaute **Russische Konsulat (20);** danach machten sie sich im Auftrag des Sultans u.a. an die Restaurierung der Aya Sofya. Ebenfalls rechts findet man (Nr. 215) die einfache, fast versteckte Kirche **St. Maria Draperis Latin Kilisesi (21),** die 1789 erbaut wurde und damit die älteste Kirche des Viertels ist.

Hinter der Kirche – und vor dem holländischen Konsulat – führt rechts die schmale Tomtom Kaptan Sokak hinunter zum **Palazzo Venezia (23),** der be-

■ Nachtleben
4 Badehane
10 Babylon
18 Galata
29 Ponte
31 Kallavi
45 45 Lik
50 Otantik Türlü Bar
51 Bigudi Club
59 Boncuk
60 Gate Club/
   Çınaraltı
65a Shake'in
69 Munzur, Havar
70 Jazz Café
73 Ora Türkü Bar
78 Otherside
88 Hide Out,
   Cazgır,
   Vivaldi,
   Katharsis,
   Mojo,
   Ekin Türkü Evi
89 Kemancı
90 Riddim
94 Bar Bahçe
95 5. Kat

■ Einkaufen
1 Artrium (Galerie)
5 Alman Kitab Evi
   (Deutsche Buchhandlung)
22 Eller Sanat Galerisi
   (Antiquariat)
25 Denizler Kitab Evi
   (Antiquariat)
26 Istanbul Kitabçisi
   (Straßenkarten)
37 Turkuaz (Antiquariat)
47 Pagasos Antiquitäten
53 Balık Pazarı
   (Fischmarkt)
66 Demirören
   Shopping Center
72 Beyoğlu Çikolatası
   (Schokoladen)
86 D & R (Buchhandlung und Tickets
   für Musikveranstaltungen)

**■ Sehenswürdigkeiten,
Museen, Gotteshäuser,
Kulturbetriebe**
2 Tünel Geçidi
6 Schwedisches Konsulat
7 Botter Apartmanı
13 Hotel Pera Palas
20 Russisches Konsulat
21 St. Maria Draperis Latin Kilisesi
23 Palazzo Venezia
24 St. Louis Fransız Kilisesi/
   Maison de France
28 Pera Müzesi
34 Beyoğlu Meryem Ana Rum
   Ortodoks Kilisesi
38 Hazzopulo Pasajı
41 St. Antuan
   di Padova Kilisesi
43 Garajiistanbul (Theater)
46 Galatasaray Lisesi + Müzesi
47 Galatasaray Hamamı
49 Atlas (Kino)
55 Britische Botschaft
61 Beyoğlu Cineması (Kino)
62 Ses Ortaoyuncuları
64 Emek Sineması (Kino)
71 Hüseyin Ağa Camii
79 Cumhuriyet Anıtı/Taksim-Platz
80 Atatürk Kültür Merkezi
81 Deutsches Konsulat
82 Agia Triada Kilisesi
85 AFM Cinemaları (Kino)

⊕ Krankenhäuser
92 Taksim Hastanesi
93 Alman Hastanesi
   (Dt. Krankenhaus)

Südlich und nördlich von Taksim

reits im 17. Jh. erbaut wurde und später als Italienisches Konsulat diente. Wenige Schritte weiter nördlich, in der Seferbostanı Sokak, waren die Franzosen zu Hause; neben ihrem **Maison de France (24)** (19. Jh.) erhebt sich die römisch-katholische **St. Louis Fransiz-Latin Kilisesi.**

St. Antuan di Padova Kilisesi (41)

Die mächtige, ziegelsteinrote St. Antuan di Padova Kilisesi ist eine der größten und auffälligsten Kirchen Istanbuls. Der **neugotische Bau** der **dreischiffigen Franziskanerkirche,** die von 1913 datiert, macht vor allem durch die schöne Eingangsgalerie, die den Vorhof der Kirche zur Istiklal Caddesi abgrenzt, auf sich aufmerksam. Ihre Bogenkonstruktion sowie auch die Erker und Balkone im Hof erinnern deutlich an den Renaissancestil.

● **St. Antuan di Padova Kilisesi,** Istiklal Cad. 171, 8–12/15–19.30 Uhr, Di 7–19 Uhr; Messen in Englisch (Mo/Sa 8 Uhr), Polnisch, Italienisch und Türkisch.

Hazzopulo Pasajı (38)

Ein paar Meter weiter – kurz vor der Kurve – kann man über einen schmalen Durchgang (Nr. 116) links der aus dem Jahr 1871 datierenden Hazzopulo Pasajı einen Besuch abstatten. Der schöne, **ruhige Laubenhof mit** seinem **Teehaus** steht – obwohl nur wenige Meter von der Istiklal entfernt – in einem angenehmen Kontrast zum hektischen Treiben auf dem Boulevard. In unmittel-

barer Nachbarschaft befindet sich die **Beyoğlu Meryem Ana Rum Ortodoks Kilisesi (34);** die Altarwand der aus dem Jahre 1804 datierenden orthodoxen Kirche lohnt einen Blick, wenn sie geöffnet ist (So Messe).

Galatasaray Lisesi (46)

Am Galatasaray Meydanı gelangt man rechts zum auffälligen schmiedeeisernen Tor des 1868 erbauten Galatasaray Lisesi, einem der renommiertesten Gymnasien der Stadt. Als französisches Lycée 1868 durch Sultan *Abdülaziz* erbaut (das gegenwärtige Gebäude stammt von 1907), beherbergt es heute das kleine Museum **Galatasaray Müzesi,** das den aus der Schule hervorgegangenen Sportmannschaften gewidmet ist, also de facto nur aus **Trophäen und Fotografien des berühmten Istanbuler Fußballklubs Galatasaray Istanbul** besteht.

● **Galatasaray Müzesi,** Istiklal Cad. 263, Mi 13.30–16 Uhr, Eintritt frei.

Unterhalb des Galatasaray Lisesi, in der Yeni Çarşı Caddesi, liegt das **Alman Lisesi** (Deutsche Schule), wo das Goethe-Institut auch ein kleines **Literaturcafé** unterhält.

Eingang zur Çiçek Pasaji

Galatasaray Hamamı (47)

In der nächsten Gasse rechts kommt man zu dem bereits 1481 unter Sultan *Beyazıt* erbauten Galatasaray Hamamı; das von **hübschen Fliesen- und Marmorarbeiten** bestimmte Bad war ein halbes Jahrtausend nur den Männern vorbehalten; seit 1963 dürfen hier auch Frauen in einem neu erbauten Trakt, der folglich weniger interessant ist als sein männliches Pendant, schwitzen.

Çiçek Pasajı (52)

Schräg gegenüber des Hamams (Hausnummer 170) fällt die ockergelbe Fassade der Çiçek Pasajı (Blumenpassage) ins Auge (überschrieben „Cité de Pera 1876"); Blumengeschäfte gibt es in der überdachten Passage allerdings schon lange nicht mehr, vielmehr reiht sich zu beiden Seiten Tisch an Tisch, denn die berühmte **„Fressgasse"** fehlt heute in keinem Reiseführer. Ihren Ruhm wollen wir gerne der bestechend schönen Barock- und Rokokoarchitektur zuschreiben, denn die von Touristen viel besuchten Restaurants müssen – kein Wunder angesichts der Pacht in diesem Architekturtempel – eher als überteuert angesehen werden. Hinter der Passage liegt der ebenfalls überdachte **Balık Pazarı** (**53,** Fischmarkt); wenige Meter weiter, an der Ecke zur Meşrutiyet Caddesi, steht das Gebäude der **Britischen Botschaft (55)** (1845), das im November 2003 Ziel eines Terroranschlags wurde; bei dem Anschlag kam der britische Botschafter ums Leben.

Südlich und nördlich von Taksim

isa06-263 Foto: mf

CITÉ DE PERA

Çiçek Pasajı

Weiter auf der Istiklal

Wieder zurück an der Istiklal fällt links das prachtvolle **Jugendstilhaus Ses Ortaoyuncuları (B62)** von 1885 auf. Über dem Eingangstorbogen liest man „Cité de Alep" (Stadt Aleppo), und in der entsprechend türkisch übersetzten **Halep Pasajı** sind heute Musikläden und Textilgeschäfte wie auch Cafés und Kinos untergebracht. Darunter befindet sich auch das **Emek Sineması (B64)** von 1924, eines der ältesten Kinos Istanbuls, das ebenso wie die nicht weit entfernte kleine **Hüseyin Ağa Camii (B71)** von 1597 unter dem Bau des 5-stöckigen **Demirören-Shopping Centre (B66)** gelitten hat. Der Bau der in einem historisierenden Mischstil gehaltenen protzigen Shopping-Mall, die erst 2011 ihre Tore öffnete, zog in Form von Mauerrissen einige der umstehenden historischen Gebäude in Mitleidenschaft.

Kurz vor dem Taksim-Platz liegt rechts etwas versteckt der **Dom der Agia Triada Kilisesi (B82),** die 1880 von dem griechischen Architekten *Vasilaki Ionnidis* erbaute orthodoxe Kirche der heiligen Dreifaltigkeit. Das mächtige weiß-graue Gotteshaus mit seinen zwei Türmen ist in einem eklektischen, aber erkennbar neugotischen Stil errichtet. Der große Innenraum mit seiner Retabelwand steht auf einem typisch griechisch-orthodoxen Grundriss und wird von einer mächtigen Kuppel gekrönt. Reizvoll ist auch der Stimmungsgegensatz zwischen der fast entrückt wirkenden Ruhe des parkähnlichen Kirchhofs und der Hektik der umliegenden Straßen und Gassen.

Taksim-Platz (B79)

Am Ende der Istiklal erreicht man den allerorts bekannten Taksim-Platz. „Taksim" bedeutet übersetzt „Teilung, Division", und in der Tat erfüllte dieser Platz in geografischer wie auch kultureller Hinsicht diese Funktion für lange Zeit. Denn hier wurde die städtische Wasserversorgung nach vier Sektoren verteilt. Und hier tobten noch vor Kurzem die Diskussionen um die kulturelle Identität des Landes, als religiöse Parteien (ohne Erfolg) ausgerechnet am Taksim-Platz demonstrativ eine große Moschee forderten. Wer sich umblickt, wird in Architektur und Geschäftigkeit mühelos das Gegenteil, nämlich die westliche, kemalistische Türkei erkennen.

ista11-039 Foto: mf

Der von **großen Hotels** und dem **Busbahnhof** geprägte Platz ist auch heute ein nach allen Richtungen verteilender Verkehrsknotenpunkt; schön ist er deshalb nicht.

In der Mitte eines kleinen Gartenbeets thront auf einem Rondell das eigentlich recht bescheidene **Cumhuriyet Anıtı** (**B79;** B = Stadtteilplan Beyoğlu) (1928; **Denkmal der Republik**); es zeigt selbstverständlich die **Statue von Kemal Atatürk,** der von Mitstreitern – darunter auch *Ismet Inönü* – und Vertretern des Volkes flankiert wird. Wie bei so vielen ähnlichen Denkmälern wird an den Unabhängigkeitskampf von 1919–23 erinnert, mit dem *Atatürk* und seine Anhänger die moderne Türkei begründeten. An der ostlichen Seite des Platzes erhebt sich die klotzige Fassade des **Atatürk Kültür Merkezi** (**B80;** Atatürk-Kulturzentrum), eine moderne, dunkle Glas-Metall-Beton-Konstruktion, die neben der Staatsoper, dem Ballett und Sinfonieorchester auch Räumlichkeiten für Theater- und Kinovorstellungen beherbergt (Tickets und Programme am „Gişeler" überschriebenen Eingang).

Harbiye und Nişantaşi – Nördlich von Taksim

Die von großen Hotels, Fluggesellschaften und anderen durchweg modernen Gebäuden gesäumte Cumhuriyet Caddesi führt in die **nördlichen Stadtteile Harbiye** und **Şişli.** Man passiert zunächst die nahe dem Taksim Parkı gelegenen **5-Sterne-Hotels** Ceylan Intercontinental und Hyatt, um dann rechts die Einfahrt zum Hilton-Hotel zu erreichen (dort Touristeninformation), das 1955 das erste moderne Luxushotel der Stadt wurde.

Wenige Meter weiter biegt rechts die kleine Darülbedai Sokak zum grünen **Muhşin Ertoğrul Tiyatrosu** (**21;** Frtoğrul-Theater) ab, wo auch Werke der europäischen Klassik zur Aufführung kommen. Von der gegenüberliegenden **Plattform** mit der modernen Friedensskulptur – Frauenfigur mit Taube – und dem **Borsa-Restaurant** genießt man einen schönen Blick über den Maçka-Park bis hin zum Bosporus. Ein paar Meter weiter liegt die ebenfalls in Grün gehaltene moderne **Konzerthalle** (**10;** Cemal Reşit Rey Konser Salonu), in der u.a. das türkische Synfonieorchester aufspielt.

Hinter der Konzerthalle macht die Straße eine scharfe Kehre, um oberhalb des **Maçka Parkı** (Maçka-Park) entlangzulaufen. Der in einer Talsenke liegende große Park bietet sowohl Ruhesuchenden wie auch Kindern Erholung vom Beton, verfügt er doch neben Bänken, Cafés und ruhigen Wegen auch über eine **Kirmes (Eğlence Parkı).**

Atatürk-Monument am Taksim-Platz

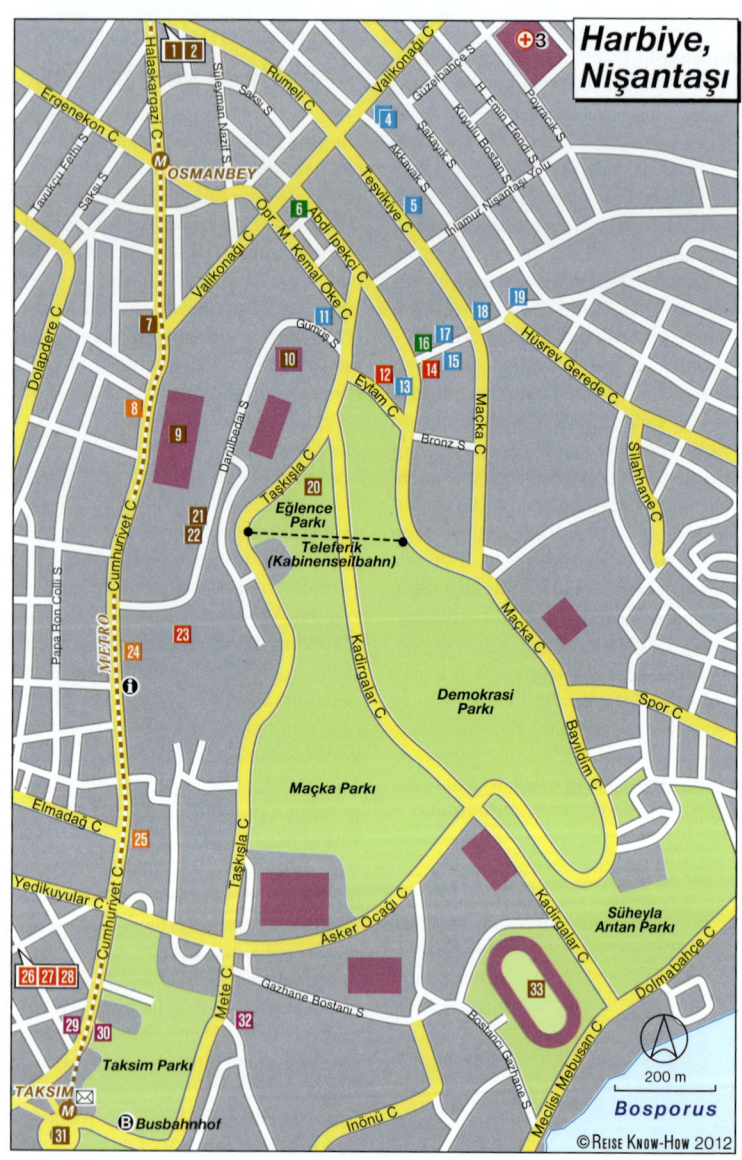

Harbiye, Nişantaşı

Bosporus

200 m

© REISE KNOW-HOW 2012

■ **Übernachtung**
12 Mega Residence
   Istanbul
14 Konfor
23 Hilton Hotel
26 Larespark Hotel
27 Hotel Golden Age 2
28 Avrupa

■ **Essen und Trinken**
 4 Paul, Symbol
 5 Hacıbey Kebapçısı
11 Park Şamdan
13 Banyan
15 Casita
17 Salon Salomanje
18 Teşvikiye Café/Bistro
19 Sushi Noodle House

■ **Nachtleben**
 8 Lovedancepoint
24 Karavansaray (Orientalische
   Show/Bauchtanz)
25 Sultanas (Orientalische
   Show/Bauchtanz)

■ **Einkaufen**
 6 Luxuria (Accessoires
   für gehobene Wohnkultur)
16 KAV Şarap Butiği
   (Weinhandlung)

■ **Sehenswürdigkeiten,
   Gotteshäuser, Kulturbetriebe**
 1 Atatürk Müzesi
 2 Sapphire
 7 Kenter Tiyatrosu (Theater)
 9 Askeri Müzesi
   (Militär-Museum)
10 Konzerthalle Cemal Reşit
20 Cemil Topuzlu Açık
   Hava Tiyatrosu
21 Muhşin Ertoğrul Tiyatrosu
22 Muhşin Ertoğrul Sahnesi (Theater)
31 Cumhuriyet Anıtı/
   Taksim-Platz
33 Inönü Stadion

■ **Bushaltestellen**
29 Haltestelle zum Flughafen
   Gökçen Sabiha
30 Havaş-Bushaltestelle
   zu den Flughäfen Atatürk und
   Flughafen Gökçen Sabiha
32 Dolmuş
   (Haltestelle nach Kadıköy)

⊕ **Krankenhaus**
 3 Amerik. Krankenhaus

Südlich und nördlich von Taksim

Am oberen Rand des Parks liegt das **Cemil Topuzlu Açık Hava Tiyatrosu (20),** ein kleines Freilichttheater, das u.a. für Aufführungen des Istanbuler Jazz-Festivals (siehe „Festivals und Events") benutzt wird.

Wer nun den Maçka-Park nicht zu Fuß durchqueren will, kann wenige Meter weiter bequem mit der **Teleferik (Kabinenseilbahn,** 50 Cent, 8–20 Uhr) über die Senke schweben, um dann auf der anderen Seite entspannt von einem der kleinen Teegärten auf Beyoğlu und Harbiye zurückzuschauen.

Man kann dann dem Park nach Norden folgend über die Maçka Caddesi die **noblen Stadtteile Nişantaşı und Teşvikiye** erreichen. Vor allem in der Teşvikiye Caddesi, der Abdi Ipekçi Caddesi und der Rumeli Caddesi sowie den umliegenden Straßen glänzt die westliche Moderne samt entsprechendem Lebensstil: Von ultramodern gestylten Einbauküchen über kleine, elegante Modeboutiquen bis zu sündhaft teuren Edeldessous und französischen Patisserien findet man – zu entsprechenden Preisen – all das, was man auch in Rom, Barcelona oder Paris kaufen könnte.

Teleferik (Kabinenseilbahn) durch den Maçka-Park

Askeri Müzesi (9)

Über die Valikonağı Caddesi kann man zum nördlichen Ende der Cumhuriyet Caddesi und zum dort gelegenen Eingang des Askeri Müzesi (**Militärmuseum**) zurückkehren. In der riesigen Anlage der einstigen Militärakademie warten neben unzähligen **Waffen und Uniformen** des 13. bis 20. Jh. auch die aufwendigen **Feldzelte der Sultane** auf Bewunderer. Der alten Elitetruppe der **Janitscharen** und der im ersten Weltkrieg unter *Atatürk* und dem deutschen General *Sanders* geleiteten **Gallipoli-Schlacht** von 1915 wird ebenfalls viel Ausstellungsraum gewidmet. Interessant (für Geschichtsfreunde) dürften die vielen **historischen Kriegsgemälde** sein, die sich auf mehrere berühmte Schlachten der Osmanen beziehen.

Im hauseigenen Auditorium in der oberen Etage wird (auch in Englisch) eine (heroische) **Präsentation der osmanischen Geschichte** vermittelt. Anschließend marschiert in traditionellen Kostümen die berühmte **Mehter-Kapelle der Osmanen** ein. Sie begleitete die Heere auf allen Feldzügen und feuerte die Truppen des lange „immer siegreichen" Sultans an. Das mit den traditionellen Instrumenten – darunter *Ney* (Flöte) und *Davul* (Pauke) – aufspielende Kriegsorchester hatte lange nach den letzten osmanischen Siegeszügen noch einen Erfolg ganz besonderer Art: Die europäischen Komponisten, darunter *Mozart* und *Beethoven*, komponierten orientalisch à la Turca und integrierten schwungvoll vor allem Marsch- und Paukeneffekte in ihre eigenen Werke.

● **Askeri Müzesi,** Valikonağı Cad. 2, 9–17 Uhr (Mo/Di geschlossen), Eintritt 1,50 Euro, Mehter-Konzert 15–16 Uhr.

Atatürk Müzesi (1)

Im nördlich gelegenen **Stadtteil Osmanbey** liegt an der Halaskargazi Caddesi (Verlängerung der Cumhuriyet Caddesi) das kleine Atatürk Müzesi (**Atatürk-Museum**). Es ist in einem ziemlich unscheinbaren pinkfarbenen alten Haus untergebracht, das *Atatürk* einmal als Aufenthaltsort diente. Wie in so vielen Atatürk-Museen finden sich neben Fotografien und einigen persönlichen Gegenständen, wie z.B. diversen Kleidungsstücken, auch historische Zeugnisse aus dem Unabhängigkeitskrieg (darunter ganz interessant die Propagandaplakate gegen die Griechen). Trotzdem: Wer nicht gerade ein entschiedener Anhänger des türkischen Über-Vaters oder aber mindestens der Historie ist, wird auch ohne dieses Museum Istanbul genießen können.

● **Atatürk Müzesi,** Halaskargazı Cad. 250, 9–16 Uhr (So/Mo geschlossen), Eintritt frei.

Levent und Ettiler

Noch weiter nördlich erstaunen die hoch **modernen Stadtteile** von Levent und Ettiler, deren gepflegte Straßen, Häuser und schicke Einkaufsmöglichkeiten so manches traditionelle Türkeibild irritieren. Die drei blauen, weithin sichtbaren Hochtürme des **Ak Merkez Çarşı** (Einkaufszentrum, Nispetiye Caddesi) in Ettiler geben die deutlich amerikanisierte, ideale Konsumvorstellung

Südlich und nördlich von Taksim

der modernen Türkei wieder – postmoderne gläserne Einkaufstempel mit internationalen Marken und amerikanischem Shopping-Ambiente wie z.B. illuminierten Palmen.

Wer von Taksim kommend an der Metro-Station 4 *Levent* aussteigt, kann auf den modernsten und mit 261 m höchsten Wolkenkratzer der Türkei, das **Sapphire (2),** hinauffahren (6 Euro). In den unteren 66 Stockwerken liegen Luxuswohnungen, eine Shopping-Mall und sogar ein Golfplatz; vom Observation Desk ganz oben (Café) genießt man bei schönem Wetter einen herrlichen Rundblick aus der Vogelperspektive. Das Sapphire gilt als das **erste ökologische Hochhaus** und verfügt über eine energiesparende Bauarchitektur.

Maslak Kasırları

An der nördlichen Peripherie Istanbuls liegt die kleine, im späten 19. Jh. unter Sultan *Abdülhamit II.* erbaute Anlage des Maslak Kasırları (Maslak-Palast). Die restaurierten und von einem Garten umgebenen vier Holzpavillons dienten einst den letzten Sultanen als Sommerausflugsziel. Der Bedeutendste unter ihnen ist der weiße **Kasrı-i Hümayun,** dessen roter böhmischer Kristallleuchter, Mobiliar und Deckenbemalung sehenswert sind. Heute wird die Gartenanlage gern von betonmüden Städtern aufgesucht, die in den aufgestellten osmanischen „Holz-Hollywoodschaukeln" beim Tee relaxen.

●**Maslak Kasırları,** 9–18 Uhr (Mo/Do geschlossen), Eintritt 1,20 Euro.

Praktische Infos

Anfahrt

Mit Ausnahme der Stadtteile Levent und Ettiler sowie des Maslak-Palastes können alle Ziele innerhalb des obigen Rundgangs prinzipiell **zu Fuß** erreicht werden; Ausgangspunkt ist dabei Tünel, das man von Sultanahmet mit der **Tramvay** (bis zur Galata-Brücke) und der dort aufsteigenden **Tünel-Bahn** erreicht; wer Teilstrecken nicht laufen will, kann folgende Verkehrsmittel als Entlastung nehmen:

●Wer direkt von Sultanahmet zum Taksim-Platz will, fährt mit der **Straßenbahn (Tramvay) bis zur Endstation Kabataş** und wechselt dort in die moderne unterirdische **Zahnradbahn,** die direkt nach Taksim geht.

●Zwischen Tünel und Taksim verkehrt eine historische **Tramvay über die Istiklal** etwa im zehnminütigen Takt.

●Von Taksim können die nördlichen Stadtteile Harbiye und Osmanbey mit der **Metro** erreicht werden (Haltestelle: Osmanbey).

●Zwischen dem Hilton-Hotel und Maçka verkehrt eine **Gondelbahn (Teleferik,** s.o.).

●Den Stadtteil Levent erreicht man bequem von Taksim mit der **Metro.**

●Den Villenvorort Ettiler mit seinem Einkaufszentrum Ak Merkez erreicht man von Taksim mit **Bus 59R** oder **559C.**

●Wer den ganz im Norden gelegenen Maslak-Palast besuchen will, muss von Taksim den **Bus 29DT** oder **Bus 27S**/Eintritt von Eminönü nehmen (Fahrtdauer 45–60 Min.), Haltestelle: Ast Subay Ordu Evi, drei Haltestellen nördlich von Maslak.

Buchhandlungen

●**Alman Kitab Evi (B5)** (Deutsche Buchhandlung), Istiklal Cad. 237; wem die Reiseliteratur ausgegangen ist oder wer sich deutschsprachig näher über Istanbul und die Türkei (auch kulturell oder literarisch) informieren möchte, findet in der kleinen, aber renommierten deutschen Buchhandlung bestimmt etwas Passendes (auch Austauschbörse für Wohnungs- und Jobsuche!).

●**Denizler Kitab Evi (B25)**, Istiklal Cad. 199/A; alteingesessenes nettes Antiquariat zum Stöbern.

●**Istanbul Kitabçisi (B26)**, Istiklal Cad. 146; Straßenkarten, Poster, Stiche.

●**D&R (B86)**, Istiklal Cad. 55A, kleiner, aber wichtiger Buchladen, weil auch Verkauf von Biletix-Eintrittskarten zu musikalischen Aufführungen (siehe „Festivals und Events" und „Musikszene").

Einkaufen

●**Artrium (B1)**, Tünel Geçidi 41; hübsch gelegene Galerie mit türkischen Stichen, Kalligrafien, Malereien, Kostümen, Keramikwaren und Karten; wer im benachbarten Café Kave einen Kaffee trinkt und noch kein Souvenir gefunden hat, sollte einen Blick hineinwerfen.

●**Turkuaz (B37)**, Emir Nevruz Sok. 2/D; hübsches kleines Antiquariat in einer Nebengasse der Istiklal, auch alte Bilder und Postkarten

●**Eller Sanat Galerisi (B22)**, Postacilar Sok. 12; kleines, verstecktes Antiquariat in einer Seitengasse mit z.B. historisch nachgemachten alten Schmuckstücken; hier kann man sich auch seine eigene Tughra (Schriftzug der Sultane) schreiben lassen.

●**Beyoğlu Çikolatası (B72)**, Istiklal Cad. 69/A; verkauft seit 1924 die beste Schokolade Beyoğlus; kleiner Eckladen, der direkt zur Straße verkauft; die Köstlichkeiten sind schmucklos in Silberpapier eingewickelt.

●**KAV Şarap Butiği (16)**, Atiye Sok. 12, Tel. 0212-2349120, www.kavbutik.com; wer auf dem Hotelzimmer noch den Abend ausklingen lassen will: Weinhaus mit türkischen wie auch internationalen Angeboten.

●**Luxuria (6)**, Abdi Ipekçi Cad. 7, Tel. 0212-2966600, www.luxuria.com.tr; der Name ist Programm, denn hier warten aufwendige Lüster, Kerzenhalter, Vasen und andere Accessoires des gehobenen Geschmacks auf solvente Kunden.

●**Pegasos Antik (B47)**, Turnacıbaşı Sok. 23/A (neben dem Galatasaray Hamam), ein uriger Antiquitätenladen etwas abseits des Getümmels; alte Uhren, Holzkuriositäten und -accessoires, Glas- wie Porzellanpreziosen – einfach ein idealer Laden zum Stöbern.

Essen und Trinken

●**Litera Teras (B44)**, Yeniçarşı Cad. 32; im Goethe-Institut untergebrachtes „Literaten"-Café, das eine herrliche Terrasse mit Blick über den Bosporus bietet; unterschiedlichste Musikdarbietungen, Grillabende; 8–22 Uhr.

●**Café Kafka (B39)**, Yeniçarşı Cad. 10, Tel. 0212-2451958; uriges Café mit Holzfußboden, alter Einrichtung, schönen Erkern und lockerer Atmosphäre.

●**Kave (B3)**, Tünel Geçidi 1/C; das bekannte Café/Restaurant liegt in einem schön begrünten Innenhof gegenüber dem Ausgang der Tünel-Station; etwas höhere Preise.

●**Armada (B9)**, Istiklal Cad. 239/B; einfache Lokanta mit appetitlich ausgestellten Köstlichkeiten; für Beyoğlu recht preiswert.

●**Mihrimah Sultan (B8)**, Kumbaracı Yokuşu Sok. 77; nettes Studentencafé mit hübscher Terrasse, Nargile und entspannender Musik sowie preiswerten Gerichten.

●**Pasific (B11)**, Sofyalı Sok. 4/A; kleines Café mit gemütlicher Atmosphäre, auch kleinere Gerichte; das benachbarte **Café Kino** ist ebenfalls ein beliebter Treffpunkt.

●**Sefa Nargile (B35)**, Olivia Sok. 7; sehr gemütliches Nargile-Teehaus in einer kleinen Gasse; nebenan und direkt an der Ecke zur Istiklal das **Barcelona** (Café und Patisserie).

●**Rejans (B36)**, Olivia Han Geçidi 7/A, Tel. 0212-2433882; in dem Edelrestaurant, das seit 1932 besteht, speiste schon Atatürk; feine russisch-französische Küche, die natürlich ihren Preis hat; neben dem Restaurant Rejans liegen die dicken, recht urigen Mauern eines alten Gefängnisses, in denen heute das **Restaurant Zindan** türkische Küche und Live-Musik bietet.

●**Ponte (B29)**, Istiklal Cad. 183, Tel. 0212-2457782, 12–4 Uhr; eines unter mehreren aussichtsreichen Dachrestaurants in Beyoğlu mit türkischer wie internationaler Küche; musikalische Events, wie z.B. eine Tangosession am Sonntag, finden regelmäßig am Wochenende statt und erzeugen dann gehobene Club-Atmosphäre und gehobene Preise.

●**Pano (B54)**, Hamalbaşı Cad. 12/B (nahe Britischer Botschaft und Fischmarkt), Tel. 0212-2926664; griechisches Weinlokal mit schöner rustikaler Einrichtung; an den Stehti-

Südlich und nördlich von Taksim

schen steht man abends Schulter an Schulter, im Keller darunter das Restaurant; wenige Meter entfernt (Hamalbaşı Cad. 12, Tel. 0212-2496085) lockt das nicht minder attraktive **Viktor Levi Şarap Evi (B54)**, Hamalbaşı Cad. 8, ebenfalls ein im traditionellen Stil eingerichtetes Weinhaus/Restaurant aus dem Jahr 1914 (gehobene Preise, Glas Wein z.B. ab 4–5 Euro).

● In der **Nevizade Sokak (B58)** liegt **Kneipe an Kneipe,** und trotzdem ist an Wochenenden kaum ein Platz zu bekommen; die tavernenähnlichen **Meyhane** hier (siehe „Praktische Reisetipps A–Z, Essen und Trinken") bieten sich für einen Rakı-Abend an – einschließlich Mezeler und Fasıl-Musik.

● **Marko Paşa (B67)**, Sadri Alışık Sok. 8; relativ preiswertes touristisches Restaurant, das optisch den Gaumengenuss durch Gözleme walzende Frauen in traditionellen Kostümen und ein Sammelsurium von mehr oder weniger türkischen Einrichtungsgegenständen aufwertet; in einer Seitengasse der Istiklal.

● **Neoclassic (B48)** (vormals: Draft), Istiklal Cad. 151; Bar/Restaurant/Bierkneipe im 1. Stock mit schöner Stuckdecke von 1850.

● **Merkez Et Lokantası (B74)** Sakızağa Cad. 12; ganz einfache Neonlicht/Plastikstuhl-Lokanta, aber leckeres Essen und super Preise.

● **Deep Restaurant (B77)**, Kurabiye Sok. 8, Tel. 0212-2434483; kleines Restaurant mit nettem Interieur in einer Seitengasse der Istiklal; mittlere Preislage.

● **Erra Goppa (B75)**, Süslüsaksı Sok. 12/A, Tel. 0212-2449716; altes Café ganz in Grün, Kuchen, Gebäck und kleine Gerichte zu mittleren Preisen.

● **Kafeka (B87)**, Küçükparmakkapı Sokak; sowohl tagsüber als auch abends sehr beliebtes Nargile-Café; man sitzt draußen auf einfachen Holzhockern.

● **Hacı Baba (B83)**, Istiklal Cad. 39; seit 1921 bestehendes bekanntes Restaurant, das ottomanisch-türkische Küche zu leicht gehobenen Preisen bietet.

● **Park Şamdan (11)**, Mim Kemal Öke Cad. 14, Tel. 0212-2250710; elegant-dezentes Restaurant in einem fast privat wirkenden Haus (nur kleines Schild) am nördlichen Rand des Maçka-Parks; hauptsächlich türkische, aber auch französisch-italienische Küche; Reser-

vierung am Wochenende empfohlen, tägl. 12–15/20–24 Uhr.

● **Paul (4)**, Valikonağı Cad. 36; Café und Patisserie in Nişantaşı mit feinen Sachen auf der Karte – die französische Noblesse, die man hier seit 1889 versprüht, hat allerdings auch ihren Preis.

● **Hacıbey Kebapçısı (5)**, Teçvikiye Cad. 156/b; alteingesessenes Bursa-Kebap-Restaurant mitten in Teşvikiye; für diese Region relativ preisgünstige Essgelegenheit.

● **Sushi Noodle House (19)**, Şakayık Aralığı Sok. 3, Mo bis Sa 12–22.30 Uhr; japanische Küche mit großer Speisekarte; die Preise entsprechen dem Niveau von Teşvikiye, sind aber noch bezahlbar.

● **Banyan (13)**, Abdi Ipekçi Cad. 36; asiatisches Restaurant mit Spezialitäten aus Südostasien und Indien, thailändische Meeresgerichte; untere bis mittlere Preislage, 11–24 Uhr (So geschlossen).

● **Teşvikiye Café/Bistro (18)**, Teşvikiye Cad. 148; ein (nicht billiger) Kaffee in einem Szene-Café mit plärrenden Flachbild-Screens an den Wänden und schicken Gästen ist die richtige Gelegenheit, um über die Ungleichzeitigkeiten einer Stadt zu grübeln.

● **Café Turco (B30)**, Sakalasım Çıkmazı; bis spät in die Nacht versorgt das kleine Café die Gasse samt angrenzender Istiklal mit kostenloser Live-Musik (natürlich meist Ein-Mann-Shows mit Gitarre); lockere und zwanglose Atmosphäre.

● **Alem (B57)**, Nevizade Sok. 4/C, Tel. 0212-2496055; größeres Haus in der sonst so engen und dicht besetzten Gasse; das heißt aber nicht, dass dieses Meyhane- und Fischrestaurant abends nicht voll wäre!

● **Nuteras (B27)**, Meşrutiyet Cad. 67 (im Haus neben dem Pera Müzesi); das Restaurant auf der Dachterrasse ist im Sommer eine der beliebtesten (und auch teuersten) Adressen; herrlicher Blick über das Goldene Horn, ab 19 Uhr, nur den Sommer über geöffnet!

● **Wanna (B27)**, Meşrutiyet Cad. 69 (im Haus neben dem Pera Müzesi); ersetzt im Winter das benachbarte Nuteras-Restaurant, gilt aber auch als einer der beliebtesten Nacht-Clubs und Bars der Stadt.

● **Canım Ciğerim (B12)**, Minare Sok. 3/A; verstecktes Restaurant im Tünel-Bereich, das die Suche lohnt; der Name verrät die Spezialität, nämlich Leber: wird auf Spießen mit Salat serviert; Holzeinrichtung, mittlere Preislage.

● **Taraca (B42)**, Akalsu Sok. 6, 10–24 Uhr; im 3. Stock gelegenes nettes Nargile- und Tavla-Café mit gemütlicher Einrichtung; billig.

● **Lades Restaurant (B67)**, Sadri Alışık Sok. 14; als Menemen-Spezialist bekannt: *Menemen* ist eine in der Türkei weithin bekannte Eierspeise, die in einer Schale verrührt gereicht wird; lecker und preiswert.

● **Casita (15)**, Atiye Sok. 3, 10–22 Uhr; nettes, französisch aufgemachtes Bistro mit türkischen Gerichten, Manti sowie süßen Dessert-Kleinigkeiten.

● **Salon Salomanje (17)**, Atiye Sok. 4, 10– 24 Uhr; elegante Bar bzw. Café gegenüber dem Casita Bistro mit netter Atmosphäre.

● **Symbol (4)**, Valikonağı Cad. 34, 10–20 Uhr; hübsches Café mit einer reichen Holzeinrichtung, die man eher in einem europäischen Altstadt-Café erwartet.

● **Yemek Külübü (B19)**, Istiklal Cad. 172/A, Tel. 0212-2522701; der Hit in diesem Restaurant ist nicht das Essen – einfach und günstig, aber nichts Aufregendes –, sondern das Interieur: Wunderschöne Fliesengemälde der Jahreszeiten an den Wänden haben das Fin-de-Siècle-Schnellrestaurant beliebt gemacht; ein Blick hinein lohnt sich auf jeden Fall.

● **Küçük Beyoğlu (B65)**, Bayram Sokak; biegt man von der Balo Sokak am Irish Pub rechts in die kleine Gasse Bayram Sokak ab, landet man nach ca. 100 m in einem Kneipenbereich, der als Küçük Beyoğlu (Klein-Beyoğlu) vor allem bei jungen/alternativ orientierten Besuchern bekannt ist (nahe dem Yeşilçam-Kino); das Bier fließt vor allem am Wochenende in Strömen – und ist hier besonders preiswert, die Atmosphäre ist laut und locker.

● **Kallavi (B76)**, Kurabiye Sok. 2/A; kleines, gemütliches Meyhane-Restaurant in gediegenem Stil mit Holzfußboden; Fasıl- oder auch türkische Volksmusik werden geboten, mittlere Preislage.

● **Erciyes Kitabevi/Café (B91)**, Sıraselviler Cad. 32/2, Tel. 0212-2456687; gehoben-traditionell eingerichtetes Café, wo alles zueinander passt; Kamin, Holzeinrichtung, im Ganzen sehr gemütliche Wohnzimmeratmosphäre, allerdings etwas gehobene Preise, 10–22 Uhr.

● **Zencefil (77)**, Kurabiye Sok. 8, 10–22.30 Uhr; kleines, von Lesern hoch gelobtes Restaurant, auch mit vegetarischer Küche, darunter Gemüsebeilagen mit viel Oliven-Öl, untere bis mittlere Preiskategorie.

● **Sugar Café (B30)**, Sakasalim Çıkmazı 3/A, Galatasaray/Beyoğlu, 11–23 Uhr; hier kann man preisgünstig essen, bevor man sich ins Nachtleben stürzt.

● **360°(B40)**, Istiklal Cad. 163 (Mısır Apt. ganz oben), Tel. 0212-2511042, www.360is tanbul. com. Nobles In-Restaurant (nach Mitternacht Club, Fr/Sa Disco-Club) mit grandiosem Panoramablick und gehobenen Preisen, wo man sich sehen können lassen muss …

● **Mikla (B15)**, Meşrutiyet Caddesi (im großen Marmara-Pera-Hotel, oberste Etage, Bar bis 18 Uhr, dann bis 2 Uhr nachts Restaurant); fantastischer Ausblick über das Goldene Horn bietet dieses Nobel-Restaurant.

Internet-Café

● **Robin Hood (B39)**, Ecke Istiklal/Yeni Çarşı Cad. 8 (im 4. Stock); freundliches Net-Café, 9 Uhr bis etwa Mitternacht, Raucher- und Nichtraucher-Bereich.

Kinos

● **Emek Sineması (B64)**, Yeşilçam Sok. 5; in der einst so glänzenden türkischen Hollywood-Film-Straße übrig gebliebenes großes Haus mit fast 900 Sitzen; 1920 in Betrieb genommen, damit eines der ältesten Filmhäuser der Stadt; Filme in mehreren Sprachen; Ticket 4–5 Euro.

● **AFM Cinemaları (B85)**, Istiklal Cad. 28; großes Kino mit elf Leinwänden und einem Café sowie dem North Shield Pub (Kinopublikum) über der Arkade; Ticket 4–5 Euro.

Hamam

● **Galatasaray Hamamı (B47)**, Turnacıbaşı Sok. 14 (nahe Galatasaray Lisesi), Männer: 6–22 Uhr, Frauen 8–20 Uhr, ca. 25 Euro inkl. Massage.

Beşiktaş – Die letzten Paläste der Osmanen

Nach dem Ausflug in die Moderne führt dieser Rundgang wieder auf **historisches Terrain** zurück, obwohl es sich dabei um die relativ junge Geschichte des sterbenden Osmanenreichs handelt. **Am Bosporus** bzw. **auf seinen Hügeln** haben die letzten Sultane ihre teils prachtvollen Paläste und Sommerschlösschen erbaut, bevor sie von der Weltbühne verschwanden. Dabei verbindet der Rundgang besinnliche Parkanlagen mit historischen Sehenswürdigkeiten, die hektischen Märkte von Beşiktaş mit den Picknickwäldern des Yıldız Parkı – und ganz nebenbei passiert man noch das Stadion eines der größten Istanbuler Fußballklubs.

Molla Çelebi Camii (1)

An der gegenwärtigen Endhaltestelle der von Sultanahmet kommenden Tramvay erhebt sich die Molla Çelebi Camii, kurz auch „Findikli Camii" genannt. Es handelt sich um ein **Spätwerk Sinans,** der hier 1586 für *Molla Çelebi,* einen hohen Richter, eine Moschee errichtete, deren Zentralkuppel sich über vier mächtige Säulen erhebt. Der beistehende **Barockbrunnen** wurde Mitte des 18. Jh. ergänzt.

Inönü Stadyumu (3)

Die Meclisi Mebusan Caddesi führt entlang des Bosporus nach Norden, wobei links das große Inönü Stadyumu (**Inönü-Stadion**) des berühmten, 1903 ge-

Beşiktaş

gründeten Istanbuler **Fußballklubs Be-şiktaş** ins Auge fällt. Der Stadionname erinnert an den großen Weggefährten *Atatürks,* der im Unabhängigkeitskampf die Griechen schlug und nach *Atatürk* Präsident wurde. Ein kleines **Museum** in den südlichen Umgängen des Stadions präsentiert unzählige Pokale und Fotografien des Klubs; interessanter ist da schon der Besuch eines der wöchentlichen **Spiele.** Wenn man dann noch das „Glück" hat, dass der Gegner Galatasaray oder Fenerbahçe heißt, wird auch der fußballunbeteiligte Zuschauer sich einer Gänsehaut nicht erwehren können: Die ohrenbetäubende, fast unwirklich anmutende Geräuschkulisse schlägt selbst den kühlsten Kopf in ihren massenpsychotischen Bann.

●**BJK Müzesi** (Fußballklub Beşiktaş Istanbul), Inönü Stadyumu, Dolmabahçe Caddesi, 10–13/14–17 Uhr (So geschlossen), Eintritt frei.

Dolmabahçe Sarayı (5)

Im Jahr 1855 zog Sultan *Abdülmecit* (1839–61) mit seinem Hof vom alten Topkapı-Palast in den von ihm in Auftrag gegebenen Dolmabahçe Sarayı um; bis zum Ende des osmanischen Reiches diente dieses Repräsentationsgebäude an den Ufern des Bosporus als **Hauptpalast der letzten Sultane.** Der Name „Dolmabahçe" (Gefüllter Gar-

Eingang zum Dolmabahçe Sarayı, dem Hauptpalast der letzten Sultane

Beşiktaş

Boğaziçi
(Bosporus)

Tramway-Endhaltestelle Kabataş

Yıldız Korusu

Ortaköy

200 m

© REISE KNOW-HOW 2012

Beşiktaş

■ **Übernachtung**
27 Kempinski Hotel

■ **Essen und Trinken**
9 Teegärten am Fähranleger
14 Vogue
16 Fua Café und Restoran
21 Malta Köşkü
24 Çadır Köşkü

■ **Einkaufen**
15 Antik A. Ş.

■ **Sehenswürdigkeiten,
Museen, Gotteshäuser**
1 Molla Çelebi Camii
2 Dolmabahçe Camii
3 BJK Müzesi/Inönü Stadyumu
(Inönü-Stadion)
4 Saat Kulesi
5 Dolmabahçe Sarayı
(Dolmabahçe-Palast)
6 Resim ve Heykel Müzesı
7 Deniz Müzesi
10 Türbe Hayrettin
Barbarossas
11 Sinan Paşa Camii
13 Balık Pazarı
17 Ihlamur Kasrı
18 Yıldız-Sarayı
19 Yıldız Sarayı Müzesi
19a Yıldız Camii
20 Yıldız Şale
22 Malta Köşkü
23 Yıldız Porselen
(Porzellanfabrik)
25 Çadır Köşkü
26 Eingang zum Yıldız Parkı
27 Çırağan Sarayı
(Çırağan-Palast)

■ **Verkehrsverbindung**
8 Iskele (Fähranleger)
12 Dolmuş
(Haltestelle nach Taksim)

ten) resultierte daraus, dass hier bereits im 17. Jh. eine kleine Bucht „aufgefüllt", d.h. zugeschüttet worden war, um ein kleines Vorgängerpalais zu errichten. Als dieses abbrannte, erteilte der Sultan 1843 dem Hofarchitekten *Karabet Balyan* und seinem in Frankreich ausgebildeten Sohn *Nikoğos Balyan* den Auftrag, den großen dreiteiligen Palast zu erbauen. In der Mitte der über 600 m (!) langen Anlage steht zentral der große überkuppelte Thronsaal; südlich davon befanden sich die Räume des **Selamlik** (öffentliche Regierungs- und Audienzräume), nördlich davon die Zimmer des **Haremlik** (Privat- und Frauengemächer). (Beide Teile werden in jeweils separaten Führungen gezeigt.)

Man lasse sich aber nicht blenden: Die **exzessive Dekoration** des Prunkpalastes präsentiert weit eher die sich hinter äußerem Glanz versteckende Dekadenz des einst so mächtigen Reiches als seine schöpferische Kraft. Von der türkisch-orientalischen „Zeltstadtoriginalität" des Topkapı-Palastes ist fast nichts mehr übrig geblieben. Mit seinem zwischen **Barock, Rokoko** und französischem **Empire-Neoklassizismus** schwankenden Synkretismus bezeugt die europäische „Anleihe", wie weit das Reich und seine Herrscher bereits geistig und materiell kolonialisiert waren. Kein Wunder, dass die französische Kaiserin *Eugénie* bei ihrem Besuch von dem fast heimischen Stil-Potpourri entzückt war – und das wahrscheinlich noch für „Orient" hielt. Die Massen an Gold (14 Tonnen!) und anderen Kostbarkeiten, die hier verpulvert und verarbeitet wurden, waren reine Patina: Wenige Jahr später, im Jahr 1876, musste das einst so stolze Reich den offiziellen Staatsbankrott erklären.

In einem der rund 300 Räume starb am 10. November 1938 **Kemal Atatürk,** der Gründer der Republik und Erbe der Osmanen.

Die Besichtigung kann nur im Rahmen einer **Führung** erfolgen.

Rundgang

Schräg gegenüber dem Inönü-Stadion erheben sich die zwei schlanken Minaretts der barocken **Dolmabahçe Camii**

Gartenanlage des Dolmabahçe-Palastes

(2) von 1851. Ihr eigentlicher Name – Bezm-i Alem Valide Sultan Camii – weist darauf hin, dass auch diese späte Moschee von einer Valide, nämlich der Mutter Sultan *Abdülmecits* (1839–61), gestiftet wurde. Die 1853 erbaute Zentralkuppelmoschee verfügt über schöne Lüster und große Fenster, die dem Moscheeinneren ein freundliches Ambiente verleihen. Mihrab und Mimber zeigen schöne Dekorationsarbeiten.

Der Eingang zum Dolmabahçe Sarayı wird von dem vierstöckigen **Saat Kulesi (4)** (Uhrturm) bestimmt, dessen Säulen und Dekor den überbordenden eklektischen Stil des türkischen Barock zeigen sowie Elemente des Empire- und Neoklassizismus verraten. Der Turm wurde zwischen 1890 und 1894 von Sultan *Abdülhamid II.* (1876–1909) erbaut und ist knapp 30 m hoch, wobei die vier Plattformen nach oben hin an Ausdehnung abnehmen. Seine Glocken wurden eigens aus Frankreich importiert.

Noch vor dem streng kontrollierten Eingang passiert man den schön am Bosporusufer gelegenen **Teegarten.**

Das geradezu überladen wirkende, prachtvolle **Eingangstor** führt in einen schönen, sich um einen Schwanenspringbrunnen erstreckenden **Vorgarten,** der von dem deutschen Gartenarchitekten *Sester* angelegt wurde.

Vor der **Eingangshalle** mit ihrem großen französischen Kristallleuchter beginnt nun die obligatorische Führung.

Eine luxuriöse **Treppenhalle** mit großem Lüster – selbst das Geländer der geschwungenen Treppe ist aus Kristall! – führt in den im Obergeschoss gelegenen **Salon der Botschafter,** wo die ausländischen Gesandten Zeit hatten, die herrlich verzierte Holzdecke zu bewundern. Hier wie auch in anderen Räumen bedecken prachtvolle Teppiche aus Hereke den Boden.

Das angrenzende **„Rote Zimmer"** mit seiner Mahagony-Verkleidung und roten Polsterbezügen diente als privates Audienzzimmer des Sultans. Im **Festsaal,** wo ein weiterer Kristallleuchter und schön verzierte Schränke die Höhepunkte darstellen, wurden religiöse Feierlichkeiten abgehalten.

Das **Musikzimmer** mit den Instrumenten Sultan *Abdülmecits* und seiner bemalten Decke sowie das **Marmorbad** mit seiner ägyptischen Alabasterwanne stellen weitere Kostbarkeiten dar, bevor man mit dem **Thronsaal** (auch „Kaisersaal" oder „Großer Festsaal" genannt) den Mittel- und Höhepunkt des Palastes erreicht. Über einem quadratischen Grundriss erhebt sich eine 36 m hohe, schön bemalte Kuppel. Der Kristallleuchter mit seinen über 700 Kerzen wiegt 4,5 Tonnen (!). Unter ihm fanden nicht nur wichtige Feste, sondern auch die Krönungsfeierlichkeiten statt; noch *Atatürk* nutzte die Repräsentationskraft des Raumes für wichtige Gäste. Die Bilder im Palast stammen übrigens großenteils von dem Italiener *Fausto Zonaro,* seinerzeit quasi der Hofmaler des Sultans; in dieser Funktion schuf er über 1000 Werke.

Hinter dem Saal beginnt der **Harem,** der in einer zweiten Extraführung gezeigt wird (zum Eingang muss man um den Palast herumgehen). Zu seinen Höhepunkten zählen u.a. das reich dekorierte Empfangszimmer der Valide, ihr

Schlafgemach mit dem kostbaren Baldachinbett sowie vor allem der **„Blaue Saal"**, dessen luxuriöse Schnitzdecke und rot-weißer Lüster hervorzuheben sind. Neben dem ehemaligen Wintersalon der Sultane verstarb *Kemal Atatürk* in seinem hier eingerichteten Schlafzimmer; alle Uhren des Palastes zeigen noch heute die Zeit seines Todes an. In den Schlafzimmern der Sultansfrauen wie auch in den Ruheräumen der Sultane selbst sind mehrere kostbar verzierte Nussbaumbetten zu bewundern.

Außerdem sind in den Nebengebäuden des Palastes ein **Saat Müzesi** (Uhrenmuseum) sowie die Kunstmalereien des **Camlı Köşk** (Kristallpavillon) zu besichtigen (jeweils eigene Eintrittskarten). Im Uhrenmuseum sind mehrere Standuhren des 17. bis 19. Jh. zu sehen, darunter eine große französische und englische Kollektion; die älteste Uhr stammt von dem britischen Uhrmacher *Clarke* (1632–90). Die Kunstgalerie ist in dem unter Sultan *Abdülaziz* eingerichteten Kristallpavillon untergebracht; ein geradezu überladen dekoriertes, ganz in Rot gehaltenes Vorzimmer mit barocken Tiermalereien, schönem Kamin und prachtvoller Decke führt zum völlig verglasten, mit einem Springbrunnen versehenen Pavillon.

● **Dolmabahçe Sarayı**, an der Dolmabahçe Caddesi, 9–16 Uhr (Mo/Do geschlossen), Eintritt 10 Euro, Kamera 6 Euro, Videorecorder 9 Euro extra, Blitzlichtverbot!, Dauer der Führungen (meist in Englisch) zusammen ca. 2 Stunden, wegen gelegentlicher Restaurierungsarbeiten sind nicht immer alle Zimmer zugänglich; **Saat Müzesi** (Uhrenmuseum) und **Camlı Köşk** (Kristallpavillon) jeweils 1 Euro.

Deniz Müzesi (7)

Man muss praktisch an der Hauptstraße um den Palast herumlaufen – die Mauern sind hier mit großen Atatürk-Fotografien geschmückt –, um das hinter dem Palast liegende Deniz Müzesi (**Marinemuseum**) zu erreichen. In großzügigen Räumlichkeiten ist hier die **Geschichte der türkischen Seefahrt** und ein damit verbundenes Sammelsurium nautischer Relikte zu studieren. Als ein historischer Höhepunkt hervorzuheben ist die in der oberen Etage unter Glas ausgestellte Standarte des größten Kapudan Paşa (Großadmiral), den die Osmanen je hatten: *Hayrettin Barbarossa*. Zudem finden Interessierte viele Modellschiffe (Galeonen und Galeeren), nautische Karten (darunter die des *Piri Reis* aus dem 16. Jh.), Seegeschütze, Rüstungen und andere Ausrüstungsgegenstände; ein weiteres Glanzstück sind die Prunkschiffe der Sultane (Kayıklar), mit welchen die Herrscher sich einst über den Bosporus zu den „süßen Wassern Asiens" paddeln ließen.

● **Deniz Müzesi**, Hayrettin Paşa Iskelesi Sok. 1, Mi bis So 9–12.30/13.30–17 Uhr, Eintritt 2,30 Euro.

Resim ve Heykel Müzesi (6)

Folgt man der Hayrettin Paşa Sokak noch wenige Meter weiter, findet man rechts den Zugang zum Resim ve Heykel Müzesi (Gemälde- und Skulpturenmuseum), das sich praktisch an der

Rückseite des Dolmabahçe-Palastes befindet; in diesem Trakt lebten früher die Prinzen. Das 1937 eröffnete, wenig besuchte Museum widmet sich der **modernen türkischen Malerei und Plastik** des 19. und 20. Jh., die u.a. viele Landschaftsbilder umfasst und sichtlich europäischen Strömungen wie z.B. dem Impressionismus verpflichtet ist. Die Decken dieses ehemaligen Palastareals sind teilweise noch prachtvoll bemalt (Landschafts- bzw. Tiermalereien).

●**Resim ve Heykel Müzesi,** Dolmabahçe (Eingang von der Hayrettin Paşa Iskelesi Sokak), 9.30–16.30 Uhr (Mo geschlossen), Eintritt frei.

Am Barbaros Bulvarı

An der Nordseite der stets belebten **Iskele (Fähranlegestelle)** von Beşiktaş laden mehrere direkt am Meer gelegene **Teegärten (9)** zu einer aussichtsreichen Pause am Bosporus ein.

Der **Barbaros Parkı** zwischen Fähranlegestelle und Hauptstraße erinnert mit einer imposanten Statue an den glorreichsten Kapudan Paşa (Großadmiral), den die osmanische Flotte je in See stechen ließ: Hayrettin Barbarossa (1467–1546), ein algerischer Korsar, der zu Zeiten Süleymans des Prächtigen mit der Flotte des Sultans das westliche Mittelmeer unsicher machte. In unmittelbarer Nähe befindet sich die von Sinan erbaute oktogonale **Türbe (10)** des Admirals.

Auf der anderen Seite der Hauptstraße lädt neben einem großen Shopping Center auch ein überdachter Obst- und Gemüsemarkt zum Besuch ein.

Überquert man hier den sechsspurigen Barbaros Bulvarı, steht man vor dem sich mitten im Verkehrsgewühl erhebenden Ziegelsteinbau der **Sinan Paşa Camii (11),** eine Zentralkuppelmoschee, die Sinan von 1553–55 für den Großadmiral Sinan Paşa errichtete.

Ihlamur Kasrı (17)

Hinter der Moschee führt links die kleine Has Fırın Caddesi durch das geschäftige Zentrum von Beşiktaş. Nach dem recht großen **Balık Pazarı (13;** Fischmarkt) zweigt rechts die Şehit Asım Caddesi nach Norden ab, wo man nach einem kleinen Spaziergang den kleinen Lindenpark des Ihlamur Kasrı erreicht. Die mit reichem Barockstuck verzierten Lustschlösschen im Park – der **Merasim Köşkü** (Festpavillon) sowie der **Maiyet Köşkü** (Hofpavillon) – wurden von Sultan Abdülmecit in Auftrag gegeben und von Nikoğos Balyan, dem Mitarchitekten des Dolmabahçe-Palastes, im Jahr 1855 fertig gestellt und 1905 renoviert. Das mit schönen Lüstern, Stuckdecken und französischem Mobiliar bestückte Palais des Merasim Köşkü war ein beliebtes Ausflugsziel des Hofes; der kleine, ruhige **Teegarten** im gepflegten Park stellt auch heute noch eine idyllische Rastmöglichkeit dar.

●**Ihlamur Kasrı,** Ihlamur Teşvikiye Yolu, 9.30–17.30 Uhr (Mo/Do geschlossen), Eintritt 1,80 Euro.

Die östlich in steilen Kehren bergan führende Ihlamur Yıldız Caddesi verläuft zurück zum oberen Teil des Barbaros

Beşiktaş

Merasim Köşkü im Ihlamur Kasrı

Bulvarı. Ihn überquerend passiert man rechts den **Yahya Kemal Beyatlı Parkı** sowie die von einem schönen Minarett geschmückte **Yıldız Camii (19a)**, um dann den Eingang des jüngsten Sultanspalastes zu erreichen.

Yıldız Sarayı (19)

Der despotische Sultan *Abdülhamit II.* (1876–1909) hatte eine geradezu panische Angst vor Attentaten. Er beschäftigte ein ganzes Heer an Spitzeln, um vor jeder Überraschung sicher zu sein.

Aus Angst vor Schiffsattacken am Bosporus verlegte er seine Residenz in den durch hohe Mauern geschützten Yıldız-Palast **("Sternenpalast"),** in dessen unmittelbarer Nähe er auch gleich Tausende seiner Soldaten stationieren ließ. Der neue Palast war vormals ein Jagdschloss gewesen und im 19. Jh. dann zu einer **Residenz mit Park und Pavillons** (siehe unten, „Yıldız Korusu") ausgebaut worden. Jede Nacht schlief der misstrauische Sultan in einem anderen Raum, und nur mit geladenen Pistolen pflegte er den Park zu besuchen. Bei einem solchen Gang erschoss er seinen eigenen Gärtner, der ihn aufgeschreckt hatte – der Sultan hatte ihn nicht erkannt. Am 24. April 1909 stürmten die revolutionären Jungtürken den Palast und schickten den Sultan ins Exil; bei der Gelegenheit lösten sie auch gleich den letzten osmanischen Harem auf.

Gleich **zwei Museen** beherbergt das Areal. Im lang gezogenen **Yıldız Sarayı Müzesi (18)** kann man die Sultansgemächer und ihr noch erhaltenes Mobiliar besichtigen; Höhepunkte sind die Holzarbeiten des Sultans – er war ein guter Tischler – sowie die Porzellanerzeugnisse aus der Yıldız-Manufaktur (s.u.). Außerhalb des Museums befindet sich das ehemalige Privattheater des Sultans (z.Z. nicht zu besichtigen).

●**Yıldız Sarayı Müzesi,** Ihlamur Yıldız Cad., 9.30–16.30 Uhr (Di geschlossen), Eintritt 2,50 Euro.

Direkt neben dem Sarayı Müzesi liegt das **Şehir Müzesi** (Stadtmuseum), das mit seinen Landschaftsmalereien und Porzellantassen nicht gerade unersetzlich für die Allgemeinbildung ist.

●**Şehir Müzesi,** Ihlamur Yıldız Cad., 9.30–16.30 Uhr (Mo geschlossen), Eintritt frei.

Zwischen dem Yıldız Sarayı und dem dahinter liegenden **Yıldız Korusu** gibt es keine Verbindung! Den kürzesten Weg dorthin stellt eine ruhige Wohnstraße – die Muvezzi Caddesi – dar, die entlang der hohen Parkmauer hinunter zur Beşiktaş Caddesi verläuft.

Çırağan Sarayı (27)

An der entlang des Bosporus verlaufenden Hauptstraße Beşiktaş Caddesi erreicht man rechts die nach außen abweisend wirkenden Mauern des Çıra-

ğan Sarayı (Çırağan-Palast). Der 1874 fertig gestellte **Sultanspalast,** der sich wie der Dolmabahçe-Palast in wunderbarer Lage am Bosporusufer erstreckt, diente Sultan *Abdülaziz* (1861–76) nur kurz als Residenz. Danach internierte Sultan *Abdülhamit II.* hier seinen geistesgestörten Bruder *Murat,* während er selbst im Yıldız Sarayı lebte. 1910 brannte der Çırağan-Palast völlig aus.

Erst in den 1980er Jahren erwachte die Brandruine zu altem Glanz: Vollständig renoviert brilliert der Palast heute als **Kempinski-Hotel (27)** unter den ersten Schlafadressen der Welt. Die herrliche Terrasse unmittelbar am Bosporus, die mächtige Säulenfassade, die sieben Restaurants und Konferenz- wie Ballräume und vor allem die prachtvolle Marmor- und Innenausstattung machen das Kempinski zum Inbegriff des Luxus. Für die steigende Zahl deutscher Millionäre dürften die Preise der Suiten zwischen schlappen 1000 und 7500 US-Dollar (für die Sultansuite) kein Problem sein (pro Nacht, ohne Frühstück und Mehrwertsteuer, versteht sich). Eine billigere Version von 1001 Nacht bietet das benachbarte neue Hotelgebäude des Kempinski; Mittelständler können hier schon für popelige 250 Dollar übernachten. Alle anderen Sterblichen müssen sich mit einem Besuch der zahlreichen Cafés zufriedengeben ...

●**Çırağan Sarayı,** Çırağan Caddesi, jeden So von 11–16 Uhr Brunch, Reservierung Tel. 0212-3264646, Preis ca. 45 Euro; das **Tughra-Restaurant** im Palast bietet neben seiner hervorragenden türkisch-ottomanischen Küche einen prachtvollen Ausblick über den Bosporus (nur für Abendessen).

Beşiktaş

Yıldız Korusu

Gegenüber dem Çırağan Sarayı liegt der Eingang zum Yıldız Korusu (**Yıldız-Park**). Die alten Bäume des **dicht bewachsenen Parks,** seine Weiher, Holzbrücken, Picknickplätze und Pavillons *(Köşkü)* stellen in der hektischen Millionenmetropole eine seltene **erholsame Abwechslung** dar, auch wenn die (gegen Entgelt) auf den Hauptwegen erlaubten Autos das Ruheerlebnis dann doch wieder etwas einschränken. Ausflugsziele sind der im Westen des Parks gelegene rosarote **Çadır Köşkü (25)** sowie der ockergelbe **Malta Köşkü (22)** weiter nördlich, beides idyllische Plätzchen, die zu einem Tee oder Mittagessen einladen. Der Malta-Pavillon, aufgrund seines Äußeren an ein Schweizer Chalet erinnernd, verfügt über schöne Deckenmalereien und bietet einen prachtvollen Blick über den Bosporus.

Im Osten des Parks kann man die bereits Ende des 19. Jh. gegründete berühmte **Yıldız-Porzellanfabrik (23;** Yıldız Çinive Porselen Sanayı İşletmesi) besichtigen; gegen eine kleine Gebühr (1 Euro) kann man eine Führung mitmachen oder in dem kleinen Ausstellungsraum vor dem Eingang edle Porzellansouvenirs erstehen (Mo bis Fr 9–12/ 13–17 Uhr).

Einen Besuch lohnt auch das ganz im Norden des Parks liegende **Yıldız Şale (20),** das den erstaunten Besucher nicht nur dem Namen nach an ein Schweizer Chalet erinnern mag. In dem im 19. Jh. erbauten **Holzpalast** wurden einst wichtige Staatsgäste – darunter auch Kaiser *Wilhelm II., de Gaulle* und Prinzessin *Soraya* – einquartiert; eine Führung bietet Gelegenheit, die prächtige Innenausstattung und Decken der insgesamt 64 Räume (davon werden aber nur 19 gezeigt) zu bewundern. Unter den Höhepunkten befindet sich der 24 x 13 m große, 7 Tonnen schwere Hereke-Teppich des Hauptsalons – 60 Frauen arbeiteten drei Jahr an dem Prachtexemplar. Man musste die Wand einbrechen, um ihn überhaupt in den Saal zu bekommen.

●**Yıldız Şale,** Yıldız Korusu, 9.30–17 Uhr (Mo/Do geschlossen), Eintritt 2,40 Euro; der Eintritt in den Park selbst ist für Fußgänger frei, Autofahrer entrichten eine kleine Maut von 2,50 Euro; zwischen dem nahe gelegenen Yıldız Sarayı und dem Park gibt es keine direkte Verbindung.

Praktische Infos

Anfahrt

●Von Sultanahmet mit der **Tramvay** zur gegenwärtigen Endstation Kabataş; bei der Rückfahrt vom Yıldız Korusu (Haltestelle vor dem Eingang zum Park) kann jeder **Bus** genommen werden, der im Fenster Kabataş stehen hat (und das sind mehrere Linien, z.B. die 22 und 25), in Kabataş dann wieder in die Tramvay wechseln.

Çadır Köşkü im Yıldız Korusu

istadk-288 Foto: mf

Beşiktaş

• Von Taksim besteht eine permanente und bequeme **Dolmuş-Verbindung** nach Beşiktaş (Abfahrtsstelle nahe der deutschen Botschaft unterhalb des Atatürk Kültür Merkezı, Gümüşsuyu Caddesi, meist auch Inönü Cad. genannt); außerdem fährt u.a. der **Bus 25T** von Taksim nach Beşiktaş; diesen Bus kann man auch für die Rückfahrt vom Yıldız Korusu benutzen.

Einkaufen

• **Antik A. Ş. (15)**, Talimyeri Sok., Tel. 0212-2362460, Fax 0212-2362473, www.antikas.com, 10–19 Uhr; in einer aus dem 19. Jh. stammenden osmanischen Ministervilla untergebrachtes renommiertes Antiquitätenhaus, das 1995 restauriert wurde und stolz darauf ist, das bisher teuerste türkische Kunstobjekt – ein Bild von *Osman Hamdi Bey* – für 3,9 Mill. Dollar an das Pera-Museum verkauft bzw. versteigert zu haben; Stöbern kostet aber nichts …

Essen und Trinken

• **Vogue (14)**, Süleyman Seba Cad. 48A, BJK Plaza Blok A, Tel. 0212-2274404, www.istanbuldoors.com; Aussichtsrestaurant im 13. Stock eines gelben Hochhauskomplexes, das einen fantastischen Blick über den Bosporus und die Metropole bietet (11–1 Uhr, für das Wochenende ist eine frühzeitige Reservierung angebracht).

• **Çadır Köşkü (24)**, im Westen des Yıldız Korusu an einem Weiher gelegenes ruhiges Café/Restaurant; türkische Küche zu mittleren Preisen.

• **Malta Köşkü (21)**, im Norden des Yıldız Korusu gelegenes (gehobenes) Restaurant mit herrlicher Teegartenterrasse und Blick auf den Bosporus; türkische und internationale Küche, 9–23 Uhr, Tel. 0212-2589493.

• **Fua Café und Restoran (16)**, Maçka Parkı; am Ostrand des Parks gelegenes Terrassencafé und Restaurant im etwas gehobenen Stil und Schick, einer von mehreren Ruhepunkten im Maçka Parkı.

Von Aksaray über Laleli nach Fatih – Zwischen Russenmärkten und religiöser Tradition

Der folgende Rundgang führt in einen **touristisch abgelegeneren,** aber äußerst geschäftigen **Teil der Altstadt.** Neben den eigentlichen Sehenswürdigkeiten dürfte vor allem der Besuch des islamisch-konservativen Stadtteils Fatih für den Besucher interessant sein, bietet er doch die Gelegenheit, ein weiteres, für Touristen durchaus „neues" Gesicht Istanbuls kennen zu lernen. Denn je weiter man nach Nordwesten vorstößt, desto traditioneller werden die Lebensformen: Von Männern besetzte Teehäuser, Türban und Çarşaf (schwarzer Frauenumhang) kommen weit häufiger vor als in den bisher vorgestellten Stadtbereichen.

Die **Stadtteile Aksaray und Laleli –** der erste Teil der Route – gehören zu den geschäftigsten Orten der Stadt. Ihre Zentren bestehen aus unzähligen **Textilmärkten und -läden,** in denen seit dem Fall des Eisernen Vorhangs vorwiegend Osteuropäer – darunter vor allem Russen und Ukrainer – sich vom Pelzmantel bis zur Unterwäsche en gros versorgen, um die Waren auf ihre einheimischen Märkte zu bringen. Besonders im Viertel von Laleli ist die Präsenz russischer Kunden geradezu dominant: Auf den Straßen hört man mehr Russisch als Türkisch, die vielen preiswerten Mittelklassehotels sind ganz auf osteuropäische Kundschaft eingestellt, und die Etablissements für den Abend – in der Regel aggressive Animierklubs, deren Besuch höchst unangenehm, weil teuer werden kann! – beschäftigen mehr oder weniger schöne Slawinnen, die im eher textilfreien Gewerbe ihr Glück versuchen.

Aksaray

Aksaray Meydanı und Umgebung

Da, wo die alte byzantinische Mese (Hauptstraße) sich in ihre beiden nach Griechenland bzw. Bulgarien führenden Teilstraßen zweigte (die heutigen Boulevards Vatan bzw. Turgut Özal Caddesi), liegt **einer der größten Verkehrsknotenpunkte der Stadt,** nämlich das riesige Areal des Aksaray Meydanı (Aksaray-Platz).

Genau an der Westseite des Platzes, wo Metro und Tramvay zusammentreffen, erhebt sich die **Murat Paşa Camii (19).** Der Namens- und Auftraggeber *Murat Paşa* ließ als Großwesir unter Sultan *Mehmet Fatih* wenige Jahr nach Eroberung der Stadt 1473 diese Moschee erbauen. Die beiden großen quadratischen Hauptgebäude – Eingangshalle und Betraum – werden von zwei gleich großen Hauptkuppeln bedeckt, während die Vorhalle fünf kleinere Kuppeln aufweist.

An der nach Südwesten laufenden **Cerrahpaşa Caddesi** liegt die namensgebende **Cerrah Mehmet Paşa Camii (21)** von 1593. Der hier in einer Türbe beigesetzte Hofarzt und Großwesir Sultan *Mehmets III., Cerrah Mehmet Paşa,* beauftragte *Davut Ağa,* den Schüler *Sinans,* mit dem Bau dieser klassischen Zentralkuppelmoschee. Der Nachfolger machte seinem Meister durchaus Ehre, zeichnet sich der Hauptraum doch durch eine besonders lichtfreundliche Innenatmosphäre sowie prachtvoll verzierte Marmorarbeiten aus.

Die oben erwähnte uralte Ost-West-Verbindung der Mese (heute hier die Ordu Caddesi) trifft an der Ostseite des Aksaray Meydanı auf die wichtigste Süd-Nord-Verbindung der Stadt, den breiten **Atatürk Bulvarı.** Er verläuft vom Marmara-Meer über das Goldene Horn (Atatürk-Brücke) nach Beyoğlu. An der Westseite der verkehrsumtosten Straßenkreuzung steht die 1873 von dem Architekten *Balyan* entworfene **Valide Sultan Camii (18),** deren Auftraggeberin die Mutter des Sultans *Abdülaziz* war. Bemerkenswert sind die schöne Ausmalung sowie die hohe Zentralkuppel der Moschee.

Laleli

Laleli Camii (17) und Umgebung

Wenige hundert Meter weiter östlich der Valide Sultan Camii trifft man an der stark befahrenen Ordu Caddesi auf die auf einem geschäftigen Untergeschoss ruhende **Laleli Camii (Tulpenmoschee),** die dem ganzen umliegenden Stadtviertel den Namen gab. Die mit zwei Minaretts und einem überkuppelten Şadırvan versehene Moschee wurde unter Sultan *Mustafa III.* 1759–63, also am Ausgang der „Lale Devri" (Tulpenära) genannten Epoche, errichtet. Die Zentralkuppel und ausladenden Halbbögen der Seiten künden bereits vom barocken Geschmack des damaligen Baumeisters *Mehmet Tahir.* Dies setzt sich im relativ kleinen Innenraum fort, wo vor allem die Marmorarbeiten

Von Aksaray über Laleli nach Fatih

Aksaray, Laleli, Fatih

■ **Übernachtung**
2 Hotel Reşadiye
14 Hotel Hivaş
20 Erkuş Apart
22 Istanbul Royal Hotel
23 Otel Şahinler
25 Hotel Side

■ **Essen und Trinken**
4 Zeyrekhane
6 Şehzade Mehmed Sofrası
16 Arkat Taşhan

■ **Einkaufen**
5 Vefa Bozacısı (Sahlep Verkauf)

■ **Sehenswürdigkeiten, Museen, Gotteshäuser**
1 Fatih Camii
3 Zeyrek Molla Camii
7 Bozdoğan Kemerlerli (Valens-Aquädukt)
8 Kız Taşı
9 Molla Fenarı Isa Camii
10 Arkeoloji Parkı (Archäologischer Park)
11 Büyükşehir Belediye (Rathaus)

12 Şehzade Camii
13 Kalenderhanı Camii
15 Taş Hanı
17 Laleli Camii
18 Valide Sultan Camii
19 Murat Paşa Camii
21 Cerrah Mehmet Paşa Camii
24 Bodrum Camii

an Mihrab und Mimber sowie die prachtvollen rot-grünen Buntglasfenster hervorzuheben sind. Bei der Moschee steht die Türbe von Sultan *Mustafa III.* (1757–74) und seinem Sohn Sultan *Selim III.* (1774–89).

Südlich von hier liegt inmitten von unzähligen Textilgeschäften, in denen Russisch gängige Umgangssprache ist, die **Bodrum Camii (24);** die ehemalige byzantinische Kreuzkuppelkirche des Kaisers *Romanos Lekapenos* (920–44), die unter dem Namen „Myrelaion" bekannt war, wurde unter Sultan *Beyazıt II.* (1481–1512) in eine Moschee umgewandelt.

Der nur wenige Schritte nördlich der Laleli Camii gelegene **Taş Hanı (15)** – vor Gründung der Republik als „Kuruçeşme Hanı" bekannt – gehörte einst ebenfalls zur Tulpenmoschee und war zeitweilig eine Kaserne der Janitscharen. Heute beherbergt er in seinem schön restaurierten Innenhof ein Restaurant sowie einen Textilbasar, auf dem sich wiederum vor allem Osteuropäer mit allem versorgen, was man zu Hause wieder weiterverkaufen kann.

Zwischen der Mart Şehitleri Caddesi und der Medrese Sokak liegt direkt an den Mauern des hier kaum auffälligen Valens-Aquädukts (s.u.) die bemerkenswerte ziegelrote Kreuzkuppelanlage der **Kalenderhanı Camii (13).** Die ehemalige byzantinische Kirche mit ihrem Außen- und Innennarthex (Vorhallen) stammt aus dem 12. Jh. und ersetzt einen Vorgängerbau, aus dem Kunsthistoriker ein Mosaik bargen, das noch vor dem byzantinischen Bildersturm (Ikonoklasmus) des 8. Jh. entstanden sein

soll (heute im Archäologischen Museum, siehe „Sultanahmet"). Auch von den ehemaligen Fresken der Kirche sind nur noch unwesentliche Spuren über dem Eingang sowie an den Säulen zu erblicken (Teile ebenfalls im Archäologischen Museum); dafür ist die Marmorverkleidung der Wände noch teilweise erhalten. Kurz nach der Eroberung gab Sultan *Mehmet Fatih* die Kirche dem Derwischorden der Kalenderiye, der sie fortan als Moschee benutzte.

Şehzade Camii (12)

Nur wenige Schritte weiter westlich (Şehzadebaşı Cad. 70) stößt man auf die weitläufige, von **vielen Kuppeln und Halbkuppeln** bestimmte Anlage der berühmten Şehzade Camii **(Prinzenmoschee).** Anlässlich des Todes seines Lieblingssohnes, Prinz *Mehmet,* beauftragte Sultan *Süleyman* den erst kurz davor zum Hofarchitekten ernannten **Sinan** mit der Errichtung einer Gedenkmoschee. Dies war der Anlass, dass der bis dahin hauptsächlich als Militärarchitekt aufgefallene *Sinan* sich mit der von der Aya Sofya vorgegebenen Zentralkuppelarchitektur auseinandersetzte, um in Folge die osmanische Klassik zu begründen. Die prachtvolle Moschee, von 1543–48 erbaut, wurde von *Sinan* als sein „Lehrlingswerk" qualifiziert.

Die Anlage überzeugt vor allem durch ihre **klaren Proportionen:** Vorhof und Moscheeraum bilden zwei gleich große Quadrate. Der große, von der 38 m hohen Zentralkuppel überwölbte Innenraum ruht auf vier Pfeilern, den schon bekannten Elefantenfüßen.

Vom Prinz zum Sultan – oder in den Tod

Prinz *Mehmet,* der 1543 an den Pocken erkrankte, war eines natürlichen Todes gestorben – ein im Osmanischen Reich durchaus nicht selbstverständliches Privileg. Denn seit den Tagen Sultan *Mehmet Fatihs* galt es als erste staatspolitisch sinnvolle Tat eines jeden neuen Sultans, alle Brüder sofort umzubringen, um die Einheit des Reichs zu sichern und Thronfolgekämpfe zu vermeiden. *Mehmet* ging selbst mit gutem Beispiel voran und ließ sofort nach Regierungsantritt seinen erst acht Monate alten Bruder im Bad umbringen.

Zunächst einmal waren **alle Prinzen gleichberechtigt.** Sie wurden im Palast erzogen, um dann zur Vorbereitung auf die Herrschaft in eine wichtige Provinzstadt geschickt zu werden, wo sie Verwaltungs- und Regierungsaufgaben „üben" und erlernen konnten. Starb der Sultan, war es für den Nachfolger wichtig, sich zunächst der Hauptstadt und ihrer Truppen zu vergewissern, also möglichst schnell den Bosporus zu erreichen. Gewisse **„Prinzenstädte"** wie Amasya oder auch Manisa waren wegen ihrer relativen Nähe zur Hauptstadt beliebt, fernere galten als Zeichen, dass der hier untergebrachte Sohn nicht zu den Nachfolgelieblingen des Vaters zählte.

Aber die geografische Nähe war nicht alles. Als *Mehmet Fatih* im Jahr 1481 starb, schien sein Sohn *Dschem* im relativ nahen Konya die besseren Karten zu haben, denn sein Bruder *Beyazıt* weilte in einer weit entfernten anatolischen Provinz. Die Nachricht des Großwesirs vom Ableben des Sultans wurde aber von *Beyazıts* Vertrauten abgefangen, sodass dieser als erster die Hauptstadt erreichte. Mit einem saftigen Thronbesteigungsgeschenk an die Elitetruppe der Janitscharen sicherte sich *Beyazıt* deren Loyalität, und der heraneilende *Dschem* unterlag in der Schlacht. Er floh nach Ägypten, dann nach Frankreich, um schließlich als Gefangener des Papstes zum Verhandlungsobjekt zu werden. *Beyazıt* bot dem Papst viel Geld, wenn dieser seinen Bruder umbringen oder ausliefern würde. Über 13 Jahre dauerte das Geschachere, bevor *Dschem* 1494 einer Vergiftung erlag und seine Odyssee beendet war.

Wichtiger als die bloße Entfernung von der Hauptstadt war also das eigene **„Informationssystem" bei Hofe,** wo vor allem die Mutter, aber auch der *Kızlar Ağası* (Schwarzer Obereunuch) – beide im Harem viel näher am Herrscher als der Prinz selbst – künftig eine entscheidende Rolle spielen sollten.

Es hat übrigens sogar Fälle gegeben, wo man mit der Bekanntgabe des Sultanstodes so lange wartete, bis der erwünschte Nachfolger die Hauptstadt erreichte. Den Truppen, die jeden Tag ihren „Vater" und Herrscher sehen wollten, präsentierte man solange den toten Sultan hinter einer Scheibe, wo ein eingeweihter Bediensteter unsichtbar Arm und Kopf des Toten bewegen musste, damit er gelegentliche Lebenszeichen von sich gab.

Sultan *Selim „Yavuz"* (der Gestrenge, 1512–20) hatte schon zu seinen Lebzeiten dafür gesorgt, dass sein Sohn *Süleyman* sein einziger männlicher Nachkomme sein würde, hatte doch alle männlichen Verwandten, einschließlich seiner vier anderen Söhne, selbst umbringen lassen. *Süleyman der Prächtige* (1520–66) kam also ohne Brudermord an die Macht, sollte aber selbst Opfer einer für die Zukunft typischen Intrige werden.

Süleymans ältester Sohn, Prinz *Mustafa,* soll ein beliebter und fähiger Führer gewesen sein, der das Vertrauen und die Sympathie der Janitscharen genoss. Er war der Sohn von *Gülbahar,* der ersten *Kadın* (Hauptfrau) des Sultans. Als *Süley-*

man sich sterblich in die russische Sklavin und spätere zweite Kadın **Roxelane** (bei den Türken *Hürrem* genannt) verliebte – übrigens ein Geschenk seines Großwesirs *Ibrahim Paşa* – und sie allen anderen Frauen vorzog, begann ein intrigenreiches Machtspiel. Denn *Roxelane* gebar dem Sultan selbst fünf Kinder, vier Söhne *(Mehmet, Cihangir, Selim* und *Beyazıt)* sowie die Tochter *Mihrimah.*

Ihr ältester Sohn, *Mehmet,* war bald der Lieblingssohn des Sultans und *Roxelane* konnte hoffen, das Rennen um die Sultanskarriere ihres Sohnes zu gewinnen. Als aber eben jener *Mehmet* 1543 an den Pocken starb, sanken ihre Chancen beträchtlich.

Die Mutter, kein Typ von blinder Ergebenheit, reagierte planmäßig. Schon vorher hatte sie dafür gesorgt, dass eben jener mächtige Großwesir *Ibrahim,* der ihr selbst den Zugang zum Sultan verschafft hatte, von der Bildfläche verschwand. *Süleyman* ließ seinen jahrelangen Freund – wahrscheinlich aufgrund von Denunziationen – 1536 hinrichten (siehe Exkurs „Vom großen Glück, ein Großwesir zu sein"). Dann verheiratete *Roxelane* 1539 ihre Tochter *Mihrimah* mit *Rüstem Paşa,* der nicht zuletzt auf ihr Betreiben hin 1544 zum neuen Großwesir ernannt wurde. Es galt nun, *Mustafa,* den ältesten Sohn des Sultans, zu beseitigen. Die beiden Verbündeten, *Roxelane* und *Rüstem Paşa,* spielten dem Sultan in einer facettenreichen Intrige Briefe zu, nach denen *Mustafa* an Aufruhr und Revolte gegen seinen Vater dachte. Nichts davon stimmte, aber *Süleyman* fiel prompt auf das Komplott herein. Er bestellte seinen nichts ahnenden Sohn *Mustafa* 1553 zu sich, um ihn von den stummen Eunuchen in seiner Anwesenheit erdrosseln zu lassen; auch *Mustafas* 11-jähriger Sohn wurde vom Großvater getötet.

Die Russin, von vielen Geschichtsschreibern als „Hexe" bezeichnet, hatte es geschafft: Einer ihrer Söhne würde Sultan werden. Da ihr kränkelnder Sohn *Cihangir* 1553 verstorben war, blieben *Selim* und *Beyazıt* übrig. Die Mutter stand nun vor dem nächsten Alptraum, nämlich der Tatsache, dass einer der beiden Brüder den anderen bei der Thronbesteigung umbringen würde. Dieses Problem brauchte und konnte *Roxelana* nicht mehr lösen, denn sie starb 1558, acht Jahre bevor ihr Gemahl *Süleyman* 1566 starb. So musste sie nicht mehr mit ansehen, wie *Selim* dafür sorgte, dass sein Bruder *Beyazıt* und dessen vier Söhne umgebracht wurden.

Der krasseste Fall von Brudermord fand anlässlich der Thronbesteigung von Sultan *Mehmet III.* 1595 statt: 19 Brüder und sieben noch von seinem Vater Sultan *Murad III.* geschwängerte Frauen ließ der neue Sultan töten, als er sich nach alter Krönungssitte in der Moschee von Eyüp das Schwert *Osmans* umbinden ließ. Schlecht soll sich der neue Sultan dabei gefühlt haben.

Unter Sultan *Ahmet I.* (1603–17) hörte das Brudermorden auf. Die Prinzen wurden nicht mehr in die Provinzen geschickt, sondern im Serail erzogen. Das **Seniorats-Prinzip** wurde eingeführt (der älteste Sohn wurde Sultan), während die jüngeren Brüder in den **„Goldenen Käfig"** des Palasts wanderten. Dort wurden sie vor allem von der Sultansmutter gut vor ihrem älteren Bruder geschützt, mit Sklavinnen versehen, verhätschelt und verzogen. Autistische, kranke, psychopathische Persönlichkeiten tauchten aus diesen isolierten Käfigen auf.

Von nun an hieß es für lange Zeit: vom Prinz zum Sultan – oder in den Käfig des Schwachsinns. Aber das ist ein anderes, kaum appetitlicheres Kapitel, das wir Ihnen hier ersparen wollen ...

Der Durchmesser der Kuppel, die von vier Halbkuppeln und weiteren Seitenkuppeln flankiert wird, beträgt genau die Hälfte, also 19 m. Es passt zu *Sinan*, dass der Innenraum ansonsten eher einfach ausgestattet ist, so man von dem schön dekorierten Marmor-Mimber absieht. Die Moschee besitzt zwei schön verzierte Minaretts.

Die im östlichen Gartenvorhof gelegenen prachtvollen **Kuppeltürben** des Prinzen *Mehmet* sowie die der Großwesire *Rüstem* und *Ibrahim Paşa* befinden sich in einem etwas vernachlässigten Zustand. Vor allem die Türbe des Prinzen besitzt einen prachtvollen Fayenschmuck; der eigentliche Grabbaldachin ist mit schönen Elfenbeinintarsien geschmückt.

Am Atatürk Bulvarı

Schräg gegenüber der Prinzenmoschee erhebt sich der in den 1960er Jahren errichtete funktionale gläserne Monumentalbau des Istanbuler **Rathauses (11; Büyükşehir Belediye).** Auf der dem Rathaus gegenüberliegenden Seite des Atatürk Bulvarı befindet sich der **Arkeoloji Parkı (10; Archäologischer Park),** eine eigentlich kaum erwähnenswerte Grünanlage, hätte es nicht beim Bau der Straßenunterführung an der westlichen Seite in den 1960er Jahren eine interessante archäologische Entdeckung gegeben (die man wohl überall in Istanbul machen würde, wenn man tief genug buddelt). Zutage traten die spärlichen Reste einer byzantinischen Kirche, die einst im 6. Jh. zu den größten ihrer Art gehört haben soll und

nach ihrer Stifterin **Polyeuktos-Kirche** genannt wurde. Die am besten erhaltenen Teilstücke liegen im Archäologischen Museum (siehe „Sultanahmet"); was man an der Unterführung heute noch sieht, sind recht bescheidene Reste des Fundaments.

Wer sich aber schon einmal hier befindet, kann hinter dem Park über die Dolap Caddesi dem nur wenige hundert Meter westlich gelegenen **Kız Taşı (8)** einen Besuch abstatten. Die etwa 10 m hohe, auf einem Podest stehende **Säule** soll ein Relikt des einstigen Marcian-Forums sein, das der gleichnamige oströmische Kaiser in der Mitte des 5. Jh. nahe der hier verlaufenden Mese anlegen ließ. Die Türken nennen die Säule **„Mädchenstein",** weil sie magische Kräfte haben soll und eine vorgetäuschte Jungfernschaft durch Zittern widerlegt. Alle, die ihr „erstes Mal" schon hinter sich haben, können also den Stein zum Tanzen bringen ...

Ein wesentlich spektakuläreres Zeugnis der Antike ist da schon das nördlich von hier den achtspurigen Atatürk-Boulevard überspannende **Bozdoğan Kemerleri,** besser bekannt als **Valens-Aquädukt (7).** Der römische Kaiser *Valens* (364–78) ließ an dieser Stelle das Tal zwischen dem dritten und vierten Stadthügel durch eine teilweise zweigeschossige, 1 km lange und bis zu 30 m hohe Wasserleitung überbauen, die mit einem minimalen Gefälle das aus dem Nordwesten heranfließende Wasser in

Bild links: Taş Hanı;
Bild rechts: Laleli Camii

die Stadt führte. Der größte Teil der insgesamt mehrere Kilometer langen Kanalisation verlief unterirdisch. In der Nähe des Forum Tauri (siehe „Divan Yolu") wurde das kostbare Nass dann gespeichert und verteilt, bis *Mehmet Fatih* nach der Eroberung die Wasserversorgung neu strukturierte und die alte römische Anlage nur noch die Paläste bediente.

Obwohl der imposante Aquädukt des Öfteren durch Erdbeben in Mitleidenschaft gezogen wurde, trauen auch heute noch alle Autofahrer der Standfestigkeit der antiken Arkaden, die sie tagtäglich auf mehreren Spuren zu Tausenden passieren.

Fatih

Zeyrek Molla Camii (3)

Oberhalb des Atatürk Bulvarı steht die sehenswerte Ruine der Zeyrek Molla Camii, die zu byzantinischen Zeiten als **Pantokrator-Kirche** berühmt war. Die zwischen 1124 und 1132 durch die byzantinische Kaiserin *Irene* begonnene Anlage bestand ursprünglich aus nur einer Kreuzkuppelkirche, die in der Folge einen großen **Klosterkomplex** begründete. Er bestand aus zwei Kirchen, einer sie verbindenden Grabkapelle und mehreren Hospitälern und Wohngebäuden und war damit eines der größ-

Von Aksaray über Laleli nach Fatih

ten Sakralzentren des mittelalterlichen Konstantinopel. *Irenes* Ehemann, Kaiser *Johannes II. Komnenos* (1118–43), ließ anlässlich des Todes seiner Frau der größeren Südkirche eine kleinere Nordkirche folgen, wobei er beide Kirchen durch eine dazwischen liegende Grabkapelle und einen gemeinsamen Narthex verband. In der Grabkapelle zwischen den Kirchen fanden die Kaiserin wie auch er selbst und weitere berühmte Mitglieder der Komnenen- und Palaiologendynastie ihre letzte Ruhe.

Nach der Eroberung durch die **Kreuzfahrer** im Jahr 1204 benutzten die Venezianer die Anlage als Stützpunkt, um den größten Kunstraub des Mittelalters durchzuführen: Sie trugen alle Beutestücke im Kloster zusammen und verkauften sie meistbietend in den Westen.

Sultan *Mehmet Fatih* verwandelte nach der Eroberung im Jahr 1453 das Kloster in eine **Medrese** und die Kirche in eine **Moschee.** Der erste Koranlehrer der Schule, *Zeyrek Molla Mehmet Efendi,* war fortan der Namenspatron der später stark zerfallenden Anlage.

Von den prachtvollen Mosaiken, Buntglasfenstern und Marmorverkleidungen dürften heute nur noch spärliche Spuren zu sehen sein. Denn von der einst so großen Anlage haben lediglich die beiden ziegelsteinroten Kreuzkuppelkirchen und die sie verbindende Grabkapelle überlebt. Der Zustand auch dieser – wenngleich immer noch imposanten – Reste war bis dato derartig jämmerlich, dass die **baufällige Kirche** stets **abgeschlossen** war und Besucher nur von außen ihr „sic transit

gloria mundi" zitieren konnten. In jüngster Zeit aber wurden Restaurierungsarbeiten begonnen, auf deren Resultat man sehr gespannt sein darf.

Ein Besuch lohnt sich allemal: Von der Terrasse des benachbarten **Restaurants** hat man einen herrlichen Ausblick auf die Süleymaniye und das nahe gelegene Goldene Horn.

●**Zeyrek Molla Camii,** Ibadethane Sokak (oberhalb des Atatürk Bulvarı); z.Z. wegen Restaurierungsarbeiten offiziell noch immer geschlossen; Teile der ehemaligen Kirche sind aber gelegentlich geöffnet, da die Bewohner der umliegenden Viertel die alten Moscheeräume zum Gebet benutzen.

Wohnviertel

Ein meist schilderloses Gewirr von Gassen und Straßen führt westlich der Ruine durch die konservativen und einfachen Wohnviertel des Stadtteils Fatih. Hier gibt es **keine Touristen** und keine schicken Modecafés; man wähnt sich in einer **anderen Welt,** und wem hier Beyoğlu oder Nişantaşı in den Sinn kommen, mag ungläubig den Kopf darüber schütteln, dass Moderne und Vergangenheit, Säkularismus und Islam so nahe beieiander liegen können.

Aber auch hier wird fleißig **renoviert und modernisiert,** sodass der ganz eigene Reiz dieser Straßen, in denen Kopftuch und Fußball spielende Kinder das Bild bestimmen, bald der Vergangenheit angehören könnte.

Fatih Camii (1)

Die riesige, von weiten bäumenbestandenen Vorhöfen umgebene **Moschee des Eroberers,** Sultan *Mehmet Fatih* (1452–81), steht hoch auf dem vierten Hügel der Stadt. Genau an dieser Stelle hatte sich jahrhundertelang die **byzantinische Apostelkirche** erhoben, die unter *Konstantin dem Großen* (306–37) begonnen und unter *Justinian* (527–65) neu errichtet worden war. Bis ins 11. Jh. war sie die Grabkirche der byzantinischen Kaiser gewesen.

Als die Türken die Stadt eroberten, war die Kirche bereits im Verfall begriffen, und Sultan *Mehmet* ließ den Patriarchen in die Pammakaristos-Kirche ziehen (siehe folgendes Kapitel „An den Ufern des Goldenen Horns, Fethiye Müzesi"). Er selbst beschloss, an die Stelle der verfallenen Apostelkirche seine eigene Moschee zu setzen, wobei das verbliebene antike Gesteinsmaterial teilweise beim Bau der Moschee Verwendung fand. Der Baumeister *Sinasettin Yussuf* (auch „Atik Sinan", „der ältere Sinan", genannt) wurde mit der Errichtung des großen **Külliye-Komplexes** beauftragt, der 1470 fertig gestellt wurde und neben der Armenküche, dem Spital und einer Karawanserei auch acht Medresen umfasste. Im Jahr 1766 brachte ein Erdbeben die Moschee

Von Aksaray über Laleli nach Fatih

zum Einsturz, sodass Sultan *Mustafa III.* (1757–74) sie in **barockisierter Form** 1771 wiederaufbauen ließ.

Heute sind nur noch der oktogonale, mit einem zylindrischen Dach überkuppelte **Şadırvan** im säulenumstandenen Vorhof (darunter Granit- und Verde-Antico-Säulen der ehemaligen Apostelkir-che) und das **Hauptportal** aus der Zeit *Mehmets.* Die mächtige **Zentralkuppel** wird von vier Halbkuppeln flankiert; schöne, nach alten Vorlagen restaurierte blau-rote Buntglasfenster sorgen für ein lichtdurchflutetes Inneres.

Die hinter der Moschee liegenden **Türben** von Sultan *Mehmet* und seiner Frau *Gülbahar Hatun* („Rosenduft") sind ebenfalls im 18. Jh. in barocker Form neu errichtet worden. Die prachtvolle, von einem baldachinähnlichen Dach gedeckte und auf einem achteckigen Grundriss stehende Türbe des Eroberers besitzt eine schön bemalte Kuppel, unter der sich selbst nach Jahrhunderten immer noch viele religiöse Verehrer versammeln.

●**Fatih Camii,** Fevzi Paşa Caddesi, Türben geöffnet 9.30–16.30 Uhr.

Molla Fenarı Isa Camii (9)

Wer mittlerweile süchtig nach Moscheen und ehemaligen byzantinischen Kirchen ist, der kann über die südwestlich führende Halıcılar Caddesi eine weitere kaum besuchte Sehenswürdigkeit erreichen: die Molla Fenarı Isa Camii. Auch diese **flache Ziegelstein-Moschee** ist – durch die beiden Rundkuppeln noch deutlich erkennbar – aus einer **byzantinischen Doppelkirche** hervorgegangen. Der nördliche Kirchenkörper wurde im 10. Jh. durch den hohen byzantinischen Beamten *Konstantin Lips* als Marienkirche gestiftet; die Südkirche folgte rund drei Jahrhunderte später, als die byzantinische Kaiserin *Theodora Johannes dem Täufer* ein Gotteshaus weihte. Man nimmt an, dass auch diese Kirche der letzten byzantinischen Dynastie, den Palaiologen, als Grabstätte diente.

Praktische Infos

Anfahrt

● **Tramvay** von Sultanahmet bis Haltestelle Yussuf Paşa (Aksaray Meydanı); von Taksim entweder über Tünel zur Tramvay, oder man hofft auf staufreie Straßen und nimmt den **Bus** 73 bzw. 83 direkt zum Aksaray Meydanı.
● Wer von Fatih Camii zurückfahren will, nehme entweder einen der zahlreichen **Busse** nach Aksaray (z.B. Nr. 37A oder 39), dann zurück wie oben; oder man nehme Bus 34 oder 90 direkt nach Eminönü, um dort auf die **Tramvay** umzusteigen.

Einkaufen

● Nördlich der Prinzenmoschee befindet sich eine kulinarische Sehenswürdigkeit ganz eigener Art: An der Vefa Cad. 104 (auch „Katip Çelebi Caddesi" genannt) steht das 1876 erbaute **Haus des Vefa Bozacısı (5),** in dem seit 130 Jahren (!) **Sahlep** verkauft wird. Das überall bekannte und vor allem im Winter und zum Ramadanfest beliebte Erfrischungsgetränk wird aus Milch und Knabenkrautwurzel zubereitet, wobei dann oft noch Ingwer oder Zimt hinzugestreut werden. Bei der Fermentierung arbeiten kräftig Bakterien mit, sodass die Lagerung recht schwierig ist; dies erklärt, dass man in dem recht traditionellen, aber einfachen Verkaufsladen auch vorwiegend Glasflaschen sieht, da deren Verschluss eine bessere Luftzufuhr garantiert. Wer also in Tradition schwelgen möchte: Mehrere Sorten stehen zur Auswahl … (www.vefa.com.tr).

Essen und Trinken

● **Zeyrekhane (4),** Ibadethane Arkası Sok. 10, Tel. 0212-5322778, Di bis So 10.30–23 Uhr; schön gelegenes Restaurant/Café mit herrlichem Ausblick über das Goldene Horn und auf Süleymaniye; gehobene Preise.
● **Arkat Taşhan (16),** Fethi Bey Cad. 55, Tel. 0212-5144830, ab 19 Uhr (um 22.30 Uhr türkische Folklore-Show, Eintritt frei); historisches Restaurant in den Gewölben des ehemaligen Kuruçeşme Hanı, das der türkischen und französischen Küche verpflichtet ist.
● **Şehzade Mehmed Sofrası (6),** Şehzadebaşı Camii Avlusu, Tel. 0212-5262668; stilvoll in den ehemaligen Klosterzellen der Medrese der Şehzade Camii (Prinzenmoschee) untergebrachtes Restaurant; türkisch-osmanische Küche zu recht günstigen Preisen; über den Moscheeinnenhof und um die Moschee herumgehen.

An den Ufern des Goldenen Horns – Fener, Balat, Hasköy und Eyüp

Über das Goldene Horn nach **Eyüp** zu schippern gleicht heute wieder einem erholsamen Ausflug (siehe Exkurs „Das Goldene Horn"). In den am westlichen Ufer gelegenen Stadtteilen **Fener** und **Balat** kann man sich auf die Spuren der einst hier zahlreich lebenden **Juden und Griechen** begeben. Wer hier die steil abfallenden Hügel der Stadt erforscht, wird einen der eindrucksvollsten und malerischsten Altstadtbereiche Istanbuls kennen lernen. Fast noch konservativer als Fatih (siehe vorheriges Kapitel), aber in architektonischer und atmosphärischer Sicht ungleich „bezaubernder", stellen Fener und Balat (noch!) das **lebendigste Erbe des alten Istanbul** dar: Die abfallenden Straßen und Gassen eröffnen Einblicke in eine Alltagskultur, die ansonsten im Verschwinden begriffen ist: Riesige Wäschefahnen verbinden die Häuserschluchten, so pittoresk, dass ein moderner Künstler es nicht besser inszenieren könnte; die (Holz-)Häuser und Gassen selbst wirken auf den ersten Blick verfallen, aber nach dem zweiten geradezu anziehend; dazwischen viele Frauen mit dem schwarzen Çarşaf (Umhang) und Männer, deren erdige Gesichter (noch) jahrzehntelang entfernt zu sein scheinen von den gelackten Schaufensterpuppen Taksims; und vor allem: Man sieht hier Kinder, viele Kinder. Und sie sind laut, noch richtig laut, denn die Straßen hier gehören ihnen. In den letzten Jahren hat die Stadtverwaltung damit begonnen, auch diese lange so vernachlässigten Stadtteile in ihr ehrgeiziges Altstadtsanierungsprogramm einzubeziehen. So lobens- und wünschenswert der jedes Jahr sichtbare Fortschritt bei Häuser- und Straßensanierung sein mag – den regelmäßig zurückkehrenden Besucher beschleicht der bekannte Eindruck, dass mit der Sanierung auch ein Verlust des Charmes einhergeht, nämlich des einst so sichtbaren lebendigen Charmes der Vergänglichkeit.

Auf der **östlichen Seite des Horns** lohnt vor allem der Besuch eines gelungenen Technik-Museums. Und am Ende der Schiffsfahrt kann man eine der heiligsten Moscheen des Islam würdigen, um dann einen kleinen Spaziergang zum Café Piyer Loti zu machen.

Die **Orientierung** in den engen Gassen Fener und Balats ist insofern kein Problem, als es bergab immer zum Meer geht. Straßennamen fehlen natürlich, und beim Quergehen zwischen den Hügeln muss man schon dem eigenen Orientierungssinn vertrauen. Ansonsten frage man, auch wenn das Türkisch nur zur Aussprache eines Namens reicht – Hilfe wird jedem gerne gewährt, und nicht selten wird der Gast sogar bis zum gewünschten Ziel begleitet.

Fener

Nach Passieren der Atatürk-Brücke und dem von alten Werften geprägten Ortsteil **Kasımpaşa** (am östlichen Ufer) erreicht das Schiff den alten, am westlichen Ufer liegenden Stadtteil Fener. Das große rote Ziegelsteingebäude, das man dabei am Hang kaum übersehen kann, ist das **Özel Fener Rum Lisesi (11)**, eine Schule, die als Orientierungspunkt später noch einmal erwähnt werden wird.

Der Name „Fener" stammt von dem griechischen **„Phanar" (Leuchtturm)**, der hier einst wohl gestanden haben

istanb%-303 Foto: mf

Fener, Erbe des alten Istanbul

Fener, Balat, Hasköy und Eyüp

Fener,
Balat,
Hasköy

200 m

Sütlüce,
Eyüp

Ayvansaray

Hasköy

HASKÖY

Eyüp

Ayvansaray C.

Haliç
(Goldenes Horn)

Esnaf Loncası C.

Seemauer (alte Stadtmauer)

Derpınhisar C.

Balat Vapur Iskelesi C. • Balat

BALAT

Dr. Sadık Ahmet C.

Mürsel Paşa C.

FENER

Kiremit C.

Yıldırım C.

Vodina C.

• Fener

Kasımpaşa,
Eminönü

Fethiye C.

© REISE KNOW-HOW 2012

Stadtübersicht Umschlag vorn

FENER 307

- **Übernachtung**
- 16 Hotel Daphnis

- **Essen und Trinken**
- 4 Safiye Sultan
- 14 Teras Café

- **Sehenswürdigkeiten, Museen, Gotteshäuser**
- 1 Miniaturk
- 2 Rahmi Koç Müzesi
- 3 Eski Galata Köprüsü (Alte-Galata-Brücke/ Überreste)
- 5 Aynalıkavak Kasrı
- 6 Hırışdağbet Kilisesi
- 7 Ahrida Synagogu
- 8 Seti Stefan Bulgar Kilisesi
- 9 Meryem Ana Kilisesi
- 10 Fethiye Camii ve Müzesi
- 11 Özel Fener Rum Lisesi
- 12 Yavuz Selim Sultan Camii
- 13 Gül Camii
- 15 Fener Rum Ortodoks Patrikhanesi

---

muss, heute aber ebenso wie die namensgebenden Griechen – die Phanarioten – verschwunden ist.

Die **Griechen** waren aus den byzantinischen Familien, die nach der Eroberung durch die Türken in Konstantinopel blieben, hervorgegangen und hatten noch zu Beginn des 19. Jh. im Osmanischen Reich viele hohe Staats- und Wirtschaftsposten inne. Als Konsequenz der Unterstützung ihrer Landsleute im griechischen Unabhängigkeitskampf (1821–29) begann jedoch ein jahrzehntelanger Abstieg und Exodus. Höhepunkte der **Fluchtwellen** waren der Bevölkerungsaustausch nach dem türkischen Sieg im Unabhängigkeits-

kampf (1921–23) sowie die politischen Unruhen der 1950er und -60er Jahre, als die Zypernkrise das ohnehin gespannte Verhältnis noch weiter vergiftete. Heute leben noch etwa 4000 Phanarioten in der Stadt, die für sie – wie für alle Griechen – immer noch Konstantinopel heißt.

Fener Rum Ortodoks Patrikhanesi (15)

Biegt man von der Küstenhauptstraße in Höhe des Fähranlegers von Fener nach links in den dorfähnlichen Zentrumsbereich ein, und folgt sofort wieder links der Sadrazam Ali Paşa Caddesi, so kommt man nach wenigen Metern zum Fener Rum Ortodoks Patrikhanesi (**Griechisch-Orthodoxes Patriarchat**), wo seit Beginn des 17. Jh. der einst so mächtige Patriarch von Konstantinopel heute nur noch über wenige Gläubige gebietet. Die von einem kleinen Garten umgebene, 1720 erbaute **Patriarchatskirche Hagios Georgios** (Heiliger Georg) besitzt eine prachtvolle, mit Ikonen geschmückte Retabelwand. Der baldachinartige Thron des Patriarchen, der aus byzantinischer Zeit stammt, steht rechts vom Hauptschiff. Die Kirche birgt mehrere Heiligenreliquien, darunter die Sarkophage der heiligen *Euphemia von Chalcedon* und der heiligen *Omonia*. Der **Hof vor der Kirche** wird von mehreren neueren Verwaltungsgebäuden des Patriarchats umstanden; die im Hinterhofbereich liegende **Bibliothek** des Patriarchats, die noch alte Manuskripte beherbergt, ist leider nicht zugänglich.

Fener, Balat, Hasköy und Eyüp

● **Fener Rum Ortodoks Patrikhanesi,** Sadrazam Ali Paşa Caddesi 35, 8–16 Uhr (zwischen 13 und 13.30 Uhr geschlossen).

Gül Camii (13)

Folgt man der Sadrazam Ali Paşa Caddesi nach Süden, so erreicht man in der Vakif Mektebi Sokağı (nahe Küçük Mustafa Caddesi) die interessante, aber kaum besuchte Gül Camii (**Rosenmoschee),** eine **ehemalige byzantinische Kreuzkuppelkirche** aus dem 11. Jh., die unter Sultan *Selim II.* (1566–74) in eine Moschee verwandelt wurde; ihren Namen soll sie einem Rosengärtner verdanken, der hier begraben wurde. Der rot-weiße Backsteinbau verrät noch deutlich die ehemalige Kirchenfunktion (nach dem Schlüssel fragen!).

Yavuz Selim Sultan Camii (12)

Die Moschee von Sultan *Selim I.* (1512–20), der wegen seiner Grausamkeit und Härte auch „Yavuz" (der Gestrenge) genannt wurde, findet man unweit von der Rosenmoschee hoch auf dem fünften Hügel der Stadt. In dieser exponierten Lage ist sie eine jener spektakulären Moscheen, die beim Blick vom Goldenen Horn weithin die berühmte und oft gepriesene **Silhouette der Altstadt** bestimmen (die anderen „Blickfänger" sind – je nach Standort – das Ensemble von Aya Sofya und Sultanahmet-Moschee (1. Hügel), die Nuruosmaniye-Moschee (2. Hügel), die Süleymaniye (3. Hügel) und auf dem vierten Hügel die Fatih-Moschee).

Die mit einem mächtigen Eingangsportal versehene Moschee wurde erst unter *Selims* Sohn *Süleyman* 1522 fertig gestellt. Den Baumeister hatte sein Vater bei der Eroberung des westlichen Irans gleich selbst mitgebracht, als er alle Handwerksspezialisten der iranischen Stadt Täbriz nach Istanbul umsiedelte (was von seinem Sohn teilweise wieder rückgängig gemacht wurde). In nur acht Jahren hatte dieser Sultan dem Osmanischen Reich mit brachialer Gewalt große Teile Vorderasiens sowie Ägypten einverleibt.

Zum Goldenen Horn hin abfallende typische Gasse in Fener

In der Mitte des schönen **Säulenvorhofs** steht der oktogonale, überdachte **Marmor-Şadırvan.** Der **Innenraum** selbst hat einen quadratischen Grundriss und besitzt schöne Iznik-Fayencen sowie herrliche Steinmetz- und Intarsienarbeiten, unter denen vor allem Mihrab und Mimber hervorzuheben sind.

Die achteckige **Türbe** des Sultans zeichnet sich ebenfalls durch schöne Fliesenarbeiten aus; die benachbarten Türben, in denen vier Söhne *Süleymans* ruhen, wurden von *Sinan* erbaut.

Nicht versäumen sollte man den Blick von der Terrasse, denn die **Aussicht** über das Goldene Horn ist herrlich.

● **Yavuz Selim Sultan Camii,** Yavuz Selm Caddesi, Türbe Di bis So 9.30–16.30 Uhr.

Meryem Ana Kilisesi (9)

Nördlich der Moschee kann man über malerische Straßen und Gassen, die kaum von Touristen besucht werden und von deren schönen alten Häusern an ausgespannten Seilen die Wäsche flattert, zur Meryem Ana Kilisesi gelangen. Als Anhaltspunkt mag der oben erwähnte mächtige Ziegelsteinbau des fast neugotisch wirkenden **Özel Fener Rum Lisesi** dienen – so die Straßenführung den Blick darauf freigibt. Das fast neugotisch wirkende spektakuläre Schulgebäude, das bei jeder Schiffsfahrt auf dem Goldenen Horn sofort ins Auge fällt, wurde 1881 erbaut.

Nur wenige Schritte davon entfernt findet man die kleine **Meryem Ana Rum Ortodoks Kilisesi** (griech.: Panaghia Mouchliotissa, Kirche der heiligen Maria der Mongolen). Das **griechisch-orthodoxe Gotteshaus** ist die einzige mittelalterliche byzantinische Kirche, die **niemals in eine Moschee verwandelt** wurde und in der seit dem 12. Jh. ununterbrochen christliche Gottesdienste abgehalten werden. Dieser einmalige Fall erklärt sich durch einen **Ferman** (Erlass) Sultan *Mehmet Fatihs,* der nach der Eroberung der Kirche ihren Status sicherte.

Erbaut wurde die Kirche von **Maria Mouchliotissa,** einer Tochter des byzantinischen Kaisers *Michael VII. Dukas* (1071–78), der seine Tochter aus Gründen der Staatsräson mit einem Mongolenkhan verheiratete (daher der zunächst befremdliche Beiname der Kirche). Als der Khan starb, kehrte *Maria* nach Konstantinopel zurück und stiftete mit der Kirche auch ein Kloster.

Der historische Höhepunkt im Inneren ist natürlich die Kopie jenes oben erwähnten Ferman Sultan *Mehmet Fatihs,* der an der Wand ausgestellt ist und die Kirche jahrhundertelang wie ein Talisman vor allen fremden Zugriffen geschützt hat (das Original befindet sich im Patriarchat). Immer wieder hört man auch die Geschichte, dass von der Kirche eine 5 km lange **unterirdische Verbindung zur Aya Sofya** existiert hätte; gefunden hat man tatsächlich die ersten Meter eines unterirdischen, zugemauerten Gangs; aber bisher hat niemand herausgefunden, wo er endet.

● **Meryem Ana Rum Ortodoks Kilisesi,** Tevkii Cafer Mektebi Sokak; 10–17 Uhr; sollte die Kirche nicht geöffnet sein, versuche man es mit Klingeln oder lautem Klopfen; der Küster ist mittlerweile Touristen gewohnt und

Fener, Balat, Hasköy und Eyüp

freut sich zudem über eine kleine Spende (die natürlich der Kirche zugute kommt). Nützt das alles nichts, wende man sich persönlich oder telefonisch an das Orthodoxe Patriarchat (s.o.; Tel. 0212-5217139).

Fethiye Camii ve Müzesi (10)

Oberhalb der Meryem-Ana-Kirche, auf der Spitze des Hangs, erreicht man – nicht ohne nachzufragen – über steil ansteigende Gassen den ziegelroten Backsteinbau der Fethiye Camii ve Müzesi (**Pammakaristos-Kirche**).

Die sehenswerte und **gut erhaltene byzantinische Kirche** wurde wahrscheinlich im frühen 12. Jh. im Zusammenhang mit einer Klostergründung erbaut. Im 14. Jh. erfuhr sie zusätzliche **Anbauten,** darunter auch das Parekklesion (Kapelle) an der Südseite.

Nach der Eroberung residierte hier für fast 140 Jahre das griechisch-orthodoxe Patriarchat, bevor Sultan *Murat III.* 1591 anlässlich der Eroberung Georgiens und Aserbaidschans die Umwandlung in eine Moschee beschloss. Zum Andenken an den Sieg hieß sie fortan Fethiye Camii (**Siegesmoschee**).

In den 1950er Jahren entdeckte man im Inneren mehrere **Fresken und Mo-** saiken, die – neben dem Kariye Müzesi (siehe „Vom Goldenen Horn zum Marmara-Meer") – zu den besterhaltenen Kunstwerken des späten byzantinischen Reiches gehören. Das Mosaik der Kuppel zeigt *Jesus* als Pantokrator (Allherrscher), sternenförmig umgeben von den Propheten. Auch in der Apsis ist *Jesus Christus* zu sehen, an seiner Seite *Maria* und *Johannes der Täufer.* In den Kreuzgewölben finden sich die Darstellungen der vier Erzengel, in den Bögen sind Heilige und Kirchenlehrer dargestellt, und an der Seitenwand östlich der Hauptkuppel erkennt man die Taufe *Christi* im Fluss Jordan.

●**Fethiye Camii ve Müzesi,** Fethiye Caddesi/Avlusu Sokak, 9–16.30 Uhr (Mi geschl.), Eintritt 2,50 Euro

Balat

Die **Atmosphäre eines abgeschlossenen Stadtteils,** ja Dorfes, ist in Balat noch stärker gegenwärtig als in Fener. Nach der Eroberung Granadas durch das katholische Spanien verließen viele von der Inquisition bedrohte **sephardische Juden** die Iberische Halbinsel, um in Konstantinopel von Sultan *Beyazit* (1481–1512) gastfreundlich aufgenommen zu werden. Jahrhundertelang siedelten sie im alten Stadtteil Balat, bevor sie dann entweder nach Israel oder aber in die moderneren Stadtteile nördlich des Goldenen Horns umzogen. In den alten Gassen sieht man heute kaum mehr Juden, nur einige Synagogen – darunter als bekannteste die Ahrida – erinnern an vergangene Zeiten.

Fener, Balat, Hasköy und Eyüp

Traditionelles Holzhaus in Fener

Seti Stefan Bulgar Kilisesi (8)

Zwischen Fener und Balat steht nahe dem Goldenen Horn auf einem Grünstreifen zwischen der Hauptstraße die grau-grünlich schimmernde Seti Stefan Bulgar Kilisesi, die 1898 in Rekordzeit errichtet wurde. Die Gusseisenteile, aus denen die **Kirche** besteht, wurden 1871 in Wien vorgefertigt, mit dem Schiff donauabwärts transportiert und dann an Ort und Stelle zusammengenietet. In der neugotischen Kirche halten noch heute **mazedonische Christen** ihren Gottesdienst ab, der auch die einzige Gelegenheit eines Besuches darstellt.

Ahrida Sinagogu (7)

Hinter den alten „Seemauern", die hier teilweise noch recht gut erhalten sind, erreicht man das beschauliche **Zentrum des ehemaligen Judenviertels.** Hohe, abweisende Mauern verbergen hier die **älteste und und schönste Synagoge Istanbuls.** Die Ahrida stammt aus dem 15. Jh. und wurde zunächst von mazedonischen Juden aus der Nähe des an der Grenze zwischen Albanien und Makedonien gelegenen Ohrid-Sees gegründet (daher Ahrida), um später dann das Zentrum des sephardischen Judentums zu werden. Die spanischen Asylanten bewahrten ihr Idiom, das **Ladino,** noch für Jahrhunderte: Unter den wenigen Juden, die heute noch in Balat anzutreffen sind, kann man ebenso wie auf den Prinzeninseln (siehe „Ausflüge") gelegentlich noch diesen sephardischen Dialekt des Spanischen hören.

Im Inneren der Synagoge fällt sofort die **Teva** auf, eine hölzerne Gebetskanzel, die einem Schiffsbug sehr ähnlich ist und an die Arche Noah erinnern soll. Künstlerischer Höhepunkt sind aber die restaurierten **Holzmalereien der barocken Kuppel,** die ursprünglich aus dem 17. Jh. stammen.

●**Ahrida Sinagogu,** Kürkçü Çeşme Sok. 9; eine Besichtigung ist nur nach Voranmeldung beim Oberrabinat möglich (Tel. 0212-2938794; lassen Sie über Ihr Hotel die erste Seite des Passes sowie den genauen Terminwunsch zum Oberrabinat faxen.

Hırışdağbet Kilisesi (6)

Nur wenige Meter weiter (Kamş Sokak) steht die interessante **armenisch-orthodoxe** Hırışdağbet Kilisesi (**Erzengel-Kirche**). Die ursprünglich byzantinische Kirche stammt wahrscheinlich aus dem 13. Jh. und wurde erst im 17. Jh. von den armenischen Christen übernommen. Einige Bauteile der im 19. Jh. renovierten Kirche wie z.B. die Seitenkapelle lassen noch byzantinische Spuren erkennen. Seltsam mag dem Besucher erscheinen, dass zum dienstäglichen Gottesdienst fast nur muslimische Frauen anwesend sind – natürlich im schwarzen Çarşaf. Dies erklärt sich daraus, dass der Islam jüdischen wie auch christlichen Riten als Vorstufen des „richtigen" Glaubens durchaus Respekt und Ehrfurcht entgegenbringt. An der Grenze zum Unerklärlichen allerdings bewegt sich jenes alljährlich am 16. September zelebrierte Ereignis, bei dem einem Gemeindemitglied eine **Wunderkur** zuteil wird. Da man vorher nicht weiß, welchen Glücklichen es treffen wird, reisen alle möglichen Leute an, um an diesem Tage von ihren unheilbaren Behinderungen, Gebrechen, Leiden, Schwächen usw. erlöst zu werden. Na ja, der Glaube versetzt ja bekanntlich auch Berge ...

Hasköy

Aynalıkavak Kasrı (5)

Südlich der Brücke (Kasımpaşa Hasköy Yolu) liegt in einem gepflegten **Park** das wegen seiner schönen venezianischen Spiegel als **„Spiegelschlösschen"** bekannte **Sommerpalais** von Sultan *Ahmet III.* (1703–30). Im Laufe der Zeit wurde es des Öfteren verändert und restauriert; erst unter Sultan *Mahmut II.* (1808–39) erhielt es seine gegenwärtige Form.

Sultan *Selim III.* (1789–1807), der ein begeisterter Musiker war, nutzte die schöne Lage am Goldenen Horn zum Komponieren. Dies erklärt, dass im Spiegelschlösschen ein **Museum alter türkischer Musikinstrumente** eingerichtet wurde. Das Palais wird allerdings zurzeit erneut restauriert.

Rahmi Koç Müzesi (2)

Ca. 200 m nördlich der Alten Galata-Brücke erstreckt sich auf dem Gelände einer alten Werft das bei türkischen Familien sehr beliebte **Industriemuseum** des türkischen Industriemagnaten *Koç*. Die Sammlung ist beidseits der Straße untergebracht, wobei das über einen

Hektar große Werftgelände am Goldenen Horn als **Freilichtmuseum** für Eisenbahnen, Flugzeuge und sogar ein U-Boot von 1944 dient. In den **Hallen** stehen u.a. Oldtimer-Karossen, alte Straßenbahnen und der prachtvolle Eisenbahnwaggon, mit dem Sultan *Abdülaziz* 1867 Kaiser *Napoleon II.* in Paris besuchte. Über Schalter und Knöpfe können die Besucher viele stille Produktionsanlagen (z.B. eine Sägemühle) und Maschinen zum Laufen bringen, um die Funktionsweise nachvollziehen zu können. Die weitläufig und didaktisch professionell in Szene gesetzte Präsentation der einzelnen Objekte macht dieses Museum nicht nur für Technikbegeisterte zu einem durchaus lohnenden Ausflugsziel.

●**Rahmi Koç Müzesi,** Hasköy Cad. 27, Di bis Fr 10–17 Uhr, Sa/So 10–19 Uhr, Eintritt 5 Euro, U-Boot 3 Euro; die Bushaltestelle vor dem Museum heißt Kırmızı Minaret.

Sütlüce

Eski Galata Köprüsü (3)

Direkt zwischen den Fähranlegern von Eyüp und Sütlüce liegt die berühmte Eski Galata Köprüsü (**„Alte Galata-Brücke",** siehe Eminönü). Seit 2009 fungiert die seit Jahren ausrangierte alte Ponton-Brücke wieder als bequemer **Fußgängerübergang** zwischen den Ufern des Goldenen Horns, nachdem sie jahrelang etwas weiter südlich aufgeklappt und wertlos an den Ufern bei Hasköy vor sich hin dümpelte. Die Fähre entlang des Goldenen Horns hält auf

Fener, Balat, Hasköy und Eyüp

der Seite von Sütlüce unmittelbar an der Brücke, sodass man einen Besuch von Eyüp mit einem Überqueren der Brücke verbinden kann.

Miniaturk (1)

Wer vom Rahmi-Koç-Museum mit dem Bus nach Sütlüce fahren will, um dort über die Brücke nach Eyüp zu wechseln, kann vorher noch im Norden von Sütlüce das Miniaturk besuchen. In der türkischen Variante der weltweit beliebten **Miniaturenmuseen** findet man rund **75 berühmte Sehenswürdigkeiten des Landes** auf bequeme Augenhöhe zurechtgestutzt, darunter die Sultanahmet-Moschee und den Kız Kulesi (Leanderturm). Die detailgetreue Nachbildung ermöglicht ein genaues Rundum-Studium derjenigen Objekte, die sonst immer nur von unten betrachtet werden können.

● **Miniaturk,** Imrahor Caddesi, 10–17 Uhr, Eintritt 2,50 Euro.

Eyüp

Im Jahr 674 stand zum ersten Mal ein großes islamisches Heer vor Konstantinopel, um die berühmteste Stadt der Christenheit einzunehmen. Die **Araber** der Omaijaden-Dynastie in Damaskus hatten kurz zuvor schon strategisch wichtige Punkte der kleinasiatischen Küste besetzt und hofften, so eine Basis für den Generalangriff auf die Stadt zu schaffen. Aber die Belagerung scheiterte, weil die Christen mit ihrer Geheimwaffe, dem auf dem Wasser schwimm-

menden **„Byzantinischen Feuer",** die Flotte des Angreifers weitgehend zerstörten. Vor den Mauern war auch gekämpft worden, und unter den Gefallenen befand sich auf arabischer Seite **Abu Ayub al-Ansari,** der Bannerträger des Propheten *Mohammed.*

Als Sultan *Mehmet Fatih* 1453 den islamischen Traum von der Eroberung des „Goldenen Apfels" – wie die Stadt bei den Türken ob ihres Reichtums auch genannt wurde – wahr machte, erschien nach der **Legende** einem seiner theologischen Ratgeber, Scheich *Akşemsettin,* in einem Traum ein Engel, der genau die Stelle bezeichnete, wo *Ayub al-Ansari* vor fast 800 Jahren gefallen war. Und – oh Wunder! – die Leiche war tatsächlich dort, unverwest und den Lebenden ein göttliches Zeichen. Sultan *Mehmet* ließ 1458 genau an dieser Stelle dem Ayub (= Eyüp) eine Türbe und Moschee errichten, die nun die neu gewonnene Hauptstadt der Muslime auch religiös adelte und mit dem arabischen Propheten verband.

Eyüp vor den Toren Istanbuls ist also seit Jahrhunderten ein **Wallfahrtsort** höchster Dignität. Die **Moschee des Bannerträgers Ayub** (Eyüp Sultan Camii) ist nach Mekka, Medina und Jerusalem die heiligste Stätte des Islam.

Viele Menschen wollten hier, in der Nähe des Bannerträgers, begraben sein, sodass sich um die Moschee ein immer größer werdendes **Gräberfeld** den Hang hochzieht.

Ein Besuch – in angemessener Kleidung – lohnt sich nicht nur der Moschee wegen: Der kleine dorfähnliche Ort hat Charme und bietet zudem Gelegenheit zu einem schönen Spaziergang über die Hänge des Goldenen Horns.

Zal Mahmut Paşa Camii (16)

Nahe der Anlegestelle von Eyüp steht links die rot-weiße Zal Mahmut Paşa Camii von 1551, eines der anerkannten Meisterwerke *Sinans*. *Zal Mahmut Paşa* war ein hoher Beamter und späterer Schwiegersohn Sultan *Süleymans*. Seine spektakulärste Tat war die Beteiligung an der Erdrosselung *Mustafas*, dem ältesten Sohn *Süleymans*, der wahrscheinlich einer Intrige zum Opfer fiel (siehe Exkurs „Vom Prinz zum Sultan – oder in den Tod").

Die von einer relativ flachen Kuppel, aber desto höheren Außenmauer bestimmte **Moschee** zeichnet sich durch einen prachtvoll geschmückten Mihrab sowie eine helle Raumatmosphäre aus. In der nahen Türbe liegen der Stifter und seine Frau.

Eyüp Sultan Camii (21)

Im schönen, von einer alten, mächtigen Platane geprägten Vorhof der Moschee ließ sich jeder neue Sultan zur **Thronbesteigung** mit dem Schwert des Dynastie-Begründers *Osman* gürten, eine Zeremonie, die an Bedeutung den westlichen Krönungszeremonien durchaus gleichkam.

Gegenüber dem Eingang zum Bethaus liegt die stets gut besuchte, kuppelgekrönte **Türbe des Ayub al-Ansari.** Ihre innen wie außen reiche Iznik-Fliesenausstattung stammt aus verschiedenen Jahrhunderten (16.–19. Jh.). Vor dem „Wunschfenster" der Türbe drängen sich die Menschen, die dem Heiligen ihre Verehrung erweisen.

Die **Moschee** selbst, die zwei mächtige Minaretts besitzt, stammt in ihrer gegenwärtigen Form aus dem Jahr 1800, da ein Erdbeben die alte von 1458 zerstört hatte. Die Zentralkuppel ruht auf acht Säulen; Mihrab, Mimber und Predigerpult sind reich verziert.

In unmittelbarer Nähe der Moschee liegen die mehr oder weniger ansehnlichen **Türben osmanischer Würdenträger,** darunter die des Großwesirs *Sokullu Mehmet Paşa* (1579), die grüne Türbe des *Ferhat Paşa* (1504) und der prachtvolle, barocke **Külliye-Komplex** der Mutter Sultans *Selims III., Mihrişah Valide Sultan* (1795).

Besonders im heiligen Fastenmonat **Ramadan** gleicht die Atmosphäre rund um die Moschee einem religiösen **Volksfest;** selbst die Palmen sind mit bunten Lampen geschmückt.

●**Eyüp Sultan Camii,** Cami-i Kebir Caddesi, Türben 9.30–16.30 Uhr.

Eyüp Sultan Mezarlığı (17)

Direkt hinter der Moschee führt ein kopfsteingepflasterter Weg durch den riesigen Eyüp Sultan Mezarlığı, den **Friedhof von Eyüp.** Viele Gläubige wollen in der Nähe des Bannerträgers begraben sein, und so wächst der Friedhof Jahr um Jahr. Die Gräber der Männer erkennt man allgemein an der höheren **Stele** und an dem Turban oder Fes, der diese Stele krönt. Je nach Bedeutung

Fener, Balat, Hasköy und Eyüp

und Reichtum des Verstorbenen finden sich arabische Schriftzeichen und ornamentale Verzierungen. Die Turbanform selbst unterlag historischen und sozialen Schwankungen, sodass eine genaue Ableitung der Ehrenposition des Trägers nicht immer einfach ist. Auch die gern erzählte Geschichte, dass Stelen ohne Turbane oder mit schief angebrachten Kopfbedeckungen Enthauptete kenntlich machen würden, muss zumindest bezweifelt werden. Denn – so schnell man auch mit dieser Strafe bei der Hand war – diese Massen an Geköpften wird es wohl schwerlich gegeben haben; zudem war es nicht reguläre Praxis, den Verurteilten noch über den Tod hinaus zu demütigen.

Die Frauenstelen sind kleiner und – wenn überhaupt – nur mit einem Schal oder einer Blüte verziert.

Sicher ist, dass jeder Verstorbene in ein weißes Tuch gewickelt und derartig ins Grab gebettet wird, dass sein Gesicht in Richtung Mekka der Auferstehung harren kann.

So groß der Friedhof von Eyüp ist und so bedeutend und ansehnlich die einzelnen – vor allem älteren – Gräber auch sein mögen – die wildromantische Atmosphäre des Karaca Ahmet Mezarlığı in Üsküdar (siehe „Der Bosporus, „Die asiatische Seite") erreicht er nicht.

Aussicht auf das Goldene Horn vom Café Piyer Loti in Eyüp

Café Piyer Loti (18)

Der Spaziergang endet am hoch gelegenen berühmten Café Piyer Loti, das heute zu einem groß ausgebauten **Touristenausflugziel** mutiert ist. Ganze Busladungen werden hier „ausgekippt", um nach dem obligatorischen Blick aufs Goldene Horn vom **Terrassencafé** die angrenzenden Kioske und Verkaufsstände zu durchsuchen. Seit wenigen Jahren gibt es auch eine moderne **Seilbahn,** die von der Uferstraße von Eyüp direkt zum Café hinaufgeht (80 Cent); wer sie nutzt, sollte aber wenigstens wieder zu Fuß hinuntergehen, um die Atmosphäre des großen Gräberfelds nicht zu versäumen.

Früher stand an der Stelle des Cafés einsam eine einfache Holzhütte mit noch einfacheren Holzhockern und Holzbänken, und die Besucher, die alle per pedes kamen, konnten neben der grandiosen Aussicht noch die schlichte Ruhe genießen. Weit vor der Zeit des Autors muss es wiederum noch idyllischer gewesen sein, als nämlich der turkophile Franzose **Pierre Loti** (1850–1923) – Offizier und Schriftsteller mit zeitweisem Sitz in Istanbul, bürgerlicher Name *Julien Viaud* – diesen Ort mit seiner heimlichen Liebe *Aziyadeh* teilte und romantisch verklärte. Die türkischen Intellektuellen mochten *Loti* nicht; weniger weil er seine Umschwärmte schnöde sitzen ließ, sondern weil er in seiner politisch-romantischen Verklärung viel „osmanischer" war als die Jungtürken. Als der junge Sultan *Abdülhamit II.* (1876–1909) konstitutionelle Zugeständnisse einräumte, entrüstete

sich der Nostalgiker gegenüber einem Freund: „Nun ist die arme Türkei so weit, sie ruft ihre Verfassung aus! Wo soll das hinführen?" In die EU, Monsieur, in die EU!

Praktische Infos

Anfahrt

● Mit dem **Schiff** von Eminönü Haliç jede Stunde (Zeitplan siehe „Verkehrsmittel"); die kleine Anlegestelle liegt von Sirkeci kommend hinter der Galata-Brücke und dem Busbahnhof am Ende einer schmalen Gasse (Schild „Haliç Hattı"); pro Fahrt ca. 70 Cent. Die gegenwärtigen **Haltepunkte** sind: Kasımpaşa, Hasköy, Ayvansaray, Sütlüce und Eyüp. Man kann Hasköy auch mit Bus erreichen: **Bus** 46 von Eminönü, von Taksim Bus 54HT (halten am Koç-Museum).
● Zwischen Eyüp und Eminönü verkehrt zudem **Bus 99;** von dort mit **Tramvay** nach Sultanahmet oder über die Brücke und per **Tünel-Bahn** nach Beyoğlu.

Essen und Trinken

● **Aziyade (19),** Idris Köşkü Cad. (Pierre-Loti-Hügel), Tel. 0212-4971313; weiter Blick über das Goldene Horn, türkische Küche.
● **Ensar (20),** Eyüp Bulvarı, Tel. 0212-6127 738; nettes Restaurant in einem restaurierten Haus; Freunde türkischer Küche und türkischer Musik kommen auf ihre Kosten.
● **Safiye Sultan (B4),** Hasköy Cad. 1, 12–23 Uhr; Restaurant/Café in einer alten Synagoge in Hasköy mit hübscher Terrasse und kleinem Garten, leider direkt an der Hauptstraße; türkische Gerichte.
● **Teras Café** (offiziell: Tarihi Haliç İşkembecisi, **B14**), Abdülezelpaşa Cad. 315, 11–22 Uhr; Restaurant/Café mit erhöhter Terrasse und Ausblick auf das Goldene Horn, direkt an den alten Seemauern in Fener.

Fener, Balat, Hasköy und Eyüp

Vom Goldenen Horn zum Marmara-Meer – Teodos II. Suru

Vorbemerkung: Wo immer es ging, wurde der nachfolgend beschriebene Rundgang an die **ruhige Innenseite der Mauer** platziert (an der Außenseite verläuft die hektische Hauptstraße); die Bezirke hier werden von ärmeren, konservativen Bevölkerungsgruppen bewohnt. Die **Orientierung** ist leicht, da die Mauer den Wegweiser spielt.

Vom Goldenen Horn bis zum Marmara-Meer erstreckt sich über fast **6 km** die imposante, in den letzten Jahren teilweise gut restaurierte Teodos II. Suru **(Theodosianische Landmauer)** des alten Konstantinopel. Der Namensgeber der Stadt, *Konstantin der Große* (306–37), hatte bereits 330 eine westliche Verteidigungsmauer errichten lassen, die allerdings erheblich weiter nach Osten verschoben war. *Theodosius II.* (408–50) vergrößerte also mit seiner heute noch bestehenden Mauer das Stadtterritorium erheblich, indem er von der bereits bestehenden **Blachernenmauer** westlich des heutigen Balat, deren vorspringende Wehrlinie ca. 1 km umfasst, eine fast gerade Befestigungslinie nach Süden zog. Im Jahr 413 war dieses Festungswerk im Großen und Ganzen vollendet – es sollte über 1000 Jahre die Stadt im Westen beschützen.

Die Theodosianische Landmauer, eine Befestigungslinie, die die Stadt über 1000 Jahre schützte

Die **Konstruktion** war für Angreifer entmutigend, hatten sie doch drei Hindernisse zu überwinden: Zunächst stießen sie auf einen tiefen, etwa 15–20 m breiten **Graben,** der bei Bedarf mit Wasser gefüllt werden konnte. An der Innenseite des Grabens verlief eine niedrige, mit Zinnen bestückte Brustwehr, hinter der ein rund 13 m breiter Laufweg *(Parateichion)* die Verteidigung des Grabens ermöglichte. Erst dahinter erhob sich die rund 8 m hohe **Vormauer,** auf der sich in Abständen von ca. 100 m Türme befanden. Die Vormauer besaß für die Verteidigung einen 15 m breiten Umlauf *(Peribolos),* hinter dem sich nun die 5 m dicke und 11–13 m hohe **Hauptmauer** erhob. Auch auf ihr standen in regelmäßigen Abständen 20 m hohe, vier- oder achteckige Türme, die so angeordnet waren, dass sie jeweils in der Mitte von zwei Türmen der Vormauer standen.

Über 1000 Jahre lang konnte diese Mauer nicht gestürmt werden (die Eroberung durch die Kreuzritter 1204 war über die viel schwächeren Seemauern am Goldenen Horn erfolgt). Als es den Osmanen schließlich gelang (siehe Exkurs „Der letzte Kampf an der Mauer"), hielten sie nun für weitere 400 Jahre das Mauerwerk instand, bevor es im

istat06-317 Foto: mf

Die Landmauer entlang

Zeytinburnu TOPKAPI

500 m

Theodosianische Landmauer

Silivrikapı Yolu

Topkapı Yolu

Mevlana Kapı Yolu

PAZAR TEKKE

TRAMWAY

Aksaray, Eminönü

Aksaray

■ **Essen und Trinken**
3 Pide Gör
7 Tarihi Topkapı
   Padişahlar Sofrası,
   Yılmaz Lokantası
11 Asitane Restaurant
18 Café Piyer Loti
19 Aziyade
20 Ensar

■ **Sehenswürdigkeiten,**
   Museen, Gotteshäuser
1 Mevlanakapı
2 Silivrikapı
4 Yedikule,
   Belgratkapı
5 Imrahor Camii
6 Topkapı
8 Ghasi Ahmet Paşa Camii
9 Mihrimah Sultan Camii
10 Edirnekapı
12 Kariye Müzesi (Chora-Kirche)
13 Tekfur Sarayı
14 Eğrıkapı
15 Ivaz Ağa Camii/Ruinen
   des Blaherna Sarayı
16 Zal Mahmut Paşa Camii
17 Eyüp Sultan Mezarlığı
21 Eyüp Sultan Camii

Zuge der modernen Stadterweiterung verfiel. Erst in den letzten Jahren hat man mit der **Restaurierung** der Mauer begonnen, die heute – vor allem im südlichen Bereich – als eine der imposantesten historischen Stadtbefestigungen der Welt gelten darf und folgerichtig von der UNESCO als **Weltkulturerbe** ausgewiesen wurde.

Darüber hinaus stehen nahe der Mauer hoch interessante **Sehenswürdigkeiten,** darunter das alles überragende Kariye Müzesi.

Die Landmauer entlang

Von der Anlegestelle Ayvansaray am Goldenen Horn sieht man bereits das Minarett der an der Innenseite der Blachernen-Stadtmauer gelegenen **Ivaz Ağa Camii (15),** von deren Terrasse man einen schönen Ausblick auf das Horn und die umliegenden Ruinen des Blachernen-Palastes **(Blaherna Sarayı)** hat. Vom byzantinischen Kaiserpalast, der unter der Komnenen-Dynastie (11./12. Jh.) das herrschaftliche Zentrum Konstantinopels darstellte, sind nur noch einige Etagen der runden Ecktürme sowie wenige Mauerreste zu erkennen; die Osmanen hatten kein Interesse an diesem Palast, sodass er bereits kurz nach der Eroberung dem Verfall preisgegeben wurde.

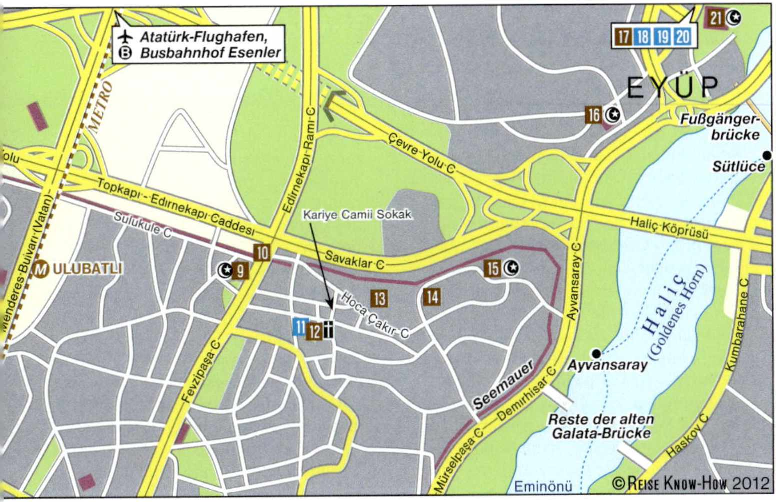

Man folgt der Mauer an der Innenseite, passiert das kleine **Stadttor Eğrıkapı (14),** um dann bald zu den erheblich besser erhaltenen Resten des **Tekfur Sarayı (13,** Porphyrogennetos-Palast) zu kommen. Ein Durchbruch an der Mauer lässt auf seiner Rückseite noch gut die imposanten Reste einer rot-weiß gestreiften Backsteinhalle samt rudi-

mentärer Marmorverkleidung an den Rundbogenfenstern erkennen. Über den hohen Arkaden des Erdgeschosses erheben sich zwei von Rundbogenfenstern geschmückte Stockwerke; einige Fensterbögen zeigen noch Reste einer Marmorverkleidung. Kaiser *Konstantin VII. Porphyrogennetos* (913–59) erbaute die Anlage, die später unter den Komnenen erweitert wurde (z.Z. Restaurierungsarbeiten, da das Gelände zum Museum umgebaut werden soll).

Hinter dem Tekfur Sarayı beginnt nun der strikt **nach Süden** laufende Befestigungsabschnitt der Theodosianischen Mauer, welcher man weiterhin an der Innenseite – Hoca Çakır Caddesi – folgt, um nach nur wenigen Metern links in die Kariye Camii Sokak einzubiegen (keine Straßenschilder, deshalb im Zweifelsfall nach Kariye Müzesi fragen).

Vom Goldenen Horn zum Marmara-Meer

Der letzte Kampf an der Mauer

Es war ein schöner Montag gewesen, jener 28. Mai 1453. Bis zum Abend war es klar und sonnig geblieben, und in der Stadt blühten die Rosen, mit denen man die Kirchen zu schmücken pflegte. Auch hatte der Feind vor den Mauern keinen Schuss getan und keine Angriffswelle gegen den Graben geschickt. Seit über sechs Wochen lag das riesige **türkische Heer** von mehr als 80.000 Männern vor der Stadt, aber die rund 5000 Verteidiger – Byzantiner, Genuesen und Venezianer – hatten immer wieder die Angreifer von der Mauer vertrieben.

Die heutige Ruhe, das wussten alle, war die Ruhe vor dem buchstäblichen Sturm. Sultan *Mehmet* hatte seinen Soldaten befohlen, sich auszuruhen – sich auszuruhen für den Generalangriff, der nun die Entscheidung bringen sollte.

Auch die **Byzantiner** wussten das, und alle verfügbaren Männer waren auf der Mauer, um das Undenkbare, die Eroberung der christlichen Metropole, des „Goldenen Apfels", wie sie auch genannt wurde, auch weiterhin für undenkbar zu halten; die Frauen und Alten beteten in den Kirchen, die während der Nacht ihre Glocken ertönen ließen, um die Verteidiger anzuspornen und ihnen Mut zu machen.

Es war kurz vor Sonnenuntergang, als das türkische Lager vor den Toren zu emsiger Geschäftigkeit erwachte. Soldaten schleppten Säcke voll Erde, Hölzer und Reisig heran, um den Graben dort, wo er attackiert werden sollte, zuzuschütten. Nach Sonnenuntergang fing es an zu regnen, aber die Arbeiten gingen unentwegt weiter, Feuer wurden an-

ista06_320 Foto: mf

gezündet, und ungefähr eine Stunde nach Mitternacht – es war Dienstag, der **29. Mai 1453** – gab der Sultan den Befehl zum **Sturm.**

Die Türken griffen von allen Seiten an, aber nur, um die Linie der Verteidiger auseinanderzuziehen. Die zwei wirklichen **Angriffsziele** lagen beide an der Mauer: Im Norden versuchten die Türken, die Blachernenmauer nahe des Palastes zu ersteigen, die von Genuesen und Venezianern verteidigt wurde; weiter südlich aber – ungefähr zwischen dem heutigen Edirnekapı und dem südlichen Topkapı – hatte der Sultan seine Hauptmacht und seine Artillerie konzentriert. Letztere verfügte über die damals **größte Kanone der Welt,** ein über 8 m langes Ungetüm, das Kugeln von über 600 kg Gewicht verschießen konnte. Gebaut worden war sie von einem westlichen Techniker namens *Urban,* der beim Sultan in Sold getreten war.

Diese und andere Kanonen traten nun wieder in Aktion; zwar konnten sie nur in großen Zeitabständen feuern, aber ihre Zerstörungskraft, so sie trafen, war enorm.

Im Schein der Feuer und angetrieben von der Mehter, der Janitscharenkapelle, schickte der Sultan zuerst seine schlechtesten Soldaten, die **Akindschis** bzw. **Baschi-Bazouks,** gegen die Mauer. Dies waren Söldner aus allen Herren Länder, auch viele Christen darunter, die nur an eins dachten: zu plündern. Auf Heereszügen galten sie als „Renner und Brenner", verwüsteten sie doch in schnellen Angriffen alles, was in der Umgebung des Heeres zu greifen war. Aber für einen Festungskrieg gegen professionelle und gut bewaffnete Verteidiger waren sie weniger geeignet, verloren sie doch schnell den Elan der leichten Beute. Trotzdem fielen sie nun zu Tausenden die Mauer an, wussten sie doch, dass die Stadt wegen ihres Widerstandes nach islamischem Gesetz drei Tage der Plünderung anheim fallen sollte. Außerdem hatte der Sultan einen Janitscharenkordon hinter ihnen aufgebaut: Wer fliehen oder der Mauer den Rücken kehren wollte, wurde sofort niedergemacht.

Nach ungefähr zwei Stunden befahl der Sultan den Rückzug. Die Baschi-Bazouks waren haufenweise gefallen, ihre Leichen warf man mit Holz und Steinen in den Graben, um diesen aufzufüllen. Sofort befahl der Sultan den Aufmarsch der zweiten Angriffssäule, der **türkischen Anatolier.** Sie waren erheblich bessere Soldaten und zudem samt und sonders Muslime. Der Kampf wurde noch verbissener, aber auch ihnen gelang es trotz größter Anstrengungen nicht, die Mauer zu ersteigen. *Urbans* Kanone hatte zwar einen Volltreffer gegen die untere Mauer erzielt, aber die Christen hatten mit bereitgestellten Fässern eine Palisade errichtet und Truppen an diesem Punkt zusammengezogen.

Es war vier oder fünf Uhr morgens, als der Sultan die Anatolier abrief, um nun seine Elitetruppe, die **Janitscharen** (siehe Exkurs „Aufstieg und Ende einer Elitetruppe"), in den Kampf zu werfen. Ohne Geschrei, ohne Verwirrung, in unbeeindruckbarer Ordnung und Disziplin rückten die aus christlichen Familien rekrutierten „Söhne des Sultans" vor. Die Verteidiger hatten nun über vier Stunden des Kampfes hinter sich, aber sie hielten immer noch die mit Hölzern und Fässern notdürftig reparierte Mauer. Sie wussten genau, dass ein Nachlassen das

Ruinen der
Theodosianischen Landmauer

Vom Goldenen Horn zum Marmara-Meer

Ende bedeuten würde. An der Mauer tobte längst ein Kampf Mann gegen Mann, wobei die zahlenmäßig unterlegenen Griechen nur noch den kleinen Vorteil hatten, von einer – wenn auch vielfach lädierten – Mauer herab zu kämpfen.

Dann geschahen zwei Dinge kurz hintereinander: An der Stelle, wo die Theodosianische Landmauer auf die Blachernenmauer trifft, also nahe des Tekfur-Palastes, gab es eine kleine Pforte, die sogenannte **„Kerkoporta".** Die Verteidiger hatten sie zu gelegentlichen Blitzausfällen benutzt, aber nun hatte jemand im Eifer des Gefechts vergessen, sie auch wieder zu schließen. Einige Türken hatten die offene Pforte bemerkt und waren in den Innenhof und auf die erste Mauer geklettert. Die Verteidiger, an dieser Stelle meist Genuesen, bemerkten ihren Fehler, bemächtigten sich der Pforte und umstellten die eingedrungenen Türken, um sie niederzumachen. In diesem Moment wurde der genuesische Anführer, **Giustiniani,** von einer Feldschlange in die Brust getroffen. Er ließ den byzantinischen **Kaiser Konstantin XI.** rufen, der weiter südlich kämpfte.

Man hatte nämlich die Tore zwischen der ersten und der zweiten Mauer verschlossen, damit keiner der Verteidiger an Rückzug denken konnte. Der Kaiser verwahrte die Schlüssel, und *Giustiniani* bat nun darum, den Kampfplatz verlassen zu dürfen, er sei zu schwer verletzt. Der Kaiser gab schweren Herzens nach; als aber die Genuesen bemerkten, dass ihr Anführer weggetragen wurde, versuchten auch sie durch die Pforte in die Stadt zu flüchten.

Weiter südlich hatte der Sultan den Abgang des Kaisers und die Unruhe auf den Wällen bemerkt und noch einmal eine frische Janitscharentruppe gegen die hier von Griechen verteidigte Mauer geschickt. Nach harten Kämpfen schlugen sie eine Bresche und standen nun auf der ersten Mauer, um im Einzelkampf die Griechen gegen die Wand der dahinter aufragenden zweiten Mauer zu drücken.

Als der **Kaiser** das hörte, ritt er sofort zurück, nur um festzustellen, dass sich immer mehr Janitscharen durch die Bresche einen Weg freihackten. *Konstantin* wusste nun, dass Stadt und Reich verloren waren. Er legte seine kaiserlichen Insignien ab, stieg vom Pferd und warf sich den Angreifern entgegen.

Auf mitgebrachten Leitern erkletterten einige Türken nun die zweite, unverteidigte Hauptmauer, um sich von dort in die Stadt abzuseilen und sofort von innen die Tore zu öffnen. Es war kurz vor Sonnenaufgang, als die Plünderung und das Morden in der Stadt begannen.

Den letzten byzantinischen Kaiser hat man unter all den Erschlagenen und Enthaupteten nicht mehr wiederfinden können (auch wenn *Mehmet* später einen ausgestopften Kopf, der derjenige des Kaisers sein sollte, an alle islamische Fürstenhöfe schickte). Die letzte christliche Messe in der Aya Sofya beendeten die Türken durch das Aufbrechen der Tore. Der letzte Dienstag eines über tausendjährigen Reiches sah Züge an gefesselten Frauen, die zu den Zelten der Sieger geschleift wurden.

Sultan Mehmet, gerade mal 21 Jahre alt, hatte das Undenkbare geschafft: Er hatte die mächtigste und legendärste Stadt der Christenheit, den „Goldenen Apfel", eingenommen. Von nun an hieß er „Fatih", der Eroberer.

Kariye Müzesi (Chora-Kirche) (12)

In einer Senke mit einem von Cafés, Souvenirläden und restaurierten Holzhäusern umgebenen Vorplatz steht eine der größten Sehenswürdigkeiten Istanbuls: das Kariye Müzesi. Die alte **byzantinische Chora-Kirche** ist der einzige touristische Massenanziehungspunkt in der Umgebung der Mauer.

Das genaue Gründungsdatum des **Klosters** liegt im Dunkeln; Spekulationen reichen vom 4. Jh. bis zu den Zeiten *Justinians* (527–65). Gesichert ist, dass *Maria Dukaina,* die Schwiegermutter des byzantinischen Kaisers *Alexios I. Komnenos* (1081–1118), gegen Ende des 11. Jh. auf dem Klosterareal eine neue **Kirche** errichten ließ. Ein Erdbeben machte im 12. Jh. Renovierungen notwendig, und Anfang des 13. Jh. ließ der hohe byzantinische Staatsbeamte und Philosoph *Theodoros Metochites* die Kirche nochmals rundum erneuern und mit prachtvollen Mosaiken und Fresken schmücken. Unter Sultan *Beyazıt II.* (1481–1512) wandelte der Großwesir *Ali Paşa* die Kirche in eine **Moschee** um; die Fresken und Mosaiken wurden gemäß dem islamischen Bilderverbot übertüncht. Von 1948 an begann das Byzantine Institute der amerikanischen Universität von Boston mit der sorgfältigen Freilegung der Kunstwerke, die heute zu den berühmtesten byzantinischen Mosaiken und Fresken der Welt zählen.

Die relativ kleine Ziegelsteinkirche besitzt eine **Zentralkuppel** sowie **fünf** kleinere **Seitenkuppeln.** Unter der Hauptkuppel liegt das kreuzförmige Hauptschiff mit breiter Apsis. Davor befinden sich die den Eingang bildenden Gänge des Eso- und Exonarthex (Innen- bzw. Außenvorhalle). Nördlich und südlich des Hauptschiffes verlaufen die Seitenschiffe, wobei das südliche als Parekklesion (Grabkapelle) erbaut wurde; der äußere Narthex führt L-förmig direkt in dieses südliche Seitenschiff.

Die aus den Jahren 1315–21 stammenden **Mosaiken und Fresken,** die als Meisterwerke der palaiologischen Frührenaissance weltbekannt sind, stellen den kunsthistorisch unschätzbaren Wert dieser Kirche dar. Ihre leuchtenden Farben und die geradezu moderne, auf die Renaissance hinweisende Ausstrahlungskraft der Gesichter verleihen ihnen eine überwältigende Lebendigkeit; keiner der wahrscheinlich mehreren Künstler ist dem Namen nach bekannt. Hier können nur die **wichtigsten Szenen** kurz aufgezählt werden:

Über dem Eingang sieht man das Mosaik „**Maria mit Engeln**": Die betende *Maria* und das Christuskind werden von den Erzengeln *Gabriel* und *Michael* flankiert. Im Exonarthex fällt sofort das große „**Pantokrator-Mosaik**" über dem Portal zum inneren Narthex auf: *Jesus Christus* hält mit einer Hand die Bibel, während er mit der anderen den Eintretenden segnet; rechts und links von seinem Haupt steht neben seinen Initialen auf Griechisch: „He Chora Ton Dsoeton" *(Jesus Christus,* der Ort der Lebenden). Über der Pforte zum Hauptschiff erkennt man *Christus* und den vor ihm knienden Kirchenstifter,

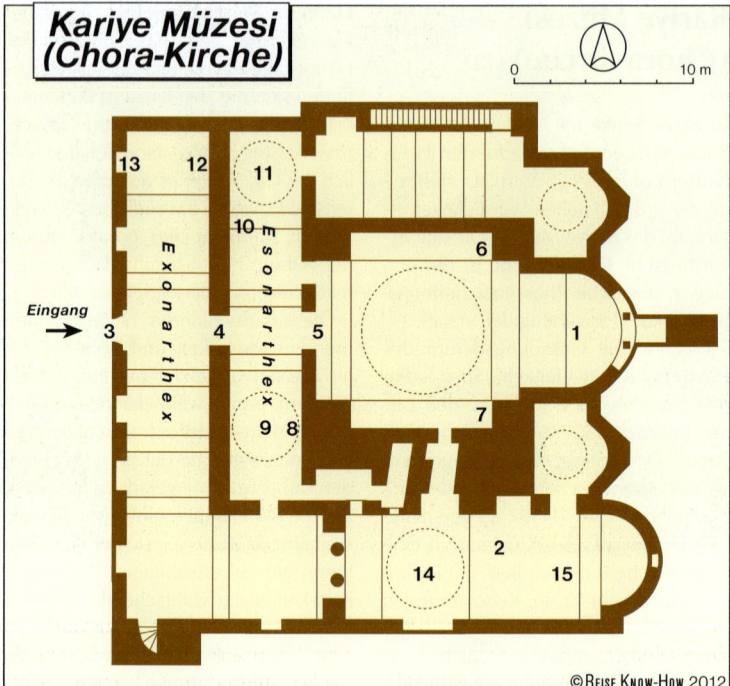

Kariye Müzesi (Chora-Kirche)

0 ——— 10 m

1 Apsis
2 Parekklesion
3 Mosaik „Maria mit Engeln"
4 Pantokrator-Mosaik
5 „Mariä Himmelfahrt"
6 „Christus mit dem Evangelium"
7 „Mutter-Kind-Darstellung"
8 Deesis

9 Pantokrator mit Vorfahren
10 Zyklus von Szenen
   aus dem Leben Marias
11 „Maria mit dem Jesuskind"
12 „Volkszählung"
13 „Kindheit Jesu"
14 Maria-Christuskind-Medaillon
15 „Das Jüngste Gericht"

©REISE KNOW-HOW 2012

Theodoros Metochites, der ihm ein Modell der Kirche anbietet; in den angrenzenden Feldern rechts und links davon sind die Apostel *Petrus* und *Paulus* dargestellt. In dem von farbigen Marmorplatten bestimmten Hauptschiff selbst sieht man über dem Eingang eine Darstellung von **„Mariä Himmelfahrt":** Die Muttergottes liegt auf der Bahre, umstanden von Aposteln und Kirchenheiligen, während *Christus* die Seele *Marias* in Form eines Kindes in Händen hält. Links der Apsis ist eine Darstellung von **„Christus mit dem Evangelium"**

Vom Goldenen Horn zum Marmara-Meer

zu sehen, rechts eine **„Mutter-Kind-Darstellung"**.

Die Nartices wie auch das Parekklesion stellen eine prachtvolle Galerie biblischer Szenen und Motive dar. So findet man im inneren Narthex eine (nicht mehr vollständige) **„Deesis"**: *Christus* beim Jüngsten Gericht zwischen *Maria* und *Johannes dem Täufer,* davor der byzantinische Herrscher *Isaak Komnenos* sowie eine Nonne. Im Zentrum der Kuppel erblickt man erneut *Christus* als Pantokrator (Allherrscher), der strahlenförmig von seinen Vorfahren umgeben ist. Ebenfalls im Esonarthex, aber etwas nördlich davon, sieht man einen **Zyklus von Szenen aus dem Leben Marias** und – in der nahe gelegenen Kuppel – eine Darstellung **„Maria mit dem Jesuskind"**. Im nördlichen äußeren Narthex sind die **„Volkszählung"** sowie Szenen aus der **„Kindheit von Jesus"** erkennbar.

Das Parekklesion ist wegen seiner herrlichen Fresken berühmt: Die Bilder drehen sich um das Thema **„Tod und Auferstehung",** aber auch **Szenen des Alten Testaments** sind zu erkennen. In der Kuppel sieht man ein **Maria-Christuskind-Medaillon,** das sternenförmig von Engeln umgeben ist; an der Nord-

Christus Pantokrator
(in der Kuppel des Kariye Müzesi)

seite des Kuppelraums stand früher der Sarkophag des *Theodoros Metochites.* Östlich davon beeindruckt das prachtvolle Fresko des **„Jüngsten Gerichts".**

● **Kariye Müzesi** (Chora-Kirche), Kariye Meydanı; wer nicht läuft: von Eminönü Bus 32, von Taksim Bus 87, fahren über die Fevzi Paşa Caddesi, vor Erreichen der Stadtmauer aussteigen, rechts der Beschilderung „Kariye" folgen; 9–16.30 Uhr (Mi geschlossen), Eintritt 7,50 Euro.

Mihrimah Sultan Camii (9)

Knapp 200 m westlich der Kariye erreicht man am **Edirne Kapı** (**10**, Edirne-Tor) die Hauptstraße Fevzi Paşa Caddesi. Hier steht direkt an der Innenseite der Mauer **eine der schönsten Moscheen Istanbuls,** die sehenswerte Mihrimah Sultan Camii, die unter der Leitung von *Sinan* nach einer Bauzeit von drei Jahren 1565 fertig gestellt wurde. Benannt ist die mächtige Kuppelmoschee nach der Tochter Sultan *Süleymans, Mihrimah,* die zugleich die Ehefrau des Großwesirs *Rüstem Paşa* war. Zwei Erdbeben, das erste 1719, das zweite 1894, beschädigten das Bauwerk erheblich, sodass im 20. Jh. große Restaurationsarbeiten vonnöten waren.

Der schöne **Innenhof** mit seinem **Şadırvan** und den von hübschen Arkaden geprägten Säulenumgängen wird durch gleichförmige Kuppeln harmonisch begrenzt. Die Moschee besitzt zwar nur ein **Minarett** mit Umgang, dieses zeichnet sich aber durch formvollendete Schlankheit aus.

Vier in kleinen Kuppeln auslaufende Pfeiler tragen die 37 m hohe und fast 20 m breite **Zentralkuppel,** die sich über dem gewaltigen kubischen Innenraum erhebt. Eine reiche Fensterausstattung, die dem Sakralbau den Beinamen **„Moschee der 1000 Fenster"** einbrachte – darunter übrigens auch prachtvolle Buntglasfenster –, bewirkt eine großartige Innenausleuchtung.

Zur Moschee gehören eine Schule, eine Medrese sowie ein Bad.

● **Mihrimah Sultan Camii,** Sulukule Caddesi (Edirne Kapı); Anfahrt von Eminönü mit dem Bus 32, von Taksim Bus 87, vor der Stadtmauer aussteigen, auf der linken Straßenseite sieht man die Moschee.

Weiter entlang der Stadtmauer

Folgt man nun wieder der stadteinwärts liegenden Straße an der Mauer, passiert man bald ein **von Sinti und Roma bewohntes Viertel.** Die **Sulukule Caddesi** – so der Name dieser allerorts bekannten Straße – hat ihren zwielichtigen Ruf durch die **Prostituierten** erlangt, die hier ihre Kundschaft aufgabeln. Beim Bezahlen hat es in der Vergangenheit öfter handfeste Meinungsverschiedenheiten gegeben, bei denen die Freier dann schnell das ganze Viertel gegen sich hatten, sodass die Polizei hier heute sehr präsent ist und Touristen ausdrücklich vor dem Besuch dieses Mauerabschnitts warnt. Nachts sollte man hier in der Tat nicht spazieren gehen, aber tagsüber braucht niemand Angstanfälle zu bekommen: Man tut allerdings gut daran, etwaige Ansprachen der Damen und ihrer sie „beschützenden" Zuhälter strikt (dabei freundlich) zu ignorieren und entschieden weiterzugehen (siehe auch im Kapitel „Kriminalität und Sicherheit").

Nach Überquerung der großen Vatan Caddesi führt von der Sulukule die zweite Gasse links – die Emin Molla Sokak – zur **Ghasi Ahmet Paşa Camii (8).** Die 1571 von *Sinan* erbaute Moschee ist zwar nicht übermäßig groß, besitzt aber herrliche Iznik-Fayencen. Dazu kommen die unter den Emporen und Logen angebrachten, gut erhaltenen Holzdeckenmalereien.

Vom **Topkapı (6, Kanonentor)** an sollte man den **Weg** entlang der Mauer zunächst **an der Außenseite fortsetzen,** da es an der Innenseite keine durchgehende Straße gibt. Der Verkehr an der vorgelagerten Hauptstraße macht das Laufen zwar nicht gerade zu einem Vergnügen, aber man sieht nun die grandiosen Außenmauern der Altstadt aus der stadtabgewandten Perspektive (alternativ dazu kann man zwei Haltestellen mit dem Bus oder Dolmuş entlang der Stadtmauer nach Süden fahren; bei Silivrikapı wieder aussteigen).

Mit dem gut erhaltenen **Mevlanakapı (1)** beginnt der spektakulärste, weil teilweise bereits **restaurierte Teil der Stadtmauer.** Sehr gut lässt sich von hier an die Konstruktion der ehemaligen byzantinischen Mauer nachvollziehen: zunächst der vor der Mauer verlaufende ehemalige Außengraben (der allerdings nicht mehr die Lage des mittelalterlichen Grabens einnimmt und heute vorwiegend als Kleingartenanlage ge-

nutzt wird), dahinter die kleinere Vormauer, über der sich die zweite, hintere Mauer erhebt.

Dieses Bild gewinnt südlich des ansehnlichen, wenn auch kleineren **Silivrikapı (2)** noch an Eindringlichkeit, da die großartige Stadtmauer hier fast vollständig restauriert ist und kontrastierend zu ihren friedlichen Vorgärten einen geradezu majestätischen Anblick bietet – wäre da nicht die lärmende Hauptstraße, die die fast idyllische Großflächigkeit der Szenerie doch erheblich beeinträchtigt.

Man kann aber auch beim Silivrikapı **wieder zur Innenmauer** wechseln, wo sich nach wenigen Metern über Treppen die Gelegenheit bietet, für eine längere Passage – fast bis zum Belgratkapı – **auf der Mauer** selbst zu **laufen** (keine Sicherungsgeländer!). Nach Süden blickend sieht man von hier oben bereits die mächtigen Türme der Festung Yedikule.

Yedikule (4)

Am Schnittpunkt der Theodosianischen Landmauer mit der nach Osten verlaufenden Seemauer erhob sich zu antiker Zeit das **„Goldene Tor"** (Porta Aurea). Bereits Kaiser *Theodosius I.* (379–92) ließ hier ein Tor errichten, durch das einer der wichtigsten Verkehrswege, die von Thrakien zulaufende **Via Egnatia,** in das Zentrum der Stadt führte. Unter Kaiser *Theodosius II.* (418–50) erhielt die Anlage vier Türme; der Name des Tores, „Goldenes Tor", leitete sich von den vergoldeten Torflügeln ab. Drei

Durchgänge betonten die herausragende Bedeutung dieses Tores, wobei der mittlere Durchgang nur vom Kaiser benutzt werden durfte. Einst schmückte eine Statue der griechischen Siegesgöttin *Nike* und eine Elefantenquadriga die Porta, welche bei zunehmender Bedrohung im Laufe der Jahrhunderte immer mehr zu einem Festungstor ausgebaut wurde. An dieser Funktion hielt auch Sultan *Mehmet Fatih* fest, als er die Stadt eroberte; er verstärkte den Festungscharakter noch dadurch, dass er stadteinwärts drei weitere Türme hinzufügte, sodass sie fortan als **„Yedikule"** **(Festung der sieben Türme)** bekannt wurde. Gleichzeitig veränderte der an allen militärischen Neuerungen interessierte Sultan den Grundriss – gezackte, sternförmige Mauerführung – gemäß der neuesten Festungsprinzipien, sodass die Anlage fast einem Renaissance-Kastell gleicht. Genutzt wurde sie jedoch nur als **Waffenarsenal, Schatzkammer und Gefängnis.** Immer wenn ein Krieg beschlossen wurde, wanderten die Vertreter der betroffenen Mächte in die Verliese der Türme. Hier wurde 1622 auch zum ersten Mal in der Geschichte des Osmanischen Reiches ein amtierender Sultan, *Osman II.,* erdrosselt (vgl. den Exkurs zum Harem).

Die Festung ist in den vergangenen Jahren **restauriert** worden, bietet aber außer dem prachtvollen Ausblick von den Mauern nur wenige Höhepunkte. Links des Eingangs erreicht man das **Verlies der Gesandten,** die in ihrer feuchten Langeweile Graffitis an den Wänden hinterließen, die heute aber kaum mehr auszumachen sind. In dem einem wilden Garten gleichenden Innenbereich stehen die **Ruinen einer Moschee.** Gegenüber dem heutigen Eingang sind die zugemauerten **Türme des ehemaligen Goldenen Tores** zu lokalisieren, zwischen dessen Nord- und Südturm einst die antike Via Egnatia die Stadt verließ.

● **Yedikule Müzesi,** Yedikule Meydanı Sokak, 9–16 Uhr, Eintritt 2,70 Euro; Anfahrt mit dem Vorortzug von Sirkeci/Bahnhof, Haltepunkt Yedikule, beim Ausgang vom Bahnhof links halten; Bus 80T fährt von hier direkt zum Taksim-Platz.

Silivrikapı, eines der noch erhaltenen bzw. restaurierten Stadttore

Imrahor Camii (5)

Nur wenige hundert Meter nordöstlich der Festung (Imrahor Sokak) steht die heute als Imrahor Camii bekannte ziegelsteinrote **Kirchenruine** des ehemaligen Studios-Klosters. Im 5. Jh. gegründet, galt das Kloster vor allem wegen seiner Reliquien von *Johannes dem Täufer* als große kirchliche Autorität. Es war im byzantinischen Mittelalter quasi Erziehungsanstalt und theologische Gelehrtenschule und maßgeblich an den Diskussionen über den Bilderstreit (Ikonoklasmus) beteiligt. Unter Sultan *Beyazıt II.* (1481–1512) wurde die Kirche in eine Moschee umgewandelt; Erdbeben und Brände führten bis zum 19. Jh. zu ihrem weitgehenden Verfall.

Heute ragen nur noch die Ruinen der christlichen Basilika auf, die als **ältester erhaltener Kirchenkörper Istanbuls** angesehen werden muss. Das Dach der dreischiffigen Kirche fehlt ganz, aber deutlich ist noch die nach Osten ausgerichtete Apsis auszumachen; der Boden lässt an einigen Stellen noch figürliche Darstellungen erkennen. Leider ist das Innere der durchaus sehenswerten Ruine zurzeit nicht zugänglich.

Praktische Infos

Anfahrt

● **Mit dem Schiff von Eminönü Richtung Eyüp** (siehe „Anfahrt" im vorherigen Kapitel); in Ayvansaray aussteigen und der Stadtmauer folgen.
● **Von Yedikule** (wenige Schritte östlich der Festung) fährt der **Vorortzug (Banliyö Tren) nach Sirkeci** zurück.

● **Von Taksim bis Sirkeci** siehe unter „Anfahrt" im Kapitel zu Sultanahmet; die Tramvay hält direkt vor dem Bahnhof von Sirkeci.

Wer nicht den ganzen Rundgang zurücklegen will, findet bei den Sehenswürdigkeiten des Kariye Müzesi und der Mihrimah-Moschee Hinweise, um von dort zurückzukehren; außerdem kann vom Topkapı (Kanonentor) die Tramvay nach Sultanahmet und Eminönü benutzt werden. Der Bus 83 verbindet zudem Topkapı mit dem Taksim-Platz.

Essen und Trinken

● **Asitane Restaurant (11),** Kariye Camii Sok. 6, Tel. 0212-5348414, www.kariyeotel.com/asitane.htm, 11–24 Uhr, So Brunch-Buffet bis um 15 Uhr, klassische türkische Musik Fr/Sa ab 20 Uhr; das dem Kariye Hotel benachbarte Restaurant verheimlicht seine bis zu 700 Jahre alten Rezepte, ist es doch stolz darauf, die wahre osmanische Küche (allein) repräsentieren zu können; bei gutem Wetter kann man im baumbestandenen Garten unmittelbar neben der Chora-Kirche speisen; gehobene Preise.
● **Tarihi Topkapı Padişahlar Sofrası (7),** Topkapı Cad. 36/B; an dem großen Platz nahe Ghasi Ahmet Paşa Camii; einfache türkische Lokanta mit guter Küche, natürlich fernab jeden Tourismus preiswert. Wenige Schritte entfernt bietet sich das **Yılmaz Lokantası (7)** als gleich gute Alternative an.
● **Pide Gör (3),** Ilyasbey Cad. 115; schmackhafte Pide- und Lahmacun-Lokanta, die natürlich auch Kebapgerichte und Çorbalar (Suppen) bereithält; preisgünstig.

Vom Goldenen Horn zum Marmara-Meer

Die asiatische Seite – Zwischen Üsküdar und Kadıköy

Die schon beim Besuch der europäischen Stadtteile hervorstechende Unterschiedlichkeit der einzelnen Bezirke gilt auch für die asiatische Seite. Während Üsküdar abseits der Hauptstraßen eine vorwiegend ruhige, konservative Beschaulichkeit an den Tag legt, stellt Kadıköy einen jungen, pulsierenden Stadtteil dar, dessen Café- und Nightlifeangebot besonders bei Studenten und Akademikern beliebt ist. Gemeinsam ist beiden, dass sie **abseits der großen Touristenströme** liegen, sodass unverstellte Einblicke in das Alltagsleben der einen wie der anderen Seite einen besonderen Reiz für die nur wenigen Individualtouristen darstellen. Dabei hat vor allem Üsküdar mit seinen Moscheen durchaus kulturelle Sehenswürdigkeiten vorzuweisen, und der Salı Pazarı (Dienstagsmarkt) in Kadıköy steht in puncto Lebendigkeit den Märkten auf europäischer Seite in nichts nach.

Ein Besuch lohnt sich also – dies schon allein wegen der abendlichen Rückfahrt mit dem Schiff, von dessen Deck man eines der schönsten Panoramen der Welt genießen kann: Der Blick auf die im Sonnenuntergang markant hervortretende **Silhouette der Minaretts über dem Goldenen Horn** gehört – vielleicht mehr noch als irgendein einzelnes Bauwerk – zu den nachhaltigsten Eindrücken eines Istanbul-Besuchs.

Schuhputzer gehören zum Straßenbild

Üsküdar

Das mit der Fähre von Eminönü in nur 15 Minuten zu erreichende Üsküdar hieß zu antiken Zeiten **Chrysopolis.** Ob der Name sich von dem angeblichen Stadtgründer *Chryses,* einem Sohn des homerischen *Agamemnon,* oder aber von den lukrativen Handelseinnahmen der griechischen Kolonisatoren (Chrysopolis, griech.: Stadt des Goldes) ableitet, sei dahingestellt. Gesichert erscheint, dass der Athener *Alkibiades* hier eine **Zollstation** errichtete, die an dieser Nahtstelle zwischen den Kontinenten ein prosperierender Handelsstützpunkt zu werden versprach. Im Jahr 324 schlug hier der römische Kaiser *Konstantin* seinen östlichen Thronkonkurrenten *Licinius,* um sich so die Alleinherrschaft zu sichern. Nur sechs Jahre später erklärte der siegreiche Kaiser das nach ihm umbenannte Byzanz – nun also Konstantinopel – zur Hauptstadt.

Trotz dieser politischen und wirtschaftlichen Schwergewichtsverlagerung auf die europäische Seite konnte die „Stadt des Goldes" ihrem Namen durchaus gerecht werden. Unter dem Namen **Skutari** blieb sie auch unter den Osmanen der **Endpunkt der östlichen Handels- und Karawanenwege.** Die – leider recht spärlichen – Reste der Hans erinnern noch an diese Zeiten, deren kräftigste Zeugen heute aber die **vielen Moscheen** und der riesige Friedhof Karaca Ahmet sind. Denn den muslimischen Händlern und Kaufleuten war der asiatische Boden – der Kontinent des Propheten *Mohammed* – ungleich heiliger als das europäische Ufer, sodass sie hier besonders viele Gebetshäuser errichteten und in diesem Boden auch begraben sein wollten. Von dieser religiös konservativen Atmosphäre kann sich noch der heutige Besucher überzeugen, wenn er – respektvoll gekleidet – in den noch von einigen Holzhäusern gesäumten Gassen die Moscheen aufsucht.

Mihrimah Sultan Camii (3)

Direkt gegenüber der belebten Anlegestelle erhebt sich der gedrungene, etwas düster wirkende Bau der Mihrimah Sultan Camii (auch „Iskele Camii" genannt), eine 1547 von *Sinan* für die Sultanstochter *Mihrimah* errichtete **Zentralkuppelmoschee,** deren drei größere Halbkuppeln in jeweils sechs kleinere übergehen. Vor dem Eingang steht ein

Zwischen Üsküdar und Kadıköy

Üsküdar

Boğaziçi
(Bosporus)

Beşiktaş

Kabataş

Busbahnhof **B** ℂ 3

1 2
Kuzguncuk

Ü S K

Servilik C.

Busse
B nach Şile

Luna-
Park ★ 13

ℂ 12

4

Dolmuş nach
Kadıköy
B

5
6 8
7

Selmani Pak C.

Semsi Paşa C.

ℂ 11

10 ℂ

Uncular C.

9 ℂ
Rathaus

Selami Ali Efendi C.

Eminönü

ℂ 15

14

Doğancılar C.

Halk C.

Çavuşdere C.

Salacak

Sahil Yolu

Selcekeli C.

17

Dr. F. Atabey C.

Tophası C.

21 ℂ

23 ℂ

16

20

Gündoğumu C.

18

19

Karaca Ahmet
Mezarlığı
(Islamischer
Friedhof)

Boğaziçi
(Bosporus)

Eminönü
(Auto-/Personenfähre)

ℂ 24

Sahil Yolu

Süphüber C.

Harem İskele C.

H A R E M

Selimiye Camii C.

Selimiye Kışla C.

Kavaklı İskele C.

Tıbbiye C.

Dr. Erkin Aksoy C.

Selimiye İskele C.

25 ℂ

Atölyeler C.

Containerhafen,
Harem

200 m

26

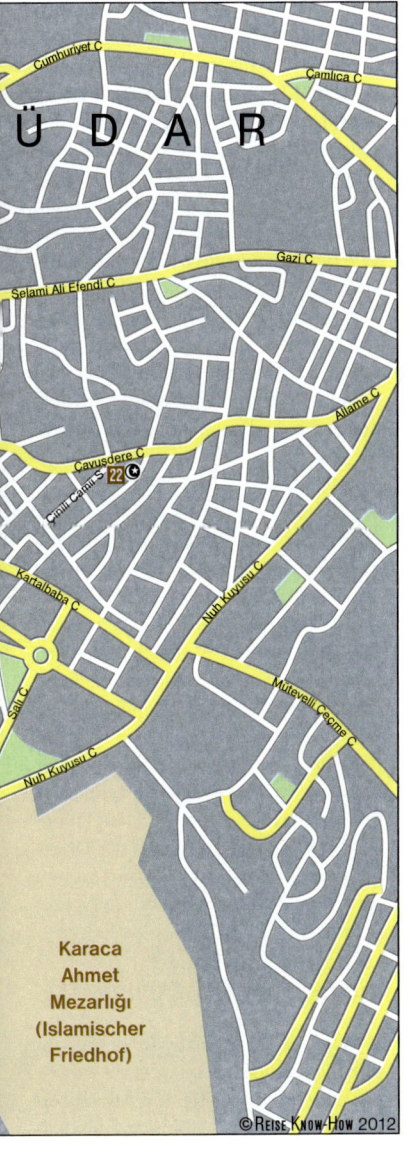

🟥 **Übernachtung**

1 Sözbir Royal Residence
4 Yeni Saray Oteli
5 Üsküdar Pansiyon/Otel
7 Kent Otel

🟦 **Essen und Trinken**

2 Café Paşa Limanı
4 Kanaat Lokantası
6 Sultan Sofrası
13 Katibim/Café Marina
14 Teepromenade
   bei Salacak
17 Salacak Balıkçısı
18 Restaurant Damalis
19 Sultanım Café
20 Asitane

🟩 **Einkaufen**

8 Kızkulesi (Buchhandlung
   mit Teestube)
9 Mimar Sinan Çarşısı (Bazar)

🟫 **Sehenswürdigkeiten,
Museen, Gotteshäuser**

3 Mihrimah Sultan Camii
   (Iskele Camii)
9 Karadavud-Ziegelmoschee
10 Yeni Valide Camii
11 Rum Mehmet Paşa Camii
12 Şemsi Ahmet Paşa Camii
15 Ayazma Camii
16 Kız Kulesi (Mädchen-Turm)
21 Mustafa Kavsar Baba Camii
22 Çinili Camii
23 Atik Valide Camii
24 Karaca Ahmet Mezarlığı
   (Haupteingang)/
   Moschee Şakırın Camii
25 Selimiye Kıslaşı/
   Florence Nightingale Müzesi
26 Marmara Üniversitesi

Das Marmaray-Projekt

Schon seit Jahren gleicht das Zentrum des asiatischen Üsküdar einer **Riesenbaustelle,** und der Schiffspendler zwischen Asien und Europa notiert immer wieder kleine Pontoninseln im Bosporus, die offensichtliche Bautätigkeiten unter Wasser andeuten: Es handelt sich um das vielgerühmte Marmaray-Projekt, **ein zweigleisiger Eisenbahntunnel unter dem Bosporus,** der in Zukunft Asien und Europa verbinden soll. Der Name besteht aus *Marmara* sowie dem türkischen Wort *Ray* (Schiene, Gleis).

Das Projekt wurde 1998 ins Leben gerufen und sah eine Bauzeit von 4 Jahren vor – völlig illusorisch, zumal man bei den Bauarbeiten immer wieder auf Artefakte der Vergangenheit stieß, die sofort die Archäologen auf den Plan riefen und einen Baustopp verursachten. So fand man z.B. im europäischen Yeniköy **byzantinische Hafenanlagen** nebst Schiffsresten.

Der **Marmaray-Interkontinentaltunnel** – angeblich erdebebensicher bis zu einer Stärke von 9.0 – soll den Bosporus mit einer Länge von 1387 m und in einer Tiefe von 55 m überwinden und damit erstmals das europäische Schienennetz mit dem asiatischen verbinden; die Bahnhöfe *Sirkeci* (Europa) und *Üsküdar* (Asien) erhalten unterirdische Bahnhöfe, wobei auf europäischer wie asiatischer Seite weitere Gleisstrecken verlegt und modernisiert werden. Auf asiatischer Seite endet der neue Streckenabschnitt in *Gebze,* womit der Anschluss an das asiatische Eisenbahnnetz vollzogen wäre. Mit neuen S-Bahnen sollen **bis zu 75.000 Passagiere pro Stunde** die Kontinente wechseln können, auch ein Anschluss an das Metro- und Tramvay-System ist geplant.

Die Baukosten wurden einst mit ca. 2,5 Milliarden Euro veranschlagt – auch das ist längst Makulatur, und der neue Zeitrahmen geht von einer Eröffnung im Jahre 2014 aus. Bis dahin gibt es vom Jahrhundertprojekt vorerst nur die Pontoninseln und Baustellen zu sehen – und in Üsküdar muss man weiter Staub schlucken.

prachtvoller, mit arabischen Inschriften versehener **Marmorbrunnen,** der während der Zeit Sultan *Achmeds III.* errichtet wurde (1726). Die Moschee selbst, die man von einer doppelten Vorhalle aus betritt, besitzt schöne, mit Blütenmotiven versehene Fenstermalereien. Mihrab und Mimber sind aus Marmor, das Predigerpult hat schöne Intarsien. Wie bei einem **Külliye-Komplex** üblich, sind der Moschee eine Medrese, eine Armenküche, eine Bibliothek sowie ein Hamam angeschlossen. Von der überdachten Terrasse des **Şadırvan** hat man einen hübschen Blick über den Bosporus zum Dolmabahce-Palast.

Yeni Valide Camii (10)

An der Südseite des Üsküdar Meydanı steht die 1710 errichtete Yeni Valide Camii. Die Namensstifterin der Moschee, Valide (Sultansmutter) *Gülnüş Emetullah* (der wohl bizarrste Name, den man sich ausdenken kann: „Rosentrunk Zeitferne Gottes"), ruht in einer offenen oktogonalen **Türbe** an der Südostseite der Anlage (direkt an der Hauptstraße). In der Moschee, die **zwei schöne Minaretts** mit jeweils zwei Balkonumgängen besitzt, sind die Marmorgitter der umgehenden Galerie sowie die türkis-grünen **Kütayha-Fliesen** am Mihrab hervorzuheben.

Rum Mehmet Paşa Camii (11)

Westlich der Yeni Valide Camii liegt abseits der Hauptstraßen in etwas erhöhter Lage **eine der ältesten Moscheen Istanbuls.** Der kreuzförmige Grundriss der bereits 1471 erbauten Rum Mehmet Paşa Camii lässt deutlich die Anlehnung an die orthodox byzantinische Kirchenbauweise erkennen. Im verwilderten Garten kann man einige schöne **Grabstelen** und die polygonale **Türbe** des Stifters sehen, der als Wesir unter Sultan *Mehmet Fatih* zum islamischen Glauben konvertiert war.

Ayazma Camii (15)

Nur wenige Schritte weiter südlich lohnt der Besuch der Ayazma Camii, eine 1760 errichtete **Barockmoschee,** die man über eine mächtige Säulenvorhalle betritt. Die quadratische Zentralkuppel der Vorhalle wird von zwei ebenfalls ausgemalten Seitenkuppeln flankiert, zwei kleine Balkone sind an der Außenwand angebracht. Die lichtdurchflutete Hauptkuppel, die auf schön ummalten Fensterreihen ruht, erzeugt im Innern einen hellen, freundlichen Raumeindruck. Bemerkenswert sind die schlanken **Marmorsäulen** der Frauenempore und die Marmorarbeiten an Mihrab und Minbar.

Kız Kulesi (16)

Wer nun von der Ayazma-Moschee zum Bosporus und seiner belebten Uferpromenade hinabsteigt, kann von der Anlegestelle Salacak mit einem klei-

nen Boot zum berühmten Kız Kulesi übersetzen. Der **„Mädchenturm"** liegt auf einer winzigen Felsinsel und wird in alten Reiseführern gern auch als **„Leanderturm"** bezeichnet. Die allseits bekannte **Legende** erzählt das antike Liebesdrama von *Leander* und seiner Geliebten *Hero,* einer Aphroditepriesterin, die in ihrem Turm jede Nacht eine Lampe anzündet, damit *Leander* zu ihr schwimmen kann. Wie der Teufel – oder vielmehr eine böse Hexe – es will, erlischt das Licht eines Nachts und *Leander* ertrinkt, worauf *Hero* sich von ihrem Turm stürzt. Das Ereignis, das noch im deutschen Lied „Es waren zwei Königskinder" anklingt, fand aber nach gängiger Meinung nicht am Bosporus, sondern an der südlich gelegenen Meerenge der Dardanellen zwischen den antiken Städten Sestos und Abydos statt.

Zwischen Üsküdar und Kadıköy

Kız Kulesi,
der „Mädchen-" bzw. „Leanderturm"

Şemsi Ahmet Paşa Camii

Vertrauen wir also der türkischen Variante der **Mädchenburg-Saga:** Ein König hatte eine einzige Tochter, die nach einem Wahrsagerspruch von einer Schlange gebissen werden sollte. Der erschrockene Vater ließ sie daraufhin sofort auf eine Insel bringen und scharf bewachen, um dem Orakel ein Schnippchen zu schlagen. Aber gegen das Schicksal half auch der **„Mädchenturm"** nicht. Ein junger Verehrer ließ der Prinzessin einen großen Früchtekorb schicken, worin sich ohne sein Wissen eine Giftschlange niedergelassen hatte – das Drama nahm seinen Lauf ... (übrigens an mehreren Orten in der Türkei, denn es gibt mehr als nur einen Kız Kulesi).

Das wegweisende Licht der *Hero* steht in Übereinstimmung zur heutigen Funktion des Turms, der als **Signalstation** die **Einfahrt zum Bosporus** verkündet. Das heutige barocke Türmchen stammt von 1731, aber schon zu byzantinischen Zeiten nutzte man das Felseiland, um von hier mit einer **Kette,** die bis zur europäischen Seite gespannt wurde, den Bosporus zu sperren. Tagsüber dient der Turm heute als beliebtes **Ausflugsziel** für jedermann (im Ticketpreis ist ein Getränk enthalten), nachts wandelt er sich zu einem musikerfüllten **Luxusrestaurant** mit obligatorischer Reservierung.

●**Kız Kulesi,** Transfer Salacak – Kiz Kulesi tägl. 9–18.45 Uhr ca. jede halbe Stunde, 2,50 Euro, Transferzeit 5 Min.; Transfer Kabatas – Kiz Kulesi tägl. 9–18.45 Uhr zu jeder vollen Stunde, Kiz Kulesi – Kabatas 9.45–18.45 Uhr jede volle Stunde, 3,50 Euro, Transferzeit 15 Min.; bei diesen Tagesverbindungen steht in der Regel nur die kleine Cafeteria des Turms zur Verfügung. Abends wird ein Diner samt Live-Musik im Restaurant geboten. Für diese Abendveranstaltung ist eine Reservierung vorzunehmen unter Tel. 0216-3424747, www. kizkulesi.com.tr. Der Preis des Dinners am Abend schwankt je nach Sitzplatz und Auswahl des Gerichts zwischen 40 und 75 Euro (ohne Getränke). Der abendliche Transport erfolgt wiederum von Salacak (Pendelverkehr zwischen 20.15 und 0.30 Uhr) oder zu festgesetzten Zeiten von/nach Kabataş (von Kabataş: 20, 20.45 und 21.30 Uhr, nach Kabataş zurück: 23, 23.45 und 0.30 Uhr – der Abendtransfer ist in den Dinner-Gebühren enthalten).

Şemsi Ahmet Paşa Camii (12)

An den Steintreppen der **Promenade** schenken mehrere Kioske Tee aus; die Gäste sitzen auf weichen Teppichen direkt auf den Stufen zum Bosporus, von wo man entspannt die Skyline von Istanbul und den ununterbrochenen Schiffsverkehr beobachten kann.

Direkt an der Promenade stößt man kurz vor der Anlegestelle von Üsküdar auch auf die kleine Şemsi Ahmet Paşa Camii, die ein Spätwerk *Sinans* ist (1580). Der in reizender Lage direkt am Ufer des Bosporus erbaute Stiftungskomplex umfasst neben der filigranen **Moschee** mit ihren schönen Fenstern auch eine **Medrese** sowie die **Türbe** von *Şemsi Ahmet Paşa,* der nicht nur als Wesir Sultan *Selim II.,* sondern vor allem als Dichter und Philosoph berühmt wur-

de. So werden denn auch fünf der zwölf Säle der Medrese als **Bibliothek** genutzt, wo immerhin stattliche 22.000 Bücher verwahrt werden.

Direkt hinter der Moschee versuchen viele Angler ihr Glück, während der Spaziergänger in einem der **schwimmenden Fischrestaurants** einkehren kann (eines der schönsten Schiffe ist das Osmanlı Balıkçısı).

Wer mit kleinen Kindern unterwegs ist, wird den auf der anderen Seite der Hauptstraße gegenüber der Moschee gelegenen kleinen **Luna Park** begrüßen, eine der wenigen „kindgerechten" Abwechslungen im Gewühl der Stadt.

Mimar Sinan Çarşısı (9)

Der Weg zur berühmten Fayencen moschee führt vom Üsküdar Meydanı zunächst über die belebte Hakimiyeti Milliye Caddesi. Auf der linken Straßenseite passiert man den Mimar Sinan Çarşısı, einen in einem **ehemaligen Hamam** untergebrachten kleinen **Basar.** Der an den kleinen Kuppeln noch leicht als Bad zu erkennen Trakt wurde von *Sinan* 1583 auf Geheiß der Sultansmutter *Nurbanu* errichtet. In den Jahren 1962–66 ließ ein Geschäftsmann das Gebäude renovieren, um es zu einer Markthalle umzufunktionieren. Interessanter als die recht farblosen Läden erweisen sich die beiden baumbestandenen **Plätze,** die das Hamam zu beiden Seiten flankieren. An ihren Springbrunnen trifft sich bei schönem Wetter der halbe Ort, und man fühlt sich noch ein wenig an eine anatolische Dorfplatzatmosphäre erinnert. Alte bärtige Männer sitzen auf einer Bank ebenso gedrängt zusammen wie auf der anderen die Kopftuch tragenden Frauen. Am nördlichen Platz steht das **Rathaus** (Belediye) Üsküdars, am Ende des südlichen passiert man die kleine **Karadavud-Ziegelmoschee (9)** von 1495.

Atik Valide Camii (23)

Nur wenige Schritte weiter zweigt links die kleine Tavukçu Bakkal Sokak ab. Man folgt der ersten Straße rechts – Çavuşdere –, um nach ca. 600 m durch ein konservatives Wohngebiet mit kleinen Haushaltsläden rechter Hand die moderne, grüne **Mustafa Kavsar Baba Camii (21)** zu sehen. Hier folgt man rechts bergan gehend der Kartalbaba Caddesi, um an verfallenden Holzhäusern vorbei den Komplex der Atik Valide Camii zu erreichen. Auch diese Anlage **(Moschee, Spital, Armenküche, Medrese)** geht auf die Valide *Nurbanu* zurück, die Mutter *Murats III.,* die hier 1577–83 durch den uns mittlerweile gut bekannten Hofarchitekten *Sinan* einen der größten – und schönsten – Külliye-Komplexe Istanbuls errichten ließ. Die mit einer doppelten Vorhalle und zwei schlanken Minaretts ausgestattete Moschee steht in einem weiten, mit alten Bäumen bestandenen Innenhof, wo auch der schöne **Şadırvan** einen Blick lohnt. Die Zentralkuppel ruht auf einem Pfeilersechseck, Mihrab und Mimber sind erlesene Marmorarbeiten. Der Höhepunkt aber sind die aus dem 16. Jh. stammenden **Iznik-Fayencen** am Mihrab, herausragende Werke der Fliesenkunst.

Çinili Camii (22)

Dies gilt natürlich in noch größerem Maße für die 1640 von der Valide *Kösem Mahpeyker* („Mondgesicht") errichtete **Fayencenmoschee** – Çinili Camii –, die ca. 700 m weiter östlich liegt (man folgt zunächst der Çinili Camii Sokak, um dann halbrechts die breite Allame Caddesi hinaufzugehen). Die recht kleine, eher unauffällige Moschee, der eine Medrese sowie ein Hamam angeschlossen sind, überrascht im Innern durch den Reichtum ihrer Iznik-Keramik, deren türkis-blaue Fayencen die Wände des Betraums bestimmen.

Karaca Ahmet Mezarlığı (24)

Wer sich für alte **osmanische Grabsteine** interessiert oder aber ganz einfach die **Ausstrahlung eines islamischen Friedhofs** kennen lernen will, dem sei ein Besuch des am südlichen Rand von Üsküdar gelegenen Karaca Ahmet Mezarlığı empfohlen. Zusammen mit Eyüp gehört er zu den größten Friedhöfen der Stadt. Der in großen Teilen **verwildert** wirkende, von Zypressen und Sträuchern überwachsene Friedhof mit längst umgefallenen oder zumindest schiefen Stelen mag Mitteleuropäer etwas befremden, zumal es kaum Wege gibt und man sich oft nur über die Einfassungen der Gräber fortbewegen kann. Eine Kuriosität gilt es ungefähr 100 m von der Türbe des Namensstifters *Karaca Ahmet Sultan* zu bestaunen: Hier liegt unter einer von sechs Säulen getragenen Kuppeltürbe das **Pferd des Sultans** begraben, das ihn vor 700 Jahren nach Anatolien getragen hatte. *Karaca Ahmet* selbst war ein großer Glaubenseiferer und wird heute längst als ein besonders heiliger Mann verehrt.

Am Haupteingang des Friedhofs (Bus 12C von Üsküdar) befindet sich an der Nuh Kuyusu Caddesi die **Şakırın Camii (24),** die in mehrfacher Hinsicht ein Novum darstellt: Zunächst ist es die erste Moschee, die von einer Frau – der Designerin *Zeydip Fadillioglu* – ausgestaltet wurde. Zudem wurden für die 2009 eröffnete Moschee völlig untypische Materialien verwendet, darunter viel **Glas** und **Leuchtdioden.** So ist der Minbar nicht aus Holz oder Marmor, sondern aus **Acryl.** Das ganze Ensemble wirkt hell und lichtdurchflutet; vielleicht also steht hier der Prototyp einer völlig neuen Generation moderner Moscheen ...

Selimiye Kışlaşı (25)

Nicht weit vom Friedhof sieht man die riesige, in der ersten Hälfte des 19. Jh. erbaute Selimiye Kışlaşı (Selimiye-Kaserne) sowie die benachbarte gleichnamige **Moschee.** Hinter der von vier Ecktürmen begrenzten markanten ockergelben Fassade der **Kaserne,** mit deren Bau bereits 1826 begonnen wurde, wirkte 1854–56 **Florence Nightingale** (1820–1910), romantisch gerne auch als „Lady with the lamp" tituliert. Sie leitete mit der Pflege der im Krim-Krieg verletzten Soldaten die moderne Versorgung von Kriegsverwundeten ein. Ein kleines **Museum** im nordwestlichen Turm der Kaserne, bestehend aus zwei Räumen, erinnert an die erste Militär-

krankenschwester der Moderne. Die weite Anlage der Kaserne wird heute immer noch von der 1. türkischen Armee benutzt; ein Besuch bedarf der Anmeldung.

●**Florence Nightingale Müzesi,** Selimiye Kışlaşı (Eingang an der Hauptstraße von Harem, Harem Sahil Yolu), Mo bis Fr 10–16 Uhr, Eintritt frei; Besuch nur nach Vereinbarung: Die Kopie der ersten Passseite und die genaue Angabe des gewünschten Besuchsdatums mit Uhrzeit an folgende Nummer faxen: 0216-3107929 oder 0216-5531009 (am besten vom Hotel aus); zu der angegebenen Uhrzeit am Eingangskontrollpunkt melden; nach einem Marsch um das ganze Gebäude wird man von einem (englisch sprechenden) Offizier zu den Räumen geführt.

Nicht weit von der Kaserne sieht man die in maurischem Stil erbaute mächtige **Marmara Üniversitesi (26)** mit ihrem zentralen Hauptportal und zwei flankierenden Seitentürmchen.

Unterhalb der Kaserne erreicht man den Fernbusbahnhof und die **Anlegestelle von Harem.**

Praktische Infos

Anfahrt

●**Fähren:** Eminönü – Üsküdar 6.30–22.30 Uhr, alle 15 Min., 60 Cent; Eminönü – Harem 7–21.30 Uhr halbstündlich, 60 Cent; Beşiktaş – Üsküdar 6.30–22.15 Uhr mindestens einmal halbstündlich, 35 Cent.
●**Busse** (Busbahnhof an der Anlegestelle und an der Şemsi-Paşa-Moschee): Bus 15A fährt alle Orte der asiatischen Bosporusseite bis Anadolu Kavağı an (60 Cent); die Busse 12/12A verkehren zwischen Üsküdar und Kadıköy (60 Cent, besser Dolmuş nehmen, s.u.); die Busse nach Şile (siehe „Ausflüge") verkehren vom Busbahnhof an der Şemsi Paşa.
●**Dolmuş:** Die Dolmuşe nach Kadıköy (ca. 70 Cent) stehen an der Hauptstraße nahe

der Şemsi Paşa; für Büyük Camlica (siehe „Ausflüge") nimmt man den Dolmuş nach Ümraniye, Abfahrt neben dem Brunnen der Iskele Camii (50 Cent).

Zurzeit gibt es am Üsküdar Meydanı eine riesige Baustelle, sodass Haltestellen und Abfahrtspunkte verlegt werden; die Dolmuş-Haltestelle nach Kadıköy ist z.Z. – wie im Plan eingetragen – nahe der Yeni Valide Camii; ob das aber so bleibt, ist bei dem Tohuwabohu am Platz keineswegs sicher, also erkundigen!

Buchhandlung (Karte S. 334)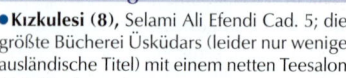

● **Kızkulesi (8),** Selami Ali Efendi Cad. 5; die größte Bücherei Üsküdars (leider nur wenige ausländische Titel) mit einem netten Teesalon im 1. Stock.

Essen und Trinken (Karte S. 334)

● Schöne **Teegärten (14)** befinden sich an der Promenade zwischen Salacak und Üsküdar; bei Salacak liegen die Gäste auf den von Teppichen belegten Stufen der Promenade, um beim Çay besinnlich aufs Meer zu sehen (kein Wunder, dass sich hier viele Liebespärchen einfinden); „normale" Teegärten findet man zudem in der Nachbarschaft der Şemsi-Paşa-Moschee.

● **Kanaat Lokantası (4),** Selmanipak Cad. 9 (20 m neben dem Yeni Sarayı Hotel); wer gut und preiswert essen will – ohne großen Wert auf Ambiente zu legen –, ist in dem einfachen, auch bei Einheimischen beliebten Restaurant richtig; türkische Küche.

● **Sultanım Café (19),** Salacak Sahil Yolu 31; Terrassencafé an der Promenadenstraße in Richtung Harem, schöner Blick auf Marmara-Meer/Kız Kulesi; auch das nahe gelegene **Damalis (18,** Salacak Sahil Yolu 25) bietet Speisen und einen Nargile-Teegarten mit Blick aufs Meer.

● **Katibim (13),** Şemsipaşa Sahil Yolu 53 (nahe Luna Park an der Hauptstraße); modernes Gartencafé mit Küche, mäßige Preise.

● **Asitane (20),** Tunusbağı Cad./Eski Belediye Önü Sok. 21; wer von der Ayazma Camii direkt zum Karaca-Ahmet-Friedhof geht, sollte bei diesem schönen Konak-Café (kleine Küche, Pide-Gerichte) eine Pause einlegen;

Holzpavillon um einen schönen Innenhof mit Springbrunnen; mittlere Preislage (liegt mitten in einem Wohngebiet).

● **Café Paşa Limanı (2),** Kuzguncuk (im nördlichen Teil Üsküdars, aber noch vor der Bosporus-Brücke); sehr schönes Café/Restaurant direkt am Bosporus; Frühstücksbuffet für ca. 8 Euro.

● **Sultan Sofrası (6),** Selamiali Efendi Cad. 1/C; im Marktviertel gelegene Lokanta mit reicher und schmackhafter türkischer Küche, zudem preiswert!

● **Salacak Balıkçısı (17),** Harem Sahil Yolu 21, Tel. 0216-5301085; Fischrestaurant mit hohem Terrassendach, wo man zusätzlich zum Diner einen schönen Blick aufs Meer genießt.

Kadıköy (Karte S. 344)

Im 7. Jh. v.Chr. besiedelten **megarische Griechen** zum ersten Mal die Meerenge des Bosporus. Die Wahl ihres Siedlungsplatzes beim heutigen Kadıköy brachte ihnen später die wenig schmeichelhafte Bezeichnung **„Stadt der Blinden"** ein, da sie offenen Auges die viel bessere strategische Lage der europäischen Serailspitze (wo wenige Jahre später der legendäre *Byzas* sein Byzanz gründen sollte) nicht erkannten. Trotzdem gelangte **Chalcedon** – wie der Ort hieß – in der Folge zu wirtschaftlichem Wohlstand und beherbergte im Jahr 451 die Mitglieder des vierten Ökumenischen Konzils, das im Streit um das Wesen *Christi* den wichtigen Lehrsatz prägte, dass göttliche und menschliche Natur in *Christus* unvermischt, aber gleichzeitig auch unzertrennlich miteinander vereinigt seien (Zwei-Naturen-Lehre). Teile der Ostkirche hielten an der Ein-Natur-Lehre (Monophysitismus) fest, sodass es zu Absplitterungen kam.

Damit war die historische Rolle von Chalcedon auch schon vorüber; gegenüber Byzanz strategisch im Nachteil, wurde die Stadt oft von asiatischen Angreifern bedroht und schon früh von den Osmanen besetzt, die den Ort nun „Dorf des Richters" (Kadı-köy) nannten.

An historischen Sehenswürdigkeiten hat Kadıköy nicht viel zu bieten; trotzdem ist ein Besuch des **modernen, aufgeschlossenen Stadtteils** mit seinen Märkten, Cafés und Restaurants durchaus zu empfehlen. Die stets belebten Gassen des Marktviertels wie auch die südlich gelegenen Promenadencafés vor dem Hafen und bei dem Wohnviertel von Moda pflegen einen entschieden westlichen, leicht intellektuell **geprägten Lebensstil,** der einen Schuss an französischem Charme und individuellem Savoir-vivre verrät. Passend dazu gibt sich das **Nightlife** in der Barlar Sokak (Kadife Sokak), das offen und locker daherkommt, ohne dabei (wie nicht selten in Beyoğlu) überzüchtet zu wirken. Kein Wunder, dass sich hier auch (durchweg modern eingestellte) Frauen allein in die Bar trauen, wohl fühlen – und kaum auffallen. Kurz: Die Atmosphäre ist von Toleranz und einem gepflegten Individualismus geprägt. Wie formulierte es eine junge türkische Bekannte von der europäischen Seite: „Sei vorsichtig in Kadıköy! Nirgendwo gibt es so viele rothaarige Frauen mit so viel Selbstbewusstsein." Ob da vielleicht etwas Neid dabei war ...?

Schon die **Anfahrt mit dem Schiff** ist ein **Erlebnis:** Vorbei an der Mädchenburg und dem Containerhafen von Harem passiert man die mächtige Seli-miye-Kaserne und dahinter die orientalische Fassade der Marmara-Universität. Es folgt der neoklassizistische **Bahnhof von Haydarpaşa,** der 1903 errichtet wurde und Ausgangsbahnhof der berühmten und von Deutschen gebauten Bagdadbahn war; südlich des Hafenbeckens erkennt man den großen gelben **Türk Balon** (**10,** Gasballon), das weithin sichtbare Wahrzeichen Kadıköys. Wer einen phänomenalen Blick genießen will, kann sich von ihm 200 m in die Höhe tragen lassen (s.u.).

An dem buchtartigen **Hafen** fallen zunächst einmal die ungewöhnlich vielen Blumenverkäuferinnen auf, die den „Empfang" im Stadtteil freundlich gestalten. Die angenehm aufgeschlossene Atmosphäre setzt sich im **Basarbereich der Söğütlüçeşme Caddesi** und der südlich davon liegenden **Einkaufsgassen** fort. Im Zentrum des von hübschen Cafés, Buchläden, viel versprechenden Bäckereien sowie Schmuck- und Kunstständen geprägten Marktviertels steht die **Surp Takavor Ermeni Kilisesi (9),** eine hinter roten Mauern versteckte kleine armenische Kirche von 1862, deren hölzerner Glockenturm recht auffällig ist (So 9–13 Uhr geöffnet).

Besonders in der **Dumlupınar Sokak (17)** gibt es mehrere in älteren Häusern eingerichtete Cafés und Buchläden, die oft liebevoll, ja fast im europäischen Sinne „schnuckelig" wirken.

Südlich und oberhalb der Dumlupınar liegt die **Kadife Sokak (27)** – allgemein auch als „Barlar Sokak" bekannt –, deren ansprechende Cafés und Bars die Mittelpunkte des hiesigen Nachtlebens darstellen.

Zwischen Üsküdar und Kadıköy

Zwischen Üsküdar und Kadıköy

■ **Übernachtung**
1 Rıhtım Hotel
2 Konak Hotel
3 Hotel Zirve
4 Zümrüt
5 Hotel Okur, Hotel Güven
6 Hotel Grand As, As Hotel
7 Dila Hotel
13 Kent Hotel

■ **Essen und Trinken**
8 Makarnacı, Tekno Spat
12 Arkadaş/Otantik
14 Çiya Sofrası,
 Şelale Restaurant
15 Sedir Café
18 Çinilli Café/Sahaf
23 Miralay Nazım Sokak
24 Coffee Shop
28 Vagon Café
30 Moda Çay Bahçesi
31 Moda Iskelesi

■ **Nachtleben**
11 Denizatı
21 Shaft
26 Kadife Club
28 Karga, Buddha

■ **Einkaufen**
9 Marktviertel
16 Bildergalerien in der
 Sarraf Ali Sokak
18 Greenhouse (Buchhandlung)
19 Antikahane
20 Tellalzade Sokak
 (Antiquitäten)

■ **Sehenswürdigkeiten,
 Museen, Gotteshäuser**
9 Surp Takavor Ermeni Kilisesi
10 Türk Balon
17 Dumlupınar Sokak
22 Surp Levon Ermeni
 Katolik Kilisesi
25 Agia Triada Rum
 Ortodoks Kilisesi
27 Kadife Sokak
29 Saint Joseph Lisesi
32 Bağdat Caddesi
33 Fenerbahçe Stadyumu
 (Fenerbahçe-Stadion)

Kadıköy Uzunçayır Yolu
Kurbağalıdere C
Hızır Bey C
Özbey C.
Hızır Bey C.
Kısıklı Ali C.
Muratpaşa C.
Prof. Dr. Fahrettin Kerim Gökay C.
KÖY
Taşköprü C.
KALAMIŞ
Münir Nurettin Selçuk C.
Kalamış Fener C.
Bağdat C.
32
Bostancı
FENERBAHÇE
© REISE KNOW-HOW 2012

Die **Moda Iskele Caddesi** läuft durch das gehobene (und nicht billige) Wohnviertel von Moda und endet – wie der Name schon sagt – an dem alten ockergelben Fähranleger (Iskele), der in seiner exponierten Lage am Ende eines Stegs heute zu einem beliebten Café umfunktioniert worden ist. Von hier wie auch von der am Meer verlaufenden Promenade hat man einen weiten Blick auf den Yachthafen von Kalamış und das dahinter liegende Fenerbahçe.

Der Weg entlang der **Bucht von Kalamış** wird von einem kleinen Park mit einigen hübschen Cafés gesäumt. Er endet an einem steinbruchartigen Kies- und Felsstrand. Von hier kann man links über Treppen die kleine Şifa Sokak in Moda erreichen. In der links abbiegenden Dr. Esat Işık Caddesi sieht man inmitten des ruhigen Wohnviertels den ummauerten Schultrakt des **Saint Joseph Lisesi (29)** von 1870. An der Bahariye Caddesi passiert man links die große **Agia Triada Rum Ortodoks Kilisesi (25),** um dann an der Kreuzung zur Söğütçeşme Caddesi zur kleinen, lindgrünen **Surp Levon Ermeni Katolik Kilisesi (22)** von 1911 zu kommen. An der Kreuzung steht ein Bronzestier mit gesenkten Hörnern, und in den Gassen hinter der Kirche finden sich viele Straßenverkäufer, die Silberketten, -ohrringe und anderen Schmuck oder auch Bilder anbieten. Nicht weit entfernt von hier steht das in den ockergelben Vereinsfarben geschmückte **Stadion von Fenerbahçe Istanbul (33).**

Südlich des Stadions beginnt die kilometerlange **Prachtstraße Bağdat Caddesi (32)** ihren geraden Lauf nach Süden. Der breite, von modernen Geschäftshäusern geprägte Boulevard mit seinen unzähligen Modegeschäften und Restaurants erinnert eher an amerikanische denn an türkische Gefilde. Wem danach ist, der kann hier bis **Bostancı** dem Shopping nachgehen; die asiatische Vorortbahn (Banliyö Tren) bringt einen dann bequem zum Bahnhof Haydarpaşa zurück.

Wer den Abend nicht in Kadıköy verbringen will, achte darauf, dass er mit dem Sonnenuntergang die **Heimreise** per Schiff antritt. Die sich traumhaft immer näher schiebende Silhouette der Serailspitze mit ihrem Topkapı-Palast und die Umrisse der minarettgezeichneten Hügel über dem Goldenen Horn ergeben eine **City-Skyline,** die zu Recht zu den spektakulärsten und schönsten der Welt gezählt werden darf.

Praktische Infos

Anfahrt

- Von Sultanahmet mit der **Tramvay** bis Eminönü, von dort mit dem **Schiff** direkt nach Kadıköy.
- Von Taksim per **Tünel-Bahn** nach Karaköy, von dort mit dem **Schiff** über Haydarpaşa nach Kadıköy.
- Wer einmal über die **Bosporus-Brücke** fahren möchte, nimmt den **Bus 110** zwischen Taksim und Kadıköy über die Brücke (1,20 Euro, ca. 45 Min. bei normalem Verkehr!).
- Wer in der Barlar Sokak versackt ist und das letzte Schiff (23 Uhr nach Karaköy) verpasst hat, der nimmt den **Dolmuş,** der zwischen Taksim und Kadıköy rund um die Uhr verkehrt (1,50 Euro, nachts 25 Min.).
- Zwischen Kadıköy und Moda verkehrt eine historische kleine **Tramvay,** die derjenigen in Beyoğlu sehr ähnlich ist.

Buchhandlung

● **Greenhouse (18)**, Dumlupınar Sok. 13/B; internationale Buchhandlung, die vor allem eine große Auswahl englischer Bücher vorweisen kann; in dem freundlichen Haus befindet sich das nette **Sera-Kitapevi-Lesecafé**.

Einkaufen

● **Antikahane (19)**, Dumlupınar Sok. 18; Antiquitätenladen mit alten Gravuren, Fermans, Fotografien, Mobiliar, Porzellan usw.; weitere Antiquitätenläden findet man zuhauf in der Tellalzade Sokak.

● Viele moderne **Bildergalerien (16)** haben ihren Sitz in der **Sarraf Ali Sokak**.

● In der **Tellalzade Sokak** reiht sich ein **Antiquitätenladen (20)** an den anderen; wer etwas Besonderes ergattern will, kann hier den ganzen Tag stöbern.

Essen und Trinken

● **Arkadaş (12)**, Muvakkithane Cad. 17/B; beliebtes Café mit schönem Erker und gemütlicher Holzeinrichtung.

● **Çiya Sofrası (14)**, Güneşlibahşe Sok. 38/A, Tel. 0216-3303190, www.ciya.com.tr; hervorragendes und unter Einheimischen weithin bekanntes Restaurant mit türkischer Küche zum Verlieben im Zentrum Kadıköys; das Restaurant ist in puncto Ambiente einfach, aber sein Ruf so gut, dass man abends schon mal warten muss, um einen Platz zu bekommen; für die Qualität sehr preiswert!

● **Makarnaçı (8)**, Söğütlüçeşme Caddesi 16; wer beim Shoppen im Marktviertel Hunger auf variationenreiche Pasta-Kombinationen bekommt, findet in diesem auf Nudelgerichten spezialisierten Schnellrestaurant eine breite und preiswerte Auswahl.

● **Şelale Restaurant (14)**, Güneşlibahşe Sok. 44/A (an der Ecke Dumlupınar Sok.); Lauben-Café bzw. -Restaurant mit guter türkischer Küche; preiswert.

● Blau und rot stehen sie nebeneinander, und schon von außen verraten beide Häuser Geschmack: Das **Çinilli Café (18)** und das daneben liegende **Sahaf (18)**, Dumlupınar Sok. 6/8, sind gemütliche, liebevoll eingerichtete Cafés. Besonders das Sahaf mit seiner alten Holzausstattung und den alten Bücherrega-

len verbreitet eine warme und entspannte Atmosphäre.

● **Sedir Café (15)**, Mühürdar Cad. 54; riesiges Spiel- und Nargile-Teehaus; für Fußballfans, die kein Ticket bekommen haben, eine gute Gelegenheit, die Stimmung vor dem Schirm und im Laden zu beobachten.

● Preisgünstig und gut isst man in den vielen **Lokantas** und kleinen Restaurants der **Miralay Nazım Sokak (23)** (Parallelstraße zur Bahariye), wo man beim Schlemmen die Qual der Wahl hat.

● **Moda Iskelesi (31)**, Tel. 0216-4446644; im schönen Fähranlegerhaus von Moda untergebrachtes Café/Restaurant, von dem man einen weiten Blick auf das Marmara-Meer und die asiatische Küste hat; das Restaurant liegt in der oberen Etage; u.a. türkische Fischgerichte; gelegentlich auch Konzerte.

● **Otantik (12)**, Muvakkithane Cad. 24/A; eines jener Restaurants, wo man den Frauen beim Rollen von Gözleme zuschauen, aber auch Köfte und andere türkische Gerichte bekommt; stets gut besucht und preiswert.

● **Moda Çay Bahçesi (30)**, Ferit Tek Sokağı; der Wochenendtreffpunkt für alle, die bei schönem Wetter über die Kadıköy-Promenade und das Meer sehen wollen: mehrere hochgelegene Teegärten an der Straße über der Promenade.

● **Coffee Shop (24)**, Hacı Şükrü Sok. 11, 10–23 Uhr; stilvolles und geschmackvoll eingerichtetes Café mit gutem Kaffee und fast schon französischem Ambiente.

● Oberhalb der Promenade liegen viele **Aussichtscafés**, von denen aus der Sonnenuntergang über dem Meer beobachtet wird.

Stadtansicht aus dem Ballon

● **Türk Balon (10**, Ballonaufstieg), am Hafen von Kadıköy und weithin sichtbar: ein senkrecht bis auf 200 m Höhe aufsteigender gelber Gasballon, der für ca. 20 Min. eine fantastische Aussicht bietet; max. 30 Pers. pro Aufstieg, 9–18 Uhr, ca. 8 Euro, Tel. 3470405.

Internet-Café

● **Tekno Spot**, Sakız Sok. 8; modernes und freundliches Internet-Café; natürlich nur eines von vielen.

Ausflüge

ista06-347a Foto: mf

ista06-347b Foto: mf

Yalı (Holzhaus) in Yeniköy (Bosporus)

Rumeli Hisarı, Festung am Bosporus

Blick über Istanbul von Büyük Çamlıca

Der Bosporus (Boğaziçi)

Es war einmal vor langer Zeit oder auch gar nicht, dass sich **Göttervater Zeus** sterblich in die **Priesterin Io** verliebte. Als er bei seinem Techtelmechtel von seiner eifersüchtigen Ehefrau **Hera** überrascht wurde, verwandelte er *Io* schnell in eine weiße Kuh. Doch eine eifersüchtige Ehefrau lässt sich nur schwer reinlegen, und *Hera* bat schöntuend ihren lieben Gatten, ihr doch die Kuh zu schenken. Die arme *Io,* vorher pikanterweise als Priesterin im Heratempel ohnehin der Ehefrau verpflichtet, wurde von *Hera* dem hundertäugigen Priester *Argos* übergeben, der die Kuh rund um die Uhr bewachen sollte. In Verfolgung seiner viehischen Gelüste schläferte *Zeus* daraufhin den *Argos* ein, um seiner geliebten Kuh die Flucht zu ermöglichen. Die wütende *Hera* schickte nun eine Bremse, die *Io* zur Verzweiflung und durch alle möglichen Länder trieb. Am Schluss suchte die gequälte Kuh im Wasser ihre Rettung und durchschwamm jenen Meeresarm, der seitdem als **„Rinderfurt"** (Bosporus) bekannt ist. Erst in Ägypten fand sie wieder Ruhe, erlangte ihre menschliche Gestalt zurück und gebar dem *Zeus* einen Sohn, der dann König von Ägypten wurde.

Platt gesprochen erklärt sich die 32 km lange und zwischen 660 m und 3,2 km breite Meeresenge durch ein in Vorzeiten abgesunkenes Flusstal, das heute exakt die Grenze zwischen Asien und Europa bildet. Die **Meerenge verbindet das Schwarze Meer** (Kara Deniz) **mit dem Marmara-Meer** und stellt insofern so etwas wie ein maritimes Nadelöhr dar, dessen strategische Position seit Urzeiten hart umkämpft und immer begehrt war.

So fantasiert auch der moderne türkische Schriftsteller **Orhan Pamuk** im zweiten Kapitel seines Romans „Das schwarze Buch" über die bizarren Schätze, die zutage kämen, „wenn der Bosporus austrocknet": „Ich werde die Reste eines geplünderten genuesischen Schatzes, einen Mörser mit schlammverstopftem Rohr, die muschelverkleideten Abbilder und Idole vergangener und vergessener Staaten und Stämme und die zerborstenen Birnen eines auf der Spitze balancierenden Messingkronleuchters sehen. Während ich über Morast und Gestein immer tiefer hinabsteige, werde ich geduldig zu den Sternen aufblickende Sklavengerippe betrachten, die mit Ketten an ihre Ruder gefesselt sind. Ein Collier, aufgehängt an Algenbäumen. Über Brillen und Schirme werde ich vielleicht hinwegsehen, die Kreuzfahrer jedoch, mit sämtlichen Waffen, Panzer und allem Drum und Dran auf ihren prachtvollen, noch immer trotzig standhaften Pferdeskeletten sitzend, die werde ich für einen Moment mit wachsamer Ehrfurcht anschauen."

Attraktiver und mindestens so sehenswert sind die Gestade dieses Flussmeeres: An den bis zu 200 m hohen Abhängen erwarten **Paläste, Burgen, Parks, dorfähnliche Gemeinden** und die früher so typischen türkischen **Holzvillas (Yalı)** den staunenden Besucher. Der sonnt sich in einem Teegarten im Gefühl einer lieblichen, mediterranen Flusslandschaft, und erst das unwirklich erscheinende Vorbeigleiten eines überproportional dimensionierten Hochseecontainerschiffs reißt ihn aus seinem Pastorale und erinnert ihn daran, dass das hier eine viel frequentierte Meeresstraße ist. Pro Jahr durchfahren allein **55.000 Frachtschiffe** die Meerenge, darunter immerhin 10.000, deren Ladung als gefährlich eingestuft werden muss. So traumhaft schön das kontrastive Ambiente auch sein mag – man sollte es tunlichst nicht zu einem Bad nutzen oder gar durchschwimmen wollen.

Gleichwohl ist der Bosporus auch heute noch – obwohl seine Dörfer längst zu Istanbuler Vororten der Besserverdienenden mutiert sind und die Bebauung kräftig zugenommen hat – **eine der reizvollsten und lieblichsten Naturszenerien der Welt.** Um sie kennen zu lernen, bieten sich zwei Wege an: der erste per Schiff, der zweite per Bus. Wer Zeit und Muße hat, wird beide miteinander verbinden; wer dagegen diese Reiseschätze nicht im Gepäck hat, sollte wenigstens die eintägige **Panoramatour per Schiff** nicht auslassen.

Ausflüge per Schiff und Bus

Es gibt **mehrere Möglichkeiten,** eine Bosporus-Fahrt per Schiff zu machen. Wer an den Kais von Eminönü spazieren geht, wird häufig von privaten Anbietern nach einer „Bosporus-Tour" angesprochen werden. Diese rein **touristischen Ausflugsschiffe** fahren in der Regel nur bis Rumeli Hisarı, um dann wieder umzudrehen. Die Tour dauert

Der Bosporus

meist 2–3 Stunden und sieht keine größeren Stationen bzw. Halts vor.

Eine entschieden bessere Alternative stellen die **regulären Linienschiffe** dar, die zweimal am Tag – im Winter (Nov. bis April nur einmal; siehe auch „Verkehrsmittel") – von Pier 3 in Eminönü („Boğaz Hattı") abfahren und zurzeit folgende **Stationen an beiden Ufern** anlaufen: Eminönü, Beşiktaş, Kanlıca, Yeniköy, Sariyer, Rumeli Kavağı, Anadolu Kavağı. Die Rückfahrt verläuft dementsprechend in umgekehrter Reihenfolge. Eine Tour dauert ca. 1,5 Stunden, sodass man also an seinem gewählten Ausstiegsort bis zur Rückfahrt genügend Zeit zum Bummeln hat. Auf den Linienschiffen gibt es preiswerte Getränke und Snacks; allerdings sind sie im Sommer sehr voll, da sie mittlerweile von vielen Touristen bevorzugt werden.

Des Weiteren verkehren von einigen Orten am Bosporus **kleinere Linienschiffe im Ringverkehr:** z.B. Emirgan – Kanlıca – Anadolu Hisarı – Emirgan. Diese Linien sind aber nur für „Bosporus-Individualisten" interessant, die die Erkundung mit dem Bus betreiben und ggf. die Seite, also den Kontinent, wechseln wollen, um auf der anderen Seite wieder per Bus weiterzufahren.

Einzelne Streckenabschnitte – dies gilt besonders für die europäische Seite – eignen sich übrigens schön zum **Laufen,** da hier zumindest teilweise längere **Promenaden** angelegt wurden.

Wer systematisch alle unten aufgeführten Sehenswürdigkeiten und Orte sehen möchte, wird um den **Bus** nicht ganz herumkommen. Sein erheblicher Nachteil besteht in der Tatsache, dass die Uferstraßen notorisch verstopft sind. Eine Fahrt entlang des ganzen Bosporus kann so unter Umständen zur mehrstündigen Tortur werden; bei der Planung empfiehlt es sich also, wenn möglich, das Schiff vorzuziehen und den Bus nur für Teilstrecken zu nutzen.

Im Folgenden werden **beide Ufer des Bosporus von Süd nach Nord** beschrieben.

Die europäische Seite

Die **touristisch wichtigen Buslinien** für die europäische Seite sind: von Kabataş (bis dahin von Sultanahmet Tramvay nehmen!) Bus 25E bis Sariyer; von Taksim Bus 40 bis Sariyer (halten in jedem Ort); Bus 25A verkehrt zudem zwischen Sariyer und Rumeli Kavağı; darüber hinaus gibt es viele andere Buslinien, die sich zumindest für Teilstrecken anbieten.

■ **Sehenswürdigkeiten, Museen, Gotteshäuser**
1 Belgrat Ormanı (Belgrader Wald)
2 Sadberk Hanım Müzesi
3 Tellibaba-Schrein
4 Hüseyin Yuşa Tepesi (Joshua-Hügel)
6 Hıdıv Kasrı (Sommerpalais)
7 Sakıp Sabancı Müzesi
8 Fatih Sultan Mehmet Köprüsü/ Bosporus-Brücke
9 Burg Rumeli Hisarı
10 Burg Anadolu Hisarı
11 Küçüksu Kasrı (Sommerpalast), Kıbrıslı Mustafa Emin Paşa Yalısı, Ostorog Yalısı
15 Beylerbeyi Sarayı (Sultans-Palast)
16 Boğaziçi Köprüsü/Bosporus-Brücke
17 Büyük Çamlıca

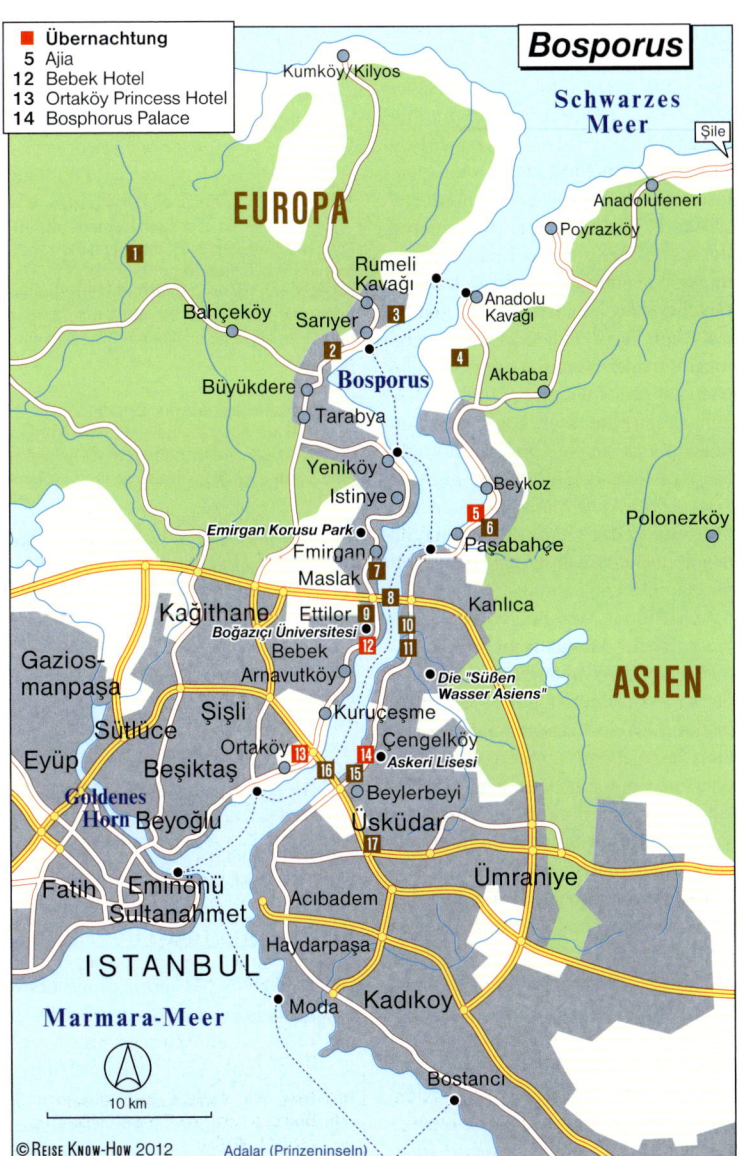

Bosporus

Übernachtung
5 Ajia
12 Bebek Hotel
13 Ortaköy Princess Hotel
14 Bosphorus Palace

Kumköy/Kilyos

Schwarzes Meer

Şile

EUROPA

Anadolufeneri

Poyrazköy

1

Rumeli Kavağı

Bahçeköy

Sarıyer 3

Anadolu Kavağı

2

4

Akbaba

Büyükdere

Bosporus

Tarabya

Yeniköy

Beykoz

Istinye

Polonezköy

Emirgan Korusu Park

5

6

Fmirgan

Paşabahçe

7

Maslak

Kağithane

8

Ettilor 9

Kanlıca

Boğaziçı Üniversitesi

10

Bebek

12

11

Arnavutköy

Gazios-manpaşa

Die "Süßen Wasser Asiens"

ASIEN

Şişli

Kuruçeşme

Sütlüce

Ortaköy 13

Çengelköy

Eyüp

16

14

Askeri Lisesi

Beşiktaş

15

Goldenes Horn

Beyoğlu

Beylerbeyi

Üsküdar

17

Fatih

Eminönü

Sultanahmet

Ümraniye

Acıbadem

ISTANBUL

Haydarpaşa

Marmara-Meer

Kadıkoy

Moda

10 km

Bostancı

© REISE KNOW-HOW 2012

Adalar (Prinzeninseln)

Ortaköy

Das „Dorf in der Mitte" – so die etwas rätselhafte Übersetzung – liegt unmittelbar vor der ersten Bosporus-Brücke (Boğaziçi Köprüsü) und besitzt einen fast idyllischen, kopfsteingepflasterten Ortskern, der ganz den Promenierenden gehört. Zentrum des abends zum mondänen Leben erwachenden **Szene-Örtchens** (siehe „Nachtleben") ist die zwischen 1853 und 1855 erbaute barocke **Ortaköy Camii**, deren offizieller Name Büyük Mecidiye Camii ist. Wegen ihrer pittoresken Lage direkt am Bosporus ist sie eine der meistfotografierten Moscheen Istanbuls. Die von zwei schlanken Minaretts flankierte Kuppelmoschee wurde 1854 unter Sultan *Abdülmecit* von *Nikoğos Balyan* im neobarocken Stil erbaut.

An dem der Moschee vorgelagerten Platz **Iskele Meydanı** befinden sich mehrere Cafés und Fischrestaurants, die am Wochenende gut besucht sind. In den kleinen Gassen rund um den Platz laden abends mehrere gemütliche Bars und Cafés zum Verweilen ein. Eine kulinarische und optische Attraktion sind die **Kumpir-Stände**, an denen für wenig Geld mächtige Kartoffeln ausgehölt und mit verschiedenen Beilagen (man hat die Qual der Wahl) vollgestopft werden.

Essen und Trinken

● **Poisson**, Iskele Meydanı 26, Ortaköy, Tel. 0212-258490; am zentralen Platz mit Blick auf den Bosporus; wie alle umliegenden Konkurrenten auf Fischgerichte spezialisiert.
● **Beltaş**, Yalı Çık. 17, Tel. 0212-2590732; Café/Restaurant nördlich der Moschee mit Terrasse direkt am Meer; ausgezeichneter Blick auf Bosporus und Brücke; kleinere Gerichte (Köfte, Omeletts, Sandwiches), moderate Preise; in der gleichen Gasse liegen Richtung Hauptstraße gleich mehrere **Kumpir-Buden**.

Bars/Cafés

Ortaköy besitzt in seinem kleinen Altstadtkern schnuckelige Cafés und Bars, die vor allem am Wochenende gut besucht sind. Die Namen wechseln ständig, die Lokalitäten nicht; was gerade „in" ist, muss man an Ort und Stelle selbst herausfinden. Trotzdem einige Tipps:

● **Çınar Café/Restaurant,** Değirmen Sok. 3; mitten in der Altstadt und nicht weit entfernt von der Anlegestelle, hübsch eingerichtet in einem alten, katakombenähnlichen Haus mit Dachterrasse.
● **Kahve Cumbalı,** Değirmen Sok. 5, Tel. 0212-2615086; direkt neben dem Çınar, nettes Café mit viel Holz-Interieur und Dachterrasse mit Meerblick; das dem gleichen Besitzer gehörende Restaurant daneben ist das **Epope,** das vom Stil her die gleiche Handschrift aufweist.
● **Café X,** Kayrnakçı Sok. 4; weiche und farbige Softsitze verschönern das Rauchen der Nargile, dabei noch etwas Musik auf der Terrasse, und der Abend ist perfekt ...
● **Café Nargil,** Yelkovan Sok. 5; Tee und Wasserpfeife und die hier übliche orientalische Ausstattung.

Open-Air-Discos

● Siehe im Kapitel „Nachtleben".

Boğaziçi Köprüsü (16)

Hinter Ortaköy passiert man die **erste Bosporus-Brücke** (Boğaziçi Köprüsü), die 1973 das europäische und asiatische Ufer zum ersten Mal miteinander verband. Nicht dass es nicht vorher schon Pläne gegeben hätte, diese strategisch so wichtige Enge zu meistern.

So nimmt man an, dass der persische „König der Könige", *Dareios* (521–486 v.Chr.), bei seinem Zug gegen die Skythen im Jahr 512 eine erste Schiffsbrücke über den Bosporus bilden ließ, die allerdings – so sie nicht überhaupt nur aus legendärem Nebel bestand – kaum mehr als eine militärisch-provisorische Hilfskonstruktion gewesen sein dürfte. Später träumten die großen Renaissance-Architekten *Leonardo da Vinci* und *Michelangelo* von einer solchen Großtat, aber bekanntlich kam nicht einmal die da-Vinci-Konstruktion über das Goldene Horn über die Projektidee hinaus.

So blieb es denn einer **deutsch-britischen Unternehmenskooperation** vorbehalten, im Jahr 1970 zur Tat zu schreiten und in drei Jahren einen uralten Traum Wirklichkeit werden zu lassen: Europa und Asien miteinander zu verbinden.

Die rund 1600 m lange, **sechsspurige Fahrbahn** wird von zwei mächtigen, 165 m hohen Doppelpylonen getragen und war zum Zeitpunkt der Eröffnung eine der längsten Hängebrücken der Welt (Abstand zwischen den Pfeilern 1070 m). Die Fahrbahn liegt fast 65 m über dem Meeresspiegel, sodass selbst größte Containerschiffe die Brücke problemlos durchfahren können. Jeden Tag wechseln etwa 120.000 Autos hier die Kontinente. Den Brückenzoll von rd. 1,50 Euro muss man übrigens nur zahlen, wenn man von Europa nach Asien fährt; in umgekehrter Richtung ist die Passage frei.

Bitte dringend beachten: Die Brückengebühr kann nicht mehr in bar bezahlt werden, sondern wird von der elektronischen **KGS-Wertkarte** abgebucht, die u.a. in türkischen Banken erhältlich ist (siehe dazu auch Kapitel „Autofahren und Verkehrsverhalten", S. 43).

Arnavutköy

Hinter der Brücke erreicht man über den kleinen Ort **Kuruçeşme** (hübsche Parkanlagen am Bosporus) Arnavutköy (Dorf der Arnauten), an dessen schöner Promenade noch einige prachtvolle

Der Bosporus

Die Ortaköy Camii, eine der meistfotografierten Moscheen Istanbuls

Holzhäuser *(Yalı)* und Fischerboote zu sehen sind. Der Ortsname selbst erklärt sich durch die **albanischen Siedler,** die im Osmanischen Reich als Arnauten bekannt waren und hier einst angesiedelt wurden. Ungefähr dort, wo sich am nördlichen Ausgang des Ortes die von 1832 stammende **Teşvikiye Camii** erhebt, schiebt sich das als **Akantı Burnu** bekannte Kap in die Bosporusrinne vor; das Wasser ist hier mit 100 m am tiefsten, und es herrscht eine kräftige Strömung.

Essen und Trinken

● **Deep Blue,** Bebek Cad. 115, Arnavutköy, Tel. 0212-2634829; wie der Name schon sagt: Ganz in Meeresblau gehaltenes feines Fischrestaurant mit einer guten Auswahl an Weinen; in der Nähe der Teşvikiye Camii an der Hauptstraße; gehobene Preislage (15–20 Euro).
● **Köfteçi Ali Baba,** 1. Cadde 69, Arnavutköy; solide und recht preiswerte Köfte-Lokanta in der Ortsmitte (Parallelstraße zur Uferstraße im Ort).

Bebek

Die Strecke zwischen Arnavutköy und Bebek kann über die breite und von vielen Fischern genutzte **Uferpromenade** leicht und bequem zu Fuß zurückgelegt werden, wobei man zum ersten Mal einen guten Blick auf die Osmanenfestung Rumeli Hisarı und die dahinter sich spannende zweite Bosporusbrücke (Mehmet Fatih Sultan Köprüsü) hat. Bebek gilt mit seinen Villen, die sich den Hang hochziehen, als einer der nobelsten Orte am Bosporus.

Dazu passt, dass sich am nördlichen Ortsrand die renommierteste Universität Istanbuls, die **Boğaziçi Üniversitesi,** befindet; die 1971 gegründete englischsprachige Universität ist die Nachfolgerin des im 19. Jh. von dem Amerikaner *Hamlin* gegründeten Robert College, das eine der renommiertesten Ausbildungsstätten seiner Zeit war.

In unmittelbarer Nähe liegt das von einem großen Friedhof umgebene **Aşiyan Müzesi,** das ehemalige Wohnhaus des türkischen Schriftstellers *Tesvik Fikrit* (1867–1915). Das mehrstöckige schöne Holzhaus wurde bereits 1945 in ein **Museum** verwandelt, dessen Exponate – persönliche Dinge und Werkansichten – an den Schriftstller erinnern. *Tesvik Fikrit* war einer der bedeutendsten Schriftsteller der Edebiyat-i Cedide (Neue Literatur), mit der eine Gruppe von türkischen Dichtern sich von der alten osmanischen Divan-Dichtung abwendete und europäischen Literaturthemen und -formen annäherte. „Aşiyan" bedeutet „Vogelnest" – ein passender Name für die von einem idyllischen Gartenhain umgebene Villa, von deren Dachgeschoss man einen herrlichen Blick über den Bosporus genießen kann.

● **Aşiyan Müzesi,** 8.30–16.30 Uhr (So/Mo geschlossen), Eintritt frei, aber ein kleines „Schuhgeld" von ca. 30 Cent für die Überzieher wird erhoben; Bushaltestelle Aşiyan, Bus 25E von Eminönü, Bus 40 von Taksim; von der Hauptstraße links bergan gehen (ausgeschildert).

Essen und Trinken

● **Bebek Café,** Vapur Iskelesi (nahe Fähranleger in Bebek); direkt am Bosporus liegendes beliebtes Café im Zentrum von Bebek, schöne Terrasse mit Blick aufs Wasser, und die Preise sind – für Bebek! – moderat.

Rumeli Hisarı (9)

Genau an der Stelle, wo der Bosporus mit 660 m seine engste Passage erreicht, ließ Sultan *Mehmet Fatih* im Jahr 1451/52 noch vor seinem Angriff auf Konstantinopel die **mächtige Festung** Rumeli Hisarı erbauen. Zusammen mit ihrem kleineren asiatischen Pendant auf der anderen Bosporusseite, Anadolu Hisarı, hoffte er die Kontrolle über die Meerenge zu gewinnen, die bis dahin von genuesischen und venezianischen Schiffen fast ungehindert passiert werden konnte. Außerdem konnte er so die Zufuhr des Schwarzmeergetreides nach Byzanz unterbinden. Durch seinen Kanonier *Urban* (siehe Exkurs „Der letzte Kampf an der Mauer") ließ er hier für die damalige Zeit moderne Artilleriegeschütze installieren. Und tatsächlich gelang es, ein venezianisches Schiff durch einen Volltreffer zu versenken, sodass die italienischen Seemächte Genua und Venedig fortan nur noch über Zollzahlungen ihren Handel im Schwarzen Meer aufrechterhalten konnten. Da *Mehmet* aber bereits zwei Jahre später Konstantinopel erobern konnte, verloren die Zwillingsburgen schnell wieder ihre strategische Bedeutung und wurden in der Folge oft als Gefängnis benutzt.

Die sich den Hang hochziehende, 30.000 m² große Festung, die in nur vier Monaten fertig gestellt wurde, besteht aus drei großen sowie einem Dutzend kleinerer **Türme.** Die drei wuchtigen, bis zu 30 m hohen und 9 m dicken Rundtürme tragen jeweils den Namen der Paschas, die sie erbauten: *Halil*, *Za-*ganos und *Sarudscha*. Alle drei gehörten zum engsten Beraterkreis des Sultans und zu den militärischen Führern der Belagerung von Konstantinopel. Von den bis zu 7 m dicken Festungsmauern hat man einen schönen Blick auf den Bosporus und die zweite ihn überspannende Brücke, die Fatih Sultan Mehmet Köprüsü. Im Innern der Burg gibt es außer den spärlichen Resten einer Zisterne und Moschee nur mehr wenig zu sehen; eine **Bühne** dient im Sommer als Aufführungsort von Fest- und Musikspielen.

● **Rumeli Hisarı Müzesi,** 9–16.30 Uhr (Mi geschlossen), Eintritt 1,50 Euro; Anfahrt mit Bus 25E und 40, Haltestelle Rumeli Hisarı.

Essen und Trinken

● Zwischen Festungseingang und Bushaltestelle befinden sich mehrere einladende **Teegärten und Restaurants,** deren Terrassen einen schönen Blick auf den Bosporus bieten, z.B. **Kale Çay Bahçesi,** Yahya Kemal Cad. 38, mit leicht erhöhter Terrasse und folglich prächtigem Blick auf den Bosporus; preiswert essen kann man zudem im unmittelbar am Wasser stehenden Pavillon der Fähranlegestelle, **Rumeli Iskele,** Yahya Kemal Cad. 1; gegenüber liegt das **Çapa,** Yahya Kemal Cad. 14; beide sind mehr oder weniger auf Fischgerichte spezialisiert.

● **Doğatepe Café/Restaurant,** Nispetiye Cad./Duatepe Parkı, Rumeli Hisarüstü, Tel. 0212-2574391, www.dogatepe.com.tr, 12–2 Uhr; hoch über der Burg gelegenes Café/Restaurant mit herrlichem Blick über den Bosporus und die zweite Interkontinentalbrücke, die Sultan Fatih Köprüsü; wer nicht vom Bosporus hochlaufen möchte, kann von Kabataş den Bus 43R nehmen (Endstation: Rumeli Hisarüstü), das Café und den nahe liegenden Park besuchen und anschließend bequem zum Bosporus hinunterlaufen – einer der sonntäglichen Lieblingsorte der Istanbuler.

Der Bosporus

Fatih Sultan Mehmet Köprüsü (8)

Die **zweite Bosporus-Brücke,** die Fatih Sultan Mehmet Köprüsü, wurde nötig, weil die erste bald völlig überlastet war. So wurde wiederum in drei Jahren (1985–88) eine neue, zwar etwas kürzere, dafür aber breitere Hängebrücke erbaut. Diesmal war es ein japanisch-italienisch-türkisches Konsortium, das die 1500 m lange und 40 m breite **achtspurige Fahrbahn** erstellte. Auch hier tragen zwei über 100 m hohe Pylonen die Konstruktion, und auch hier liegt die Fahrbahn rund 65 m über dem Wasser. Nimmt man nun die Kapazität beider Brücken zusammen, ergibt sich ein tägliches Aufkommen von rund 350.000 Autos. Und auch das reicht nicht: Die nächste Brücke ist bereits in Planung.

Emirgan

Das **Umfeld** von Emirgan gehört zu den schönsten und interessantesten Abschnitten des Bosporus. Emirgan leitet sich von *Emir Khan* ab, einem persischen Prinzen, der im 16. Jh. die Stadt Eriwan den Osmanen überließ und später ein gern gesehener Gast Sultan *Murads IV.* (1623–40) war. Der Ort selbst besitzt einen schönen, von hohen alten Platanen geschützten kleinen **Hain** (Çınaraltı), dessen pavillonartiger, schön verzierter Brunnen ebenso wie die benachbarte **Emirgan Camii** unter Sultan *Abdühamit* errichtet wurde (1779/80).

Die kleine Rokoko-Moschee mit ihrer ganz in Grün gehaltenen Ausstattung und ihren schönen Säulen lohnt einen Besuch. Der malerische Platz wird von mehreren Cafés und Restaurants belegt, die zu einer besinnlichen Teepause mit Blick auf den Bosporus einladen.

Sakıp Sabancı Müzesi (7)

Wenige Schritte weiter nördlich liegt links an der Uferstraße der Eingang zum Sakıp Sabancı Müzesi. Das Haus des türkischen Großindustriellen und Kunstsammlers *Sabancı,* der hier über 50 Jahre sein Domizil hatte, liegt in einem herrlich gepflegten **Park,** der sich terrassenförmig den Hang hochzieht. Als *Hacı Ömer Sabancı* 1951 die Villa erwarb, ersteigerte er ein Bronze-Pferd, das er im Park seiner Villa aufstellte; von nun an war das Anwesen als „Atlı Köşk" (Pferdepavillon) bekannt.

Neben den klassisch wirkenden Pferde- und Nymphenstatuen erstaunt vor allem die Szenerie der vor dem Haus liegenden **Aussichtsterrasse,** deren perfektes Zusammenspiel von Natur und Kunst zusammen mit dem Blick auf den Bosporus sogar die Ästhetik mancher Postkartenidylle übertrifft.

Ebenso exquisit wirkt das Haus selbst, dessen historischer und künstlerischer Höhepunkt die prachtvoll vergoldeten **Korankalligrafien** des 15.–19. Jh. im Obergeschoss sind; die Exponate sind derart einmalig, dass sie bereits im New Yorker Metropolitan Museum, im Louvre wie auch im Guggenheim-Museum als Gastausstellungen zu sehen waren. Auch die Fermans und Berats (amtliche Bekanntmachungen des Sultans) sowie die Sultan-Tughras (Namenszeichnungen der Herrscher), die bis ins 16. Jh. zurückgehen, sind bemerkenswert.

Die Parterreräume, die an den großindustriellen Mäzen und Namensgeber erinnern, erlauben einen Blick auf die luxuriöse und **elegante Innenausstattung** des späten 19. bzw. frühen 20. Jh., als *Sabancı* sein Imperium aufbaute und hier logierte. Insbesondere die aus chinesischen und französischen Sèvres-Stücken bestehende Porzellansammlung ist hervorzuheben.

Das Untergeschoss des Museums ist der **modernen türkischen Malerei** gewidmet, hier finden auch oft wechselnde Ausstellungen statt. Das Museum, das Teil der Sakıp-Sabancı-Universität ist und insgesamt eine Ausstellungsfläche von über 3500 m² besitzt, ist vorbildlich konzipiert und mit allen technischen Standards versehen (Behindertenaufzug, Rampen etc.).

Mit seinem faszinierenden **Zusammenspiel von Kunst und Natur,** Haus und Garten sollte das Sabancı Müzesi nicht als Regentaglösung angesehen werden; der künstlerische und ästhetische Reiz der Gartenanlage mit ihrer fast zu schönen Aussichtsterrasse offenbart sich vollständig erst bei blauem Himmel.

● **Sakıp Sabancı Müzesi,** Istinye Cad. 22, Emirgan, Di/Do/Fr/So 10–18 Uhr, Mi 10–22 Uhr, Sa 10–18 Uhr, Mo geschlossen; Eintritt 2,40 Euro; Anfahrt mit Bus 25E von Eminönü, mit Bus 40 von Taksim, Haltestelle Çınaraltı.

Blick über den Bosporus vom Garten des Sakıp Sabancı Müzesi

Der Bosporus

Emirgan Korusu

Gegen die gestylte Komposition des Sakıp Sabancı nimmt sich der folgende Emirgan Korusu (Emirgan-Park) fast wie ein Stück unbelassene Natur aus. Der **große Park,** der sich nahe dem Sabancı-Anwesen die Hügel hinaufzieht, ist wegen seiner **Tulpenblüte** im Frühjahr berühmt. Er besitzt zudem drei hübsch restaurierte **historische Pavillons,** ist aber ansonsten vor allem wegen seiner **Spazierwege und Picknickareale** hervorzuheben.

Direkt rechts vom Eingang steht der **Pembe Köşk,** in dem heute ein Gartencafé untergebracht ist. Der touristisch sicher interessanteste Pavillon, der gelbe **Sarı Köşk,** ist ein schön restauriertes Holzhaus mit bemalten Decken und einem schönen Garten, das an ein Schweizer Chalet erinnert. Er liegt im Süden der Parkanlage und wird heute als stilvolles Café/Restaurant genutzt. Von der Terrasse hat man einen herrlichen Blick über den Bosporus. Der doppelstöckige „weiße" **Beyaz Köşk** liegt im Norden des Parks; sein klassizistisches Ambiente wird für gelegentliche Musikdarbietungen genutzt.

●**Emirgan Korusu,** 9–22 Uhr, Eintritt frei, Eintritt für Autofahrer 1,40 Euro; Bushaltestelle Emirgan.

Essen und Trinken

●**Çınaraltı Çay Bahçesi,** Emirgan; ein von mehreren Cafés/Restaurants belegter Platanenhain; Busse 25E bzw. 40, Haltestelle Çınaraltı direkt am Hain.
●**Sarı Köşk,** Emirgan Korusu, Tel. 0212-2295038; Café/Restaurant in einem prachtvoll restaurierten Holzhaus im Emirgan-Park; dezente Musik, gute Küche, ein kleiner Wei-

her und der herrliche Ausblick auf den Bosporus: Was will man mehr ...
●**Mehtap Kafeterya,** Sakip Sabancı Cad. 23–25 (direkt am Eingang zum Emirgan-Park); nichts Besonderes, aber eine preiswerte Gelegenheit für einen Snack in dieser ansonsten eher kostspieligen Gegend; große, etwas steril wirkende Cafeteria mit verschiedenen Pide und Fleischgerichten (Döner, Tavuk etc.).

Istinye

Hinter dem Park liegt die tief eingeschnittene Bucht von Istinye. Der kleine **schöne Hafen** hat auch hier längst Gutbetuchte angezogen, und folglich können sich die Villen und Häuser des Ortes in puncto **Chic** durchaus mit Bebek messen.

Essen und Trinken

●Entlang der Istinye Caddesi (Uferstraße) haben Promenierende die Auswahl zwischen mehreren Fischrestaurants, darunter z.B. das **Fish Var Balıkçı** (Istinye Cad. 26, Tel. 0212-2772582) und das **Kaçkar** (Istinye Cad. 16, Tel. 0212-2770087), die sich beide am nördlichen Rand des Ortes befinden; beide relativ einfach und in mittlerer Preislage.

Yeniköy

Der kaum weniger **elegante Ort** Yeniköy besticht ebenfalls durch prachtvolle Villen und Holzhäuser (Yalı), die allerdings von der Straße kaum zu sehen

Der beschauliche Hafen von Istinye

Der Bosporus

sind; am berühmtesten sind der Yalı des Großwesirs *Sait Halim Paşa* sowie die ehemalige Residenz des österreichischen Botschafters. Apropos Botschafter: Im Hinterland von Yeniköy sieht man den unlängst festungsartig ausgebauten Botschaftsklotz der USA, die sich hier aus Sicherheitsgründen hinter gigantomanischen Mauern verschanzt hat.

Essen und Trinken

●**Circle Café/Restaurant,** Daire Sokak 5, Yeniköy; modern eingerichtetes und sehr durchgestylt wirkendes Café mit kleiner Bosporusterrasse; Alternative im nahe gelegenen Uferpark: **Gazebo,** Köybası Cad. 175; schönes Terrassencafé in einem alten weißen Haus am Anfang von Yeniköy.

●Zum Speisen bietet sich das nahe der Iskele (Fähranleger) liegende **Fischrestaurant Yel-** **ken** an (Köybası Cad. 71, Tel. 0212-262 9490); die schöne Terrasse des Restaurants liegt unmittelbar am Bosporus; eher feines Ambiente und entsprechende Preise.

Tarabya

Der sich um eine kleine Bucht gruppierende Ort Tarabya (über eine breite **Promenade** von Yeniköy erreichbar) ist seit altersher als **Thermalbad** bekannt; sein aus dem griechischen „Therapia" abgeleiteter Name verspricht noch heute Linderungen aller Art, die einem aber angesichts des unschönen und weithin sichtbaren Tarabya-Hotelklotzes etwas vergällt werden. Auch hier hatten ausländische Botschaften ihre Sommersitze, darunter auch die deutsche Vertretung; auf dem ihr benachbarten Soldatenfriedhof ruht Generalfeldmarschall *Colmar Freiherr von der Goltz*, der im Ersten Weltkrieg die türkische Armee reformiert hatte.

Essen und Trinken

●**Le Pecheur,** Yeniköy Cad. 80, Tel. 0212-2627070; in einem schönen modernen Pavillon direkt am Meer gelegenes großes Restaurant, das sich natürlich auf Fischgerichte spezialisiert hat; den Gast erwartet ein elegantes Ambiente.

Çayırbaşı und Büyükdere

In der **Bucht von Çayırbaşı** erreicht man die mit 3,3 km breiteste Stelle des Bosporus. Mit dem folgenden **Büyükdere** wird das Umfeld traditioneller, die bisherige Eleganz der alten und neuen Villen weicht einer dorfähnlichen, gediegenen Bescheidenheit.

Am Nordausgang des Örtchens liegt an der Hauptstraße das **Sadberk Hanım Müzesi (2),** das die beachtlichen antiken **Kunstsammlungen** von *Sadberk Hanım,* der Frau des Großunternehmers *Vehbi Koç,* zur Schau stellt. In dem schönen alten Museums-Yalı mit seiner prachtvollen Holztreppe und Inneneinrichtung ist neben den ethnologischen Objekten vor allem die **archäologische Ausstellung** hervorzuheben, die u.a. aus alten antiken Münzen und Keramikwaren besteht. Zusätzlich gibt es interessante Goldschmuck- und Handwerksarbeiten aus unterschiedlichen islamischen Perioden (u.a. der Seldschukenzeit; 10.–13. Jh.), prachtvolles osmanisches Geschirr und europäisches Porzellan zu bewundern. Ach ja,

die Unterwäsche der Prinzessin *Hatice Halim* aus dem 19. Jh., Tochter eines osmanischen Bey in Ägypten, ist ebenfalls zu sehen. Aber nicht nur dieser tiefen Einsicht wegen ist das Museum wirklich zu empfehlen.

●**Sadberk Hanım Müzesi,** Piyasa Cad (Büyükdere Cad.) 27–29; 1.10.–31.3. 10–17 Uhr, 1.4.–30.9. 10.30–18 Uhr, Mi geschlossen, Eintritt 5 Euro; Anfahrt mit den Bussen 25E und 40, Haltestelle Adliye.

Von Sarıyer bis Rumeli Kavağı

Der nördliche Hauptort der europäischen Bosporusseite heißt **Sarıyer.** Es ist ein durchaus lebendiger Ort, dessen traditionelles Gepräge kaum mehr etwas mit den schicken Nobelzentren des Südens gemein hat. Noch im Jahr 1995 geriet das Örtchen unangenehm in die Schlagzeilen, als eine der Prostitution verdächtige Einheimische hier gesteinigt wurde. Das kleinstädtische Leben pulsiert vor allem um die Anlegestelle und den Fischerhafen, wo mehrere Cafés und (Fisch-)Restaurants zur Pause einladen.

Hinter Sarıyer überquert die Straße einen Hügel, die sogenannten **Dikili-Klippen,** die einen schönen Ausblick auf die asiatische Bosporusseite und ihr genuesisches Fort erlauben. Rechts unterhalb der Straße liegt der hauptsächlich von Frauen besuchte und verehrte **Tellibaba-Schrein (3).** Der grüne Sarkophag des legendären Heiligen hat für unverheiratete Frauen magische Kräfte. Die Heiratswilligen unter ihnen nehmen ein kleines Stück des vergoldeten Schreindrahtes mit, der ihnen garantiert einen Bräutigam verschaffen soll. Ist der dann gefunden, kehrt man am Hochzeitstag zurück, um den erfolgreichen Talisman wieder am Gitter zu befestigen und ein Stück Kleidung oder Papier an einen nahen Baum zu binden – für das Ehe-Happy-End. Man munkelt übrigens, dass hier am Wochenende erstaunlich viele Männer parken – entweder weil sie endlich die unbezweifelbar frische Luft genießen oder aber dem heiligen Brauch ihre Dienste anbieten wollen.

Der letzte Ort des europäischen Bosporus, **Rumeli Kavağı**, ist nun wirklich ein Dorf; die Hauptattraktion des aus Restaurants und wenigen Häusern bestehenden Fleckens sind denn auch die Touristen, die hier morgens einfallen, um abends wieder tiefe Stille zurückzulassen.

Anfahrt

● **Schiffe:** Sarıyer wie auch Rumeli Kavağı liegen an der regulären Bosporus-Linie von Eminönü (siehe eingangs dieses Kapitels); zudem verkehren bis zum frühen Nachmittag kleine Dampfer im Ring-System zwischen Sarıyer, Anadolu Kavağı und Rumeli Kavağı.
● **Busse:** Bus 25E von Kabataş, Bus 40 von Taksim (fährt entlang der europäischen Seite bis Sarıyer, ca. alle 20 Min.); von Sarıyer nach Rumeli Kavağı mit Bus 25A oder aber der Fähre (s.o.).

Essen und Trinken

● **Aquarius Balık Restaurant,** Cami Arkası Sok. 11–13, Tel. 0212-2713434; preisgünstiges Fischrestaurant auf drei Etagen direkt am geschäftigen Hafen von Sarıyer.
● **Nesli,** Liman Cad. 17, Tel. 0212-2180142; Fischrestaurant zwischen Sarıyer und Rumeli Kavağı in der Höhe des Tellibaba-Schreins; schöner Blick auf den Bosporus; das Gleiche gilt für das benachbarte **Gelişli,** Liman Cad. 29, Tel. 0212-2426731.

Die asiatische Seite

Zwischen Üsküdar und Anadolu Kavağı gibt es ebenso viele Schönheiten und Sehenswürdigkeiten wie auf der europäischen Seite des Bosporus; es empfiehlt sich allerdings des Öfteren, den Bus zu nehmen, denn eine gemütliche Promenade am Meer ist eher die Ausnahme. Insgesamt fehlt der asiatischen Seite die schicke Nobelatmosphäre, die Orte wie Ortaköy, Bebek und Yeniköy auf der anderen Seite charakterisiert. Die Gemeinden hier sind – im Großen und Ganzen – eher **konservativ und bodenständig,** sodass dem alten Dorfcharakter der Bosporus-Örtchen hier (noch) entschieden besser nachgespürt werden kann. Ein weiterer historischer Vorteil dieser relativen „Rückständigkeit" ist die größere Anzahl an noch bestehenden **Holzhäusern (Yalı),** da hier in der Vergangenheit viel weniger gebaut und abgerissen wurde.

Seitdem aber nun die Brücken auch die asiatischen Ortsteile mit den europäischen Zentren verbinden, beginnen sich auch hier die Zeiten zu ändern: Viele **Neubauten** sind entstanden und die alten Yalıs, die aufgrund hoher Mauern von der Straße her oft nicht einsehbar sind, werden zu interessanten **Restaurationsobjekten** für diejenigen, die sich ein altes und teures Sommerhaus leisten können oder aber in historische Häuser investieren, um Hotel- oder Restaurantprojekte zu realisieren.

Das **Bosporus-Linienschiff** fährt auf der asiatischen Seite nur Kanlıca und den Endpunkt Anadolu Kavağı an. Ansonsten heißt es, mit dem Schiff nach

Der Bosporus

Üsküdar überzusetzen und dort den **Bus Nr. 15** zu nehmen; er fährt alle hier erwähnten Orte an (Haltestelle in Üsküdar an der dem Fähranleger gegenüberliegenden Straßenseite Richtung Norden).

Beylerbeyi

Nach dem Passieren der ersten Bosporus-Brücke (siehe oben) erreicht der Bus den kleinen lebendigen Ort Beylerbeyi. Hier ließ Sultan *Abdülaziz* 1861–65 durch den Architekten *Balyan* eine klassizistisch anmutende, aus 26 Räumen und sechs Hallen bestehende **Sommerresidenz (Beylerbeyi Sarayı** – Beylerbeyi-Palast) errichten, die in der Folge gerne als Gästehaus für hochrangige Besucher genutzt wurde. So durften Kaiser *Franz Joseph von Österreich* wie auch die Gemahlin *Napoleons III.,* Kaiserin *Eugenie,* die malerische Lage des Palais am Bosporus bewundern, die heute durch die Brücke optisch entschieden geschmälert wird. In diesem Palast verbrachte der 1909 abgesetzte Sultan *Abdülhamid II.* nach seiner Rückkehr aus dem Exil (siehe Exkurs zum Harem) seine letzten Jahre.

Die Höhepunkte der **Führung** sind der prachtvolle Lüster aus böhmischem Kristall in der Eingangshalle, die Sèvres-Porzellan-Vasen und vor allem der Perlmutt-Salon im Obergeschoss, der an Schränken und Stühlen prachtvolle Intarsienarbeiten zeigt. Der Salon liegt bereits im Haremsteil des klassisch strukturierten Palastes: In der Mitte die Empfangsräume sowie der Große Salon, rechts davon der Selamlık und links

die den Frauen vorbehaltenen Räume des Haremlık. Prachtvoll ist auch die Uferfront des Palais mit ihren beiden pagodenförmigen Türmchen.

● **Beylerbeyi Sarayı,** Beylerbeyi, 9.30–16 Uhr (Mo/Do geschlossen), Führung jede Stunde Englisch/Deutsch, Eintritt 3,50 Euro; Anfahrt mit dem Bus 15, an der Bushaltestelle Çayırbaşı aussteigen.

Im kleinen Ort Beylerbeyi selbst fällt vor allem die von schönen Teegärten umstandene **Beylerbeyi Camii** (eigentlicher Name: Hamid-I Evvel Camii) von 1778 auf, eine Zentralkuppelmoschee mit schönen Lüstern und Fenstern sowie prachtvollen Holzarbeiten und Elfenbeinintarsien.

Essen und Trinken

● **Villa Bosphorus,** Iskele Cad. 14, Beylerbeyi, Tel. 0216-3186810, www.villabosphorus.com; Fischspezialitätenrestaurant in herrlicher Lage direkt am Bosporus, umgeben von einem schönen Garten; von der Terrasse guter Blick auf Ortaköy und die beiden Bosporus-Brücken; gehobene Preise.
● **Bosphorus Palace Restaurant,** Yalıbolu Cad. 64, Beylerbeyi, Tel. 0216-4220003, www.bosphoruspalace.com/en/restaurant.html; Luxusrestaurant im gleichnamigen Hotel; es handelt sich um eine prachtvoll restaurierte Yalı aus dem 19. Jh. mit einem schönen Garten; vom Restaurant, das vor allem Fisch- und mediterrane Spezialitäten serviert, hat man einen herrlichen Blick auf den Bosporus.
● **Eftalya Restaurant,** Yalıbolu 36, Beylerbeyi, Tel. 0216-4222851, www.eftalya.net; im Park gelegenes Fischrestaurant am Bosporus; auch hier ist das Restaurant in einem Holzhaus (Yalı) untergebracht; schöne Aussicht und natürlich gehobene Preise; 12–24 Uhr.

Çengelköy

Der kleine Ort Çengelköy mit seinem fast schon **dörflichen Charme** gehört sicher zu den malerischsten Ausflugsorten am Bosporus. Dies meinen zumindest diejenigen, die am zentralen Dorfplatz unter alten Platanen die **Teegärten** aufsuchen und in aller Ruhe leicht den ganzen Tag verträumen.

Essen und Trinken

● **Çınaraltı Aile Çaybahçesi,** Cami Sok. 5, Çengelköy; direkt am Meer gelegener, sehr beliebter Teegarten, der bei schönem Wetter am Wochenende bis auf den letzten Stuhl belegt ist; der Name rührt von der mächtigen alten Platane, die den Platz beherrscht; gemütlich und preiswert.

Hinter Çengelköy passiert die Straße das große, von zwei weißen Türmen flankierte **Askeri Lisesi** (Militärschule). Das schon von Weitem auffällige Gebäude aus dem 19. Jh., das von einem großen Park umgeben und natürlich nicht zugänglich ist, kann am besten von der gegenüberliegenden Bosporusseite oder bei einem Blick von der Bosporus-Brücke in Augenschein genommen werden.

Die „süßen Wasser Asiens"

Kurz hinter Kandilli erreicht man die einst so berühmten „süßen Wasser Asiens". Dabei handelt es sich um das **Gebiet zwischen den beiden Flüsschen Küçüksu und** dem folgenden **Göksü.** Früher nutzte die hohe Istanbuler Gesellschaft, darunter selbst der Sultansharem, die Wiesen und Auen der Flussniederungen für Spaziergänge und Pick-

nicks. Von dieser oft gemalten Idylle ist heute nur mehr wenig zurückgeblieben; vor allem der kleinere Küçüksu bedarf dringend der Gewässersanierung.

Küçüksu Kasrı (11)

Direkt am Ufer des Bosporus steht hier das von Sultan *Abdülmecit* 1853–56 erbaute Küçüksu Kasrı (**Küçüksu-Sommerpalast),** dessen überladene Barock- bzw. Rokokofassade schon an den stuckreichen Eingangstoren überdeutlich wird; nur die Sultans-Tughra (Monogramm) erinnert noch recht eigentlich an einen asiatisch-osmanischen Palast. Im Inneren wartet der übliche spätsultanische Luxus aus Lüstern, vergoldetem Mobiliar und prachtvollen Stuckdecken und Teppichen. Zum Bosporus führt eine hübsche barocke Flügeltreppe hinab; wenn man hier im Garten nach rechts schaut, erblickt man die nahe gelegene **Kıbrışlı Mustafa Emin Paşa Yalısı,** während links die weiße, von 1760 stammende **Ostorog Yalısı** zu erkennen ist, die mit 60 m eines der längsten historischen Holzhäuser des Bosporus darstellt (z.Z. nicht zugänglich). Jenseits des Bosporus erkennt man die Festung Rumeli Hisarı (siehe „Die europäische Seite").

Im Garten steht auch der mit feinen Goldinschriften versehene **Küçüksu Çeşmesi;** der schön verzierte Brunnen ist oft auf historischen Bildern zu sehen, die romantisch (verklärt) an die „süßen Wasser Asiens" erinnern.

● **Küçüksu Kasrı,** Kandilli Caddesi, Eintritt ca. 2,40 Euro, 9.30–17 Uhr (Mo/Do geschlossen); Anfahrt mit dem Bus 15, Bushaltestelle Küçüksu.

Der Bosporus

Burg), erreicht. Die im Vergleich zu ihrem rumelischen Gegenüber sehr viel kleinere **Festung** wurde 1395 durch *Beyazıt I.* (1389–1402) errichtet. Zwar ist die Restaurierung der Wehranlage, die aus einem inneren und einem äußeren Umlauf sowie mehreren Wachttürmen besteht, abgeschlossen, die Burg ist trotzdem noch nicht zugänglich.

Das kleine gleichnamige **Dorf** mit seinen Fischerbötchen erstreckt sich recht malerisch rechts und links des Göksü-Ufers, wo sich auch einige kleine Cafés und Restaurants für einen Aufenthalt empfehlen.

● **Anadolu Hisarı,** wird z.Z. zu einem Museum restauriert; die Festung ist aber gut einsehbar bzw. auf einem Weg zu umrunden; Anfahrt mit dem Bus 15, Haltestelle Anadolu Hisarı.

Essen und Trinken

● **Cemile Sultan Korusu,** Küçüksu Caddesi, Tel. 0216-3084943, www.cemilesultan.com; in der großen terrassenförmigen Parkanlage von Kandilli rechts der Uferstraße liegendes Café/Restaurant, durch dessen Glaswand man einen weiten Blick über den Bosporus genießt; das Restaurant ist erst seit wenigen Jahren zugänglich und gehörte vorher der türkischen Handelskammer (Ticaret Odası), die auch heute noch oberhalb des Restaurants einen erlesenen – nicht zugänglichen – Klub unterhält; gehobene Preise, 11–24 Uhr; Anfahrt mit dem Bus 15, Bushaltestelle Kandilli aussteigen, nur wenige Schritte entfernt liegt der Eingang zum Park.

Anadolu Hisarı (10)

Nach Überqueren des Göksü hat man das anatolische Pendant zu Rumeli Hisarı, Anadolu Hisarı **(Anatolische**

Essen und Trinken

● **Hüseyin Bey Café,** Kızıl Serçe Sokak, Anadolu Hisarı (direkt nach dem Überqueren des Göksü von der Hauptstraße rechts in die Ortschaft einbiegen; liegt direkt am Fluss); das von einem schönen Garten umgebene einfache Café, das in einem Holzhäuschen untergebracht ist, bietet eine gemütliche Einrichtung und preiswerte Snacks.

Amcazade Hüseyin Paşa Yalısı

Hinter der zweiten Bosporus-Brücke (siehe „Das europäische Ufer") passiert man die **Reste einer der einst schönsten Yalıs des Bosporus,** die Amcazade Hüseyin Paşa Yalısı. Erbaut wurde sie 1698 durch den gleichnamigen Großwesir, der aus der berühmten Wesir-Dynastie der *Köprülüs* stammte (siehe Exkurs „Vom großen Glück, ein Großwesir zu sein"). Im Inneren sind schöne In-

Küçüksu Çeşmesi

tarsien und Schnitzereien zu bewundern (z.Z. ist ein Besuch nicht möglich).

Kanlıca

Danach erreicht man den ruhigen Ort Kanlıca, um dessen platanenumstandene Fähranlegestelle (Iskele) wieder mehrere **Teehäuser** zum *Keyif* (türk.: Muße) einladen.

Berühmt ist der Ort ob seiner weithin geschätzten **Yoghurt-Spezialität,** deren umwerfender Geschmack angeblich der hier so guten Kuhmilch geschuldet ist und die in kleinen Bechern sogar auf den Bosporusschiffen verkauft wird.

Hıdiv Kasrı (6)

Im weiter nördlich gelegenen großen **Çubuklu Korusu** (Çubuklu-Park) steht das Hıdiv Kasrı, das Ende des 19. Jh. vom letzten ägyptischen Khediven (Vizekönig) erbaut wurde. Das zweistöckige, mit einem Girlandenfries und schönen Decken versehene **Sommerpalais** fällt vor allem durch seinen hohen quadratischen Turm auf. Um die säulenumstandene, mit einem Springbrunnen geschmückte Eingangshalle gruppieren sich heute die Zimmer und Etagen eines beliebten Restaurants (s.u.). Der Park selbst zeichnet sich durch seinen alten Baumbestand und einen Rosengarten aus.

Essen und Trinken

●**Uskumru,** Körfez Cad. 55, Tel. 0216-4601000; gehobenes Fischrestaurant direkt am Bosporus am Hang unter der Fatih-Bosporusbrücke; von der Terrasse schöner Ausblick auf das gegenüberliegende Rumeli Hisari, sehr gepflegte und üppige Gartenkultur,

ein schöner Platz zum Dinieren; es gibt sogar einen eigenen Bootsdienst auf die andere Bosporusseite.
●**Hıdiv Kasrı,** Çubuklu Korusu (nördlich von Kanlıca, ausgeschildert), Tel. 0216-4250603, 8–22 Uhr; schön gelegenes Schloss-Café/Restaurant in einem großen Park oberhalb des Bosporus (s.o); im Vergleich zum Körfez geradezu spottbillig; Anfahrt mit dem Bus 15, Haltestelle Kanlıca, dann zu Fuß durch den Ort hinauf (ausgeschildert).

Paşabahçe und Beykoz

Paşabahçe besitzt neben seiner bekannten großen Glasfabrik Şişecam auch die rot-weiße **Sultan Mustafa Camii,** eine recht auffällige Moschee mit einem gerifelten Minarett. Danach erreicht man den lebendigen und recht traditionell wirkenden Ort **Beykoz,** der noch einige hübsche **Holzhäuser** am Bosporusufer vorzuweisen hat.

Hüseyin Yuşa Tepesi (4)

Die Straße verlässt jetzt den Bosporus und steigt **im Hinterland** zwischen einem riesigen eingezäunten Militärgelände auf den höchsten Bosporushügel, den 216 m hohen Hüseyin Yuşa Tepesi (**Joshua-Hügel;** unbedingt von Beykoz einen Bus – 15A – nehmen! An der auf dem Hügel liegenden Kreuzung, wo der Bus hält, links die Straße hochlaufen). Von der Terrasse des **Pilgerplatzes** und seiner aus dem Jahr 1755 stammenden Moschee (1863 nach einem Brand neu errichtet) hat man einen prachtvollen Ausblick über den tief unten liegenden Bosporus. Das **Grab des Propheten Joshua** ist 17 m (!) lang, was man einerseits seiner ins Gigantische reichenden Berühmtheit, andererseits

Der Bosporus

den hier auf dem Hügel einst wohnenden Riesen zuschreibt, die das Grab so lang gezogen hätten. Am Ausgang des 18. Jh. war die Verehrung des Riesenheiligen so angeschwollen, dass Sultan *Selim III.* das Abhalten religiöser Zeremonien auf dem Hügel für mehrere Jahre verbot.

Anadolu Kavağı

Die letzte Station auf der asiatischen Seite des Bosporus ist das hauptsächlich aus **Fischrestaurants** bestehende **Touristendorf** Anadolu Kavağı, die **Endstation des Bosporus-Linienschiffes** (siehe am Anfang des Kapitels zum Bosporus). Das Örtchen, in dem sich abends Hund und Katze Gute Nacht sagen, hat sich ganz auf die Touristen eingestellt. So sieht die Häuserfront am Hafen denn auch recht hübsch aus; hier versammeln sich regelmäßig um 17 Uhr alle Touristen für die Rückfahrt mit dem letzten Schiff. Über dem Ort sieht man die ansehnlichen Festungsruinen des byzantinischen **Yoros Kalesi,** das seit dem 14. Jh. im Besitz der Genuesen war und den nördlichen Eingang zum Bosporus bewachte.

Hier oben stehend kann man zum Abschluss noch der antiken **Argonautensage** nachhängen, die an dieser Stelle vor langer, langer Zeit einen dramatischen Höhepunkt erlebte. Die griechischen Argonauten unter der Leitung des *Jason* wollten aus dem kaukasischen Colchis das Goldene Vlies holen. Ihre Schiffsfahrt führte sie also notgedrungen durch den Bosporus, wo ihnen der bithynische König *Phineas* weis-

sagte, dass sie am nördlichen Ende der Wasserstraße die Symplegaden, zwei immer gegeneinander stoßende Felsen, zu durchfahren hätten. Ein Durchkommen gäbe es nur, wenn eine vorausfliegende Taube heil durch die Teufelsfelsen käme. Die Taube wird losgelassen und erreicht – trotz des Verlustes ihrer eingeklemmten Schwanzfedern – gerade noch die andere Seite. Die Argonauten rudern nun, was das Zeug hält, aber es reicht nicht ganz. *Zeus* sei Dank gibt die Göttin *Athene* dem Boot, das von den sich nähernden Felsen schon fast erfasst wurde, einen Schlag aufs Heck, und das Schiff – wie die Taube um seine zerkrachenden Heckplanken gebracht – entrinnt in letzter Sekunde.

Die **Symplegaden** gibt's wirklich: Zwei Felsen am Ausgang des Bosporus, der eine vor Anadolu Kavağı, der andere nahe Poyrazköy, stehen sich in „bequemem" Abstand gegenüber. Entweder waren die Griechen schlechte Seeleute, oder – was wahrscheinlicher ist – die Felsen haben den antiken Doppelfehlschlag von Taube und Boot nicht verwunden. Seit dieser Zeit stehen sie klassisch still, sozusagen im mythischen Streik, und noch der dickbäuchigste Containerriese zeigt ihnen tutend erfolgreich die Heckfahne.

Anfahrt

● Bus 15A fährt in großen Zeitabständen (ca. 1 Stunde) von Beykoz bis Anadolu Kavağı; zu Ankunfts-/bzw. Abfahrtszeiten des Bosporus-Linienschiffes siehe eingangs des Kapitels.

Essen und Trinken

● Viele **Fischrestaurants** verteilen sich um den Hafen, z.B. **Yosun,** Iskele Meydanı; schöner Bosporus-Blick, mittlere Preislage.

Die Prinzen-inseln (Kızıl Adalar)

Wer die Multimillionenstadt, ihr Men-schen- und Autogedränge, die vollen Busse und Bahnen und alles, was damit zusammenhängt, so einmal richtig über hat, der sollte in Kabataş das Schiff zu den *Adalar* (Inseln) besteigen, um sich an einem (fast) autofreien Tag in der ländlichen Inselidylle wieder fit zu ma-chen. **Durchatmen, Tee trinken, wan-dern, Fahrrad fahren** und vielleicht ein bisschen **schwimmen** (an meist kleine-ren Kiesstränden) – das könnte das Pro-gramm auf den Prinzeninseln sein. In der näheren Umgebung von Istanbul gibt es jedenfalls kaum einen anderen Ort, an dem sich Großstadtneurosen besser kurieren ließen als hier. Schon während der rund eineinhalbstündigen herrlichen Schiffsfahrt kehren die Ruhe-gelster zurück – vorausgesetzt man hat **nicht das Wochenende** gewählt! Denn dann haben Tausende von Istanbulern – zumindest bei schönem Wetter – mit Kind und Kegel die gleiche gute Idee.

Die insgesamt **neun Prinzeninseln** liegen 15–20 km südöstlich des Golde-nen Horns **im Marmara-Meer,** knapp 3 km von der asiatischen Küste entfernt. Sie besitzen eine ausgesprochen **medi-terrane Flora** (Bougainvilleen, Olean-der, Magnolien, Akazien), wobei die größeren Inseln von schattigen Pinien- und Kiefernwäldern bedeckt sind. Im Winter leben hier knapp **20.000 Men-schen,** im Sommer schießt diese Zahl leicht auf das Zwanzigfache hoch.

In der Antike waren die Inseln zu-nächst als **Demonesoi** (Gemeindein-seln) und später als **Papadonissia** (Priesterinseln) bekannt; letzterer Name verweist bereits auf die hier seit altersher angesiedelten Klöster. Zu byzantinischen Zeiten wurden des Öfteren unliebsame oder unbequeme Mitglieder des Hofes – darunter auch Kaiserinnen und Prinzen – auf den Inseln gefangen gehalten und isoliert; die größte Insel erhielt deshalb den Namen **Prinkipo** (Prinz), der sich bald als Synonym für die ganzen Inseln durchsetzte. Die Türken gaben den Inseln wegen ihres roten, eisenhaltigen Gesteins den Namen **Kızıl Adalar** (Rote Inseln), wobei sie allerdings jedermann nur „Adalar" nennt.

Jahrhundertelang ging hier alles mehr oder weniger seinen gleichen Gang; der **Fischfang,** kleine **Obst- und Ge-** müsegärten sowie einige **Rebenhaine** waren die Basis des Überlebens. Als dann 1846 das erste Dampfboot den Fährverkehr mit den Inseln aufnahm, tauchten prompt die ersten Europäer – Franzosen – auf, die in Istanbul als Gesandte oder Geschäftsleute lebten und auf den Inseln ihre **Sommerdomizile** errichteten. Im 20. Jh. war es die Istanbuler Geschäftselite und -prominenz, die sich hier einnistete oder zumindest ein Sommerhaus unterhielt.

Motorisierte Fahrzeuge gibt es auf den Inseln – abgesehen von wenigen städtischen Hilfsfahrzeugen – so gut wie keine, da der **private Autoverkehr**

nicht erlaubt ist; **Pferdedroschken** bieten ihre Dienste für eine Inselrundfahrt an. Alternativ dazu kann man sich entweder ein **Fahrrad** leihen oder aber **zu Fuß** die Inseln erkunden. Dabei sollte nicht vergessen werden, sich mit Wasser und ggf. Lebensmitteln zu verproviantieren; außerhalb der Inselhauptorte – immer um den Fähranleger – gibt es nur **wenige Geschäfte.** Die Produkte sind wegen der Transportkosten meist etwas teurer als in Istanbul.

Unter den insgesamt neun Inseln sind nur **vier zu besuchen,** in der Reihenfolge der Schiffsanfahrt: **Kınalı Ada, Burgaz Ada, Heybeli Ada** und zum Schluss die größte, **Büyük Ada.**

Anfahrt

Zurzeit fahren die Schiffe zu den Prinzeninseln von Kabataş (Endstation der Tramvay, siehe Plan) um 7, 9, 10.40, 12, 14, 16.30, 18.30 und 19.40 Uhr ab (Preis ca. 2 Euro pro Strecke); **Haltepunkte:** Kadıköy, Kınalı Ada, Burgaz Adası, Heybeli Ada, Büyük Ada; Fahrtdauer bis zur letzten und größten Insel Büyük Ada: 1,5 Std.; zu den Zeiten der Rückfahrt siehe die einzelnen Inseln.

Außerdem gibt es eine **Schiffsverbindung vom asiatischen Stadtteil Bostancı** im Stundentakt; die Fahrtdauer beträgt bis Büyük Ada 1 Stunde; von Bostancı besteht eine Vorortzugverbindung zum asiatischen Bahnhof Haydarpaşa (siehe „Der Bosporus, Die asiatische Seite").

Wer seine Fahrt von Insel zu Insel unterbricht, muss bei der Weiterfahrt erneut bezahlen.

Kınalı Ada

● **Fahrtdauer** von Kabataş: 50 Min.

Die erste Insel ist unter den besuchbaren zugleich die kleinste. Kınalı Ada, das griechische Proti, umfasst gerade mal 1,5 km². So kann das fast baumlose, nur von Gesträuch bedeckte **karge Inselchen** auf einer Straße auch recht schnell umrundet werden, wobei die meist **kiesigen Strände** kaum den Aufenthalt verlängern werden. Im Süden passiert man einen **Steinbruch,** dessen Gesteinsfarben deutlich illustrieren, warum die Türken von „Roten Inseln" sprechen. Vom Inselberg hat man eine hübsche Aussicht, aber das war es dann auch schon.

Von den einst so zahlreichen Klöstern ist nicht mehr viel übrig geblieben. In einem von ihnen starb der berühmteste **Verbannte** dieser Insel, **Kaiser Romanos IV. Diogenes** (1068–71). Nach seiner verheerenden Niederlage gegen die türkischen Seldschuken unter *Alp Arslan* 1071, welche die Türkisierung Kleinasiens einleitete, wurde er nach Proti verbannt und nach seinem Tod dort auch begraben.

Rückfahrt

● **Richtung Burgaz, Heybeli und Büyük:** fast stündlich, Tafel am Hafen.
● **Richtung Kabataş:** 6.55, 7.45, 9.10, 10.45, 13.15, 16, 18.15, 19.20, 20.10 Uhr.

Essen und Trinken

● Kleine Läden und Cafés finden sich **rund um den Fähranleger,** z.B. Dezire Pastanesi, 100 m südöstlich der Iskele.

Verkehrsmittel

● **Fahrradverleih** am Fährhafen, ca. 1,50 Euro die Stunde, 5 Euro für den ganzen Tag; Kınalı Ada ist die **einzige Insel ohne Pferdedroschken!**

Burgaz Ada

● **Fahrtdauer** von Kabataş: 1 Stunde.

Bei der Anfahrt von Burgaz sieht man rechter Hand die beiden unbewohnten Felseilande von **Hayırsız Ada** (auch „Sivri Ada" genannt) und Yassı Ada. Ersteres erlangte traurige Berühmtheit, als man dort im Jahr 1910 auf dem rund 90 m hohen Eiland Tausende von herrenlosen Hunden aussetzte, die dann jämmerlich krepierten. Die zweite, **Yassı Ada,** zeigt noch Spuren eines alten Klosters; auch sie wurde bis in die jüngste Zeit als **Verbannungs- und Gefängnisinsel** benutzt. Dem 1960 gestürzten Ministerpräsidenten *Adnan Menderes* und seinen Gefolgsleuten wurde hier der Prozess gemacht und im September 1961 auch das Urteil vollstreckt: Tod durch den Strang.

Linker Hand liegt die kleine **Privatinsel Kaşık Adası,** die im Besitz eines Großindustriellen ist.

Der **Hafen von Burgaz** ist mit seinen hübschen Häusern und der großen **Agios Ioannes Kilisesi** (römisch-orthodoxe Kirche des heiligen Johannes) ei-

istad06-370 Foto: mf

ner der malerischsten der Prinzeninseln. Die etwas über 1,5 km² große Insel verfügte über einen reichen **Pinien bestand,** der allerdings bei einem Brand im Oktober 2003 erheblich geschmälert wurde. Auf dem **185 m hohen Inselberg** stand einst ein Kloster; heute ist hier nur mehr ein christlicher Friedhof und die schöne Fernsicht zu notieren.

Nahe der Ioannes Kilisesi ist das schöne, villenartige **Haus des** berühmten **türkischen Dichters Sait Faik** (1907–54) als **Museum** der Öffentlichkeit zugänglich gemacht worden; persönliche Gegenstände und Memorabilia erinnern an den unsteten, individualistischen Schriftsteller, der sich nach verschiedenen gescheiterten Karriereansätzen ganz dem Schreiben widmete und recht eigentlich vom Geld der Eltern lebte. Seine Mutter, die mit ihm zusammen das Haus auf der Insel bewohnte, starb erst 1964 und vermachte all ihr Vermögen einer Istanbuler Waisenschule unter der Bedingung, dass ihrem Sohn ein Museum eröffnet werde. In *Faiks* Romanen und Erzählungen steht entschieden das Individuum im Vordergrund, was ihm viel Kritik seitens der sozial engagierten türkischen Dichter einbrachte, die keine politische „Ordnung" in seinem Werk erkennen konnten. *Faik* selbst reagierte in einer Kurzgeschichte darauf mit folgenden Worten: „Ich hab's satt, die Leiden oder Nichtleiden der Menschenkinder zu erzählen. Abgesehen davon, ich konnte sie erst gar nicht erzählen. Ich schrieb davon, konnte es jedoch nicht bewältigen ... Den Reichen beschimpfte ich. Den Armen bedauerte ich beinahe idiotisch. Fast hätte ich mich angeschickt, der Welt eine Ordnung zu verpassen."

● **Sait Faik Müzesi,** Di bis Fr und So 9–12/14–17 Uhr, Sa 9–13 Uhr, Eintritt frei; liegt oberhalb der römisch-orthodoxen Agios Ioannes.

Rückfahrt

● **Richtung Heybeli und Büyük:** fast stündlich.
● **Richtung Kabataş:** 6.40, 7.30, 8.55, 10.30, 13, 15.45, 18, 19.05, 19.55 Uhr.

Verkehrsmittel

● **Pferdedroschken** beim Hafen, kleine Inseltour 15 Euro, große Tour um die ganze Insel 20 Euro.
● **Fahrradverleih** nahe dem Hafen, 1 Euro pro Stunde, 3–5 Euro pro Tag.

Heybeli Ada

● **Fahrtdauer** von Kabataş: 80 Min.

Bereits vom Schiff aus lässt sich der Name der dritten Insel verstehen: „Sattel-Insel". Das rund 2,4 km² große, von **Pinienwäldern** bedeckte Heybeli, das in byzantinischen Zeiten als Chalkitis bekannt war, besteht nämlich aus **zwei Hügeln,** zwischen denen sich eine Niederung, eben der „Sattel" erstreckt. Im Winter leben hier gerade einmal 5500 Menschen; im Sommer schnellt die Zahl dann auf über 30.000 hoch.

Heybeli Ada, von Pinienwäldern bedeckt

Die Prinzeninseln

Am Hafen steht das Gebäude der **türkischen Marine,** die seit dem Ende des 18. Jh. auf der Insel stationiert ist.

Auf dem nördlichen Hügel liegt das **Aya Trias Manastırı** (Hagia-Triada-Kloster), in dem bis 1970 die Theologische Hochschule des orthodoxen Patriarchats gearbeitet hat (Ruhban Okulu). Die im 19. Jh. erbaute und von einem schönen Garten umgebene Klosterkirche Aya Triada besitzt eine schöne Silberretabelwand und ist nach Voranmeldung beim Patriarchat zu besuchen (Tel. 0212-5319671).

Unterhalb des Hügels liegt das **Picknickgelände von Değirmen Burnu,** wo auch die Möglichkeit zum Schwimmen besteht.

Zudem besitzt die Insel **zwei Museen:** In einer hübschen rosa-weißen Villa wird des Atatürk-Mitkämpfers **Ismet İnönü** gedacht, der die entscheidende Schlacht am Sakarya gegen die Griechen gewann und damit militärisch den Grundstein für die moderne Türkei legte. Nach dem Tod *Atatürks* war er der zweite Präsident der Republik.

●**Ismet İnönü Müzesi,** Ismet İnönü Cad. 59 (vormals Refah Şehitleri Caddesi; vom Hafen in den Ort, dann zweite Straße rechts); nur April bis Okt. 10–17 Uhr (Mo geschlossen), Eintritt frei.

Folgt man der Straße am İnönü-Museum vorbei, gelangt man links zu einer bergan führenden, recht malerischen Steintreppe (Çiçekli Dağ Sokak). Ganz oben – noch über das Treppenende und die folgende Grünanlage hinaus! – steht am Waldrand in prachtvoller Lage das andere Museum der Insel, das

Wohnhaus des türkischen Schriftstellers Hüseyin Rahmi Gürpinar (1864–1944). Der dem realistischen Romantypus zuneigende Schriftsteller wurde unter anderem berühmt, weil die Verfilmung seines Romans „Mürebbiye" (Kindermädchen, 1899) von den Alliierten 1919 zensiert und aus den gerade entstehenden Filmtheatern verbannt wurde; die Geschichte des naiven französischen Kindermädchens hatte vor allem den Stolz der Franzosen verletzt. In der hübschen gelben **Yalı** (Holzhaus) sind persönliche Einrichtungsgegenstände des Dichters zu sehen, z.B. seine Bücher, sein Geschirr, sein Schreib- und auch Schlafzimmer; die Bettdecke wie auch die Tischdecke im Esszimmer hat der praktisch veranlagte Dichter übrigens selbst gestickt. Vom Balkon des Dachgeschosses hat man eine tolle Aussicht über den Norden der Insel.

●**Gürpinar Müzesi,** Mai bis Okt. 10–17 Uhr (Mo geschlossen), Nov. bis April Di/Do/Sa 10–15 Uhr, Eintritt frei.

Weiter-/Rückfahrt

●**Weiterfahrt nach Büyük Ada** ca. stündlich.
●**Rückfahrt nach Kabataş:** 6.25, 7.15, 8.40, 10.15, 12.45, 15.30, 17.45, 18.40, 19.40 Uhr.

Hotel

●**Merit Halki Palace Hotel,** Ismet İnönü Caddesi (vormals Şefah Şehitleri Caddesi), Tel. 0216-3510025, Fax 0216-3510032, EZ 90 Euro (Winter 75), DZ 140 Euro (Winter 115) (inkl. Frühstück); das schönste Hotel der Inseln: prachtvolles Hotel in einem komplett renovierten Haus aus dem 19. Jh. etwas oberhalb des Meeres; schöner Garten und Pool, Zimmer mit herrlichem Ausblick.

Die Prinzeninseln

Verkehrsmittel

● **Pferdedroschken und Fahrradverleih am Hafen;** Preise wie auf Burgaz.

Büyük Ada

● **Fahrtdauer** von Kabataş: 95 Min.

Die mit 5,5 km² **größte Insel** des Archipels ist zugleich auch die **attraktivste** und meistbesuchte. **Pinien- und Kiefernwälder** bedecken die Hänge der beiden Hügel, von denen vor allem der südlichere, der 203 m hohe **Yüce Tepe,** touristisch interessant ist. Hier liegt in luftiger Höhe das **Aya Yorgi Manastırı**

(Georgs-Kloster), dessen Kapelle, die von einer hübschen Retabelwand und Ikonen geschmückt ist, gerne besucht wird. Ein kleines **Café** mit herrlicher Aussicht entschädigt für den steilen Aufstieg. (Pferdedroschken können nur zur Kreuzung unterhalb des Klosters fahren; über einen kopfsteingepflasterten Weg geht es dann vorbei an Sträuchern, die mit weißen Wunschzetteln behängt sind, noch ca. 1 km bergan.)

Pferdedroschken, das einzige
Transportmittel auf den Prinzeninseln

Vom Yüce Tepe lässt sich gut der nördliche Hügel, der 163 m hohe **Isa Tepe,** überblicken. Mehr als das hier ansässige zweite Kloster, das **Hristos Manastırı,** fällt der riesige rote Holzbau des ehemaligen griechischen Waisenhauses (**Eski Rum Yetimhanesi**) auf – Zeuge einer noch bis zum Unabhängigkeitskrieg (1922) recht starken christlichen Gemeinde. Ursprünglich war das Gebäude mit 205 Zimmern 1898/99 von einer französischen Firma als Hotel konzipiert worden; das ehrgeizige Tourismusprojekt wurde dann aber von Sultan *Abdülhamit II.* gestoppt.

Der **Norden der Insel** weist rund um den Hafen viele ansehnliche Villen bzw. Sommerhäuser auf, in denen die Reichen Istanbuls sich gerne an Sommerwochenenden zurückziehen. In einem der Häuser verbrachte der vor *Stalin* geflüchtete russische Revolutionär **Leo Trotzki** seine ersten Exiljahre (Trocki Evi, Hamaa Sokak).

Der **Süden der Insel** ist noch recht einsam und ideal für erholsame Spaziergänge.

Gelegenheiten zum **Schwimmen** gibt es mehrere, darunter auch der beliebte, im Westen gelegene Strand **Yörükali Plaji.**

Rückfahrt

● **Nach Kabataş:** 6.15, 7, 8.25, 10, 12.30, 15.15, 17.30, 18.25, 19.30 Uhr.

Hotel/Pension

Wer die letzte Fähre verpasst hat oder einfach noch bleiben will, kann auf der Insel übernachten.

● **Yıldızlar Evi,** Çınar Caddesi, Tel. 0216-3828000, EZ 35 Euro, DZ 70 Euro (inkl. Frühstück); 27 Räume in einem restaurierten historischen Haus aus dem 18. Jh. nahe dem Fähranleger im Ortskern; die Zimmer suchen denn auch einem historisierend-gediegenen Stil nahezukommen, sind aber eher als einfach zu bezeichnen.

● **Hotel Saydam Planet,** Iskele Meydanı, Büyük Ada, Tel. 0216-3823366, Fax 0216-3823848, EZ 70 Euro, DZ 100 Euro (inkl. Frühstück), zentral am Fähranleger.

● **Ideal Pansiyon,** Kadıyoran Cad. 16, Büyükada, Tel. 0216-3826857, EZ 25 Euro, DZ 50 Euro; kleine Pension in einem geräumigen alten Holzhaus im Zentrum des Hauptortes oberhalb der Polizei; Dusche und Toilette außerhalb des Zimmers.

Verkehrsmittel

● Per **Pferdedroschke oder Fahrrad** (Verleih am Hafen); die Pferdedroschken bieten eine kleine (ca. 10 Euro) und große Rundfahrt an (ca. 20 Euro); für ca. 9 Euro wird man auch zum Fuß des Yüce Tepe gebracht, wo der Fußweg zum Kloster Aya Yorgi beginnt.

Sonstige Ausflüge

Büyük Çamlıca (17)

Bei schönem Wetter lohnt sich der **Halbtagesausflug auf den „großen Pinienberg"** (Büyük Çamlıca). Der 267 m hohe Hügel liegt rund 4 km nordöstlich von Üsküdar und ist selbst von europäischer Seite leicht an den vielen Rundfunk- und Fernsehantennen auszumachen, von denen sein Berggrat geradezu übersät ist. Trotz dieser von unten wenig ansprechenden Silhouette bietet der von einem Parkgelände umgebene Gipfel eine **weite Aussicht** über das Häusermeer der Stadt. Nach Norden kann man bei klarem Wetter bis zum Schwarzen Meer, gen Süden bis zu den Prinzeninseln blicken. Ein großes **Café- und Picknickgelände** mit touristisch voll ausgebauter Infrastruktur sorgt für Erholung.

Anfahrt

●**Zunächst nach Üsküdar** übersetzen (siehe dort) und dann den Bus Nr. 9 von Üsküdar nach Ümraniye nehmen und dem Fahrer Bescheid sagen: „Büyük Çamlıca" (Aussprache: Dschamlidscha). Wo er sie rauslässt, Straße überqueren und links hochlaufen (ausgeschildert). Dauer des Anstiegs ca. 20 Min. Wesentlich bequemer als der Bus ist das Taxi, das einen direkt auf den Berg hinauffährt (8–10 Euro).

Belgrat Ormanı (1)

Wer sich von der Hektik der Stadt einmal richtig verabschieden und erholen will, kann den nördlich von Istanbul auf europäischer Seite liegenden Belgrat Ormanı (**Belgrader Wald**) ansteuern.

Sonstige Ausflüge

Das riesige, wasserreiche Waldgebiet stellt ein **beliebtes Ziel für Erholungssuchende** dar, die hier über viele Kilometer laufen und sich an Teichen, Picknickplätzen oder ruhigen Teegärten erfreuen können. Schon in antiker Zeit zapften Römer und Byzantiner die **Wasserquellen** des Waldes an, um das kostbare Nass auf **Äquadukten** nach Konstantinopel zu leiten. Reste dieser antiken Anlagen sind heute noch an verschiedenen Stellen zu sehen. Seinen Namen erhielt der Wald übrigens nach serbischen Ingenieuren und Handwerkern, die von Sultan *Süleyman* nach der Eroberung von Belgrad (1521) hier angesiedelt wurden, um die alten Äquadukte und die Wasserzufuhr von Istanbul zu sichern. Das taten sie dann auch jahrhundertelang, bis sie der krankhaft misstrauische Sultan *Abdülhamit* Ende des 19. Jh. entließ; er vermutete einen Boykott der Serben oder gar die Vergiftung des Wassers, kämpfte Serbien doch damals häufig an der Seite Russlands gegen die Osmanen. Auch heute dient der Wald noch als **Wasserspeicher der Stadt.**

● **Belgrat Ormanı,** Eintritt frei, fürs Auto zahlt man 1 Euro.

Anfahrt

● Nach **Bahçeköy** Bus 42T vom Taksim-Platz nehmen (fährt über Emirgan am Bosporus); der **Parkeingang** liegt nördlich des Ortes (Verlängerung der Zufahrtsstraße, von der der Bus rechts in den Ort abbiegt).

Polonezköy

Eine kleine Kuriosität stellt das auf der asiatischen Bosporusseite nahe Beykoz gelegene Polonezköy dar: Das **„polnische Dorf"** wurde 1842 von polnischen Militärkolonisten gegründet. Gerade mal zwölf Personen führte ihr Anführer, *Adam Czartoryski,* nach dem gescheiterten Aufstand gegen die Russen (1830) in die Türkei, wo ihnen der Sultan ein Stück Land für die Besiedlung überließ, das sie nach ihrem Anführer zunächst „Adampol" nannten. Als dann die Polen die Türken im Krim-Krieg (1854–56) unterstützten, folgten weitere Ansiedlungen von im osmanischen Dienst stehenden polnischen Kosaken, die durch Sonderrechte und Vergünstigungen bewogen wurden, ihre neue Heimat an den Bosporus zu verlegen.

Der von hübschen Hügeln und Wiesen umgebene Ort stellt heute ein **beliebtes Ausflugsziel von Tagestouristen** dar. Fast jedes zweite Haus ist eine Pension, ein Café oder ein Restaurant oder auch alles zusammen. Geworben wird mit der guten Luft und mit „Et Mangal" (Grillspezialitäten). Polnisch spricht man hier auch noch, und die Häuser erinnern eher an eine Dorfidylle in den Karpaten denn an die Türkei.

Anfahrt

● **Zunächst mit der Fähre nach Üsküdar** übersetzen (Anfahrt siehe dort), dort **Bus 15 nach Beykoz** nehmen. Von Beykoz geht es mit **Taxi** weiter: nach Polonezköy 7–8 Euro pro Fahrt; bei nur kurzem Aufenthalt sollte man mit dem Fahrer einen Preis für Hin- und Rückfahrt aushandeln, er wird dann warten.

Am Schwarzen Meer

Kilyos

Ungefähr 10 km nördlich von Sarıyer (siehe „Der Bosporus, Die europäische Seite") und rund 40 km nördlich von Istanbul erreicht man das am Schwarzen Meer (Kara Deniz) gelegene **Seebad** Kilyos, das im Sommer ein beliebtes Ausflugsziel der Istanbuler ist. Dem ehemaligen Fischerdorf sind nämlich einige breite und durchaus **schöne Strände** vorgelagert, die sich allerdings wegen starker Strömungen kaum zum Baden eignen. Der Ort selbst, der über den Stränden auf einem Höhenrücken liegt, ist wenig interessant. Er besteht touristisch gesehen aus einigen Souvenırläden und unverhältnismäßig großen Hotelanlagen. Am schönsten ist noch der hoch gelegene schattige **Teegarten,** der einen weiten Blick über die Küste erlaubt. Das Beste aber ist die **Anfahrt** selbst: Zwischen Sarıyer und Kilyos überwindet die Straße einen hohen Bergzug, von dem man eine wunderbare Sicht über das Bosporustal hat.

Anfahrt

● **Zuerst mit dem Schiff oder Bus nach Sarıyer** (siehe „Der Bosporus, Die europäische Seite"); dann entweder **Dolmuş** in der Hacı Ömer Caddesi nehmen (Hauptstraße vom Hafen etwas landeinwärts) oder **Bus 151** vom hier gelegenen Busbahnhof; fährt ca. stündlich nach Kilyos (50 Cent).

Hotel

● Wer bleiben möchte, versuche es mit dem **Strandhotel Yalı Otel,** Plaj Yolu 55, Kilyos, Tel. 0212-2012210, Fax 0212-2011339, EZ 25, DZ 35 Euro (inkl. Frühstück); großes Haus direkt am Wasser mit Balkon und Meerblick.

Şile

Das **asiatische Pendant zu Kilyos** ist der Badeort Şile, der etwa 75 km nordöstlich von Istanbul liegt. Auch er verfügt über **feine Sandstrände,** deren Manko aber wiederum die bereits oben erwähnten Unterwasserströmungen sind. Zusätzlich gibt es einige **pittoreske Felsformationen** zu sehen; auf einer thronen recht malerisch die Ruinen einer ehemaligen genuesischen Burg. Der hoch über den Stränden liegende Ortskern besitzt etwas mehr Flair als Kilyos und zudem einige **billige Pensionen.** Dafür ist allerdings die Anfahrt mit gut 1,5 Stunden relativ lang.

Anfahrt

● **Zunächst mit der Fähre nach Üsküdar** übersetzen (Anfahrt siehe dort); südlich des Fähranlegers (gegenüber der Şemsi-Paşa-Moschee) fahren von der hinteren Seite des Busbahnhofs die Kleinbusse nach Şile ab: ca. 3 Euro, ungefähr alle 2 Stunden, Fahrtdauer von Üsküdar 1,5 Stunden.

Pension

● Es gibt mehrere Hotels und Pensionen; eine der billigeren ist: **Emek Pansiyon,** Belediye Meydanı 7, Şile, Tel. 0216-7115268, ca. 10 Euro pro Person; sehr einfache Pension im Ortskern; saubere Zimmer, Dusche und Toilette auf dem Gang.

Sonstige Ausflüge

ista06-378 Foto: mf

Anhang

ista06-379a Foto: mf

ista06-379b Foto: mf

Holzhäuserfassaden in Yeniköy (Bosporus)

Auf Heybeli Ada, einer der Prinzeninseln

Bağdat Köşkü im Topkapı-Palast

Geschichtsdaten
im Überblick

Byzantion – Frühgriechische Zeit

● **675 v.Chr.:** Nachdem neolithische und bronzezeitliche Siedlungen in den vorhergehenden Jahrtausenden kaum Spuren hinterlassen haben, gründen dorische Griechen aus Megara die Siedlung Chalcedon (heute das Stadtviertel Kadıköy).

● **660/658 v.Chr.:** Eine zweite megarische Siedlung ensteht unter dem Führer *Byzas* auf dem ersten Hügel der Stadt (Akropolis, ungefähr das Gebiet des heutigen Topkapı-Palastes); die Stadt erhält nach ihrem Führer den Namen Byzantion.

● **546 v.Chr.:** Die mittlerweile prosperierende Handelsstadt unterstellt sich dem persischen Großkönig.

● **512 v.Chr.:** Der Perserkönig *Dareios I.* erobert die Stadt und überquert dank einer Pontonbrücke den Bosporus.

● **479. v.Chr.:** Der Spartanerkönig *Pausanias* befreit die Stadt von der persischen Herrschaft.

● **279/278 v.Chr.:** Die keltischen Galater plündern die Stadt.

● **2. Jh. v.Chr.:** In den Makedonenkriegen stellt sich die Stadt auf die Seite des aufstrebenden Rom, was ihr in den nächsten Jahrhunderten eine weitgehende Autonomie sichert.

● **192–196:** Im römischen Thronfolgestreit hält Byzantion zu dem Thronanwärter *Pescennius Niger;* dessen Konkurrent *Septimius Severus* lässt die Stadt belagern und plündern.

Konstantinopel – Byzantinisches Reich

● **330:** Der römische Kaiser *Konstantin der Große* (306–37) macht Byzanz zur Hauptstadt des Römischen Reichs. Er baut die Stadt, die bald seinen Namen erhält, zu einem „neuen, christlichen Rom" aus.

● **395:** Kaiser *Theodosius I.* (378–95) bestimmt für seine Söhne *Arkadius* und *Honorius* die Teilung des Römischen Reichs; Konstantinopel wird unter *Arkadius* die Hauptstadt Ostroms.

● **408–50:** In der Regierungszeit von *Theodosius II.* werden unter dem Druck der Goten- und Hunneneinbrüche im Norden neue Befestigungsmauern errichtet: die noch heute teilweise erhaltenen Land- und Seemauern.

● **476:** Mit dem Ende des Weströmischen Reichs ist der oströmische Kaiser die herausragende christliche Machtfigur der Spätantike

● **527–65:** Während der Regierungszeit *Justinians* wird Konstantinopel zur glänzendsten Metropole der damaligen christlichen Welt. Nach der Niederwerfung des Nika-Aufstandes (532) lässt der Kaiser die Hagia Sophia erbauen.

● **674–78:** Die muslimischen Araber belagern erstmalig die Stadt; dabei fällt der Legende nach der Bannerträger des Propheten, *Ayyub al Ansari* (Grab im heutigen gleichnamigen Ortsteil Eyüp).

● **717/18:** Die arabische Flotte wird bei einer zweiten Belagerung erneut vernichtet.

● **8./9. Jh.:** Innen- und außenpolitische Krisen: Im Jahr 813 belagern Bulgaren die Stadt, von 726–843 tobt der sogenannte „Bilderstreit" (Ikonoklasmus), in dem es um die Abbildung von Heiligen in Kirchen geht. Pestepidemien schwächen die wirtschaftliche Kraft des Reiches.

● **10./11. Jh.:** Allmähliche Erholung unter der Makedonen-Dynastie (867–1055); Russen (941), Araber (944) und Bulgaren (1014) werden abgewehrt; das Reich erholt sich wirtschaftlich und kulturell.

● **1054:** Nach einem Streit zwischen dem Patriarchen von Konstantinopel und dem römischen Papst trennen sich die griechisch-orthodoxe und römisch-katholische Kirche (Schisma).

● **1071:** In der Schlacht von Mantzikert (Ostanatolien) werden die Byzantiner von den islamischen Seldschuken unter ihrem Führer *Alp Arslan* geschlagen; Byzanz verliert Kleinasien an die seldschukischen Türken.

● **1202/4:** Auf dem 4. Kreuzzug erstürmen die Kreuzritter unter Führung des venezianischen Dogen *Enrico Dandolo* die Stadt und plündern sie. Es kommt zur Errichtung des Lateinischen Kaiserreichs (1204–61), in dem „lateinische" Mächte – Venedig, Genua, Franken u.a. – die Herrschaft ausüben.

● **1261:** Dem byzantinischen Kaiser *Michael VIII. Palaiologos* gelingt die Rückeroberung der Stadt.

● **14. Jh.:** Trotz einer kulturellen Spätblüte unter den Palaiologen-Kaisern schrumpft das von allen Seiten bedrohte Reich immer mehr auf die Größe eines Stadtstaates zusammen. Die lateini-

schen Seemächte Venedig und Genua reißen den Levantehandel an sich. In Kleinasien setzen sich die osmanischen Türken fest, denen der byzantinische Kaiser am Ende des Jahrhunderts Tribut zahlen muss.

Konstantinopel/Istanbul – Das Osmanische Reich

● **29.5.1453:** Unter Sultan *Mehmet Fatih* erobern die Türken nach mehrwöchigem Mauerkampf die Stadt; der letzte byzantinische Kaiser fällt, die Hagia Sophia wird in eine Moschee umgewandelt.

● **1492:** Die osmanischen Sultane betreiben aktiv den Wiederaufbau ihrer neuen Hauptstadt; Sultan *Beyazıt* siedelt aus Spanien vertriebene Juden in Balat an.

● **1517:** Nach der Eroberung Ägyptens und der heiligen Städte Mekka und Medina lässt Sultan *Selim I.* (1512–20) die Kalifenwürde auf die osmanischen Sultane übertragen.

● **1520–66:** Regierungszeit Sultan *Süleymans des Prächtigen* und Blütezeit des Osmanischen Reiches. Die Stadt gehört zu den reichsten und prächtigsten Metropolen der Welt. Der größte Baumeister der Osmanen, *Koca Mimar Sinan,* errichtet prachtvolle Repräsentativbauten, darunter vor allem die Süleymaniye-Moschee in Istanbul.

● **17. Jh.:** Unter immer schwächer werdenden Sultanen beginnt der politische und wirtschaftliche Verfall des Weltreichs. Spätestens nach der Niederlage vor Wien (1683) befindet sich das Reich in einem jahrhundertelang dau-

Anhang

ernden Abwehrkampf, der den Einfluss der europäischen Großmächte wirtschaftlich wie kulturell immer größer werden lässt.

● **1774:** Mit der Niederlage gegen die Russen ist das Osmanische Reich endgültig keine Großmacht mehr; die führenden europäischen Staaten – allen voran Russland und Österreich-Ungarn – etablieren sich in der Hauptstadt. Im Stadtteil Pera/Beyoğlu entstehen ausländische Diplomatenviertel und der osmanische Hof orientiert sich immer mehr an europäischen Lebensformen.

● **1808–39:** Unter Sultan *Mahmud II.* werden militärische Reformen nach westlichem Vorbild realisiert, die zur Entmachtung der alten Elitetruppe der Janitscharen führen (1826).

● **1839–76:** In der sogenannten „Tanzimat-Periode" werden weitere westliche Reformansätze in Staat und Verwaltung durchgeführt, ohne dass sich der außenpolitische Verfallsprozess aufhalten lässt. Hof und Staat werden immer mehr von westlichem Kapital abhängig.

● **1845:** Die erste Galata-Brücke verbindet das alte Istanbul mit dem Diplomatenviertel von Pera/Beyoğlu.

● **1853:** Der Sultanshof zieht in den westlich ausgerichteten Dolmabahçe-Palast.

● **1875:** Staatsbankrott und Zahlungsunfähigkeit; das Reich gerät vollständig unter die Kontrolle ausländischer Geldgeber, darunter auch Deutschland-Preußen.

● **Ab 1883:** Der Orient-Express verbindet Istanbul mit Europa.

● **1914–18:** Im 1. Weltkrieg steht die Türkei auf der Seite des Deutschen Reichs. Nach der Kapitulation wird Istanbul von alliierten Truppen unter Führung der Briten besetzt. Der Sultan stimmt der Aufteilung des Reiches im Friedensvertrag von Sevres (1920; nicht umgesetzt) zu.

Istanbul – Die Türkische Republik

● **1920–22:** *Mustafa Kemal Atatürk* (1881–1938) organisiert den nationalen Widerstand gegen die ausländischen Mächte und den Sultanshof. Er vertreibt die fremden Truppen aus Anatolien und besiegt die Griechen in der Schlacht am Sakarya-Fluss.

● **1923:** Gründung der Türkischen Republik mit der Hauptstadt Ankara. *Atatürk* führt eine säkulare Kulturrevolution durch, die die Türkei zu einem westlichen laizistischen Staat macht, in dem Religion und Politik getrennt werden. Abschaffung des Sultanats und Kalifats, Übernahme westlicher Verwaltungs- und Rechtsprinzipien.

● **1930:** Offizielle Umbenennung Konstantinopels in Istanbul. Die Stadt bleibt das wirtschaftliche und kulturelle Zentrum des Landes.

● **Nach 1945:** Nach dem Ende des 2. Weltkriegs wird die Türkei in die westliche Staatengemeinschaft eingebunden; 1952 Beitritt zur NATO. Es entwickelt sich ein Mehrparteiensystem.

● **1960:** Das Militär, Ordnungsgarant der kemalistischen Staatsprinzipien, putscht gegen Ministerpräsident *Adnan Menderes,* der im folgenden Jahr zum Tode verurteilt wird. Zwei weitere Militärinterventionen folgen 1971 und

1980, als sich rechts- bzw. linksextreme Gruppierungen bürgerkriegsähnliche Auseinandersetzungen liefern.

●**1973:** Die erste transkontinentale Bosporus-Brücke wird eröffnet; eine zweite – die Mehmet Fatih Köprüsü – folgt 1988.

●**1989:** *Turgut Özal,* die maßgebliche politische Figur der 1980er Jahre, wird Staatspräsident. Seine Liberalisierung der Wirtschaft hat auch eine allmähliche Demokratisierung der politischen Landschaft zur Folge. Die anatolische Landflucht erreicht ihren Höhepunkt; auch in Istanbul entstehen immer neue Geçekondu-Siedlungen.

●**1994:** *Recep Tayyip Erdoğan,* Mitglied der islamischen Refah Partisi, wird Bürgermeister von Istanbul und gewinnt aufgrund seiner weitgehend erfolgreichen Stadtsanierung landesweites Ansehen.

●**Dezember 1999:** Die Türkei erlangt den lang ersehnten Status eines EU-Beitrittskandidaten und führt in der Folge zahlreiche juristische und politische Reformen durch, die das Beitrittsgesuch unterstützen sollen.

●**Februar 2001:** Eine Finanz- und Bankenkrise führt zum Verlust von 50 Milliarden Euro beim Nationaleinkommen und zur Vernichtung von über einer Million Arbeitsplätze. Der IWF (Internationale Währungsfonds) gewährt der Türkei einen Kredit von 16 Milliarden Dollar, was die Gesamtschuldenlast auf über 200 Milliarden Dollar ansteigen lässt.

●**November 2002:** Die islamisch-konservative Gerechtigkeits- und Entwicklungspartei (AKP, Adalet ve Kalkinma Partisi) gewinnt die Parlamentswahlen; Regierungschef wird *Recep Tayyip Erdoğan.*

●**November 2003:** Terroristische Anschläge, die über 50 Tote und 800 Verletzte fordern, treffen in Istanbul die Britische Botschaft, die britische HSBC-Bank sowie zwei jüdische Synagogen.

●**November 2005:** Die Türkei und die EU nehmen offizielle Beitrittsgespräche auf.

●**Januar 2006:** Der Erreger der Vogelgrippe wird in einigen Teilen der Türkei nachgewiesen.

●**2007:** Bei den Parlamentswahlen im Juli verteidigt die AKP ihre Mehrheit. Im August wird *Abdullah Gül* zum neuen Staatspräsidenten gewählt.

●**2010:** Istanbul ist neben Pécs/Ungarn und Essen/Ruhrgebiet Europäische Kulturhauptstadt.

●**2011:** Die AKP unter ihrem Regierungschef *Reccep Tayyip Erdoğan* erringt im April mit 49,9 Prozent zum dritten Mal in Folge mit Abstand die Mehrheit bei den Parlamentswahlen.

●**2012:** Die Schüsse auf ein türkisches Lager für syrische Flüchtlinge im Grenzgebiet verurteilt die Regierung in Ankara aufs Schärfste und kündigt Gegenmaßnahmen an.

Anhang

REISE KNOW-HOW
das komplette Programm
fürs Reisen und Entdecken

Weit über 1000 Reiseführer, Landkarten, Sprachführer und Audio-CDs
liefern unverzichtbare Reiseinformationen und faszinierende Urlaubsideen
für die ganze Welt – *professionell, aktuell und unabhängig*

Reiseführer: komplette praktische Reisehandbücher für fast alle touristisch interessanten Länder und Gebiete **CityGuides:** umfassende, informative Führer durch die schönsten Metropolen **CityTrip:** kompakte Stadtführer für den individuellen Kurztrip **world mapping project:** moderne, aktuelle Landkarten für die ganze Welt **Edition REISE KNOW-HOW:** außergewöhnliche Geschichten, Reportagen und Abenteuerberichte **Kauderwelsch:** die umfangreichste Sprachführerreihe der Welt zum stressfreien Lernen selbst exotischster Sprachen **Kauderwelsch digital:** die Sprachführer als eBook mit Sprachausgabe **KulturSchock:** fundierte Kulturführer geben Orientierungshilfen im fremden Alltag **PANORAMA:** erstklassige Bildbände über spannende Regionen und fremde Kulturen **PRAXIS:** kompakte Ratgeber zu Sachfragen rund ums Thema Reisen **Rad & Bike:** praktische Infos für Radurlauber und packende Berichte außergewöhnlicher Touren **sound)))trip:** Musik-CDs mit aktueller Musik eines Landes oder einer Region **Wanderführer:** umfassende Begleiter durch die schönsten europäischen Wanderregionen **Wohnmobil-TourGuides:** die speziellen Bordbücher für Wohnmobilisten mit allen wichtigen Infos für unterwegs

Reise-Gesundheitsinformationen: Türkei

Stand: April 2012, © Inhalte: Centrum für Reisemedizin (CRM)

Die nachstehenden Angaben dienen der Orientierung, was für eine geplante Reise in das Land an Gesundheitsvorsorgemaßnahmen zu berücksichtigen ist. Die Informationen wurden uns freundlicherweise vom Centrum für Reisemedizin zur Verfügung gestellt. Auf der Homepage **www.crm.de** (CRM/Reiseländer) werden diese Informationen stetig aktualisiert. Es lohnt sich, dort noch einmal nachzuschauen. Eine Gewähr oder Haftung für die nachstehenden Angaben kann nicht übernommen werden.

Einreise-Impfvorschriften: keine.

Empfohlener Impfschutz:
● **Generell: Standardimpfungen nach dem deutschen Impfkalender,** speziell Tetanus, Diphtherie, außerdem Hepatitis A.
● Sollten die nachfolgend genannten Reisebedingungen gelten, ist außerdem ein Impfschutz gegen **Typhus, Hepatitis B** (bei Langzeitaufenthalten und engerem Kontakt mit der einheimischen Bevölkerung) und **Tollwut** (bei vorhersehbarem Umgang mit Tieren) zu erwägen. Reisebedingungen: Reise durch das Landesinnere unter einfachen Bedingungen (Rucksack-/Trekking-/Individualreise) mit einfachen Quartieren/Hotels; Camping-Reisen, Langzeitaufenthalte, praktische Tätigkeit im Gesundheits- oder Sozialwesen, enger Kontakt zur einheimischen Bevölkerung wahrscheinlich.

Wichtiger Hinweis: Welche Impfungen letztendlich vorzunehmen sind, ist abhängig vom aktuellen Infektionsrisiko vor Ort, von der Art und Dauer der geplanten Reise, vom Gesundheitszustand sowie dem eventuell noch vorhandenen Impfschutz des Reisenden.
    Da im Einzelfall unterschiedlichste Aspekte zu berücksichtigen sind, sollte rechtzeitig (etwa 4–6 Wochen) vor der Reise eine persönliche Reise-Gesundheits-Beratung bei einem reisemedizinisch erfahrenen Arzt oder Apotheker in Anspruch genommen werden.

Malaria: Istanbul und Umgebung sind malariafrei. Von Mai bis Oktober besteht ein mittleres Risiko in Südostanatolien (Grenzgebiete zu Syrien und Irak); ein geringes Risiko ist in der Tiefebene um Adana (Cukurowa/Amikova-Gebiete) gegeben; zur Prophylaxe siehe unter www.crm.de.

Aktuelle Meldungen:
● **Darminfektionen:** Risiko für Durchfallerkrankungen landesweit, mit örtlichem Auftreten von Typhus bzw. Paratyphus ist ebenfalls zu rechnen. Nahrungs- und Trinkwasserhygiene beachten, ggf. Typhus-Impfung.
● **Tollwut:** Risiko landesweit, vor allem durch streunende Hunde. Nach Bissverletzungen oder verdächtigen Tierkontakten sofort Arzt aufsuchen, bei vorhersehbarem Risiko vorbeugend impfen.
● **Methanol-Vergiftungen:** Wiederholt wurden in den letzten Jahren teilweise letale Methanol-Vergiftungsfälle bei Touristen nach Alkoholkonsum beschrieben. Vom Genuss hausgebrannter Spirituosen bzw. Alkoholika unklarer Herkunft ist dringend abzuraten.

Kleine Sprachhilfe Türkisch

Das folgende Kapitel ist dem Kauderwelsch-Band 12 **„Türkisch – Wort für Wort"** entnommen und neu zusammengestellt und gekürzt worden.

Aussprache

Auch wenn sich das Türkische für deutsche Ohren erstmal sehr merkwürdig anhört – es ist doch ziemlich einfach, türkische Worte einigermaßen richtig, d.h. verständlich auszusprechen: Erstens haben wir im Deutschen teils ganz ähnliche Laute (die feineren Unterschiede bekommt man schon mit, wenn man gut hinhört). Und zweitens wird alles gesprochen „wie es geschrieben wird". Nur an ein paar neue Buchstaben muss man sich gewöhnen und daran, dass einige nicht wie im Deutschen ausgesprochen werden. In der folgenden Liste findet man alle diejenigen Buchstaben aufgeführt, für die das zutrifft. Bei allen anderen orientiert man sich an der deutschen Aussprache.

Abweichungen vom Deutschen	
ä, q, ß, w, x	kommen als Buchstaben im türk. Alphabet nicht vor
ç, ğ, ş, ı	gibt es nicht im deutschen Alphabet
c, e, h, j, s, v, y, r, z	haben eine andere Aussprache als im Deutschen

Anhang

Betonung

Es gibt keine einheitliche Regel für die Betonung türkischer Wörter. Wichtig ist, dass es keinen so klaren Unterschied zwischen betonten und unbetonten Silben im Wort gibt. Je nach Stellung im Satz kann dann mal die eine, mal die andere Silbe als betonter erscheinen.

c	**cacık** Zaziki	stimmhaftes „dsch" wie in „Dschungel"oder engl. „Jim"
ç	**çok** viel, sehr	wie „tsch" in „Tschüß"
e	**gel** komm	wie das erste „e" in „essen" (nicht wie in „gehen"!)
ğ	**sağ ol** danke	nach a, ô, o, u nur als Verlängerung des Vokals hörbar
	değil nicht	nach e, i, ö, ü wie ein schwaches deutsches „j" (dejil)
h	**postahane** Postamt	zwischen zwei Vokalen wie deutsches „h"
	Salih (Name)	vor Konsonanten und am Wortende wie „ch", aber meist etwas weicher (salich)
	tahta Tafel	(tachta)
ı	**anlamadım** ich habe nicht verstanden	(ohne i- Punkt!) ein sehr dumpfes ich- „i", fast wie das „e" in „alle" (bei nicht lässiger Aussprache)
j	**jambon** Schinken	wie „j" in Journal oder wie das zweite „g" in „Garage"
r	**Ankara**	sehr weiches Zungenspitzen „r"
s	**sen** du	stimmloses (scharfes) „s" wie in „Kuß"
ş	**şimdi** jetzt	wie „sch"
v	**hava** Wetter	wie deutsches „w" – Ausnahme: die Verbindung **av** vor Konsonanten wird ungefähr wie das deutsche „au" gesprochen (**kavga** – Streit)
y	**yarın** morgen	wie deutsches „j" in „ja"
z	**zaman** Zeit	stimmhaftes (weiches) „s" wie in „Saft"

Wichtige Wörter und Redewendungen

Die wichtigsten Fragewörter

nerede?	wo?	hangi?	welche(r, s)?
nereden?	woher?	ne kadar?	wieviel?
nereye?	wohin?	ne zaman?	wann?
neden?	warum?	kaç zaman-dan beri?	seit wann?
nasıl?	wie?	kim?	wer?
kimin?	wessen?	kimi?	wen?
ne?	was?		

Die wichtigsten Richtungsangaben

sağ	rechts	sağa	nach rechts
sol	links	sola	nach links
(dos) doşru	geradeaus	geri	zurück
karşı-nda	gegenüber	hep devam	immer weiter
uzak	weit	yakın	nah
yol kesimi	Kreuzung	trafik lambası	Ampel
şehirin dışarıda	außerhalb der Stadt	merkez	Zentrum
burada	hier	tam burada	gleich hier
ileride	vorne	orada	dort
geride	hinten	ileriye	nach vorne
		geriye	nach hinten

Anhang

Die wichtigsten Zeitangaben

dün	gestern	akşamleyin	abends
bugün	heute	geceleyin	nachts
yarın	morgen	her gün	täglich
öbürgün	übermorgen	önce	früher
sabahleyin	morgens	sonra	später
öğleyin	mittags	şimdi	jetzt
öğle-den sonra	nachmittags	yakında	bald
... (-den/-dan)	vor (zeitl.)	ondan önce	davor
... (-den/-dan)	nach (zeitl.)	ondan sonra	danach
hiç bir zaman	nie	seyrek	selten
sık sık	oft	hep, her zaman	immer
hemen	sofort		

Die wichtigsten Floskeln und Redewendungen

ja	evet
nein	hayır
bitte (Aufforderung, Bitte)	lütfen
natürlich	tabii
keine Ursache	bir şey değil
danke (informell)	sağ ol
danke (bei Anrede mit Sie)	sağ ol-un
danke (sehr höflich)	sağ ol-unuz
Ich danke.	teşekkür ed-er-im
Danke gleichfalls!	teşekkür ed-er-im, siz de
Guten Morgen!	gün aydin!
Guten Tag!	iyi gün-ler!
Guten Abend!	iyi akşam-lar!
Herzlich willkommen!	hoş gel-di-n (iz)
	(„Sie-Form")
Wie geht es Ihnen?	nasıl-sınız?
Leider schlecht.	maalesef, iyi değil-im
Danke gut.	saş olunuz, iyi-yim.
Auf Wiedersehen	allaha ısmarladık
	(Gehender)
	güle güle (Bleibender)
Hallo!	merhaba!
In Ordnung!	tamam!
Einverstanden!	kabul!
Achtung! Vorsicht!	dikkat (et)!
Ich weiß nicht.	bil-m-iyor-um.
Guten Appetit!	afiyet ol-sun!
Zum Wohl! Prost!	şerefe
Die Rechnung bitte!	hesap, lütfen!
Entschuldigen Sie!	affed-er-siniz!
Ich bitte um Verzeihung.	özür dil-er-im.
Ich spreche kaum Türkisch	çok az türkçe konuş-uyor-um
Wie bitte?	efendim?
Ich verstehe nicht.	anla-m-ıyor-um.
Spricht hier jemand Englisch?	ingilizce konuşan var mı?
Wie heißt das auf englisch?	ingilizce ne demek?
Wiederholen Sie bitte!	tekrar ed-iniz! (et)!
Sprich bitte langsamer!	daha yavaş konuş, lütfen!

Literaturtipps

Geschichte des Osmanischen Reiches

● *Nicolae Jorga:* **Geschichte des Osmanischen Reiches.** 5 Bände, Gotha 1908–13, Reprint Darmstadt 1990. Ein Klassiker für alle, die sich detailliert informieren wollen.

● *Fischer Weltgeschichte Bd. 15:* **Der Islam II.** Frankfurt/M. 1971. Zusammenfassende Darstellung der osmanischen und türkischen Geschichte.

● *Wolfgang Gust:* **Das Imperium der Sultane.** München/Wien 1995. Schwungvoll und anekdotenreich geschriebene Geschichte des Osmanischen Reiches.

● *Steven Runciman:* **Die Eroberung von Konstantinopel 1453.** München 1990. Spannende Lektüre für den, der in Istanbul weilt und sich für die Geschichte der Stadt interessiert.

Istanbul

● *J. Freely/H. Summer-Boyd:* **Istanbul.** München 1986. Ein zum Klassiker avancierter Architekturführer durch Istanbul.

● *Orhan Pamuk:* **Das schwarze Buch.** München, Wien 1995. Roman, der an vielen Orten Istanbuls spielt.

● *Orhan Pamuk,* **Istanbul – Erinnerungen an eine Stadt.** Natürlich eine Hommage und Liebeserklärung an Istanbul, die Stadt, in welcher der Nobelpreisträger *Pamuk* aufgewachsen ist.

● *Barbara Yurtdaş:* **Istanbul.** Frankfurt/M., Leipzig 2004. Literarischer Reisebegleiter, der im Anhang viele weiterführende Literaturhinweise zu Istanbul enthält.

Geschichte und Gesellschaft der modernen Türkei

● *Çigdem Akkaya/Yasemin Özbek/Faruk Şen:* **Länderbericht Türkei.** Darmstadt 1998. Eine umfassende geschichtliche, politische, soziologische wie auch ökonomische Darstellung der Türkischen Republik.

● *Udo Steinbach:* **Geschichte der Türkei.** München 2000. Eine knappe, aber aktuelle Darstellung der Geschichte der modernen Türkei.

● *Bernd Rill:* **Kemal Atatürk.** Hamburg 1999. In der Reihe „Rowohlts Monographien" veröffentlichte Darstellung des Republikgründers; für eine erste Bekanntschaft mit Atatürk geeignet.

Kurdenproblematik

● *Martin Strohmeier/Lale Yalçyn-Heckmann:* **Die Kurden – Geschichte, Politik, Kultur.** München 2000. Umfassende Darstellung der kurdischen Geschichte und Kultur.

Islam

● **Der Koran.** Übers. von Max Henning, Wiesbaden o.J.

● *Kirstin Kabasci:* **Islam erleben.** Bielefeld.

● *Annemarie Schimmel:* **Der Islam.** Stuttgart 1990. Reclam-Heftchen, das eine gute Einführung in die jüngste der großen Weltreligionen gibt.

● *Bernard Lewis:* **Der Atem Allahs – Die islamische Welt und der Westen/Kampf der Kulturen?** München 1998. Eine Geschichte des politischen Islam und seiner Auseinandersetzung mit dem Westen.

● *Andreas Meier:* **Politische Strömungen im modernen Islam – Quellen und Kommentare.** Wuppertal 1995. Allgemeine Darstellung der Entwicklung des modernen Politikverständnisses im Islam.

● *Juan Goytisolo:* **Kibla – Reisen in die Welt des Islam.** Frankfurt/M. 2000. Eine Sammlung von Reiseberichten aus islamischen Gebieten zwischen Marokko und Zentralasien, essayistisch im Stil und engagiert im Versuch, dem Leser die islamische „Aura" näherzubringen.

Kultur der Türkei allgemein

● *Günter Seufert:* **Café Istanbul – Alltag, Religion und Politik in der modernen Türkei.** München 1997. Ein z.T. höchst essayistischer

Anhang

Diskurs über politische und kulturelle Identitätsprobleme der modernen Türkei.

● *Barbara Yurtdaş:* **Gebrauchsanweisung für die Türkei.** München 1997. Ein locker und humorvoll geschriebener Wegweiser durch das Alltagsleben der Türkei; verfasst aus der Sicht einer in der Westtürkei lebenden deutschen Schriftstellerin.

● *Tim Kelsey:* **Gesichter der Türkei.** Hamburg 1999. Im Gegensatz zu *Yurtdaş* ein eher düsteres, teilweise exzentrisches und äußerst subjektiv gehaltenes Portrait der modernen Türkei; trotzdem ein interessanter Querschnitt politisch-kultureller Probleme.

● *Wilhelm Heitmeyer/Joachim Müller/Helmut Schröder:* **Verlockender Fundamentalismus – Türkische Jugendliche in Deutschland.** Frankfurt/M. 1997. Soziologische Studie über Selbstverständnis und Identitätsprobleme von in Deutschland lebenden türkischen Jugendlichen, eher geeignet für Lehrer u.a., die beruflich mit dieser Gruppe zu tun haben.

● *Manfred Ferner:* **KulturSchock Türkei.** Bielefeld. Informationen und Hintergründe zu Kultur, Alltag, Sexualität, dem Ehrbegriff etc. in der Türkei.

Türkisch-islamische Kulturkategorien – Ehre, Ansehen, Geschlechterrollen

● *Werner Schiffauer:* **Die Gewalt der Ehre.** Frankfurt/M. 1983. Hervorragende Darstellung der traditionellen türkischen Verhaltenskategorien – empfehlenswert!

● *Barbara Wolbert,* **Türkei – Arbeitsmaterial für den Landeskundeunterricht** in der Reihe Verhaltenspapiere (Heft 17), hrsg. v. Deutsche Stiftung für internationale Entwicklung, Zentralstelle für Auslandskunde, Bad Honnef 1998. Einfache und gut präsentierte Darstellung traditioneller Lebensbereiche und Verhaltensregeln.

● *Andrea Petersen:* **Ehre und Scham – das Verhältnis der Geschlechter in der Türkei.** Berlin 1985. Kurze, aber prägnante und aufschlussreiche Darstellung der entscheidenden Verhaltenskategorien im ländlichen (traditionellen) Bereich.

● *Nilüfer Göle:* **Republik und Schleier – Die muslimische Frau in der modernen Türkei.** Berlin 1995. Hervorragende, sozialwissenschaftliche Darstellung und Analyse des Selbstverständnisses türkischer Frauen in der modernen Türkei, versehen mit einem guten Überblick über den historischen Hintergrund der „Frauenfrage".

● *Fatima Mernissi:* **Harem – Westliche Phantasien, östliche Wirklichkeit.** Freiburg im Breisgau 2000. Kritisch-amüsante, eigenwillig inszenierte Suche der marokkanischen Wissenschaftlerin nach den verborgenen Harems in Ost und West, gleichzeitig ein Versuch über das orientalische bzw. westliche Geschlechterverständnis.

● *Omar Kaplan:* **Sexualität im Islam und in der türkischen Kultur.** Frankfurt a.M./Landeck 1989. Streng an Koran und Hadithe ausgerichtete Erläuterung der Sexualität im Islam.

Kunst und Literatur der Türkei

● *Yüksel Pazarkaya:* **Rosen im Frost – Einblicke in die türkische Kultur.** Zürich 1989. Mittlerweile ein Klassiker der ins Deutsche übersetzten Einführungen in die Literatur- und Kunstgeschichte des Landes.

● *Yasar Kemal:* **Töte die Schlange.** Zürich 1995. Der Roman nach einer wahren Begebenheit beschreibt die komplexen, v.a. die destruktiven Wirkungen der Namus-Psychologie auf einen heranwachsenden Jungen, der schließlich seine eigene Mutter tötet.

Tradition und Mystik

● *Dschelalladdin Rumi:* **Aus dem Diwan.** Eingeleitet von Annemarie Schimmel, Stuttgart 1964. Reclam-Heftchen zum Einstieg in die Sufi-Mystik vom Mevlana der tanzenden Derwische.

● *Wendy Buonaventura:* **Bauchtanz – Die Schlange und die Sphinx.** München 1998. Ein geografisch wie historisch umfassender Versuch über den „orientalischen Tanz".

● **Türkische Märchen.** Hrsg. v. *Adelheid Uzunoglu-Ocherbauer,* Frankfurt/M. 1997. Eine Sammlung alter, höchst heiterer Märchen, z.B. zur Einstimmung auf die Reise.

Glossar

●**Aleviten** (türk. *Alevi*): „Ali-Verehrer". Eine an der Schia ausgerichtete Religionsgemeinschaft, welche die fünf Säulen des sunnitischen Islam ablehnt und folglich seit Jahrhunderten in einem offenen oder latenten Spannungsverhältnis zu diesem steht. Die Aleviten sind mit ca. 20% an der Gesamtbevölkerung nach den Sunniten die zweitgrößte Religionsgemeinschaft der Türkei.

●**Allah** (arab.): „Der Gott". Name des einen, allwissenden und allmächtigen Gottes, dem sich der Mensch durch Hingabe (Islam) zu überantworten hat.

●**Altı ok:** „Sechs Pfeile". Die sechs kemalistischen Prinzipien, die von der Republikanischen Volkspartei *(Cumhuriyet Halk Partisi)* 1931 zum Programm erhoben wurden: 1. der Republikanismus, 2. der Nationalismus, 3. der Laizismus, 4. der Populismus, 5. der Etatismus und 6. der Reformismus.

●**Apsis:** Meist halbrunde Altarnische als Abschluss des Kirchenraums.

●**Aptes:** Die rituelle Waschung (vor allem vor dem Gebet), welche die religiöse, moralische wie auch hygienische „Reinheit" verbürgt. Wer diese nicht vornimmt *(Aptessiz),* gilt auch moralisch als „unsauber".

●**Äquadukt** (lat.): Wasserleitung; römische Architektur: leicht abfallende, brückenähnliche Bogenkonstruktion zur Leitung des Wassers.

●**Arkade:** Bogen.

●**Arkan** (arab.): „Säulen der Religion". Die fünf Grundpflichten des sunnitischen Islam: 1. das tägliche Glaubensbekenntnis *(Şehadet),* 2. die rituellen Pflichtgebete *(Namaz),* 3. das Fasten *(Oruç)* im Monat Ramadan, 4. die Abgabe der Sozialsteuer *(Zekat)* und 5. einmal im Leben die Pilgerfahrt nach Mekka *(Hac).*

●**Ayıp:** „Schande, schimpflich, unanständig". Häufig gebrauchter Ausdruck, der ein moralisches Fehlverhalten brandmarkt.

●**Basrelief** (frz.): Flachrelief.

●**Bay:** „Herr". Respektvolle Bezeichnung eines (fremden) Mannes, die sich als Anrede vor den Namen findet, z.B. *Bay Selim* = Herr Selim. Das Wort wird außerdem häufig neben *Erkek* (ebenfalls: „Mann") für die Identifizierung der männlichen Toilette benutzt.

●**Bayan:** „Frau, Dame". Diese allgemeine respektvolle Bezeichnung für (eine fremde) Frau wird vor dem Namen auch als Anrede benutzt, z.B. *Bayan Ayşe* = Frau Aische. Das Wort verweist auch (neben *Kadın* – ebenfalls „Frau") auf die weiblichen Toilettenräume.

●**Bedesten** (türk.): überdachter Markt, Markthalle.

●**Bukolik:** Hirten- bzw. Schäferdichtung; im weiteren Sinne: friedliche, idyllische Stimmung oder Situation.

●**Camii** (arab.-türk.): Moschee. Im Gegensatz zu *Mescit* die Moschee, in der das wichtige Freitagsgebet *(Cuma Namazı)* abgehalten wird.

●**Çarşaf:** „Betttuch, Umhang". Als traditionelles Kleidungsstück der Frau ein weiter, über Kopf und Schultern getragener Überwurf. Die durchaus noch vorkommenden schwarzen „Ganzkörperumhänge" werden auch als *çador* bezeichnet. Frauen, die die Hände nicht freihaben, halten oft den Zipfel des Umhangs mit den Zähnen vors Gesicht.

●**Derwisch:** Mitglied eines islamischen Ordens.

●**Devşirme:** Berühmt-berüchtigtes Rekrutierungssystem der osmanischen Armee, nach der christlichen Familien junge Knaben weggenommen wurden (Knabenlese), um sie zu *Kapıkulları* (loyalen „Sklaven des Sultans") zu machen, z.B. zu Janitscharen.

●**Divan:** Osmanischer Staats- und Ministerrat unter Leitung des Großwesirs.

●**Dolmuş:** Kleinbus (manchmal auch lizensierter PKW) im Regional- oder Stadtverkehr, der immer eine bestimmte Strecke abfährt, wo man überall zu- oder aussteigen kann.

●**Dorisch:** In der Architektur griechischer Säulentyp mit einfachem, schmucklosen Kapitell (vgl. ionisch, korinthisch).

●**Eklektisch:** In der Kunstgeschichte Vermischung verschiedener historischer Stilrichtungen.

●**Ezan:** Der Gebetsruf des Muezzins, der die Gläubigen fünfmal täglich zum Gebet ruft. Er wird heute wieder in arabischer Sprache vorgetragen, nachdem Versuche, ihn zu „türkisieren", in den 1940er Jahren fehlgeschlagen waren.

●**Geçekondu:** „Über Nacht erbaut". Nach einem alten überlieferten islamischen Grundsatz darf niemandem sein über Nacht gebautes Dach über dem Kopf wieder weggenommen werden. Die an den Peripherien der großen türkischen Städte auf öffentlichem Land entstandenen Geçekondu-Siedlungen (Barackensiedlungen) haben keine Rechtsbasis in der modernen Türkei, sind also eigentlich illegal. In der Praxis werden sie aber auf Grund des obigen Grundsatzes von den Behörden meist geduldet und später anerkannt, insbesondere nachdem Amnestiegesetze – so z.B. im Jahre 1966 – die teilweise Legalisierung ermöglicht haben. Die Geçekondu haben die Einwohnerzahl der Großstädte im Zuge der Landflucht beträchtlich steigen lassen.

●**Ghasi** (arab.-türk.): Ehrentitel türkischer Fürsten, die sich als Frontkämpfer gegen die Ungläubigen ansahen. Auch *Kemal Atatürk* wurde dieser Titel verliehen.

●**Göbektaşı:** Die beheizte Marmorplatte im Zentrum des türkischen Bads, auf die man sich zum Entspannen bzw. für die Massage legt.

●**Hamam:** Türkisches Bad.

●**Han** (türk.): Herberge für Händler, außerhalb der Städte entlang der Handelsstraßen auch als *Karawanserei* bezeichnet.

●**Harem** (arab.-türk.): Bezeichnet a) den den Frauen vorbehaltenen Bereich des traditionellen türkischen Hauses (*Haremlik, Selâmlik*) sowie b) die dort lebende(n) Ehefrau(en).

●**Haremlik:** Die Frauengemächer (der geschützte Innenbereich) eines traditionellen osmanischen Hauses, im Gegensatz zu *Selâmlik*.

●**Hedschra** (arab., türk.: *Hac*): Wallfahrt nach Mekka. Der arabische Ausdruck Hidschra bzw. Hedschra („Auswanderung") bezeichnet zunächst die Flucht des Propheten *Mohammed* von Mekka nach Medina im Jahre 622. Dieses Datum stellt zugleich den Beginn der islamischen Zeitrechnung dar. Heute ist die Hedschra als Pilgerfahrt nach Mekka bekannt, und sie ist eine der fünf Säulen (*Arkan*) des Islam. Sie wird allgemein im 12. Monat (*Zilhicce*) des islamischen Mondkalenders (*Hicre*) ausgeführt.

●**Hippodrom** (griech.): Pferderennbahn.

●**Ikbal:** Erklärte Favoritin eines Sultans im Harem (vgl. *Kadın*).

●**Ikonoklasmus:** Bilderfeindlichkeit; im 8./9. Jh. in Byzanz die Phase des Bilderstreits, als man Personendarstellungen in Kirchen ablehnte (Gegensatz: Ikonodulismus).

●**Imam** (arab.-türk.): „Vorsteher". Hoher islamischer Geistlicher, der der Gemeinde beim wichtigen Freitagsgebet (*Hutbe*) „vorsteht" (Vorbeter). In der Schia gilt der Imam dagegen sogar als inspiriertes Oberhaupt (Nachfolger *Mohammeds*) der Glaubensgemeinde. Die türkischen Imame werden staatlich ausgebildet und bezahlt. Auch fungieren sie meist gleichzeitig als Freitagsprediger (*Hatip*). Die früher üblichen Eheschließungen durch den Imam sind heute ungültig – in der Türkei gilt nur noch die standesamtliche Ehe –, kommen aber in den traditionellen Gebieten Ostanatoliens gelegentlich noch vor (sogenannte Imam-Ehen).

●**Ionisch:** Griechischer Säulentyp, dessen Kapitell mit Voluten (Einrollungen) geschmückt ist (vgl. dorisch, korinthisch).

●**Islam** (arab.): „Ergebung in den Willen Gottes" oder auch „Hingabe an Gott". Im alltäglichen Sinne die vom Propheten *Mohammed* (572–632) gegründete jüngste Weltreligion, die heute mit über 1 Milliarde Gläubigen nach dem Christentum die zweitstärkste Glaubensgemeinde der Welt darstellt.

●**Janitscharen** (türk: *Yeni Çeri*): Osmanische Elitetruppe, die anfänglich großenteils aus zwangsrekrutierten Christenknaben bestand, die in frühem Alter von ihren Familien getrennt und auf den Sultan eingeschworen wurden.

●**Jungtürken** (türk. *Genc Türkler*): Teilweise revolutionäre Reformbewegung im spätosmanischen Reich (1876–1918). Die Ziele der Jungtürken waren von westlichem Gedankengut (Nationalismus, Gleichheit von Mann und Frau, aber auch Panturkismus) beeinflusst. Nach dem Ersten Weltkrieg verschwand die Bewegung, auch wenn *Atatürk* einige ihrer Ideen aufnahm und weiterführte.

●**Kaaba** (arab.): „Würfel". Würfelförmiges Gebäude in Mekka, das einen schwarzen Meteorstein beherbergt. Das bereits von den vorislamischen Arabern verehrte Heiligtum wurde von *Mohammed* zum Zentrum der islamischen Religion erhoben (*Bait Allah* = Haus Gottes). Die siebenfache Umrundung der Kaaba *(Tawaf)* und die Berührung des schwarzen Steins stellt den Höhepunkt des *Hac* dar.

●**Kadın** (türk. Frau): Im osmanischen Harem die rechtlich angetraute Frau des Herrschers, der nach islamischem Recht bis zu vier *Kadınlar* haben konnte.

●**Kalif** (arab. *Kalifa*): „Stellvertreter". Der Kalif ist der universale politische wie religiöse Stellvertreter des Propheten *Mohammed,* also der Führer der Umma. Die an dem Ideal der Umma orientierte weltliche wie religiöse Doppelfunktion erfuhr auf der politischen Ebene eine schleichende Auszehrung, bis das Amt fast nur noch seine religiöse Bedeutung hatte. Die osmanischen Sultane besaßen seit 1517 die Kalifenwürde (Kalifat), die 1924 von *Kemal Atatürk* durch Ausweisung des letzten Kalifen beseitigt wurde.

●**Kapitell:** „Köpfchen"; der obere Abschluss einer Säule bzw. eines Pfeilers.

●**Kemalismus:** Der Kemalismus *(Atatürkçülük)* stellt das gesamtpolitische Vermächtnis und Programm *Mustafa Kemal Atatürks* (1881–1938) dar, auch wenn von einer geschlossenen ideologischen Staatsdoktrin kaum die Rede sein kann. Der Kemalismus wird insbesondere in der Form der „Sechs-Pfeile-Doktrin" *(Altı Ok)* präsentiert, die 1931 zum Programm erhoben wurde.

●**Keyif:** „Wohlbefinden, gute Stimmung". Entspricht in etwa dem Begriff „Muße" oder dem italienischen *Dolce far niente* („süßes Nichtstun").

●**Kibla** (arab.): Die Ausrichtung der Gebetsrichtung gen Mekka. In jeder Moschee wird sie durch die Plazierung der Mihrab angezeigt, in deren Richtung sich die Betenden verneigen.

●**Kız:** „Mädchen, Jungfrau". Der Begriff bezeichnet sowohl kleine Mädchen (*Kız Oğlan* = Tochter) wie auch unverheiratete, d.h. jungfräuliche Frauen.

●**Koran** (arab.-türk. *Kuran*): Das heilige Buch des Islam. Der Koran stellt die durch Gott an seinen Propheten *Mohammed* verkündeten Offenbarungen dar. Damit ist er die unmittelbare Äußerung Gottes, also kein Menschenwerk, sondern göttliche Eröffnung. Dies er-

klärt die Heiligkeit und Autorität des Buches im Islam.

●**Korinthisch:** Griechischer Säulentyp mit floraler Ornamentik am Kapitell (vgl. dorisch, ionisch).

●**Köy:** „Das Dorf" im Gegensatz zur Stadt *(Şehir)*; kommt in vielen Zusammensetzungen vor.

●**Külliye:** Stiftungskomplex einer Moschee, bestehend aus Armenküche *(Imaret),* Krankenhaus *(Darüşşifa),* Bad *(Hamam),* Koranschule *(Medrese)* und Stiftergrab (Türbe).

●**Kurban Bayramı** (arab. *Id-al-Adha*): „Opferfest". Das viertägige Opferfest findet zwei Monate und zehn Tage nach dem *Şeker Bayramı* statt und erinnert an die Gotteshingabe *Abrahams,* der sogar bereit war, Gott seinen Sohn *Isaak* zu opfern. An dieses Ereignis wird durch die Opferung eines Tieres (Ziege, Schafbock) erinnert, dessen Fleisch auch an Verwandte und Bekannte verschenkt wird.

●**Medrese:** Zu osmanischer Zeit theologische Lehranstalt für die Ausbildung islamischer Geistlicher und Richter. Die religiöse Ausbildung wird heute weitgehend durch die staatlichen *Imam-Hatip-Lisesi* (Berufsfachschule für Prediger) abgedeckt.

●**Mescit** (arab.-türk.): In der Türkei diejenigen, meist kleineren Moscheen, die im gegensatz zur *Cami* nicht das wichtige Freitagsgebet abhalten können.

●**Mevlevi:** Die Derwische des Mevleviyye-Ordens, der von dem „Meister" (*Mevlana* = „Unser Herr") *Celâleddin Rumi* (1207–1273) in Konya gegründet wurde. Obwohl alle Orden *(Tarikat)* seit 1925 verboten sind, führen die Mevlevi seit 1960 in Konya wieder ihre mystischen Tänze auf (Die tanzenden Derwische).

●**Mihrab:** Die in jeder Moschee enthaltene, oft kunstvoll stuckierte Gebetsnische, die die Gebetsrichtung *(Kibla)* nach Mekka anzeigt.

●**Millet:** „Nation, Gruppe, Gilde". Der heute meist im erstgenannten Sinne gebrauchte Ausdruck (z.B. *Millet Meclisi* = Nationalversammlung) stellte zu osmanischer Zeit eine religiöse Gruppenbezeichnung dar; so gab es z.B. auch eine jüdische und eine christliche Millet (Gemeinde).

●**Minarett** (arab.): Der schlanke Gebetsturm einer Moschee, ursprünglich zum Ausrufen des Gebets *(Ezan)* durch den Muezzin bestimmt (heute i.d.R. über Lautsprecher).

● **Minbar** (arab.): Die meist in den großen Moscheen *(Cami)* neben dem *Mihrab* angebrachte Gebetskanzel, die dem Imam für das Abhalten der Freitagspredigt *(Hutbe)* dient.

● **Muezzin** (arab., türk. *Müezzin*): Gebetsrufer (heute fast immer über Lautsprecher); in der Türkei vom Staat besoldet.

● **Mukarnas:** Stalaktitenförmiges Dekor in der islamischen Architektur; oft bei Moscheetoren oder auch am Mihrab zu sehen.

● **Nargile:** Türkische Wasserpfeife.

● **Narthex** (griech.): Vorhalle einer Kirche; es gibt den *Exonarthex* (äußere) und den *Esonarthex* (innere Vorhalle); sie sind dem Hauptschiff meist quer vorgelagert.

● **Oruç** (arab.: *Saum*): Das Fasten während des Monats Ramadan, das tagsüber im Verzicht auf Essen, Trinken, Rauchen und Sexualverkehr besteht.

● **Osmanen:** Nach dem Gründer *Osman* benannte türkische Dynastie (1288–1922), die seit 1453 in Istanbul residierte und erst von *Kemal Atatürk* beseitigt wurde. In einem weiteren Sinne sollten sich später unter Sultan *Abdülhamid II.* (1876–1909) alle Bewohner des Osmanischen Reichs als Osmanen fühlen (Osmanismus).

● **Pantokrator** (griech.): Allherrscher; Darstellung von Jesus Christus.

● **Parekklesion** (griech.): Grabkapelle.

● **Pendentif:** Architektonisch: Zwickel; der obere, in dreieckiger Form zulaufende Teil der die Kuppel tragenden Säulen; sphärisches Dreieck, das von einem eckigen Raum zur Rundung überleitet.

● **Ramadan:** (türk *Ramazan*): Der Fastenmonat, der im islamischen Kalender *(Hicre)* den 9. Monat darstellt. Da der islamische Mondkalender insgesamt ca. 11 Tage kürzer ist als der christliche (gregorianische) Kalender, „wandert" auch der Monat Ramadan jedes Jahr um ca. 11 Tage nach vorne.

● **Retabel:** Mit dem Altar verbundene, künstlerisch ausgestaltete Rückwand der Kirche.

● **Şadırvan:** Der Moscheebrunnen, an dem vor dem Gebet *(Namaz)* die rituellen Waschungen *(Aptes)* vorgenommen werden.

● **Şehadet** (arab: *Shahada*): Das tägliche Glaubensbekenntnis an Gott (Allah) und seinen Propheten *Mohammed:* „Es gibt keinen Gott außer Allah, und Mohammed ist sein Prophet"; damit die erste der fünf Pflichten eines Muslim.

● **Şeker Bayramı** (arab.: *Id-al-Fitr*): „Zuckerfest". Das dreitägige Zuckerfest findet am Ende des Fastenmonats Ramadan (deshalb auch *Ramazan Bayramı* genannt) statt und ist zusammen mit dem *Kurban Bayramı* das wichtigste religiöse Fest. Ähnlich wie bei dem europäischen Dreikönigsfest bekommen die Kinder in der Nachbarschaft Süßigkeiten und andere kleine Geschenke.

● **Selâmlık:** Die Herrenräume (im weiteren Sinne der Außenbereich, die männlichen Besuchsräume) eines traditionellen Hauses.

● **Sultan** (arab.): Islamischer Herrschertitel, der sich – im Unterschied zu *Kalifa* – nur auf die weltliche Herrschaft bezieht. Die osmanischen Sultane hatten seit 1517 zugleich die Kalifatsautorität inne.

● **Sunna** (arab.): Die durch die Offenbarungen des Koran und die Hadithe bestimmte orthodoxe Glaubensrichtung des Islam. Ungefähr 80% der Türken gehören der sunnitischen Glaubensrichtung an.

● **Sünnet:** „Beschneidung". Rituelle Aufnahme des ca. 5- bis 9-jährigen Knaben in die Gesellschaft der Männer.

● **Tavla:** Türkisches Backgammonspiel.

● **Trompe-l'oeil-Fenster** (frz.): Lediglich gemalte, durch ihre realistische Exaktheit das „Auge täuschende" Fenster.

● **Türban:** Das streng und ostentativ getragene Kopftuch weiblicher Studenten geriet seit den 1980er Jahren zum Symbol des politischen Islam; die Studentinnen begehrten demonstrativ Einlass in die Universität von Istanbul, der ihnen aufgrund des Kopftuchs verwehrt wurde.

● **Türbe:** Mausoleum eines Sultans oder eines anderen hohen islamischen Würdenträgers.

● **Ulema:** Oberster religiöser Rat im Osmanischen Reich; an der Spitze der *Ulema* stand als höchste religiöse Autorität der Scheich-ül Islam.

● **Valide:** Mutter des regierenden Sultans.

● **Yalı:** Die historischen, aus Holz erbauten Sommervillen der Oberschicht am Bosporus.

Register

Anhang

Anhang

Anhang

Der Autor

Manfred Ferner, Jahrgang 1955, studierte Anglistik und Philosophie an der Universität Düsseldorf. Seine ausgedehnten Reisen führten ihn unter anderem durch viele islamische Länder zwischen Marokko und Bangladesh. Die Türkei bereiste er mehrfach, sodass er neben seiner Tätigkeit als Sprachlehrer für deutsche Firmen auch einen kulturellen Leitfaden für in der Türkei arbeitende Expatriates verfasste.

Im Jahr 1995 begann er, für verschiedene deutsche Verlage Reisebücher zu schreiben, darunter auch einen Reiseführer über die türkische Mittelmeerküste zwischen Izmir und Kız Kalesi. Bei REISE KNOW-HOW ist sein „KulturSchock Türkei" erschienen. Heute ist er als freier Reisejournalist tätig.

Danksagung

Der Türkischen Botschaft in Berlin sowie dem Presse- und Informationsamt der Türkischen Republik sei hiermit für die bereitwillig gewährte Unterstützung ausdrücklich gedankt. Gleiches gilt für die örtlichen Fremdenverkehrsämter, die dem Autor, wo immer es möglich war, mit ihren Informationen zur Hand gingen.

Unter den vielen Einzelpersonen, die in unterschiedlicher Weise meine Streifzüge durch die Stadt unterstützten, sei hier *Menderes Döğer* hervorgehoben: Seinen wertvollen Informationen, seiner unermüdlichen Bereitschaft, tagsüber wie nachts den Geheimnissen der Stadt gemeinsam per pedes nachzuspüren, fühlt sich der Autor nicht nur beruflich verpflichtet. Den endlosen Gesprächen mit ihm verdanke ich nicht nur unzählige Tees und viele verlorene Tavla-Spiele, sondern vor allem vertiefte und bleibende Einblicke in das Alltagsleben nicht nur Istanbuls, sondern des Landes überhaupt.

Çok teşekkür ederim!

Der Autor

Anhang

■ Übernachtung

13 Hotel Nena
26 Kervan Guesthouse
28 Kybele
33 Amisos Hotel
40 Konuk Evi/
   Aya Sofya Konakları
41 Ottoman Hotel
52 Yeşil Ev
53 Seven Hills Hotel
55 Four Seasons
56 Mavi Guesthouse
57 Hotel Empress Zoe
58 Berk Guesthouse
60 Alp Guesthouse
61 Şebnem Hotel
62 Orient Hostel
63 Sultan Hostel
65 Tulip Guesthouse
67 Sümengen
68 Hotel Historia
69 Sarı Konak
70 Istanbul Hostel
80 Optimist
81 Alzer
82 Hotel Turkoman
83 Fehmi Bey
84 Saba Hotel
85 Paris Hostel
87 Ottoman Hotel Park
90 Tulip House Hotel
91 Stone Hotel
92 Rose Garden Istanbul
94 Ayasofya Hotel
96 Albatros
97 Sultan's Inn
98 Eresin Crown Hotel
99 Yunus Emre
100 Antique
102 Tashkonak
104 Sultanahmet Sarayı
105 Naz Wooden
    House Inn
106 Moonlight Pension
107 Aslan Hotel

■ Einkaufen

3 Kapalı Çarşı
  (Großer Basar)
12 Cemre (Souvenirs)
18 Buchhandlung
51 Sanatları Çarşısı/Yeşil Ev
64 Foreign Book Exchange
71 Urartu Carpets
   (Teppichhandlung)
72 Mevlana Rug Store
   (Teppichhandlung)
73 Arasta Basar
95 Kunsthandwerkermarkt

■ Essen und Trinken

1 Huzur Café
2 Havuzlu Restaurant
11 Derviş Nargile
   Café 2
16 Türk Ocağı
17 Şirevi Restaurant,
   Amedros Restaurant,
   Anatolian House
18 Baran 1
19 Cozy Pub
20 Mozaik Restaurant
21 Tarihi Sultanahmet
   Köfteçisi,
   Can Restaurant
23 Pudding Shop
27 Altın Kupa
39 Sarnıç
41 Matbah
50 Café Derviş
54 Seven Hills
   Restaurant
64 Magnaura
66 Dubb Ethnic Restaurant
73 Rami
86 Fischrestaurants
   in Kumkapı
88 Şelale Kebap
   Yemek Salonu
89 Develi Seyrani
100 Yeni Marmara Café

■ Nachtleben

59 Ceers/Just Bar

■ Sehenswürdigkeiten, Museen, Gotteshäuser

3 Kapalı Çarşı
  (Großer Basar)
4 Nuruosmaniye Camii
5 Çorlulu Ali Paşa Camii
6 Kara Mustafa Paşa
  Medresesi
6a Gedikpaşa Hamamı
7 Sinan Paşa Medresesi
8 Atik Ali Paşa Camii
9 Çemberlitaş Hamamı
10 Basın Müzesi
11a Köprülü Mehmet
   Paşa Medresesi
14 Köprülü Kütüphanesi
15 Türben
22 Firuz Ağa Camii
24 Milion
25 Yerebatan Sarnıcı
   (Zisterne)
29 Soğuk Çeşme Kapısı
30 Çağaloğlu Hamamı

31 Alay Köşkü
32 Bab-i Ali (Hohe Pforte)
34 Istanbul Islam Bilim ve
   Teknoloji Tarihi Müzesi
   (Museum für
   Geschichte der
   Wissenschaft und
   Technik im Islam)
35 Gülhane Parkı
   (Gülhane-Park)
36 Arkeoloji Müzesi
   (Archäologisches
   Museum)
37 Darphane-i Amire
   (Museum)
38 Topkapı Sarayı bzw.
   Müzesi (Topkapı-Palast)
42 Soğuk Çeşme Sokak
43 Aya Sofya
   (Hagia Sophia)
44 Ahmet Çeşmesi
45 Haseki Hürrem
   Sultan Hamamı
46 Alman Çeşmesi
47 Binbirdirek Sarnıcı
48 Türk ve Islam Eserleri
   Müzesi (Museum für
   türkische und
   islamische Kunst)
49 Dikilitaş (Ägyptischer
   Obelisk)
51 Sanatları Çarşısı/
   Yeşil Ev
73 Arasta Basar
74 Halı Müzesi (Museum)
75 Sultan Ahmet Camii
   (Sultan-Ahmet-
   Moschee/
   Blaue Moschee)
76 Mausoleum
   Sultan Ahmet I.
77 At Meydanı
78 Örmetaş
79 Burma Sütun –
   Yılantaş
93 Mehmet Sokullu
   Paşa Camii
95 Küçük Aya Sofya
101 Bukoleon-Palast
   (Ruinen)
103 Büyük Sarayı
   Mozaikleri Müzesi